Le Siècle

OSCAR COMETTANT.

LE

NOUVEAU MONDE

COUTUMES, MOEURS ET SCÈNES DE LA VIE AMÉRICAINE

PARIS
BUREAUX DU SIÈCLE
RUE CHALCUAT, 13.

A.VIALON. DEL.   J. GUILLAUME SC.

LE NOUVEAU MONDE

COUTUMES, MOEURS ET SCÈNES DE LA VIE AMÉRICAINE

Il faut croire que la préface est un mal nécessaire, inévitable. Elle a été attaquée par tout le monde ; le public lui a infligé le plus sévère châtiment qui puisse atteindre une préface honnête : il ne l'a pas lue, il l'a dédaignée. La préface a résisté à tout, et, comme cet éternel petit bonhomme dont les enfans s'amusent, elle vit encore, elle vivra toujours. J'ai cherché la cause de ce phénomène et je crois l'avoir trouvée.

Avez-vous quelquefois assisté, dans le coin d'un salon, au défilé des personnes qui successivement y arrivent? Toutes viennent invariablement s'incliner, avec plus ou moins de gaucherie, devant la maîtresse du logis et balbutient quelque compliment banal. Chacun maudit cette obligation qui pendant une minute fait du nouvel arrivant le point de mire de tous les regards, de toutes les observations, et souvent de toutes les railleries ; mais c'est une politesse à laquelle il est impossible de se soustraire ; bon gré, mal gré on s'y soumet.

La préface est une politesse de ce genre. L'auteur se présente devant le public, un livre sous le bras, et, comme le régisseur de la scène, il fait les trois saluts d'usage en prononçant les mots sacramentels qui se trouvent implicitement au fond de toutes les préfaces :

« Mesdames, messieurs, le livre que j'ai l'honneur d'ex-
» poser devant vous n'est pas tout à fait aussi ennuyeux
» que vous pourriez le croire. Le sujet en est neuf et in-
» téressant. Je crois l'avoir traité avec une supériorité
» marquée. Ceux qui avaient abordé ce sujet avant moi
» l'avaient effleuré à peine ; j'ai moissonné là où ils
» avaient glané ; vous verrez que j'ai déployé dans ces
» pages des trésors d'imagination, de grâce, d'esprit d'ob-
» servation, de tact, etc., etc.; quant à mon style, je n'en
» parle pas, il est élevé, pur, simple et correct. La mo-

» destie, qui est une de mes nombreuses vertus, m'em-
» pêche d'en dire davantage. »

Les auteurs, fatigués de faire ainsi leur éloge indirect, assaisonné de figures de rhétorique, eurent l'idée ingénieuse de s'affranchir de cette corvée en chargeant quelque écrivain en renom de l'exécuter pour leur compte. C'est ainsi que Lamartine, Victor Hugo, Béranger, Nodier, Georges Sand, Théophile Gautier, etc., etc., ont bien voulu, dans le temps, écrire des préfaces en tête de livres complétement oubliés. Mais on ne trouve pas toujours sous la main un poëte, un écrivain célèbre qui soit disposé à faire ce pénible service de régisseur, à saluer le public et à chanter dans une préface les vertus champêtres d'un jeune auteur plein d'avenir ; alors on se souvient du proverbe : Faute de grives on mange des merles, et l'on prend un camarade, un confrère, un ami inconnu, et on lui tient à peu près ce langage : « Vous savez combien il est ennuyeux d'écrire soi-même la préface d'un livre ; faites-moi le plaisir de vous charger de cette besogne ; surtout ne craignez pas de dire de mon livre, pour engager le public à le lire, tout le bien que j'en pense et que je ne saurais en dire moi-même. »

L'auteur du présent livre a agi tout autrement. Nul mieux que lui ne pourrait se passer d'introducteur ; il a depuis longtemps conquis les sympathies du public, quelques-unes des scènes de la vie américaine qu'il groupe aujourd'hui dans ce triomphant volume ont été tirées à soixante mille exemplaires par le journal le Siècle et dévorées par des myriades de lecteurs, de lectrices surtout. Le succès n'est pas à faire, il est fait, consacré, assuré dans le présent, dans le passé et dans l'avenir. Si jamais livre pouvait se dispenser d'une préface, c'était bien certainement celui-ci. Eh bien ! non ; Oscar Comettant veut une préface, non une préface banalement élogieuse, mais une préface critique ; et comme en bonne conscience il ne peut se critiquer lui-même, il m'écrit cette lettre que, pour l'édification de la postérité, je veux reproduire ici :

« Mon cher ami,

» Voici les épreuves d'un volume dont vous connaissez
» déjà quelques parties. Ce sont de petits tableaux de
» mœurs américaines, qui n'ont d'autre mérite que ce-
» lui d'avoir été dessinés d'après nature et avec une
» scrupuleuse fidélité.

» Il me faut une préface. Vous connaissez mes opinions
» à ce sujet. J'aimerais mieux mourir que de publier un
» livre sans préface, et je mourrais dix fois plutôt que
» d'écrire moi-même de ma blanche main une préface,
» fût-elle de dix lignes.

» Ayez-donc la bonté, mon cher ami, de me renvoyer
» par le retour du porteur les épreuves ci-jointes, avec
» une préface de vous. Je n'y mets qu'une condition :
» c'est que cette préface ne contiendra pas un mot d'élo-
» ges. Vous rappelez-vous qu'un jour, sur le boulevard,
» alors que le Siècle publiait ces études de mœurs, vous
» critiquâtes assez vertement certaines parties de mon
» œuvre ? Tâchez de retrouver ces impressions, et dites
» de ce livre, sans vous gêner, tout le mal que vous en
» pensiez alors ; mais du bien, pas un mot !

» Je vous en serai fort reconnaissant, mon cher ami.

» Agréez, avec mes remercîmens, l'assurance de mes
» sentimens dévoués.

                                        » O. C. »

Jeunes auteurs qui cherchez des préfaces, suivez ce noble exemple ! Et maintenant tâchons de satisfaire Oscar Comettant en exprimant très sincèrement l'impression que la lecture de son livre nous a laissée.

L'Amérique sollicite très vivement, à l'heure où nous sommes, l'attention de l'Europe. La forte race qui a constitué les États-Unis subit le châtiment de la faute qu'elle commit, le jour où elle fonda le magnifique édifice de sa démocratie, en laissant subsister l'esclavage à la base du monument. L'Union américaine craqua par son côté faible ; rien de ce qui est établi sur l'iniquité ne peut durer ; l'esclavage doit disparaître du nouveau monde comme il a disparu du monde ancien. Cet oracle est infiniment plus sûr que celui de Calchas.

Toutes les études, tous les travaux qui ont pour objet de nous peindre la situation morale, les habitudes, les traditions, les mœurs, les institutions de ce vaste continent ont donc une importance que nul ne peut méconnaître. Des relations de famille, l'attrait de l'inconnu entraînèrent de bonne heure Oscar Comettant en Amérique. Il y vécut de la vie honorable et laborieuse de l'artiste ; ses occupations le mirent en contact avec toutes les classes de la population ; il parcourut ces immenses contrées du nord au sud, de l'est à l'ouest, observant toutes choses en artiste et en philosophe.

Au retour d'un de ses voyages, il publia sous ce titre : Trois ans aux États-Unis, la première partie de l'ouvrage que j'ai l'honneur de présenter aujourd'hui au public. C'était, on ne l'a pas oublié, une peinture de mœurs américaines, une série d'esquisses, de silhouettes dessinées sur un album de voyage, de traits caractéristiques saisis d'après nature et qui, pour mon compte, m'instruisit, sous sa forme vive et spirituelle, beaucoup mieux que n'auraient pu le faire les livres les plus vantés sur tout ce qu'il m'importait de connaître.

A cette piquante et très originale peinture de mœurs,

l'auteur vient d'ajouter des tableaux plus étudiés, composés avec soin et destinés à mettre en relief les caractères généraux des fractions très diverses qui forment la société américaine, c'est-à-dire l'être collectif le plus multiple, le plus complexe qui ait jamais existé. En un mot ce sont avec des scènes détachées et recueillies, groupées au hasard, des comédies, des drames où se meuvent toutes les passions, tous les intérêts, tous les travers, tous les ridicules, tous les vices et toutes les vertus de ces populations étranges que l'esclavage a plus ou moins gangrenées.

Considéré dans son ensemble, ce livre n'a rien de frivole ; son auteur nous révèle modestement et sans prétention un état social qu'il faut absolument connaître si l'on veut suivre avec intelligence les péripéties par lesquelles il va passer pour subir une inévitable transformation. Vous essayeriez en vain de comprendre la portée des événemens qui disloquent en ce moment les États-Unis, les causes et les conséquences de la violente séparation qui s'opère entre le Nord et le Sud, si vous ne connaissiez l'influence que l'esclavage a exercée et exerce sur ces deux grandes fractions de la république américaine, aussi bien que sur les anciennes colonies espagnoles.

Les études publiées par Oscar Comettant nous initient à ces secrètes influences, à ces mystérieuses corrélations entre des causes inaperçues et des effets gigantesques. Cet être misérable qu'entrave le mépris de tous, que le fouet du maître courbe sous un ingrat labeur, ce nègre qui est moins qu'un homme, cet esclave enfin, n'est rien, n'est-ce pas ? c'est le grain de sable qu'on écrase, c'est la bête de somme, c'est le paria. Eh bien ! ce paria, ce grain de sable, invisible et présent à la fois, est le personnage le plus important du drame qui se dénoue. Il y tient une place immense ; c'est lui qui disloque l'Union américaine, c'est lui qui modifie les mœurs et les institutions publiques, c'est lui qui alarme les intérêts, excite les défiances, trouble toutes les relations, altère profondément les caractères et les types nationaux, le génie des races elles-mêmes. A ce point de vue rien de ce qui peut nous instruire sur l'état actuel de la société américaine ne nous est indifférent. Si grands, si émouvans que soient les problèmes qui préoccupent la vieille Europe, ils n'ont pas à beaucoup près l'importance de ceux qui vont surgir du conflit gigantesque soulevé entre les États du Nord et les États du Sud de l'Amérique. Je ne parle pas seulement ici de la révolution économique et des perturbations commerciales et financières qui en pourront être la conséquence et dont nous subirons le contre-coup, ni de la crise terrible où nous plongerait un amoindrissement soudain dans la production du coton ; non, je ne songe qu'à ce fait immense :

L'esclavage règne en Amérique chez des peuples qui se prétendent chrétiens. Le clergé catholique (1) tolère cet

(1) Ce fut un évêque espagnol du nom de Las-Casas qui, le premier, en 1517, obtint une permission royale autorisant le transport des nègres captifs en Amérique. Jusque-là les colons n'avaient eu aucun pouvoir légal pour faire la traite. Un évêque chrétien est donc le fondateur, en Amérique, de l'institution anti-chrétienne et réprouvée de l'esclavage.

Une reine, chrétienne aussi, mais appartenant à la religion réformée, la reine Élisabeth, ne dédaigna point non plus de spéculer sur la chair humaine. Elle s'était littéralement associée pour le trafic de la traite des nègres à un nommé John Hawkins, qui allait sur les côtes de Guinée incendier les villages, et enlever à la faveur du désastre les moins alertes à fuir. Ses captures consistaient surtout en femmes et en enfans, dont il remplissait la cale de son navire pour les transporter en Amérique et les vendre au profit de sa gracieuse souveraine et au sien propre.

abominable scandale, il vit paisiblement côte à côte avec l'esclave. Eh bien! cette violation de la plus élémentaire des lois évangéliques, cette atteinte au principe de la fraternité humaine, suffiront à détruire le corps social le plus jeune, le plus hardi, le plus vivace, celui qui semblait être le plus vigoureusement constitué.

Le clergé catholique tout entier est en ce moment dans une émotion indicible ; la papauté est dans la désolation et dans les larmes, l'épiscopat irrité se dresse pour défendre le pouvoir temporel du saint-siége ; l'Eglise n'a pas trouvé un mot encore pour donner raison à ceux qui repoussent l'esclavage, pour blâmer ceux qui veulent le maintenir et le perpétuer.

Je ne sais ce qu'en penseront les lecteurs de ce livre, mais pour moi il y a là un fait d'une portée et d'une signification redoutables.

Le danger de Rome n'est pas à Rome, il est dans les Etats à esclaves, il est dans ce contact familier du clergé catholique avec l'esclavage, il est dans ce paganisme soigneusement entretenu parmi les peuples du sud de l'Amérique, par ces prêtres qui se disent chrétiens et qui oublient la parole de l'apôtre : *Vos omnes fratres estis !*

Parmi les études de mœurs que monsieur Oscar Cometant a si bien observées, il en est une qui m'a vivement frappé. Elle a pour titre : *Ce que les Indiens Hurwoovs font des pains à cacheter.* C'est l'histoire d'un pauvre diable de Français qui, pour vivre, fait tous les métiers. Tour à tour négociant, entrepreneur, musicien, cuisinier, coiffeur, il arrive de la Colombie et finit par jouer le rôle de saint Antoine au milieu d'une des innombrables mascarades que, sous prétexte de procession, le clergé de ces beaux et malheureux pays donne en spectacle aux populations ignorantes et superstitieuses. Saint Antoine est tenté par une femme jeune et belle, légèrement vêtue, qui le sollicite au péché ; arrive le diable qui veut s'emparer du moine, mais saint Antoine saisit son goupillon, asperge le malin, qui s'enfuit épouvanté, emportant la jeune femme dans ses bras, aux applaudissemens de la foule. Je me demande si une religion qui en est là, qui joue à ces jeux puérils à côté de millions d'esclaves qui gémissent et pleurent sous la plus cruelle des oppressions, n'est pas une religion sur laquelle la main de Dieu doit s'appesantir.

En lisant ce livre à ce point de vue, j'ai été intéressé sans doute par l'originalité des révélations qu'il contient, mais j'ai été surtout ému par la catastrophe imminente qu'il m'a révélée. Les lecteurs superficiels y trouveront le charme du récit, le piquant des situations, un style sans prétention, spirituel et facile. Les penseurs, les esprits sérieux y trouveront matière à de graves réflexions.

Je crois maintenant avoir rempli tous mes devoirs. J'ai annoncé la représentation qui va vous être donnée ; messieurs et mesdames, tournez le feuillet et la toile sera levée. Les acteurs sont en scène. Pour moi, je refais les trois saluts solennels, et je me retire avec la gravité d'un sénateur romain.

LOUIS JOURDAN.

(Juillet 1861.)

TROIS ANS AUX ÉTATS-UNIS.

I

L'ÉTRANGER EN AMÉRIQUE.

Le 1er septembre 1852, à midi, *le Humboldt*, ce géant des mers, qui deux ans plus tard devait s'abîmer sur les rochers d'Halifax, passait majestueusement devant la jetée du Havre, saluant de son artillerie les rives de la France. Sa proue hardie fendait les ondes rebelles et courait de toute la force de ses huit cents chevaux de vapeur vers les immenses étendues de l'Océan, sa tempétueuse patrie.

Nous étions sur le pont, suivant d'un regard ému les derniers promontoires que, par gradation, l'horizon cachait à nos yeux.

Le lendemain au matin, quand nous nous éveillâmes, la terre avait disparu, la lame était plus forte, et le monstre marin qui nous portait en rugissant roulait avec effort sur les montagnes liquides qui le soulevaient avec grâce. Nous étions en pleine mer.

La vie à bord des steamers transatlantiques est assurément fort douce pour ceux des passagers de première classe qui n'ont pas le mal de mer. On sert le thé à six heures du matin pour les personnes matinales ; à huit heures on déjeune à la fourchette ; à midi on prend le *lunch* ; à quatre heures on dîne, mais sans vin ni café ; à sept heures on prend le thé ; enfin à minuit on peut se faire servir à souper. Ajoutons que la cuisine est généralement bonne et très variée. Les dandies trouvent à bord des barbiers américains qui les rasent et les frisent dans toutes les règles de l'art. Un *bar-room* des mieux montés offre aux buveurs des vins et des liqueurs de choix. Enfin la société est généralement agréable, et l'on passe assez bien ainsi les treize ou quatorze jours qui séparent l'Europe de l'Amérique.

Ce fut le treizième jour de notre départ que nous arrivâmes à New-York. Bâtie sur l'île de Manhattan, cette ville fut d'abord une possession hollandaise et se nommait New-Amsterdam. En 1664, elle devint la propriété particulière du frère du roi d'Angleterre, le duc d'York, qui lui donna son nom ; New-Amsterdam fut toujours appelé depuis cette époque New-York.

Admirablement situé entre les rivières de l'Est et de l'Hudson, New-York, appelé par les Américains la ville impériale, est, on le sait, une des plus grandes, des plus belles et des plus commerçantes villes du monde. Sa population au dernier recensement présentait le chiffre considérable de sept cent mille âmes, sans compter les villes avoisinantes de Brooklyn et de Hoboken, à peine séparées de New-York par la largeur des deux rivières, et qui, on peut le dire, ne forment qu'une seule et même ville de près d'un million trois cent mille habitans.

En débarquant à New-York, le voyageur est vraiment étonné du mouvement considérable que présente le port, et de la magnificence de la baie, qui pourrait abriter les plus grandes flottes du monde et présente un pourtour de 25 milles. Ce ne sont que bateaux à vapeur d'une forme étrange, à deux ou trois étages, ressemblant plus à de vastes maisons flottantes qu'à des bateaux ordinaires, et qui se croisent en tous sens avec des remorqueurs, des yachts, des schooners et des navires de tous tonnages et de toutes nations.

Au premier coup d'œil il est facile de juger du génie actif de ce peuple, laborieux jusqu'à l'excès, qui travaille pour vivre et ne vit que pour travailler, dont le commerce est à la fois le moyen et le but, et ne sait gagner de l'argent que pour en gagner davantage encore.

Au premier coup d'œil aussi, il est aisé de voir dans ce peuple essentiellement démocrate le sentiment inné de la liberté.

L'habit noir est le costume de tous aux États-Unis, et les hommes officieux qui se pressent à bord des navires pour vous offrir des adresses d'hôtels, aussi-bien que les charretiers et les cochers qui s'offrent à porter vos bagages, ont pour l'étranger l'apparence de parfaits *gentlemen*, un peu râpés, voilà tout.

Quand vous avez opté pour tel ou tel hôtel, un énorme carrosse à douze places, de la forme de nos anciens carrosses français, s'avance lourdement, charge vos malles sur son impériale et vous conduit à distination.

On sait ce que sont les hôtels en Amérique : des maisons immenses, meublées avec le plus grand luxe et desservies par des régimens de nègres et par des bataillons de jeunes Irlandaises, fraîches et accortes, auxquelles échoit le service des chambres. Des milliers de voyageurs qu'emmènent de tous les côtés de l'Union les steam-boats et les *rail-roads* peuplent ces immenses caravanséraïls. Partout ailleurs qu'aux États-Unis, où l'on voyage avec une surprenante facilité, de pareils hôtels seraient inutiles et ruineux pour leurs propriétaires.

Dans les hôtels américains, si différens de nos hôtels français, tout est prévu pour l'agrément et le comfort des voyageurs. Il n'est pas jusqu'aux nouveaux mariés, qui, moyennant la somme de trois cents francs par jour, ne puissent abriter leur amour vaniteux dans une chambre vraiment royale, désignée sous le nom de la *chambre de la mariée*, et où se confondent avec plus de prodigalité que de bon goût l'or, l'argent, les soies et le velours.

Des télégraphes électriques à l'usage des voyageurs sont établis dans les hôtels et communiquent avec toutes les villes des États, à un prix très modéré. Il y aussi, dans les hôtels, de salles de billards, des *bar-rooms*, sortes de buvettes où l'on boit en été les rafraîchissemens les meilleurs et les plus variés ; des pharmacies, des chambres de bains, une poste aux lettres, des cadrans qui indiquent d'où vient le vent, des cabinets de lecture remplis de journaux et d'affiches en si grandes quantités qu'on les jette sous les pieds des passans pour attirer leur attention ; enfin il y a des blanchisseries à la vapeur, où le linge est lavé, séché, repassé et plié en deux heures. Ces blanchisseries sont un chef-d'œuvre de mécanique. Mais sous le rapport des machines, le génie des Américains est sans pareil. Quand on pense qu'à Cincinnati ils tuent les porcs à la mécanique ! Le pauvre animal tombe sous une première trappe, où il est égorgé ; de là il passe dans de larges chaudières d'eau bouillante qui lui enlève les poils ; un autre compartiment de la machine le dépèce, et, d'oubliettes en oubliettes, l'infortuné compagnon de saint Antoine se trouve, au bout de quelques heures de ce rude travail, symétriquement coupé, salé, mis en baril, prêt à se porter sur tous les points où le réclame l'estomac de l'homme. Ces malheureux cochons n'ont pas le temps de s'y reconnaître. Nous reviendrons sur cette machine étonnante.

Du reste, les hôtels en Amérique ne sont pas uniquement destinés aux voyageurs. Il n'est rare de voir des négocians depuis longtemps établis dans le pays demeurer avec leur famille dans les hôtels, où, pour le même prix, ils vivent mieux qu'ils ne pourraient le faire chez eux. *New-York hôtel* n'est presque entièrement habité que par des familles recommandables de New-York, pour lesquelles la vie en commun ne semble avoir aucune répugnance.

Les déjeuners dans les hôtels américains commencent à sept heures pour les personnes occupées d'affaires, et l'on peut se faire servir jusqu'à onze heures. Il n'est pas rare de voir d'intrépides voyageuses qui viennent, en compagnie de leur mari, de leurs frères, de leurs fiancés, ou

même toutes seules, pour visiter New-York, se lever à six heures du matin et descendre pour déjeuner à sept, en grande toilette.

Dans le courant de la journée, on rentre à l'hôtel pour faire le *lunch*, qui permet d'attendre le dîner, d'ordinaire servi à cinq heures.

Le dîner est le repas le plus intéressant, celui qui rassemble le plus grand nombre de convives et qui mérite le plus l'attention du voyageur.

D'immenses tables, parfaitement dressées longtemps à l'avance, attendent les convives. Un effroyable roulement de gong chinois, qui remplit l'hôtel de ses barbares vibrations, avertit les dîneurs de se mettre à table. Quand tout le monde est assis, le commandant des domestiques, un nègre ordinairement vieux et laid comme le péché, fait du coin de son œil jaunâtre un signe au régiment des autres nègres qui se tiennent, immobiles, debout derrière les convives. A ce signal, et comme mis par un ressort invisible, ils avancent d'un pas et découvrent les plats du premier service.

Le dîner, non-seulement à New-York mais aussi dans toutes les autres villes de l'Union, ne se compose pas de moins de cinquante plats, tant en viandes, gibiers, poissons, coquillages, entremets et rôtis. A la vérité, ces plats sont loin d'être accommodés généralement avec cet art recherché qui distingue la cuisine française, et ce fut avec une certaine terreur, je dois l'avouer, que m'étant servi, le premier jour de mon arrivée à New-York, de quelques plats de légumes, je m'aperçus qu'ils avaient été simplement cuits dans l'eau, sans beurre et même sans sel. Si du moins un vin généreux venait mêler sa bienfaisante saveur au goût insipide des légumes cuits à l'eau claire, et de la volaille conservée dans la glace et rôtie au four ! Mais non : la tempérance américaine, qui des États du Maine menace l'Amérique entière, et s'étend sur les steamers jusqu'au delà des mers, veut qu'un verre d'eau à la glace tienne lieu de bourgogne ou de médoc.

Je voudrais bien savoir si Brillat-Savarin, qui a vécu plusieurs années aux États-Unis, s'est, lui aussi, soumis au régime de l'eau fraîche, et condamné aux légumes cuits sans assaisonnemens.

On ne boit donc que de l'eau dans les dîners américains. Le vin rouge y est presque inconnu, et si quelque dîneur fait exception à la règle, c'est pour boire du champagne débouché à grand bruit par un des *waiters*, comme pour appeler l'attention de tous sur ce fait remarquable.

Il est vrai que les sobres gentlemen, une fois retirés dans leurs chambres, se réconcilient volontiers avec le dieu Bacchus, sans que leur femmes ou leurs sœurs y apportent le moindre obstacle. Personne ne voit aucun mal à boire dans de certaines limites des liqueurs ou du vin ; et d'ailleurs, en Amérique, les péchés cachés sont plus qu'à moitié pardonnés, tandis qu'il n'est point d'excuse pour le scandale.

Après le dîner, l'étranger, à New-York, choisit entre une promenade dans Broadway, l'Opéra, quand il y a une troupe d'opéra, ou bien encore les théâtres américains, ou le musée Barnum, ou le spectacle des nègres *minstrels*; à moins qu'il ne préfère passer la soirée dans le salon de l'hôtel, ouvert à tout le monde, et qui se trouve ordinairement peuplé de femmes élégantes, dont les unes, avec cette indépendance tout américaine, chantent, jouent du piano, lisent ou font l'amour, sans s'inquiéter le moindrement des étrangers qui peuvent les entendre ou les voir. Ces différentes personnes forment d'ailleurs des groupes à part dans ces salons immenses, et nul ne songe à surprendre la conversation d'autrui, encore moins à critiquer les actions. Le ridicule, on peut le dire, n'existe pas en Amérique, et la discrétion est la vertu de tous. Faire et laisser faire, sans entrave et sans contrôle, est la grande loi que chacun observe.

C'est dans les pratiques de la vie, plus encore que dans

les lois, qu'on reconnaît si un peuple est réellement libre ou s'il est digne de l'être.

A côté des grands hôtels, on trouve à New-York, comme dans toutes les villes des États-Unis, des *boarding-houses* qui tiennent le milieu entre les hôtels et les maisons meublées de Paris. Ces *boarding-houses* reçoivent des pensionnaires depuis 5 dollars (25 fr.) jusqu'à 10, 12 et 15 dollars par semaine. On y jouit, à peu de chose près, des mêmes avantages que dans les grands hôtels; les pensionnaires se réunissent tous les soirs dans les salons communs (*parlors*), et souvent ces dames et ces messieurs improvisent de charmans petits bals où la liberté des femmes n'est pas le moindre attrait pour les Européens.

On ne saurait croire le nombre prodigieux d'étrangers, principalement d'Allemands et d'Irlandais, qui émigrent en Amérique, la terre hospitalière par excellence. Dans la ville de New-York seulement, les paquebots ont apporté dans l'espace d'un seul mois jusqu'à 40,000 Allemands et Irlandais, qui, d'abord installés au *Castle-garden*, se dirigent ensuite vers les différens points de l'Union qui demandent encore des bras (1).

Chaque année on communique au congrès des Etats-Unis d'Amérique un rapport concernant le transport des émigrans qui arrivent aux Etats-Unis, soit par bateaux à vapeur, soit par navires à voiles. Ce rapport indique le nombre des émigrans qui débarquent dans tous les ports de l'Union, leur sexe, leur âge, leur profession, le pays où ils ont pris naissance, celui où ils ont l'intention d'établir leur résidence, enfin le nombre de ceux qui sont morts pendant le voyage. Voici le résumé de ce rapport pour l'année 1856.

Mieux que tout ce que nous pourrions dire, il donne une idée du développement prodigieux que prend chaque jour la population des Etats-Unis.

Il est arrivé pendant le cours de cette année 221,496 émigrans, dont 135,308 du sexe masculin et 89,188 du sexe féminin, ainsi répartis entre les quatorze Etats limitrophes de la mer : Maine, 1,381, dont 857 du sexe masculin et 524 du sexe féminin ; —New-Hampshire, 27 : 19 hommes, 8 femmes ;—Massachusetts, 19,395 : 10,872 hommes, 8,523 femmes ; —Rhode-Island, 99 : 49 hommes, 50 femmes ; —New-York, 162,108 : 97,492 hommes, 64,616 femmes ; —Maryland, 6,123 : 3,235 hommes, 2,888 femmes ; — Virginie, 15 : 13 hommes, 2 femmes ; — Caroline du Sud, 733 : 497 hommes, 236 femmes ; — Floride, 203 : 157 hommes, 46 femmes ; — Alabama, 130 : 93 hommes, 37 femmes ; — Louisiane, 18,758 : 11,048 hommes, 7,710 femmes ;—Texas, 1,576 : 814 hommes, 762 femmes ; — Californie, 5,668, 5,438 hommes, 230 femmes.

Sur ce nombre, 25,904 sont nés en Angleterre, 54,496 en Irlande, 3,297 en Ecosse, 1,126 dans la province de Galles, 14,331 dans la Grande-Bretagne et l'Irlande, 6,492 dans l'Amériqueanglaise, 7,216 en France, 766 en Espagne, 423 en Portugal, 1,780 en Suisse, 982 en Italie, 23 en Sicile, 360 en Sardaigne, 5 en Turquie, 1,393 en Hollande, 173 en Danemark, 7,221 en Prusse, 1,982 en Belgique, 9 en Russie, 63,807 en Allemagne, 20 en Pologne, 1,157 dans

(1) Quant au nombre des voyageurs qui prennent passage sur les steamers pour venir en Europe, il est considérable aussi. Par cette voie, la plus coûteuse, il a été transporté du nouveau monde dans l'ancien, depuis le 1er avril jusqu'au 1er août de l'année 1856 :

A Liverpool	3,508
A Brême	821
A Southampton	136
A Glasgow	424
Au Havre	1,294
Total	6,273

Six mille deux cent soixante-treize passagers pour l'Europe en quatre mois! Plus de quinze cents par mois, près de quatre cents par semaine! Ajoutons, d'après des informations exactes, que la malle des Etats-Unis transporte en moyenne seize mille lettres par voyage.

le royaume de Suède et Norwège, 181 dans l'Amérique du Sud, 741 au Mexique, 303 dans l'Amérique centrale, 1,337 aux Indes occidentales, 2 en Grèce, 1 en Asie, 13 dans les Indes orientales, 1 dans la Nouvelle-Zélande, 4,733 en Chine, 2 aux îles Sandwich, 7 en Australie, 358 aux Açores, 2 dans les îles du cap Vert, 1 en Egypte, 5 en Afrique, 24,060 aux Etats-Unis, 172 dont l'origine n'est pas certifiée. En retranchant les 24,060 individus nés aux Etats-Unis qui y sont rentrés, il reste donc un total de 200,436 étrangers.

200,002 de ces émigrans ont annoncé l'intention de résider aux Etats-Unis, 20,315 n'ont pu indiquer leur destination d'une manière exacte, les autres se sont répandus dans toutes les parties du monde.

Sous le rapport de l'âge, on compte 16,399 individus au-dessous de cinq ans, 14,405 entre cinq et dix ans, 11,928 entre dix et quinze, 34,818 entre quinze et vingt, 40,837 entre vingt et vingt-cinq, 32,669 entre vingt-cinq et trente, 19,131 entre trente et trente-cinq, 14,541 entre trente-cinq et quarante, et 19,905 de quarante et au-dessus de cet âge ; enfin 19,873 dont l'âge n'est pas exactement déterminé.

Sous le rapport de la profession, nous trouvons 11,105 commerçans, 9,801 artisans, 21,722 fermiers, 906 marins, 6,136 mineurs, 37,019 laboureurs, 90 hommes de loi, 163 médecins, 118 ecclésiastiques de toutes religions. On compte 1,748 domestiques, dont 42 seulement du sexe masculin et 1,706 du sexe féminin, 2,643 personnes dont 1,397 hommes et 1,246 femmes, dont la profession n'est pas connue d'une manière certaine, et 130,045, dont 43,809 du sexe masculin et 86,236 du sexe féminin, qui n'ont fait connaître aucune espèce de profession.

Enfin 400 de ces émigrans sont morts pendant le voyage : 17, dont 12 du sexe masculin et 5 du sexe féminin, en se dirigeant vers les ports du Massachusetts; 334, dont 193 du sexe masculin et 141 du sexe féminin, en se dirigeant vers les ports de l'Etat de New-York; 20 en se dirigeant vers les ports de la Pensylvanie, 11 vers ceux du Maryland, 14 vers ceux du Texas, et 4 en se dirigeant vers les ports de la Californie.

Les Américains, qui sont les premiers calculateurs du monde, estiment en moyenne à 1,500 dollars la valeur de chaque émigrant, et calculent d'après ce chiffre l'accroissement que l'émigration apporte aux Etat-Unis. On compte recevoir par an à peu près 150,000 émigrans, dont on estime la valeur à 205 millions de dollars, ou environ 1 milliard 25 millions de francs.

Les Etats-Unis sont donc, par calcul autant que par principe politique, la nation hospitalière par excellence. Mais si hospitalière que soit l'Amérique du Nord, elle a pourtant interdit l'entrée de son territoire aux émigrans qui ne peuvent justifier de la possession d'une certaine somme d'argent propre à subvenir aux premiers frais de déplacement et d'installation dans les terres. Des émigrans convaincus d'indigence ont été renvoyés dans leur pays par l'intermédiaire de leurs consuls respectifs.

Les émigrans cultivateurs sont assurément de tous les étrangers en Amérique les plus heureux. Ils achètent dans l'ouest des terres excellentes qui, dès les premiers mois, font vivre leur famille et rapportent bientôt annuellement au delà du prix d'acquisition.

Les fils des émigrans actuels seront évidemment un jour les propriétaires de l'Amérique entière, dont le vaste territoire pourrait nourrir le monde, réparti de la manière suivante, d'après l'almanach américain pour 1857 : Afrique, 100,000,000; — Amérique, 57,676,882; — Asie et ses îles, 626,000,000 ; — Australie et ses îles, 1,248,000 ; —Europe, 263,517,521 ; — Polynésie, 1,500,000. — En somme 1,049,942,403 âmes.

Les ouvriers étrangers qui restent dans les villes sont généralement moins heureux que les agriculteurs. Ils se trouvent exposés à manquer d'ouvrage. Les bureaux du consulat de France à New-York sont tous les jours encombrés d'ouvriers français qui, ne trouvant pas à s'employer et ignorant jusqu'où peut s'étendre la protection des consuls français à l'étranger, viennent demander leur passage pour retourner en France.

L'étranger qui veut voyager en Amérique trouve cette immense contrée sillonnée de chemins de fer en tous sens et de bateaux à vapeur qui transportent vite et à bon marché. Dans l'été, de magnifiques steamboats prennent les voyageurs de New-York à Albany (15 heures) pour 2 fr. 50 c., et même parfois pour 1 fr. 25 c.

Il n'y a dans les bateaux à vapeur, aussi bien que dans les chemins de fer américains, qu'une seule catégorie de places; chacun choisit celle qui lui convient le mieux.

Que de magnificences sont réservées à l'admiration du voyageur qui a le loisir d'explorer les vastes Etats de l'Union.

La plus grande cataracte du monde est la chute du Niagara, où les eaux réunies des grands lacs supérieurs forment une rivière large de 1,348 mètres, se resserrent soudain et plongent par-dessus les rochers à une profondeur de 53 mètres.

La plus grande caverne du monde est le Manmoth-Cave, dans le Kentucky, où l'on peut faire un voyage sur les eaux d'un fleuve souterrain et pêcher des poissons sans yeux.

Le plus grand fleuve du monde est le Mississipi, qui a 4,100 milles de longueur.

La plus grande vallée du monde est celle du Mississipi, qui n'a pas moins de 500,000 milles carrés, et passe pour être l'une des régions les plus fécondes du globe.

Le plus grand lac du monde est le lac Supérieur, qui a 430 milles de long.

Le plus grand pont naturel du monde est celui de Cedar-Crek, en Virginie. Il traverse un précipice de 250 pieds de profondeur sur 80 pieds de large, au fond duquel coule le torrent.

La plus grande masse de fer du monde est la montagne de fer du Missouri, le Pilot-Knob. Elle a 350 pieds de haut et deux milles de tour.

Enfin le plus long chemin de fer du monde est le Grand-Central Illinois, qui a 731 milles de long et a coûté 15 millions de dollars à établir.

Mais ce chemin même sera bientôt surpassé, car il est sérieusement question, en ce moment, de prolonger les chemins de fer américains jusqu'en Californie, par le Texas et le Mexique. On pense qu'il ne faudrait pas moins de treize ou quatorze jours et autant de nuits pour se rendre, par convoi direct, de New-York à San-Francisco. Les auteurs de ce projet ont-ils bien calculé les forces humaines? Mais rien n'effraye le génie actif, rien n'arrête le courage des Américains. Cet immense parcours à travers des déserts où des peuplades sauvages sont toujours en guerre avec les *visages pâles*, comme ils nomment les blancs, se fera certainement un jour.

Soyez sûr que, en fait d'entreprises industrielles, ce qui est faisable est déjà fait en Amérique, et que l'infaisable se fera. Le *go a head* des Yankees ne connaît pas d'obstacles, et leur esprit d'envahissement ne trouve de limites que dans les limites du monde. Qu'on découvre le moyen de se diriger dans les airs, et les Américains auront bientôt établi des comptoirs de commerce dans la lune et annexé ce satellite à leurs autres Etats.

En fait de grandes entreprises, les Américains n'ont de rivaux que les Anglais. La tentative de relier l'ancien monde au nouveau par un fil télégraphique en est une preuve.

La pose du câble transatlantique, au moyen duquel l'ancien monde a pu faire, par-dessous mer, la conversation avec le nouveau, et qui mesure 3,796,600 mètres de longueur, est un des événemens les plus considérables de notre époque, un miracle de la science et de l'industrie. Si le câble est aujourd'hui rompu, le projet d'en poser un autre n'est pas entièrement abandonné, car l'expérience est faite et le succès a été reconnu possible. Quand les différens peuples se connaîtront mieux ils s'aimeront da-

vantage, et puiseront dans leur force et leurs ressources respectives une source commune de bien-être pour l'humanité tout entière. La vapeur et le fil électrique sont les puissans civilisateurs de notre siècle, et c'est par eux que nous viendra la paix éternelle, si le bien triomphe jamais complétement du mal sur la terre.

Tout ce qui se rapporte à la pose du câble transatlantique, alors même qu'il ne serait considéré que comme une tentative généreuse et hardie, est d'un intérêt trop vif pour que nous ne donnions pas place dans ce volume aux curieux détails fournis par un témoin oculaire. Voici comment il s'exprime :

« Nous sommes arrivés au rendez-vous le mercredi 28 juillet, exactement onze jours après notre départ de Queenstown. Les autres bâtimens de l'escadre furent aperçus vers le soir, mais à une telle distance que l'*Agamemnon* ne put les atteindre que le lendemain matin, à dix heures. Nous fûmes accablés de questions sur la cause de notre retard. Tout le monde croyait que nous avions échoué en sortant de Queenstown. Le *Niagara* était arrivé au rendez-vous le 23, le *Valorous* le dimanche 25, le *Gorgon* le mardi 27. Le temps était beau et d'un calme parfait; on se mit donc à attacher ensemble les deux bouts du câble sans perdre de temps. On fit passer l'extrémité du câble du *Niagara* sur l'*Agamemnon*.

» Vers midi la soudure était faite; elle portait une masse de plomb destinée à servir de poids. Le plomb se détacha et tomba à l'eau au moment où on allait jeter le câble à la mer. On ne trouva sous la main qu'un boulet de 32, qu'on fixa au point de jonction des deux bouts du câble, et tout l'appareil fut lancé à la mer sans autre formalité et même sans attirer l'attention, car ceux qui étaient à bord avaient trop souvent assisté à cette opération pour avoir grande confiance dans son succès final. On laissa couler 210 brasses de câble, afin que la soudure se trouvât suffisamment au-dessous du niveau de l'eau; puis on donna le signal du départ, et le *Niagara* et l'*Agamemnon* partirent en sens inverse. Pendant les trois premières heures, les bâtimens marchèrent très lentement et déroulèrent une grande longueur de câble; ensuite l'*Agamemnon* alla en augmentant de vitesse jusqu'à ce qu'elle eût atteint 5 nœuds à l'heure. Le câble se dévidait à raison de 6 nœuds à l'heure; il ne marquait sur le dynamomètre qu'une tension d'une centaine de livres.

» Un peu après six heures, on vit une très grande baleine s'approcher rapidement du navire; elle battait la mer et faisait voler l'écume autour d'elle. Pour la première fois il nous vint à l'idée que la rupture du câble, lors de la dernière tentative, pouvait bien être le fait d'un de ces animaux. La baleine se dirigea pendant quelques temps droit sur le câble, et nous ne fûmes tranquillisés qu'en voyant le monstre marin passer lentement à l'arrière; il rasa le câble à l'endroit où il plongeait dans l'eau, mais sans lui causer aucun dommage.

» Tout alla bien jusqu'à huit heures; le câble se déroulait avec une régularité parfaite, et, pour prévenir tout accident, on veillait avec soin à ce que le dynamomètre ne marquât pas une pression de plus de 1,700 livres, ce qui n'était pas le quart du poids que pouvait porter le câble. Un peu après huit heures, on découvrit une avarie dans le câble enroulé sur le pont. M. Canning, l'ingénieur de service, n'avait pas à perdre un instant, car le câble se déroulait si rapidement que la portion endommagée devait sortir du vaisseau dans l'espace d'environ vingt minutes, et l'expérience avait montré qu'il était impossible d'arrêter le câble ou même le navire sans courir le risque de voir tout l'appareil se briser. Juste au moment où les réparations allaient être terminées, le professeur Thomson annonça que le courant électrique avait cessé, mais que l'isolement était toujours complet. On supposa naturellement que c'était le morceau de câble détérioré qui interrompait le courant, et on le coupa aussitôt pour le remplacer par une soudure.

» A la consternation générale, l'électromètre prouva que

l'interruption se manifestait sur un point du câble qui était déjà dans l'eau à environ 50 milles du bâtiment. Il n'y avait pas une seconde à perdre, car il était évident que la portion du câble qu'on avait coupée allait dans quelques instans se trouver déroulée et jetée à la mer, et dans ces quelques instans il fallait faire une soudure, opération longue et difficile. On arrêta le navire sur-le-champ, et on ralentit la marche du câble autant que cela se pouvait faire sans danger. A ce moment, l'aspect que présentait le bâtiment était très extraordinaire. Il paraissait impossible, même avec la plus grande diligence, de finir le travail à temps.

» Tout le monde à bord était rassemblé dans l'entrepont autour du câble enroulé, et le surveillait avec la plus grande anxiété à mesure qu'une toise après l'autre descendait à la mer et rapprochait de plus en plus le moment où es ouvriers verraient le morceau sur lequel ils travaillaient leur échapper des mains. Dirigés par M. Canning, ils se dépêchaient comme des hommes qui comprennent que la vie ou la mort de l'entreprise dépendait d'eux. Néanmoins tous leurs efforts furent inutiles, et l'on dut avoir recours à la dernière ressource, celle d'arrêter le câble, auquel le vaisseau resta pendant quelques minutes comme suspendu. Heureusement ce ne fut que l'affaire d'un instant; car la tension augmentait continuellement et ne pouvait tarder à produire une rupture.

» Lorsque la soudure fut terminée et que l'on put recommencer à laisser le câble se dérouler, l'émotion produite par le danger que l'on avait couru s'apaisa peu à peu. Mais le courant électrique n'était pas encore rétabli. On résolut donc de dérouler le câble aussi lentement que possible, et d'attendre six heures avant de considérer l'opération comme tout à fait manquée, afin de voir si l'interruption du courant ne cessait pas d'elle-même. On regardait les aiguilles avec la plus grande anxiété, et lorsqu'on les vit tout à coup ne plus indiquer le moindre courant, on crut que le câble était rompu ou que l'isolement était détruit.

» On fut donc agréablement surpris lorsque trois minutes plus tard l'interruption disparut et que les signaux du Niagara arrivèrent par intervalles réguliers. Ce fut une grande joie pour tout le monde : mais la confiance générale dans le succès de l'entreprise était ébranlée, parce que l'on comprenait qu'un semblable accident pouvait se renouveler à chaque instant.

» Vendredi 30, tout alla bien. Le bâtiment filait 5 nœuds et le câble 6. L'angle qu'il faisait avec l'horizon en sortant du vaisseau était de 15 degrés, et le dynamomètre marquait une tension de 1,600 à 1,700 livres.

» A midi, nous étions à 90 milles du point de départ, et nous avions déroulé 135 milles de câble. Vers le soir, le vent souffla avec assez de violence, et l'on descendit sur le pont les vergues, les voiles, enfin tout ce qui pouvait offrir quelque prise au vent. Le bâtiment, toutefois, ne pouvait avancer que très difficilement à cause des vagues et du vent qui lui était contraire; en même temps l'énorme quantité de charbon que l'on consommait semblait indiquer que l'on serait obligé de brûler les mâts pour arriver jusqu'à Valentia. Le lendemain, le vent était plus favorable, et l'on put épargner un peu de combustible. Samedi, dans l'après-midi, la brise fraîchit encore, et vers la nuit la mer était devenue tellement grosse qu'il semblait que le câble ne pourrait tenir.

» On fut obligé de surveiller avec la plus grande attention la machine servant à dérouler, car un seul moment d'arrêt, alors que le vaisseau était soulevé par les vagues pour retomber ensuite, aurait suffi pour causer un accident. Messieurs Hear et Moore, les deux ingénieurs chargés du dynamomètre, veillaient alternativement pendant quatre heures. Néanmoins le câble, qui n'était qu'un simple fil à côté des vagues énormes dans lesquelles il plongeait, continuait à tenir bon et s'enfonçait dans la mer en ne laissant derrière lui qu'une ligne phosphorescente.

» Dimanche, le temps était toujours aussi mauvais, de gros nuages couvraient le ciel, et le vent continuait à balayer la mer. A midi nous étions à 52 degrés de latitude nord, et 23 degrés de longitude ouest, ayant fait 120 milles depuis la veille, et 350 milles depuis notre départ. Nous avions passé le point où la profondeur est la plus grande; elle est en cet endroit de 210 brasses.

» Lundi, la mer n'était pas meilleure, et ce n'est que grâce aux efforts infatigables de l'ingénieur qu'on empêcha la machine de s'arrêter à mesure que le bâtiment était soulevé par les vagues. Une ou deux fois elle s'arrêta réellement, mais heureusement elle reprit son mouvement à temps.

» Il était naturellement impossible d'arrêter le câble, et, bien que le dynamomètre marquât de temps en temps 1,700 livres, il était le plus souvent au-dessous de 1,000, et quelquefois il marquait zéro, et le câble coulait alors avec toute la vitesse que lui imprimait son propre poids et la marche du navire. Cette vitesse n'a jamais dépassé 8 nœuds à l'heure, le vaisseau filant 6 nœuds et demi. En moyenne, la vitesse du bâtiment était de 5 nœuds et demi et celle du câble en général de 30 0,0 plus grande. Lundi, le 2 août, à midi, nous étions à 52 degrés de latitude nord et à 19 degrés 48 minutes de longitude ouest, ayant parcouru 127 milles depuis la veille et ayant accompli plus de la moitié de notre voyage.

» Dans l'après-midi, nous vîmes à l'est un trois-mâts américain, le Chieftain. D'abord on ne fit pas attention à lui; mais tout à coup il changea de direction et vint droit sur nous. Une collision devenait imminente et aurait été fatale au câble; il était également dangereux de changer la course de l'Agamemnon. Le Valorous alla en avant et tira un coup de canon; l'Agamemnon en tira un second et le Valorous deux autres sans pouvoir faire changer de direction les trois-mâts. L'Agamemnon n'eut que le temps de changer la sienne pour éviter le bâtiment, qui passa à quelques yards de nous. Son équipage et ceux qui étaient à bord ne comprenaient évidemment rien à notre manière d'agir, car ils accoururent sur le pont pour nous voir passer. A la fin ils découvrirent qui nous étions; ils montèrent sur les vergues, et, agitant plusieurs fois leur drapeau, ils poussèrent trois hourras en notre honneur.

» L'Agamemnon fut obligé de reconnaître ces complimens en bonne forme, quoique nous fussions de fort mauvaise humeur en songeant que l'ignorance ou la négligence de ceux qui dirigeaient ce bâtiment auraient pu occasionner un accident fatal.

» Mardi matin, vers trois heures, tout le monde à bord fut réveillé par le bruit du canon. On crut que c'était le signal de la rupture du câble. Mais, en montant sur le pont, on aperçut le Valorous déchargeant rapidement son artillerie sur une barque américaine qui était juste au beau milieu de notre chemin. Des remontrances aussi sérieuses de la part d'une grande frégate ne pouvaient être méprisées ; aussi la barque s'arrêta-t-elle tout court, mais évidemment sans y rien comprendre. Son équipage nous prit peut-être pour des flibustiers, ou bien il crut être la victime d'un outrage britannique contre le drapeau américain. Ce qui est certain, c'est que la barque resta immobile jusqu'à ce que nous la perdîmes de vue à l'horizon.

» Mardi, il fit plus beau que les jours précédens. La mer toutefois était encore assez forte, mais déjà on pouvait prévoir le succès définitif de l'expédition. Nous étions à 16 degrés de longitude ouest, ayant fait 134 milles depuis la veille. Vers cinq heures du soir, nous étions arrivé à la montagne sous-marine qui sépare le plateau télégraphique de la côte d'Irlande, et, l'eau devenant toujours plus basse, la tension du câble diminuait aussi constamment. On en déroula une grande longueur pour le cas où il se trouverait dans le fond des inégalités que l'on n'aurait pas découvertes avec la sonde.

» Mercredi, le temps était magnifique. A midi, nous étions à 89 milles de la station télégraphique de Valentia. Vers minuit, on aperçut les lumières de la côte, et jeudi matin les rochers élevés qui donnent un aspect aussi sauvage que pittoresque aux environs de Valentia se présentèrent à nos yeux, à quelques milles de distance. Jamais peut-être navigateurs n'ont accueilli la vue de la terre avec autant de joie, puisqu'elle constatait la réussite d'un des projets les plus grands, mais en même temps les plus difficiles qui aient jamais été conçus. Comme on ne paraissait pas se douter de notre arrivée, le *Valorous* alla en avant, tira un coup de canon. Aussitôt les habitans se portèrent sur une foule d'embarcations à notre rencontre. Bientôt après, on reçut un signal du *Niagara* indiquant que lui aussi était arrivé à la terre. Il avait coûté 1,030 milles de câble, et l'*Agamemnon* 1,020 milles, ce qui donne pour toute la longueur du câble submergé 2,050 milles géographiques. Le bout du câble fut amené à terre par MM. Bright et Canning, auxquels on est redevable du succès de l'entreprise; il fut placé dans une tranchée creusée pour le recevoir, et les salves de l'artillerie annoncèrent que la communication entre l'ancien et le nouveau monde était complète. »

L'enthousiasme excité par le succès, trop court hélas! de la pose du câble transatlantique a été immense partout aux États-Unis. A New-York seulement, le conseil des aldermen a voté une somme de 10,0 0 dollars pour célébrer par des feux d'artifice et des illuminations cette victoire remportée sur les élémens. Il a été résolu, en outre, que le portrait de monsieur Cyrus-W. Field, qui a dirigé les travaux de la pose, serait placé dans le salon d'honneur au City-Hall.

Le télégraphe des deux mondes a suggéré à M. Lecouturier les réflexions suivantes :

« New-York, dit-il, situé près du 76e degré de longitude à l'ouest de Paris, a ses horloges bien réglées d'un peu plus de cinq heures en retard sur celles de Paris; de sorte que, lorsqu'il est chez nous dix heures du matin, l'heure où commencent les affaires, il n'est que cinq heures, c'est-à-dire une heure où l'on dort encore d'un profond sommeil. Quand on se lève à New-York, il est à Paris; quand on dîne dans cette dernière ville (vers cinq heures du soir), on déjeune dans la première; mais aussi quand on dîne à New-York, on se couche à Paris.

» Quant à la Nouvelle-Orléans, plus reculée à l'ouest d'environ 15 degrés de longitude, elle est presque de six heures dix minutes (plus d'un quart de jour) en retard sur l'heure de Paris. Par exemple, une dépêche expédiée de cette dernière ville, le 15 août, à trois heures du matin, par le télégraphe, arrivera à la Nouvelle-Orléans le 14 août, à neuf heures du soir, et *vice versâ*. On peut de même envoyer d'Europe des nouvelles datées de une heure, deux heures, trois heures du matin, etc., le premier jour du mois ou même le premier jour de l'année. Ces nouvelles arriveront en Amérique dans la dernière soirée du mois ou de l'année précédente. Si on veut que les communications d'Europe arrivent à la Nouvelle-Orléans pour l'heure matinale où se font les affaires dans les climats chauds, il faudra faire manœuvrer le télégraphe vers midi. La dépêche, expédiée le soir à dix heures, arrivera sur les bords du Mississipi à quatre heures de l'après-midi, l'instant de la reprise des affaires après la grande chaleur.

» Les Américains, avec leur génie entreprenant, ne se tiendront pour satisfaits que lorsqu'ils auront mis en communication directe l'Atlantique avec le Pacifique, New-York avec San-Francisco, en Californie. Cette dernière ville, située par 125 degrés de longitude ouest de Paris, a huit heures vingt minutes de retard sur nous, si bien que la plus grande partie de sa nuit coïncide avec notre jour, et réciproquement.

» Dans l'hiver, lorsque le jour se montre à peine en France à sept heures du matin, il n'est guère que dix heures et demie du soir en Californie. A San-Francisco, on songe à se coucher au moment où point à l'horizon de Paris la première lueur du jour. L'heure la plus convenable en Europe pour entretenir des communications télégraphiques avec la Californie serait de quatre à huit heures du soir, temps qui coïnciderait avec la matinée de ce pays lointain.

» La région du globe où la différence de temps est de douze heures avec l'Europe occidentale, c'est-à-dire qui a minuit lorsque nous avons midi et réciproquement, est la partie longitudinale de l'océan Pacifique, toute parsemée de petites îles madréporiques, et comprise entre le détroit de Behring au nord et la Nouvelle-Zélande au sud; c'est la contrée éloignée de nous de 180 degrés de longitude que nous avons l'habitude de désigner sous le nom d'*antipodes*. Jusqu'à présent il n'est pas encore question d'installer de télégraphe dans ces parages. »

II

LES AFFAIRES AUX ÉTATS-UNIS.

Nulle part autant qu'en Amérique on n'aime l'argent et on ne fait autant d'efforts pour en gagner. Il n'est point de travail productif si long, si pénible, si repoussant ou si dangereux qu'il puisse être, qui rebute la constante et fébrile activité des Américains. Un homme d'ailleurs n'est rien et ne vaut rien, de l'autre côté de l'Océan, tant qu'il ne représente pas un capital.

— Connaissez-vous monsieur un tel ?—disent les Américains.

— Oui, il vaut vingt mille piastres.

— Et cet autre, le connaissez-vous?

— Il ne vaut rien.

On ne parle jamais de leur mérite personnel, de leurs vertus, de leurs talents.

Béranger, qui vivait à Passy d'une modeste pension, n'aurait rien valu en Amérique.

L'argent, qui fait seul les hommes, est naturellement ce que les hommes aiment le plus dans ce pays, où le désir de s'enrichir est la seule passion vivace.

Mais cette fièvre du gain, qui commence à l'enfance et ne finit qu'à la mort, n'a pas, comme en Europe, le repos du travail et du bien-être pour but. On ignore en Amérique l'état négatif du rentier, et personne ne songe à le devenir, ni ne voudrait l'être. On commence d'abord par gagner de l'argent pour vivre, on en gagne ensuite pour entreprendre des affaires, on en gagne après pour les continuer plus grandement; on ne les cesse jamais.

Les fameux *dix mille livres de rente* que Scribe a si souvent placés dans la bouche de ses honnêtes marchands, comme la limite de leur ambition et le prix de leurs travaux, ne seraient nullement compris en Amérique, où l'ambition est sans limite.

Les négocians américains sont des joueurs qui ont pour roulette les marchés du monde, et pour enjeu des stocks. Un joueur ne se corrige pas de jouer; quand il a gagné, il veut gagner encore; quand il perd, il veut se rattraper; quand il n'a pas d'argent pour jouer lui-même, il regarde les autres joueurs et fait sur les coups du jeu des paris imaginaires.

Telle est l'irrésistible passion de ce peuple, qui fait les affaires en joueur autant pour se donner les âpres émotions du commerce que pour en récolter les fruits.

Cette passion du trafic, ce bonheur de l'échange, cet amour du tripotage mercantile, exalte les âmes d'une manière si étrange, qu'on verra peut-être naître en Amérique une classe de nouveaux poëtes, entièrement inconnus jusqu'ici : les poëtes marchands.

Qu'on en juge plutôt par ce fait.

Je me trouvais un jour en compagnie d'une jeune lady, belle de cette correcte et angélique beauté des vignettes anglaises. La conversation roulait sur les priviléges dont les femmes jouissent en Amérique, priviléges qui tiennent autant à la protection des lois qu'à une certaine galanterie et à l'extrême tolérance des Américains pour les femmes.

— C'est vrai, — me dit-elle, — nous sommes généralement bien heureuses en Amérique ; malgré cela, j'aurais voulu naître homme ?

— C'eût été bien dommage, — lui dis-je ; — mais pourquoi auriez-vous voulu faire partie de la plus vilaine moitié du genre humain ?

— Pourquoi ! — me dit-elle vivement, — et vous me le demandez ? — A cet instant, ses traits s'animèrent, ses yeux d'azur prirent sous ses longs cils noirs un air inspiré, sa personne entière parut sous le charme d'une grande et poétique pensée. Je m'attendais à l'entendre dire qu'elle voudrait être homme pour commander une armée, diriger une escadre, briller à la tribune ou à la chaire par l'éloquence de sa parole, ou peut-être même encore pour essayer de faire, à l'instar de quelques fameux flibustiers, la conquête du Mexique ou de Cuba. Mais à peine avais-je achevé ces rapides réflexions que, s'approchant de moi, elle me dit d'une voix émue : — Eh bien ! je voudrais être homme pour devenir un homme d'affaires (business man).

Je n'invente rien. D'ailleurs de pareils traits ne s'inventent pas.

Les Américains, qui aiment l'argent jusqu'à l'adoration, ne sont pas pourtant avares à la manière d'Harpagon. Harpagon aime l'argent pour l'argent : il le garde avec crainte, le cache à tous les yeux, le refuse à tous et à lui-même, et n'a pas, dans son inexplicable folie, de plus grande volupté que de plonger ses mains insensées et ignobles dans des sacs d'or qu'il ne videra jamais. Ces sortes d'avares, dont la race semble dégénérée, ne sont pas non plus communs en Europe. Pourtant il arrive encore de temps à autre que la police trouve dans de misérables taudis, scellées dans des murs ou cachées dans des paillasses, des sommes d'argent plus ou moins fortes, que l'avarice, sous la forme hideuse de riches mendians, y a péniblement entassées.

Mais si les Américains ne sont pas généreux, s'ils tiennent à l'argent quand il s'agit d'en disposer en faveur d'un autre ou même pour leur propre plaisir, ils le risquent volontiers dans les affaires et avec une hardiesse sans pareille. Le Yankee s'enrichit ou se ruine en fort peu de temps et sans grande émotion. Dans l'un ou dans l'autre cas il continue les affaires, et sa manière de vivre reste à peu près la même.

Voici de quelle manière vivent à New-York les hommes employés dans les affaires, c'est-à-dire la presque totalité des hommes.

L'homme d'affaires, depuis le plus grand armateur jusqu'au plus modeste commis, se lève tous les jours à sept heures du matin, que le thermomètre descende comme en Russie ou qu'il monte comme au Sénégal, qu'il neige comme au mont Saint-Bernard ou qu'il vente comme à l'île Bourbon ; car on a tous ces climats à New-York, et même on les a quelquefois réunis en un jour, ou à peu près.

Le déjeuner attend l'homme d'affaires à sept heures et demie, à huit heures au plus tard. Il se compose invariablement pour tous, millionnaire ou indigent, d'une tasse de café au lait ou de thé (1), et d'une tranche de jambon, qu'on remplace quelquefois par des tranches de roast-beef froid. Ce modeste repas lestement avalé, l'homme d'affaires s'achemine vers le bas de la ville, qui est le côté marchand. A huit heures ou huit heures et demie, chacun est à son poste, c'est-à-dire à son office. Il se fait alors dans Wall-Street et dans les rues avoisinantes un travail de fourmi ; on se croise, on se presse, on se fait des signes de la main pour ne pas perdre de temps à se parler. Quant au moral, une seule pensée domine tout le monde : se garer de la ruse des uns et ruser avec les autres.

(1) On consomme annuellement en Amérique l'immense quantité de 35,200,000 livres de thé.

Pour l'homme d'affaires, quand il est à son office, il n'y a plus ni père, ni mère, ni frère, ni sœur, ni ami, ni maîtresse, ni Dieu, ni diable ; il n'y a que des cliens et des affaires. L'homme le plus délicat, le plus sensible, le meilleur fils, le père le plus vertueux, l'amant le plus chaste, le mari le plus fidèle, devient l'être le plus endurci de la création quand il discute, à s n office, sur une partie de morue salée dont il veut se défaire, ou sur un stock de suif Rio-Grande qu'il veut acquérir. Son cœur se transforme, ou plutôt il n'a plus qu'un dollar à la place du cœur. Annoncez-lui la perte de tous ses parens, il vous répondra : « Veuillez m'attendre un instant ; je termine une affaire, je suis à vous tout de suite ; vous savez ? les affaires avant tout ! »

Nous pourrions citer les noms de personnes fort estimables d'ailleurs, bonnes et sociables hors de leur office, qui, dans une récente et terr'ble catastrophe, ayant perdu une partie de leurs plus proches parens, crurent de leur devoir d'hommes d'affaires de ne pas interrompre le cours de leurs opérations commerciales. La mort dans l'âme, ils allèrent le même jour discuter marchandises avec beaucoup de sang-froid, et profitèrent avec désespoir des bonnes occasions qui se présentèrent d'exploiter leurs cliens au profit de leur bourse. Le soir, ils auront certainement pleuré, et pleuré du fond du cœur, ces chers parens, sauf à sécher leurs larmes le lendemain à l'heure des affaires. C'est le stoïcisme mercantile poussé jusqu'à l'héroïsme.

J'aime les anecdotes quand elles sont caractéristiques. En voici une que j'ai entendu raconter :

Un jeune homme quitte New-York pour les Indes, où il va tenter la fortune. Il reste dix ans absent. Après ce long laps de temps, et sans prévenir personne, il revient à New-York. Le hasard le fait rencontrer avec son frère comme il venait de débarquer.

— Eh mais ! c'est bien vous ! vous voilà donc des nôtres ! Comment vous portez-vous ?

— Très bien, et vous ? — lui dit en étendant la main l'inattendu voyageur.

— Parfaitement. Je suis très content de vous voir ; très content, vraiment.

— Je suis aussi très content de vous voir.

— Avez-vous fait un bon voyage ?

— Assez bon. Et ici tout va-t-il bien ?

— Assez bien.

— Il n'y a rien de nouveau ?

— Non. C'est-à-dire si : une grande nouvelle...

— Quoi donc ?

— Vous ne savez pas ? Notre père est mort.

Le nouvel arrivant, prenant alors un visage sérieux, se mit à siffler lugubrement en filant le son du forté jusqu'au smorzando, ce qui peut se traduire par cette exclamation : Ah ! diable ! Puis, reprenant aussitôt et sur un ton dégagé :

— Et les cotons, dites-moi, sont-ils fermes en ce moment ?

Un coup de sifflet (tendre et expressif, il est vrai) avait été la seule oraison funèbre articulée par le fils en l'honneur du père défunt, la fleur jetée pieusement sur sa tombe à peine fermée, comme disent les croque-morts littéraires à l'enterrement de leurs amis.

Ce trait est caractéristique ; mais il est loin d'être généralement vrai.

Les affaires ont un moment d'intermittence vers deux heures, qui est l'heure du dîner pour toute la gente commerciale. Les restaurans, très abondans dans le bas de la ville, sont dans ce moment de la journée remplis de dîneurs silencieux et sobres, qui semblent regretter le temps qu'ils passent à se nourrir. Le dîner n'est pas long ; pas de soupe, un plat de viande garni de légumes, un peu de poisson, pour dessert un énorme morceau de tarte aux fruits à demi cuite, et de l'eau fraîche pour boisson. Après ce repas, chacun rentre à son office, et les affaires reprennent de plus belle jusqu'à six heures. Dans certains

cas, et quand la besogne commande, le chef de la maison
seul, dans son noir et triste bureau, travaille jusqu'à neuf
ou dix heures.

La seule différence qui existe entre la manière de vivre
du riche négociant et celle d'un petit commis à dix dollars
par semaine est celle-ci : le riche négociant possède une
magnifique et très comfortable maison dans le haut de la
ville, dont il ne jouit jamais ou presque jamais, tandis
que le commis à dix dollars ne possède aucune maison
dans aucune partie de la ville, mais jouit infiniment du
parlor de son *boarding-house*, où tous les soirs il *flirte*
avec les jeunes et libres pensionnaires de la maison. Ce
qui n'empêche pas que tous les commis voudraient bien
changer leur position contre celle de leurs patrons, lesquels ne voudraient pas de cet échange.

Maintenant, il faut reconnaître que l'Amérique est le
premier pays du monde pour les affaires. L'intelligence
commerciale, jointe à l'activité, trouve toujours sa récompense aux États-Unis, où le crédit est facile et les transactions sont considérables (1). En outre, les lois sont faites
pour donner au commerce toutes les facilités possibles;
aucune n'entrave son essor. Point de règlemens qui limi-
tent le nombre des professions; point de privilèges accordés à une industrie au détriment des autres; point de
taxes infligées aux denrées des marchands, dont l'éperon
est l'intérêt et dont la concurrence est le frein; aucun
contrôle tyrannique, nulle sujétion, liberté pleine et entière de vendre et d'acheter toutes choses, sans tarifs, partout et toujours. Aussi voit-on des personnes changer de
commerce, souvent tous les trois mois, être d'abord bou-
langers, devenir ensuite épiciers, pour passer bouchers,
marchands de nouveautés, fabricans de cercueils, fleu-
ristes, fondateurs d'une nouvelle religion, perruquiers ou
professeurs de piano. Aucune déconsidération ne s'attache
non plus au négociant malheureux ou trop hardi que de
faux calculs entraînent à la faillite. C'est un petit malheur
dont les créanciers se consolent bien vite et qui se perd
dans le tourbillon des affaires nouvelles. L'homme d'affaires a d'ailleurs pour base de sa conduite un précepte
dont il ne se départit pas : « Le temps est de l'argent. » Il
aime mieux croire un mauvais débiteur sur leur parole et
tout perdu que passer son temps à en acquérir la preuve.
Il y a quelques années, le négociant qui se déclarait en
faillite ne montrait même pas ses livres à ses créanciers,
et se contentait de leur dire : Je ne puis vous donner que
tant pour cent; ou même quelquefois : Je ne puis rien
vous donner du tout.

D'ailleurs, en Amérique, où les lois protègent généralement les pauvres et garantissent la liberté des individus, il suffit, dans presque tous les États de l'Union, qu'un
homme déclare n'avoir pas les moyens de payer ce qu'il
doit, et qu'il le jure sur la Bible, pour que, sans toutefois
perdre ses droits ultérieurs, le créancier n'ait plus aucun
recours contre lui. Un nouveau bill de la législature de
New-York exempte de toute saisie les bibliothèques particulières des rédacteurs et propriétaires de journaux, des
auteurs et des ecclésiastiques. Les instrumens de travail,
quels qu'ils soient, sont toujours garantis à l'ouvrier. De
plus, il semble barbare à certains législes américains
qu'on emprisonne l'individu qui ne peut pas payer ses
dettes, et ils trouvent cruellement ridicule qu'on empêche
de travailler en le séquestrant un homme qui n'a d'espoir qu'en son travail, et ne peut s'acquitter qu'avec le
fruit de ce travail. Ils comprendraient mieux, tout en le
condamnant comme un moyen despotique, qu'on forçât

les débiteurs à travailler à outrance, et jusqu'à ce qu'ils
se pussent acquitter envers leurs créanciers; mais il n'entre pas dans leur entendement que, quand le travail d'un
homme n'est pas suffisant pour satisfaire à ses propres
besoins et aux exigences de ses créanciers, on condamne
cet homme à l'inaction jusqu'à parfait payement de la
somme due, et cela après avoir augmenté sa dette de
frais de justice considérables qui souvent dépassent le
chiffre même du capital.

Ajoutons que cette opinion a trouvé des contradicteurs,
puisque dans certaines parties de l'Amérique il existe des
prisons pour dettes.

L'esprit des affaires est si vraiment inné chez l'Américain, que dans les moindres de ses actions on aperçoit le
bout de l'oreille de la spéculation. Un Américain vous voit-
il un paletot, un pantalon, une montre, un chapeau, des
bottes, une canne, quoi que ce soit qui lui plaise, il commence, en examinant l'objet qui frappe son attention, par
vous en demander le prix; puis, au petit temps d'arrêt qui
succède à cette demande et à l'expression de son visage,
il est facile de deviner que l'Américain se dit : « Il y aurait peut-être une affaire avec cela. »

Je me suis trouvé au bal à côté d'un jeune couple de
danseurs; le cavalier, pour entamer la conversation avec
sa danseuse, après lui avoir fait observer qu'il faisait beau
temps ce jour-là *(very fine weather)*, lui fit compliment
sur sa coiffure et lui en demanda le prix. Des soirées entières se passent quelquefois entre jeunes gens et jeunes
filles à parler de la crise financière, de la récolte du coton,
de la hausse du blé, des marchandises sèches et des marchandises mouillées. Cette conversation, il faut le reconnaître, est fort peu du goût des femmes américaines,
complètement étrangères au commerce, et qui même ne
se mêlent jamais des affaires de leurs maris, ignorant souvent s'ils sont riches ou pauvres; mais tel est l'irrésistible attrait d'une conversation commerciale chez certains
jeunes gens, qu'il leur fait même oublier que c'est à une
jeune fille qu'ils parlent.

Du reste, les Américains sont généralement d'une complaisance extrême pour les femmes. Une dame, par exemple, se présente dans un magasin de nouveautés. Elle annonce en entrant qu'elle a l'intention de ne rien acheter
et qu'elle veut néanmoins tout voir, tout examiner, uniquement pour passer le temps. On s'empresse aussitôt de
déplier sous ses yeux d'innombrables pièces d'étoffes; on la
laisse essayer des châles, des mantelets, des coiffures, etc.,
durant des journées entières. Elles appellent cela *magasiner*. Quand elles sont lasses de ce plaisir, elles ne remercient même pas, font un petit signe de tête en guise de
salut, et s'en vont *magasiner* peut-être ailleurs. Les commis en ont pour plusieurs heures ensuite à tout remettre
en place.

Mais la patience est la qualité commune à tous les hommes d'affaires aux États-Unis. Allez proposer au Yankee
telle affaire qu'il vous plaira, praticable ou non, lucrative
ou ruineuse, folle ou sensée : il vous écoutera jusqu'au
bout, sans jamais vous interrompre, et ne vous dira tout
de suite ni oui ni non : il demande à réfléchir, tâche de
surprendre votre secret, si vous en avez un, bien persuadé
d'avance que s'il réussit le monde l'applaudira en l'appelant *smart man*. L'abus de confiance n'est que peu ou
point puni par les lois qui régissent le plus grand no ‧ ‧ ‧
des États de l'Union. Nulle part le *district attorn...*   ou
ministère public ne poursuit d'office les abus de confiance.

Dans les rues, les mots *pertes, gains, affaires, dollars*,
vous arrivent de tous côtés et remplissent vos oreilles. Au
théâtre, dans les tavernes, au club, dans tous les lieux
publics, la conversation roule éternellement sur les affaires : chacun s'efforce de faire parler les autres pour
profiter de ses idées. Joignez à cela que les Américains
sont généralement très intelligens et doués d'une ruse à
défier les plus rusés Normands. Il n'y a pas d'enfans aux
États-Unis : il n'y a que de petits hommes d'affaires et des

(1) Les exportations américaines annuelles, composées en
grande partie de produits bruts, dépassent un milliard et demi.
L'Angleterre reçoit à elle seule la moitié des valeurs exportées.
Le second rang appartient à la France et à ses colonies, qui
reçoivent tous les ans pour plus de 200 millions de francs de
produits américains; le troisième à l'Espagne, avec ses deux
îles de Cuba et de Porto-Rico, dont la part est de quatre-vingts
millions. Au quatrième rang se place, avec le chiffre de cinquante millions, le petit État allemand de Brême.

Jeunes employés. J'ai connu un excellent caissier qui avait douze ans, et l'on envoie journellement en recouvrement pour des sommes considérables de graves gamins à qui l'on n'oserait certainement pas confier deux sous en France. Tâchez de les tromper ! ils savaient déjà compter dans le sein de leur mère.

L'intérêt domine si bien tous les esprits en Amérique que, quand notre célèbre François Arago vint à mourir, un Américain me dit : « Il devait gagner beaucoup d'argent, n'est-ce pas ? Cela doit beaucoup rapporter, l'astronomie. »

J'ai souvent ri en Amérique en pensant à la piteuse mine que ferait à New-York la bohème artistique, littéraire et scientifique de Paris. Tous ces habitans d'un monde trois fois imaginaire, au milieu d'un peuple trois fois positif qui ramène toutes choses au profit pécuniaire qu'elles procurent, n'auraient plus qu'à faire comme la troupe des acteurs chinois, laquelle, se trouvant à New-York sans argent, résolut un jour de se pendre en masse. Ils plantèrent des crochets aux quatre murs de leur chambre commune, assujettirent à ces crochets des bouts de corde par un nœud coulant, et ils allaient, sur le commandement de leur directeur, y passer leur tête, quand on ouvrit la porte. Cinq minutes plus tard les trente-trois Chinois étaient pendus.

Il manquait à la littérature industrielle des États-Unis un livre qui vient d'être fait dans ces derniers temps. C'est la biographie des riches négocians établis en Amérique, avec des détails circonstanciés sur l'histoire de leur fortune respective. Ni Alexandre Dumas, ni Eugène Sue, ni Victor Hugo, ni Lamartine, ni Shakespeare, ni Voltaire, ni Rousseau, ni Gœthe, ni Schiller, ni Byron, ni Cervantes, ni Dante, ni le Tasse, ni Virgile, ni même Paul de Kock, que Dieu me pardonne! n'ont jamais rien écrit d'aussi attachant pour le peuple américain que cette histoire des fortunes acquises par le travail, l'intelligence ou le hasard des affaires. Apprendre que le célèbre capitaliste John, par exemple, a commencé d'abord par être charretier sur le port, qu'ensuite il a vendu des pommes, puis des choux, puis du poisson salé, puis des bois de construction, puis du coton, puis des farines; qu'il a armé des navires chargés de poudre pour la côte d'Afrique; qu'il a expédié des fusils et des sabres dans le but de défendre les institutions de n'importe quel pays, et au besoin pour les combattre, comme dit Henri Monnier; qu'ensuite il a fait construire des steamers, qu'il s'est rendu concessionnaire de lignes importantes de chemins de fer, qu'il a ouvert des églises pour toutes les religions classiques ou de fantaisie, ce qui est toujours une bonne affaire de l'autre côté de l'Océan, la religion payant bien, comme disent les Américains; enfin, qu'il a vendu des nègres dans le Sud et prêché l'émancipation dans le Nord, pour avoir des amis partout; qu'il a des navires sur toutes les mers, des comptoirs dans tous les ports; c'est pour tous les lecteurs du nouveau monde la plus séduisante, la plus instructive, la plus émouvante des lectures. Aujourd'hui que les peuples ne se battent plus qu'à regret et qu'il n'y a plus d'Homère, c'est l'épopée par excellence que cette histoire de la misère ambitieuse contre la fortune rebelle. Je ne connais qu'un seul livre qui, par sa nature, pourrait lutter avec avantage contre l'Origine des fortunes aux États-Unis, c'est l'histoire universelle des faillites, avec une instruction scientifique sur la manière de s'en servir. Les uns liraient cet ouvrage pour se mettre en garde contre les faiseurs de faillites, les autres pour en faire; mais, à coup sûr, tout le monde le lirait.

La tolérance qui règne partout dans le but de donner aux affaires toutes les facilités désirables, permet quelquefois d'étranges rapprochemens. Chacun est libre d'ouvrir où il voudra une boutique pour exploiter tout ce qui lui plaît. Ainsi l'on voit à New-York, dans les rues les mieux fréquentées, à côté d'une marchande de modes, par exemple, un abattoir de boucher, où l'on tue sans façon, aux yeux mêmes des passans, les bœufs et les moutons, puis

un pâtissier près d'un fabricant de cercueils, dont les produits terrifians s'étalent dans de larges vitrines à côté de l'appétissante exposition de son voisin.

Un Français voulant un jour faire quelques emplettes de toilette, se trompa de porte et entra chez un marchand de cercueils. D'abord surpris, presque effrayé de voir se dresser de toutes parts à ses yeux les caisses fatales, il prit le parti de rire un moment de sa méprise.

— What do you want, sir? Qu'est-ce qu'il vous faut, monsieur? — lui demanda d'un ton gracieux l'honnête industriel.

— Je voudrais un cercueil, — répondit le Français d'un air grave et solennel.

— Monsieur n'en désire qu'un seul ?

— C'est assez pour le moment.

— De quel grandeur monsieur le désire-t-il ?

— De la mienne.

— Ah! c'est pour un homme de la taille de monsieur?

— C'est pour moi-même, monsieur.

— Comment! monsieur voudrait avoir un cercueil pour lui-même, et il n'attend pas...

— Non, monsieur, et je vous prie de vouloir bien me prendre mesure.

— Mais est-ce tout de suite que monsieur désire entrer en possession de la marchandise?

— Demain au plus tard, je suis un peu pressé.

— Ah! je crois comprendre... Monsieur désire se suicider aujourd'hui, et naturellement, en homme de précaution... Eh bien! monsieur, je suis heureux de vous dire que vous ne pouviez pas mieux vous adresser. Nous avons en ce moment une partie de cercueils en acajou du meilleur genre.

— Soit, j'ai toujours aimé ce qui est bien porté. Mais il faut en toutes choses réunir l'utile à l'agréable. Sont-ils bien solides vos cercueils?

— Je puis vous les garantir pour trois ans.

— C'est bien, je m'en rapporte à vous; prenez-moi mesure, mais, je vous en préviens, je suis très difficile à habiller.

— Monsieur peut prendre ce que je lui offre en toute confiance. Ce serait la première fois que j'aurai jamais reçu des réclamations d'aucun de mes cliens. J'ai le meilleur coupeur de tout New-York. — Le lugubre plaisant essaya plusieurs cercueils, fit ses observations, prodigua ses complimens sur la qualité des bois et l'excellence du vernis, mais il trouva que tous le gênaient aux épaules. Enfin la question du prix vint à son tour. — Le voulez-vous simple ou doublé? — demanda le marchand.

— Je le veux doublé, c'est plus chaud.

— De zinc ou de plomb?

— De plomb, pardieu! cela fait plus d'usage.

— En ce cas, ce sera soixante dollars.

— Soixante dollars! vous voulez rire.

— Du tout. Je vous en fournirai un de confection à meilleur compte, mais impossible à moins sur mesure. L'article d'ailleurs est en hausse depuis quelque temps; nous avons un peu de choléra, un peu de fièvre typhoïde, et considérablement de dyssenteries. Les ouvriers ne peuvent suffire à la commande.

— Diable! mais voilà qui change bien la thèse. J'ai fait mon budget; j'y avais disposé d'une somme pour cet objet. Je n'ai pas le moyen de me suicider à ce prix-là; j'attendrai pour le faire que les cercueils soient à la baisse.

— À votre aise, monsieur. Voyez ailleurs; je ne crains pas la comparaison; quand vous serez décidé, je ne vous demande que la préférence.

L'auteur de cette funèbre plaisanterie est un de nos ingénieux français établis à New-York. Par un nouveau système de son invention, en supprimant les roues des bateaux à vapeur, qui soulèvent des masses d'eau, comme on sait, et perdent ainsi trente-cinq pour cent de force, il a trouvé le moyen de doubler la vitesse de la marche des navires. On irait du Havre à New-York en six ou sept jours. Vous verrez bientôt que New-York fera du tort à Versailles, et que les flâneurs hésiteront entre une partie de chasse aux environs de Paris et une promenade en Amérique.

Les États-Unis, qui doivent leur étonnante prospérité à l'agriculture et au commerce, ne sont pourtant pas destinés à ne former que des agriculteurs et des commerçans. Qu'on lui donne le temps, et ce peuple bouillant d'ambition, rempli d'un juste orgueil, animé d'un vif sentiment patriotique, brillera, nous n'en doutons pas, par la culture de son esprit, au premier rang des nations du monde. Que son bien-être soit assuré par des fortunes solides, et l'on verra, j'en suis convaincu, les intelligences vives et impressionnables des Américains se tourner vers les sciences et les arts. Déjà, au milieu de ces hommes-fourmis, on aperçoit çà et là quelques jeunes cigales qui aiment à chanter tout l'été, sachant que la bise d'hiver ne les surprendra pas sans le nécessaire. Il n'y a peut-être pas encore en Amérique d'enfans prodigues à opposer à des pères avares, mais il y a des enfans plus généreux que leurs pères, et l'on cite de riches héritiers qui commencent à comprendre que l'argent pourrait bien servir à autre chose qu'à gagner de l'argent en augmentant les affaires, et que le plaisir a bien aussi son charme.

Un jour, une société de bienfaisance se présenta chez monsieur Astor père, qui *valait*, comme disent les Américains quelque chose comme près de cent millions de francs gagnés dans les affaires (1). Cette société venait réclamer des secours pour je ne sais quels besoins. Monsieur Astor ouvrit son sérétire et signa un *check* pour 2,000 francs. On s'attendait à beaucoup plus. Un des quêteurs, plus hardi que les autres, tout en remerciant le millionnaire, lui fit observer que son fils, qui était encore très jeune, avait souscrit pour cinq cents francs de plus que lui.

— Il le peut, — répondit monsieur Astor avec beaucoup d'esprit ; — mais moi je ne le peux pas : mon fils a un père qui lui laissera de la fortune, tandis que le mien est mort ne me laissant que le souvenir de ses vertus.

Pourquoi monsieur Astor fils n'a-t-il pas persévéré dans ses sentimens de munificence, au lieu de continuer les affaires, de telle sorte que la fortune du père s'est encore accrue dans les mains du fils, et que monsieur Astor est aujourd'hui aussi riche à lui seul que deux Rothschilds réunis.

Que Dieu lui donne des fils généreux, un peu viveurs, amis des arts, des sciences, de la littérature, du bon vin, des plaisirs, enfin de tout ce qui en ce monde est beau, aimable et grand ! Avec de pareils enfans et de semblables millions, l'Amérique n'aurait plus bientôt rien à envier à l'Europe,

III

LES AMUSEMENS EN AMÉRIQUE.

Les plaisirs ne sont pas communs en Amérique, et peu de personnes les recherchent. On n'est guère disposé à s'amuser le soir quand on s'est fatigué toute la journée dans les vives et absorbantes émotions du commerce. Il faut au plaisir du temps à discrétion et une fortune acquise. Le plaisir qui prend la place du labeur est un plaisir amer ; les grelots de la folie n'étouffent pas la voix inquiète de la conscience. Or, nous l'avons dit, il n'y a que peu de

(1) Après William B. Astor, qui a hérité d'une immense fortune, l'homme le plus riche des États-Unis est, croyons-nous monsieur A.-T. Stewart, le prince négociant de Broadway, à New-York. Ses biens sont évalués à 20 millions de dollars, et son *partnership* lui vaut un revenu de 500,000 dollars par an. Monsieur Stewart est âgé de soixante-quatre ans ; il est né en Irlande en 1793 ou 90. Il est allé pauvre en Amérique en 1820, et a débuté dans ce pays par donner des leçons.

fortunes patrimoniales en Amérique ; chacun travaille encore, et, pour le plus grand nombre, il n'est guère d'autre plaisir que le plaisir négatif de l'allégement de leur peine. Dans ce New-York, qui est sous quelques points le Paris de l'Amérique du Nord, j'ai été fort surpris de ne voir que très peu de théâtres ; il n'y a pas non plus de cafés proprement dits. On y trouve de simples *bar-rooms*, où les consommateurs se tiennent debout près du comptoir et avalent lestement leur verre de *brandy*, de *sherry*, de *wisky* ou de *brandy cocktail*, en grignotant un morceau de biscuit et de fromage.

Il me sembla d'abord que les amusemens et les réunions manquaient au public dans une ville si importante. Je me trompais, car la spéculation, qui n'oublie rien, offre incessamment au public new-yorkais plus d'amusemens qu'il n'en veut prendre. Longtemps je me suis demandé ce que devenait l'énorme population flottante qui encombre les hôtels à New-York. Il me paraissait étrange que les voyageurs restassent le soir dans leur chambre ou passassent leur temps dans les salons de l'hôtel. Mon tort était de comparer Paris, la ville des plaisirs, où les étrangers viennent pour dépenser de l'argent, à New-York, la ville des affaires, où ils viennent pour en gagner. Les Américains n'oublient pas assez ce précepte : « La fortune ne se fait pas ; elle s'économise ! » Quand ils s'amusent, c'est au meilleur marché possible, et les plaisirs qui dépassent vingt-cinq sous ne réussissent jamais qu'à demi dans le nord de l'Amérique.

Barnum, le génie du *humbug*, a le premier compris cette vérité en ouvrant son fameux musée à New-York, où, pour la bagatelle de deux schillings américains (1 fr. 25 cent.), on examine à loisir trois grands étages de curiosités de toutes sortes, avec les phénomènes du jour, qui varient de Tom-Pouce à la femme barbue, de la femme barbue aux frères siamois, des frères siamois aux Aztecs, des Aztecs à la femme géante, de la femme géante au phoque savant qui dit papa et maman, du phoque aux Esquimaux, etc., le tout accompagné de deux pièces de théâtre, fort convenablement jouées dans une salle coquette et élégante où se presse une société nombreuse de *flirteurs* et de *flirteuses*. La société toute galante qui encombre le musée Barnum, sorte de foire aux amours, mérite d'être observée. C'est ce que nous faisons dans le chapitre que nous consacrons à *l'amour en Amérique*.

Parfois Barnum se réveille du sommeil où le tiennent plongé depuis quelque temps ses quinze ou vingt millions de francs ; il dédaigne alors ses phénomènes ordinaires, et offre au public quelque spectacle nouveau.

C'est ainsi qu'il a eu dernièrement l'idée de faire, pour la race humaine, ce que nos voisins les Anglais font depuis longtemps pour la race chevaline, moutonnière et bovine. Il fit annoncer dans tous les journaux des États qu'une exposition d'enfans à la mamelle serait ouverte dans son musée, et il engagea les mères et les nourrices qui voudraient l'honorer de leur confiance à lui expédier leurs marmots francs de port, promettant des *primes d'encouragement* aux plus robustes.

Cette idée, impossible dans tout autre pays, eut à New-York un succès extraordinaire. La conversation ne roula pendant plusieurs semaines que sur le *baby show*. On envoya de toutes les villes de l'Union, à l'adresse de monsieur Barnum, qui les reçut en père, une foule de petits monstres à larges faces, à triples mentons, à encolures énormes, bouffis comme les anges de Rubens, repus comme des oies grasses. Une mère eut l'idée d'expédier trois enfans nés d'une même couche ; elle eut une prime d'honneur, et reçut de la part de Barnum les paroles les plus flatteuses.

Bref, la foire aux enfans fut le spectacle de prédilection des Américains, et laissa désertes les représentations de l'Opéra. Un jury fut formé pour juger du *mérite* de chaque concurrent ; il se composait de personnages graves et de mères de familles expertes en la matière. Il y eut là, comme partout des intrigues, et plus d'une mère ou d'une nourrice fit agir des influences secrètes pour faire couronner son poupon, au mépris de la justice et de l'embonpoint.

Enfin le grand jour des récompenses arriva. Les mères et les nourrices, remplies d'une émotion facile à comprendre, attendirent avec impatience et le cœur haletant la décision des juges.

Les juges se prononcèrent, et les petits monstres lardés furent présentés à la foule, qui les accueillit par des applaudissemens et des *hurras* enthousiastes, auxquels pourtant, il faut bien le dire, se mêla le tumulte des nourrices mécontentes et quelques sifflets désapprobateurs.

Barnum avait exposé tous les concurrens réunis; il exposa naturellement les vainqueurs, qui attirèrent tout New-York et remplirent les caisses de l'homme adroit qui vingt ans auparavant avait formé le premier noyau de sa fortune en montrant dans une baraque une vieille négresse qu'il faisait passer pour la nourrice de Washington.

Encouragé par le succès de l'exposition des enfans, Barnum a eu l'idée de faire aussi l'exposition des jolies femmes de l'Amérique. Il promettait à la plus jolie une dot si elle était demoiselle, et; si elle était femme, une parure en diamans. L'idée était charmante, mais, comme beaucoup de charmantes idées, elle était d'une bien difficile exécution.

Une mère enverra bien concourir un poupon de quelques mois, mais elle ne permettra pas à sa fille dans toutes les séductions de ses grâces d'aller se montrer en public pour briguer le prix de beauté. Le mari le moins prudent refuserait également cette permission à sa femme.

Il ne fallait donc compter que sur cette population féminine que les Français, dans leur piquante galanterie, appellent des *lorettes.*

Barnum tourna la difficulté en n'exigeant de ses jolies concurrentes que leur portrait au daguerréotype.

Ce fut un grand désappointement parmi la population masculine, qui se serait portée en foule à l'exposition des jolis modèles.

Mais bien que les daguerréotypes soient loin d'offrir le charme des originaux dont ils sont la copie, ils attireront, nous n'en doutons pas, un très grand nombre de curieux, et ils promettent un nouveau triomphe à monsieur Barnum, si jamais il exécute son idée.

Il y a dans toutes les grandes villes des Etats-Unis, à Boston, à Philadelphie, à Baltimore, à Washington, à Saint-Louis, à Cincinnati, à la Nouvelle-Orléans, etc, de belles salles de théâtres, des musées dans le genre du musée Barnum, et des salles de concerts, sans compter certaines églises, avec lesquelles, comme avec le ciel, il est des accommodemens, et qu'on loue pour des lectures publiques sur la liberté de tous les peuples, sur la morale, sur la religion, sur l'émancipation des femmes, sur les esprits frappeurs, ou pour donner des séances musicales.

Les principaux théâtres de New-York sont :

Academy of music, grande salle d'opéra pleine d'ornemens et de dorure, pouvant contenir plus de six mille spectateurs, mais très incommode et mal sonore. Ce théâtre, inauguré par Mario et Grisi, il y a environ quinze mois, n'a jamais eu la faveur du public. La moitié de la salle ou moins ne peut pas voir la scène, et les stalles, d'invention américaine, qu'un ressort fait se relever d'elles-mêmes dès qu'on n'est plus assis dessus, sont tout à la fois ridicules et incommodes. Quand la personne assise tente de se relever, la stalle allégée se relève aussi, et vous soulève de toute la force de son ressort. Quand on veut s'asseoir, au contraire, il faut d'une main baisser la stalle afin d'en prendre possession. J'ai vu des dames, les robes soulevées par ces terribles sièges, tenter deux ou trois fois de s'y installer avant d'y pouvoir réussir.

La salle est toujours beaucoup trop grande pour les amateurs d'opéras à New-York, et aussi pour la musique en elle-même, qui demande pour être bien goûtée un

local où le son vive pour ainsi dire, et ne meure par avant d'arriver à l'oreille des auditeurs. Il n'est pas de voix ni d'orchestre qui puisse lutter contre le vide immense d'une pareille salle.

Cela n'empêche pas qu'on vienne de construire à Philadelphie un théâtre aussi grand que le théâtre de la Scala de Milan, auquel on a donné le nom de *The american Academy of music.* Ce théâtre a 140 pieds de large sur la façade, et il s'élargit graduellement jusqu'à la scène, qui mesure 150 pieds.

Le nombre des places est de 3,414, comfortablement et galamment disposées pour recevoir la crinoline et les volans des ladies. On a poussé l'attention jusqu'à établir, à l'usage du personnel de la troupe, d'élégantes salles de bains, où, après la représentation, les *prime donne* pourront venir se délasser dans le sein d'une onde pure des fatigues du spectacle. Quelle adorable prévoyance !

Niblo's-Garden est un grand et très joli théâtre sans destination arrêtée. On y joue tous les genres, depuis l'opéra anglais, quand il y a des chanteurs anglais, jusqu'à la pantomime, quand il plaît à la troupe Ravel d'y venir attirer la foule par ses exercices, toujours les mêmes et toujours applaudis.

La famille Ravel a fait en Amérique une grande fortune, qui s'augmente tous les jours, e. . frie que s'accroître indéfiniment. La pantomime par le frères Ravel est pour le peuple américain l'amusement par excellence. Il ne voit, en fait de comique, rien au delà des grimaces de Pierrot, et quand Arlequin, de sa batte légère ou de son pied leste, poursuit Cassandre et lui applique sur les reins un coup qui retentit fortement, les spectateurs rient à se pâmer, et déclarent les Ravel les premiers artistes du monde.

Si la troupe des Ravel arrive dans une ville des Etats-Unis, les musiciens qui devaient y donner un concert se sauvent au plus vite pour éviter cette rivalité effroyable. Tous les spectacles, opéra, tragédie ou comédie prennent le deuil et se désolent, pendant que le public satisfait se réjouit d'avance du plaisir qu'on lui prépare.

Depuis quinze ans, les frères Ravel jouent en Amérique les mêmes pantomimes ; ils les joueront, si cela leur plaît, quinze ans encore avec un succès égal.

Quand il pleut, en Amérique, les théâtres sont déserts, et cependant ni la pluie, ni la neige, ni le vent, ni la chaleur, ni les crises financières, ni l'élection du président, ni le choléra, n'empêchent les Ravel d'avoir salle comble. C'est une fureur, une démence. La pantomime par les Ravel, mais rien que par les Ravel (d'autres ont échoué), est le spectacle le plus populaire en Amérique, avec les exercices des nègres ménestrels, dont nous parlerons tout à l'heure.

C'est à cet heureux théâtre de *Niblo's-Garden* que la charmante transfuge de l'Opéra-Comique, madame Anna Thillon, a fait sa fortune, en jouant en anglais les opéras de Scribe et d'Auber, qu'elle avait chantés chez nous en français.

C'est aussi au *Niblo's-Garden* que, deux années plus tard, mademoiselle Pyne captivait la foule, ravie des mélodies de son flexible gosier.

Presque en face de ce théâtre, et dans Broadway, M. Lafarge, régisseur des biens de la famille d'Orléans en Amérique, a fait bâtir, il y a peu de mois, un magnifique théâtre auquel il a donné le nom de *Metropolitan-Theatre.* Cette salle, qui a été choisie par mademoiselle Rachel pour y donner ses représentations, n'est pas toujours ouverte. Elle est, comme celle du *Niblo,* à la disposition de ceux qui la louent pour une ou plusieurs soirées.

En Amérique, les théâtres ne sont pas donnés en privilège par le gouvernement, qui ne s'occupe que des affaires de l'Etat. Chacun est libre de bâtir un théâtre où bon lui semble, de l'ouvrir quand lui plaît, de le fermer quand il le veut, et d'y faire jouer tous les genres à son gré. N'ayez pas peur, le capital, qui est intelligent, ne se placera pas dans de nouvelles salles de spectacle, si celles qui existent déjà sont suffisantes.

Il est difficile de parler du théâtre *Metropolitan* sans dire quelques mots des soirées dramatiques de mademoiselle Rachel dans cette salle. J'ai lu plusieurs relations de ces soirées dans différens journaux ; je les ai trouvées inexactes pour la plupart. La vérité, c'est que l'arrivée de notre célèbre tragédienne a produit une sensation profonde et générale. Depuis Jenny Lind, aucun artiste n'avait excité autant de curiosité. On a plus parlé de Racine et de Corneille en Amérique, durant les quelques semaines que cette actrice est restée à New-York, qu'on ne l'avait certainement fait depuis la découverte de ce pays ; et cependant les Américains, habitués aux drames émouvans de Sakespeare, ont trouvé nos tragédies monotones et passablement ennuyeuses.

Je sais des Français qui, sur ce point, pensent exactement comme les Américains.

Cela étant, si vous me demandez quel plaisir si grand pouvaient prendre les New-Yorkais, dont la langue est l'anglais, à entendre débiter des tragédies en français qu'ils trouvaient médiocres au fond et dont ils ne pouvaient qu'imparfaitement apprécier les détails, je vous répondrai ce que les métaphysiciens disent aux personnes trop curieuses : C'est une mystère.

On se ferait une bien fausse idée du goût des Américains si, d'après les succès extraordinaires de mademoiselle Rachel, on se les représentait comme passionnés pour la tragédie française. Toute la troupe du Théâtre-Français de Paris se rendrait à New-York pour y donner des représentations qu'elle ne ferait pas une demi-salle après les six premières soirées.

Non, ce qui attirait la foule à celles de mademoiselle Rachel, ce n'était ni Corneille, ni Racine, ni la langue française, ni Sarah, ni Dinah, ni Lia, ni les autres ; ce n'était peut-être pas mademoiselle Rachel elle-même, quoique son nom fût depuis longtemps célèbre ; c'était surtout sa garde-robe, dont les réclames avaient d'avance popularisé les merveilles. L'illustre tragédienne avait débarqué dans le nouveau monde avec cinquante-deux caisses [ce chiffre est exact] toutes remplies de splendides costumes. Cet attirail n'était pas un faible attrait pour les Américaines, coquettes entre toutes les femmes. Les costumes d'Adrienne Lecouvreur, dans la pièce de ce nom, ont eu un succès fou dans le monde gracieux et influent des *ladies*. « Oh ! les belles robes ! les magnifiques diamans ! » s'écriaient-elles. Il n'en fallait pas davantage pour que l'actrice fût proclamée la plus grande artiste de l'univers.

J'ignore les motifs qui ont pu faire dissoudre la troupe dirigée par monsieur Raphaël Félix. Tout me porte à croire que cette dislocation n'a eu d'autre cause que la santé délicate de mademoiselle Rachel (1) ; mais certainement cette compagnie eût gagné des millions si seulement elle eût pu promener pendant six mois ses cinquante-deux caisses de costumes.

Au *Broadway-Theatre*, on donne souvent et avec succès des féeries fort passables pour les personnes qui n'ont pas vu ce genre de pièces à Paris.

On joue aussi dans cette salle des tragédies anglaises, avec le concours de Forrest, le Talma de l'Amérique. Monsieur Forrest a de bonnes qualités avec de grands défauts. Le plus grand de ces défauts est de crier comme un aveugle qui aurait perdu non-seulement son bâton, mais encore son chien et l'espérance. Quel organe! il me semble encore l'entendre !

Néanmoins, malgré ses cris, ou peut-être à cause de ses cris, Forrest est considéré comme le premier acteur tragique du continent américain, et le public n'a pas assez de mains pour l'applaudir.

C'est dans ce théâtre que mademoiselle Alboni, malgré

(1) La mort récente de l'illustre tragédienne a malheureusement confirmé ces prévisions de l'auteur. (*Note de l'éditeur.*)

ses précieuses qualités vocales, a fait perdre à son directeur, monsieur Marshall, le seul argent qu'elle ait rapporté d'Amérique, neuf mille dollars environ.

En descendant Broadway, qui est tout le quartier élégant de New-York, nous trouvons la fraîche et si coquette salle du *Lyceum*. C'est à ce théâtre que nous avons vu Henri Placide, Blake, Brougham, Leister et Wallack, qui en est le directeur. Ces comédiens ont une réputation méritée qui s'étend dans tous les Etats-Unis.

La direction du Lyceum a eu l'art de former la meilleure compagnie qu'on ait jamais vue en Amérique. Artistes de premier ordre, jolies femmes, variété et choix heureux de pièces, exactitude de costumes, luxe de décors, rien ne manque à ce charmant théâtre. L'art dramatique devra une éternelle reconnaissance à monsieur Wallack, qui a rompu avec le vieux système des acteurs-étoiles, et s'est attaché à former un ensemble complet.

On y joue des pièces charmantes, écrites par des Américains. Ces pièces sont pour la plupart des comédies en prose, ingénieusement combinées, généralement gaies, spirituelles, remplies d'observations critiques sur les habitudes américaines.

La comédie, si difficile en Amérique, où la liberté pratique est si grande que le ridicule disparaît, où la vie est si remplie par le travail qu'on n'a ni le temps ni la volonté de censurer les actions de personne, commence pourtant à se faire jour. Les associations baroques, les religions saugrenues, qui naissent pour ainsi dire chaque jour de l'esprit inquiet des Américains en vue de la spéculation ; le ridicule loi de tempérance si souvent violée par les plus fervens apôtres de l'eau claire, l'émancipation des esclaves prêchée à Boston par des propriétaires de nègres en Louisiane, les événemens insolites, les traits de mœurs curieux qu'on observe à chacune des élections populaires, et tant de choses encore où l'intérêt, la passion, l'aveuglement tournent à la comédie, sont une pâture plus que suffisante pour alimenter l'esprit et la verve des rares auteurs dramatiques américains. Ajoutons que les fils du nouveau monde ne sont point insensibles à la satire, non pas personnelle, nous l'avons dit, mais simplement générale, et rient de bon cœur chaque fois qu'ils en trouvent l'occasion. Les journaux même, d'ordinaire si peu plaisans, contiennent de temps à autre des observations critiques, touchées au coin de l'esprit et du bon sens.

Je me souviens d'avoir lu, au moment des dernières élections, il y a quelques mois, un fait extrêmement original. Je demande au lecteur la permission de le rapporter ici d'une manière incidentelle, notre travail n'étant nullement politique et ne devant par conséquent renfermer aucun chapitre sur cette matière toute spéciale.

Un certain capitaine Jack, de Mobile, voulant, à la veille des élections, réchauffer le zèle des votans de son parti, n'imagina rien mieux que de leur *offrir* un bal politique. Ce genre de fête paraît être très populaire à Mobile, où, par une gracieuse antithèse, l'entrechat s'allie à la voix grave des candidats ; l'un fait passer l'autre.

Cet excellent monsieur Jack, sachant combien, en fait d'élections surtout, il ne faut pas lésiner quand on veut réussir, se garda bien d'imiter un de ses concurrens mal avisés, qui dans sa parcimonie n'avait offert à ses électeurs qu'une boutique de cordonnier pour salle de danse, qu'un baril de whiskey défoncé pour toute boisson, et qu'un malheureux nègre jouant successivement du violon, de la clarinette et du banjo pour tout orchestre. Monsieur Jack fit les choses plus en grand, et la majorité des votans l'en récompensa en lui donnant ses voix.

Mais voilà qu'après sa nomination, ne se sentant pas assez riche, comme la France à une certaine époque, pour payer sa gloire, il ne trouva rien de mieux que de la faire payer à ceux-là même qui en étaient les auteurs.

Voici textuellement la note des frais qu'il présenta au comité électoral de son parti.

DOIT le parti du capitaine Jack, savoir :

	Dollars.	Cents.
Décorations du bal...............	55	»
Boissons.......................	75	»
Cinquante danseuses.............	62	50
Cigares	13	»
Préposé aux billets..............	2	»
Musique	10	L
ZÈLE POUR LA CAUSE............	50	»
Total...............	267	50

Que pense-t-on de cet effronté DOIT, de ces cinquante danseuses louées à raison de six francs et quelques centimes la pièce, pour l'ornement de la soirée et le plaisir des électeurs, et enfin de ces 250 francs réclamés par monsieur Jack pour son propre zèle en sa faveur ? « Ce zèle » pour la cause, disait le journal auquel nous empruntons ce fait, ne valait peut-être pas en politique le prix » auquel il était estimé par le capitaine Jack ; mais pour » nous, qui reproduisons le bill, c'est un item inappré» ciable. »

Voyez les cinq parties du monde, vous ne trouverez qu'aux États-Unis des faits analogues à celui-ci.

Revenons aux théâtres.

Le Bowery-Theatre, situé en dehors de Broadway et dans le quartier populeux qu'on appelle Bowery, offre des spectacles militaires qui, sous tous les rapports, sont loin de valoir nos pièces du Cirque. Mais tout est relatif, et là où le très bien n'existe pas, le bien est suffisant, et le Grand historical military spectacle ne manque jamais d'attirer un certain public. La nation américaine, d'ailleurs, si peu militaire qu'elle compte à peine pour tous ses États dix-huit ou vingt mille hommes de troupes régulières, se passionne pour tout ce qui est parade militaire, et ne manque aucune occasion de jouer au soldat. On voit à tout moment, dans les rues, des compagnies de milice citoyenne, composées de quarante ou cinquante hommes, se faire précéder d'une musique plus nombreuse que la troupe, et se mettre gravement en marche, bannière flottante, pour aller n'importe où, faire n'importe quoi.

Le bonheur de marcher au pas au son de la musique est si grand pour les Américains, qu'un des plaisirs favoris des innombrables corporations de tous genres est d'aller le dimanche (le jour inviolable du repos) enterrer un des leurs, à grands coups de grosse caisse et au son éclatant des fanfares et des fifres joyeux.

Le Burton's-Theatre est le théâtre du Palais-Royal de New-York. On y rit à s'en rendre malade. Monsieur Burton, le propriétaire et le directeur de ce théâtre, est à la fois un des auteurs les plus spirituels de l'Amérique et un de ses plus remarquables comédiens. Je signalo à monsieur Offenbach, le très habile et très heureux directeur des Bouffes-Parisiens, les pièces de monsieur Burton, spirituelles, gaies et souvent fort originales, dont il pourrait, sans grande peine, faire d'excellents petits opéras-comiques pour son amusant théâtre.

Nous arrivons à un spectacle vraiment national et curieux : aux danses, à la musique, au langage imité des nègres du Sud, par des acteurs blancs qui se teignent le visage et les mains. Monsieur Christy est, je crois, le premier qui a eu l'excellente idée d'offrir ce genre de spectacle aux New-Yorkais, qui en raffolent. Aujourd'hui, monsieur Christy est fort riche et a ouvert la voie de la fortune à de nombreux imitateurs, parmi lesquels se distinguent monsieur Wood et les frères Buckley.

Mais, pour bien apprécier ce genre de divertissement, il faut avoir été dans le sud de l'Amérique, avoir vécu à la campagne dans les plantations avec les nègres, les avoir vu affublés de leurs habits incroyables, de leur chapeaux impossibles ; avoir étudié leur physionomie si expressivement bête et si mobile ; il faut connaître leurs goûts ridicules, leur esprit drolatique et biscornu ; avoir été témoin de leur paresse excessive, de leur poltronnerie sans égale ; enfin il faut savoir combien leur sensibilité musicale est réelle et profonde, et avec quelle ardeur de derviches ils se livrent durant des nuits entières, sans repos aucun, aux exercices violens d'une danse effrénée. A ces conditions seulement on peut apprécier l'originalité et le piquant des spectacles des negro minstrels.

La scène, où les acteurs nègres arrivent au nombre de dix ou douze, a la forme du fer à cheval. Les fils de Cham s'avancent bêtement avec d'énormes faux-cols, des habits outrés dans leur forme, et munis chacun, soit d'un violon, soit d'une guitare, soit d'un banjo, sorte de guitare à long manche, d'un timbre grave, à la fois mélancolique et gai ; soit d'un tambour de basque, soit encore d'une paire de bone, sorte de longues castagnettes en os dont le son est éclatant et incisif. Les comiques entre tous les autres sont ordinairement : le joueur du tambour de basque, qui en joue avec les mains, avec les pieds, avec la tête, avec le nez, avec les genoux, etc. ; et le joueur de bone, qui manie ces morceaux d'ivoire avec force et rapidité, et parfois aussi avec sentiment, en faisant des bonds énormes sur sa chaise, ou en penchant son corps avec grâce, suivant la nature du morceau qu'il accompagne.

Les exécutans s'asseoient en rond, chacun sur une chaise, et ils débutent ordinairement en jouant une ouverture d'opéra. Viennent ensuite des dialogues improvisés, avec grand renfort de jeu de mots, de niaiseries nègres, d'actualités piquantes. Le public se pâme à ces conversations à bâtons rompus, qui souvent ne manquent ni d'entrain ni de franche gaieté. Puis on entend des chœurs, des solos d'instrumens, surtout des airs de banjo d'un rhythme singulier, dont quelques-uns ont si heureusement inspiré notre ami et grand pianiste Gottschalk.

Mais la partie la plus intéressante de tout le spectacle est la scène de fondation, qu'on suppose se passer dans le Sud entre les nègres, qui, loin des habitations de leurs surveillans, s'en vont en cachette pour jouer et chanter, et un nègre marron qui survient et les écoute sans oser se montrer. Le costume carnavalesque du misérable fugitif excite d'abord le fou rire ; mais bientôt la compassion et l'intérêt font place à la gaieté, et l'on se sent vivement ému en faveur du pauvre esclave. Les sons du banjo, qui l'ont arraché du fond des bois où il se tenait caché, produisent sur le nègre, depuis longtemps privé de toute société et de tout plaisir, un effet tel qu'il oublie jusqu'à la prudence. Il chante, pleure, rit et danse à la fois. De temps à autre les dangers de sa position lui apparaissent ; il voudrait fuir, mais il ne le peut pas ; une force puissante, invincible, l'entraîne au contraire du côté du joueur de banjo ; il s'avance en implorant pitié d'une voix entrecoupée par le plaisir et la crainte, et tombe aux genoux du musicien en joignant ses mains suppliantes. Cette scène si vraie est on ne peut plus touchante pour ceux qui connaissent la nature et les habitudes des nègres de la Louisiane.

Le joueur de banjo relève le nègre marron, l'assure qu'il ne le dénoncera pas, et lui présente un banjo, dont celui-ci se saisit avec une joie folle. Tout le monde alors, musiciens et danseurs, se livre au plaisir avec frénésie.

Ce genre de spectacle se termine ordinairement par un ballet de nègres, fort excentrique et fort amusant, dans lequel une négresse laide et coquette reçoit les hommages d'un affreux moricaud. Les frères Buckley font preuve dans ces bouffonneries d'un véritable talent d'acteurs, et l'un d'eux compose des chansons d'un comique original.

Outre les théâtres, il y a à New-York une demi-douzaine de ménageries, un mauvais cirque, un hippodrome presque toujours vide, quelques tavernes chantantes, et enfin l'établissement fameux des Female-Company, dans Grand-Street.

Nous n'avons jamais visité cet établissement, mais si nous en croyons les journaux et les affiches, ce spectacle n'a pour acteurs que des femmes jeunes, jolies et bien faites, qui, au moyen de poses expressives et charmantes, forment des tableaux sympathiques et variés. Les annonces ajoutent que, après le spectacle public, il y a pour les personnes qui le désirent des quadrilles particuliers (*private quadrilles*), où l'on peut, on se mêlant à la danse, apprécier de plus près la beauté de ces dames. L'entrée, pour la vue des tableaux vivans, est de 1 fr. 25 cent.; on ne dit pas ce qu'il en coûte pour assister aux quadrilles privés.

Les plaisirs publics ne sont guère du goût des Américains; ils préfèrent de beaucoup les plaisirs particuliers du club, des écoles de danse le soir, en compagnie de *young ladies* qui les dirigent dans le gracieux art des Cellarius, et enfin les réunions intimes. Dans l'hiver, les courses en traîneaux, à deux ou à quatre, bien blottis dans de chaudes fourrures, au galop de quatre, huit, seize et même vingt-quatre chevaux, qui volent plutôt qu'ils ne courent sur la neige endurcie, est le plaisir par excellence des Américains aisés. Les folles et rieuses filles du nouveau monde trouvent dans ces courses légères, par un beau clair de lune et au bruit des grelots des chevaux, qu'accompagnent souvent de douces paroles d'amour, un charme irrésistible, et si la vertu inflexible court quelque danger sérieux en Amérique, ce n'est ni au bal, ni à la campagne, ni chez elle, mais en traîneau, dans une course à travers les plaines de glace sous un ciel étoilé.

Dans l'été, le monde élégant ne reste pas dans les villes, où partout, dans le nord comme dans le sud de l'Amérique, la chaleur est insupportable. Il se rend à Saratoga, ou bien à Newport, endroits fréquentés par les gens riches de tous les États. On y vit bien et les plaisirs n'y manquent pas. On danse tous les soirs au son d'un orchestre complet, et dans le jour les dames se donnent le vaniteux plaisir de changer trois ou quatre fois de toilette. Les hommes jouent aux quilles, boivent, fument, lisent et *flirtent* dans les sombres allées.

Mais au rang des amusemens en Amérique, nous n'hésitons pas à placer en première ligne le plaisir d'éteindre les incendies. Le nombre des incendies aux États-Unis est incalculable, ce qui arrive tous les jours et toutes les nuits et l'amour des pompiers à les éteindre est vraiment indicible. Il faut avoir été dans le pays, y avoir vécu longtemps, pour se faire une juste idée du pompier américain, de sa passion étrange pour les pompes à incendie, qu'il décore de fleurs, qu'il embellit de toutes façons, et avec lesquelles il se promène souvent pour le seul plaisir de se montrer avec une jolie pompe. Il n'y a pas de bonne fête sans pompiers, et par conséquent sans pompes, car les pompiers traînent toujours leurs pompes avec eux. J'ai assisté à bien des solennités différentes, j'y ai toujours vu des pompiers et des pompes. Des compagnies de pompiers se visitent d'une ville à l'autre pour se montrer réciproquement leurs pompes, à propos desquelles ils échangent des complimens.

Quand la célèbre cantatrice Alboni est arrivée à New-York, les pompiers, instruits de son arrivée, l'attendirent sur le quai avec leurs pompes. Dans toutes les expositions industrielles on voit figurer des pompes d'un luxe inouï; on a même fait en argent massif. Les fabricans de jouets confectionnent pour les enfans de petites pompes sur le modèle des grandes. Les enfans jouent au pompier en mettant le feu à des tas de papiers ou à des branches d'arbre, qu'ils éteignent ensuite avec leurs pompes, aux applaudissemens de tous, petits et grands. Les propriétaires ou les locataires des maisons, autant par propreté que par ce goût inné de tout Américain pour les pompes, se lèvent de très bonne heure, et pompent à froid sur leurs maisons, qu'ils lavent ainsi faute de pouvoir les éteindre, depuis le premier étage jusqu'au dernier. Les pompiers aux États-Unis sont, comme dans certaines villes de France, volontaires et non salariés.

Quand la cloche d'alarme de l'hôtel de ville sonne pour un incendie, ce qui arrive tous les jours et toutes les nuits plusieurs fois, il se fait dans les rues au même moment un tapage infernal ; ce sont les pompes qui roulent, traînées par trente ou quarante pompiers. Le chef court en avant, un porte-voix à la main : « Courage! en avant » leur crie-t-il d'une voix de Stentor, rendue effroyable par le porte-voix : « Courons tous ensemble, et que notre pompe bien-aimée ait cette fois encore les honneurs du feu ! » Je plains alors le passant malavisé ou peu ingambe qui voudrait traverser la rue devant cet ouragan de pompes, d'échelles, d'attirails de sauvetage et d'enragés pompiers. Il serait impitoyablement renversé, écrasé et injurié, sans que personne parmi les pompiers songeât à lui prêter secours, ni seulement à le plaindre. Un pompier n'est plus un homme quand il entend le tocsin qui l'appelle à un incendie : c'est un tigre de dévouement, qui écraserait dix personnes sur son chemin pour éteindre plus promptement un feu de cheminée.

Quelquefois il arrive que deux compagnies de pompiers se rendent au même incendie par des rues différentes et se font obstacle en se croisant. Après des jurons épouvantables, ils en appellent au jugement de Dieu, et s'administrent, sous le commandement de leur chef, qui plus que jamais se sert du porte-voix, une volée de rudes coups de poing. Après quelques côtes enfoncées, quelques mâchoires disloquées, quelques nez écrasés, ils reprennent leurs pompes, agitent l'air de leurs cris de triomphe, et se remettent en route mieux disposés que jamais. Les pompiers portent une chemise de laine rouge, un paletot de drap pilote, couleur noisette, qu'ils tiennent sous le bras, et un casque en cuir noir. Il est des jeunes gens dont la passion pour les incendies est telle qu'ils n'en veulent manquer aucun. Ils couchent tout habillés en pompier sur leur lit, ou bien ils font le guet sur les toits des maisons pour découvrir les incendies et être les premiers sur le théâtre du sinistre.

Disons sans plus tarder que les pompiers américains sont braves jusqu'à la témérité et dévorés jusqu'au sacrifice de leur propre vie. Il n'est pas rare de voir, dans les grands incendies, plusieurs de ces citoyens si hardis et si désintéressés périr victimes de leur zèle et de leur courage. Pendant mon séjour à New-York, un mur s'écroula subitement sur huit ou neuf pompiers, qui périrent cruellement sous les décombres embrasés. Quand il arrive des accidens semblables, les pompiers se réunissent en corps pour rendre aux défunts les honneurs funèbres. La pompe desservie autrefois par le mort prend le deuil pour quelque temps, et l'on tend de crêpes noirs la porte où la pompe est remisée.

Souvent il arrive qu'une pompe vient trop tard pour prendre part à l'incendie, et que la maison est entièrement éteinte quand la formidable voix du chef crie dans son porte-voix le terrible *stop!* Que faire alors? S'en retourner comme on est venu ; sans donner signe de pompe? oh! non! tant pis pour la maison et elle s'est éteinte trop tôt! L'enthousiasme impossible à maîtriser des pompiers qui sont venus pour pomper la couvrira d'eau quand même, et j'ai entendu dire par les employés de compagnies d'assurances qu'elles redoutent plus encore l'excès de zèle des pompiers en retard, qui noient les maisons en désespérés, ne pouvant éteindre un feu qui n'existe plus, qu'elles ne craignent le feu même le plus menaçant.

Après la déconfiture si complète de l'exposition universelle à New-York, et le désappointement des actionnaires, on voulut tenter un dernier effort pour relever l'opération, et on proposa la direction du palais de Cristal *in extremis* au célèbre Barnum.

Barnum ne s'en chargea qu'avec peine, ne voulant pas compromettre sa *belle* réputation, et sachant combien l'entreprise présentait de danger. Noblesse oblige, même en Amérique, et le roi du *humbug* ne mêle pas d'ordinaire son illustre nom aux spéculations hasardeuses. Pourtant il accepta et se laissa toucher par les supplications des actionnaires.

Le fameux Jullien se trouvait en ce moment à New-York, avec un nombreux et très remarquable orchestre, dont le noyau principal était formé des meilleurs solistes de l'Europe. Barnum alla le trouver et lui dit : « Il faut que par un moyen quelconque je ramène le public au Réservoir-Square. Je compte sur votre orchestre et sur tous ceux que vous voudrez vous adjoindre ; sur tous les chanteurs que vous me désignerez, sur toutes les sociétés chorales de New-York, de Boston, de Philadelphie, de partout où vous croirez utile de les prendre. Faites-moi pour tout ce monde une composition inouïe ; quelque chose d'extraordinaire, de merveilleux, d'effrayant si vous pouvez, un chef-d'œuvre auprès duquel vos autres compositions ne soient que jeu d'enfant. Vous êtes habile, vous connaissez le pays ; ne regardez pas à la dépense, et marchez. »

Quinze jours après cet entretien, des affiches gigantesques, de dix pieds de long sur quatre de large, couvraient les murs de la ville.

Elles représentaient, imprimé à l'encre rouge, le palais de Cristal embrasé par le plus violent incendie. Des milliers de personnes épouvantées se sauvaient en tous sens, et l'on voyait, à la lueur sinistre des flammes et dans des tourbillons d'épaisse fumée, diverses compagnies de pompiers traînant des pompes ou les faisant agir.

Au bas de ce sinistre et effroyable dessin on lisait :

POUR LA RÉOUVERTURE DU PALAIS DE CRISTAL,
GRAND QUADRILLE DES POMPIERS,
COMPOSÉ EXPRESSÉMENT POUR CETTE SOLENNITÉ
par JULLIEN.

Environ trois mille exécutans concouraient à cette œuvre unique et vraiment épouvantable. Des instrumens de musique nouveaux, ou plutôt des machines nouvelles de l'invention de Jullien, imitaient à s'y méprendre l'horrible craquement des poutres enflammées qui s'écroulent, le sifflement aigu de la flamme vive, le bruit sourd des pompes luttant contre l'immense conflagration. Des centaines de chanteurs, munis de porte-voix, commandaient la manœuvre aux pompiers réunis, et les *hurrahs* des spectateurs, grimpés pour mieux y voir sur les produits doublement exposés de l'industrie, meubles, pianos, statues, etc., répondaient au commandement des chefs de pompe en mêlant leurs voix furibondes aux furibondes détonations de l'orchestre. Joignez à cela de nombreux feux du Bengale qui simulaient l'embrasement de tout l'édifice, et vous n'aurez encore qu'une idée affaiblie de ce spectacle indicible et désordonné. On cite des pompiers dont l'imagination exaltée voulait absolument voir dans cette feinte d'un incendie un incendie véritable, et qui réclamaient hautement leurs pompes pour les mettre en mouvement contre les feux du Bengale.

Après le succès éclatant de cette symphonie pyrotechnique, les diverses compagnies de pompiers se rendirent, avec leurs pompes et musique en tête, sous les croisées de Jullien, pour le féliciter sur les beautés de son œuvre, et le remercier de l'hommage qu'il leur rendait en leur dédiant le *quadrille des pompiers.* Ils lui offrirent comme gage de leur profonde estime un magnifique bâton de chef d'orchestre.

IV

L'ESPRIT DE LIBERTÉ EN AMÉRIQUE.

Le caractère d'un peuple, ses habitudes et son génie, résultent surtout des circonstances au milieu desquelles il s'est formé. L'Amérique, peuplée dès le principe par des aventuriers qui cherchaient la fortune et par des sectaires qui fuyaient la persécution, en est une preuve des plus concluantes. Les puritains, dogmatiques froids et sévères, y propagèrent d'austères habitudes, tandis que les aventuriers, possesseurs de terres immenses, indisciplinés par humeur, égaux par la force des choses, donnaient à leurs descendans le salutaire exemple de la liberté pratique. Affaiblies en réalité, les habitudes religieuses ne sont parfois aujourd'hui que le double masque de l'hypocrisie et de la spéculation; mais elles n'en sont que plus ardentes à se produire avec ostentation. Quant à la liberté, elle est restée non-seulement un sentiment, mais une nécessité. Il fallait d'abord peupler ces colonies naissantes. Or, pour attirer les émigrans et les fixer, il était nécessaire de leur offrir des avantages matériels et de leur donner une seconde patrie. Les premiers législateurs américains comprirent cette vérité; ils firent des lois protectrices en faveur des pauvres, et accordèrent avec la plus grande facilité le titre et les droits de citoyens aux étrangers qui venaient s'établir parmi eux. Un an de séjour suffit pour constater le domicile, et tout domicilié eut droit de voter : des émigrans nombreux de tous les pays et de toutes les religions contribuèrent ainsi à la grandeur et à la richesse d'une nation qui cent ans ont fait l'une des premières du monde, et qui sera dans un avenir prochain maîtresse de tout le continent américain.

Il est vrai que ce peuple exceptionnellement heureux a eu tout d'abord pour le diriger les grands caractères des Washington, des Jefferson, des Franklin, des Monroe, des Madison, des Patrick-Henry, des Lee, des Caw, des Adams, etc. Leurs nobles exemples ont jeté dans l'esprit du peuple américain des germes d'indépendance que l'égoïsme et l'amour de l'argent n'étoufferont jamais complétement.

Les *know-nothing* auront beau faire, leur politique dissolvante, étroite, intéressée, ne triomphera pas du bon sens des majorités.

L'injustice d'une telle doctrine à l'égard des étrangers, qui ont été si longtemps la force vive de la nation, apparaît comme une monstrueuse ingratitude et une niaiserie. Le triomphe définitif des know-nothing serait l'anéantissement de la liberté en Amérique, par conséquent la ruine commerciale, industrielle et agricole, et commencerait l'ère d'une décadence que hâteraient encore les guerres de religion. Nous ne croyons pas à ce triomphe des know-nothing, parce que nous avons foi en l'avenir des Etats-Unis.

L'Américain, en venant au monde, jouit dans la personne de ses père et mère d'une première liberté : il est inscrit sur les registres publics, ou bien sa naissance reste secrète, au gré de ses parens. C'était l'usage général autrefois, et beaucoup de familles se contentent encore aujourd'hui d'inscrire le jour de la naissance de leurs enfans, avec leurs noms et prénoms, sur un feuillet d'une Bible leur appartenant, qu'ils appellent la Bible de famille, et qu'ils se lèguent du père en fils. Ce livre, sacré pour tout Américain, sur lequel en justice on prête serment, même les catholiques qui n'y croient qu'à demi, même les juifs, les Turcs et les Chinois qui n'y croient pas du tout; ce livre fait autorité devant les tribunaux dans le cas où l'identité d'une personne née sans avoir été inscrite sur les registres publics viendrait à être contestée.

Mais si les Américains naissent libres, ils ne sont pas moins libres à leur mort : ils se font enterrer à leur guise, où ils veulent, quand ils veulent, avec le cortége qu'ils désirent, à pied, à cheval, en voiture, ou traîneau même, et précédés de musiques militaires, sans que personne y mette obstacle et leur impose aucune obligation.

L'esprit de liberté rend les Américains peu communicatifs et en apparence profondément égoïstes ; au fond, ils sont faciles, tolérans, serviables même. Mais ne comptez jamais sur la moindre prévenance de leur part : en prévenant les désirs de quelqu'un, ils craindraient de contrarier sa volonté, et la volonté de chacun doit être respectée.

Qu'un Américain vous voie sur le point de tomber dans un de ces gouffres béans qu'on appelle *basemens*, et qui devant chaque maison bordent les trottoirs des rues, il y a cent à parier contre un qu'il ne vous criera pas gare! non point par méchanceté, non point par indifférence, mais uniquement par habitude d'indépendance, et dans la crainte instinctive de porter atteinte à votre liberté individuelle en vous empêchant de vous casser le cou si telle est votre intention.

Ayez pour ami un Américain millionnaire, et vous (soit dit sans vous offenser), soyez poëte tragique ou fabuliste, et n'ayez pour tout revenu que le produit de vos tragédies et la vente de vos fables; je veux bien lire toutes vos œuvres, fables et tragédies, si votre ami l'Américain, qui vous verra mourir de poésie, vous tend sans que vous la lui demandiez sa main millionnaire.

C'est toujours avec hésitation qu'un Américain se décide à rendre aux femmes qu'il ne connaît pas quelques-uns de ces petits services de circonstance, comme par exemple de les aider à monter en omnibus, de leur tendre le bras pour les tirer d'embarras si dans la rue quelque obstacle survient, en un mot de les prévenir en quoi que ce soit. Non-seulement elles ne vous remercient jamais (nous verrons plus tard que les hommes en Amérique doivent tout aux femmes et que les femmes ne leur doivent rien), mais souvent, à la mine refrognée qu'elles font en vous regardant, on devine qu'elles vous disent *in petto*, en guise de remerciment : « Qui donc vous a permis de me mettre la main sur ma personne et de me parler sans me connaître? » Cette ingratitude leur est moins dictée par la pruderie, bien que les Américaines soient très prudes, que par ce sentiment intime de la liberté individuelle qui se révolte contre toute intervention non réclamée.

Enfin tel est chez tous les Américains le respect de la liberté individuelle, que la médisance et la calomnie leur sont étrangères. On ne les voit se s'efforcer de tramer dans l'ombre ces lâches petits complots qui ont pour objet de ternir une réputation en divulguant un secret surpris, ou même en inventant un mensonge.

Cet espionnage dégradant de tous par chacun, sans intérêt et sans haine, qu'on appelle *cancan* chez nous, n'existe pas non plus en Amérique. Chacun serait trop irrité de voir contrôler ses actions pour se permettre de contrôler celles des autres.

Cette dignité de l'Américain lui donne une force morale qu'on ne saurait méconnaître. Il y a certainement de la misère à New-York, et pourtant je n'ai jamais entendu aucun Américain se plaindre en essayant d'apitoyer sur son sort. Quelle que soit sa position, il l'accepte sans murmurer, et lutte avec le courage du stoïcisme. Envers ses débiteurs, il est patient et modéré dans la forme de ses réclamations. Jamais on ne le voit se livrer à des éclats scandaleux, perfides et méchans, qui compromettent la réputation d'un homme malheureux, souvent honorable, en jetant aux oreilles du public des débats personnels qui ne le regardent pas. Il use de son droit avec calme, tolérance et dignité. S'il vous rend un service, ce ne sera jamais pour se faire valoir à vos yeux ni en réclamer le prix. Il n'est pas reconnaissant, c'est vrai, mais il ne demande la reconnaissance de personne. S'il vous vient en aide, c'est moins par générosité d'âme, par expansion de cœur, que pour obéir à ce devoir de société qui prescrit aux forts et aux puissans d'aider les faibles et les besogneux sous peine de voir la société se démembrer et périr. C'est de l'égoïsme, mais il est bien préférable à cette bonté d'apparat, à cette prévenance astucieuse, qui s'offre à vous obliger pour le plaisir de s'en vanter, qui console vos chagrins pour mieux les connaître, et ne se rend utile que par curiosité.

L'Américain n'offre rien et ne demande rien. Il fait et laisse faire, sans parti pris, naturellement, par tempéra-

ment, et sa conduite est en tout la conséquence de son esprit de liberté.

Cette forme réservée, brusque parfois, que les étrangers prennent pour de l'incivilité, n'est souvent au contraire que la froide expression d'une politesse bien entendue. C'est ainsi qu'un Américain ne saluera jamais dans la rue ou dans un lieu public une personne à qui il n'aura pas été présenté, bien qu'ils se soient souvent rencontrés dans le monde. Il regarde également comme un devoir de courtoisie de laisser aux femmes le choix des personnes qu'elles désirent compter publiquement au nombre de leurs connaissances, et dans la rue, avant de saluer une dame, un gentleman attend toujours que cette dame, par une légère inclinaison de tête, l'ait invité à le faire.

Il arrive journellement que les omnibus et les *cars* des chemins de fer, traînés par des chevaux dans certaines rues de New-York, et qui ne sont soumis, pas plus que les autres voitures, à aucun règlement de police, reçoivent plus de voyageurs qu'il n'y a de places marquées. Qu'une dame se présente alors, et aussitôt un homme se lève pour lui donner sa place, et cela de la manière la plus simple, sans exiger d'elle aucun remerciment, sans même la regarder. La dame s'installe à la place du monsieur sans même songer à le remercier. Cette déférence lui était due.

Qu'un fait analogue se présente à Paris, et le complaisant ne manquera pas de profiter de la circonstance pour entamer la conversation avec la dame inconnue et lui glisser quelques mots de galanterie. Bien heureuse en pareil cas s'il ne la suit pas jusqu'à sa porte.

Quand il survient une pluie et que chacun cherche un refuge ou veut entrer chez soi, les omnibus sont d'ordinaire le théâtre de scènes fort plaisantes pour les étrangers qui ne sont pas encore faits aux usages du pays. Les dames, qui arrivent en foule et se précipitent dans les omnibus déjà pleins, s'asseoient sans se faire prier sur les genoux des voyageurs. J'ai vu des omnibus déjà remplis se doubler littéralement de cette manière. C'est le spectacle le plus original et le plus comique du monde. D'abord les femmes s'asseoient modestement sur l'extrémité de vos genoux; puis, le cahot de la voiture aidant, et comme elles se trouvent mal assises, elles finissent, pour leur plus grande commodité, par faire de vous un véritable fauteuil à la Voltaire.

Ce qu'il y a de plus caractéristique dans tout cela, c'est le silence des hommes, c'est leur attitude respectueuse et leur sérieux, formant un contraste plein d'originalité avec la figure des folles voyageuses, qui parlent haut, rient aux éclats et gesticulent en tous sens comme des enfans ivres de joie qu'on ne muserait à la foire.

Le caractère si étrange, si plein d'imprévu, si souvent charmant des Américaines, qui sont toutes sans exception de véritables enfans gâtés, mériterait qu'on l'étudiât longuement. Le sans-gêne et la confiance qu'elles ont en elles-mêmes est extrême.

J'ai vu plusieurs fois des Américains, particulièrement des hommes de l'Ouest, plus indépendans encore dans leur allure que ne le sont les Virginiens et les Yankees, entrer dans les magasins de musique, le chapeau sur la tête et jeté en arrière, ouvrir sans dire un mot à personne un orgue ou un piano, prendre un tabouret, s'y asseoir, et entonner d'une voix nazillarde, gutturale et horriblement sonore, des hymnes de toutes les religions, catholique, juive, protestante, universaliste, luthérienne, calviniste, unitaire, méthodiste, anabaptiste, presbytérienne, épiscopaliste, quakériste, congrégationaliste, et même mormone. Puis, ces chants terminés, et sans s'inquiéter du maître de la maison ni des personnes présentes, se promener dans la maison, inspecter tout, toucher à tout, prendre une flûte, un violon, une guitare ou une trompette, et s'essayer à tirer quelques sons de ces instrumens divers; après quoi ils achètent ou n'achètent pas.

Des dames entrent journellement chez monsieur Horace

Waters, marchand de musique dans Broadway, pour choisir des compositions nouvelles. Elles s'assoyent au piano, souvent au milieu d'un grand concours de personnes qui vont et viennent dans le magasin, et, sans le moindre sentiment de gêne, elles tapotent des valses et des polkas ou chantent des romances. J'ai vu maintes fois, quand les romances qu'elles choisissaient se trouvaient être avec accompagnement de chœurs, ces dames prier les commis du magasin et le maître lui-même de chanter avec elles pour mieux juger de l'effet d'ensemble. A l'appel d'une dame personne ne résiste, les commis en masse quittent leur besogne, sortent de leur comptoir et viennent avec le patron, qui a pendant ce temps-là mis ses lunettes sur son nez, se grouper autour de la musicienne. Et les voilà tous chantant à tue-tête, bien ou mal, juste ou faux, sans s'inquiéter le moindrement de l'effet de ce concert si bizarrement improvisé par une inconnue.

Ce sont les demoiselles en Amérique qui mènent ce qu'on appelle en France la vie de garçon, pendant que les garçons, eux, mènent à tout âge, comme nous l'avons dit, la vie d'homme d'affaires. Les jeunes filles s'en vont seules se promener des journées entières dans les toilettes les plus élégantes. A l'âge de douze ans, elles ne veulent porter que des robes de soie. Elles vont partout, entrent à tous momens chez les pâtissiers, prennent des glaces plusieurs fois par jour, et croquent constamment des sucreries. Quand elles rentrent chez leurs parens après des promenades de plusieurs heures, personne ne les questionne sur l'emploi de leur temps. En été, avec leur fiancé, quand elles en ont un, et elles en ont toujours un de fort bonne heure, elles courent la ville le soir, vont au spectacle, à la campagne, en chemin de fer ou en bateau à vapeur. En hiver, elles font des parties de traîneaux qui se prolongent très avant dans la nuit ; elles ont un passe-partout de la maison et rentrent incognito dans leur chambre, qui est d'ordinaire éloignée de celle du père et de la mère. Ces mœurs, à la vérité, tendent à se modifier, principalement dans les grandes villes, où la présence des étrangers de passage a révélé des dangers ; mais on les trouve intactes dans les Etats de l'intérieur.

Dans un grand nombre de maisons très honorables de conservateurs américains, les demoiselles ont leurs amies et leurs amis particuliers, qui ne sont pas toujours les amis ni même parfois les simples connaissances du père et de la mère.

Un Américain, dont je n'ai aucune raison de suspecter la véracité, m'a assuré avoir visité régulièrement tous les jours une demoiselle de Boston, chez ses parens, sans jamais leur avoir adressé la parole, et sans que jamais non plus ils lui aient fait sur ses visites la moindre question. La demoiselle n'avait pas trouvé convenable de présenter son jeune ami à sa famille, et la famille, par esprit de liberté individuelle, n'avait pas réclamé cette présentation. Souvent le père et la mère cédaient en entier le parloir à leur fille, et se retiraient quand l'ami de la demoiselle venait passer la soirée avec elle.

Nous pourrions citer le nom d'une demoiselle mariée aujourd'hui, appartenant à une famille honorable de New-York, et parfaitement honorable elle-même, qui, un jour, pour s'amuser, invita cinq jeunes filles et six jeunes gens à venir prendre chez le restaurateur Taylor leur part d'un souper qu'elle avait commandé. Ces jeunes filles et ces jeunes gens, parfaitement comme il faut, ne manquèrent pas au rendez-vous. Le souper fut très gai, on but du champagne sans excès, mais on rit d'une manière immodérée. Il était trois heures du matin quand l'aimable amphitryon donna le signal du départ. Le souper lui coûta cent dollars. Puis elle envoya chercher des voitures, se choisit un cavalier pour la reconduire chez ses parens, un peu inquiets peut-être de ce retard insolite, et engagea les autres demoiselles à imiter son exemple. Toutes rentrèrent sous le toit maternel au petit jour, l'esprit joyeux et animé, mais le cœur calme et pur. Ce trait d'une demoiselle de dix-huit ans parut bien un peu ex-

centrique, même à New-York, mais après tout on l'excuse, et personne ne songea un seul instant à en tirer des conclusions fâcheuses pour l'honneur d'aucune des convives.

En présence de cette liberté pratique, on éprouve donc une véritable stupéfaction quand on voit l'effroyable tyrannie qu'exercent encore aux Etats-Unis d'anciennes habitudes religieuses. On ne saurait se faire chez nous une idée de l'intolérance avec laquelle, par exemple, on observe aux Etats-Unis la loi du dimanche, loi qui, sous prétexte de mieux honorer Dieu, supprime les omnibus sur toutes les lignes, et ne permet qu'aux gens qui ont leurs équipages particuliers de se promener en voiture ; qui supprime les bateaux à vapeur, retient les locomotives dans leurs gares, oblige les magasins à fermer leurs portes, entretient dans les usines un feu inutile, entache de nullité tout contrat passé ce jour-là, condamne le pauvre diable convaincu de gagner sa vie un dimanche, et défend, pour la plus grande gloire du ciel, aux commissionnaires de porter autre chose que des paquets peu volumineux qu'ils puissent facilement dissimuler à la vue du public.

La même intolérance a produit cette loi dite de tempérance qui défend de détailler les vins et les liqueurs, mais qui permet de s'enivrer en gros. Les buveurs d'eau, à force de chercher la justification de leur système prohibitif dans la Bible, où l'on trouve à peu près tout ce qu'on veut, ont fini par y découvrir quelques versets en leur faveur. Mais de quel poids sont ces versets en regard du Psalmiste qui dit : « Le vin réjouit le cœur de l'homme ; » et à côté du livre des Juges où on lit ces paroles : « Le vin qui plaît à Dieu et aux hommes? » Comme on opposait à un docteur tempérant les noces de Cana, il ne trouva rien de plus simple que de répondre : Jésus s'est trompé, go a head.

Il est juste d'ajouter que cette ridicule loi de tempérance n'a pas été observée un seul jour à New-York, et que le maire, monsieur Wood, par une prudence dont tout le monde lui sait gré, a donné le premier l'exemple à l'infraction dans ses ordonnances.

Cette résistance à une loi condamnée par la majorité des gens bien pensans n'a donc donné lieu à aucune scène regrettable dans l'État de New-York. Il n'en a pas été de même dans l'Ohio, si nous en croyons un journal de la localité qui raconte le fait suivant :

Un certain nombre de ladies de la petite ville de Logan se réunirent pour donner la chasse aux obstinés vendeurs de liqueurs qui refusaient de cesser leur odieux trafic. Munies de marteaux, de haches, etc., elles se rendirent d'abord chez un épicier qui vendait secrètement du vin et de l'eau-de-vie. Le malheureux, en voyant venir de loin cette troupe en jupon précédée d'un lugubre écriteau sur lequel on lisait : « Mort aux marchands de perdition, » fut pris d'une grande terreur. Il s'empressa de fermer la porte et les volets de son magasin, et se retira dans l'arrière-boutique. Sur les entrefaites, mesdames de la tempérance étaient arrivées devant la maison. Après plusieurs sommations inutiles, et comme le marchand ne se montrait pas, et qu'on ne faisait point mine de leur livrer les clefs, elles commencèrent un siège en règle. La porte fut bientôt enfoncée à coups de hache, et l'armée victorieuse entra dans la place en poussant de grands cris de joie. Les épiceries furent généralement respectées, sauf quelques livres de candy (sucre d'orge), qui disparurent par morceaux dans les poches de ces dames. Quant aux tonneaux et aux bouteilles déposées dans la cave, le chef de la bande donna l'ordre de les détruire sans pitié. Bientôt la bière, le cognac, les vins de différentes qualités ne formèrent plus qu'un vaste lac sans nom.

Toutes glorieuses du brillant fait d'armes qu'elles venaient d'accomplir, les nouvelles amazones portèrent ensuite leurs pas vers la maison d'un marchand de vin fort riche. Mais là elles trouvèrent à qui parler. Instruit par un ami de l'attaque qui se préparait, le débitant de per-

33

dition » s'était mis sur la défensive. Armé d'un vieux fusil de chasse, debout devant sa porte, il attendait tranquillement l'orage. Cette attitude en imposa tout d'abord aux assaillantes ; toutefois, sans perdre contenance, et après s'être placées sur quatre rangs, elles entamèrent de longues négociations. Le marchand, fier de son avantage et obstiné comme un Allemand qu'il était, refusa toute concession, et accorda seulement à ces dames le privilége de se retirer avec tous les honneurs de la guerre. Mais au moment où il se félicitait du courage et du savoir-faire qu'il avait déployé, un de ses garçons de salle accourut lui annoncer que tous ses tonneaux de vin, dans la cave, avaient été percés, et que la précieuse liqueur découlait à longs flots. Les héroïnes de la tempérance s'étaient jouées de leur adversaire. Pendant que le chef de file parlementait, cinq ou six d'entre elles pénétraient dans la cave par une porte de derrière, et s'en donnaient à cœur joie contre les objets de leur haine.

On voit que les héroïnes de la tempérance savent joindre la ruse du renard à la force du lion.

Mais il est d'autres États plus soumis qui s'accommodent du régime de l'eau, ou plutôt qui, pour se soûler à huis clos, cachent leurs bouteilles sous le pieux manteau de Tartufe.

Cette même loi a encore produit une conséquence bien plus bizarre.

On sait en France que les Américains ont depuis quelque temps une singulière passion pour la salsepareille, et qu'ils se purifient le sang avec une sorte d'enthousiasme. On ne comprend pas cette vogue, et peut-être l'Académie de médecine s'est-elle préoccupée de ce fait sans pouvoir l'expliquer. Je suis heureux de venir à son aide.

La salsepareille qu'on boit en Amérique est de l'invention du très célèbre, très adroit, très philanthrope et très millionnaire docteur Townsend, l'ami de l'humanité. Le docteur Townsend, en homme qui comprend les faiblesses humaines et sait les tourner à son bénéfice, avait imaginé, dès les premières applications de la loi de tempérance, de faire dissoudre le suc purifiant et parfaitement innocent de la racine de salsepareille dans un fond honnête, mais fort convenable pourtant, de *genuine brandy*, autrement dit de vrai cognac. Il mit son remède en bouteille et le fit déguster. On le trouva excellent ; il devint universel. On en prit pour la migraine, pour les fièvres, pour les échauffements, pour les refroidissemens, pour le mal de dents, pour les cors aux pieds, pour maigrir et pour engraisser. Les dames surtout se noyèrent dans les vertueuses fioles du bon docteur, comme jadis le duc de Clarence dans son tonneau de malvoisie ; les nourrices en buvaient pour se donner du lait, et les femmes qui ne voulaient pas nourrir en usaient dans le but contraire. D'autres en prirent simplement pour se tenir le teint frais. Mais tous en burent tant et tant, que l'idée de l'habile docteur attrista les plus beaux jours de monsieur Barnum.

Mais de toutes les anomalies que l'ancien régime a léguées aux États-Unis, la plus monstrueuse est sans contredit l'esclavage des nègres dans le sud de l'Amérique.

On a beaucoup déraisonné pour et contre ce sujet, en Amérique et ailleurs.

D'un côté, les partisans de l'esclavage arguent de l'infériorité intellectuelle de la race noire, de sa paresse et de son incurie, et vont jusqu'à prétendre que l'esclavage est d'institution divine. Ils citent ces paroles dictées par Dieu lui-même à Moïse sur le mont Sinaï :

« Les serviteurs et les servantes que vous aurez seront » pris dans les nations qui sont autour de vous, et parmi » les enfans des étrangers qui séjournent parmi vous. » Vous les achèterez d'eux et ils seront votre propriété. » Vous les transmettrez par l'héritage à vos enfans, après » vous, comme propriété, et ils seront vos esclaves à per- » pétuité. »

Les nègres, — ajoutent-ils — seraient esclaves dans leurs pays originaires, et les blancs ne les achètent que des nègres eux-mêmes.

Ce sont là des vérités regrettables, mais d'où ne découle assurément aucun droit pour les possesseurs.

D'un autre côté, les partisans de l'abolition ont dépensé très justement beaucoup d'indignation et de sensibilité en faveur des quelques cent mille nègres d'Amérique, sans se préoccuper le moins du monde des centaines de millions de blancs qui subissent un esclavage beaucoup plus rude, à nos portes même, en Pologne, en Turquie, en Russie, sans compter presque tous les autres pays de la terre.

La seule conclusion raisonnable à tirer de l'état présent de la question, c'est donc de désirer que l'émancipation finisse par triompher tôt ou tard dans ceux des États qui l'ont repoussée jusqu'à présent, mais sans pour cela faire de l'esclavage un grief général contre l'Amérique tout entière. Il ne faut pas oublier que plusieurs de ces États nous avaient devancés dans la voie de l'abolition, et qu'en définitive elle ne date nor pour nos colonies que de la révolution de 1848.

Tout récemment, à New-York, il vient de se passer un fait qui prouve jusqu'à quel point le sens moral est perverti chez les hommes qui font commerce de leurs semblables. Un certain monsieur Jonathan Lemon, propriétaire et marchand d'esclaves, en se rendant au Kansas, avait amené un nègre en *transit*. Un nègre n'est-il pas une marchandise comme une autre ? Cette conduite excita l'indignation des cœurs honnêtes, et l'esclave fut enlevé à son maître, par la raison que sa présence sur le sol libre lui assurait *ipso facto* la liberté. Le fait souleva des polémiques ardentes dans les journaux, et jusque dans la chaire des différens temples. Mais l'esclave fut reconnu libre par la cour suprême. Il devait en être ainsi. Nous voyons dans les lois qui régissent l'État de New-York des articles qui ne permettaient pas de doute à ce sujet :

« Tout esclave qui viendra ou sera amené dans cet État avec le consentement de son maître ou de sa maîtresse, ou qui viendra ou sera amené involontairement dans cet État, sera libre.

» Toute personne qui détiendra ou essayera de détenir en esclavage ou comme esclave dans cet État quelque personne que ce soit, mentionnée comme esclave dans le second article de cet acte, ou toute personne libre de couleur, sous quelque forme ou prétexte, ou pour quelque laps de temps que ce soit, sera coupable de félonie, et, sur preuves du fait, sera enfermée dans la prison de l'État pour un temps qui ne pourra être moindre de deux ans, ni plus long que dix ans. »

C'est très bien, et voilà une loi aussi humaine que juste ; mais il faudrait souhaiter qu'on trouvât le moyen de faire de la liberté un bienfait véritable et non pas un embarras pour le nègre émancipé. Malheureusement ce moyen n'est pas encore trouvé. J'en demande bien pardon à Soulouque, mais son organisation sociale, avec ses ducs de la Cassonnade, ses comtes de la Marmelade, ses marquis de la Limonade et ses chevaliers du Tamarin, n'est guère qu'une sorte de carnaval.

La colonie de Libéria, dans la Guinée, fondée en 1821 par la société de la colonisation de l'Amérique septentrionale, n'est, d'autre part, qu'un pauvre pays plus qu'à moitié sauvage.

Ajoutons qu'en attendant la solution du problème, l'émancipation des nègres dans les États abolitionistes n'est encore qu'un vain mot sous beaucoup de rapports. Les *citoyens* nègres ne votent pas, et se garderaient bien d'essayer de voter. La loi ne leur interdit pas ce droit, mais s'il arrivait à l'un d'eux de vouloir en user, on pourrait dire le nombre de coups de poing et de coups de bâton que les partisans de la liberté des noirs lui administreraient en riant !

Tous les avantages, tous les emplois, tous les honneurs, tous les plaisirs même sont refusés aux noirs *libres* dans le sein des villes les plus abolitionistes.

Les nègres ne peuvent ni monter en omnibus, ni pénétrer dans les bar-rooms où vont les blancs, ni entrer dans une église, dans un hôpital, dans un musée, dans un théâtre, même dans les théâtres de nègres ménestrels; ni se promener dans l'intérieur des bateaux à vapeur, ni prendre place dans les wagons de chemins de fer.

L'industrie aussi leur est fermée, et il faut qu'ils choisissent pour vivre l'état de domestique dans les hôtels (les maisons particulières n'en veulent pas), ou l'état de barbier, ou bien encore le commerce des huîtres et des liqueurs fortes qu'ils débitent au bas peuple.

Les nègres prétendus libres ont leurs rues à eux, et quelles rues! ils ont leurs maisons, ou plutôt leurs chenils; ils ont leurs hôpitaux, ils ont leurs églises, quoiqu'il n'y ait qu'un seul Dieu pour tous; ils ont leurs cars de chemin de fer, sur lesquels est écrit en grosses lettres : for colored people; enfin, ils ont leurs cimetières, comme si les os jaunâtres des blancs dédaignaient, par un orgueil posthume, de se mêler aux os beaucoup plus blancs des nègres après leur mort.

On a vu, dit-on, des rois épouser des bergères; peut-être même a-t-on vu des reines épouser des bergers; mais on n'a jamais vu, en Amérique, un nègre épouser une blanche ni un blanc se marier à une négresse. Un pareil fait serait assurément le plus grand de tous les scandales, aux yeux-même de mistress Stowe.

V

L'AMOUR EN AMÉRIQUE.

C'est ici qu'il convient de placer une observation que nous avons faite sur la beauté des Américaines comparée à celle des Françaises.

La beauté des traits, cette beauté indépendante des grâces et de l'expression, qu'on appelle la beauté plastique, se trouve plus communément en Amérique qu'en France. La jeunesse est chez les Américaines plus prématurée que chez nous, et leur intelligence, fortifiée dès l'enfance par des études variées, acquiert de bonne heure tout son développement. La naïveté d'ailleurs, cette pudeur de l'âme, cet apanage de nos jeunes filles, est un sentiment inconnu des Américaines, et n'apporte par conséquent aucun obstacle à leur désir de s'instruire sur toutes choses, pas plus qu'aux manèges de la coquetterie. Il en résulte que chez les jeunes filles, même de douze jusqu'à quinze ans, la rondeur et la délicatesse des formes du visage se trouvent réunies à l'éclat du teint, à la désinvolture des manières, à l'aisance de la démarche, au luxe de la toilette, à l'assurance morale. Rien encore, ni les passions, ni les habitudes, ni le soucis de la vie, n'est venu modifier la gracieuse harmonie des traits de ces jeunes filles, enfants par l'âge et femmes par les séductions. Ajoutez à cela que l'extrême liberté dont elles jouissent exclut toute entrave aux caprices de l'imagination, et qu'elles sont bien les filles les plus rieuses des deux mondes.

En France, c'est différent; les petites filles y sont assez jolies jusqu'à l'âge de six ou sept ans, mais il est rare qu'à l'époque subséquente les traits n'éprouvent pas un changement fâcheux. A cet âge ingrat où il faut pour ainsi dire deviner ce qu'elles seront un jour, nos jeunes filles, comme des chrysalides, subissent les révolutions les plus complètes. Parfois les jolies deviennent laides, et il n'est pas rare de voir les laides devenir fort agréables, sinon jolies. C'est depuis dix-huit jusqu'à vingt-quatre ans que s'achève en France l'œuvre de la nature, et que les femmes sont enfin ce qu'elles doivent être. Une fois fixée, la beauté des Françaises se conserve plus longtemps que celle des autres femmes. L'art le plus puissant, dont elles semblent avoir le secret privilège, vient puissamment en aide à la nature : pas un mouvement sans grâce, pas de grâce sans expression.

Il en résulte que si la beauté des Françaises est moins hâtive et moins parfaite que celle des Américaines, elle est plus piquante et plus durable. Ce n'est certes pas en Amérique qu'il se fût trouvé un Balzac pour vanter les charmes de la femme de trente ans.

Enfin, et pour nous résumer, si les unes sont plus belles à peindre, ou plutôt à daguerréotyper, les autres sont plus agréables à voir, et si les Françaises ne sont pas celles qu'on admire le plus, elles sont celles qu'on aime le plus longtemps. « Le ciel de l'Andalousie et l'amour d'une Française, » s'écrie quelque part, avec enthousiasme, Alexandre Dumas, « ce serait le paradis sur la terre. »

On a dit quelquefois que Paris était le paradis des femmes ; on eût mieux fait de le placer en Amérique. Énumérer tous les droits, tous les priviléges dont jouissent les femmes en Amérique serait une tâche trop longue. Les Américains, dans le principe de la colonisation, n'ont rien négligé pour assurer le succès de leur entreprise. Sachant que la plus faible moitié de l'espèce humaine a toujours conduit la plus forte, et que là où la femme se plairait et voudrait vivre, il faudrait bien que l'homme s'y plût et y vécût, ils employèrent tous les moyens pour attirer chez eux les femmes, et, en bons négocians, leur offrirent une part dans les bénéfices. Cette part est large, et leurs soucis dans le ménage se bornent, la Bible en main, à croître et à multiplier le plus possible.

Le culte de la femme est si général en Amérique, que partout on voit des images de femmes plus ou moins gazées exposées à l'admiration du public. Des Vénus sortant du sein des ondes, des nymphes, des baigneuses, etc., décorent, avec les bustes de Washington, les bar-rooms et les clubs. On met des portraits de femmes dans le fond des chapeaux d'hommes ; on en peint sur les portières de tous les omnibus ; il est des chemises illustrées qui en sont garnies jusqu'aux manches ; enfin, et pour le seul plaisir d'avoir un joli portrait de femme, un homme demande souvent à une demoiselle ou à une dame qu'il connaît à peine de lui prêter son gracieux visage ; elle lui donne rendez-vous chez un daguerréotypeur, et pose sans aucun scrupule. Le gentleman prend le portrait, l'emporte, le garde tout le temps qu'il lui plaît, et cela ne tire pas à conséquence.

Les bienheureuses filles du nouveau monde ont tous les droits ou à peu près, et jouissent de toutes les permissions, même de battre les hommes qui leur déplaisent, l'homme n'ayant dans aucun cas le droit de se défendre personnellement contre une femme ; enfin elles peuvent proclamer de l'homme du monde qui aurait le moins de droits à cette distinction : elles n'ont pour cela qu'un mot à dire, qu'un serment sacrilège à faire. Ces abus sont rares à la vérité, mais ils existent.

On raconte ce fait :

Un quaker, austère et froid comme tous les quakers, avait à son service une fille d'Ève, jeune, jolie, faible, sensible et imprévoyante.

Cette fille devint coupable, et des indices certains la dénoncèrent à la vigilance du quaker. Ne voulant rien brusquer et désirant néanmoins approfondir un mystère qu'il croyait de son devoir de pénétrer, il fit venir sa servante dans son cabinet, puis, prenant une voix douce et convaincue, il lui parla en ces termes :

—Mon enfant, l'esprit égare parfois le cœur, et le cœur, comme nous le disent les saintes Écritures, n'est pas toujours assez fort pour résister aux entraînements et aux perfides séductions du serpent (1). Tu es coupable, mon enfant, ne cherche pas à le dissimuler ; mais un autre est plus coupable que toi, qui, plus fort, a pris pour t'entraîner au mal l'esprit tentateur du démon. Nomme cet homme, ma chère enfant, et nous rendrons justice à la morale en le forçant à reconnaître sa faute et à la réparer.

(1) Les quakers tutoyent tout le monde, amis et étrangers; ils ne disent vous que quand ils s'adressent à Dieu.

— Monsieur, — lui répondit la jeune fille d'un ton parfaitement résolu, — je ne puis vous obéir ; ce secret est le mien, c'est celui de mon cœur ; je ne le divulguerai jamais.

Le quaker voulut la persuader, mais il ne put y réussir.

Étant juge, il résolut, dans l'intérêt de cette malheureuse fille et pour assurer un protecteur à l'enfant qui devait naître, de la faire comparaître devant le tribunal que lui-même présidait. Il espérait que la solennité du lieu impressionnerait son esprit et qu'elle avouerait tout.

Quand la jeune fille se présenta :

— Eh bien ! mon enfant, — lui dit le quaker sur son fauteuil de juge, — te trouverai-je aujourd'hui moins ennemie de tes intérêts, plus pénétrée de tes devoirs, et consentiras-tu enfin à parler ?

— Je ne le désirais pas, mais puisque vous le voulez absolument...

— C'est très bien, mon enfant ; la société te saura gré de cette franchise, et moi personnellement je t'en remercie. Ainsi tu nous diras le nom du coupable ?

— Je ne puis le cacher plus longtemps.

— Très bien, mon enfant, très bien. Et cet homme, quel est-il ?

— Cet homme, monsieur, c'est vous.

La foudre eût éclaté sur la tête du quaker qu'il n'eût pas, à cette énorme dénonciation, ressenti de commotion plus forte. Il voulut se défendre, prit le ciel à témoin de son innocence ; mais la servante jura sur la Bible, et le quaker, aux termes de la loi, dut se reconnaître coupable, et se condamna lui-même à une indemnité envers sa prétendue victime et à l'entretien de son enfant.

Dans une autre cas, la recherche de la paternité embarrassa singulièrement le tribunal.

Une femme ayant déclaré avoir été séduite, voulut rendre un négociant étranger responsable de cette faute, et le fit traduire devant les tribunaux. Cette femme méritait peu la protection de la justice et n'était rien moins qu'accidentellement fautive. Le négociant ne chercha pas à nier ses relations avec elle, mais il prouva que dans le même temps d'autres que lui s'étaient rendus coupables comme lui. En effet, le jour du jugement, quatre personnes déclarèrent sous serment qu'elles reconnaissaient comme fondés les soupçons de l'accusé et se déclarèrent coupables.

La position du juge était fort embarrassante et essentiellement délicate. Mais tout fut résolu de la manière suivante. Après une admonestation sévère adressée à la plaignante, le juge conclut en disant : « Comme après tout » l'enfant que vous portez ne saurait être victime de vo- » tre inconduite, et qu'il est du devoir de la justice de lui » reconnaître un père, mettez la main sur votre conscience, » priez Dieu qu'il vous éclaire, et désignez un père à votre » enfant. »

La femme jeta un regard circulaire sur les quatre victimes de ses charmes trompeurs, les contempla quelque temps, et, avisant le plus riche, finit par le désigner au juge, qui le condamna suivant ses moyens.

On connaît la signification du mot *flirtation*, cette conversation intime qui tient le milieu entre une conversation purement sérieuse et une conversation galante et passionnée. La flirtation, que les Américains prononcent *fleurteichonn*, est évidemment née de deux principes contradictoires : le désir pour les femmes de plaire aux hommes et la crainte pour les hommes de succomber aux séductions des femmes. De là l'extrême coquetterie des unes et la froide réserve des autres.

La femme apparaît aux Américains comme une menace pour les cœurs trop sensibles. Ce n'est pas la brebis qui a peur du loup, là-bas ; c'est le loup qui craint la brebis. Aussi laissez faire les Américaines : leur expérience (les Américaines ont de l'expérience à tout âge), jointe à la protection des lois, les défendra suffisamment contre tout danger de flirtation. N'ayez non plus aucun souci de ces aparté, dans les petits coins entre jeune homme et jeune

fille, qu'on remarque partout, dans les salons, au théâtre, au bal, dans les *ice cream saloons*. Ces Don Juans que la peur talonne sont souvent plus innocens qu'on ne croit, et jouent à l'amour à peu près comme les enfans font la petite guerre avec des sabres de bois et des pistolets de paille.

Que si l'un des deux flirteurs tremble de céder à l'attrait du sentiment, ce n'est jamais *elle*, c'est toujours *lui*. Aussi quelle confiance parfaite dans les charmantes figures des *young ladies*, et combien ne faut-il pas admirer ces grandes écolières de quinze et même de dix-huit ans, qui, en grande toilette, des livres sous le bras, s'en vont par les rues regardant les hommes avec affectation, leur riant bruyamment sous le nez pour les forcer à baisser les yeux !

Souvent les écolières sont fiancées, ou bien tout simplement elles ont un ou plusieurs adorateurs. Rien n'est plus amusant alors que de voir, comme on dit en anglais, les *beaux* de ces demoiselles les *épauler* pour flirter de plus près. En Amérique, un mari ou un fiancé a seul le droit de donner le bras à sa femme ou à sa fiancée. Quand un homme désire accompagner une demoiselle dans un lieu public, il marche à ses côtés sans jamais lui offrir le bras ; mais il l'épaule volontiers, ce qui est parfaitement reçu.

Voici comment on épaule une demoiselle en Amérique : le cavalier arrondit le bras, et le consolide ensuite sur l'épaule de la demoiselle en la poussant légèrement devant lui. Il élude ainsi les rigueurs de l'étiquette. Autrefois, les Américains accompagnaient les dames dans la rue en les tenant par le coude. L'épaulement est un progrès ; mais ce progrès même commence à être dédaigné dans les grandes ville par la société qui se pique de donner le bon ton, et il n'y a plus guère que la société moyenne qui continue d'escorter ainsi les demoiselles à la promenade en les épaulant.

Il est des endroits privilégiés où la flirtation, à New-York, a pour ainsi dire ses coudées franches. Tel est, par exemple, le musée Barnum, où les *beaux* se promènent partout sans façon en tenant leurs *belles* par la taille et en leur parlant parfois si près du visage que personne ne pourrait assurer qu'ils ne s'embrassent pas. J'ai vu au petit théâtre de ce musée, — que monsieur Barnum persiste à appeler *Lecture room*, par esprit de cagotisme, car monsieur Barnum est un saint homme qui prêche la tempérance, tout en louant ses *basements* à des marchands de vin, — j'ai vu, dis-je, des couples amoureux s'embrasser publiquement. Personne n'y porte la moindre attention, ou si quelqu'un le remarque c'est d'un air distrait. Jamais on ne se permettrait de troubler ces amoureux dans l'exercice de leur liberté individuelle.

Du reste, partout, dans les établissemens publics, dans les omnibus, dans les steamboats, en chemin de fer, on peut voir de libres flirteurs causer avec des femmes en les tenant amoureusement par la taille.

L'esprit de liberté individuelle tue en Amérique la chronique scandaleuse, et il est rare qu'il circule dans le public de ces petites anecdotes de société qui font la fortune des revues de Paris.

Mais s'il se semblable vient à se produire, et que madame X... ait classé son mari dans la triste catégorie des prédestinés de Balzac, au su de tout le monde, ce n'est pas elle qu'on blâmera le plus, ce n'est pas non plus son très infortuné mari, bien qu'on le plaigne fort peu : c'est sur le séducteur que retombe tout le blâme. Son honneur se trouve compromis, son crédit commercial même en souffre.

Mais ce qui est beaucoup plus extraordinaire, c'est que la femme coupable ne trouve nulle part de plus ardens défenseurs que parmi les autres femmes. Cela, j'en conviens, renverse toutes les idées reçues, et me paraît de nature à apporter le plus grand trouble dans l'esprit des moralistes ; mais il n'en est pas moins vrai que les femmes, en Amérique, ne se déchirent pas entre elles, et que, au contraire, elles se défendent et excusent réciproquement leurs faiblesses avec un esprit de corps admirable.

La méthode que les Américains ont hérité des Anglais, de tout réduire en matière de galanterie à une question d'indemnité, cette méthode a donné lieu à une étrange industrie.

Une *young lady* s'associe à un *boy* quelconque ; la lady tend ses filets séducteurs et perfides. Si quelqu'un s'y laisse prendre, le visage de l'enchanteresse prend tout à coup une expression des plus inquiètes et des plus inquiétantes.

— N'entendez-vous aucun bruit ? — dit-elle à son adorateur.

— Si fait ! Qu'y a-t-il ?

— Ah ! fuyez, fuyez, ou nous sommes perdus !... Mais fuyez donc ! Ah ! mon Dieu ! il n'est plus temps, le voici...

Et le *boy* entre solennellement dans la chambre s'il joue le rôle de père ou de frère outragé, et furieux s'il figure un mari trompé. La femme se trouve mal, le survenant s'en prend au séducteur, il veut le tuer, le traîner devant les tribunaux, faire du scandale ou le contraindre à se marier avec sa victime. Le séducteur, qui a parfaitement compris, tire de l'argent de sa poche, et tout s'arrange pour le mieux.

Du reste, il n'est pas dans le monde de maris plus commodes et moins jaloux que les Américains. Absens de chez eux toute la journée, ils laissent leurs femmes complètement libres de flâner des heures entières dans Broadway. Quand elles sont lasses de marcher, elles entrent chez Stewart, le marchand de nouveautés, et *magasinent* un peu, ou bien elles vont se commander et essayer des robes chez madame Roullier-Augier, ou dans Bond-Street, chez mademoiselle Marie, la très habile représentante, à New-York, d'une des principales maisons de Paris.

Quelquefois on voit une des belles promeneuses se détacher de la foule, faire tomber sur son visage l'épais voile de barège vert toujours attaché à son chapeau, et prendre mystérieusement une des rues transversales à Broadway ; là, s'arrêter devant une maison d'apparence mystérieuse, regarder un instant à gauche et à droite, puis pénétrer lestement dans la maison, refermant la porte sur elle. Que vont faire ces dames élégantes et parfumées, dont plusieurs ont leur équipage et leur maison dans la cinquième avenue, dans ces modestes et silencieuses demeures, d'où le jour même est exclu ? Vont-elles secrètement apporter aux malheureux des secours et des consolations ; ou bien, sous des apparences trompeuses, sont-ce des femmes criminelles qui se livrent à la fabrication de la fausse monnaie? Mais si cela était, il y aurait plus de fausse monnaie que de monnaie véritable à New-York, car il n'est pas de rue où il n'y ait plusieurs de ces mystérieuses maisons, que les Américains nomment *assignation house*.

Quoi qu'il en soit, les lois américaines ne donnent dans aucun cas le droit qu'ont en Angleterre les maris de se défaire des épouses infidèles en les vendant au marché. Certes, une semblable manière de briser les liens conjugaux ne pouvait venir à l'esprit que d'une nation aussi éminemment commerçante que les Anglais. Mais cette menace terrible suspendue sans cesse sur le doux et blanc visage des séraphiques ladies est-elle bien une garantie de bonheur conjugal en Angleterre?

Un membre du parlement a eu la curiosité de relever, il y a quelque temps, l'état moral des ménages de Londres et du comté de Middlesex, et il est arrivé au résultat qu'offre le tableau suivant :

Femmes qui ont quitté leurs maris pour suivre leurs amans	1,362
Maris qui se sont sauvés pour éviter leurs femmes	2,371
Couples séparés volontairement	4,120
Couples vivant en guerre sous le même toit	191,023

A reporter.... 198,810

Report......	198,816
Couples se haïssant cordialement, mais masquant — en public — une haine féroce sous les apparences d'une feinte politesse	162,322
Couples vivant dans une indifférence visible	510,130
Couples réputés heureux dans le monde, mais qui ne conviennent pas intérieurement de leur bonheur	1,102
Couples heureux par comparaison avec d'autres beaucoup plus malheureux	135
Couples véritablement heureux	7
Total	872,512

On sait avec quelle facilité les demoiselles se marient en Amérique sans la participation de leur famille. Le couple se présente à l'église s'il est catholique, au temple s'il est protestant, à la synagogue s'il est juif, ou tout simplement devant une autorité civile ; un juge de paix suffit, avec deux témoins, pour constater l'identité des conjoints ; en cinq minutes la cérémonie est faite, sans publications de bans, sans autre formalité.

Autrefois en Pensylvanie il existait une coutume des plus bizarres pour assurer l'union des conjoints. Lorsque deux amans se voyaient contrarier dans leur désir de se marier, ils montaient tous deux à cheval, la femme tenant les brides et l'homme en croupe. Dans cette position, ils se rendaient devant un magistrat, la femme prenait la parole et déclarait publiquement qu'elle avait enlevé son amant et qu'elle demandait à régulariser sa position. Devant un aveu semblable toutes les difficultés disparaissaient, et le mariage avait lieu.

J'ai eu l'occasion de voir plusieurs fois à New-York la fille d'un ministre protestant que je pourrais nommer, laquelle s'est mariée six mois avant que son père ait pu même soupçonner ce mariage, et sans que pour cela elle ait cessé de vivre sous le toit paternel. Le jeune homme n'ayant pas été agréé par le père de la demoiselle, celle-ci s'était esquivée une heure pour se marier avec celui qu'elle aimait. Elle a pu, durant six mois, garder le secret de cette union.

Cette facilité à pouvoir contracter le mariage, si elle a ses avantages, a bien aussi ses inconvéniens, et la bigamie en est une des conséquences les plus funestes. On voit même des hommes se marier un grand nombre de fois par spéculation.

Ils se marient d'abord dans un État, et quand ils ont dissipé la dot de la première femme, ils vont se remarier dans un autre État. Ainsi de suite dans chaque État. Pendant mon séjour en Amérique, un jeune homme de vingt-neuf ans s'est vu condamner pour, de vivant de sa première femme, s'être marié quatorze fois. Les quatorze femmes de ce paquebot transatlantique vinrent toutes déposer contre lui. L'instruction a établi que dans l'espace de moins de trois semaines il s'était marié deux fois, à Baltimore et à Boston.

Du reste, la justice se montre très indulgente pour ces sortes d'infractions, que l'Angleterre punit de mort. Nous citerons le nommé David Beattys, condamné seulement à vingt-deux mois d'emprisonnement sur la plainte portée contre lui par sept femmes, ses légitimes épouses. Cela ne fait que trois mois et quelques jours pour chaque femme nouvelle ; ce n'est vraiment pas la peine de s'en passer.

Voici sur un autre cas de bigamie un verdict des plus curieux :

En 1818, monsieur Georges Garrison épousa miss Elisabeth Smith, et, deux ans plus tard, tandis que cette dernière vivait encore, il convolait à de secondes noces avec miss Lucy Potts. Quelques années après, la première, mistress Garrison, mourut sans jamais avoir formulé la moindre accusation contre son mari infidèle. Aussi, enhardi par l'impunité et pour rendre hommage sans doute au nom de la défunte, monsieur Garrison épousa-t-il bientôt en troisièmes noces une miss Margaret Smith.

Mais cette union était à peine célébrée que mistress

Garrison Potts, moins résignée que sa devancière, portait plainte contre le coupable. Tels sont les faits établis par les dépositions de plusieurs témoins. La foule des curieux, accourue pour assister au dénoûment de cette affaire, s'attendait à voir l'accusé envoyé à la prison d'État, lorsque, à la grande surprise générale, le juge rendit le verdict suivant :

« Relativement aux deux premiers mariages, Garrison ne peut être condamné pour bigamie, parce que l'accusation n'a pas été faite dans le délai de trois ans prescrit par la loi de l'État de New-York. Il n'y a pas non plus crime de bigamie par rapport à la première et à la troisième femme, puisque miss Elisabeth Smith était morte lorsque Garrison épousa miss Margaret Smith. Enfin, concernant le second et le troisième mariage, le crime de bigamie n'existe pas non plus, car l'union de l'accusé et de miss Lucy Potts, célébrée pendant la vie de la première femme, n'est point reconnue valable par la loi. »

En conséquence, M. Garrison est remis en liberté et en possession de sa troisième compagne. Quant à la plaignante, miss Lucy Potts, le lecteur comprendra sa douleur lorsqu'il saura que cette malheureuse Ariane avait déjà épousé il y a quelques années un nommé Benjamin Simons, qui, au milieu des délices de la lune de miel, fut arrêté et condamné au pénitentiaire pour crime de bigamie. La pauvre Lucy fut enveloppée dans cette accusation ; plusieurs témoins déclarèrent qu'elle savait parfaitement que Simons était marié lorsqu'elle l'épousa, et il fallut toute l'habileté d'un avocat yankee pour la blanchir aux yeux de la loi. C'est réellement jouer de malheur en matière de mariage.

Mais si expéditive que soit en Amérique la cérémonie du mariage, il est des ministres qui trouvent encore moyen de simplifier la chose en mariant en gros. « Le temps est de l'argent, » disent les Américains ; il faut savoir l'économiser. Le révérend L.-H. Moore, du Michigan, est une véritable machine à marier, de la force de plusieurs révérends. L'Enquirer, de Détroit, nous fait savoir que, dans le courant de décembre dernier, M. Moore a marié d'un seul coup trois couples divers, à savoir : MM. Vaughan, Woodruff et Lapham, avec mesdemoiselles Fanny Johnson, Bessey Jarrington et Mary Drake. A la bonne heure ! et voilà un révérend qui n'aime pas à faire languir son monde.

Nous pourrions citer des cas de mariages plus extraordinaires encore, et encore plus prompts.

Le télégraphe électrique en supprimant la distance a rapproché les cœurs en Amérique. Des mariages se sont faits, entre des contractans séparés par deux et trois cents lieues, au moyen des fils électriques. Des ministres religieux, ou simplement des autorités civiles, reçoivent aux offices du télégraphe les déclarations respectives des conjoints, ils inscrivent ces déclarations sur les registres qui en font foi, et le mariage ainsi contracté est parfaitement régulier.

Enfin le Weekly-Herald, de New-York, parle d'un mariage célébré à Bordentown dans des circonstances qu'il veut bien qualifier de singulières.

Un jeune homme de Bordentown, dit-il, sur le point d'épouser une personne de la même localité, mourut subitement. Les deux fiancés, ainsi que leurs familles respectives, étant très attachés aux croyances spiritualistes, on résolut que le mariage aurait lieu malgré la mort du jeune homme ; et, effectivement, il fut célébré le dimanche même avec toutes les cérémonies. La demoiselle prit pour époux non le corps mais l'esprit de son bien-aimé, représenté par son cadavre. Par acte inouï, elle a, dit le même journal, pris l'engagement de ne plus se marier.

Dans une réunion médicale qui a eu lieu dernièrement à Washington, monsieur le docteur S.-M. Bemis, du Kentucky, a présenté un rapport très intéressant sur les conséquences pernicieuses qu'entraînent les mariages entre proches parens. Les recherches assidues auxquelles s'est livré monsieur Bemis lui ont prouvé que dix pour cent des sourds-muets, cinq pour cent des aveugles et environ

quinze pour cent des idiots placés dans les différens établissemens hospitaliers des États-Unis, sont issus du mariage de deux cousins au premier degré. Sur un chiffre de 787 mariages entre cousins germains, constatés par monsieur Bemis, ce dernier a pu se convaincre que 356 avaient produit des aveugles, des sourds-muets, des idiots, etc. C'est principalement dans l'Ohio que monsieur Bemis s'est livré aux intéressantes et utiles recherches dont nous entretient son rapport. Dans les comtés du centre, auxquels le recensement de 1850 donne une population de 1,528,238 âmes, le docteur Bemis a constaté 483 mariages entre cousins au premier degré. De ce nombre, 332 ont été stériles ou ont produit des enfans sains, tandis que les 151 autres ont donné naissance à une génération maladive.

En prenant ces données particulières comme base d'un tableau général pour toute l'Union, sur une population blanche d'environ 24 millions d'âmes, on obtiendrait les résultats que voici : 6,321 mariages entre cousins germains, dont 3,677 produisent des enfans mal venus, dans la proportion suivante : 1,116 sourds-muets, 468 aveugles-nés, 1,854 idiots, et enfin 239 scrofuleux.

Les mariages entre cousins germains sont beaucoup plus rares aux États-Unis qu'en Europe ; mais, on le voit, pour les résultats qu'ils présentent ils sont encore trop nombreux. Aussi plusieurs États de l'Union, entre autres le Kentucky, n'ont-ils pas craint de passer une loi pour interdire formellement les mariages entre cousins germains. Si la liberté de quelques citoyens doit souffrir d'une semblable mesure, la société entière ne peut qu'y gagner et l'intérêt général doit passer avant l'intérêt particulier dans une république bien administrée.

Les journaux de tous les États de l'Union contiennent, sous la rubrique Matrimonial, de nombreuses demandes en mariage ; et plus loin, dans la colonne du Personal, des avis personnels et des rendez-vous d'amour.

Voici un échantillon des annonces du Personal, je les reproduis fidèlement, telles que je les ai extraites des journaux :

« Fanny, vous savez que je vous aime ; pourquoi donc ne venez-vous plus me voir ? — J. L. »

« R. J. K. Ce soir, à neuf heures. »

« Ingrat, m'oublierez-vous tout à fait après m'avoir juré que vous m'aimeriez toujours ? Venez, et vous serez pardonné. — W. L. »

« Ne venez plus que quand je vous le dirai. Mon mari sait tout, mais j'arrangerai cela. — A. Th. »

Quelquefois ces avis mystérieux se donnent en plusieurs langues ; sans doute pour les rendre moins intelligibles encore au public. Exemple :

« Quereos. — Yo were right. — Adieu, F. R. »

« Mi querida I love you de tout mon cœur. This evening ; tu sais. — X. X. »

Nous pourrions multiplier ces citations, mais celles-ci suffisent pour donner une idée de ces sortes de correspondances amoureuses.

Beaucoup d'Américains, absorbés par les affaires, ne trouvent même pas le temps de se chercher un femme, et ont recours aux journaux quand ils désirent se marier.

J'ai connu la sœur d'une lady qui doit son mariage à cette annonce imprimée dans le Herald :

« Un gentleman désire se mettre en rapport, pour le mariage, avec une agréable jeune demoiselle. Il faut qu'elle soit jolie, bien faite, douce de caractère, et que ses manières soient convenables et distinguées. Une blonde de seize jusqu'à vingt ans serait préférée. Le gentleman ne tient pas à la fortune, étant établi et dans de bonnes affaires, mais il tient à la beauté, à l'amabilité et à la respectabilité de la demoiselle. S'adresser confidentiellement chez monsieur K. M., Fourth avenue, 384, near Twenty-Eighth street. »

La demoiselle, sans mettre personne dans la confidence, se décida à aller seule, forte de ses dix-huit ans, de la beauté de son visage, de l'élégance de sa taille, de l'amabilité de son caractère et de ses cheveux blond cendré,

chez le demandeur. Celui-ci la trouva charmante, et trois
jours après ils étaient mariés.

Quelquefois, mais plus rarement, ce sont les demoiselles
ou les dames qui demandent des maris. Voici un spécimen
du style des demanderesses. Nous le prenons dans un
journal de l'Ouest :

« Une dame veuve, âgée de vingt-sept ans, et qui pos-
» sède en propre une fortune nette (*clear*) de 50,000 dol-
» lars, désire contracter une nouvelle alliance avec un
» gentleman bien élevé, et qui soit à peu près du même
» âge qu'elle.

» Comme celle qui fait cette annonce a beaucoup souf-
» fert par suite des déréglemens de son premier mari,
» elle exigera que le second professe strictement les prin-
» cipes de la tempérance et qu'il en apporte des certifi-
» cats. Il faut aussi que ce soit un homme pieux, bien
» fait de sa personne, d'un esprit sérieux et agréable, et
» qui n'ait pas encore été marié.

» La secte ou religion à laquelle il appartiendra im-
» porte peu (le mormonisme excepté), vu que l'annon-
» ceuse est universaliste et professe ouvertement la tolé-
» rance.

» Les *appliquans* sont requis d'envoyer, en même temps
» que tous autres renseignemens, leur portrait tiré au
» daguerréotype à l'adresse ci-dessous.

» Les messieurs auxquels on aura renvoyé leur portrait
» sont priés par la présente de cesser toutes démarches
» ultérieures. »

Mais ce que nous avons réservé pour le bouquet final,
c'est la demande d'une jeune demoiselle (une bloomériste
sans doute), qui, trouvant les chaînes de l'hymen trop
lourdes à porter, et voulant néanmoins désennuyer son
cœur isolé, fit aux gentlemen la proposition suivante, que
nous transcrivons textuellement du *New-York-Herald*, à
la date du lundi 13 août 1855:

« *A young lady, moderately good looking, twenty year*
» *of age, wishes to find a partner for life. Any gentleman*
» *desirous of changing their isolated state for one of con-*
» *genial happiness, will please address Jennie P. A..., box*
» *871, Union square, Post-Office, Broadway,* »

C'est-à-dire en français, et littéralement :

« Une jeune demoiselle, passablement jolie, âgée de
» vingt ans, demande à associer sa vie à quelqu'un. Si
» quelque monsieur désire changer son état d'isolement
» contre un pareil bonheur, qu'il veuille bien s'adres-
» ser, etc. »

J'ai ouï dire que de semblables propositions se trouvaient souvent écrites à la main et placardées à la porte
des écoles de médecine et dans certains clubs.

La police de New-York, sévère depuis quelque temps
envers les femmes suspectes, a pris contre elles des mesures rigoureuses. Pour réparer le plus possible les torts
que leur occasionnent ces rigueurs, elles s'ingénient de
toutes les manières. Je vis un jour dans un omnibus une
femme élégante qui portait dans sa main une très joli
petit pot de fleurs. Il y avait une étiquette attachée à la
plante; j'y jetai les yeux, et je lus, en fait d'instruction
botanique, le nom et la demeure de la propriétaire du
pot de fleurs.

Nous ne saurions nous abstenir de dire ici quelques
mots du *club des libres amours*, dont on a fait tant de
bruit à New-York. Ce club trop célèbre s'est formé sous
la direction de monsieur Andrews, un des plus ardens
propagateurs des théories socialistes de Fourier aux États-
Unis, et auteur lui-même d'un système de société sans
règlemens, sans lois et sans gouvernement. Nous verrons
plus tard que cet essai a été tenté dans l'État d'Albany.

Monsieur Andrews, marié et père de famille, avait réuni
pour son club des partisans de la liberté illimitée en tout
et pour tout. Madame Andrews figurait à ce club et y
emmenait ses jeunes garçons. On s'assemblait deux fois
par semaine, pour danser, chanter, prêcher l'émancipation de la femme et *flirter* à discrétion. J'ai vu là de respectables pères de famille avec leurs filles, des maris avec

leurs femmes, des veuves et des demoiselles seules. Tout
ce monde était naïvement persuadé que le premier et le
plus immuable des droits est l'entière disposition, toujours, de son cœur, en faveur de toute personne qui le
fait battre. Naturellement, le *club des libres amours* con-
damnait le mariage comme un serment qu'on viole trop
souvent en faveur du cœur, quand on ne viole pas le
cœur en faveur du serment.

De semblables théories ne se discutent pas, et le sentiment général les condamne partout. Ajoutons, pour être
juste, que les assemblées de ce club ont toujours été fort
décentes et beaucoup plus dansantes que sentimentales.
Une ou deux fois seulement on s'est donné, à propos de
quelques femmes libres, de libres coups de poing. Mais
on était là pour s'amuser avant tout, et il ne faut pas oublier que la boxe, cette distraction anglaise, est un des
plaisirs favoris de l'Amérique. Des hommes qui n'ont aucune raison de se faire du mal se rendent en cachette
dans un lieu désigné où les attend un public empressé.
Après s'être crevé l'estomac, disloqué le crâne, ébranlé
toute la charpente osseuse, ils se tendent la main avec
grâce, et se promettent de recommencer le plus tôt possible. Les spectateurs qui, durant le combat, les ont encou-
ragés, ont applaudi à leurs *jolis* coups, se retirent heureux en payant aux acteurs éclopés le prix convenu de
ce spectacle féroce. Tant il est vrai que, comme le
disent certains philosophes, l'homme est naturellement
bon.

Terminons ce chapitre sur l'amour en Amérique par
un compliment adressé à la langue anglaise pour la distinction qu'elle a su établir entre aimer quelqu'un et
aimer quelque chose. Les Anglais, et par conséquent les
Américains, ont deux verbes aimer : to love, pour les
êtres animés, et to like pour les choses inanimées. Ainsi, on
ne dit pas en anglais, comme en français, j'aime cette
femme et j'aime le gigot; j'aime mon père et j'aime les
pommes cuites; j'aime Dieu et j'aime le petit salé.

Les mots, heureusement choisis, sont à la pensée ce
que la parure et les fleurs sont aux femmes : les uns font
ressortir la délicatesse des sentimens exprimés; les autres
ajoutent à la beauté naturelle en développant les grâces
du corps.

VI

LA BLAGUE EN AMÉRIQUE.

Que le lecteur veuille bien ne pas se scandaliser de ce
titre : l'Académie, nous le savons, n'a pas jusqu'à présent
accordé le droit de cité au mot *blague* dans son dictionnaire, mais elle ne saurait longtemps encore se montrer
sévère à l'égard de ce vocable, que plusieurs de nos grands
écrivains ont employé, et que la langue des salons a admis
elle-même. Nous nous en servons donc ici, car il n'y a pas
de synonyme possible, et d'ailleurs il traduit avec la plus
grande exactitude le mot américain *humbug*, que nous ne
pourrions remplacer à peu près qu'au moyen d'une longue
périphrase.

La blague est le génie des Américains. Ils en ont fait
une véritable science que personne ne dédaigne, et qu'ils
ont élevée jusqu'aux plus hautes spéculations de la philosophie pratique. Pendant que les métaphysiciens cherchent en Europe, sans aucun bénéfice pour leur bourse,
la raison des lois divines, et que les philosophes s'éver-
tuent à soumettre à l'analyse les passions et les sentimens de l'homme, l'école de la philosophie du *humbug*,
en Amérique, se contente d'étudier la sottise humaine,
ses travers et ses vices, pour les exploiter à son profit.

Le *humbug* est entré si profondément dans les mœurs
américaines qu'il est le stimulant indispensable et comme
l'âme qui anime toute chose, bonne ou mauvaise.

La piété non plus ne dédaigne pas le *humbug*.

Quand la concurrence accumule en un même endroit des églises nombreuses et variées de destination, c'est à qui se montrera le plus adroit pour attirer à lui les fidèles indécis. Les industriels cachés sous la chaire évangélique, qui ont fait bâtir les églises et les ont meublées suivant le culte qu'ils ont choisi, ne veulent pas en être pour leurs frais de débours et de croyances. Dans certains cas, il suffit d'une prima donna en réputation, qui s'adjoint au chœur de l'église et chante en latin de brillantes cavatines italiennes, pour amener la foule à de bons sentiments. Mais d'autres fois le chant est impuissant à fixer les brebis égarées et têtues, qui s'obstinent à ne vouloir sauver leur âme qu'à la condition de ne pas s'ennuyer.

Pour ces terribles troupeaux, il faut recourir aux grands moyens. On engage un *smart young preacher*, qu'on envoie faire un tour en Europe, ou en terre sainte, ou aux Grandes-Indes, ou ailleurs. Sa mission consiste à observer les mœurs des peuples qu'il doit visiter, à recueillir des anecdotes instructives et piquantes, à formuler des jugemens sur les hommes et sur les choses.

Au bout de peu de temps notre prédicateur revient, son portefeuille de voyage suffisamment garni de notes curieuses qu'il rédige de façon à en faire des lectures intéressantes.

Des prospectus sont ensuite envoyés à domicile; des annonces et des réclames sont insérées dans les journaux; de nombreuses affiches sont placardées sur tous les murs. Par tous ces moyens on annonce le voyage plein d'aventures merveilleuses que vient d'accomplir, au milieu des plus grands dangers, le *young preacher*, et l'on fixe les jours où, dans l'église, le révérend doit lire lui-même ses impressions de voyage. La curiosité stimule d'ordinaire les brebis égarées qui reviennent au bercail apporter un peu de leur laine : *The made plenty of money after all.*

Mais voici un des bons *puffs* de l'Amérique : c'est la *blague* imaginée par le révérend Hanson, qui parvint à persuader à un de ses confrères, le révérend Éléazar Williams, qu'il était le fils de Louis XVI. Ce pauvre Éléazar, vieux et à moitié idiot, se laissa si bien endoctriner par le rusé Hanson, qu'il finit par ne plus douter de son origine royale. Il se souvient d'un grand nombre de particularités notables relatives à son enfance. Il traça le portrait de son infortuné père comme s'il l'avait vu la veille. Tout lui revint en mémoire, jusqu'aux brutalités du cordonnier Simon, qui, plus de cinquante années auparavant, lui avait donné la mort, dont il s'en souvenait très bien. Il avait été obligé, par suite de ce mauvais traitement, de chercher un refuge dans les vastes solitudes du Nord-West, où plus tard il avait été nommé ministre protestant, ce qu'il regrettait beaucoup en sa qualité de fils de saint Louis.

Quand le révérend Hanson crut son confrère, le révérend Éléazar Williams, suffisamment renseigné sur son rôle, il se mit en route pour New-York.

Sûr désormais de son affaire, le révérend Hanson alla trouver le propriétaire du *Putnam Magazine*, une revue qui avait besoin d'abonnés.

— Je viens, — dit le révérend à l'éditeur, — vous proposer une affaire.

— Parlez, monsieur.

— Vous avez besoin de quelque chose de nouveau qui stimule la curiosité et vous attire des lecteurs. J'ai fait une découverte qui mettra l'Amérique en émoi et aura dans toute l'Europe un retentissement immense.

— Quelle est cette découverte, monsieur?

— J'ai découvert Louis XVII, l'infortuné duc de Normandie, qu'on croyait mort à la prison du Temple; je vous l'offre de compte à demi; ça vous va-t-il?

— Parfaitement. Cela fera-t-il plusieurs volumes?

— Le roi se propose d'écrire autant d'articles que vous voudrez, et jusqu'à ce que la curiosité du public soit entièrement satisfaite.

L'éditeur et le révérend s'entendirent parfaitement, et, un beau jour, au moment où personne n'y songeait, on lut en tête d'une livraison du *Putnam Magazine* ces lignes écrites en gros caractères, et qui produisirent tout d'abord une sensation profonde :

LOUIS XVII, PRÉTENDANT A LA COURONNE DE FRANCE N'EST PAS MORT : IL EST PARMI NOUS !

Le révérend Hanson raconta dans ce premier article, et dans d'autres qui suivirent, la découverte miraculeuse et parfaitement authentique qu'il avait faite, dans la tribu des Chappaways, de l'infortuné fils de Louis XVI. On s'arrachait les livraisons. Des larmes coulèrent aux récits de tant d'infortunes, et l'on ouvrit une souscription en faveur du futur héritier de la couronne de France. On distribua par milliers d'exemplaires les portraits de Louis XVII en habit de ministre protestant, ce qui ne manquait pas d'un certain comique. Enfin tout le monde s'accorda à trouver la plus parfaite ressemblance entre Éléazar Williams et son père.

L'exaltation était à son comble; des polémiques ardentes avaient été adroitement soulevées, et la blague paraissait devoir merveilleusement réussir, quand la fortune abandonna subitement le révérend Hanson et son *canard royal.*

La mère de Louis XVII, sans laquelle on avait compté, vint, par sa présence inattendue, renverser l'édifice habilement construit par Hanson.

C'était une vieille sauvagesse âgée de plus de quatre-vingts ans, une peau rouge pur sang horriblement tatouée. Ne voyant pas revenir son fils, et inquiète d'un voyage qui s'était prolongé bien au delà des limites fixées par Éléazar, elle s'était bravement mise en route, la bonne mère, et avait quitté sa hutte des grands lacs pour venir dans le pays des *visages pâles* demander des nouvelles de son fils bien-aimé. Après de nombreuses démarches, elle apprit sa demeure, et sut qu'il vivait avec son collègue, le révérend Hanson. Elle se présenta inopinément dans la maison qu'on lui avait indiquée.

Son apparition fut un coup de foudre.

— Ah! mon Dieu! — s'écria le révérend Hanson à la vue de la sauvagesse et en s'adressant à Éléazar, — vous aviez donc une mère, malheureux!

— Hélas! il n'est que trop vrai, — répondit Louis XVII d'un air profondément penaud; — mais ce n'est pas ma faute.

— Mon fils! — dit en langue chappaways et d'un accent déchirant l'heureuse mère, — viens m'embrasser !

— Adieu mes rêves d'or! — murmura le révérend Hanson en levant ses yeux au ciel.

Éléazar Williams est redevenu simplomissionnaire évangélique dans le pays des Chappaways. Mais aujourd'hui encore il n'est pas parfaitement convaincu de n'être pas le fils légitime de Louis XVI, tant son ami, le révérend Hanson, l'en avait persuadé.

Parmi les *puffs* d'un ordre scientifique, il en est un que n'ont pas craint d'accepter certains des plus savans de nos journaux parisiens, avec cette bonhomie qui caractérise les journaux en général, et les *revues scientifiques* en particulier. Le fait est exposé et rétorqué en ces termes par notre savant et spirituel ami le docteur Déclat.

« Le sujet est des plus intéressans : il s'agit d'une découverte scientifique de nature à renverser toutes les notions connues de physique et d'électricité. Heureusement que l'assertion de ces faits nous vient de la patrie des tables tournantes et des esprits frappeurs, et sous le patronage de monsieur Loomis.

» Une chose nous étonne, c'est qu'un pareil article ait été reproduit aussi facilement et sans contrôle à la partie scientifique de deux journaux, et se soit présenté sous la protection d'un homme connu en France par la publication d'un ouvrage sur la télégraphie électrique. Nous citons l'article.

« Dans la session qui vient de se tenir, à Dublin, de l'*Association britannique pour l'avancement des sciences*, le professeur Loomis a fait connaître certains faits curieux observés à New-York, et qui tiennent à la présence d'une quantité considérable et tout à fait anormale d'électricité dans l'atmosphère.

» *Aux États-Unis l'électricité atmosphérique est beaucoup plus abondante que dans la plupart des pays de l'Europe*, et elle donne lieu à des phénomènes remarquables. Pendant l'été, l'électricité libre se manifeste surtout par de fréquens orages. Les *fils télégraphiques sont extrêmement sensibles à l'action de l'électricité atmosphérique;* ils sont souvent électrisés par l'influence d'un nuage qui est assez éloigné pour ne pouvoir être aperçu. Dans ces circonstances, si l'on saisit d'une main le fil du télégraphe électrique, pendant que l'on tient de l'autre main un fil communiquant avec la terre, de manière à faire passer à travers son corps le courant d'électricité qui parcourt le conducteur télégraphique, on ressent de fortes commotions qui se font sentir dans les bras et quelquefois jusque dans la poitrine. Une telle expérience serait dangereuse au moment d'un orage.

» Mais des phénomènes électriques plus curieux se manifestent en toute saison à New-York; ils tiennent à la présence d'une quantité considérable d'électricité libre dont sont chargés presque tous les corps qui reposent sur la terre, et qui se trouvent isolés par l'intermédiaire de corps mauvais ou médiocres conducteurs du fluide électrique. Ces manifestations s'observent particulièrement sur les habits et les cheveux.

» Durant les mois froids de l'hiver, dit monsieur Loomis dans sa note lue à l'*Association britannique*, les cheveux *sont fréquemment électrisés*, et spécialement lorsqu'on les a peignés avec un peigne fin. Souvent, dans ce cas, *les cheveux fins se tiennent droits*, et plus on les peigne pour rendre la chevelure unie, plus ils se refusent obstinément de se tenir en place.

» Si vous présentez vos doigts à ces cheveux électrisés, *ils se dirigent vers vous comme le ferait une touffe de cheveux attachés au conducteur de la machine électrique*. Pour remédier à cet inconvénient, il n'y a qu'un moyen, c'est de les mouiller, et, après cela, ils se tiennent *tranquillement* à leur place. Pendant cette même saison de l'année toutes les parties des vêtemens qui sont en laine sont fortement chargées d'électricité libre. Les pantalons spécialement attirent les particules légères de duvet, de poussière, etc., qui flottent dans l'air, et surtout près des pieds, et il est impossible de les enlever avec la brosse; *Plus vous brossez, plus vos habits se recouvrent de duvet;* il ne faut rien moins qu'une éponge humide pour les enlever. La nuit, lorsque vous ôtez votre pantalon, *vous entendez de petits craquemens*, et dans l'obscurité *vous apercevez une série d'étincelles*. Durant la partie rigoureuse de l'hiver, et surtout dans les maisons garnies de tapis épais et bien chauffées, on observe souvent des phénomènes électriques encore plus remarquables. Si vous vous promenez sur un tapis et qu'ensuite vous approchiez le doigt d'un objet en métal, comme d'un bouton de porte, *vous en tirez une étincelle*.

» En traversant rapidement deux ou trois fois le tapis, vous pouvez obtenir une étincelle d'un quart de pouce et plus de longueur, qui vous fera sentir une piqûre cuisante. C'est ce qui rend quelquefois certaines visites assez désagréables; si vous *présentez la main au visiteur, vous éprouvez l'un et l'autre une commotion électrique*. Une dame essayant de donner un *baiser à son amie en est saluée par une étincelle qui s'élance de ses lèvres*. Sa petite fille, voulant prendre le bouton de la porte, reçoit un tel choc qu'elle s'enfuit tout effrayée. Des enfans plus grands se sont souvent amusés, en faisant le tour du tapis, à se donner réciproquement des étincelles. Ces derniers faits sont les plus remarquables dont j'aie moi-même été té-

moin, dit monsieur Loomis; mais j'ai appris que quelques autres maisons de New-York se sont montrées également électriques, et la plupart de ces phénomènes sont devenus si familiers à New-York qu'ils ont cessé d'exciter la surprise. L'électricité ainsi développée présente des phénomènes ordinaires d'attraction et de répulsion, et elle est capable d'enflammer les corps combustibles. Ainsi on peut allumer quelquefois un bec de gaz avec son doigt, après s'être promené sur le tapis d'un salon. »

Ah! messieurs les savans, oserons-nous dire, nous qui le sommes si peu : il faut de l'électricité, mais pas trop n'en faut. Cette fois, le fameux serpent de mer nous paraît surpassé de toute sa longueur. Voici la spirituelle réfutation que fait le docteur Déclat de ce *puff* électrique :

« Il n'est pas possible que l'électricité soit plus abondante en Amérique qu'en aucun lieu d'Europe, et cela parce que cette partie du monde, n'étant pas séparée du globe par un trépied isolant, fait partie du grand tout homogène qu'on appelle la terre. Or, la terre étant sphérique et éminemment conductrice, a son électricité uniformément répandue sur toute sa surface. Cette égalité de tension ne peut se modifier qu'accidentellement et localement; par exemple lorsqu'un nuage électrisé passe au-dessus d'un point quelconque de la terre, alors ce point devient momentanément plus électrisé, et tend à favoriser l'étincelle en produisant la foudre; mais l'électricité du nuage détruite ou éloignée, tout rentre dans le même ordre.

» En Amérique, dit monsieur Loomis, les fils télégraphiques sont extrêmement sensibles à l'action de l'électricité atmosphérique, mais pareille chose arrive en France sans que jamais aucun physicien ait songé pour cela à faire de notre pays un condensateur électrique. Il serait curieux, et nous en croyons ce plaisant professeur, de voir s'enrouler au doigt d'un visiteur les boucles soyeuses et soigneusement *peignées* d'une jeune lady dont la seule alternative à ce mauvais tour de l'électricité serait de les arroser de ses larmes. La pensée se refuse avec horreur à envisager la plus *peignée* des chevelures artificielles s'élançant de la même façon, et laissant veuf et contrit le crâne dénudé dont elle était le plus bel ornement. Enfin, et ceci est sans doute une raison en faveur des serviteurs paresseux, mais l'usage de la brosse leur est formellement interdit; en effet, pour qu'ils soient propres, les habits ne doivent jamais être brossés, sous peine de les voir instantanément couverts du duvet et de la poussière du nouveau monde. O Elbeuf! pour vivre heureux, prends New-York pour patrie.

» Monsieur Loomis ne nous dit pas pourquoi les Américains persistent à faire des boutons de portes en métal; il faut vraiment qu'ils aient un amour excessif pour les commotions électriques; et Dieu sait quelle commotion doit produire l'attouchement du point électrisé donnant une étincelle à un demi-pouce de distance : les enfans sont pour le moins terrassés.

» Les Américains sont très inventeurs, dit-on; comment n'ont-ils pas alors créé de petits paratonnerres portatifs? oublient-ils leur illustre compatriote Franklin et sa sublime découverte? En l'appliquant aux passans, chacun pourrait savoir de quel genre d'électricité il est porteur. Dès lors la rencontre d'un ami ne serait plus dangereuse, parce que dans ce merveilleux pays la sympathie ou l'antipathie seraient remplacées par le fluide électrique positif ou négatif. »

Dans ce chapitre sur la blague en Amérique, nous devons une place d'honneur à Barnum.

Écrire l'histoire de Barnum, c'est faire l'histoire du *puff* et du *humbug* dans ses applications les plus élevées.

Il suffira de quelques traits de ce grand philosophe pour faire apprécier l'immense mérite d'un homme qui, dans la diplomatie, eût certainement joué Talleyrand lui-même.

Tout le monde sait, en Europe comme en Amérique,

que la plus fameuse des blagues de Barnum est l'invention de la nourrice de Washington ; mais peu de personnes, même en Amérique, connaissent les circonstances qui ont amené Barnum à tenter ce coup de maître.

Nous avons pu recueillir à ce sujet des détails authentiques.

A l'époque où se rapporte cette histoire, Barnum était modestement employé dans une maison de commerce en qualité de commis voyageur. Dans une tournée qu'il devait faire, jusqu'à la Nouvelle-Orléans, le bateau à vapeur qui le portait sans lui le steamboat eut besoin de renouveler sa provision de bois, et fit relâche au Tennessee, sur les bords du Mississippi.

Un voyageur vint à parler d'une négresse très vieille qui vivait aux environs et se plaisait à raconter certains traits de l'enfance de Washington, qu'elle disait avoir connu.

Il n'en fallut pas davantage pour enflammer le cerveau en travail du futur manager de Jenny Lind.

Il laissa partir sans lui le steamboat, renonça dès lors à ses fonctions commerciales, et résolut, par un coup d'éclat, de forcer la fortune.

Plein d'enthousiasme, il se rendit dans l'habitation où vivait la négresse, et offrit au planteur de la lui acheter. Celui-ci, ne pouvant soupçonner les intentions secrètes de Barnum, se trouva très heureux de la lui livrer pour cinquante piastres.

L'affaire terminée, Barnum eut avec l'intéressante esclave le dialogue suivant :

— Eh bien! ma brave femme, c'est donc vous qui avez eu l'honneur insigne de nourrir Washington?

— Oh! pour ça non, mon digne maître; je l'ai seulement connu dans sa jeunesse; je lui ai parlé plusieurs fois, voilà tout.

— Mais si, vous vous trompez, c'est vous-même qui l'avez nourri de votre lait, j'en suis sûr; on me l'a dit.

— Excusez-moi, mon digne maître; je ne suis qu'une misérable esclave; mais je suis honnête, et ma conscience...

— Qu'est-ce que c'est que ça? qu'est-ce que c'est que votre conscience? Je vous répète que c'est vous qui avez nourri Washington. Que diable! quand je vous dis que j'en suis sûr, il me semble que la parole d'un gentleman tel que moi est plus croyable que les radotages d'une vieille sibylle africaine comme vous, qui de plus a perdu la mémoire. Et pour qui donc me prenez-vous, horrible singe collé que vous êtes? vous méritez que, sans pitié pour votre grand âge et la laine blanche que vous portez en guise de cheveux, je vous fisse administrer à l'instant une sévère correction.

— Pardon, mon bon maître, pardon!

— Mais non... sainte femme; cet emportement est impie, et c'est au contraire moi qui vous dois des excuses. Je le devine à cette heure : vous cherchiez par modestie à déguiser la vérité, uniquement pour vous soustraire aux hommages qui vous sont dus. Quelle nature parfaite! elle a toutes les qualités et toutes les vertus! Ses traits candides, bien que flétris par l'âge, pénètrent mon cœur. Oh! oui, oui c'est bien vous, et personne autre que vous ne pouvait être choisi par la Providence; dans ses mystérieux desseins, pour allaiter notre grand, notre immortel Washington! Combien vous devez être heureuse et fière!

— Mon bon maître!

— Mais ce n'est pas assez de mes hommages : le peuple, qui vous aime sans vous connaître, n'attend que l'occasion de vous témoigner sa admiration profonde. N'êtes-vous pas la mère de la patrie, puisque vous êtes la nourrice de son sauveur?

— Que d'honneur pour une pauvre négresse sur le déclin de ses jours! Je crois rêver, et je ne puis retenir mes larmes.

— Laissez couler ces larmes précieuses, si douces à mon

cœur. Céleste créature, suivez-moi, le peuple attend que je vous montre à son admiration. Cette haute et si estimable mission, je saurai la remplir.

— Ah! mon bon maître, c'en est trop; je ne puis supporter un pareil bonheur; mon cœur se déchire!

— Oui, ce cœur généreux, sur lequel tant de fois s'est doucement reposée la tête de l'enfant que l'âge a fait homme, que les circonstances ont fait notre sauveur! Ah! dites-moi que vous avez nourri Washington; que vous seule l'avez nourri; que j'obtienne cet aveu de votre bouche, et je me précipite à vos pieds pour implorer votre bénédiction!

— Oh! ma tête! ma tête! ma pauvre tête! Je deviens folle!... Mais il n'y a plus de doute, et c'est moi seule qui ai nourri Washington.

— Et joliment bien nourri encor! Mais à cette heure que la mémoire vous est revenue, ne perdons pas un temps précieux; faites promptement votre paquet, prenez vos cliques et vos claques, et courons recevoir les hommages des peuples impatiens de vous vénérer. Allons, hup!

Barnum, muni de sa vieille négresse presque octogénaire, à laquelle il n'avait pas eu beaucoup de peine à persuader ce qu'il voulait, se rendit d'abord à Philadelphie, puis successivement dans toutes les grandes villes de l'Union. Le puff eut partout un très grand succès, et permit à son auteur de continuer sur une plus grande échelle son commerce de blagues.

Une fois Barnum accapara pour un jour fixé tous les bateaux qui faisaient le service des environs de la baie de New-York; pour ce jour-là, il annonça à New-York un grand combat de buffles qu'il offrait gratis aux habitans de tous les pays desservis par les lignes des steamboats qu'il avait accaparés. Les buffles, mis en présence les uns des autres, ne se firent aucun mal, et parurent au contraire charmés de se voir. La foule se retira peu satisfaite, mais les recettes à tous les ferry boats avaient été considérables, et but se trouvait atteint.

A côté du combat des buffles, il faut admirer la sirène empaillée, que Barnum exposa si longtemps à son muséum.

Un jour, tous les journaux, de gigantesques affiches et des bandes de musique annoncèrent au public étonné la découverte prodigieuse d'une sirène mythologique, moitié poisson et moitié femme.

Des pêcheurs insensibles à la musique, comme autrefois Ulysse, furent surpris en mer par des chants d'une suavité merveilleuse que faisait entendre le long du navire une sirène de la plus belle venue.

Loin de se laisser séduire par le charme perfide de cet être mystérieux, ils le harponnèrent sans pitié, comme ils auraient fait d'un requin ou d'un marsouin. La sirène, percée par le fer meurtrier, fut halée sur le pont, où bientôt après elle expira en chantant d'une voix entrecoupée par la douleur, que sais-je? peut-être l'air si pathétique du finale de la Lucie, transposé pour voix de sirène.

Cette sirène, soigneusement empaillée par les matelots, fut offerte à Barnum pour son musée national, déjà si riche en curiosités uniques, comme disaient les prospectus.

L'animal merveilleux attira longtemps la foule, on venait de fort loin pour voir ce prodige. Bientôt pourtant on s'aperçut que la prétendue sirène n'était qu'un composé de baleines, recouverte d'une peau lustrée; et que la figure et le torse étaient en cire. On rit beaucoup de cette excellente blague d'un homme qui faisait déjà l'admiration générale; mais on ne cessa pas pour cela de continuer à aller voir pour en plaisanter ce puff mythologique! Il y eut foule après comme avant, ce qui fit parfaitement l'affaire de Barnum, qui gagna, dit-on, près de cent mille francs avec sa sirène empaillée.

Nous touchons à un de ces momens de la vie du grand maître où son génie, fortifié par l'expérience et enhardi

par le succès, vient d'atteindre la plénitude de sa force et
tout son développement. Par une combinaison longuement élaborée, il porte d'un seul coup sa gloire au pina-
cle et mérite à tout jamais le beau titre de *roi du humbug*.
C'est du voyage de Jenny Lind que je veux parler, de
cette odyssée musicale qui me paraît, comme invention
du moins, bien au-dessus de l'œuvre d'Homère.
Et d'abord, ce qui frappe dans cette blague sans pareille, c'est la connaissance parfaite du public extra-naïf
à qui Barnum s'adresse. Tout autre que ce grand homme
se fût contenté de proclamer Jenny Lind la plus grande
cantatrice du monde, au mépris de toutes les Catalani, de
toutes les Grisi, de toutes les Malibran, et même de toutes
les sirènes empaillées. Mais lui, plus fin, dédaigne ces
moyens vulgaires; il couvre sa blague d'une teinte religieuse, ce qui ne fait jamais mal là-bas. C'est surtout à
vanter la vertu de la cantatrice qu'il s'attache. Il assure
qu'elle n'a de la femme que les apparences gracieuses, et
qu'en réalité c'est un ange, un véritable ange, descendu
du ciel en ligne droite pour réchauffer la piété des hommes et les charmer par des chants ineffables.
Il la présente comme un emblème de pureté, comme le
symbole de la jeune Amérique, et la surnomme la vierge
du nouveau monde.
Durant trois ans à l'avance, il excite, au moyen de tous
les journaux de l'Union (et Dieu seul peut en connaître le
nombre) le fanatisme, la curiosité, le vif respect du public pour l'ange inconnu. Il dépense en réclames, qui se
produisent sous toutes formes, la somme énorme de
250,000 fr. (50,000 dollars).
Quand il juge le public suffisamment préparé, il va un
beau jour chercher la cantatrice, et annonce, au grand
enthousiasme des populations, que la vierge du nouveau
monde va bientôt débarquer à New-York.
Trois grands mois se passent dans une attente fiévreuse, pendant lesquels le nom de Jenny Lind est dans
toutes les bouches. Des personnes errent les journées entières sur la plage pour saluer des premières la venue de
la vierge fameuse.
Un long cri de joie retentit quand le coup de canon du
fort répondit au salut du steamer qui apportait la chaste
Jenny. Ce fut alors une fête indescriptible; on se serrait
les mains, on s'embrassait; les plus sensibles pleuraient.
Depuis le quai où se trouvait mouillé le steamer jusqu'à
l'hôtel d'*Irving-House*, où devait descendre la célèbre cantatrice, une distance d'environ un demi-mille, on dressa
des tapis afin que ses pieds sacrés ne touchassent pas la
terre. Des sérénades, par ordre de Barnum, lui furent
données tous les soirs sous les fenêtres de son appartement. Barnum s'entendit avec des modistes qui firent des
chapeaux à la Jenny Lind; avec des cuisiniers qui inven-
tèrent des puddings à la Jenny Lind; avec des femmes,
qui firent semblant de se trouver mal d'émotion à la vue
de tant d'innocence.
Puis vint le jour fixé pour les débuts de l'ange.
Par une innovation propre à porter l'enthousiasme à
son comble, Barnum annonça que les principales places
seraient adjugées à l'encan et au plus fort enchérisseur.
Il y eut une place d'honneur qui consistait en un fauteuil sculpté et richement doré, placé sur l'estrade même
où devait se faire entendre la *diva*. Ce fauteuil, mis à prix
sur une première enchère de cinq cents francs, fut longuement disputé par les enthousiastes. Il s'éleva rapidement jusqu'à douze mille francs, et fut adjugé définitivement en faveur d'un chapelier pour la somme de deux
mille quatre cents francs.
Dès ce moment la fortune de l'habile adjudicataire fut
assurée; on allait en foule acheter chez lui des chapeaux;
et le public, ne pouvant contempler Jenny Lind, voulait
au moins voir le chapelier qui devait l'approcher de si
près.
Cette blague du chapelier mélomane mérite une place
à côté de celles de Barnum, qui l'ont fait naître.
Le soir du premier concert de Jenny Lind dans l'im-

mense salle du *Castle-Garden*, la recette ne s'éleva pas à
moins de quatre-vingt-dix mille francs. Le public réuni
attendait haletant l'apparition de la vierge miraculeuse.
L'émotion fut extrême quand on vit tout à coup la
porte du fond de l'estrade s'ouvrir et Jenny Lind arriver
en sautillant jusqu'au bord de la rampe puis, là, d'un air
naïf regarder la foule de toutes parts, comme surprise de
sa présence.
Le rossignol suédois ne se présente jamais autrement
devant le public; on dirait d'un enfant espiègle qui
échappe à la surveillance de sa bonne et court follement,
tant que lui permet la longueur de l'estrade.
Enfin la ritournelle se fait entendre, et la merveilleuse
créature laisse tomber de sa bouche divine les premiers
et pathétiques accens de l'air de *Casta diva*, de l'opéra de
Norma.
Or, il arriva ce qui toujours arrive quand on vante
outre mesure le mérite des personnes, quel que soit ce
mérite: on trouva Jenny Lind au-dessous de l'idée qu'on
s'en était formée.
La spéculation angélique et musicale de Barnum se
trouvait donc gravement compromise.
Elle eût peut-être manqué tout à fait sans une inspiration soudaine de celui-ci, qui saura tout, en portant l'enthousiasme du public jusqu'au délire.
Sans attendre la fin du concert, et tout de suite après
ce premier morceau, Barnum s'avança sur l'estrade d'un
air profondément ému et demanda la permission de
parler.
Au tumulte de l'assemblée succède alors le silence.
Barnum se recueillit un instant, paraît demander au ciel
des inspirations dignes de la haute mission qu'il va remplir, puis s'avance de quelques pas.

« Mesdames et messieurs!
« Si indigne que je sois de venir à cette place porter la
« parole, après les harmonies célestes que vient de vous
« faire entendre l'ange de la jeune Amérique, la vierge
« du nouveau monde, je n'ai pu garder plus longtemps
« le secret de son cœur généreux. Jenny Lind, messieurs
« (l'orateur lève les yeux au ciel en prononçant ce nom,
« qu'il articule avec onction), Jenny Lind, pénétrée des
« souffrances de la classe indigente, désire les soulager
« autant qu'il est en son pouvoir de le faire. Elle abon-
« donne aux pauvres la totalité de cette première recette,
« c'est-à-dire quatre-vingt-dix mille francs, que je suis
« chargé de remettre au maire de New-York pour qu'ils
« soient distribués entre tous les nécessiteux de cette
« ville. »

Des *hurrahs* frénétiques accueillirent ces paroles, prononcées avec l'accent de l'enthousiasme. Un pareil trait
de magnificence royale parut aux Américains, naturellement peu prodigues, une action véritablement céleste, et
qui classait, à n'en plus douter, Jenny Lind au rang des
anges les plus bienveillans.
On vit des gens s'embrasser en pleurant; les plus calmes se donnaient de vigoureuses poignées de main.
Profitant de l'émotion générale, le chapelier crut habile
de faire semblant de s'évanouir sur son fauteuil d'honneur.
Le concert recommença quelques momens après, et
finit au bruit des applaudissemens, des cris, des bravos
et des sifflets, qui, en Amérique, contrairement aux usages d'Europe, sont la marque de la plus grande satisfaction.
Après son discours, Barnum se frotta les mains en signe
de contentement; il venait, par une blague solennelle et
des plus hardies, de décider la victoire.
À dater de ce moment Barnum, muni de son rossignol
aux œufs d'or, parcourut triomphalement toute l'Amérique. Partout sur son chemin il semait la blague et ré-
coltait des dollars. On ne vit jamais semblable délire, et
l'histoire d'Orphée charmant les animaux par les sons de
sa lyre reste bien au-dessous des miracles de Jenny Lind!

Un jour, dans je ne sais plus quelle ville, des gamins turbulens s'assemblèrent sous les croisées de l'hôtel où venait de descendre la célèbre cantatrice. Ils voulaient voir Jenny Lind et réclamaient cet honneur à grands cris : « L'ange! l'ange! nous voulons voir notre ange! notre symbole à nous, la jeune Amérique! »

L'ange demandé ne parut pas, mais Barnum se présenta pour pérorer l'assemblée.

« Mesdames et messieurs, » dit-il en s'adressant aux gamins, dont l'enthousiasme était probablement salarié, « l'ange, que par un sentiment de religieux amour, vous » demandez à voir pour lui rendre hommage, est en ce » moment en prières. J'ai pu néanmoins pénétrer dans le » sanctuaire où son âme s'élève jusqu'au ciel pour rece- » voir d'en haut les inspirations sublimes de son chant » ineffable. Elle m'a chargé, mesdames et messieurs, de » vous témoigner ses profonds regrets de ne pouvoir à » cette heure satisfaire vos désirs bienveillans, et de vous » faire savoir sa résolution de concourir pour une somme » de quinze mille francs au soulagement des orphelins de » la ville. »

Les gamins se déclarèrent satisfaits, et ce nouveau trait de générosité, joint à beaucoup d'autres encore, se répandit bientôt partout. Les journaux parlèrent avec enthousiasme de l'inépuisable bonté de la céleste Jenny, et les concerts continuèrent d'être productifs.

Mais le moment approchait où les Américains désenchantés et cruellement déçus, crurent être le jouet d'une étrange illusion. La nouvelle circula que l'ange, coupant ses ailes d'azur, se fixait décidément sur la terre et entrait en ménage comme la plus simple des mortelles. Accueillie d'abord avec réserve, cette nouvelle se confirma, et l'on sut positivement que la céleste créature, animée jusqu'alors de l'esprit le plus éthéré, avait épousé M. Goldschmidt, un pianiste qui portait des lunettes. L'ange elle-même ne put longtemps dissimuler au public une taille insolite, riche en douces espérances maternelles. Ce fut un cri d'horreur partout, et quelques esprits faibles, s'exagérant l'étendue du mal, crurent que l'Amérique aussi se trouvait atteinte dans la personne de son vivant symbole.

On calma ces inquiétudes, mais on ne put parvenir à ramener la foule aux concerts de l'ange déchu. Barnum fut obligé de donner gratis des billets pour remplir les salles désertes, dont le vide éloquent attestait la défection générale.

Une simple voiture de place emmena jusqu'au steamer l'ex-ange, dont le seul tort avait été d'aimer. C'est à peine si les journaux annoncèrent le départ pour l'Europe de monsieur et de madame Goldsmidt.

Barnum, aussi admirable dans la retraite que dans l'attaque, exposa dans la première galerie de son riche muséum le portrait en marbre blanc de l'illustre Jenny Lind, sculpté avant le mariage de cette grande et très honorable artiste.

En résumé, Jenny Lind et Barnum, dans ce double rôle d'ange et de montreur d'ange, n'ont pas gagné, en quelques mois, moins de deux millions, qu'ils se sont partagés.

VII

LES BEAUX-ARTS EN AMÉRIQUE.

Les beaux-arts sont peu cultivés en Amérique. Il n'en saurait être autrement dans un pays où les besoins matériels ne sont encore assurés qu'à un très-petit nombre de personnes, et où tout le monde a pour objet unique la fortune. Le commerce seul pourrait protéger les arts; mais le commerce ne songe qu'au commerce et n'a de goût que pour le commerce. Le marchand, qui ne comprend pas l'artiste, le considère au fond comme un être parfaitement inutile, par conséquent bien au-dessous de l'homme d'affaires, dont le rôle dans la société lui paraît incomparablement le plus beau. Le moindre petit brocanteur dédaignerait de s'occuper de peinture ou de musique, et croirait manquer à la gravité de son caractère s'il admirait un tableau ou se laissait attendrir par les doux accens de la musique. Mais comme après tout les Américains ont une âme impressionnable et vive, cette indifférence pour les arts ne saurait durer longtemps encore, et il y a lieu de tout espérer, sous ce rapport, des générations futures.

En attendant, et comme les hommes ne valent en Amérique que l'argent qu'ils possèdent, les artistes, d'ordinaire peu millionnaires, sont considérés aux États-Unis comme ne valant rien du tout. Le monde les tolère plutôt qu'il ne les invite à ses réunions, et il est bon d'avertir messieurs les musiciens qui voudraient quitter Paris, où ils sont si aimés et si fêtés, pour aller s'établir en Amérique, que dans les soirées américaines l'artiste invité n'est invité qu'à se faire entendre, et nullement à partager les plaisirs communs de la danse. « Un artiste est toujours respectable, me disait un ancien marchand de morue, quand il comprend sa position dans le monde et qu'il sait se tenir à sa place. — Cela est bien vrai, lui dis-je; que ne puis-je, moi aussi, laisser là mon papier réglé et le piano pour vendre de la morue. — Cela viendra, jeune homme, cela viendra; il ne faut jamais se désespérer; il y a commencement à tout. » Le fait est que ce serait parfaitement venu, comme me le disait cet estimable négociant, si j'avais persévéré à vivre plus longtemps sous le ciel peu mélodieux de New-York.

Il n'y a pas d'école de peinture américaine proprement dite, et si l'on excepte quelques paysagistes dont les œuvres correctes mais froides n'offrent rien d'original, tout le reste est nul. Les amateurs de tableaux sont très rares dans le nouveau monde, et l'on est souvent surpris, en entrant dans les salons meublés avec luxe, d'y voir figurer d'horribles croûtes comparables à ces portraits que nous voyons accrochés le long du boulevard et au bas desquels on lit : Ressemblance garantie, prix 25 francs. J'ai vu des tableaux à l'huile encadrés sous un verre, comme on encadre les gravures. Cela miroite et empêche qu'on puisse examiner la peinture, mais personne ne s'en plaint.

On fait dans toutes les villes de l'Union un commerce assez considérable de tableaux de pacotille, qu'on expédie de France et d'Italie pour être vendus à l'encan. J'entrai un jour dans l'une de ces ventes. L'encanteur exposait à ce moment un portrait de grandeur naturelle sur lequel il sollicitait une enchère. C'était le portrait d'un chef de brigands, dans le costume traditionnel des chefs de brigands armés jusqu'aux dents de pistolets, de poignards et d'une carabine. Son œil fauve et inquiet, ses traits accentués et farouches, sa barbe inculte, se dessinaient sous un chapeau calabrais en feutre noir. Ce devait être Mandrin, à moins que ce ne fût Cartouche ou Fra Diavolo. Ce portrait portait le n° 50 du catalogue. J'ouvris le catalogue, et au n° 50 je lus : Portrait de Louis XIV, roi de France, peint par Girardon. Il devait y avoir erreur dans ce classement, mais le temps est trop précieux en Amérique pour qu'on le perde à relever une erreur. Le chef de brigands fut vendu comme un Louis XIV à un amateur ravi de la belle physionomie de ce glorieux monarque. Sans compter que, dans la même vente, le véritable portrait de Louis XIV a dû nécessairement être acheté pour celui d'un chef de brigands, par quelque disciple de Lavater peut-être, qui n'aura pas manqué d'y voir tous les caractères de la férocité.

Il n'y a, je crois, que deux galeries particulières de tableaux à New-York. La plus recommandable est celle de M. Louis Borg, notre vice consul. On remarque dans cette galerie quelques originaux excellens, des toiles de grands maîtres, et de très-bonnes copies. En outre, M. Borg possède des curiosités de prix, des objets ayant appartenu à Washington et à Napoléon Ier, une collection de gravures anciennes des plus estimables; des sculptures de David d'Angers, de Pradier, et la *Mendiante* de Strazzo, de Rome : enfin une curieuse collection d'armes et de meubles antiques, des ivoires, des émaux, des coraux, des bijoux anciens et de Saxe. M. Louis Borg, que nous avons le plaisir de connaître particulièrement, est aussi un amateur de musique distingué ; il compose des mélodies pleines de fraîcheur et de grâce. Ajoutons que les artistes de talent trouvent en lui un appréciateur toujours empressé de leur être utile.

Les Américains n'ont, je crois, qu'un seul sculpteur vraiment remarquable ; mais ce sculpteur a fait un chef-d'œuvre. L'*Esclave grecque*, de M. Powers, est une inspiration de poète digne des grands maîtres. Il est vrai que M. Powers a vécu longtemps en Italie, au milieu des trésors artistiques, et guidé dans ses études par les leçons des maîtres célèbres. Mais pour qu'il pût profiter de ces leçons, il a fallu d'abord qu'il oubliât celles qu'il avait reçues à Cincinnati, et ce double effort de son esprit rehausse encore son mérite.

La gravure convient mieux que la peinture et la sculpture au génie des Américains. On voit chez les marchands d'estampes d'excellentes copies de tableaux gravées par des Américains, et leurs livres illustrés sont généralement beaux. Enfin, et l'on en juge par les innombrables billets des innombrables banques de bouchers, d'épiciers, de constructeurs de navires, d'éleveurs de bestiaux, etc., qui se produisent dans tous les États de l'Union et jusque dans les villes nées de la veille, les bons graveurs sont très communs aux États-Unis. Sur ces billets de banque, qui sont la monnaie courante en Amérique, sont représentées, suivant la fantaisie de chaque banque, des figures emblématiques fort délicatement gravées. Les bouchers qui ouvrent une banque émettent des billets sur lesquels ils dessinent des bestiaux ; les constructeurs de navires nous montrent des chantiers de construction ou des clippers fendant la vague ; les banques de tailleurs dessinent sur leurs billets des ateliers où les coupeurs donnent au drap la forme de vêtements ; les épiciers exposent sur leur papier-monnaie les produits de leur industrie, etc., etc. On ferait un album des plus pittoresques et des plus intéressans en rassemblant un certain nombre de billets de banque américains. Il y a des billets depuis cinq francs (un dollar) ; mais, si l'on voulait économiser, on pourrait, pour un semblable album, acheter à bas prix de faux billets, ou même des billets vrais discrédités par suite de la faillite des banques, et qui sont loin d'être rares (1).

La musique est de tous les beaux-arts le plus cultivé en Amérique, mais certainement la musique n'est pas mieux appréciée que la peinture et la sculpture. Au nombre des rares musiciens dont peut, ou plutôt dont pourrait s'enorgueillir l'Amérique, il faut placer en première ligne, et à une distance considérable de la seconde ligne, le pianiste Gottschalk, né à la Nouvelle-Orléans. Mais Gottschalk n'a d'Américain que son acte de naissance ; il est Français d'esprit, de cœur, de goût et d'habitudes. C'est à Paris qu'il est venu tout enfant recevoir les leçons de son art, et c'est Paris qui lui a tressé ses premières et ses plus précieuses couronnes ; c'est à Paris qu'il reviendra. Notre cœur se révolte encore aujourd'hui quand nous pensons au stupide accueil que lui ont fait presque partout les Américains, incapables d'apprécier ce qu'en do ses mérites. Gottschalk, ce talent si frais, si poétique, si original quand les Parisiens l'ont entendu il y a six ou sept ans, est devenu le pianiste le plus complet qui puisse être. Qu'allait-il faire, bon Dieu ! dans la patrie adoptive de toutes les médiocrités musicales du monde entier, et au milieu de

gens qui, le voyant parcourir le clavier avec la rapidité d'une foudre sonore, se prenaient à rire aux éclats et lui disaient pour tout compliment, en lui donnant un coup de poing sur l'épaule, comme nous l'avons vu et entendu : « Voilà un bon exercice pour le froid, et vous devez toujours avoir chaud. »

Quant à la presse, il est curieux de lire les articles que quelques journaux ont écrits sur le talent de ce pianiste. A la suite d'un concert où, par dépit peut-être, Gottschalk s'était surpassé lui-même et avait dépensé toute la poésie de son âme froissée, une feuille formula ce jugement dont voici la traduction : « Je n'aime pas la musique, et de tous » les instrumentistes ceux que je peux le moins supporter » ce sont les pianistes ; aussi ne me suis-je pas ennuyé » au concert de monsieur Gottschalk, car je n'ai entendu » là ni musique ni pianiste. En effet, etc., etc. » Soyez donc doué d'une organisation exceptionnelle, travaillez donc toute votre vie à la développer, ayez du talent, ayez-en autant qu'on peut en avoir, usez votre santé, pour recevoir de pareils compliments !

Mais veut-on d'autres exemples de l'accueil que reçoivent en Amérique les artistes ? Nous n'avons que l'embarras du choix, depuis mesdames Malibran, Bosio, Tedesco, Laborde, Damoreau-Cinti, qui toutes ont perdu leur temps ou ont gagné fort peu de chose, jusqu'à madame Alboni, qui n'a rapporté d'Amérique que huit mille dollars, que son entrepreneur, monsieur Marschall, le directeur du théâtre de Broadway, dit avoir perdus avec elle. Paul Jullien, qui est devenu un violoniste accompli après avoir été, comme on s'en souvient, un prodige de précocité, n'a pu parvenir, depuis sept ans qu'il est aux États-Unis, à faire la moindre économie. J'en pourrais citer beaucoup d'autres qui, croyant trouver la richesse en Amérique, ont quitté l'Europe, où ils vivaient dans l'aisance et entourés d'estime, pour tomber dans la misère et le désespoir.

Monsieur S..., pianiste de la duchesse de Montpensier, joue du piano dans les tavernes à New-York, pour égayer la belle humeur des buveurs de wiskey,

Dernièrement un de ces gais buveurs s'est approché de l'artiste, et, pour rire, lui a crevé un œil d'un coup de poing.

Quant à l'Opéra de New-York, il a ruiné plus ou moins tous ses directeurs, depuis cet infortuné Palmer, qui en est réduit à vendre dans une petite gargotte la macaroni que lui-même accommode, jusqu'à monsieur Hacket, qui a perdu 20,000 dollars avec Mario et Grisi, et jusqu'à monsieur Poyne, qui, dans cette dernière saison et malgré le concours de madame de Legrange et de plusieurs autres artistes très recommandables, s'est trouvé, tout compte fait, en déficit de 30,000 dollars.

Tout a été essayé en Amérique en fait de spéculation artistique, et rien ou presque rien n'a réussi.

Des entrepreneurs hardis ont engagé, l'année passée, le célèbre chef d'orchestre Jullien pour une tournée de six mois aux États-Unis. Jullien est arrivé avec le plus bel orchestre qu'on puisse former ; il a joué du Mozart, du Beethoven, du Mendelssohn, du Berlioz, du Rossini, du Meyerbeer, du Verdi et du Jullien ; du classique, du romantique, du diabolique, du charivarique, du panicophinique, et même du gracieux ; il a fait jouer des solos de cornet à piston par Kœnig, des solos de hautbois par Lavigne, des solos de flageolet par Collinet, un homme qui a cent ans, et des solos de contre-basse par Bottesini ; il a embelli ses concerts-promenades d'élégantes fontaines d'où coulait le champagne à discrétion ; le prix des places à ces concerts classiques, romantiques, fantastiques et bachiques n'était que de quatre schellings américains (deux francs cinquante centimes), et malgré tout, peu de gens y allaient. Tous les efforts combinés de Jullien, de son orchestre et des directeurs, n'ont pas empêché ces derniers de perdre à cette opération la somme de deux cent cinquante mille francs dans l'espace de six mois.

Cela ne vous donne-t-il pas, dites-moi, l'envie de partir à l'instant pour aller donner des concerts dans le nouveau

(1) Si nous en croyons une statistique faite en Angleterre, pour une population de 23,191,317 individus, un territoire de 8,430,825 kilomètres carrés et un commerce de plusieurs milliards chaque année, les États-Unis d'Amérique ont pour tout numéraire, savoir : monnaies d'or frappées depuis 1793 jusqu'à ce jour, 91,591,074 livres sterling ; monnaies d'argent, 21,283,070 livres sterling ; monnaies de cuivre, 834,001 livres sterling ; total, 106,687,144 livres sterling.

monde? Et pourquoi pas? Ne raconte-t-on pas qu'un
perruquier a apporté des patins au Sénégal, et n'a-t-on
pas vu des marchands envoyer des parapluies à Lima,
un pays où il n'a jamais plu?

Pourtant, et comme si en toute chose l'exception devait
confirmer la règle, on peut citer quelques artistes qui
n'ont pas eu à se plaindre de leur séjour en Amérique.
Mais pour vaincre l'indifférence du public et attirer la
foule, la plupart d'entre eux se sont vus forcés d'avoir recours à des moyens étrangers à l'art.

Léopold de Meyer, le fougueux pianiste, auteur de la
marche marocaine, et le premier grand pianiste qui se
soit fait entendre aux Etats-Unis, a pu faire quelques bons
concerts en se présentant au public en pantalon écossais
à larges carreaux et en souriant à tout le monde dans la
salle, entre deux traits de piano. Il se faisait jeter des
bouquets par ses amis, et les offrait au même moment à
quelques dames de la société. Souvent, entre la première
et la seconde partie du concert, il faisait un discours et
envoyait des baisers aux jeunes ladies. On trouvait tout
cela charmant de la part d'un homme dont la force physique égale le mérite artistique.

Henri Herz a eu aux Etats-Unis comme partout en Europe, où son talent correct et éminemment élégant a pu
être apprécié, le privilège d'attirer la foule à ses concerts.
Mais les Yankees sont des amateurs dont il faut stimuler
l'ardeur par plus d'un moyen. Le talent de Herz ne suffisant plus pour de semblables *dilettanti*, le *manager* du
grand pianiste ourdit chaque soir au public quelques piquante surprise. Un jour, à New-York, des affiches de dix
pieds de haut sur six de large annoncèrent un concert
avec *mille bougies!* Quel attrait? Aussi ce jour-là la salle
fut-elle comble. Mais le plus joli c'est qu'un monsieur,
après avoir compté le luminaire pendant que Herz jouait
l'une de ses plus ravissantes fantaisies, ne trouva que
neuf cent trente bougies au lieu de mille. Le monsieur se
récria contre un semblable abus de confiance; il fallut lui
remettre l'argent de son billet d'entrée, et il sortit au milieu du concert, fort en colère et jurant qu'on ne le re-
prendrait plus aux annonces trompeuses des artistes européens.

Dans ces derniers temps Thalberg, ce pianiste magistral
qui joue comme Lamartine parle, comme Michel-Ange
peignait, s'est vu forcé par l'organisateur de ses concerts,
forcé lui-même par l'indifférence du public, à dégrader
son talent de la plus indigne manière. Thalberg, ce puissant artiste, cet homme éminemment distingué, que les
souverains de toutes les cours d'Europe ont été heureux
de recevoir dans l'intimité, Thalberg, entraîné par l'esprit
de la spéculation américaine, s'est fait restaurateur en
même temps qu'il est resté virtuose.

Fière et chaste muse de l'harmonie, voilez-vous la
face!

Le restaurant eût peut-être réussi sans la musique,
mais il fallait à la musique l'utile attrait du restaurant.
On écoutait le chef de l'école moderne du piano une
cuisse de poulet d'une main et un verre de madère de
l'autre.

Entre une soupe aux huîtres, une tranche de jambon et
une tarte aux fruits, les ladies émerveillées du talent de
l'artiste le priaient de vouloir bien recommencer. quelqu'une de ses belles fantaisies sur *Moïse*, sur *Don Juan*
ou sur *la Muette*. Comment, je vous prie, résister aux
prières de consommatrices aussi gracieuses et de si bon
appétit? Aussi le grand pianiste ne résistait-il pas; il
souriait à travers les tièdes fumées de la cuisine et jouait
de nouveau au bruit des cuillères dans les assiettes, des
verres qui se heurtaient, des consommateurs qui appe-
laient, des garçons qui répondaient aux consommateurs,
des bouchons de champagne qui partaient avec joie
comme pour fêter l'inauguration de cette adorable association de l'estomac et de l'oreille, de la mélodie et du
beefsteack.

Mais que n'ont pas été obligés de tenter les artistes

dans toutes les villes de l'Union pour vaincre l'indifférence sinon la froideur des Américains tout entiers aux
spéculations commerciales?

Un violoniste a eu l'idée, dans une ville de l'Ouest, de
s'habiller en diable avec des cornes et une longue queue,
pour jouer les diaboliques variations du *Carnaval de Venise*, de Paganini. En outre, il avait aposté sur plusieurs
points de la salle des musiciens cachés qui devaient tour
à tour, à la manière des cors russes, se partager la mélodie avec le violon.

Ce concert satanique fut annoncé au moyen de prospectus et de réclames de nature à surexciter les esprits
les plus calmes. Enfin le jour du concert arriva, et le
diable parut. Son entrée fut saluée par d'unanimes applaudissemens; sa mise parlait en sa faveur; rien n'y
manquait; ses cornes étaient belles, sa queue était longue et traînante, sa peau rouge comme la carapace d'un
homard cuit. En tant que diable, c'était un beau diable.

Durant quelques minutes, il se promena sur la scène,
prenant de temps à autre des poses propres à frapper l'i-
magination des spectateurs et à préparer l'effet des premières notes de la mélodie satanique. Puis il s'arrêta tout
à coup, épaula lentement son violon, contempla son archet, et attaqua brusquement, comme sur un signal de
l'enfer, l'infernal *Carnaval de Venise*.

A peine l'archet eut-il tiré des cordes frémissantes le
premier membre de phrase de ce thème damné, qu'un
instrument invisible et étrange continua la mélodie, con-
tinuée successivement par d'autres instrumens également
invisibles et encore plus étranges qui partaient de tous
les points de la salle. Pendant ces dialogues des esprits
infernaux, le diable se promenait à grands pas sur la
scène, troublant de temps en temps ce concert par des
rires sardoniques, et répétant à son tour avec d'horribles
variations la mélodie fatale que les échos de la salle chantaient de toute part. Le concert finit par un *tutti* à faire
dresser les cheveux. On parla longtemps de ce concert et
on en parle encore.

L'imagination des concertistes est à bout. On a tout
essayé. On a donné des concerts costumés, des concerts en
action avec tombola, des concerts religieux, des concerts
dansans, des concerts historiques, des concerts improvisés,
des concerts sérieux, des concerts comiques, des concerts
pyrotechniques, des concerts énigmatiques, des concerts
bachiques, et, nous venons de le voir, des concerts gastro-
nomiques et diaboliques.

Un homme, doué d'une voix détestable, a donné, seul,
des concerts productifs et chantant sans accompagnement, et pendant trois heures consécutives des psalmodies
soporifiques de toutes les religions et de toutes les sectes,
J'ai entendu cet homme à Boston.

Un compositeur a eu l'idée d'écrire une symphonie
animale ayant pour titre l'*Arche de Noé*. On entendait
dans cette œuvre imitative et tout à fait comique le
braiement de l'âne, le bêlement du mouton, le beugle-
ment du veau, le grognement du porc, le sifflement des
serpens, le chant des oiseaux, le rugissement du lion, sans
oublier la voix de l'homme, le tout accompagné d'un programme descriptif digne de passer à la postérité, à côté
des prospectus les plus odontalgiques.

Il faut encore citer un violoniste italien qui crut faire
fortune en imitant à s'y méprendre, sur son instrument,
la voix d'une vieille femme en colère. Cela ne paraît que
médiocrement agréable.

Dans beaucoup de concerts, la voix parlée se mêle à la
voix chantée, et le discours succède à la musique. L'A-
méricain est passionné pour le *speech* et veut absolument
qu'on lui parle de tout à propos de n'importe quoi. Souvent on fait dans un concert jusqu'à deux ou trois petits
discours. Si un morceau est applaudi et qu'on redemande
l'artiste, celui-ci profite parfois de cette occasion pour
faire un *speech*. Un exécutant inscrit sur le programme
fait-il défaut; autre *speech*; si le concert est remis, naturellement un *speech*; si l'exécutant doit en donner un

autre, nouveau *speech*. J'ai vu faire un *speech* pour annoncer qu'on n'en ferait pas.

J'ai entendu beaucoup de discours à propos de beaucoup de cavatines et de fantaisies brillantes; mais il en est deux qui méritent d'être rapportés. Sans avoir la prétention de les retracer mot à mot, nous pouvons du moins en garantir le fond.

C'était au bénéfice d'un pianiste habile, qui de plus est un compositeur de beaucoup de talent. Après la première partie, un monsieur en habit noir se présenta tenant le bénéficiaire par la main. Il fait signe au public, qu'il s'agite sur les banquettes, qu'il désire parler. Le silence s'établit, et, après les saluts d'usage, l'orateur s'exprime à peu près en ces termes:

« Mesdames et messieurs » (la galanterie américaine veut qu'on nomme les femmes avant les hommes quand on s'adresse au public, et que les noms des femmes soient inscrits avant ceux des hommes sur les programmes et sur les affiches), « ce n'est pas parce que je suis
» avocat et pour profiter avec adresse de tous les moyens
» qui me sont offerts de montrer au public la facilité de
» ma parole, la force de mon argumentation et le charme
» de ma diction, que je prends aujourd'hui la parole de-
» vant un auditoire nombreux et bien disposé; non, mes-
» sieurs; j'ai, Dieu merci autant de cliens que je puis
» en désirer, et je n'ai que l'embarras du choix sur tous
» les procès qui me sont offerts au criminel comme au
» civil. Mon office ne désemplit pas de maris trompés qui
» demandent le divorce, de femmes trompeuses qui vien-
» nent en appeler, de dupes et de fripons; c'est un beau
» coup d'œil. Si donc je prends la parole à cette heure de-
» vant... »us, c'est uniquement pour obéir au sentiment
» qu... m'anime, et pour vous faire partager l'enthou-
» siasme qu'excite en moi ce grand compositeur que je
» tiens par la main. (Applaudissemens.) Que de momens
» heureux et salutaires ne m'avez-vous pas fait passer, ô
» grand homme! après les longs débats à la cour. Oh ! la
» musique! oh ! mon ami! oh ! la procédure ! si vous
» n'existiez pas, il faudrait vous inventer pour la gloire
» et le bonheur de l'humanité. » (Applaudissemens pro-
longés.)

C'est au milieu du bruit confus des bravos du public et de l'orchestre que le bénéficiaire prend à son tour la parole:

« Mesdames et messieurs,

« Qu'il me soit permis de retourner à mon ami, le grand
» orateur ici présent (l'avocat s'incline) quelques-uns des
» complimens trop flatteurs qu'il lui a plu de donner à
» mon faible mérite. Que vous dirai-je, messieurs? J'aime
» les avocats, et après le piano, la clarinette, le cornet à
» piston et le bugle, l'instrument le plus doux à mon
» oreille aussi bien qu'à mon cœur, c'est la voix d'un
» avocat dilettante mêlée aux suffrages du public. »

Ce dernier *speech* est accueilli par des applaudissemens unanimes, et chacun trouve fort naturel que ces messieurs se débitent ainsi en public des complimens sur leur talent respectif d'avocat et de musicien; à la face l'un de de l'autre, et pour varier les plaisirs de la séance.

Il y a à New-York une société philharmonique allemande, qui en fait de musiciens ne veut que des Allemands et ne croit qu'aux Allemands. Cette société a cru faire grand honneur à Gottschalk quand, après de longues discussions, elle a fini par l'admettre au nombre de ses membres. Un des opposans les plus acharnés contre cette nomination était monsieur Schaffenberg, musicien stérile, pianiste lourd et monotone. Les membres de cette société jouent les symphonies de Béethoven très passablement pour les personnes qui ne les ont pas entendu exécuter par les bons orchestres d'Allemagne, et surtout par l'orchestre de la société des concerts du Conservatoire à Paris. Mais allez donc dire à New-York que leur société philharmonique n'est pas la meilleure de ce genre qui existe dans le monde, vous seriez mangé vif par tous les Romberg, les Steinberg, les Krokberg et les Schaffenberg de l'endroit.

Les Allemands sont la plaie du professorat dans tous les États de l'Union; ils donnent des leçons de piano à tout prix, et enseignent toutes les langues au rabais.

La musique en vogue aux États-Unis est aujourd'hui celle de Verdi. Il *Trovatore* a fait des prodiges à New-York, à Boston, et partout où madame Steffenone, le ténor Brignoli, Amadio et mademoiselle Vestvali l'ont joué. Si les Américains prennent jamais sérieusement le goût de la musique, l'honneur en reviendra surtout à Verdi, dont les œuvres se trouvent sur tous les pianos. Et certes ce n'est pas peu dire, car l'Amérique fabrique plus de pianos à elle seule que l'Angleterre et la France réunies. On n'a pas l'idée d'un semblable commerce dans un pays si peu musical.

« Que deviennent les éponges à New-York? » s'écriait un jour avec une curieuse sollicitude un journal de Key-West, qui constatait que ce port, à lui seul, expédiait annuellement à New-York de trente à quarante tonnes d'éponges. A mon tour, je demanderai ce que deviennent les pianos.

Le piano règne aujourd'hui dans tous les États de l'Union, sinon par droit de naissance, du moins par droit de conquête ou plutôt par droit d'envahissement. Il est impossible de se figurer la prodigieuse quantité de pianos qui se fabriquent au delà de l'Atlantique. Il suffira, pour faire apprécier toute l'étendue de ce commerce, de constater ce fait que la fabrication des pianos constitue pour les États-Unis le revenu le plus important après la culture du coton. A New-York, à Boston, à Philadelphie, à Baltimore, à Richemond, à Louisville, à Cincinnati, à Washington, à Saint-Louis, à Chicago, à Charleston, à la Nouvelle-Orléans, au nord comme à l'est, à l'est comme à l'ouest, à l'ouest comme au sud, dans les villes anciennes comme dans celles qui s'improvisent pour ainsi dire chaque jour au milieu des forêts transformées, partout il y a des facteurs de pianos, et partout ces facteurs livrent au commerce une quantité considérable de ces instrumens. Il est vrai que le piano est considéré dans tous les États-Unis comme un meuble indispensable dans un salon.

Mais, de tous les instrumens de musique, c'est l'accordéon qui, en Amérique, a eu les honneurs de la popularité. La mode est passée, mais il fut un temps où l'on ne pouvait faire un pas nulle part sans se heurter contre un accordéon. L'accordéon avait remplacé dans les mains du Yankee l'éternel canif dont il se sert pour couper des petits morceaux de bois taillés à cet usage. Quand le Yankee n'a pas de petits morceaux de bois, il coupe des meubles, le comptoir des magasins, les bancs des églises, le bord des navires quand il voyage en steamboat, etc.; c'est là son passe-temps habituel, et tant pis pour le bois qui se trouve sous le canif! Tant que dura la vogue de l'accordéon, ce n'était que symphonie sous le vaste ciel de l'Union. Mais peu à peu l'accordéon tomba; le canif reprit son empire entre les mains actives du Yankee.

On fait beaucoup et souvent de bonne musique dans les églises à New-York. Tous les dimanches, dans les églises catholiques, on chante, avec accompagnement d'orgue, des messes entières de Mozart, de Haydn, de Cherubini, de Weber, et en général de tous les grands maîtres. A la vérité le chœur n'est formé que de trois chanteurs, un soprano, un ténor et une basse; mais, soutenue par l'orgue, cette musique est préférable au plain-chant, chanté par des chantres et par des enfans de chœur qui ont la voix fausse et sans expression. Le règlement qui exclut en France la présence des femmes du chœur des églises n'a pas encore pénétré à New-York, où les bons soprani, au contraire, sont recherchés par toutes les églises de toutes les religions.

Les musiques militaires, détestables il y a peu d'années, tendent à s'améliorer depuis quelque temps, et nous sommes juste en citant nos compatriotes à New-York, les gardes Lafayette, comme ayant une des meilleures bandes militaires. Les inventions précieuses de monsieur Sax ont porté leur fruit en Amérique comme en Europe. Mais, en Amérique aussi bien qu'en Europe, d'audacieux contre-facteurs se sont emparés des systèmes de ce facteur et fabri-quent des instrumens souvent fort médiocres sur lesquels ils apposent la marque de monsieur Sax. Non-seulement ils le frustrent ainsi du bénéfice auquel il a droit comme inventeur, mais encore ils tendent à le déconsidérer com-me simple facteur, en vendant comme lui appartenant des instrumens mal fabriqués.

On devine aisément, d'après ce que nous venons de dire, qu'il doive y avoir peu de compositeurs de musique américains. Pourtant les Américains ont des airs popu-laires, tendres et naïfs, qui ne manquent pas d'un certain charme. Ces mélodies procèdent des airs irlandais, et ont comme ceux-ci un caractère malheureux et fatal qui pénètre l'âme. Madame Sontag chantait ces ballades avec un goût exquis et un abandon sympathique. Pauvre ma-dame Sontag! c'est après une tournée de dix-huit mois dans toutes les villes de l'Union, après avoir souffert tous les ennuis et toutes les fatigues avec un courage que soutenait seul l'amour de ses enfans, qu'elle est allée mourir à Mexico d'une mort singulière et mystérieuse.

Je n'ai vu, durant mon séjour en Amérique, qu'un seul opéra américain : *Rip van Winkle*. Il était de la composi-tion de monsieur Bristow, professeur de piano, composi-teur, accompagnateur, organiste, chef d'orchestre et marchand de pianos. On voit que ce ne sont pas les cordes qui manquent à son arc. L'opéra de mon-sieur Bristow, très bien chanté par mademoiselle Pyne, renfermait quelques bonnes parties et a obtenu beaucoup de succès. Le sujet du poëme, d'ailleurs, pris dans la jeune histoire de l'Amérique, n'a pas peu contribué à rendre l'œuvre sympathique au public. À côté de mon-sieur Bristow, mais avant lui, nous devons placer mon-sieur Fry, qui joint au mérite de compositeur de talent une grande érudition musicale.

« Les enfans, dit je ne sais plus quel écrivain, croient en général que les morues nagent au fond de la mer dans la forme sèche, coriace et aplatie où ils les voient sur l'étal de l'épicier. » Beaucoup d'honorables professeurs de mu-sique, et même des compositeurs distingués, en sont là en matière d'histoire de leur art, non-seulement en Amé-rique, mais aussi en Europe. En dehors de leur routine habituelle, ils ne savent rien. Quant à la philosophie des sons, à l'esthétique, ils n'y prennent pas le moindre inté-rêt. Le Conservatoire de Paris, qu'on cite avec raison comme la première école de musique qu'il y ait en Eu-rope, présente à ce sujet une lacune fâcheuse que nous croyons avoir signalée le premier. « Tant qu'on se bor-nera, disions-nous dans une revue musicale du journal le *Siècle*, à enseigner la combinaison des sons au point de vue des règles de l'harmonie, et qu'on n'expliquera pas les divers effets qu'ils produisent sur notre organi-sation au point de vue des sensations morales, le Conser-vatoire pourra produire d'excellens musiciens, mais il ne fournira pas nécessairement de compositeurs. » Et nous finissions par demander pour notre école nationale la création d'une chaire d'histoire et de philosophie musi-cales.

Animé sans doute par les mêmes convictions et entraîné par l'amour de la science, monsieur Fry a consacré huit années de sa vie à rechercher dans les bibliothèques de France, d'Allemagne, d'Italie, d'Espagne et d'Angleterre les élémens divers dont il a fait un ouvrage des plus inté-ressans. À l'instar des concerts historiques de monsieur Fétis, monsieur Fry a donné plusieurs séances de lecture-concert dans la grande salle, brûlée aujourd'hui (quelles sont les salles et les maisons qui ne finissent pas par brû-ler à New-York) de *Tripler-Hall*. Mais ces concerts si ins-tructifs, si intéressans, pour lesquels monsieur Fry s'est associé des chœurs nombreux et un orchestre complet, chargé d'exécuter les *exemples*, n'ont eu et ne pouvaient avoir que peu de succès.

Qu'est-ce que cela peut faire, je vous prie, aux affaires de New-York que les Grecs aient ou n'aient pas eu d'har-monie ; que la gamme soit naturelle ou de convention ; que Palestrina ait réformé la musique religieuse en com-posant des messes d'après des règles particulières qu'on appelle contre-point à la Palestrina ; que le premier ou-vrage de musique imprimé en Italie soit précisément l'œuvre d'un Français ; que le premier opéra représenté en public soit un opéra d'*Eurydice*, composé par Jacques Péri, et joué à Florence à l'occasion du mariage de Henri IV, roi de France, avec Marie de Médicis ; que cet opéra n'ait été formé que de récitatifs, etc. ? rien, assuré-ment, et la moindre nouvelle de coton avarié, de farine importée ou de morue pêchée, intéresse bien davantage.

Non, l'Amérique n'est rien moins qu'artistique pour le moment ; nous avons su lui rendre justice pour ses nobles et grandes qualités, nous lui disons ses défauts avec la même franchise.

VIII

LES MÉCANIQUES ET LES MACHINES EN AMÉRIQUE.

Dans un pays aussi étendu que l'Amérique, où les bras manquent souvent, où le travail est une fièvre générale et continue, où le besoin de produire est devenu comme une sorte de passion, on comprend que la mécanique soit en grand honneur, puisqu'elle économise les forces de l'homme, abrège le temps et produit davantage. Les Amé-ricains sont certainement de tous les peuples celui qui fait le plus grand usage des machines et de la vapeur. Les machines les plus utiles et les plus ingénieuses figurent partout à côté des mécaniques les plus extraordinaires et les plus bizarres.

Jetons d'abord un rapide coup d'œil sur les grandes machines à vapeur qui sont la gloire industrielle de l'Amérique.

Nous ne sommes pas mécanicien, et nous n'éprouvons aucune humiliation à l'avouer.

Aussi n'est-ce point pour les hommes spéciaux que nous écrivons.

Ces quelques lignes s'adressent aux simples curieux, et n'ont d'autre but que la peinture des mœurs améri-caines, dont la mécanique est un des côtés les plus pitto-resques.

L'audace des Américains se révèle tout entière dans la construction de leurs machines à vapeur appliquées à la marine. Quelques-unes de ces machines ont atteint des proportions vraiment effrayantes. On peut citer des ba-teaux à vapeur de la force de douze cents chevaux. Sans parler des grands steamers qui font les longs voyages de l'Europe et de la Californie, combien ne doit-on pas ad-mirer les steamboats ou plutôt les palais flottans, à deux, trois et quatre étages au-dessus de l'eau, qui sil-lonnent l'Ohio, le Mississipi et la rivière de l'Hudson ! Ces vastes bateaux à vapeur inconnus en Europe sont de véritables villes qui emportent jusqu'à deux mille voya-geurs, des marchandises considérables et de nombreux troupeaux.

Mais aussi que sont, à côté de l'Ohio, du Mississipi, de l'Hudson, véritables mers d'eau douce, les *grands* lacs si vantés de la Suisse et de l'Italie ? Le lac de Genève et le lac Majeur paraîtraient de petites flaques d'eau en com-paraison des fleuves, des rivières et des lacs américains. Pendant que sur les lacs d'Europe on admire les bateaux à vapeur qui atteignent la force de quarante chevaux, en Amérique on compte comme ordinaire les steamboats de six cents chevaux de vapeur. Ces bateaux, d'une coupe parfaite, admirables à l'extérieur, ne sont pas moins remarquables à l'intérieur. Ils sont dorés partout, recou-verts de beaux tapis, tendus de soie et de velours, ornés de belles glaces et meublés avec luxe. On y trouve des pianos, des jeux de toutes sortes et des bibliothèques. Malheureusement on n'y est pas toujours en sûreté. Gare aux voyageurs qui naviguent sous le commandement d'un capitaine zélé qui rencontre un concurrent ! Il veut le dépasser à toute force, chauffe la machine au delà de toute proportion, non-seulement avec du charbon de bois, mais aussi avec de la résine. Si le concurrent ne cède pas, l'équipage entier du bateau en fait une question d'honneur. Bientôt l'enthousiasme se propage et finit par gagner les passagers eux-mêmes, qui forment la chaîne depuis le pont jusqu'aux fourneaux, et se passent de main en main, avec des hourras d'encouragement, le combustible qui doit assurer le succès ou faire sauter le navire.

Les steamboats américains sont construits de manière à recevoir toute la charge sur le pont. L'intérieur est entièrement rempli par l'énorme machine. On n'aperçoit de cette machine, au milieu du bâtiment, que le gigantesque balancier, comme une pompe sans cesse en mouvement. A côté du balancier, mais plus haut et par-dessus tous les étages du steamboat, s'élève un petit pavillon où se tiennent en observation le capitaine qui commande la manœuvre, et le timonier, qui de là dirige le gouvernail.

Il n'y a pas de petits bateaux à vapeur en Amérique. Les plus petits steamboats à New-York sont les *ferry-boats* de Brooklyn, qui traversent jusqu'à New-York la rivière de l'Est, 160 mètres environ. Les *ferry-boats* n'ont pas moins de quatre-vingts chevaux de force. Ce sont des bateaux de ce genre qui traversent toutes les rivières, les ponts étant pour ainsi dire inconnus aux Etats-Unis.

Les machines, en Amérique, sont généralement bien faites et solides, mais elles sont exécutées sans luxe aucun. Rien n'est poli dans les pièces de forge qui ne sont pas soumises aux frictions. L'utile remplace partout l'agréable dans les engins. Il faut toutefois en excepter les pompes à incendie, que les Américains enrichiraient volontiers de diamans.

Nous avons déjà parlé, à propos des amusemens en Amérique, des pompes et des pompiers; nous n'y reviendrons pas. Ajoutons seulement que les Américains tiennent leurs pompes à incendie pour les meilleures et les plus élégantes qu'il y ait au monde. Ils sourient de pitié en pensant à la simplicité des nôtres. « Pauvres incendies et pauvres pompes ! » disent-ils avec dédain. Le fait est qu'un pompier américain n'hésiterait pas à vendre jusqu'à ses vêtemens pour décorer sa pompe. Un amant n'est pas plus jaloux des charmes de sa maîtresse qu'un pompier ne l'est en Amérique des attraits de sa pompe. Dites à un pompier américain (et tout le monde est un peu pompier en Amérique) qu'il est laid, stupide; peut-être dédaignera-t-il ces insultes et ne vous répondra-t-il même pas; mais n'allez pas médire de sa pompe,.. il vous tuerait sans scrupule. Entre la pompe et le pompier il ne faut jamais mettre le doigt.

A côté des pompes à incendie richement incrustées, ciselées avec art, décorées de fleurs et bariolées des couleurs les plus vives, les locomotives des chemins de fer forment un contraste frappant. Les locomotives, surmontées d'une cheminée étrange, courte et évasée du haut comme une entonnoir de l'enfer, sont noires et mates comme une pensée lugubre; on dirait qu'elles portent à l'avance le deuil des voyageurs que peut-être elles précipiteront dans les profondeurs de quelque ravin, ou qu'elles plongeront dans l'eau sous un pont écroulé. Ces sortes d'accidens sont assez fréquens aux Etats-Unis, mais on n'y apporte qu'une attention légère. L'important pour l'Américain c'est que, avec ou sans danger, bien ou mal, il puisse se transporter promptement sur tous les points de son vaste territoire. D'ailleurs la vie des hommes est considérée comme peu de chose en Amérique. Les Américains, qui depuis l'année 1843 ont vu leur pays se peupler de 3,300,000 émigrans de toutes les nations, sont habitués à regarder les hommes à l'égal des importations

de marchandise. Les hommes leur arrivent tout faits, comme les étoffes toutes tissées.

Il n'y a là que peu d'enfans proportionnellement, et c'est l'Europe qui fait les hommes que l'Amérique récolte. Il faut à ce pays, avare du temps et pressé de jouir, des bras vigoureux pour labourer la terre, l'ensemencer et bâtir des villes qu'on voit naître de toute part au milieu des forêts comme des apparitions merveilleuses.

Aussi quelle activité, quelle fureur de travail, que d'efforts partout ! Le plus grand nombre de milles de chemins de fer, eu égard à la surface, dans aucun pays du monde se trouve dans le Massachusetts, qui a plus d'un mille de rails pour chaque mille carré. A cette heure, les Etats-Unis ne possèdent pas moins de 36,000 kilomètres de rails, juste assez pour entourer le globe terrestre d'une ceinture de fer. L'Angleterre, le pays le plus sillonné par les voies ferrées eu égard à son étendue, n'a que 20,000 kilomètres de chemins de fer; la France en possède, sauf erreur, 7,000 desservis par 2,624 locomotives, dont 2,521 de fabrique française; l'Allemagne, avec tous les Etats secondaires, compte 12,000 kilomètres de rails avec 2,850 locomotives, dont 2,227 de fabrication allemande; la Belgique a 1,500 kilomètres de rails ; l'Espagne, 1,400; le Danemark, 300; l'Italie, y compris la Toscane, les Etats romains et le Piémont, 1,500; la Russie, le plus vaste de tous les Etats de l'Europe, 3,500 desservis par des locomotives construites quelques-unes en Amérique, mais la plupart à Saint-Pétersbourg ou aux environs de cette ville.

Grâce aux communications promptes, faciles et à bon marché, par terre et par eau, les Etats-Unis se cultivent chaque jour davantage, étendent leur population, qui un jour couvrira tout le continent américain, et marchent ainsi à pas de géant vers la plus étonnante prospérité matérielle.

La vapeur et les machines de destinations si variées sont certainement une des causes principales, après la liberté, de la prompte fortune de ce peuple laborieux.

Les agriculteurs, qui savent tous lire et écrire, et reçoivent chaque jour leur journal, ont, comme les industriels des villes, suivi l'impulsion du progrès. Les travaux de la terre se font en grande partie au moyen de la mécanique. Des machines locomobiles de la force de 40, 50 et même 60 chevaux, défrichent les vastes plaines du Kansas, de l'Orégon et de la Californie. Le labourage se fait à la mécanique, on fauche à la mécanique, on herse à la mécanique, on moissonne à la mécanique, on bat en grange à la mécanique, on vanne à la mécanique.

Pour tout ce qui peut hâter la colonisation et augmenter rapidement la prospérité matérielle, on se sert de moyens mécaniques.

C'est en Amérique qu'on a inventé l'excavateur.

L'excavateur est une sorte de machine locomobile pour draguer la terre ferme. Il est formé d'une grue tournant un demi-tour sur elle-même. Du bec de cette grue descend une chaîne pour relever et abaisser le *scoop*, ou baquet armé de dents en acier, qui entaille ou pioche le terrain. A l'arrière de cette grue se trouve la chaudière à vapeur qui fait marcher tout le mécanisme. Il faut moins d'une minute, au moyen de l'excavateur, pour remplir de terre un vagon.

Cet appareil, en usage dans toute l'Amérique, a été employé en Angleterre, et en Russie pour la construction du chemin de fer de Saint-Pétersbourg à Moscou. Quatre de ces machines construites à Paris ont fonctionné sur les chemins de fer du Nord et du Havre. En terrain facile, l'excavateur fait le travail de quatre-vingt-dix ouvriers. Cet instrument paraît appelé à rendre partout d'éminens services à l'agriculture.

Nous voyons qu'une des plus grandes maisons d'importation de Rio-Janeiro, la maison Manoel Olegario Abranches, a expédié dans l'intérieur du Brésil des excavateurs avec différens autres instrumens d'agriculture.

On attend les plus heureux effets de l'usage de ces di-

33

vers appareils, dont l'emploi au Brésil est dû à l'heureuse initiative de monsieur Manoel Olegario Abranches.

Dans les États où, à côté des maisons en bois, on bâtit des maisons en briques et en pierres, on fait usage pour tailler les pierres, faire les corniches, dessiner les rinceaux et couper des volutes, d'une machine à cet usage extrêmement curieuse. Cette machine, mue par la vapeur, fonctionne avec tous ses outils taillans, piquans, grattans et confondans.

Si la maison est en bois, il existe une machine pour la transporter d'un point à un autre et l'installer sur de nouveaux fondemens. J'ai vu l'an dernier, à New-Brighton, dans le Staten-Island, une maison ainsi déménagée; ce fut l'affaire d'une journée. La maison, qui la veille se trouvait au bas de la colline, était placée le lendemain sur le point culminant.

Peu de temps avant mon départ de New-York, d'audacieux voleurs, munis sans doute d'une semblable machine, ont *dérobé* une maison abandonnée qu'on avait mise en réparation. La police, avertie par le propriétaire de la maison, qui ne retrouvait plus son immeuble, s'est mise à la recherche des coupables. Les voleurs ont été arrêtés, mais on n'a pu *arrêter* la maison, qu'ils avaient démolie et vendue en détail.

Ce fait, parfaitement authentique et consigné dans tous les journaux de New-York, me paraît de nature à humilier profondément les vulgaires filous qui se bornent à *faire* le mouchoir et la tabatière dans la poche des gens distraits.

Mais, à propos de maison, il n'est pas inutile de faire savoir qu'on fabrique dans le sud des États-Unis des maisons en coton très jolies, très confortables et à très bon compte. L'inventeur a pris un brevet et compte réaliser de beaux bénéfices. Pour fabriquer des maisons en coton on se sert du coton vert et de qualité inférieure, des débris épars dans les champs, même des balayures des fabriques, enfin de tout ce qui est jeté comme rebut et que ne veulent pas prendre les papeteries. On en fait une pâte qui acquiert la solidité de la pierre et reste imperméable. Suivant l'inventeur, il faut pour construire une maison en coton moitié moins de temps que pour ériger la même maison en briques.

Avec une maison en coton il faudra nécessairement un mobilier en papier mâché.

La nation qui publie le plus grand nombre de journaux devait avoir aussi les machines à imprimer les plus parfaites.

Rien ne surpasse en effet les admirables machines d'imprimerie de la fabrique de messieurs Hoë et compagnie, à New-York, et de monsieur Wilkinson.

Le journal *New-York Herald* possède l'une des plus puissantes machines typographiques du monde, sinon la plus puissante. C'est une machine rotative à cylindre, de Wilkinson, qui imprime simultanément sur un rouleau de papier les deux côtés d'un format immense, et délivre les feuilles toutes coupées et prêtes à être pliées. La presse est de la construction la plus simple et la plus compacte. Elle n'a pas plus de 2 mètres 66 centimètres de longueur sur 1 mètre 33 centimètres de largeur, et sa hauteur est de 1 mètre 66 centimètres environ.

Un châssis fixe supporte deux paires de cylindres, chacun d'environ 50 centimètres de diamètre. Sur l'un de ces cylindres sont placés les caractères qui impriment un côté du papier, et sur l'autre ceux qui doivent imprimer le revers; le cylindre qui donne l'impression étant au-dessous dans une paire et au-dessus dans l'autre.

Un rouleau de papier à imprimer est suspendu sur une verge de fer, à l'une des extrémités de la presse, de niveau avec les cylindres, et à la distance d'environ 40 centimètres. C'est là ce qui constitue, avec les rouleaux à encre et l'appareil à couper, tout le mécanisme de cette puissante machine.

On commence l'opération de l'impression en prenant l'extrémité du rouleau de papier; on l'attire sur la presse

en ligne presque horizontale, en le faisant passer alternativement au-dessous et au-dessus des cylindres. L'impulsion une fois donnée, les cylindres, en tournant, opèrent une révolution correspondante dans le rouleau de papier, qui s'imprime ainsi sur chaque côté à mesure qu'il se déroule. Lorsqu'il arrive à l'extrémité opposée de la machine, il est coupé à des intervalles égaux, et les feuilles séparées viennent se ranger en piles régulières.

L'appareil à couper est d'une beauté et d'une simplicité admirables, et tranche le papier mouillé aussi nettement que le papier sec.

Par ce simple aperçu on peut voir combien toute la machine est remarquablement simple. Il n'y a ni mouvement en arrière ni mouvement réciproque, comme disent les mécaniciens : il n'y a qu'une seule et simple évolution en avant des cylindres à caractères et et à impression. La rapidité donnée à ces cylindres ne semble être limitée que par la vitesse avec laquelle le papier à imprimer peut se dévider du rouleau.

Les feuilles sont originairement rendues à raison de 300 à la minute, ce qui fait 18,000 journaux à l'heure, et permet au *Herald* de commencer son tirage à cinq heures du matin pour le finir entre neuf et dix heures.

Cette machine marque une ère nouvelle dans l'art de l'imprimerie, et il paraît difficile qu'on puisse obtenir de plus merveilleux résultats.

Au reste, deux heures après l'arrivée des steamers transatlantiques, les principaux journaux de New-York vendent par milliers dans les rues des supplémens très étendus contenant les principales nouvelles d'Europe.

Deux heures ont donc suffi pour lire ces nouvelles dans les journaux européens, pour les faire composer et les tirer à plusieurs milliers d'exemplaires.

« *Time is money*, le temps est de l'argent. » Nous avons dit que telle était la maxime fondamentale des Américains. On comprend qu'avec une semblable maxime pour règle de conduite, il faut nécessairement avoir toujours sur soi une montre et des pendules dans toutes les chambres, pour rappeler sans cesse les heures qui s'écoulent. Aussi le génie américain s'est-il exercé à chercher des mécaniques au moyen desquelles on pût fabriquer des pendules à bon marché. Ils sont arrivés sous ce rapport à un résultat surprenant. Le Connecticut possède d'immenses fabriques de pendules en bois, qui donnent très bien l'heure, et se vendent en gros à raison de 2 francs 40 centimes la pièce.

À côté des pendules à quarante-huit sous, il y a, à Troy, une machine à faire des souliers. Dans les ateliers où sont employées ces machines nouvellement inventées, il ne sort pas moins de quatre mille paires de souliers par jour, qui sont expédiés dans tous les États de l'Union.

Nous arrivons à une invention des plus remarquables, dont l'idée première appartient à un Français, monsieur Thimonnier, mais dont les perfectionnemens principaux, qui les ont fait entrer dans la pratique, appartiennent à monsieur Elias Howe : nous voulons parler des machines à coudre.

Ces merveilleuses machines servent en Amérique, et commencent à servir un peu partout, à la confection des habits et de la lingerie. Elles sont très portatives et n'occupent avec leurs roues et leurs engrenages qu'un espace de deux pieds carrés. Ce n'est guère qu'en 1853 qu'elles ont commencé à fixer l'attention des fabricans, bien que monsieur Howe ait pris son brevet en 1846 et qu'il se soit d'abord ruiné pour les faire connaître. Désespérant de réussir en Amérique, il partit pour l'Angleterre. Mais, dans l'ancien comme dans le nouveau monde, la routine cette reine du vulgaire, se mit en opposition avec l'inventeur, et le malheureux, complétement découragé, à bout de ressources, voulant au moins terminer ses misérables jours dans sa patrie, se rembarqua pour les États-Unis. Toutefois, n'ayant pas l'argent nécessaire à son passage, il s'engagea comme aide-cuisinier à bord du bâtiment *the Miss-Clary*. Arrivé dans le Massachussets, il travailla dans une fabrique en qualité d'ouvrier mécanicien.

Mais le temps avait fait son œuvre, et les machines à coudre commençaient à être employées; Seulement il arriva ce qu'il arrive si souvent; l'inventeur fut entièrement oublié, et la contrefaçon, avec l'impudeur qui la caractérise, prétendit bénéficier seule de tous les avantages de l'invention.

Il y a dans le droit quelque chose de si respectable et dans le vol quelque chose de si odieux, que Howe trouva des amis dévoués pour lui faire rendre justice. A force d'énergie, de persévérance et d'argent dépensé, l'inventeur finit par établir ses droits d'une manière si victorieuse que, depuis les dernières décisions des tribunaux américains, toutes les machines à coudre reposant sur le principe établi par le brevet de l'inventeur, c'est à dire usant d'une aiguille à pointe trouée et de deux fils, furent reconnues comme des contrefaçons. Il avait donc un droit de redevance sur chacune de ces machines, et ce droit est tel que, pour la seule année de 1859, il s'est élevé à la somme de 142,926 dollars, soit 714,630 fr.

Du reste voici, par année, le nombre de machines à coudre sur lesquelles monsieur Elias Howe a prélevé son droit, établi d'abord à raison de 13 dollars par machine et réduit ensuite à trois dollars :

En		
1853,	2,509	machines.
1854,	4,469	
1855,	3,512	
1856,	7,223	
1857,	12,713	
1858,	17,589	
1859,	47,463	

Total, 95,658 machines à coudre vendues aux Etats-Unis dans l'espace de sept années.

C'est un succès véritablement prodigieux par son extrême rapidité.

Mais comment pourrait-il en être autrement quand on considère les avantages extraordinaires de cette couturière mécanique.

Voici, d'après messieurs Wheeler et Wilson, le rapport du temps employé par une de leurs machines et par une bonne ouvrière couturière :

	LA MACHINE.	L'OUVRIÈRE.
Chemise d'homme.	1ʰ 16ᵐ	14ʰ 26ᵐ
Paletot.	2 38	16 35
Gilet de satin.	1 14	7 19
Pantalon de drap.	» 51	5 10
Robe de soie.	1 13	10 22
— de mérinos.	1 01	8 27
— d'indienne.	» 57	6 37
Tablier ordinaire.	» 09	1 26

Nous avons dit en commençant que l'invention des machines à coudre est française, et que les Américains n'avaient fait que les perfectionner. En effet, il est dit dans le *Livre d'or* que, le 17 avril 1830, monsieur B. Thimonnier aîné, tailleur à Amplepuis, département du Rhône, prit un brevet pour une machine à coudre. Cette machine formait un point de chaînette, elle cousait avec un seul fil. L'aiguille était à crochet et fonctionnait verticalement; en s'abaissant elle perforait l'étoffe et allait saisir le fil au-dessous de celle-ci pour le ramener en dessus. Un point arrière se formait en dessous et un point de chaînette en dessus comme dans la broderie au crochet. Monsieur Thimonnier apporta à sa machine diverses améliorations, il y a des brevets de lui aux dates suivantes :

1845, 10 juin, Application du système de point de la broderie au crochet à la mécanique, et par suite à la couture.

1845, 21 juillet, Machine perfectionnée dite métier à coudre au point de chaînette.

1848, 5 août, Thimonnier et Magnin. Machines à coudre, broder et faire les cordons.

Monsieur Thimonier paraît n'avoir tiré aucun profit de son invention; que l'honneur au moins lui reste !

Il est juste de dire, toutefois, que des essais plus ou moins informes sont antérieurs aux siens; il en est qui remontent à 1804.

On a dit que les machines à coudre en se propageant allaient aggraver la position des couturières, qui ne pourraient pas soutenir la concurrence. La position des couturières, en général, ne peut plus s'aggraver, hélas! Depuis longtemps déjà le travail de l'aiguille est reconnu insuffisant à nourrir l'ouvrière, dans les conditions indispensables au maintien de ses forces et de sa santé. Le mieux qu'il puisse arriver pour un grand nombre de couturières, c'est que les machines à coudre les oblige à changer de profession. Voici du reste ce que dit à ce sujet le *Daily-Times*, journal des Etats Unis :

« Contrairement à l'idée généralement conçue à l'introduction de cette machine, les ouvrières à l'aiguille ont vu leur sort amélioré par cette invention; des milliers se sont trouvées payées, et cela par un travail bien moins fatiguant. Tous les jours on voit des ouvrières, qui jadis en travaillant à leur aiguille nuit et jour, ne pouvaient gagner que de 1 à 2 dollars par semaine (5 à 10 francs), gagner maintenant de 3 à 10 dollars (de 15 à 50 francs) par semaine pour manœuvrer une machine pendant deux tiers moins d'heures par jour, et pour un travail bien autrement facile. Beaucoup d'entre elles, possédant leurs machines à elles, gagnent plus de 10 dollars (50 francs) par semaine. »

Comme appendice de la machine à coudre figure la machine à couper les étoffes, qui taille une douzaine d'habits à la fois, et dont l'usage est très répandu dans le nord de l'Amérique.

Les inventions utiles, qui, aux Etats-Unis plus que partout ailleurs peut-être, conduisent à la fortune, surexcitent l'imagination toujours en travail des Américains. C'est à qui inventera ou perfectionnera le plus toutes sortes de choses, et si le mouvement perpétuel se trouve jamais, assurément c'est l'Amérique qui le découvrira.

D'ailleurs les inventeurs, dans le nouveau monde, ont leurs coudées franches; rien ne vient entraver leurs essais. Il n'y a pas là-bas, comme en Europe, une grande ou une petite voirie qui censure et s'oppose aux expérimentations incommodes ou dangereuses : vous auriez, si vous le vouliez, le droit d'inventer le tonnerre dans votre chambre sans que personne pût s'en plaindre. On loue un appartement dans une rue quelconque, on paye le trimestre d'avance, comme c'est assez l'usage en Amérique, et on y invente ce que l'on veut.

Nous pourrions, si nous ne craignions d'être indiscret, citer le nom d'un Français qui a inventé, dans une chambre de garçon, Howard street, au troisième étage, un canon en bronze de la force d'un boulet de huit, tirant trente coups à la minute, et qu'il a très souvent essayé chez lui. L'inventeur de ce canon faisait tout dans sa chambre, où il avait installé un atelier : il forgeait, il limait, il sciait, il fendait le bois, il coupait le fer, il tournait ses pièces de cuivre et recevait ses amis.

Quand, après huit longs mois d'un travail opiniâtre, notre compatriote eut enfin réalisé son rêve, et qu'il se trouva en possession du redoutable canon que lui seul avait imaginé et que lui seul avait fait, heureux et justement fier il se mit à l'essayer, et à tirer, comme il l'avait annoncé, trente coups à la minute. A chaque détonation du terrible instrument de mort, la maison tremblait sur ses fondements; on eût dit qu'elle allait s'écrouler. Mais les inventeurs ont cela de fâcheux et toutà la fois d'heureux, c'est que, absorbés dans leur invention, ils ne voient qu'elle et se soucient fort peu du reste. Notre compatriote ne parut nullement s'apercevoir de la perturbation qu'il apportait partout autour de lui. Plus il tirait et plus il voulait tirer.

Les voisins, surpris et effrayés d'abord, finirent par en prendre leur parti, et s'habituèrent peu à peu à cette manœuvre d'artillerie qui les faisait trembler sur leur chaise et sauter dans leur lit.

Un voisin, demeurant sur le même palier que l'inventeur, voulut, par un sentiment de délicate bienveillance qu'on ne saurait trop louer, avertir les visiteurs étrangers à la maison et leur épargner de pénibles émotions. Il écrivit sur un large écriteau, placé près de la porte de l'inventeur, cet avis en grosses lettres : *Méfiez-vous ! ici on tire le canon.*

Le fils du propriétaire de ce canon, et qui est tout simplement un de nos violonistes les plus accomplis, émerveillé de l'invention de son père, se mit, lui aussi, à fabriquer un petit canon à sa manière, qu'il faisait partir alternativement avec le gros canon. Après chaque détonation formidable de la pièce de huit, il était rare qu'on n'entendît pas le coup sec, mais plus faible, du canon du fils qui répondait au père.

Personne ne se plaignit.

Pourtant, je n'oublierai jamais la piteuse physionomie d'un locataire de mœurs tranquilles, qui me dit un jour dans la rue et en regardant la maison de l'inventeur où il allait entrer:

« Quel tapage on fait dans cette maison ! »

Hâtons-nous de le dire, le canon de notre compatriote, qui a été examiné par les hommes les plus compétents et par les consuls français de New-York et Washington, est unanimement admiré comme une merveille, un chef-d'œuvre de destruction. Il est très positif que, au moyen de cette pièce d'artillerie que nous avons vue fonctionner, on peut tirer en toute sûreté de vingt-cinq à trente coups à la minute, avec deux canonniers seulement, et en tournant une manivelle comme on joue de l'orgue de Barbarie. C'est effrayant ! et si de pareils engins ne mettent pas un terme à la guerre par l'excès même du danger, ils ne contribueront pas peu à la destruction complète de l'espèce humaine.

Un autre Français, monsieur Lambert Alexandre, ingénieur à New-York, paraît avoir résolu un des plus difficiles problèmes de la mécanique moderne à vapeur. Il a supprimé les roues des bateaux à vapeur, qu'il remplace par un système de propulseur direct, continu et sans transmission de mouvement.

Nous avons vu un modèle de ce bateau fonctionnant dans la rivière de l'Hudson avec un plein succès et aux applaudissemens de tout les hommes compétents.

Les roues des bateaux à vapeur ont plusieurs inconvéniens graves. En temps ordinaire, quand la mer n'est pas forte, les roues, pour accomplir leurs évolutions, soulèvent inutilement des masses d'eau et amoindrissent ainsi la force totale de la machine de trente à trente-cinq pour cent ; en sorte qu'une force de cent chevaux, par exemple, se réduit à soixante-dix tout au plus. Dans le gros temps, c'est pis encore, et le roulis du navire fait que les roues tournent alternativement à vide.

Le système nouveau remédie à ces inconvéniens et crée des avantages nouveaux. D'abord, les aubes, qui se trouvent submergées à quatre mètres environ, sur l'arrière du bâtiment, agissent sur une densité bien supérieure à celle de la couche dans laquelle fonctionnent les roues ordinaires. Ensuite le champ de surface des nouvelles aubes est trois fois plus étendu que celui des aubes dont on fait actuellement usage.

Dans ce système nouveau, qui révolutionnerait complètement la navigation, le pouvoir moteur est direct, comme nous l'avons dit ; il est continu, et la résistance éprouvée par ces nouvelles aubes est pour ainsi dire nulle.

Enfin, et ce qui, pour la marine de guerre, est un avantage des plus précieux, la submersion des machines à côté de la quille les met entièrement à l'abri du canon ennemi.

D'après les calculs des hommes les plus compétens, les bateaux nouveaux ne feraient pas moins de 18 à 22 milles à l'heure. Ainsi on traverserait en six ou sept jours l'océan Atlantique. Quels avantages immenses ne résulterait-il pas pour le commerce d'une semblable navigation ! La mécanique triomphante se jouerait du caprice des vents, qui pourraient la modérer dans sa puissance, mais ne l'arrêteraient jamais.

Et puis, pour la guerre, vous figurez-vous ces bateaux, marchant vingt milles à l'heure, ayant leur machine garantie, et étant armés de nouveaux canons qui tireraient trente coups à la minute ?

Au reste, monsieur Lambert Alexandre ne s'est pas contenté de doter les steamers d'un nouveau propulseur ; il a aussi inventé à l'usage de la marine en général un instrument admirable, destiné à remplacer le loch, si insuffisant, et auquel il donne le nom de sillométrographe. Cet appareil nautique, qui un jour prendra place sur tous les navires à côté de la boussole et de l'octant, marque sur un cadran la marche du navire, et écrit cette marche dans ses moindres variations sur un papier réglé à cet usage se déroulant et s'enroulant de lui-même. Rien de plus ingénieux et à la fois de plus exact et de plus solide que cet instrument, qui suffirait seul à la gloire de son inventeur.

Il y a dans toutes les villes importantes de l'Union des hommes établis qui font le commerce de *force*. Ils ont leur maison remplie de vapeur à la disposition des industriels qui ont besoin d'un moteur. On vient s'installer chez eux, et on leur loue un, deux, trois, quatre chevaux de force ou davantage, suivant les besoins. Ce commerce de force est assez curieux.

Un jour, je rencontrai un Américain qui me parut préoccupé désagréablement.

— Qu'avez-vous ? — lui dis-je. — Vous paraissez contrarié.

— Un peu, — me répondit-il ; — je cherche partout un demi-cheval, et je ne peux pas le trouver. Les demi-chevaux ne sont pas communs depuis quelque temps ; les propriétaires de chevaux ne veulent pas les détailler.

— Comment ! — repris-je étonné, et ne comprenant pas ce que l'Américain voulait dire ; — vous cherchez un demi-cheval ?

— Mais oui, — me répondit-il sans s'apercevoir de mon étonnement ; — un cheval tout entier serait trop fort pour moi, et je me contenterai d'un demi-cheval. Est-ce que par hasard vous connaîtriez quelqu'un qui pourrait me céder un demi-cheval ?

— Non, certainement, — lui dis-je de plus en plus intrigué, — mais est-ce que vous mangez du cheval maintenant ? le bœuf me semble préférable, quoi qu'on en ait dit.

— J'aime le bœuf, — poursuivit-il en riant, — et n'ai nulle envie de manger du cheval. Je cherche un demi-cheval de force de vapeur.

Dans tous les quartiers marchands de toutes les villes des États-Unis, les maisons sont construites de manière à recevoir des treuils et autres objets mécaniques pour transporter les ballots de marchandises de la rue à tous les étages des maisons. Il n'y a pas de portefaix en Amérique, il n'y a, pour porter les fardeaux, que des charretiers avec leurs charrettes et leurs chevaux, et des machines à cet effet.

Un daguerréotypeur a eu l'idée d'établir une machine à l'usage de ses cliens, pour leur épargner la peine de monter jusqu'à son atelier, situé au cinquième étage. On s'assoit dans un fauteuil au rez-de-chaussée, et le fauteuil, en traversant toute la hauteur de la maison, vous conduit doucement jusque dans l'atelier de l'artiste. Là, vous êtes daguerréotypé en quelques minutes, et vous redescendez par le même chemin aérien.

Il y a en Amérique des machines pour tous les objets, et de petits *rail-roads* à tous les usages.

L'été, dans les *ice cream saloons* et dans les restaurans,

de grands éventails mus par une machine invisible agitent l'air en tous sens, et donnent une fraîcheur factice.

Dans les hôtels, des blanchisseries à la mécanique, desservies par des négresses, blanchissent et repassent en deux heures le linge des voyageurs. Une machine nouvellement inventée par un Canadien met à profit les corps gras des cuisines, qui auparavant se trouvaient perdus, et en tire un gaz excellent pour l'éclairage. Enfin tel est le goût des Américains pour les chemins de fer, que c'est sur un petit rail que, dans les églises, on fait rouler la chaire quand il plaît au prédicateur de prêcher. La chaire, cachée dans un coin de l'église, est ainsi amenée jusque devant le maître-autel, où l'attend le prêtre qui va prononcer le sermon. Le bruit que fait la chaire en roulant ressemble au grondement du tonnerre.

C'est dans l'État de l'Indiana, à Longansport, que le ver solitaire a trouvé son maître dans la personne du docteur Alphens Myers. Ce célèbre médecin, qui est aussi un mécanicien des plus ingénieux, est l'inventeur breveté d'un *piège pour le ténia* dont nous trouvons la description dans le *Scientific American*.

Le piège est fabriqué avec une feuille mince d'or ou d'argent, selon les moyens du propriétaire du ver et le luxe qu'il veut mettre à se guérir.

Ce piège contient un ressort en spirale sur lequel s'appuie une espèce de fourchette à dents pointues. Ces dents sont maintenues par une épingle ou cheville, qui repose sur une des pointes et la force à se soutenir sur le ressort. On ferme l'instrument, après y avoir mis pour amorce un morceau de fromage, dont le ver solitaire paraît très friand.

Le malade doit préalablement jeûner plusieurs jours, du jeûne le plus rigoureux.

Quand le patient n'a plus rien dans l'estomac qui puisse servir de nourriture au parasite, et que le docteur suppose ce dernier suffisamment affamé, c'est le moment de tendre la ligne. On glisse adroitement le fil qui retient le piège à l'entrée de la gorge du malade, dont la bouche est tenue constamment ouverte au moyen d'un bouchon qu'on place entre ses dents. L'opérateur attentif, et toujours la ligne en main, doit saisir le moment où le bothryocéphale, impatient de déjeuner, quitte enfin son obscure retraite pour venir dans le gosier jusqu'au fromage tentateur.

Il est des vers solitaires rétifs ou indécis, nous dit le docteur Alphens Myers, qui, avant de mordre à l'appât, ...ent le malade la bouche ouverte pendant six heures, quelquefois dix heures, et même davantage, sans prendre une résolution satisfaisante. « Mais, ajoute le docteur Myers, il ne faut jamais se décourager. »

Et en effet, l'habile docteur finit toujours par contempler avec orgueil sa victime au bout de cette ligne d'un nouveau genre.

Nous avons parlé sommairement, dans un des chapitres précédens, d'une machine pour tuer les cochons. Cette étrange application de la mécanique moderne à vapeur mérite une mention détaillée. Les propriétaires de cette redoutable usine, où des milliers de cochons trouvent tous les jours une mort aussi prompte qu'extraordinaire, sont messieurs Borello et Hinginton, de Cincinnati.

L'usine se compose de quatre grands corps de bâtimens rattachés tous par des ponts suspendus. Plus loin, comme des plaines vivantes que va bientôt faucher la dévorante machine, sont parqués d'innombrables troupeaux de porcs appartenant à différens propriétaires, qui les amènent à cette usine comme on apporte du blé au moulin pour le moudre.

À un signal du mécanicien en chef, on lève une balustrade qui communique à l'entrée du premier compartiment de la machine appelé l'égorgeoir, et l'opération de destruction commence. Les cochons, très serrés l'un contre l'autre, voyant une issue, se précipitent dans ce corps de bâtiment jusqu'à un couloir étroit où ils ne peuvent passer qu'un à un. Arrêtés là un instant, ils ont le cou traversé par d'énormes couteaux, mus par la vapeur comme

tout le reste de la machine. Le cochon, égorgé en moins d'une seconde, se trouve pris par les pattes de derrière et traîné violemment par des crampons qui le hissent jusqu'à une certaine hauteur. Là, il reste suspendu un instant et passe plus loin sur un balancier mobile sans cesse en mouvement, qui plonge l'animal dans un puits de vapeur et finit par l'étouffer en l'échaudant.

Le cochon, un moment plongé dans le gouffre, reparaît bientôt pour être saisi par de nouveaux crampons qui le traînent dans la brosserie. Cette brosserie cylindrique, munie de fortes brosses qui agissent en sens contraire, saisit le cochon et lui fait faire, en le brossant, de 10 à 15 révolutions dans une demi-minute. Ce laps de temps suffit pour épiler l'animal et lui rendre la peau blanche comme celle d'un jeune poulet. Après cette opération, il est encore saisi par des crampons qui le transportent, par un mouvement brutal et symétrique, dans un carré spécial, où il est fendu par le ventre depuis la queue jusqu'à l'extrémité du museau. Des ouvriers choisissent alors les bonnes parties, qu'ils conservent, et jettent le reste dans une grande rigole qui, par les cours, traverse les bâtimens et va se perdre dans l'Ohio. Dans l'avant-dernière étape, où le cochon est transporté par un arbre de couche, un effroyable compartiment de la machine le taille en tout sens et symétriquement. Plus loin enfin, on sale les membres épars, on accroche aux fumoirs, pendant que les autres parties de l'animal sont mises dans la saumure et enfermées dans des barils.

Tout cela se fait avec une si étonnante promptitude qu'on a de la peine à suivre les cochons dans ce rude et multiple travail de tant d'opérations diverses. Les cochons succèdent aux cochons, comme les chevaux de bois succèdent aux chevaux de bois dans le jeu circulaire qui porte ce nom. Joignez à cela les cris rauques et sinistres des cochons égorgés, suspendus en guirlandes sonores partout autour de vous. Cette lugubre et horrible musique n'a pas de fin, car au fur et à mesure que les cris d'un cochon disparaissent étouffés dans le puits de vapeur, la mécanique sans cesse en mouvement égorge un autre cochon qui apporte son contingent de sourdes lamentations.

Ce curieux établissement est souvent visité par les étrangers qui passent à Cincinnati. Ils y sont parfaitement reçus par les propriétaires actuels, qui sont de véritables *gentlemen*. Un touriste français cite ce fait que, étant allé voir cette usine un jour de grande fête où le travail se trouvait suspendu, un des associés de la maison fit galamment tuer pour lui seul une trentaine de cochons.

On ne saurait être plus aimable.

L'électricité, employée comme principe moteur, préoccupe vivement, en Amérique aussi bien qu'en Europe, le monde des savans et des inventeurs. Chacun sent que la grande révolution du progrès industriel est dans l'électricité, dont la puissance, mal développée et pour ainsi dire encore inconnue, doit un jour remplacer la vapeur avec des avantages que nul ne saurait calculer.

Au nombre des essais, en Amérique, qui tendent à réaliser ce progrès, nous avons vu fonctionner à New-York la machine électro-magnétique de l'invention de M. Larmengeat. Cette machine, exécutée en petit il est vrai, consistait en un appareil simple et assurément fort ingénieux faisant mouvoir une presse à imprimer avec une grande facilité et une promptitude étonnante. Le public s'est porté en foule aux expériences de l'habile inventeur, qui a peut-être réalisé (l'avenir nous l'apprendra) le grand problème de la force électrique appliquée aux machines.

Parmi les inventions les plus excentriques de l'Amérique, il en est une sortie du pays des Yankees purs, et qui en est bien digne. *Time is money.* C'est un lit réveille-matin qui ne manque jamais son but. Le mécanisme de ce lit est fort ingénieux et éminemment pratique. Il se monte de façon à produire à l'heure indiquée la plus éclatante et la plus désagréable de toutes les symphonies romantiques, fantastiques et charivariques. Si le dormeur n'est pas subitement réveillé par ce morceau d'harmonie, la mécanique bienveillante lui donne un second avertissement musical encore plus éclatant et plus désagréable que le premier. Mais si, malgré cette dernière symphonie, notre homme persiste à rester au lit par besoin de repos ou par paresse, la mécanique use de son troisième moyen, qui, celui-là, est infaillible; cette fois, et sans aucun accompagnement d'orchestre, un ressort opère tout le fond du lit, qui bascule inopinément et fait rouler par terre l'opiniâtre dormeur.

En France, on se sert de pendules réveille-matin quand on ne veut pas se laisser entraîner au charme du *far niente*, et faire, comme on dit, la grasse matinée; mais on finit au bout de quelques jours par s'habituer à la pendule, et on dort parfaitement au bruit qu'elle fait pour vous réveiller. Mais allez donc résister au lit réveille-matin des Américains, qui vous jette par terre au milieu des matelas et des couvertures en désordre! On se réveillerait d'une tragédie même.

Un journal américain, l'*Uncle Sam*, a raconté, à propos du lit réveille-matin, une historiette assez piquante et dont il garantit l'authenticité.

M. W.-D. S. avait récemment épousé la fille d'un riche négociant, une aimable et charmante personne à peine âgée de dix-sept ans. La noce eut lieu dans la maison du père de la fiancée, où il se trouvait un lit réveille-matin.

Rien ne manquait à la fête: l'assemblée était nombreuse, élégante, et tout se passa pour le mieux au milieu des joies d'un pareil jour.

Minuit ayant sonné, les invités se retirèrent peu à peu, et les lumières diminuèrent dans la maison. Il ne resta plus bientôt que les grands parens, qui sortirent les derniers, laissant à leur félicité l'heureux couple qu'ils bénirent une dernière fois.

Vers la première heure du jour, et quand, après les douces et vives émotions de la journée précédente, l'époux et sa tendre compagne goûtaient enfin les tranquilles bienfaits d'un sommeil tout rempli de rêves délicieux, ils furent soudainement réveillés par un affreux craquement qui sortait de leur lit. Au même instant ils se sentirent soulevés par une force invincible, et lancés au milieu de la chambre.

Se croyant victimes d'un tremblement de terre, et ne doutant plus du triste sort qui leur était réservé, ils attendirent la mort avec courage, tendrement pressés dans les bras l'un de l'autre. L'époux trouva pour consoler sa jeune femme les expressions d'une résignation passionnée.

Cependant la mort n'arriva pas, et ils ne tardèrent pas à reconnaître qu'il n'y avait eu tremblement que dans leur lit.

Le lit réveille-matin, fort beau du reste, avait été assigné comme couche nuptiale par le père de la mariée, sans qu'il pût se douter du tour imaginé par le petit Tom, le plus jeune enfant de la famille. Ce terrible gamin avait trouvé charmant de monter la mécanique du lit, après avoir mis l'aiguille du réveil à cinq heures du matin. Il avait pensé, l'espiègle, que les mariés seraient à cette heure trop bien endormis pour se réveiller tout à fait au seul signal de la musique, et qu'ils seraient précipités au bas de leur lit par la machine impitoyable.

Mais voici une machine d'un genre entièrement nouveau, digne de Mesmer et de Cagliostro. Cette machine lugubre et pleine de mystère est, j'ose à peine le dire, une machine à faire parler l'âme des défunts.

Jusqu'à ce jour, les esprits frappeurs, en Amérique, se donnaient de faux airs de coquette, et ne répondaient pas, ou répondaient si lentement qu'il fallait, pour ainsi dire, leur arracher les paroles une à une. C'était vraiment désespérant, surtout pour les Américains, qui n'aiment pas à perdre le temps. Grâce enfin à la mécanique du docteur Hare, de Philadelphie, les esprits sont devenus plus traitables; si on ne les force pas positivement à parler, on

comprend du moins mieux et plus vite ce qu'ils disent, et la conversation ne languit pas. Cette machine ingénieuse s'appelle SPIRITOSCOPE. Elle se compose de six parties parfaitement distinctes, mais ne pouvant cependant pas fonctionner isolément. Au lieu de compter le nombre de coups correspondants aux lettres alphabétiques, ce qui devenait beaucoup trop long pour peu que l'esprit fût loquace, on n'a plus qu'à jeter les yeux sur un cadran réunissant toutes les lettres, lesquelles viennent d'elles-mêmes former les mots suivant la volonté du muet interlocuteur. Pour monsieur Hare, qui, soit dit en passant, est un chimiste des plus distingués et un homme d'une réputation inattaquable, rien n'est plus aisé au moyen du spiritoscope, que de se mettre en rapport avec les âmes de l'autre monde. C'est ainsi que ce docteur a eu de longues conférences avec César, qui lui a dit des choses étonnantes; avec la belle Cléopâtre, qui a été pour lui d'une amabilité charmante; avec Washington, qui a fortement approuvé l'invention du spiritoscope.

Mais on ne peut pas toujours causer avec les esprits, et, pour mettre son *esprit* à la diète, comme disait Buffon quand il lisait certains livres, monsieur Hare fait volontiers danser des tables. La table apparaît à l'inventeur du spiritoscope l'objet le plus intéressant et le plus charmant, après le spiritoscope, bien entendu :

« Qu'y a-t-il au monde, s'écrie-t-il avec enthousiasme, » qui soit préférable à la table? Avons-nous rien de plus » cher? Elle est inséparable de notre existence. C'est sur la » table que se traitent toutes les affaires : les achats, les » ventes, les contrats, les lettres, tout se signe sur la table. » La table, messieurs, occupe la première place dans le » fameux tableau de Trumbull représentant la signature » de la déclaration de l'indépendance. La table nous voit » trois fois par jour réunis autour d'elle, et, quand l'ap- » pétit nous manque, nous ne nous en écartons cependant » pas, nous allons dans son voisinage jouir des douceurs » de la conversation. C'est à tort que le coin du feu est » regardé comme le symbole de la vie intime; car il arrive » souvent qu'on le laisse de côté. Dans les pays tropi- » caux, notamment, on s'en passe toujours. De la table, » jamais! »

Malheureusement pour monsieur Hare, il n'en est pas du spiritoscope comme des tables, dont on ne peut se passer, et la spéculation du docteur me paraît très hasardée, malgré la recommandation de Washington.

Mais si les esprits frappeurs sont un peu démonétisés en Amérique aujourd'hui, ils peuvent au moins se glorifier d'avoir eu un moment de vogue sans égale. Le sénat de Washington a été saisi de la question des esprits frappeurs en répondant à une pétition qui lui était adressée par quinze mille signataires.

Aussi bien, et puisque le *spiritoscope* nous a amené sur le terrain des farfadets tapageurs de l'Amérique, faisons quelques extraits de cette curieuse pétition. Ce sera un moyen de nous acquitter envers ces esprits frappeurs, tout en donnant une idée des plus exactes de la sensation produite aux États-Unis par cette apparition merveilleuse, adorable *blague* que n'a pas inventée monsieur Barnum, mais qui a dû l'empêcher de dormir bien mieux encore qu'aucun lit réveille-matin.

Monsieur Shields prend la parole; nous citons textuellement :

« J'ai l'honneur, dit-il, de présenter au sénat une péti- tion portant quinze mille signatures, sur un sujet aussi singulier que nouveau.

» Les signataires représentent que certains phénomènes physiques et moraux, d'une nature toute mystérieuse, attirent l'attention publique en ce pays et en Europe. L'analyse partielle de ces phénomènes dévoile l'existence d'une force occulte qui se manifeste par le soulèvement, le glissement, la suspension, enfin par le mouvement qu'elle communique aux corps pondérables, contrairement aux lois naturelles.

» En second lieu, cette force se manifeste par des lueurs

qui apparaissent tout à coup dans des lieux où aucune action chimique ni aucune phosphorence ne sauraient se développer, et par des sons mystérieux semblables, tantôt à des coups frappés par un esprit invisible, tantôt au murmure des vents et au grondement du tonnerre. Quelquefois on entend le son de voix humaines ou de quelques instrumens de musique étrange. Enfin cette force se manifeste aussi par des cures merveilleuses.

« Les pétitionnaires sont divisés d'opinions quant à l'origine de ces phénomènes. Les uns les rapportent à la puissance intelligente des esprits délivrés de l'enveloppe matérielle; les autres prétendent qu'on les peut expliquer d'une manière rationnelle et satisfaisante. Mais tous s'entendent sur la réalité des phénomènes et demandent qu'une commission soit nommée pour procéder à une investigation patiente et scientifique. »

Après cette lecture, monsieur Weller demande ce qu'il convient de faire de cette pétition.

M. PÊTLER. Il faut la renvoyer aux trois mille ministres. (Rires.)

M. WELLER. Je propose le renvoi de la pétition au comité des affaires étrangères. Nous pouvons avoir occasion d'entrer en relations étrangères avec les esprits. Il importe donc que le comité dont je fais partie décide si les citoyens américains perdent leurs droits en quittant ce monde. (Nouveaux rires.)

M. SHIELDS. J'y consens certainement, pourvu que le président du comité se sente la force de traiter un sujet aussi sérieux. Mon premier mouvement eût été pour le renvoi au comité des routes postales, parce qu'il peut y avoir moyen d'établir un télégraphe entre ce monde et le monde spirituel. (Hilarité générale.)

Terminons ce chapitre en mentionnant un fait qui intéresse singulièrement l'histoire des machines à vapeur appliquées à la marine. Nous trouvons ce fait relaté dans un petit livre très curieux et devenu fort rare aujourd'hui. Ce sont les récits d'un voyage en Amérique écrit par Brissot le conventionnel, et imprimé à New-York, en 1792, par Berry et Rogers, 35, Hanover square. Nous y voyons que, dès l'année 1788, on faisait sur le Delaware, près de Philadelphie, des essais dispendieux de bateau à vapeur. L'inventeur, monsieur Fitch, avait trouvé des associés pour partager avec lui les dépenses, et il se voyait déjà disputer sa découverte par monsieur Rumsey, qui construisait un navire destiné à traverser l'Océan en quinze jours. Sur le bateau de monsieur Fitch, la machine à vapeur mettait en mouvement trois larges avirons d'une force considérable, qui devaient donner soixante révolutions par minute. Mais les Américains n'accordaient aucune foi à une invention qui devait plus tard opérer une si prodigieuse révolution dans l'industrie et le commerce, et leur indifférence découragea bientôt les hardis et ingénieux inventeurs. Fulton, né dans la Pensylvanie, avait alors vingt ans ; les essais de Fitch ont dû lui être connus. C'est seulement en 1802 que Fulton fit des expériences en grand à Paris, et en 1807 qu'il lança son premier steamboat sur la rivière de l'Hudson. Mais, cent ans auparavant, un médecin français, Denis Papin, n'avait-il pas fait marcher par la vapeur un bateau à roues sur la rivière Fulda à Cassel ?

Quoi qu'il en soit, on le sait, ce ne sont jamais ou presque jamais les premiers inventeurs qui récoltent le fruit de leurs découvertes. Christophe Colomb découvre l'Amérique, et on donne au nouveau continent le nom d'Amérique, qu'on aurait dû appeler Colombie. A différentes époques, Papin, Fitch, Rumsey, inventent successivement les bateaux à vapeur, et c'est Fulton qui en porte la gloire, pour en laisser toutefois à d'autres les immenses bénéfices.

Ainsi vont les choses dans ce monde d'exaspérante sottise, où rien n'est à sa place, où la fortune marche les yeux bandés, distribuant ses faveurs à tort et à travers, bien ou mal, au milieu d'une cacophonie morale à rendre insensé de désespérance si elle ne faisait rire de pitié.

IX

LA NAVIGATION EN AMÉRIQUE.

Le nombre des navires américains qui sillonnent toutes les mers est vraiment prodigieux. Si les Américains n'avaient pas recours aux marins de toutes les nations pour le service de leur commerce maritime, il y aurait en vérité plus d'Américains vivant sur mer que sur terre. Partout, au sud comme au nord, à l'est comme à l'ouest, en pleine mer comme sur les côtes, on voit les navires américains dans une proportion considérable (1). L'Amérique ne périrait pas s'il survenait un tremblement de terre qui bouleversât son territoire ; la population flottante des mers suffirait, avec les richesses provenant des navires, pour reconstruire de nouveaux et florissants États.

Dans tous les ports si nombreux des États-Unis, ce ne sont que navires serrés étroitement les uns contre les autres, formant comme d'immenses forêts de mâts. Les chantiers de construction s'augmentent tous les jours, et l'activité qui y règne partout tient du merveilleux. Je ne sais pas si la marine marchande américaine est la meilleure au point de vue de la science ; des marins et de la composition des équipages ; je ne le crois pas, et, si l'on en juge par les nombreux sinistres des navires américains, cette marine est au contraire la plus mauvaise (2). Je ne sais pas non plus si leurs bâtimens, généralement bons marcheurs, sont les plus solides ; je ne le crois pas davantage, eu égard à la nature du bois qu'ils emploient. Et quant à leur marine de guerre, peu considérable du reste, elle est, de l'avis même des Américains, pourtant si orgueilleux, inférieure sous plusieurs rapports, et surtout comme discipline, à notre marine française et à la marine anglaise.

Dernièrement, le ministère de la marine avait proposé un plan relatif à l'établissement d'un corps permanent de marins, et donné des instructions ayant trait à l'organisation d'une académie navale. Monsieur Fillmore était encore à cette époque président de la république. Il répondit à ces propositions par ces paroles, qui peignent parfaitement l'état de la marine de guerre américaine :

« Le premier de ces projets doit, dans mon opinion, » contribuer grandement à l'amélioration du service, et je » le considère comme ayant d'autant plus de droit à la » faveur publique qu'il devra exercer une influence salu- » taire sur la discipline maritime, fort ébranlée en ce mo- » ment par l'esprit d'insubordination, qui augmente chaque » jour et qui résulte de notre système actuel. »

Monsieur Fillmore approuvait aussi l'organisation de l'académie navale; mais il trouvait dangereuse l'abolition des peines corporelles dans la marine. « Je crois, disait- » il, que tout changement ayant pour objet d'abolir à ja- » mais ce genre de punitions devra être précédé d'un sys- » tème d'enrôlement qui fournisse à la marine d'excellens » matelots, dont la bonne conduite et la dignité de carac- » tère ôtent toute occasion de recourir à des châtimens » d'une nature dure et dégradante. »

(1) On estime à 2,000,000 à peu près le nombre des marins de toutes nations. La jauge des navires de commerce du monde entier est évaluée à 15,000,000 de tonnes. De ces 15,000,000, 5,000,000 sont à la Grande-Bretagne, 5,200,000 aux États-Unis. Les autres nations se partagent le reste.

(2) Nous voyons que, dans le seul mois d'avril dernier, il s'est perdu 53 navires appartenant aux États-Unis. Du 1er janvier 1837 au 30 avril de la même année, le dommage éprouvé par suite de naufrages ou d'avaries ne s'élève pas à moins de 35 millions de francs payés par les assurances. Il est vrai de dire que cette année de 1837 est une année néfaste dans les annales de la marine de tous les peuples.

Ce qu'il y a de fort étrange, c'est qu'en 1850, quand passa la loi de l'abolition des peines corporelles à bord des navires de guerre, il y eut une véritable insurrection de la part des matelots. Ils menaçaient de déserter en masse si on ne rétablissait pas la loi primitive, et si on persistait à les priver des coups de pieds, des coups de poing et des coups de cordes auxquels les matelots américains avaient toujours eu droit.

Quelques passes de garcettes vigoureusement appliquées, et une distribution convenable de coups de pied et de coups de poing rétablirent l'ordre compromis, et prouvèrent aux marins satisfaits qu'il n'avaient pas trop préjugé de la bonté de leurs chefs et de leur complaisance, en réclamant comme ils l'avaient fait le rétablissement des châtimens corporels.

Il est vrai que cette réclamation était faite par les bons matelots, qui avaient tout à craindre de la séquestration et rien de la corde, ou fort peu. En effet, l'arrestation d'un matelot coupable imposait un double travail à ceux des matelots qui étaient restés fidèles à leur devoir, et les plus punis en ce cas étaient précisément ceux qui n'avaient pas commis la faute. La chance de se voir exposés à un service trop pénible et hors de tour aurait fini par éloigner de la marine de guerre les meilleurs matelots. Ainsi donc, dans le pays de la liberté par excellence et sous le régime d'une constitution éminemment démocratique, il faut, comme en Russie, l'intervention du knout pour rappeler certains hommes à leur devoir ! Pauvre humanité !

Quoi qu'il en soit, il est impossible, pour peu qu'on ait l'amour de la navigation, de ne pas être vivement frappé de la beauté des clippers américains, véritables poissons volans ; de la grandeur imposante de leurs steamers, et de la magnificence de leurs steamboats de rivière. Ce n'est pas dans les villes des Etats-Unis qu'il faut chercher les monumens de l'Amérique : les monumens sont les navires à vapeur, qu'il faut aller voir sur l'Hudson, l'Ohio et le Mississipi, promenant leur triomphante majesté.

Tout en Amérique commande le progrès et l'impulsion de la navigation : le génie commercial de ce peuple, l'immense étendue des rivières et des lacs, la nature même des produits d'exportation. Le coton, que les Américains cultivent en si grande quantité dans le sud de leurs Etats, n'a pas peu contribué à donner à leurs navires les larges proportions qu'on admire. Le coton, plus volumineux que lourd, exige des cales profondes et une structure particulière de bâtimens. En agrandissant ainsi dans une proportion considérable la dimension des navires de commerce, les Américains ont accompli un progrès réel et résolu un problème.

On croyait naguère encore que les navires d'un tonnage moyen tenaient mieux la mer dans les gros temps et avaient une meilleure marche. Cette erreur a été victorieusement démontrée que les navires de deux et trois mille tonneaux, qui au contraire luttent mieux contre la tempête et sont généralement plus fins voiliers. L'arche de Noé, dont quelques historiens n'ont pas craint de donner les dimensions colossales, ne serait aujourd'hui qu'un méchant bateau couvert, que les grands clippers américains chargeraient sur leur avant en guise de chaloupe. Noé eût dû être fort humilié dans son amour-propre de constructeur de navire à la vue du *Great-Republic*. Mais les belles qualités de ce beau vaisseau n'ont pas empêché qu'il eût jusqu'à présent l'existence la plus accidentée dont il soit fait mention dans les fastes de la marine.

J'ai eu le plaisir de visiter en détail ce chef-d'œuvre naval, quelques jours seulement avant que le feu l'eût au trois quarts consumé dans la baie de New-York, où il se trouvait en chargement. Ce sinistre si imprévu a été l'objet d'un deuil national de la part des Américains, si justement fiers de leurs clippers. C'était un spectacle vraiment douloureux de voir ce noble et beau navire, destiné à commander les mers, ainsi brûlé sur ses ancres, sans qu'on pût lui porter secours, et la veille du jour où il devait prendre la mer pour la première fois. La population entière de New-York est allée contempler ce sinistre et navrant spectacle. On eût dit que le navire, rongé par la flamme, souffrait de cette mort prématurée, et on souffrait avec lui. L'intérêt qui s'attachait à ce clipper, le plus vaste navire à voiles du monde, s'augmentait encore de toutes les difficultés que son constructeur avait eues à surmonter.

C'est un simple ouvrier d'Est-Boston, nommé Donald Mac-Kay, qui, sans l'appui d'aucun banquier ni d'aucune maison de commerce, était parvenu, à force d'énergie, à mener à fin cette gigantesque entreprise, le rêve d'une vie laborieuse. Le *Great-Republic* avait 325 pieds de long, 58 de large, et autant de profondeur. Il n'avait pas moins de quatre ponts au complet, et pouvait recevoir de six à huit mille tonneaux de fret. On évaluait à 2,380 tonnes le chêne blanc qui entrait dans sa charpente et dans ses courbes, et à 1,500,000 pieds le sapin dur dont on s'était servi dans les contre-quilles, les planchers, le tillac, les faux-ponts, le bordage, etc. On portait à 300 tonneaux le fer employé sous diverses formes, le cuivre à 56 tonneaux et les courbes à 1,600. Ce navire, qui était partout doublé de cuivre, avait vingt-cinq pieds d'élévation, et on estimait qu'il n'avait pas fallu moins de 50,000 journées de travail pour le construire.

Quoique d'une si vaste capacité, ce navire réunissait toutes les qualités de beauté, de force et de vitesse. Et, à ce propos, il est bon de dire qu'en un seul jour il étalait 16,000 yards de voiles. De ses quatre mâts, car ce clipper avait quatre mâts, le second, à l'avant, était gréé comme l'artimon d'une barque ; les trois autres avaient le gréement carré de torbes. Le grand mât avait 4 pieds de diamètre et 131 pieds de haut ; la grande vergue avait de son côté 28 pouces de diamètre et 120 pieds d'envergure. Le reste de la mâture était en proportion. Les cabines se trouvaient entre les deux ponts supérieurs. Enfin, dans ses vastes flancs, le clipper contenait une machine à vapeur de la force de 15 chevaux, destinée à faire tout le gros ouvrage, tel que charger les voiles, les décharger et les hisser. M. Mac-Kay, qui comptait faire naviguer ce Léviathan des mers à ses propres risques et périls, en avait confié le commandement à son frère, L. Mac-Kay, déjà connu comme capitaine du *Sovereign-of-the-seas*.

En quelques heures, le feu communiqué au navire par une flammèche détachée d'une maison incendiée sur le port a détruit cette merveille, dont il reste pourtant encore quelque chose. Le feu avait tout dévoré jusqu'à la flottaison, mais n'avait pas atteint plus bas. Sur cette partie intacte du clipper, on a reconstruit un nouveau navire qui, sans être l'égal du premier, est néanmoins encore le plus beau de tous les clippers à flot, et l'un des meilleurs marcheurs que l'on connaisse.

Une autre fois encore le feu a failli dévorer ce bâtiment que la guerre d'Orient a vu recevoir dans son vaste entrepont et transporter en Crimée jusqu'à trois mille cinq cents de nos soldats, c'est-à-dire toute une brigade. Enfin c'est par miracle que ce malheureux navire vient d'échapper à une traversée épouvantable et dont M. Fulgence Girard rapporte les péripéties en ces termes :

« Le 12 août dernier, *le Great-Republic* quittait les îles Chinchas, devenues, depuis la découverte de leurs bancs de guano, un des points les plus fréquentés de la mer du Sud. La cale pleine de ce puissant engrais, il s'était porté vers le cap Horn, en destination de Londres, où il devait déposer son fret.

» Les premiers jours de sa navigation furent ce qu'ils sont habituellement sur cette belle mer, à qui la sérénité de son ciel et les molles ondulations de ses eaux ont mérité le nom d'océan Pacifique ; mais à mesure que le navire plongea dans le sud, l'air fraîchit, et les teintes azurées des flots s'effacèrent plus sensiblement dans les tons verdâtres du bronze sombre ; on reconnut bientôt à la couleur des eaux le voisinage de ces mers australes dont les tempêtes couraient déjà par rafales dans les airs.

» Ces rafales devinrent plus fortes, plus fréquentes dans la journée du 29; le soir, le temps était à la tourmente; le *Great-Republic* se trouvait alors à la hauteur de la Terre de Feu.

» Ce fut par ce temps affreux qu'il doubla le cap Horn; le 3 septembre, la tempête redoubla de fureur; le clipper, continuellement battu par des coups de mer, semblait tressaillir sous leur choc impétueux, et révéler par de vagues gémissemens ses fatigues et sa souffrance. Assailli par un de ces tourbillons qui sont les convulsions de l'atmosphère, le navire, brusquement arrêté dans sa course, eut ses voiles complétement masquées; elles résistèrent un instant, mais les mâts ayant cédé aux efforts de l'ouragan, les voiles furent déchirées et emportées en lambeaux pendant que la mâture s'écroulait avec un fracas horrible. Le *Great-Republic* ne parvint qu'avec beaucoup de peine à se dégager de ses épaves, dont les lames furieuses battaient ses flancs de manière à faire craindre qu'elles ne défonçassent ses bordages.

» En ce moment, une voie d'eau se déclara dans la carène. Une partie de l'équipage se mit aux pompes; on craignit un instant de ne pouvoir les franchir. La nuit enveloppait le navire de son ombre funèbre, et opposait de nouvelles difficultés à l'application des secours.

» La position était devenue assez critique pour que le capitaine songeât aux moyens de sauvetage. Les embarcations furent munies de vivres et disposées pour être mises à la mer; chacun, vêtu d'habillemens chauds, se tint prêt à quitter le navire au premier signal. Le clipper avait, soixante-douze personnes à son bord, la femme du capitaine, sa mère et ses deux enfans compris.

» Ce moment fut témoin de scènes profondément émouvantes. Le plus jeune de ces enfans, petit garçon de trois ans, voyait se produire tous ces préparatifs avec la plus naïve gaieté;

» — Petite mère, disait-il, allons-nous donc faire une de ces belles promenades sur l'eau, comme dans la baie des Chinchas?

» Le jour parut au milieu de ces anxiétés funèbres. A partir de l'aube, la tourmente mollit d'une manière sensible; le capitaine fit installer une voile de rechange sur le tronçon du grand mât, le seul qui restât debout, et gouverna vers les îles Malouines.

» Le tillac offrait en ce moment l'aspect le plus désolé. Ces mâts, dont il ne restait que des éclats presque au niveau du pont, ces lisses ravagées, tous ces tronçons de bois, ces lambeaux de toiles, ces touts de cordes, ces débris de toute espèce, mêlés à une fange fétide de guano, dont le jeu des pompes avait inondé le pont, formaient le spectacle le plus hideux et le plus sinistre. Cependant l'espoir était revenu dans tous les cœurs; le temps s'était adouci et l'on gouvernait sur des terres prochaines.

» Des cris d'alarme eurent bientôt détruit ce retour de sécurité. Une nouvelle voie d'eau vint subitement se manifester, et cette nouvelle voie d'eau se déclara avec plus de violence encore que la première; on se porta aux pompes avec une ardeur nouvelle; mais, quelque zèle et quelque vigueur que l'on déployât dans ce service, l'eau ne baissait pas. Il fallut donc, quelle que fût la fatigue, pomper toujours, pomper sans cesse. Les jours et les nuits s'écoulèrent ainsi sans que les hommes, épuisés de fatigue et tombant de sommeil, pussent prendre un instant de repos. Ce labeur obstiné ne semblait pouvoir se prolonger, quand le 6 au matin, un dimanche, un cri de joie vint faire tressaillir tous ces malheureux:

« Terre! terre! »

» On était en effet en vue de la côte de Falkland; on en fut bientôt assez proche pour pouvoir signaler la demande d'un pilote. La mer était redevenue trop violente pour qu'aucune barque osât quitter la terre. Il fallut donc attendre encore.

» Quelle que fût la nécessité d'un travail incessant avec un équipage brisé, anéanti, la position était devenue bien moins alarmante. En cas d'un péril imminent, le capi-

taine avait du moins la consolation de penser que, s'il devait perdre son navire, il lui restait, en le sacrifiant, les plus grandes chances de sauver ses hommes. Il pouvait en effet non-seulement le jeter à la côte, mais choisir le point du littoral où l'échouage offrirait le moins de danger. Il ne fut pas réduit à cette extrémité cruelle. Son équipage triompha de ces dernières épreuves comme il avait fait des premières. Le *Great-Republic* put venir, le 12, jeter l'ancre dans le havre de Stanley. »

Un navire a quelque chose de plus qu'une construction inerte, telle qu'une maison, par exemple. On peut se plaire dans sa maison, on peut la regretter si elle vient à être détruite, mais il n'est pas de propriétaire, si propriétaire qu'il soit, qui éprouve pour sa bâtisse l'amour d'un capitaine pour son bord. Quelle différence! Le navire semble vivre, car il marche et obéit aussi bien que pourrait le faire le coursier le plus docile; il semble souffrir quand la tempête fait gémir ses attaches, que sa mâture ploie sous la force du vent, que ses agrès tremblent en livrant passage à l'ouragan qui siffle menaçant et terrible. Oh! que la lutte est belle alors entre le bâtiment et les élémens déchaînés! La mer, soulevée en montagnes de la hauteur d'une maison, se précipite avec une force invincible sur le vaillant navire, qu'elle briserait en mille pièces s'il ne suivait avec intelligence le mouvement des lames, par-dessus lesquelles il monte majestueusement pour redescendre l'instant d'après dans les sombres et profondes vallées creusées par les eaux écumantes.

Le spectacle est horrible, épouvantable, mais il est plein de grandeur et fascine. L'homme se trouve superbe, si imperceptible qu'il soit sur l'immense océan dont il dédaigne les colères, grâce à la hardiesse de son génie aventureux, grâce à la science qui seule le guide dans le chemin des mers, et grâce surtout au navire qui le porte en luttant bravement avec lui.

Comment ne pas aimer le fidèle compagnon qui partage avec vous de semblables périls?

Aussi croyez-le bien : un bâtiment, s'il est beau, s'il se comporte bien à la mer, ne se perd jamais sans entraîner avec lui dans le fond de l'abîme les sympathies et les regrets des capitaines qui l'ont commandé, des voyageurs qui ont traversé avec lui, et même des simples armateurs qui ont eu occasion de le voir; j'allais presque dire de tous ceux qui l'ont connu.

La langue anglaise, qui n'admet qu'un seul genre pour tous les êtres inanimés, le genre neutre, fait une exception en faveur des navires, comme si les navires avaient vie. Je comprends cette exception, et ceux qui ont navigué la comprennent avec nous.

Les affaires de la marine sont centralisées, aux États-Unis, par le *navy department*.

L'organisation actuelle de ce département date d'un acte du 31 août 1842, émané du sénat et de la chambre des représentans. Il divise l'administration centrale en cinq bureaux : 1º arsenaux et docks; 2º constructions, armemens et réparations; 3º vivres et habillemens; 4º artillerie et hydrographie; 5º médecine et chirurgie.

C'est le président des États-Unis qui, avec l'avis et le consentement du sénat, choisit parmi les capitaines de vaisseau en activité de service un chef pour chacun des bureaux des arsenaux et de l'artillerie. Ces deux officiers reçoivent, en cette position, une solde de 3,500 dollars (17,500 fr.)

Le président nomme de la même manière le chef du bureau des vivres et de l'habillement, aux appointemens de 3,500 dollars, et le chef du bureau des constructions, armemens et réparations, en le prenant parmi les ingénieurs maritimes et en lui allouant également une solde de 3,500 dollars; il choisit enfin, parmi les chirurgiens de la marine, le chef du bureau de la médecine et de la chirurgie, auquel revient un traitement de 2,500 dollars (12,500 fr.)

Le secrétaire de la marine nomme aux autres emplois

des bureaux. Ce secrétaire de la marine a 8,000 dollars de traitement (40,000 fr.). Il a sous ses ordres :

1° Pour son cabinet, 12 employés ; leur traitement varie de 1,400 dollars (7,000 fr.) à 2,200 dollars (12,000 fr.); 2° le bureau des arsenaux et docks, ainsi composé : 1 chef à 3,500 dollars (17,500 fr.), 7 employés rétribués de 1,400 à 1,800 dollars ; 3° le bureau des constructions, armemens et réparations, qui comprend, indépendamment de 9 employés (de 1,400 à 1,800 dollars), 1 ingénieur en chef (3,500 dollars — 15,000 fr.), et 2 sous-ingénieurs (1,000 dollars — 5,000 fr.) ; 4° le bureau des vivres et de l'habillement composé, avec le chef (3,500 dollars), de 5 employés (de 1,400 à 1,800 dollars) ; 5° le bureau de médecine et de chirurgie comprenant 1 chef (3,500 dollars) et 3 employés (de 1,400 à 1,800 dollars).

Ainsi, moins de 50 employés, voilà toute l'administration centrale de la marine américaine ; mais ces employés sont, on le voit aussi, largement rémunérés, et on a le droit d'exiger beaucoup d'hommes auxquels leur position officielle, et cette position seule, assure par elle-même une existence honorable.

Arrivons maintenant à la partie active de la marine.

On sait que le grade le plus élevé dans la marine américaine est celui de capitaine de vaisseau.

Il y a 64 capitaines de vaisseau ; leur solde varie comme il suit :

	En congé.	En service.
Senior captains	3,500 doll.	4,500 doll.
Commandant une division	»	4,000
Servant dans leur grade	2,500	3,500
Promus pour emploi des vacances dans la réserve	1,800	2,800

Les commanders (capitaines de frégate) sont au nombre de 96 ; leur solde varie comme il suit :

	En congé.	En service à terre.	En service à la mer.
En activité	1,800 doll.	2,100 doll.	2,500 doll.
Promus sur la liste de réserve	1,200	1,500	2,000

Les lieutenans sont au nombre de 311. Quand ils commandent, leur solde est de 1,800 dollars.

	En congé.	En service à terre.	En service à la mer.
En activité	1,200 doll.	1,500 doll.	1,500 doll.
Promus sur la liste de réserve	750	1,050	1,050

Il y a vingt-quatre enseignes (passed midshipmen) : leur solde est, en congé, 600 dollars ; en service à terre ou à la mer, 750 dollars.

Enfin les aspirans (midshipmen) sont au nombre de 180 et se répartissent ainsi : 30 sortis de l'école, généralement embarqués et recevant une solde de 300, 350 ou 400 dollars, suivant qu'ils sont en congé, en service à terre ou à la mer, et 150 à l'école navale d'Annapolis, où ils sont organisés en trois divisions.

On voit déjà par ces chiffres que le corps des officiers de vaisseau américains jouit d'une solde beaucoup plus élevée que celui de la plupart des autres nations.

Parcourons successivement les diverses branches du service maritime de l'Union.

Les chirurgiens sont au nombre de 69, dont 42 prennent rang avec les commanders et 27 avec les lieutenans. Leur solde est ainsi réglée :

	En congé.	En service actif.	A la mer.
Après une première période de cinq années écoulées depuis leur promotion	1.000 d.	1,250 d.	1,331 d. 55
2° id. id.	1,200	1,500	1,600 »
3° id. id.	1,400	1,710	1,856 00
4° id. id.	1,600	2,000	2,133 35
20 ans de service ou au delà	1,800	2,250	2,400 »

L'idée qui a présidé à cette gradation des traitemens est facile à saisir : l'administration s'efforce de retenir dans ses rangs, par des avantages progressant avec les années de service, des praticiens dont l'expérience assure aux marins les soins les mieux entendus.

43 chirurgiens adjoints et 37 chirurgiens auxiliaires complètent le corps des officiers de santé. Les premiers touchent 850, 1,150 ou 1,200 dollars, suivant qu'ils sont en congé, à terre ou à la mer, et les seconds, 650 et 950 dollars, dans des conditions avantageuses.

Les commissaires chargés de l'administration à bord des bâtimens ou dans certains arsenaux à terre sont dénommés pursers ; ils sont au nombre de 64, dont 34 prennent rang avec les commanders et 30 avec les lieutenans. Leur solde, à la mer, est ainsi réglée :

Sur les vaisseaux de ligne	3,500 d.
Frégates	3,000
Sloop ou steamer de 1er rang	2,000
Bâtiment de rang inférieur	1,500
S'ils servent à terre, leur solde varie de	1,500 à 2,500

Le même principe, que nous avons signalé plus haut, d'accroissement de paye proportionnellement aux années de service est en vigueur pour les pursers.

Ainsi, après cinq ans de commission, la solde de congé est de | 1,000 d.
Après une deuxième période de cinq ans | 1,200
Après une troisième période de cinq ans | 1,400
Après une quatrième période de cinq ans | 1,600
A vingt ans de service et au-dessus | 1,800

Les masters ont sur les vaisseaux de ligne 1,100 dollars et en congé 750 dollars, en service à terre 1,000 dollars, à la mer 1,000 dollars. Les contre-maîtres charpentiers, canonniers, voiliers, etc., qui ont au moins un an de service, reçoivent 600 dollars, 700 dollars, ou 000 dollars, suivant qu'ils sont en congé, au service à terre ou à la mer. Cette solde s'augmente de 2 0/0 pour chaque année de mer, et de plus, de 10 0/0 ou de 20 0/0 portant sur 900 dollars quand ce sous-officier sert sur un navire de guerre ayant plus de 400 hommes ou de 000 hommes d'équipage.

Les ingénieurs de la marine comprennent 17 ingénieurs en chef, 24 adjoints de première classe, 20 de seconde et 85 de troisième ; leur solde varie comme il suit :

	En congé.	En service.
Ingénieurs en chef : les cinq premières années	1,200 d.	1,500 d.
Adjoints : 1re classe	850	1,000
— 2e classe	600	800
— 3e classe	400	600

Le corps des marines, formé à l'instar des marines de l'Angleterre, comporte 1 colonel commandant (2,800 dollars) ; 1 lieutenant-colonel (2,413 dollars) ; 4 majors (1,940 dollars) ; 12 capitaines (1,000 dollars) ; 19 lieutenans (886 dollars), et 20 sous-lieutenans (826 dollars).

Le culte de la navigation est si général en Amérique qu'il n'est presque pas un office et un bar-room où l'on ne voie soigneusement encadré le dessin des principaux steamers ou clippers à côté du schooner de monsieur Stevens. Ce célèbre schooner a remporté le prix sur les Anglais dans la traversée de New-York en Angleterre. La rivalité qui existe entre les marins américains et anglais dépasse tout ce qu'on peut imaginer. Je plains de tout mon cœur les passagers d'un navire américain rencontré en mer par un navire anglais qui serait meilleur marcheur. L'Américain ferait voile de toutes pièces pour dépasser son adversaire ; il casserait ses mâts et sombrerait plutôt que d'être vaincu. Il y a à Boston un ancien marin qui s'est fait ni-

nistre protestant de désespoir, parce qu'il avait été dé passé par tro's navires anglais dans un voyage aux Indes, « J'aurais voulu sombrer avec mon navire et mourir, plutôt que de supporter une telle vexation, disait-il; mais Dieu ne l'a pas voulu, et je me suis consacré à lui tout entier. »

Les Américains sont justement fiers de leurs navires baleiniers dont Nantucket et New-Bedford voient tous les ans s'expédier le plus grand nombre.

Le premier bateau à vapeur qui ait jamais entrepris un voyage entre l'ancien et le nouveau monde est le steamer américain le Savannah; aucune contestation ne paraît possible à cet égard, car le fait est consigné dans les annales de Liverpool, et les circulaires commerciales du temps, en relatant cet événement, constatent la priorité du pavillon américain.

Le Savannah était du port de 380 tonneaux, gréé en trois-mâts-barque et muni d'une machine horizontale. Il partit de Savannah (Géorgie), le 26 mai 1819, et arriva à Liverpool, après une traversée de vingt-cinq jours, sur lesquels sa machine avait fonctionné seulement pendant dix-huit. D'après une autre version, et suivant le témoignage d'un des officiers du Savannah, il n'aurait mis que dix-huit jours, sa machine ayant fonctionné pendant sept jours seulement. Ce qu'il y a de certain, c'est qu'au milieu de l'Atlantique, dans la crainte de manquer de combustible, on démonta les roues pour épargner le charbon et profiter d'une brise favorable qui s'était élevée; à la voile, le navire marchait plus facilement lorsque les roues étaient démontées; mais aux approches de la côte anglaise, on replaça tout l'appareil de locomotion, afin de terminer le voyage comme il l'avait été commencé, c'est-à-dire à l'aide de la vapeur.

La vue de ce nouveau bâtiment, venant du large sans aucune voile, excita la plus vive admiration en Angleterre. Comme le Savannah remontait le canal Saint-Georges, le commandant d'une division anglaise voyant venir à lui un bâtiment à sec de toile et couronné d'une épaisse fumée qui paraissait s'échapper de la mâture, crut à un incendie, et, après avoir mouillé dans ses eaux, envoya deux pirogues à son secours; mais, dès qu'il eut reconnu son erreur, il se rendit lui-même le long du bord du steamer pour examiner plus attentivement cette merveille. A l'entrée des docks de Liverpool, le Savannah fut reçu avec des hourras d'enthousiasme, et le capitaine se vit fêté par tous les corps constitués de la ville.

Ce n'est que dix-neuf ans plus tard, soit seulement en 1838, que les premiers steamers anglais traversèrent l'Atlantique. Ce fut d'abord le Sirius, venant de Cork, et entré à New-York le 23 avril 1838, suivi, quelques heures plus tard, du Great-Western, venant de Bristol. Le Sirius avait effectué son voyage en dix-huit jours, et le Great-Western en quinze. Le Sirius est ainsi le premier steamer transatlantique anglais qui soit arrivé aux Etats-Unis, et le premier en même temps qui y soit arrivé comme pionnier d'une ligne régulière.

Qui va piano va sano, disent les Italiens; qui va vite va bien, disent les Américains. C'est surtout en fait de navigation que les ardents Yankees ont uni tous leurs efforts pour résoudre le problème de la plus grande vitesse possible. Une expérience des plus intéressantes a été faite dernièrement à Boston. Deux yachts de trente-cinq tonneaux, l'Edith et l'Azalea, l'un en fer et l'autre en bois, ont été construits sur le même modèle et dans les mêmes proportions. Essayés à tous les vents, l'épreuve a été favorable au yacht l'Edith, donnant ainsi gain de cause au fer sur le bois.

Mais l'expérience a été faite avec de petites embarcations, et il n'est point prouvé que le fer conserve tous les avantages sur le bois. Quand il s'agit de grands vaisseaux, du port de trois ou quatre mille tonneaux, les constructions moitié fer et moitié bois semblent, jusqu'à présent, les plus avantageuses.

Une question maritime de plus haut intérêt politique et commercial s'est agitée dernièrement. Cette question n'intéresse pas seulement les Etats-Unis, mais le monde entier.

Dans les conférences qui ont eu lieu à Paris dans les mois de mars et avril 1856 pour le rétablissement de la paix avec la Russie, le congrès a adopté sur la marine les quatre propositions suivantes:

« 1° La course est et demeure abolie;
» 2° Le pavillon neutre couvre la marchandise de l'ennemi, à l'exception de la contrebande de guerre;
» 3° Les marchandises neutres, à l'exception de la contrebande de guerre, ne sont pas soumises à la prise sous le pavillon de l'ennemi;
» 4° Les blocus, pour être réels, doivent être efficaces, c'est-à-dire maintenus par une force réellement suffisante pour empêcher l'approche de la côte ennemie. »

Le gouvernement des Etats-Unis, en adhérant aux trois dernières propositions, refuse nettement d'accéder à la première qui est la plus importante.

Déjà le président, monsieur Pierce, s'était montré hostile à la suppression des corsaires, proposée en 1855 par le roi de Prusse. L'abolition, disait en substance le général Pierce, ne peut être désirée que par les puissances qui entretiennent un armement naval considérable, en proportion de leur commerce. Monsieur Marcy, l'organe du gouvernement en cette circonstance, reprend cet argument qu'il développe avec beaucoup de talent. Il arrive à cette conclusion, que les Etats-Unis, en repoussant l'abolition de la course, ne servent pas seulement leurs propres intérêts, mais aussi ceux de toutes les nations qui ne sauraient prétendre à devenir puissance maritime dominante.

« Les Etats-Unis, dit-il, regardent les marines puissantes et les grandes armées constituées, en tant qu'établissements permanens, comme nuisibles à la prospérité d'une nation et dangereux à la liberté civile.
» Les dépenses pour les maintenir sont à charge au peuple; ils sont, aux yeux de ce gouvernement et dans une certaine mesure, une menace contre la paix entre les nations. Une force considérable, toujours prête à servir aux éventualités de la guerre, est une tentation pour s'y précipiter. La politique des Etats-Unis a toujours été, et jamais plus qu'aujourd'hui, contraire à de tels établissemens, et jamais ils ne seront entraînés à adhérer à aucune modification de la loi internationale qui puisse rendre nécessaire pour eux de maintenir, en temps de paix, une puissante marine ou une grande armée régulière.
» S'ils sont obligés de revendiquer leurs droits par les armes, ils sont satisfaits, dans la situation actuelle des relations internationales, de compter pour leurs opérations militaires, sur terre principalement, sur des troupes volontaires, et pour la protection de leur commerce, dans une mesure qui n'est pas peu importante, sur leur marine marchande.
» Si ce pays était privé de ces ressources, il serait obligé de changer de politique et de prendre devant le monde une attitude militaire.
» En résistant à toute tentative de modifier le code maritime existant qui peut amener un pareil résultat, le gouvernement des Etats-Unis voit autre chose que son propre intérêt, et embrasse dans ses vues l'intérêt de toutes les nations qui ne peuvent nullement arriver à être puissance maritime dominante. Leur situation, sur ce point, est semblable à celle des Etats-Unis, et pour elles, la protection du commerce et le maintien des relations internationales pacifiques indiquent, aussi énergiquement que pour ce pays, la résistance au changement proposé dans la loi admise des nations.
» Pour ces nations, abdiquer le droit de recourir aux lettres de marque, ce serait se soumettre à des conséquences les plus contraires à leur prospérité commerciale, sans aucun avantage ou compensation. Très cer-

» tainement on ne peut donner de meilleures raisons
» pour un tel abandon que celui de se priver du droit de
» recevoir les services de volontaires; et la proposition
» d'abandonner le premier ne mérite pas, dans la pensée
» du président, plus de faveur qu'une proposition sem-
» blable pour le second.

» Il ne devrait certainement pas y avoir le moindre
» étonnement de ce que les puissances maritimes impor-
» tantes veuillent bien abandonner le système, relative-
» ment peu important pour elles, de se servir de corsaires,
» à la condition que des puissances plus faibles consen-
» tent à abandonner leur moyen le plus efficace de dé-
» fendre leurs droits maritimes.

» Dans l'opinion de ce gouvernement, il y a sérieuse-
» ment à redouter que, si l'usage des corsaires était
» abandonné, la domination des mers ne soit donnée aux
» puissances qui adoptent la politique de maintenir de
» puissante marines qui adoptent la politique de maintenir de
» supériorité maritime réelle serait de fait la maîtresse de
» l'Océan, et par l'abolition de la course cette domination
» serait fermement assurée.

» Cette puissance, engagée dans une guerre avec une
» nation inférieure en force maritime, n'aurait rien de
» plus à faire pour la sécurité et la protection de son
» commerce qu'à surveiller les bâtimens de la marine
» régulière de son ennemi. Ils pourraient être tenus en
» échec par la moitié au moins de sa force maritime, et
» l'autre moitié pourrait balayer le commerce de son en-
» nemi de l'Océan.

» Les effets désastreux d'une grande supériorité mari-
» time ne seraient pas beaucoup amoindris si cette supé-
» riorité était partagée entre trois ou quatre grandes
» puissances. Il est hors de doute que l'intérêt des États
» les plus faibles est de combattre et de rejeter une mesure
» qui pousse au développement d'établissemens maritimes
» réguliers.

Sans entrer dans ces débats, assurément fort graves,
nous opposerons à monsieur Marcy l'autorité de Benjamin
Franklin, qui a écrit :

« L'usage de piller les marchands sur la mer, reste de
» l'ancienne piraterie, quoiqu'il puisse être avantageux
» à quelques personnes, *est loin d'être profitable* à tous
» ceux qui s'y engagent ou *à la nation qui l'autorise.*
» Dans le commencement d'une guerre, quelques riches
» bâtimens ne se tenant pas sur leurs gardes sont surpris
» et capturés, ce qui encourage les premiers aventuriers
» venus à équiper d'autres navires armés; mais l'ennemi,
» devenant plus attentif, équipe avec plus de soin ses
» navires marchands; ils naviguent sous la protection des
» convois, et tandis que les corsaires se multiplient pour
» les prendre, le nombre des navires sujets à être pris
» diminue tellement qu'il y a beaucoup de courses où les
» dépenses excèdent le gain, et que, bien que des aven-
» turiers trouvent un butin profitable, la masse y perd,
» puisque la *dépense faite en équipant des corsaires pen-*
» *dant la guerre excède de beaucoup la valeur des objets*
» *capturés.* Ajoutez à cela la perte nationale du travail de
» tant d'hommes qui dépensent en ivrognerie et en excès
» ce qu'ils pillent; qui, perdant leurs habitudes d'indus-
» trie, sont rarement capables d'une occupation raison-
» nable après la guerre, et ne servent plus qu'à augmen-
» ter le nombre des vauriens et des voleurs. Juste puni-
» tion que le ciel leur envoie pour avoir, de sang-froid,
» ruiné tant d'honnêtes marchands qui gagnaient la for-
» tune de leurs familles en servant les intérêts communs
» de l'humanité. »

Ces paroles pleines de sens sont un excellent commen-
taire de la déclaration du congrès de Paris, et une réponse
péremptoire aux argumens de monsieur Marcy. Je sais
que la seule force maritime, pour ainsi dire, de l'Amérique, consiste dans la rapidité avec laquelle, en cas de besoin, elle pourrait convertir ses bâtimens marchands en
bâtimens de guerre, sous la loi maritime actuelle qui sanc-
tionne la course; mais la course, comme le dit Franklin,

n'est qu'un reste de piraterie, et la piraterie est un crime
odieux.

Il y a près de New-York, à Brooklyn, un arsenal assez
beau et un musée naval assez laid. On ne voit guère dans
ce musée que des peintures médiocres représentant les
combats heureux des Américains contre la flotte anglaise
à l'époque de la guerre de l'indépendance.

En revanche, dans le Staten-Island, nous avons visité la
maison de refuge pour les marins civils. Ce magnifique
établissement a été fondé par un capitaine de navire américain enrichi, pour servir de retraite aux pauvres marins
infirmes ou vieux de tous les pays. Les marins, dont la
vie toute d'abnégation se passe au milieu des dangers et
des privations, dont le salaire mesquin ne leur permet
dans aucun cas de faire des économies, trouvent dans cette
maison, grâce à la généreuse pensée de son noble fondateur, les soins les plus empressés et le repos de leur vieil-
lesse. J'ai vu là plusieurs Français qui, ayant servi quelques années dans la marine américaine, avaient mérité
par cela leur droit à la retraite. Le fondateur des inva-
lides civils marins n'a pas voulu avantager son pays au
détriment des autres, et n'a pris en considération que le
dévouement et les services rendus.

Voilà un bel et noble exemple de véritable philan-
thropie.

X

LES RELIGIONS EN AMÉRIQUE.

L'Amérique du Nord est le musée le plus complet de
toutes les doctrines religieuses que produit ce besoin presque universel de l'homme d'espérer dans une autre vie le
dédommagement des misères de celle-ci.

La liberté complète des cultes, fortifiée par l'indépendance indomptable de l'esprit américain, a permis de tout
essayer en matière de religion, aussi bien qu'en matière
de socialisme, dans ce pays où le gouvernement ne peut
mettre aucune entrave à la pensée, où les institutions
admettent toute espèce de progrès, où le peuple enfin ne
connaît aucune sorte de préjugés.

Les États-Unis sont le vaste champ de la pensée humaine; c'est là que viennent s'ensemencer, prendre racine et fructifier les idées philosophiques, sociales et religieuses, que l'Europe ne tolère qu'à l'état de graines
desséchées dans les vitrines de ses bibliothèques. N'eût-elle
que cette gloire, la gloire d'accueillir et de permettre
toutes les tentatives de l'esprit philosophique, en vue du
bonheur de l'humanité, l'Amérique aurait droit à l'éternelle reconnaissance du monde. Il n'est point d'idées spé-
culatives, utopiques ou même paradoxales, qui n'aient
été pratiquées aux États-Unis. Souvent, pendant que nous
autres Européens nous discutons longuement et savamment sur les mérites et la possibilité de telles ou telles
institutions, pour n'arriver d'ordinaire à aucune conclusion, les Américains, éminemment pratiques, les ont déjà
essayées et en ont reconnu les défauts ou les avantages.

Cette grande liberté d'action dont jouissent les États-
Unis, loin d'être un danger pour la société, est au contraire le plus sûr moyen de prévenir les éclats de toute
révolution. Les révolutions naissent de la contrainte des
idées et des empêchemens apportés à leur réalisation. Les
idées trop longtemps comprimées dans le lit étroit qu'on
leur creuse finissent, comme des flots en fureur, par
remplir leurs digues et par déborder. Alors le bien devient le mal; ce n'est plus le progrès fécondant que la
pensée apporte avec elle, c'est le ravage, c'est la destruction qu'elle entraîne à sa suite, comme les flots débordés
eux-mêmes qui, mieux dirigés, eussent fertilisé le sol au
lieu de le dévaster.

En Amérique, ce danger n'est pas à craindre; les tempêtes de la pensée sont impossibles. La liberté, cette grande soupape de sûreté des civilisations avancées, ne permet pas aux idées de s'amonceler pour fondre sur les institutions comme des trombes que rien n'arrête dans leur course destructive; le trop plein de la pensée s'écoule doucement et constamment dans les utiles travaux de l'expérience. Une idée de quelque valeur pour le bien-être de la société vient-elle à surgir, elle est aussitôt mise en pratique, simplement, sans efforts, sans résistance; si l'idée est bonne, tout le monde en profite; mais si, malgré les apparences contraires, elle est illusoire, on la rejette, et il n'en est plus question. La classe des mécontens, si nombreuse en Europe, n'existe pas en Amérique. En effet, les mécontens n'y peuvent être mécontens que de leur propre conduite, et l'on ne se garde pas longtemps rancune à soi-même.

Un seul danger, à notre sens, est à craindre en Amérique, si nous exceptons le danger toujours menaçant de l'esclavage dans le Sud : ce sont les discordes religieuses.

La pratique mal comprise des cultes, en exaltant quelquefois les esprits outre mesure, fausse la raison par le fanatisme, et détruit la liberté par l'intolérance. Si un jour des pages sanglantes viennent ternir le beau livre à peine commencé de l'histoire des Etats-Unis, il ne faudra en chercher la cause ni dans la politique générale de ce pays, ni dans les intérêts divers de ses Etats séparés par des lois particulières et rattachés par des principes communs, ni dans les anomalies regrettables, ni dans l'administration de la justice, encore défectueuse en beaucoup de points, ni dans toute autre circonstance, qui pourra bien entraver l'essor de la prospérité mais ne l'arrêtera pas. Non, le danger de l'équilibre américain, de l'avis même des plus savans économistes, est tout entier dans les guerres de religion. Le fanatisme religieux risque fort d'apporter dans le nouveau monde, comme il l'a jadis apporté dans l'ancien, son contingent de discordes, de supplices et de massacres. Toutefois, ajoutons vite que si ces funestes symptômes de dissolution sont assez marqués pour qu'on soit en droit de tout craindre dans l'avenir, ils sont encore trop faibles pour menacer le présent, l'intolérance religieuse, source du mal futur, n'ayant encore qu'une influence partielle.

Aussi, grâce à la tolérance générale, voit-on se produire en Amérique les cultes les plus variés et les plus extraordinaires; ils naissent tous de l'interprétation différente de la Bible, que chacun vénère et commente à sa manière.

Nous n'avons pas certes la prétention de faire l'historique, même abrégé, de toutes les sectes qui pullulent dans le nouveau monde; ce travail serait beaucoup trop long. Nous sommes loin d'ailleurs de connaître toutes les doctrines spirituelles qu'enfante presque chaque jour le génie de la spéculation américaine, adroitement mêlée au culte du Très-Haut; enfin, nous ne voulons pas faire de l'érudition d'emprunt; nous nous bornerons donc à rapporter, sur les cultes en Amérique, ce que nous avons pu observer par nous-même.

Mais par où commencer? Et

Devons-nous visiter cette foule d'églises
Que chacun fait bâtir, blanches, rouges ou grises;
Morave, universel, juif, presbytérien,
Réformé, protestant, quaker, luthérien,
Unitaire et mormon, romain et méthodiste,
Baptiste, épiscopal, congrégationnaliste,
Milléritc, shaker et swedenborgien,
Calviniste, dunker et bachelorien,
Baptistes libéraux et paisibles baptistes,
Baptistes repentans, libres chrétiens, glassistes,
Baptistes séparés, baptistes rigoureux,
Baptistes puritains, baptistes populeux,
Baptistes écossais, baptistes de la gloire,
Chrétiens rebaptisés, prêtres de la victoire,

Baptistes bras de fer, réformés allemands,
Baptistes de sept jours, wologens, anglicans,
Frères de l'unité, dalcites, cambillites,
Disciples de Rongé, seeklers et baldalites,
Sauteurs, marclieurs, trembleurs, et scandomanians,
Connexistes nouveaux, anciens romanians,
Baptistes bleus et noirs, primitifs inghanites,
Les frères de l'exil, les agapémonites,
Grands frères de Plymouth, les muggletoniens,
Nouveaux illuminés et nouveaux suciniens,
Les huntigonians unis par la croix rousso,
Les grands whiflcidites, les fry couverts de mousse,
Les stériles du Nord, les féconds du Midi,
Les parleurs, les muets et les ramanodi?

Nous pourrions allonger de beaucoup cette nomenclature, car, en Amérique, on voit, pour ainsi dire, pousser des temples de toutes parts, comme des champignons après une pluie d'orage.

Les habitans du globe professent, dit-on, six mille religions ou sectes. Peut-être trouverait-on aux Etats-Unis, en cherchant bien, un échantillon de toutes les religions et sectes pratiquées.

Le premier temple dans lequel le hasard me conduisit à mon arrivée à New-York était un temple protestant de la secte des méthodistes. Cette secte est la plus froide et la plus monotone de toutes les sectes puritaines. Les méthodistes ont des chants psalmodiques à côté desquels notre plain-chant catholique ferait l'effet des plus brillantes cavatines de Rossini. La seule audition de ces chants, articulés en tremblant par les voix nasillardes de ces messieurs et de ces dames, me paraît la plus salutaire pénitence que puisse s'infliger tout pécheur un peu bien organisé pour la musique. Sans compter que les méthodistes ont la désagréable habitude de se repentir tout haut dans l'église, pendant le sermon du prédicateur, ce qui fait le plus singulier concert de soupirs et de plaintes qu'on puisse imaginer.

En entrant dans ce temple rigide, que nulle peinture ne décore, qu'aucun ornement architectural n'embellit, je ne pus me défendre d'un sentiment de tristesse. Il me semblait que j'entrais dans un vaste tombeau de famille, et que tous les méthodistes présens étaient des trépassés habilement embaumés par le procédé Gannal.

Le prédicateur monta en chaire et exhorta les assistans à se repentir de leurs fautes. Aussitôt j'entendis un sourd gémissement partir des deux côtés de l'église.

— Mon Dieu! dis-je à mon voisin, quelqu'un ici se trouve mal!

Mon voisin me regarda d'un air surpris et ne me répondit pas.

Un gémissement, plus sourd et plus lugubre encore que le premier, se fit entendre dans une autre partie de l'église sans que le premier gémissement eût cessé.

— Mon Dieu! dis-je encore à mon voisin, une autre personne se trouve aussi mal!

Pour toute réponse, mon voisin se mit à gémir à son tour, comme un fidèle caniche qui a perdu son maître.

Toute l'assistance ne tarda pas de l'imiter; tout ce monde pleurait, soupirait, gémissait, mugissait, autrement dit se repentait.

Les shakers sont aussi singuliers que les méthodistes. Ils n'ont pas de prédicateurs attitrés. Ils attendent dans le temple, pour prendre la parole, que le Saint-Esprit descende en eux, les éclaire et les inspire. Les femmes, comme les hommes, ont le droit de prêcher quand elles se sentent animées de l'Esprit-Saint. Pour provoquer le Saint-Esprit à descendre jusqu'à eux, les assistans se mettent à trembler de tous leurs membres. Ce tremblement dure plusieurs minutes. Enfin, l'homme ou la femme qui se sent inspiré fait part de la bonne nouvelle à ses coréligionnaires, lesquels cessent de trembler pour l'écouter respectueusement. Souvent, c'est une vieille femme à moitié folle qui prononce le discours; cela ennuie affreusement tout le monde, mais on l'écoute jusqu'au bout sans l'interrompre.

Les quakers ont, je crois, pour habitude de se mettre à plat ventre avant de prêcher. Dans cette position, selon toute apparence, leur esprit s'illumine davantage. Les quakers sont les seuls sectaires qui, en dehors de l'Église, aient adopté un costume particulier. Les prêtres catholiques eux-mêmes ne sortent jamais en soutane, et leurs habits sont en tous points conformes à ceux des laïques. Les quakers, au contraire, portent de larges pantalons, de gros souliers, une redingote longue à taille courte, et un chapeau à larges bords, très bas de forme.

Les femmes ont adopté un costume hideux : elles portent des robes de soie ou de laine gris-poussière, étroites de jupe et courtes de taille. Un petit châle carré couvre à peine leurs épaules, et elles ont pour coiffure invariable une sorte de capote indescriptible, toujours du même gris-poussière, à rendre laide la Vénus de Médicis. Enfin, les quakers ne boivent que de l'eau et ne se nourrissent guère que de légumes bouillis, sans beurre et sans sel, qu'ils mangent comme accompagnement de l'éternel morceau de *roast-beef*. Du reste, ils sont hospitaliers, charitables pour tout le monde, et se soutiennent entre eux avec un admirable esprit de confraternité.

Les anabaptistes, qui se subdivisent en plusieurs sectes, se trouveraient mal baptisés, à New-York s'ils ne se faisaient pas plonger entièrement dans la rivière du nord, au plus fort de l'hiver, par les soins d'un clergyman. Il y a un jour fixé pour le baptême des néophytes, qui tous sont adultes. Ils se rendent sur le bord de la rivière, où ils sont déshabillés et précipités dans l'Hudson, la tête la première. Souvent la rivière est gelée, et il faut rompre la glace pour opérer l'immersion. Les pauvres adultes tremblent de tous leurs membres en chantant des hymnes qu'on croirait consacrés à l'hiver. Un jour, un clergyman maladroit, qui baptisait une jeune fille, la laissa choir dans la rivière, où elle disparut sous les glaces. Le clergyman adressa une courte prière à l'Éternel qui reprenait l'âme de la néophyte après la purification du baptême, et la cérémonie continua sans autre incident.

Il y aura deux ans au mois d'août prochain que les *millénaires* s'étaient réunis dans le New-Jersey en meeting extraordinaire. Ils attendaient la fin du monde, annoncée positivement, d'après eux, par la Bible pour cette époque fatale. Ils restèrent trois jours campés, se préparant à la mort, qui n'arriva pas. Quelques-uns furent si vexés de ce contre-temps et se trouvèrent si désappointés de n'avoir pas vu le bouleversement du monde annoncé par la Bible, qu'ils changèrent de religion séance tenante.

Et à ce propos, il est bon de faire remarquer que les Américains changent de religion sans aucun scrupule toutes les fois que leur conscience les pousse vers une nouvelle doctrine. Je ne voudrais pas jurer que l'intérêt n'est jamais pour rien dans leurs conversions. J'ai parfaitement connu à New-York un homme très estimé qui s'était fait ministre luthérien, puis ministre épiscopalien, puis ministre presbytérien, et finalement prêtre catholique. Mais ce qu'il y a de fort singulier, c'est que cet estimable prélat, dont la parole est entraînante et pleine d'onction, a été assez heureux dans sa dernière conversion, pour convertir en même temps toutes ses ouailles. Un dimanche donc, il officiait comme ministre presbytérien dans l'église, qui est sa propriété, et le dimanche suivant, dans cette même église, il disait la messe au milieu de ses mêmes fidèles, qui, comme lui, s'étaient faits catholiques pour ne pas abandonner un si charmant prédicateur.

Les Américains estiment qu'un des plus grands bienfaits de leur constitution est l'absence d'une religion officielle entretenue aux frais de l'État. Ils trouvent juste de laisser à chacun le soin de payer les prêtres dont il réclame les services.

Quoi qu'il en soit, une espèce très curieuse à observer là-bas est celle des spéculateurs bigots. Ceux-là passent d'une doctrine à l'autre, selon l'avantage du moment, guidés par le seul amour du dollar, le dieu des dieux de l'Amérique. Des compagnies de saints capitalistes étudient avec soin les localités où la population des émigrans paraît vouloir se porter ; elles suivent avec intelligence les nouvelles lignes de steamboats et de chemins de fer, et comptent les maisons bâties sur les points nouvellement défrichés. Dès que les pieux spéculateurs reconnaissent l'utilité d'une chaire, ils se hâtent d'acheter à bas prix de vastes terrains, les font arpenter, tracer en rues, diviser en lots, et font bâtir au milieu de la ville en projet une église de la secte qu'ils présument devoir le mieux convenir à la population qui se forme. Puis ils font construire des maisons en bois qu'ils livrent à bon compte aux nouveaux arrivans, pour encourager les autres et attirer la foule. En même temps ils font insérer des *puffs* dans les annonces des journaux pour exalter les beautés du pays, les prodigieuses ressources qu'il offre aux spéculateurs et aux colons, et finissent par engager vivement les agriculteurs et les marchands à venir s'établir parmi eux. Les réclames de ce genre manquent rarement leur effet aux États-Unis ; émigrans et commerçans arrivent en foule à l'appel des philanthropes religieux, qui leur louent les bancs de l'église à l'année, qui les baptisent, qui les marient, qui les enterrent aux plus justes prix.

Pour le service du culte, ils prennent à gage un prêtre ou ministre de la religion choisie, auquel ils adjoignent un *sexton*, qui fait l'office de bedeau. Dans leur zèle orthodoxe, ils engagent aussi un professeur de langue, qui doit enseigner l'arithmétique, la géographie et l'histoire sainte, et ouvre pour les enfans des deux sexes une école du dimanche (*sunday scholl*) qui ne laisse pas de leur apporter un modeste mais agréable contingent de dollars.

Mais ils ne se borne pas à la spéculation de la compagnie des saints actionnaires. A côté de l'église, d'un rapport immédiat, il y a l'industrie des cimetières, qui est bien meilleure encore. Ils ont eu soin d'établir le cimetière dans un des bons quartiers, et la ville, quand elle s'est peuplée, finit par racheter ces terrains devenus insalubres. Les saints capitalistes commencent par crier à la profanation, mais finissent par y consentir, moyennant un prix énorme que leur paye la corporation. Le tour est fait, et nos hommes s'en vont porter ailleurs leurs pieuses spéculations.

Il ne manque à ces spéculateurs bigots qu'une *foire aux messes* dans le genre de celles qui se tiennent à Gènes. Cette foire curieuse est ainsi signalée dans la livraison de la *Revue britannique*, à la date du mois de février 1855.

« Il n'est guère d'homme assez pauvre pour mourir sans laisser de quoi payer un certain nombre de messes pour le repos de son âme, ni guère de bonne femme qui n'ait, de temps en temps, des messes à faire dire, soit pour l'âme d'un parent mort, soit pour la guérison d'un membre malade de sa famille ou tout autre objet. La vente des messes est donc considérable en Italie. Je dis à dessein la vente, car la messe se paye et constitue une partie essentielle du revenu du clergé. Les prix varient en raison des demandes, absolument comme le cours des rentes et des actions cotées à la bourse. Les messes montent ou descendent selon leur rareté ou leur abondance sur le marché.

» L'endroit où se tient cette singulière bourse est la Loggia di Banchi, en face de la rue des Orfèvres.

» Si vous désirez faire dire une messe immédiatement, ou si vous avez à faire un placement de cinq cents messes, vous trouverez là ce qu'il vous faut. Des courtiers, prêtres eux-mêmes, viennent vous offrir leurs services et concluent le marché. Supposons qu'un prêtre ait plusieurs centaines de messes à dire et besoin d'argent comptant, il va trouver les courtiers en question, qui lui escomptent les messes et lui payent la différence. Quelques-unes des gros bonnets de cette bourse ont dans leurs portefeuilles des milliers et des milliers de messes. Ils monopolisent la marchandise et s'en débarrassent au profit de pauvres prétres, leurs cliens, et surtout du clergé de campagne, réalisant ainsi des bénéfices importans.

» Un peu avant midi (la scène se passe à Gênes), je me trouvais à la Loggia di Banchi, arpentant la galerie qui fait face à la via Degli Orifici.

» Pendant cette promenade, je fus surpris de voir un si grand nombre de prêtres assemblés là, les uns debout et par groupes, les autres assis sur des chaises ou sur des bancs; d'autres encore se promenaient comme moi d'un bout à l'autre de la galerie. Un de ces derniers, après m'avoir longtemps regardé, murmura en passant à mes côtés quelques mots qui m'étaient évidemment adressés, mais dont je ne pus saisir le sens.

» J'eus soin de passer très près de lui à mon premier tour et il me parla de nouveau. Cette fois je ne perdis pas un mot de ce qu'il disait : « Avez-vous des messes, monsieur ? Je vous les prendrai à bon marché, très bon marché. » Je ne pouvais faire un sens à ces paroles. Me voyant lui-même complètement dérouté par la question, il comprit que je n'étais pas ce qu'il cherchait et s'éloigna. Je sus plus tard, en m'enquérant de la chose et par mon observation personnelle, la signification des paroles du prêtre et le motif qui amenait à la bourse un si grand nombre de ses confrères.

» La vente des messes donne lieu à des scènes fort comiques; je me borne à citer la suivante :

» Un domestique en livrée, envoyé par son maître, qui habitait Albano, grand village à quelques milles de Gênes, marchandait à un prêtre une messe qu'il s'agissait de dire dans ce village. Le domestique était autorisé à aller jusqu'à trois francs; mais comme c'était un dimanche et qu'il faisait très chaud, peu de prêtres se trouvaient disponibles.

» — Je ne bougerai pas à moins de cinq francs, dit le prêtre tournant le dos comme pour rompre la conférence.

» — Cinq francs ! c'est ne pas avoir de conscience, répliqua le domestique ; on a une neuvaine pour ce prix-là !

» — Eh bien ! prenez la neuvaine. Vous n'aurez pas ma messe.

» Cela dit, le prêtre traversa la rue pour entrer dans la boutique d'un liquoriste.

» — Garçon ! un petit verre d'eau-de-vie !

» Le domestique, qui suivait le prêtre comme son ombre, pâlit à cette vue. Si le prêtre, en effet, rompait le jeûne, adieu tout espoir de messe !

» — Voyons, je vous donnerai quatre francs; mais je serai grondé, j'en suis sûr.

» — Cinq francs, voilà mon premier et mon dernier mot, repartit le prêtre en portant le verre à ses lèvres; c'est à prendre ou à laisser.

» Il allait avaler le contenu du verre, lorsque le domestique lui retint le coude.

» — Vous êtes bien dur en affaires; mais, puisqu'il le faut, vous aurez vos cinq francs.

Rien n'est plus curieux que de visiter à New-York, comme dans toutes les autres villes de l'Union, les différentes églises desservies par les nègres pour les nègres. Nous avons déjà signalé comme une monstruosité l'expulsion des noirs des églises qui ne leur sont pas spécialement affectées. Beaucoup de ces malheureux en sont arrivés à douter par cela de l'existence d'un seul Dieu, et s'imaginent qu'il y a un Dieu pour chaque race d'hommes, et par conséquent un paradis et un enfer pour les nègres, suivant certains ministres de couleur. J'ai été assez heureux pour assister à un sermon débité par un nègre, dans lequel il décrivait les délices du paradis et les horreurs de l'enfer.

« L'enfer, » disait-il dogmatiquement en s'adressant à la multitude des nègres dont la figure bêtement mobile exprimait en ce moment les sentimens de la crainte et de la douleur, « l'enfer, mes chers frères, est un lieu de » supplice horrible où il gèle constamment, où la neige » tombe sans cesse sur les épaules nues des pêcheurs » condamnés pour l'éternité. Là, mes frères, ce ne sont » que balles de coton, que sacs de café, que caisses de » sucre que Dieu, dans sa juste colère, condamne à porter éternellement à bord de navires en charge qui ne se » chargent jamais ! L'enfer, c'est la torture des tortures, » le malheur des malheurs; c'est, pour tout dire en deux » mots, le travail sans repos combiné avec le froid sans » dégel. »

Ici beaucoup de nègres frissonnèrent en faisant une affreuse grimace.

» Mais, » poursuivit le prédicateur, « si, au lieu des châ» timens de l'enfer, c'est le paradis que vous avez mé» rité de la clémence céleste, que de bonheurs vous sont » réservés, que d'enivremens vous attendent ! » A ce moment le visage des nègres prit un caractère de félicité indescriptible; plusieurs d'entre eux ne purent retenir les éclats d'un rire nerveux. « Dans le paradis, mes chers » frères, il fait toujours chaud, de cette douce chaleur » qui fertilise les contrées de notre Afrique bien-aimée » et fait du Sénégal le paradis de cette terre, avec cette » différence toutefois que dans le ciel la chaleur est en» core plus forte et qu'on n'y travaille jamais. Là, mes » chers frères, les bienheureux élus du Seigneur ne sont » exposés à rencontrer ni balles de coton, ni caisses de » sucre, ni sacs de café. Il n'y a point de navires en » charge, et les nègres n'y mangent sans cesse les meilleurs » haricots, assaisonnés d'un lard dont le plus excellent » lard de ce monde ne peut donner qu'une idée miséra» ble et affaiblie. »

Beaucoup de nègres, à ces dernières paroles, rirent et se parlèrent entre eux; d'autres se léchèrent les lèvres en silence.

« Ainsi donc, mes chers frères, comparez : d'un côté, » l'enfer avec ses frimas et ses glaces incessantes, ses » balles de coton, ses caisses de sucre et ses sacs de café » qu'il faut porter sans cesse à bord de navires en charge » qui ne se chargent jamais; de l'autre, les délices du » paradis, avec sa chaleur éternelle, son loisir perpétuel, » et les succulentes friandises que vous savez. »

» — Le lard ! le lard ! cria naïvement un nègre dont le choix paraissait être fait.

Et qu'on ne nous accuse pas d'exagération ! Tout ce que nous pourrions inventer sur les excentricités des nègres aux offices divins ne semblerait pas plus extraordinaire que la vérité même. Les nègres, si différens des blancs au moral, ne peuvent s'empêcher de faire tout haut les réflexions que leur suggère le sermon du prédicateur. Souvent celui-ci y répond, et il s'établit alors, entre parenthèse, une polémique des plus vives; les groupes pour et contre se forment aussitôt, et la discussion devient générale. Quelquefois le prédicateur, impuissant à calmer la foule qui discute bruyamment, enjambe la chaire et s'y tient à califourchon, en criant à tue-tête et en faisant des gestes de moulin à vent.

Du reste le respect que nous avons en Europe, et particulièrement en France, pour les églises, ce respect n'existe pas en Amérique. Les propriétaires d'églises, qui en font un objet de spéculation, les louent volontiers dans la semaine pour y donner des concerts, des séances de lecture et y établir des expositions publiques. Personne ne voit de mal à cela, et l'on trouve fort convenable et fort juste que le propriétaire d'un temple en tire tout le profit possible, en utilisant les jours laissés libres par le service du culte. Les églises catholiques elles-mêmes sont souvent mises à la disposition des artistes, qui y donnent des concerts spirituels, et les prêtres, en chaire, ne dédaignent pas de recommander ces concerts au dilettantisme des fidèles.

Il y a une secte religieuse que nous ne devons pas oublier de mentionner ici, et qui a son quartier général à quarante milles de New-York. Ces sectaires, très charitables et fort doux, ont pour principale base de leur doctrine l'extinction complète de la race humaine, non pas violemment, en se tuant les uns les autres, mais passivement et en se condamnant à un célibat perpétuel. Ils sont persuadés que l'homme est né méchant et que moralement il n'est pas perfectible. Ils trouvent dans la Bible, qu'ils considèrent pourtant comme le livre de Dieu, la meilleure preuve à l'appui de leur opinion.

Dans la Bible ils croient reconnaître l'existence de tous les crimes, de toutes les fautes, de toutes les passions et de toutes les hontes qui affligent encore aujourd'hui les hommes, nés vicieux, à leur sens. Il leur semble impossible que l'homme soit fait à l'image de Dieu, et sont au contraire portés à croire qu'il est tout entier l'œuvre du démon. D'un autre côté, ils mettent en balance les rares instans de bonheur qu'on peut avoir sur la terre avec les chagrins de toute sorte qui sans cesse nous accablent, avec les souffrances physiques auxquelles l'homme est toujours en butte, et il leur semble, tout compte fait, que la vie n'a rien de fort agréable. Ils osent penser qu'il vaudrait mieux n'avoir jamais été que d'être à ce prix. Si on leur objecte que cette vie n'est qu'un temps d'épreuve, et que Dieu punit les mauvais, mais récompense les bons, ils répondent qu'ils ne se croient pas en droit de faire subir cette épreuve à leurs enfans, qui pourraient bien ne pas naître avec les vertus nécessaires à leur salut. Dieu, ajoutent-ils, ne saurait punir ceux qui ne sont pas et n'ont jamais été ; si la récompense est ineffable, le châtiment est éternel, et la sagesse nous dicte l'abstinence. Tout ce que vous pourriez dire à ces sombres logiciens ne pourrait les convaincre de leur erreur.

Les gens qui composent cette secte sont hospitaliers et éminemment charitables. Les étrangers qui passent chez eux y sont logés et nourris gratuitement aux frais de la communauté. Mais ne comptez pas sur le secours des *stériles*, comme on les appelle, pour vous sauver d'un danger imminent qui menacerait votre vie ; ils vous laisseraient bien vous noyer, vous brûler ou vous pendre sans vous tendre la main ni couper la corde. Ils croiraient vous mettre au monde s'ils vous rappelaient à la vie, et il ne faut pas oublier qu'ils veulent l'extinction de la race humaine avant tout. Ils ne font rien pour détruire l'existence que nous tenons de Dieu, mais ils se croient en droit de ne rien faire pour la conserver.

Les praticiens de cette singulière doctrine religieuse possèdent un établissement magnifique sur un point culminant, dans un site enchanté d'où l'on découvre le plus splendide panorama de la nature. D'un côté est situé le bâtiment où demeurent les hommes ; sur le côté opposé est bâti celui qui sert de refuge aux femmes. Les hommes et les femmes ne se rencontrent qu'au temple à l'heure des prières. Ces sectaires cultivent eux-mêmes la terre et font tous les travaux des champs en habit noir et en cravate blanche. S'il advient que quelques-uns se rendent coupables d'infraction à leur vœu de célibat, ils sont aussitôt renvoyés de la congrégation et intégrés dans la société ordinaire des hommes, qu'ils qualifient de *reproducteurs*. Toutefois, et comme leur doctrine leur prêche le pardon des offenses et l'indulgence pour les faiblesses humaines, ils facilitent aux coupables leur rentrée dans le monde en leur faisant don d'une assez forte somme d'argent. On cite des personnes indélicates qui ne se sont enrôlées dans la secte des *stériles* que pour en violer les lois mêmes et percevoir la prime accordée aux coupables.

Par opposition à cette secte, il y a en Amérique, comme tout le monde le sait aujourd'hui, la célèbre secte des mormons, sur le bord du lac Salé. Ce n'est point la promiscuité qui est en honneur chez les mormons, comme beaucoup de personnes le supposent, c'est la polygamie. Les lois qui régissent la conduite des femmes sont des plus sévères, et l'adultère est puni de mort. Nous n'avons pas visité par nous-même le pays des Mormons, et c'est aux communications de monsieur Jules Remy, un savant naturaliste français qui a demeuré quelque temps sur les bords du lac Salé, que nous sommes redevable de certains

détails curieux sur les mœurs de cette peuplade extraordinaire.

Monsieur Remy assure que toutes les femmes qu'il a interrogées lui ont dépeint leur position comme pleine de charmes. Elles prétendent généralement que la jalousie leur est étrangère, et l'on cite comme un modèle d'union et d'harmonie le ménage de Parley Pratt. Cet apôtre patriarche n'a pas moins de neuf femmes, et compte trente-trois enfans. Toutes ses femmes vivent entre elles comme vivent rarement des sœurs.

Une des femmes de Parley Pratt, mistress Belinda Marden, jeune personne jolie autant qu'aimable et spirituelle, a publié récemment une piquante brochure dans laquelle elle cherche à prouver que la pluralité des femmes est autorisée par Dieu, et qu'elle renferme ici-bas les élémens de la félicité parfaite. Elle ajoute même que le titre de *grand polygame* est synonyme de grand saint, et que l'Éternel l'a pour très agréable à son oreille.

Mistress Belinda Marden se trompe, du moins en ce qui concerne les femmes en général, quand elle vante le système de la polygamie de préférence à tout autre. Il est impossible que la femme aimante admette un tel système. Les mormones ont beau se déclarer satisfaites, je ne puis les croire sincères, si je les suppose honnêtes. L'amour, on l'a dit, est de l'égoïsme à deux : elle et lui, lui et elle ; le reste sort de la nature pour rentrer dans l'aberration.

Du reste, et pour être juste, nous devons déclarer, d'après toutes les personnes qui ont visité les mormons, que rien dans leurs manières extérieures n'est de nature à choquer la morale la plus rigide. Les hommes restent fidèles à *leurs femmes*, et les femmes fidèles à *leur mari*. Toutes les femmes d'un même *saint* vivent sous le même toit et ont leur chambre particulière. Elles mangent à la même table, et les lois de l'Église mormonne leur recommandent la fraternité comme une des principales vertus. Elles s'occupent tour à tour des soins du ménage, et joignent souvent à ces occupations une petite industrie, comme la filature de la laine ou les ouvrages à l'aiguille. Tous les enfans du mari doivent leur être également chers, et c'est une justice à leur rendre qu'elles se conforment généralement à cette loi. Elles ne sont jamais admises dans les délibérations publiques, et leur rôle doit se borner à être les amies et les servantes des serviteurs de Dieu. Cette colonie à peine naissante est en grande voie de prospérité. Les mormons ont des villes bâties et font un commerce qui s'accroît chaque jour. Les émigrans y sont bien reçus et trouvent à s'employer avec avantage.

Enfin, et comme chaque secte se prétend la plus morale et la meilleure sous peine de ne pas exister, les mormons prétendent, eux aussi, offrir au monde l'exemple le plus parfait de morale et d'organisation sociale. Ils croient se conformer en tous points à la nature, trouvant plus moral d'avouer hautement les lois qui la régissent, selon eux, que de s'exposer à les enfreindre hypocritement, — ajoutent-ils pour continuer le paradoxe, — sous le masque d'une fausse vertu.

En tous cas, j'engage prudemment mes lectrices à ne pas laisser partir leur mari pour le grand lac Salé.

Il vient de paraître en Allemagne une histoire des mormons, qui fait connaître le nombre constaté des adeptes de Smith. D'après cet ouvrage, il y aurait en Amérique 68,700 mormons, dont 38,000 en Utah, 5,000 à New-York, 4,000 en Californie, 5,000 dans la Nouvelle-Écosse et le Canada, et 9,000 dans l'Amérique méridionale et les îles.

En Europe, il y en aurait 39,000, dont 32,000 dans la Grande-Bretagne et l'Irlande, 5,000 en Scandinavie, 1,000 en Allemagne et en Suisse, 500 en France, les autres dispersés dans les petits États. Il y en aurait un millier en Asie, 2,400 en Océanie, une centaine en Afrique. Il y aurait plus de 8,000 schismatiques. Toute la secte se composerait d'environ 126,000 adeptes.

On sait que les mormons d'Utah n'ont pu jusqu'à présent

élever un temple qu'ils jugeassent digne de leur religion. Ils n'ont point abandonné leur projet, et bientôt peut-être la cité du grand lac Salé verra s'ériger le plus beau monument gothique de toute l'Amérique. Les murailles de ce temple auront, nous dit-on, 16 pieds d'épaisseur à la base et seront flanquées de six tours; celles de la principale entrée seront plus hautes que celles de l'extrémité postérieure. L'édifice mesurera 186 pieds et demi de long et 99 pieds de large. Au bout du bâtiment sera une jolie promenade à laquelle on parviendra en montant quelques degrés. La partie ornementale de l'édifice sera en pierre blanche, et sa partie massive en granit.

Mais hélas ! trois fois hélas ! j'ai bien peur que ce fameux temple reste inachevé jamais. En effet, je lis qu'un bill destiné à abolir la polygamie dans l'Utah a passé le 6 avril 1860, dans la chambre des représentans des États-Unis, à une majorité de 160 voix contre 60. Les mormons auront du moins la consolation de se dire en quittant les montagnes Rocheuses pour un pays plus libre, qu'il y a dans la chambre des représentans des États-Unis soixante esprits bien pensans que la polygamie n'effrayait point. Voilà un bill qui fait bien des veuves ! Que vont-elles devenir si Abdul-Medjid ne les prend pas en pitié? Bah ! les mormons convertiront leur temple en un grand hôtel pour les voyageurs, et ces dames y trouveront un emploi lucratif qui les consolera de la perte de leur fragment de mari.

Nous avons signalé l'intolérance religieuse comme un danger futur de l'Union américaine. Jusqu'à ce jour, il faut bien le dire, c'est au parti catholique qu'on peut reprocher presque exclusivement les faits accidentels qui révèlent déjà ce danger. Le parti catholique se compose à peu près entièrement d'Irlandais, ignorans, fanatiques et batailleurs à l'excès. Tandis que les protestans, pourtant si divisés de doctrine entre eux, et tandis que tous les autres sectaires reconnaissent comme un droit imprescriptible la liberté de conscience et le libre exercice de tous les cultes, le parti catholique irlandais, intolérant et remuant, fait tout ce qu'il peut pour restreindre ce droit, ne pouvant encore le détruire. Quelques zélés poussent même l'esprit de propagande jusqu'à s'introduire dans les familles pour y porter leur croyance par des moyens plus ou moins licites. On en a vu qui, pour les convertir, enlevaient de jeunes filles à leurs parens; enfin, maintes fois déjà ce parti n'a pas craint de porter le trouble et le deuil dans les populations, en livrant contre le droit, contre les institutions du pays, et surtout contre la liberté de conscience, des batailles sanglantes, sauvages et vraiment impies.

Tout le monde en Amérique se souvient avec horreur des scènes de désordre et de mort provoquées l'année dernière par une classe d'Irlandais et de certains catholiques canadiens à propos des conférences du père Gavazzi. Le père Gavazzi est un prêtre catholique italien qui disait avoir été attaché à la cour de Rome. Les monstrueux abus qu'il reprochait à quelques-uns des grands dignitaires du clergé romain, avec lesquels il prétendait avoir été en relations, n'étaient pas de nature sans doute à lui concilier les sympathies des Irlandais, toujours disposés à jouer du revolver et du poignard. Pour donner plus d'autorité à ces prétendues révélations, monsieur Gavazzi prononçait ses discours en habit d'ecclésiastique, ce que certains catholiques considéraient comme une provocation et une insulte dont il fallait tirer vengeance. Pendant que le gros de l'auditoire écoutait avec le plus vif intérêt les paroles étranges du prêtre italien, les Irlandais proféraient des cris de mort et préparaient les armes.

Cependant le père Gavazzi, avec un courage qu'on ne saurait méconnaître, continuait ce qu'il appelait l'œuvre de sa conscience. Il était en cela fortement appuyé par tous les journaux, unanimes à reconnaître le droit de la parole et à prêcher le maintien des libertés de la pensée aux États-Unis. Fort de son droit et confiant dans les institutions libérales qui régissent le Canada, monsieur Gavazzi se ren-

dit à Montréal et y annonça plusieurs lectures, comme il avait fait à New-York. Là, la partie ignorante et fanatique de la population catholique résolut d'empêcher ces séances par tous les moyens possibles; elle ne trouva pour cela rien de plus simple que de vouloir assassiner le père Gavazzi. Le père Gavazzi, instruit de cette résolution, se mit sous la protection des lois, et n'en annonça pas moins pour le lendemain sa première conférence publique. Alors les catholiques s'armèrent de fusils, de pistolets, de piques et de poignards, et se répandirent dans toute la ville, attendant au passage le prêtre dont ils avaient décidé de se débarrasser.

A l'heure fixée pour la séance, une forte escouade d'hommes de garde vint chercher l'orateur chez lui, et l'escorta jusque dans la salle où il devait prononcer le discours. A peine avait-il articulé quelques paroles que la foule encombrant les abords de la salle voulut y pénétrer de vive force; la garde s'y étant opposée, ce fut le signal d'une bataille meurtrière dans laquelle les perturbateurs furent vaincus. Il y eut dans cette affaire une quinzaine de morts et un grand nombre de blessés. Monsieur Gavazzi n'échappa que miraculeusement au danger, au milieu de cette scène de carnage. Maintenant son droit jusqu'au bout, il donna le nombre des lectures annoncées, et se rendit ensuite dans une ville de États-Unis.

Des scènes semblables, toujours suscitées par l'intolérance du parti catholique, se renouvelèrent sur le passage du prédicateur.

Il y eut encore des batailles, des morts et des blessés, mais partout la liberté triompha de l'émeute intolérante, et le droit de la parole fut maintenu et consacré.

Un orateur d'un genre moins élevé que le père Gavazzi est celui qu'on désigne communément en Amérique sous le nom de l'ange Gabriel. L'ange Gabriel est protestant, et propage sa doctrine en plein air, avec accompagnement obligé de cornet à pistons. Il se rend le dimanche, entre les heures des offices, sur une place publique, monte sur une borne, et prélude à ses discours religieux par une fanfare de cornet à rendre jaloux nos plus habiles marchands de robinets. Comme ceux-ci, il affectionne surtout le trop fameux duo de I Puritani; Suoni la tromba è intrepido. C'est aux accens belliqueux de cet air de Bellini que le peuple s'assemble pour entendre les discours orthodoxes de l'ange Gabriel.

Ce singulier personnage a répandu partout aux États-Unis les lumières de sa parole sacrée, agréablement mêlée aux mélodies de son cornet à pistons. Mais plus d'une fois les yeux et le nez de l'ange Gabriel ont porté les traces de l'argumentation catholique irlandaise, quand il se permettait de critiquer trop vivement le gouvernement spirituel et temporel du pape. En matière de religion, la verte Érin n'aime pas qu'on raisonne, et quand on veut raisonner avec elle, elle y riposte guère qu'à coups de poing.

On le sait à cette heure, si des inondations épouvantables viennent de frapper cruellement quelques-uns de nos départemens, cela provient, comme nous l'apprend un mandement du cardinal de Bonald, de ce que la France a beaucoup trop négligé d'observer la loi du dimanche. On serait peut-être fondé à demander comment il se fait que puisque la France entière est coupable du même péché, le châtiment n'ait été infligé qu'à certaines localités. Paris même a été préservé, bien que ce soit sous ce rapport la plus coupable de toutes les villes de France. Mais il ne faut pas être curieux. Il suffit de constater que la fonte subite des neiges qui ont fait déborder le Rhône et la Loire n'ont eu et ne pouvaient avoir d'autre cause que l'inobservance du repos dominical. S'il en est ainsi, comme il semble difficile d'en douter, les États-Unis me paraissent, pour longtemps encore du moins, à l'abri de toute inondation.

Sans doute le puritanisme s'est un peu relâché en Amérique dans ces derniers temps, et nous ne sommes plus aux jours où les ardens observateurs du repos le dimanche tendaient, le samedi à minuit, des chaînes dans les rues, et jetaient des chaises dans les avenues pour empêcher les voitures de passer. Il y a vingt ans de cela, et les années sont des siècles en Amérique. Pourtant on empêche encore aujourd'hui, dans l'intérêt de leur salut, les compagnies d'omnibus de l'intérieur de la ville de faire leur service le dimanche; mais il paraît que les cochers de voitures de remise, et ceux des voitures particulières, aussi que les compagnies de *cars*, qui font exactement sur des rails ce que les omnibus font sur le pavé, ne pèchent pas en travaillant le dimanche.

On empêche tous les magasins de rester ouverts la journée du dimanche, à l'exception des marchands de cigares et des débitants de liqueurs. Je ne vois pas pourtant ce qu'il y a d'édifiant dans la vente du tabac et de l'eau-de-vie.

Il paraît que ce n'est pas non plus un péché de naviguer le dimanche pour la compagnie des *ferry-boats* qui fait le service entre New-York et Brooklyn, et pour les bateaux de plaisir qui portent jusqu'à couler bas les populations empressées dans les cottages d'Hoboken et de Staten-Island. Mais le chemin de fer qui va de Brooklyn à *Green-Wood* se damnerait infailliblement s'il ne se reposait ce jour-là.

Les journaux aussi risqueraient fort d'encourir les colères du puritanisme s'ils paraissaient le dimanche dans leur format ordinaire; mais ils ne pèchent pas en diminuant le format de moitié.

Les gamins qui vendent les journaux dans la rue le dimanche matin ne pèchent pas, mais un homme pécheroit s'il faisait le même commerce que ces gamins.

Un boucher pécherait horriblement s'il vendait de la viande le dimanche; mais, le dimanche, un cuisinier ne pèche pas en assaisonnant de son mieux la viande du boucher.

Un musicien enfin pécherait beaucoup si, le dimanche, il donnait un concert qui ne serait pas qualifié de spirituel; mais il ne pèche pas du tout en se faisant payer pour jouer en tête des convois funèbres, toujours nombreux le dimanche (car il faut bien passer le temps!), des airs très profanes, en guise de marche funèbre.

Au reste, il faut l'avouer parce que cela est vrai, le bon sens de la grande majorité fait tous les jours justice d'une loi qui, en Amérique, est une anomalie inexplicable. On peut dire que si elle est encore observée en beaucoup de points, grâce à la routine, elle n'est plus guère dans les mœurs générales de la population. C'est ainsi que les ouvriers s'enferment le dimanche pour travailler, que les négocians se font apporter de leur office leurs livres de commerce le samedi soir, et travaillent *at home* le lendemain, quand ils ne vont pas s'amuser à la campagne, ce qui est également défendu.

La loi du dimanche interdit, avec le travail productif, tous les exercices de nature à troubler la piété et la méditation. La musique est naturellement proscrite, à moins toutefois que ce ne soit la musique religieuse. Mais les Américains sont ingénieux à tourner les difficultés; ils ont pour le dimanche des polkas sacrées, des mazurkas édifiantes, des valses bibliques, des galops célestes et des quadrilles orthodoxes, qu'ils exécutent sur le piano en tenant la pédale des étouffoirs constamment levée. Ce n'est pas tout, et, si j'ose l'avouer, j'ai vu des Américains et des Américaines qui ne se faisaient aucun scrupule d'accompagner ces airs sacrés de pas et de mouvemens de corps qui avaient toutes les apparences des danses mondaines que nous venons de nommer.

Par exemple, si l'on veut savoir au juste comment on passe le dimanche dans les maisons d'éducation tenues par des puritains de la vieille roche, voici ce que racontait à ce sujet un de nos compatriotes, professeur dans un pensionnat de ce genre.

« Après une matinée passée au temple et dans le *sunday school* (école du dimanche), viennent les lectures de l'après-midi et le chant des psaumes. Ce double exercice

dure six heures consécutives. Si par extraordinaire un visiteur se présente, il est introduit sans bruit; il s'assoit, prend un livre, et fait bravement sa partie dans la lecture ou dans le chant.

» Peu à peu le sommeil gagne les enfans, les volumes tombent de toutes les mains, les bâillemens se multiplient, le ronflement devient général. Une fois, ajoutait le narrateur, la vieille tante des directrices se disloqua les articulations de la mâchoire en bâillant outre mesure; elle ne pouvait plus fermer la bouche, ce qui jeta la terreur dans la maison et causa un regrettable scandale de ris et de *capital good fun* (bonnes plaisanteries). »

Cette austère observation, pour les protestans, du repos dominical, a déterminé plus d'une conversion au catholicisme, plus tolérant en pareille matière.

Un jeune Américain avait l'habitude de réunir quelques amis pour faire la partie de cartes.

Son jour de réception était le samedi, seul jour dont il pût disposer de sa soirée.

La mère du jeune homme, intraitable sur le chapitre du dimanche, se tenait secrètement en sentinelle pour observer les joueurs. Dès que minuit sonnait on la voyait apparaître :

— Messieurs, — leur disait-elle, — il est minuit; c'est le dimanche qui commence. Ce jour, vous le savez, doit être consacré tout entier à la prière et aux méditations pieuses.

— Chère mère, nous finissons la partie; cinq minutes encore ?

— Impossible, mon enfant, il est minuit.

Exaspéré de cette rigidité, et ne voulant pas contrarier sa mère, le jeune homme se fit catholique pour avoir le droit de jouer aux cartes le samedi passé minuit.

Mais ce n'est pas à New-York qu'il faut aller pour apprécier la rigidité des mœurs puritaines. Boston et Baltimore les ont conservées plus intactes. En voici un exemple : j'avais observé à Boston que, dans les maisons connues par leur puritanisme, quand il y avait un piano, les pieds de l'instrument étaient soigneusement recouverts d'une housse qui les enveloppait entièrement jusqu'à la caisse. Je n'avais pas eu occasion de faire cette remarque dans les maisons qui passaient pour moins sévères. Cela m'intriguait fort, et je me décidai un jour à en demander l'explication à un facteur de pianos.

« C'est, — me répondit très sérieusement cet industriel, — qu'on dit quelquefois en anglais les *jambes* d'un piano, aussi bien que les *pieds*, et que, pour certaines personnes rigides, il n'est pas convenable ni décent, même aux instrumens de musique, de laisser voir leurs jambes nues. »

XI

LES ASSOCIATIONS EN AMÉRIQUE.

Les associations qui, en dehors de la société générale, ont pour but de former des corporations régies par des lois particulières, le plus souvent unies à des dogmes religieux d'accord avec elles, sont en très grand nombre en Amérique.

Les associations naissent et se forment partout sans que le gouvernement y puisse mettre aucun obstacle. Le gouvernement des États-Unis n'a pour objet unique que la politique du pays; il ne dicte point de lois aux intérêts des particuliers, pas plus qu'il ne leur impose de croyance religieuse, et les citoyens américains sont toujours parfaitement libres de s'associer entre eux comme bon leur semble et d'adorer Dieu sous la forme qui leur convient. D'ailleurs les associations ne présentent aucun danger dans un pays essentiellement libre comme l'Amérique, doublement libre par l'indépendance innée de ses habitans et par les institutions généreuses et progressives qui la régissent.

Les hommes qui jouissent des bienfaits de la liberté ne songent pas à en abuser au détriment de leur propre bonheur. L'étonnante prospérité de l'Union américaine, composée dès le principe et toujours alimentée depuis par des hommes de toutes les races, de toutes les religions, parlant toutes les langues, et dont un certain nombre, il faut l'avouer, n'étaient ou ne sont encore que le rebut des société européennes, en est une preuve irréfutable.

La liberté en Amérique rend les hommes plus intelligens, parce qu'elle leur ouvre sans difficulté toutes les carrières; elle les rend plus moraux et plus nobles, parce qu'elle détruit la dissimulation; elle les rend plus fiers, parce qu'elle établit l'égalité; elle les rend plus courageux, parce qu'elle détruit la servitude; elle les rend plus forts enfin, parce qu'elle permet, avec tant d'autres précieux avantages, les associations, qui, en réunissant les forces de tous, décuplent la force de chacun.

Ce besoin, inhérent à l'organisation de l'homme, de vivre en société, de se réunir sous des lois communes tendantes à équilibrer autant que possible, en les multipliant, les chances de bien-être de chaque individu, ce besoin d'association à la recherche du bonheur, a donné naissance, aux États-Unis, à certaines corporations qu'il est intéressant d'observer.

Ce que l'homme connaît le moins bien, on l'a dit, c'est l'homme lui-même; ce que l'homme a le plus calomnié, c'est aussi l'homme. Les nobles et généreuses qualités que nous tenons de la nature comme un contre-poids puissant à opposer aux entraînemens des passions, ces belles qualités, que la liberté seule développe dans toute leur puissance, sont étrangement méconnues de la généralité des hommes, trop souvent aveuglés par l'intérêt des plus habiles. Croirait-on, par exemple, que des hommes puissent vivre en société sans loi aucune, sans aucun règlement, guidés exclusivement par le bon sens et l'équité naturelle? Une société de ce genre s'est pourtant formée dans le nord des États de l'Amérique; elle est en pleine voie de prospérité, et rien jusqu'à présent ne semble devoir en arrêter l'heureux essor.

Les hommes convaincus qui ont essayé de vivre sous ce genre de gouvernement, lequel, on le voit, consiste précisément dans l'absence de tout gouvernement, ont certainement beaucoup compté sur les bons sentimens de l'homme entièrement livré à sa conscience, mais ils ont aussi compté sur l'égoïsme bien entendu de chacun, qui dicte la conduite de tous. D'après eux, en effet, c'est de la bonne conduite de chacun des membres de la corporation que dépend avant tout sa fortune et son bonheur. Les vices, si souvent impunis par les lois insuffisantes à les réprimer, et si souvent heureux aussi, sont, s'il faut les en croire, naturellement condamnés dans cette singulière société où la vertu seule trouve une récompense, où la loyauté seule conduit à la fortune. Ici, ajoutent-ils, l'intérêt particulier, si intimement lié à l'intérêt général, n'a et ne peut avoir pour règles de conduite que la tolérance, la morale et la justice.

L'homme corrompu, poursuivent-ils, qui ment sciemment ou manque à sa parole par un coupable esprit de cupidité, voit aussitôt son crédit diminuer, l'honneur et la parole étant la seule garantie offerte dans toutes les transactions commerciales. Pour reconquérir son crédit, le menteur ou l'homme sans parole est obligé de faire de grands efforts de vertu, et il se punit ainsi, pour reprendre sa place dans la société, de la manière la plus efficace et la plus morale, en se corrigeant de son défaut.

Si une personne est emportée, méchante, vindicative, tout naturellement le vide des relations se fait autour d'elle, et chacun ainsi lui inflige passivement la punition de ses fautes, en provoquant son retour à de meilleures qualités. Mais si la colère se montre sans frein et que la méchanceté soit poussée chez quelqu'un jusqu'au crime,

la société tout entière, indignée et menacée par cet ennemi commun, ou s'en débarrasse par la mort, selon le cas, ou l'abandonne simplement à ses remords comme un indigne paria.

Ainsi de suite, et proportionnel'oment, de toutes les fautes et de tous les forfaits qui menacent les intérêts de l'association ou portent atteinte à la morale, si nécessaire à défaut de lois.

Les membres de cette société exaltent naturellement leur association au détriment souvent de la société commune, qu'ils ne ménagent pas dans leur critique. C'est ainsi qu'ils prétendent, pour répondre à un reproche qu'on leur a fait quelquefois, que, loin d'avoir consacré l'omnipotence de la force brutale par l'absence de loi protectrices en faveur des faibles, l'absence des lois est précisément la plus sûre garantie qui puisse leur être offerte.

Ils soutiennent, pour pousser jusqu'au bout le paradoxe, que l'abus de la force, au mépris de la morale et de la justice, ne peut s'exercer que dans les sociétés réglementées par des constitutions et des lois de toutes sortes, souvent dénaturées au profit des puissans et des privilégiés, ou même confisquées, en dépit de l'intérêt général, par des minorités ambitieuses. Enfin, et pour être conséquens avec leur fausse théorie, ils prétendent qu'en Amérique, aussi bien qu'en Europe, les lois sont surtout la garantie des forts contre les faibles, et non la garantie des faibles contre les forts. Ces opinions erronées ne font paraître que plus extraordinaire la prospérité d'une association sous la sauvegarde unique de l'intérêt et du bon sens des individus qui la composent.

C'est, je crois, monsieur Andrews, le fondateur à New-York du fameux club des *Libres amours*, qui est aussi le fondateur de cette association singulière. En tout cas, il en est un des propagateurs les plus ardens. Monsieur Andrews a publié sur ce sujet un ouvrage intéressant et dicté par les sentimens les plus généreux.

Du reste, la Californie s'est longtemps gouvernée ainsi par elle-même, dans les premiers temps de la découverte de l'or, sans lois auxquelles on pût avoir recours, uniquement dirigée par le bon sens et le sentiment de la justice qui sont dans tous les hommes. Les transactions les plus importantes se faisaient sur parole, comme à la bourse de Paris, et les voleurs, assez rares, y étaient pendus sans façon par la population, qui se faisait juge, d'après l'expéditive loi du *lynch*, ce qui n'a jamais lieu à la bourse.

Par opposition à la société sans règlemens, on a essayé en Amérique de la vie beaucoup trop réglementée du phalanstère, d'après les théories de Fourier. Mais s'il est vrai que le phalanstère présente des avantages quant au côté matériel de la vie, l'uniformité qui y règne partout, dans les travaux comme dans les plaisirs, influe d'une manière si fâcheuse sur le moral, que les avantages ne compensent pas les inconvéniens. Il résulte de cette vie uniforme, sans luttes et sans incidens, le dépérissement fatal et progressif de toutes les facultés de l'intelligence. On s'est aperçu des dangers de cette triste vie en commun, et l'on a craint d'aboutir à l'anéantissement moral où tombèrent les habitans du Paraguay, sous la paterne mais abrutissante administration des jésuites, dont la communauté ressemblait à une sorte de phalanstère religieux.

Le phalanstère de Fourier a été vendu il y a quelques mois, et ses membres sont rentrés dans la société générale, qui, malgré ses imperfections, vaut encore mieux que le phalanstère.

Monsieur Victor Considérant, l'un des apôtres du communisme, comme on sait, a aussi établi depuis peu une sorte d'association agricole dans le nord du Texas. Je lui souhaite beaucoup de bonheur; mais je mets fortement en doute la réussite complète et durable d'une telle société. (1(

---

(1) Les craintes de l'auteur se sont entièrement réalisées, et cette malheureuse société s'est démembrée de la manière la plus triste.   (*Note de l'éditeur.*)

Le communisme est une véritable machine humaine, fonctionnant avec toute la régularité d'une machine, et dont chaque homme est un rouage. Mais la nature, heureusement, a fait de l'homme un être complet et non une fraction de chose, et son individualité est trop vivace pour qu'il puisse s'accommoder longtemps d'un rôle semblable. D'ailleurs la lutte manque dans le communisme, et la lutte, dans l'ordre moral comme dans l'ordre physique, est la grande loi de la nature. Tout ce qui vit lutte et doit lutter pour vivre. La vie amène la mort, et la mort engendre la vie, par une lutte incessante de tous les êtres entre eux, dans ce vaste champ de bataille qu'on appelle l'univers. Ainsi le veut la nature dans ses lois mystérieuses, que l'homme serait enclin à juger bien sévèrement s'il les appréciait seulement avec sa raison et les sentiments de son cœur généreux et bon.

Il y a à Brooklyn, sur le côté est de New-York, une société plus que mormonienne, qui vit dans la communauté la plus étendue de fortune et de sentiments. Je n'ai pas eu l'honneur d'être introduit parmi ces messieurs et ces dames, mais l'on m'a assuré que la concorde la plus parfaite n'avait jamais cessé de régner au sein de cette société nouvelle.

Les femmes, dans cette communauté, possèdent en tout les mêmes avantages et les mêmes prérogatives que les hommes. Les jeunes gens y font parfois la coquette, et les femmes y sont audacieuses à leur tour. Les enfans sont élevés à frais communs, et cette société, parfaitement convenable d'ailleurs, se pose comme un modèle de bonnes mœurs et d'organisation sociale. La morale, toujours invoquée par toutes les religions et par toutes les sociétés, est plus particulièrement exaltée par les membres de cette association, qui prétendent se conformer en tout aux lois de la nature, et user du plus inviolable et du plus sacré de tous les droits : le droit d'aimer, de se faire aimer librement.

Ce sont là des aberrations que condamne la délicatesse des sentiments autant que la raison.

Il y a à New-York, comme à Londres, un club des voyageurs (*travellers club*). Il faut avoir visité les quatre parties du monde pour y être admis. Moins excentriques que les Anglais, les Américains n'ont pas, comme dans la capitale des îles Britanniques, un *club des bossus*, un *club des pendus* (pendus dont la corde s'est cassée), un *club des maris malheureux*, un *club des centenaires*, enfin un *club des intempérans*. C'est le célèbre Kean qui, en 1817, fonda ce dernier club, composé de quinze membres seulement. Pour être reçu membre du club des intempérans, il fallait avant tout avaler d'un trait un litre d'eau-de-vie. Beaucoup de récipiendaires mouraient avant d'avoir complètement subi cette épreuve terrible.

A côté de ces goinfres ridicules, il devait nécessairement se former une société d'hommes sobres à l'excès et non moins ridicule. Les légumistes règnent aux Etats-Unis comme en Angleterre, et voici quelles sont les règles fondamentales de ce club des morts de faim : 1° ne pas tuer d'animaux ; 2° ne pas manger de viande ni rien de ce qui provient des animaux. On ne permet le lait que pour les nouveau-nés (quelques dissidens autorisent le lait provenant d'animaux herbivores, disant que cela n'a rien de commun avec la chair) ; 3° n'ajouter à ses mets ni sel, ni épices d'aucune sorte ; 4° séparer le son de la farine du pain est rigoureusement interdit ; 5° s'abstenir de boisson de toute espèce, même de thé et de café ; l'eau pure est la boisson naturelle ; 6° les exercices corporels marchent de pair avec la régénération morale ; aussi doit-on faire assidûment de la gymnastique, se baigner, etc., à tous les âges, et ainsi pour les deux sexes ; 7° porter des vêtemens simples, conformes à la nature, et non soumis aux caprices changeans de la mode.

La société cite parmi ses ancêtres dans l'antiquité, Pythagore, Porphyre, Plutarque, Epicure ; au moyen âge, Th. Tryon ; pour le milieu du dix-huitième siècle, le docteur Cheyne ; parmi les modernes, Linné, Bernardin de

Saint-Pierre, Franklin, etc. Elle fonde tout son système, dit-elle, sur la constitution anatomique de l'homme, qui est faite pour la nourriture des végétaux.

Comme le *humbug* se faufile partout en Amérique, monsieur Barnum, l'illustre puffiste, a eu, lui aussi, la pensée, dans l'intérêt de la morale, de fonder dans le Connecticut une association de buveurs d'eau et de légumistes. Mais les vertueux projets de ce grand homme auraient avorté, dit-on, par suite de la faillite qu'il se serait vu obligé de déclarer tout dernièrement. Mais cette faillite est-elle réelle, et les légumistes et buveurs d'eau doivent-ils se désespérer ? Nous ne le pensons pas.

Monsieur Barnum, possesseur d'une fortune évaluée à quinze millions de francs, monsieur Barnum qui sollicite en ce moment l'autorisation d'établir à New-York un vaste jardin de plaisance, avec théâtres, cafés, restaurans, amusemens publics de toutes sortes, n'aurait-il pas eu pour but, en simulant une faillite considérable, d'augmenter d'autant son crédit ? Cela n'aurait rien d'impossible, et cela nous amène à dire quelques mots des faillites, en dehors bien entendu de ce qui concerne monsieur Barnum.

Les faillites, en Amérique, ont deux conséquences contraires : elles tuent commercialement ceux qui les font, ou bien elles ajoutent à leur crédit. Cette dernière conséquence peut paraître étrange au premier abord, mais on va voir qu'elle est parfaitement logique.

PREMIER CAS. — Si l'homme qui a fait faillite est vraiment malheureux, et que pour payer intégralement ses créanciers il se soit dessaisi de tout ce qu'il possédait, c'est un homme perdu sans ressource. Supposons qu'il veuille recommencer les affaires et que, confiant dans la délicatesse dont il a donné des preuves, il aille retrouver ses anciens créanciers pour leur demander un nouveau crédit : il y a tout à parier qu'il échouera.

— Nous n'avons, commercialement, aucune confiance en vous, — lui diront-ils. — Etes-vous heureux dans les affaires ? non, puisque vous avez fait faillite. Avez-vous des garanties à offrir ? Non encore, et personne ne le sait mieux que nous, puisque, pour nous payer intégralement capital et intérêt, vous avez épuisé vos dernières ressources... Vous le voyez, cher monsieur, les affaires avec vous ne sont pas possibles.

DEUXIÈME CAS. — Mais si, plus adroit, le négociant en faillite s'arrange de manière à n'offrir qu'un faible dividende à ses créanciers et qu'il garde pour lui la belle part du gâteau, oh ! alors les choses changent de face. Notre homme peut, s'il le veut, recommencer le commerce dès le lendemain même de sa faillite, et se présenter avec assurance devant les créanciers qu'il a frustrés : il est sûr d'obtenir d'eux tout le crédit désirable.

— Puisque cet homme, — diront-ils, — s'est montré assez habile pour nous tromper, c'est qu'il est adroit en affaires et doit réussir. D'un autre côté, il a de l'argent, et personne mieux que nous n'est à même de le savoir, puisque nous sommes ses victimes. Donc nous devons avoir confiance en lui.

A côté des associations qui ont la prétention de révolutionner l'ordre social, il y a en Amérique un nombre considérable de corporations dont le seul but est de se réunir et de se secourir mutuellement. Toutes ces corporations, sorte de compagnonnage, se promènent dans les rues les jours de fête, bannière en tête et au son des instrumens de musique.

Les Américains sont passionnés pour les défilés de soldats citoyens, pour les processions de tous genres, pour les mâts pavoisés, pour les pavillons qu'ils arborent partout, à propos de tout, et pour les musiques militaires, qui précèdent tous les cortèges en général.

On ne saurait se faire une idée exacte du spectacle singulier que les nombreuses corporations politiques et philanthropiques, toujours agréablement mêlées à des compagnies de pompiers ornés de leurs pompes, présentent à New-York le jour de l'anniversaire de la naissance de Washington, le jour anniversaire de l'indépendance et le jour d'actions de grâces. Ce ne sont partout, dans Broadway et sur la place de l'Hôtel-de-Ville, que gigantesques bannières avec force rubans de toutes couleurs, dessins emblématiques, guirlandes et inscriptions, portées par les corporations marchant au son de la grosse caisse, des fifres, des cymbales, des ophicléides. Le but de ces cérémonies est certes des plus louables, et les Etats-Unis ne sauraient choisir de meilleures occasions de se réjouir.

Mais toutes les occasions sont bonnes en Amérique quand il s'agit de parader en procession, et je ne voudrais pas jurer que le plaisir de marcher au pas, de porter sur l'habit noir ou le paletot une ceinture de couleur, sur la poitrine des insignes quelconques, et des rubans autour du bras, ne fussent pour beaucoup dans l'empressement des citoyens américains à faire partie de toutes les corporations. Quatre gardes nationaux en costume militaire ne se réunissent jamais pour aller à la campagne tirer à la cible sans marcher gravement au pas, précédés d'une bande de musique militaire, et suivis de deux ou trois nègres qui portent la cible, des guirlandes et des couronnes de fleurs destinées aux plus adroits.

En faisant toutes ces manifestations, ils créent ce qu'ils appellent *an excitement*.

Les sociétés secrètes, comme les know-nothings autrefois, et tous les différens corps de francs-maçons, ont toujours marché ainsi en grande pompe et bannière en tête.

Supprimez les bannières, les rubans, la grosse caisse, les écharpes bariolées et les fifres, et vous portez à la franc-maçonnerie, si en honneur aux Etats-Unis, le plus redoutable de tous les coups. Le peuple américain est si absorbé presque constamment par les affaires, il a si peu de temps à donner au plaisir, que c'est un bonheur véritable pour lui de se promener ainsi bras dessus, bras dessous, avec des bannières et de la musique. On l'a dit avec raison : des goûts et des couleurs il ne faut pas discuter; quant à moi, j'aimerais mieux les faire poser vingt-cinq sangsues ou entendre deux tragédies dans la même soirée que de figurer dans un pareil cortège.

Mais n'oublions pas de signaler une des plus curieuses corporations, du moins en ce qui concerne les insignes dont les membres sont revêtus.

Voici comment j'ai découvert l'existence de cette corporation. Un jour j'entrai dans un *bar-room*, en compagnie d'un Américain qui m'avait offert de me rafraîchir. Après nous arrivèrent deux gentlemen. L'un d'eux ayant aperçu un groupe d'individus, s'en approcha en prononçant à demi voix le mot *parapluie!* A ce mot magique, chacun tourna la tête, et le groupe entier salua le nouveau venu par le même mot *parapluie!* trois fois répété.

J'avais oublié cette scène, à laquelle je n'avais rien deviné, quand quelques jours après je vis défiler dans Broadway et par un très beau temps une bande d'individus ornés chacun d'un parapluie ouvert. Je compris alors que le gentleman et le groupe de personnes que j'avais vus dans le *bar-room* devaient appartenir à la corporation des parapluies, dont j'ignore le but.

En imitation des doctrines saint-simoniennes, qui proclamaient l'égalité de la femme et ses droits à remplir dans la société, à l'égal des hommes, toutes les charges et tous les emplois, il y a en Amérique la fameuse secte sociale des blooméristes.

Les grandes prêtresses du bloomérisme sont mesdames Lucrezia Mott, Rose et Antoinette Brown, la plus célèbre de toutes par l'indépendance de ses idées et la hardiesse de ses discours. Ces dames assurent que si la femme se dégrade et se perd si souvent, que si le vice est si répandu dans tous les grands centres de population, où les besoins sont plus considérables, c'est que les hommes accaparent pour eux toutes les fonctions lucratives et ne laissent aux femmes que les travaux infimes, d'une culture abrutissante pour l'esprit et d'un rapport insuffisant aux besoins de celles qui les entreprennent.

« Elevez-vous donc, » disait un jour avec indignation miss Antoinette Brown, en s'adressant aux hommes dans un grand meeting à Boston ; « élevez-vous donc contre » l'immoralité des femmes, et faites bien les hypocrites, » quand c'est vous qui les corrompez en leur retirant » d'une main, par égoïsme, ce que vous leur rendez en » partie de l'autre, par vénalité. Ah ! vous savez que le » vice naît souvent de la misère, que la faim est souvent » plus puissante que la vertu, et dans votre despotisme » infernal, dans votre lâcheté, vous appauvrissez les » femmes pour les rendre vicieuses !... Mais donnez-leur » une part des emplois lucratifs que vous occupez seuls, » qu'enfin dans leur impuissance elles n'aient plus besoin » pour vivre de vos infâmes et humiliantes largesses, » et, j'en suis parfaitement assuré, vos séductions, mes-» sieurs, feront beaucoup moins de ravage dans nos » rangs. »

C'est très bien, et il est évident que les hommes, plus forts que les femmes, se sont toujours faits dans la société la part du lion. Mais il me semble que les blooméristes oublient trop qu'on ne déjeune pas directement de places brillantes et qu'on ne dîne pas en avalant des pièces d'or. Le pot-au-feu, le modeste mais impérieux pot-au-feu doit être là tout prêt, à la fin de la journée et au bout de toutes les spéculations. Or, s'il n'était confié aux soins de *madame*, ce serait donc *monsieur* qui devrait le préparer ? Cela ne me semble pas naturel et par conséquent pas raisonnable; sans compter qu'il y a pour les femmes une occupation plus grave qu'elles seules peuvent remplir, à l'exclusion de toutes les autres : le soin de nourrir et d'élever leurs enfans. Mais les blooméristes, qui ont certainement raison en beaucoup de points, tombent dans l'exagération des réformes quand elles veulent être avec les hommes juge, avocat, prêtre, soldat, médecin, représentant, ambassadeur, ministre et même pompier.

J'ai eu l'occasion de voir réunies un assez grand nombre de blooméristes au club des *Libres amours*, à New-York ; elles portent des pantalons, des jupes courtes, des pèlerines et des chapeaux ronds. Toutes celles que j'ai rencontrées étaient maigres, vieilles, laides et douées d'une voix détestablement criarde. Elles aiment à pérorer, et s'insurgent avec bonheur contre les hommes mariés et contre le mariage.

Mais, en fait de mariage, il faut toujours se méfier de l'opinion des vieilles filles maigres, laides et criardes.

XII

LES JOURNAUX EN AMÉRIQUE.

On disait en France, il y a quelques années, que le journalisme était le quatrième pouvoir de l'Etat. Je ne sais s'il y a lieu de le dire encore, mais ce qui est incontestable, c'est qu'en Amérique, où tout le monde sait lire, dans le fond des campagnes comme au sein des villes, le journalisme doit être placé, non pas seulement au quatrième rang des pouvoirs, mais bien au premier, et l'Amérique ne s'en trouve pas plus mal.

Nulle part, en effet, autant qu'aux Etats-Unis, les journaux n'exercent d'influence sur les décisions du gouvernement et sur l'opinion publique. Bien rédigés pour la plupart, ils sont les échos éclairés des besoins de la population et les appuis les plus solides des grands principes de la constitution. La polémique si vive, si virulente même à l'approche des grandes élections où les partis sont en présence, où les idées s'entre-choquent avec force, redevient calme, courtoise même, après le jugement prononcé par le plus grand nombre. Sans doute les majorités ne sont pas infaillibles, elles peuvent se tromper quelquefois; mais, dans un pays comme l'Amérique, où chacun a le droit et la liberté de voter, où tout le monde sait lire et peut éclairer sa propre raison par la raison des autres, la qualité doit se rencontrer presque toujours du côté de la quantité.

L'amovibilité de toutes les fonctions publiques aux États-Unis rend d'ailleurs les erreurs facilement réparables, en même temps qu'elle offre au progrès un accès continuel et un vif stimulant. Il est inutile d'ajouter que la presse américaine, entièrement libre, a pour mission première la propagande de toutes les mesures politiques et économiques propres à fortifier la liberté des citoyens et à augmenter le bien-être de tous.

A côté de l'innombrable chiffre des feuilles libérales et progressives à divers points de vue qui se publient aux États-Unis (1), c'est à peine si l'on remarque l'existence de certains journaux, de coterie religieuse plus encore que sociale, dont la voix chétive quelque criarde s'efforce de troubler par de fausses notes l'accord parfait des sentimens. Les feuilles catholiques de ce genre, dont quelques-unes prêchent l'amour de Dieu dans un style de possédé, ont le triste courage, au sein même du pays le plus avancé et le plus florissant, grâce à ses institutions libérales, de combattre ces institutions mêmes, qu'elles voudraient voir remplacées par un gouvernement bien absolu, bien intolérant. Elles assurent contre tout le monde que tout le monde a tort, que la prospérité des États-Unis est une prospérité factice, que la liberté dont ils jouissent a toute sorte d'inconvéniens, et elles prophétisent les plus grands malheurs pour le nouveau monde s'il continue à adorer Dieu de plusieurs manières et à jouir des avantages perfides de la liberté. Peu d'adeptes lisent ces journaux énergumènes, et quand on les lit, c'est pour en rire, comme on rit d'un enfant faible et rageur qui vous fait des grimaces et vous menace du poing.

Les journaux, utiles partout, sont indispensables en Amérique, où la raison ne se gouverne que par elle-même.

La discussion libre est la plus sûre garantie de l'ordre social en Amérique, en même temps qu'elle est, par une conséquence naturelle, la source de tous les progrès.

Partout où cinq cents Américains se réunissent en société, on peut être sûr de trouver une église d'une secte quelconque, un journal politique et une banque. L'église, le journal et la banque sont là des objets de première nécessité. Le reste vient ensuite.

D'ailleurs les journaux américains, à l'imitation des journaux ang'ais, sont parfaitement combinés pour servir les intérêts de la classe commerciale, qui est pour ainsi dire, avec les agriculteurs, la seule classe qui existe aux États-Unis.

Les journaux américains sont une collection incessante de renseignemens, d'avis de toutes sortes, sur toutes choses et sur tous les pays. La nouvelle commerciale est la grande affaire des journaux américains, qui ont le tort de ne pas s'occuper assez de littérature. Imprimés en petits caractères compactes et dans un format double de celui des grands journaux français, exempts de cautionnement et de timbre, ils se vendent au prix d'environ dix centimes. Or, dix centimes sont bien peu de choses en Amérique, où l'argent a relativement moins de valeur qu'en Europe. Tout le monde achète donc et lit les journaux. Quelle que soit la nature des renseignemens qu'on désire avoir, il est rare de ne pas les y trouver. Tout y est : le

départ des steamers et leur arrivée, le départ des trains de tous les chemins de fer ; — le prix des places dans tous les steamboats, sur tous les rail-roads, à tous les spectacles et à tous les autres divertissemens publics;—les prix courans des marchandises,—le mouvement des importations, des articles de finance, — les nouvelles de la cité, — le mouvement des ports, — le nom de tous les passagers arrivans ou partans, — les discours officiels *in extenso*, — les nouvelles étrangères annoncées par des correspondances particulières,—des comptes rendus quotidiens sur tout ce qui peut intéresser à titre quelconque le public, — une quantité prodigieuse d'annonces de tous genres ; pour demander ou offrir des logemens, pour demander ou offrir des domestiques, ou acheter ou vendre n'importe quoi, pour se marier, pour divorcer, pour se donner des rendez-vous d'amour, pour se proposer des affaires, pour réclamer des femmes égarées, pour demander des hommes qu'on voudrait trouver, pour s'écrire, pour se répondre, pour se menacer et pour se pardonner.

Je ne sais pas de lecture plus originale que la lecture des journaux américains, et l'on pourrait faire un très-curieux volume en réunissant certaines annonces qui s'y publient chaque jour.

J'en ai recueilli sur place quelques-unes qui m'ont paru piquantes.

Les voici fidèlement transcrites :

« On demande une cuisinière catholique et borgne, pour le service d'une petite famille. On exige de la cuisinière la perte d'un œil, pour des raisons sérieuses qu'on expliquera à la personne qui se présentera Prince street, 9. »

« Je suis J. O. K. d'Edimbourg. Il y a bientôt quatorze ans que je n'ai vu ma femme; c'est depuis le jour fatal (13 janvier!) où l'infâme W. Smith, du Michigan, l'a séduite pour l'abandonner ensuite dans la misère et le désespoir. Aujourd'hui, je désire voir ma femme pour des raisons d'un haut intérêt. Je prie donc instamment les personnes qui ont pu la connaître de vouloir bien m'adresser les renseignemens que je demande au bureau de ce journal. Ma femme a aujourd'hui trente-quatre ans. Elle était blonde, d'une taille moyenne, et je la trouvais jolie. Elle a sans doute beaucoup changé. Les initiales de ses noms sont : M. L. B. »

« Le docteur R... (Office, 164, Broadway) demande des têtes de ver solitaire destinées par lui à être ajustées à des corps sans tête de ce botryocéphale, dont il possède une belle collection. Les personnes qui ont des têtes de ver solitaire et qui désireraient s'en défaire avantageusement peuvent s'adresser à l'office du docteur, de trois à cinq heures. Le docteur pourra aussi, si on le désire, échanger quelques corps de ténia, tous en parfait état de conservation, contre des têtes du même intestinal. »

« Une jeune demoiselle de dix-neuf ans, d'origine anglaise et sans aucun parent, désirerait se mettre en pension dans une famille américaine ou étrangère. Elle donnerait en échange de la pension des leçons de piano, de chant et de couture, et aussi de langue anglaise si on le désire. Ses manières sont distinguées, son esprit est vif, son caractère enjoué. Ecrire M. N. L. Post-Office-Box, 331. »

« PHRÉNOLOGIE. Clinton-Hall, 131, Nassau street. — Ce cabinet, visible tous les jours, renferme le modèle moulé des hommes les plus distingués dans tous les genres, tels que littérateurs, savans, hommes politiques, corsaires, empoisonneurs, voleurs, meurtriers, femmes adultères et idiots. »

« CHAMPAGNE. — MARC CAUSSIDIÈRE, 15, Beaver street, est le seul agent aux États-Unis de la maison Dolbeck et Lebégard, de Reims. Bonne marque, bon vin, bon accueil. »

« AVOCAT. Louis Pignolet, *attorney at law*, 187, Greenwich street. Conscience et savoir. »

« BUREAU DE PLACEMENT, 522, Broadway, nourrices,

---

(1) D'après la *Gazette de Boston* du 10 janvier dernier, il y aurait actuellement trois mille sept cent cinquante-quatre journaux publiés aux États-Unis, à savoir : Dans l'État de New-York, 613; dans l'État de Pensylvanie, 418; dans celui de l'Ohio, 303 ; dans l'Illinois, 221 ; dans le Massachusetts, 225 ; le nombre restant se partage entre les autres États. Entre les États de l'Union où l'esclavage est en vigueur, la Virginie est celui dans lequel est répandu le plus grand nombre de journaux ; on en compte 136 ; après vient le Missouri, dans lequel il en est publié 163.

professeurs, gouvernantes, couturières, modistes, etc. Commission modérée, discrétion à toute épreuve. »

« A vendre à l'Hippodrome, pour cause de cessation d'affaires, un magnifique tigre du Bengale, une panthère de Java, un ours très joli, un lion superbe, et plusieurs autres animaux féroces parfaitement élevés, en bon état de santé et à des prix modérés. »

« Un médecin spécial pour les maladies nerveuses demande un ou plusieurs paralytiques d'un naturel doux et tranquille. Ce médecin se propose de le guérir par un procédé entièrement nouveau, de son invention, qui exige de la part du malade autant de patience et d'abnégation qu'il réclame d'intelligence et de dévouement de la part du médecin. Cure infaillible. »

« Une jeune femme anglaise et protestante, parlant un peu le français et l'italien, désire se placer comme gouvernante chez un monsieur âgé avec ou sans enfans, et qui aurait le goût des voyages, aimant elle-même beaucoup à voyager. S'adresser poste restante, aux initiales L.., W... »

« Monsieur Beebe a l'honneur d'informer sa clientèle (remarquez le mot clientèle) qu'il vient de joindre à sa belle fabrication de cercueils, avantageusement connue, un magnifique assortiment de faux-cols, cravates et soieries. Il espère, comme par le passé, mériter la confiance du public pour la bonne qualité de ses marchandises. Grand choix de cercueils de luxe à ventilateur. »

« CHIRURGIEN-DENTISTE. — Monsieur Gaweau, 412, Broadway, mérite sa réputation. Son talent est d'arracher le plus tard possible; mais quand il se résout à cette dure nécessité, c'est avec calme, douceur et sang-froid. »

« FÉBRIFUGE PÉRUVIEN, chez Sands, 100, Fulton street. Pour les affections du foie, les dyspepsies, les maladies bilieuses, la décomposition du sang, les humeurs froides, l'élargissement de la rate et le ramollissement des os. »

« LITS ÉLASTIQUES. — Cette admirable invention, ennemie des punaises, assure la circulation de l'air et ne réclame que le plus mince matelas pour être saine, la plus délicate et la plus saine. Chez Demeure et Mauritz, 43, Centre street. »

« On demande, pour compléter une troupe d'artistes ambulans, un pianiste accompagnateur, un clarinettiste et un phénomène humain, une géante, une naine, une femme colosse ou une femme barbue. On donnerait la préférence à une femme qui aurait une tête de mort. »

« M. A. Derne, opticien de Paris, 510, Broadway, a l'honneur de prévenir le public et ses nombreux amis qu'il vient de recevoir par le dernier steamer une collection complète de pince-nez dans le goût le plus nouveau. »

Ces quelques annonces suffisent à donner une idée exacte de la publicité en Amérique. Les journaux américains, si différens par tant de côtés des nôtres, ne sont pas destinés à être lus en entier; le temps manque pour cela. Chaque lecteur aux Etats-Unis cherche dans les journaux la partie qui l'intéresse; politique sociale, industrielle, commerciale, ou bien simplement les annonces, qui intéressent tout le monde. Au reste, comme nous l'avons déjà dit, on est presque sûr de trouver dans les bons journaux américains tous les renseignemens désirables, et, sous ce rapport aussi bien que sous le rapport des correspondances à l'étranger, le Times de Londres lui-même n'est pas au-dessus du Herald de New-York.

Les trois principaux organes de la presse à New-York sont le Daily-Times, la Tribune et le Herald.

Le Daily-Times est abolitionniste, légèrement cagot dans son puritanisme, et tempérant à tout briser quand on lui parle de vin et que l'eau lui monte à la tête. Du reste, il est rédigé avec talent.

La Tribune est l'expression outrée du parti avancé. La Tribune est tout ce que les autres ne sont pas: elle est fouriériste, elle est bloomériste, elle est partisan des libres amours; elle donne dans les esprits frappeurs, et espère que la mer, qui reste salée depuis si longtemps, se changera enfin en limonade gazeuse quand le temps aura rendu

les hommes assez parfaits pour qu'ils aient une queue postérieure ornée d'un œil vigilant.

Enfin, pour comble d'étrangeté, la Tribune est l'organe du parti russe. Pendant toute la durée de la guerre de Crimée, la Tribune n'a cessé d'exalter les Russes à nos dépens, les proclamant les plus habiles diplomates, les meilleurs soldats, les plus savans capitaines, et proclamant leur gouvernement le plus humain et le plus parfait des gouvernemens de l'ancien monde.

La Tribune, c'est évident, n'a pas toujours assez de ses deux yeux pour voir clair dans certaines questions, et ce ne sera pas trop de la queue phalanstérienne pour augmenter sa lucidité.

Quant au New-York Herald, il est voltairien et sagement progressiste. C'est le plus influent de tous les journaux américains.

Comme on le voit, cet abominable esprit de Voltaire s'est propagé en Amérique tout aussi bien qu'en Europe.

C'est ainsi que le Herald et d'autres écrits périodiques de la même école comptent leurs lecteurs par centaines de mille aux Etats-Unis, tandis qu'on y néglige certains journaux bien pensans, bien modérés, bien tempérans, bien dévots, très bien républicains, et qui affectent de n'être pas du tout spirituels, pour s'éloigner sans doute autant que possible de Voltaire.

La presse française est représentée dans plusieurs des grandes villes de l'Union par des journaux et des revues écrits en français. Le Courrier des Etats-Unis, publié à New-York, passe à juste titre pour le meilleur journal français de l'Amérique. Il doit sa prospérité première aux efforts intelligens et au talent d'écrivain de monsieur Gaillardet, qui en a été le propriétaire, le rédacteur en chef, et un peu d'abord l'imprimeur et peut-être le colporteur. L'Amérique n'est pas un pays comme les autres, et le talent, aussi bien que la noblesse, s'y démocratise souvent dans l'exercice de travaux qui en Europe paraîtraient humilians à beaucoup de gens, mais que tout le monde accepte là-bas de très bon cœur quand ils rapportent de l'argent sans ôter de la considération personnelle.

Monsieur Gaillardet, après une lutte difficile, longue et méritante, est enfin parvenu à faire du Courrier des Etats-Unis un organe important, même à côté des journaux américains les plus influens. Après avoir cédé la propriété de son entreprise, monsieur Gaillardet est revenu à Paris, où il vit paisiblement du fruit de ses labeurs; ce qui ne l'empêche pas d'enrichir son ancien journal d'une correspondance hebdomadaire faite avec beaucoup de tact et beaucoup d'esprit, et que tous nos compatriotes, en Amérique, attendent par chaque steamer comme une voix consolante et amie qui leur parle de la patrie absente.

Le rédacteur en chef du Courrier des Etats-Unis est actuellement monsieur Emile Masseras, qui continue l'œuvre de monsieur Gaillardet avec le concours actif de monsieur de Trobriand, et sous la direction générale du propriétaire-gérant monsieur Charles Lassalle.

Si la couleur politique du Courrier des Etats-Unis est parfois singulièrement changeante, et si, souvent même, ce journal se montre à la fois et dans un même numéro de tel ou tel parti, il est du moins toujours franchement français, ce qui rachète un peu ses contradictions sur d'autres points.

La presse américaine, qui me paraît oublier beaucoup trop souvent les services rendus par la France à l'Amérique, n'est pas toujours bienveillante et juste pour nous. Ses éloges cachent parfois des épigrammes, et les critiques ne sont presque toujours qu'une appréciation cruelle quand elle est juste, envieuse quand elle est fausse.

Le Courrier des Etats-Unis, s'inspirant alors du la devise si éminemment patriotique des Américains : « Mon pays, qu'il ait tort ou raison, » se fait le défenseur chaleureux et souvent éloquent de la France, abstraction faite de tout sentiment politique, de tout intérêt de parti. Aussi estimé pour son caractère obligeant et affable que pour les qualités de son talent facile, élégant et incisif, monsieur Mas seras remplit ses difficiles fonctions à la satisfaction de tout le monde.

Monsieur de Trobriand, à qui nous aurons bien de la peine, en notre qualité d'artiste musicien, à pardonner d'avoir méconnu entièrement la belle voix et le beau talent de Mirate, l'un des meilleurs ténors, sinon le meilleur, qui ait jamais visité New-York, est un écrivain fort agréable et dont la collaboration au *Courrier des Etats-Unis* est une excellente acquisition pour ce journal. Que monsieur de Trobriand nous permette seulement de lui conseiller la modération dans ses critiques, moins d'enthousiasme pour la tragédie, et plus d'indulgence pour cette pauvre musique de Mozart, qui a pourtant bien son mérite.

Ajoutons que sous l'habile direction de son propriétaire, Charles Lassalle, notre feuille française à New-York est en pleine voie de prospérité, et qu'elle est devenue une excellente affaire, ce qui, en Amérique surtout, pourrait dispenser de tout autre compliment.

Un journal imprimé à San-Francisco sert d'organe aux intérêts communs des juifs, au nombre de 30 à 40,000 dans toute la Californie.

Les Chinois, en nombre beaucoup plus considérable, ont aussi leur journal en Californie, imprimé en caractères chinois.

Les nouvelles d'Europe sont les plus intéressantes pour l'Amérique, si intimement liée à l'Europe par son immense commerce. Aussi les journaux américains s'efforcent-ils de multiplier le nombre des correspondances européennes et ne négligent-ils rien pour les faire connaître le plus promptement possible à leurs lecteurs.

Chaque arrivée de steamer transatlantique est annoncée par la vente dans toutes les rues de supplémens qui donnent un abrégé des principales nouvelles. Il n'y a point d'exagération à dire que la vente de pareils supplémens cause là-bas la plus vive émotion.

A peine si le steamer venant d'Europe est entré dans le port, qu'on voit surgir de toutes parts des jeunes garçons de dix à quinze ans, pieds nus pour la plupart, mal vêtus d'un pantalon soutenu par une ficelle en guise de bretelles, et d'un paletot de pilote trop long pour leur taille, courir en tous sens, la tête haute et l'œil intelligent, un énorme paquet de journaux sous le bras, qu'ils distribuent lestement aux passans, moyennant six sous par numéro. Ce n'est partout que la voix aiguë et prolongée des *boys*, qui crient à perdre haleine l'arrivée du steamer apportant d'*importantes* nouvelles sur toutes sortes de choses.

Quand un steamer est en retard, les vendeurs de journaux, qui, pas plus que les hommes graves, n'aiment à perdre le temps, remédient à ce désavantage par un petit moyen qui réussit toujours. Ils ajoutent, sur des vieux supplémens rendant compte de l'arrivée de steamers correspondant au steamer qu'on attend, une date nouvelle adroitement collée, et vendent ces supplémens comme nouveaux. Beaucoup de personnes se laissent prendre au piège, jettent un coup d'œil rapide sur le précieux *extra*, et lisent avec émotion de vieilles nouvelles qu'ils ne tardent pas à reconnaître antidatées. On jette alors son journal au vent, et l'on continue son chemin en pressant le pas pour rattraper le temps perdu.

Certains journaux de l'Union cependant sont loin de déployer l'activité fiévreuse des principaux organes de la publicité. Pour donner une idée du sans-gêne de quelques-unes de ces feuilles, nous citerons textuellement cet avis du *North-Caroline Times*, qui s'excuse d'avoir suspendu sa publication.

« *Le North-Caroline Times* n'a pas été publié les deux » semaines passées, par deux raisons : la première est que, » la semaine avant-dernière, nous étions absent pour af- » faire; la seconde est que, la semaine dernière, nous étions » souffrant d'un gros rhume. »

Il se publie à New-York et dans toutes les grandes villes des Etats-Unis un nombre prodigieux de journaux dans tous les genres. Il y a des journaux industriels, des journaux d'agriculture, des journaux de médecine, des jour-

naux de peinture, des journaux de marine, des journaux de toutes sciences, des journaux de modes, des journaux de musique, des journaux de religion, des journaux littéraires, des journaux pittoresques, des journaux socialistes, etc. Chacun de ces journaux contient considérablement de matière, prise dans tous les livres d'Europe ou d'Amérique.

On peut juger de la consommation de livres et de journaux qu'on fait aux Etats-Unis par ce seul fait que sept cent cinquante fabriques de papier entretiennent plus de deux mille machines continuellement en activité; l'an dernier ces machines ont produit l'énorme quantité de deux cent cinquante-deux millions de livres anglaises de papier. Or, comme il faut une livre et quart de chiffons pour produire une livre de papier, c'est donc une consommation de quatre cent millions de livres de chiffons que l'industrie de la papeterie a faite en Amérique en une seule année.

Ajoutons que c'est l'Italie qui expédie aux Etats-Unis la plus grande partie de ces chiffons. Cela ne fait pas honneur à son industrie papetière, mais le despotisme qui pèse sur ce malheureux pays, ne permet pas, on le sait, le libre développement de la pensée, qu'elle comprime au contraire et réglemente avant toute autre chose. Les journaux et les livres sont des objets de luxe, presque des objets de curiosité dans certaines parties de ce pays, si beau par la nature, si dégradé par l'ignorance, les préjugés religieux et toutes les tyrannies.

XIII

LA MÉDECINE EN AMÉRIQUE.

La médecine en Amérique est la grande ressource des personnes qui n'ont jamais rien étudié, la médecine homœopathique surtout. Il est si facile d'être un mauvais médecin homœopathe! Quelques petites fioles contenant des boulettes d'amidon qu'on administre à ses malades pour le froid, pour le chaud, pour le tiède, pour le frais, pour le sec et pour l'humide, ce n'est ni embarrassant, ni coûteux, ni désagréable à avaler.

A côté de la médecine homœopathique, en Amérique, la médecine végétale mérite d'être citée. Voici comment on peut la pratiquer : vous prenez une gibecière, vous chaussez de gros souliers, vous vous armez d'un gros bâton, et vous partez pour la campagne, guidé par l'amour de la science et le désir d'être utile à vos semblables. Arrivé à la campagne, vous entrez chez un restaurateur et vous vous faites servir un bon dîner que vous arrosez galement de quelques bons verres de vin. Après le dîner, vous allez prendre votre demi-tasse de café en plein air, sous de frais ombrages, tout en fumant philosophiquement un trabuco *puro havana*. Peu à peu vos paupières s'alourdissent, votre tête s'incline légèrement sur votre épaule, votre cigare s'éteint en s'échappant de vos doigts inertes, et vous vous abandonnez aux douceurs d'un demi-sommeil entretenu poétiquement par les senteurs embaumées de la brise qui murmure dans les arbres les mélodies de la nature.

Le soir, vous revenez chez vous, courbé, harassé de fatigue, mais heureux et fier, et la gibecière amplement garnie des plantes rares et précieuses dont vous seul connaissez les vertus suprêmes, et qu'au péril de votre vie vous êtes allé disputer aux ronces épineuses et arracher aux entrailles de la terre, sur des sommets abruptes ou dans le fond de quelque gouffre.

Des malades, impatiens de vous revoir, attendent les précieux breuvages que vous leur préparez, et qui, sous une étiquette mystérieuse, cachent les sucs honnêtes et inoffensifs de la carotte, de la laitue, du navet et du vulnéraire suisse. Si cela ne fait pas de bien, cela du moins ne fait pas de mal, et il me semble que c'est déjà une assez bonne médecine celle qui ne peut pas faire de mal.

Mais si la médecine végétale est pratiquée un peu par tout le monde en Amérique, l'homœopathie est particulièrement exploitée par les Allemands.

Quand vous voyez passer dans une rue en Amérique un Allemand orné de lunettes, passablement vêtu d'un pantalon trop large, d'un habit trop large, d'un gilet de piqué blanc ou de satin noir trop large, la tête couverte d'un chapeau à larges rebords et bas de forme, ne faites aucune question à cet homme, à moins que cela ne vous plaise, et appelez-le docteur; c'est un homœopathe. Quand un Allemand aux Etats-Unis n'est pas médecin, il est pianiste ou clarinettiste, à moins qu'il ne soit tout cela à la fois.

En combien de catégories faudrait-il classer les différentes espèces de médecins qui droguent les Etats-Unis? C'est assurément ce que je ne saurais dire, et les médecins du corps sont aussi divisés d'opinion là-bas que les médecins de l'âme. « Avalez-moi ça, » disent les uns ; « Ne l'avalez pas, » disent les autres ; « Faites cette prière, » disent ceux-ci ; « Ne la faites, » disent ceux-là ; « Croyez-moi et buvez de l'eau, » disent les apôtres de la tempérance et les médecins hydropathes.

Il y a assurément beaucoup de fort bons médecins étrangers et indigènes dans toute l'Amérique, et nous sommes heureux, puisque l'occasion se présente, de payer ici notre dette de profonde gratitude à la science et au dévouement dont monsieur Bolton a fait preuve à notre égard dans une maladie des plus dangereuses que nous avons eue à New-York. C'est bien certainement à cet excellent docteur, aussi instruit qu'il est aimable et généreux, que nous devons la vie. Nous avouons que cela nous eût singulièrement contrarié de mourir à New-York ; non pas que les cimetières y soient laids et manquent de comfortable, tout au contraire ; le cimetière de Green-Wood surtout est remarquable à plus d'un titre ; d'abord il est placé sur une hauteur d'où les morts jouissent d'une vue admirable; ensuite il y a de très beaux monumens funèbres ; enfin, la ville de New-York n'ayant pas de promenade publique, c'est dans ses allées tortueuses et pleines d'un mystérieux silence que la *flirtation* américaine donne ses plus tendres rendez-vous. Mais j'étais un peu comme ce personnage célèbre d'Henri Monnier, qui voulait absolument aller mourir chez le richard, malgré les remontrances de sa femme qui lui disait avec conviction : « Meurs ici, mon ami, on y est très bien ; je te donnerai un bon oreiller et des draps blancs; rien ne te manquera. » A quoi le malade répondait invariablement : « Je veux aller mourir chez le richard. » Maintenant que je suis chez mon richard, à moi, c'est-à-dire à Paris, je ne pense plus à mourir, et fais tous mes efforts pour vivre le plus possible.

On n'a plus aujourd'hui le droit, comme autrefois, de faire en Amérique de la médecine sans avoir obtenu de diplôme. Mais les médecins qui pratiquent sans diplôme, et sans même avoir passé d'examen, sont malheureusement très nombreux partout aux Etats-Unis. Le ministère public ne poursuit jamais d'office les médecins non reçus par la Faculté, et il faut pour que les tribunaux les condamnent qu'une personne se porte partie civile contre eux. Les jugemens en pareil cas sont quelquefois rigoureux. J'ai connu un homme qui a obtenu cinq mille dollars de dommages-intérêts d'un faux docteur qui, en le soignant pour un bras cassé, le lui avait replacé de travers. Mais il est toujours permis à un médecin muni de son diplôme de vous estropier suivant les saines doctrines et de vous tuer selon les règles de l'art. « Il y a parmi les morts, a dit monsieur La Palisse, une grande honnêteté et une discrétion les plus grandes du monde, et jamais on n'eût vu se plaindre du médecin qui les a tués. » Cela est très heureux pour les médecins de tous les pays, et particuliè-

rement pour cette classe nombreuse de médecins américains qui ont fait du calomélas un spécifique universel. Le remède est presque toujours pire que le mal, et il est effrayant de voir les ravages du mercure observés en Amérique sur le visage d'un grand nombre de personnes.

Les Etats-Unis, qui ont donné le jour à tant de grands hommes dans toutes les branches des sciences humaines, s'enorgueillissent à juste droit de compter parmi leurs illustrations le docteur Ricord, né à Baltimore de parens français. Il serait puéril de faire ici l'éloge du savant docteur, dont la renommée est universelle, et qui joint à toute la science de son art l'esprit le plus aimable et le cœur le plus généreux.

La dissection des cadavres n'est pas permise dans certaines parties puritaines des Etats-Unis, où l'on exagère le respect pour les morts. Mais les médecins ne se privent pas pour cela des utiles travaux de la dissection; ils achètent en cachette des cadavres et les dissèquent chez eux.

Je n'oublierai jamais le fait suivant, dont le souvenir m'impressionne encore vivement aujourd'hui.

J'allai un jour rendre visite à un professeur d'anatomie de l'école de médecine de New-York; je sonnai chez le professeur, et une jeune Irlandaise, domestique dans la maison, vint m'ouvrir.

— Monsieur est occupé pour l'instant, — me dit-elle; — mais si vous désirez le voir, donnez-vous la peine de passer dans cette chambre, à droite, au fond du corridor, je vais dire à monsieur que vous êtes ici.

— Ne le dérangez pas; j'attendrai tout le temps nécessaire ; je ne suis pas pressé.

Et je me dirigeai au fond du corridor qui m'avait été désigné. Seulement, au lieu de prendre à droite, je me trompai et je pris à gauche. J'entrai dans une chambre dont la porte se trouvait entr'ouverte.

C'était en hiver. Un grand feu était allumé dans la cheminée et éclairait la chambre de la lueur bleuâtre et faible du charbon de terre incandescent. Autour du feu, trois personnes étaient silencieusement assises, Elles ne se dérangèrent pas quand j'entrai, et ne parurent même pas remarquer ma présence. Je pris une chaise et m'assis à une certaine distance du groupe. Personne ne parla. Seulement, de temps à autre je distinguai dans l'ombre le mouvement brusque d'une des personnes assises, comme un mouvement nerveux et involontaire, qu'accompagnait toujours un léger bruit d'articulation des membres rendu sensible par le profond silence qui régnait partout autour de nous. Bientôt parut le médecin en sifflant un air de polka.

— Vous ici ? — me dit-il d'un ton surpris. — Ma foi ! je ne m'attendais guère à vous rencontrer en pareille société, aussitôt du moins, et chez moi.

— A propos de société, veuillez donc me dire, — repris-je tout bas, — quelles sont les personnes qui se chauffent si opiniâtrément, sans plus se déranger pour vous qu'elles ne l'ont fait pour moi ? Ce sans-gêne me surprend, car je sais que vous ne recevez que des gens comme il faut.

— Comment ! vous ne savez donc pas avec qui vous étiez là ?

— Sans doute, puisque je vous le demande.

— Approchez, approchez, — me dit-il en me prenant le bras et en me conduisant vers les inconnus, en même temps qu'il demandait de la lumière.

Je vis alors trois cadavres, dont l'un, au moment où je l'examinai, fit un brusque mouvement de bras.

— Mais comment se fait-il...? — dis-je au docteur sans achever ma question et d'une voix presque tremblante de terreur.

— Ce sont, — me répondit-il d'un air indifférent — trois *sujets* que j'ai achetés à d'un infirmier d'hôpital, un assez bon garçon avec lequel j'ai déjà fait quelques affaires; il est un peu cher, mais il donne du bon.

— Et pourquoi avez-vous assis ces cadavres autour du feu?

— Pour les dégeler, mon ami, nous dégelons toujours nos sujets avant de nous en servir. Quant aux mouvemens que vous les avez vus faire, ils sont déterminés par la chaleur qui détend les muscles.

— Permettez-moi, — dis-je au professeur d'anatomie, — de ne pas prolonger plus longtemps ma visite ; je reviendrai vous voir dans un moment plus opportun.

— Restez, restez donc ; vous ne me gênez pas le moins du monde.

— A la bonne heure ; mais vous, vous me gêneriez infiniment avec votre société de dégelés.

Et je me retirai profondément ému de cette scène étrange.

Une autre fois je rencontrai un jeune médecin.

— Comment allez-vous, — lui dis-je ?

— Mal, — me répondit-il d'un air de mauvaise humeur.

— Pourquoi cela ?

— Je suis horriblement contrarié.

— Et qu'avez-vous pour vous contrarier ?

— J'ai que rien ne me réussit. Depuis deux jours je cherche un cadavre et je n'en puis pas trouver.

— Vraiment, — lui répondis-je, — la chose me surprend vu le nombre toujours croissant des médecins à New-York.

— Ne plaisantez pas, — me dit-il, — la chose est des plus sérieuses. En désespoir de cause j'avais fait appel à la complaisance d'un jeune marin dont l'oncle, vieux et infirme, était à toute extrémité ; cet excellent neveu avait bien voulu me promettre de me donner son oncle, dans le cas où il viendrait à mourir.

— C'est d'un bon camarade, — lui dis-je.

— Sans doute, — ajouta le médecin, — mais au moment où j'avais tout préparé pour transporter le cadavre, j'apprends que le malade va beaucoup mieux et qu'il ne mourra pas.

— Oh ! c'est bien fâcheux, cela !

— Quand je vous le dis, rien ne me réussit.

On trouve aux Etats-Unis, compris dans une immense longueur de terrain, tous les climats et la plus belle collection des maux dont Monsieur Purgon menaçait les gens. Dans le Sud, la fièvre jaune fait tous les ans, au moment des grandes chaleurs, des ravages effroyables, surtout parmi les nouveaux débarqués. Dans l'Est et dans l'Ouest, ce sont particulièrement les fièvres tremblantes qui font le plus de victimes. Dans le Nord, la partie la plus saine, toutes les maladies, en bonnes sœurs, se partagent la besogne.

New-York, réputé comme une des villes les plus saines de l'Union, est néanmoins, par ses changemens subits de température, fatale aux personnes qui ont les entrailles délicates et les poumons faibles. D'un autre côté, il meurt considérablement d'enfants en bas âge d'une maladie qui se produit en été, et qu'on appelle *cholera infantum*. Les médecins sont impuissants à guérir le *cholera infantum*, et le changement d'air, l'air vif de la mer surtout, est le seul remède en pareil cas. Il est vrai qu'il est presque infaillible.

Nous avons sous les yeux le tableau de la mortalité de New-York de l'année 1852.

Il ne sera peut-être pas sans intérêt d'en faire ici l'analyse sommaire, ne fut-ce qu'à titre de renseignemens à donner aux personnes qui désirent aller s'établir en Amérique.

Le nombre de décès s'est élevé cette année-là, sur la population de la seule ville de New-York, qui était alors de 500,000 personnes, à 22,024. C'est un peu moins que le nombre correspondant de 1851, sans doute parce qu'en 1852 les variations de température ont été moins brusques et moins sensibles. Ce nombre se partage entre des individus de huit ou dix nations différentes, aujourd'hui réunis sur le même sol. La part des Américains y est de 13,996 ; celle des Irlandais de 4,302 ; celle des Allemands de 1,044 ; celle des Français de 90 seulement.

Si nous examinons quelles sont les maladies les plus obstinées celles qui ont le plus contribué à faire faucher par la Mort, comme disaient les poëtes du temps de Delille, cette trop riche moisson de victimes, nous verrons que les affections pulmonaires tiennent de beaucoup le premier rang. Ainsi nous comptons 2,462 morts de consomption, 1,042 morts d'inflammation des poumons, 236 bronchites et 252 congestions. Total, plus de 4,000 maladies des poumons.

Les maladies qui atteignent d'ordinaire les jeunes enfans viennent ensuite : *Cholera infantum*, 907 ; convulsions, 1,676 ; croup, 590 ; rougeole, 820 ; petite vérole, 503 ; morts-nés, 1,506.

Les maladies d'entrailles ont la troisième place : 1,872. Puis viennent les fièvres, le choléra, les maladies du cœur, les maladies du cerveau, les maladies nerveuses, les maladies bilieuses, les scrofules, l'hydropisie, la paralysie, l'apoplexie, la rage, l'étisie. Enfin, nous voyons dans ce tableau que 19 personnes sont mortes assassinées, 93 suicidées, 88 brûlées, et 169 écrasées, coupées, noyées, etc.

Un excellent métier en Amérique, comme ailleurs du reste, c'est de vendre des remèdes quand on est en position de faire beaucoup de publicité pour les annoncer. On cite à New-York des fortunes considérables faites par la vente de certaines drogues dont on voit les annonces partout ; dans les journaux, dans les omnibus, dans les steamboats, sur les murs des maisons récemment incendiées, sur les arbres dans la campagne, gravées par terre, estampées sur les éventails, collées jusque dans les carrières de pierre. Par ces moyens de publicité extraordinaires, monsieur Benjamin Brandreth a gagné deux millions cinq cent mille francs en vendant des pilules purgatives. Monsieur Townsend, l'homme à la salsepareille dont nous avons dévoilé la recette dans un chapitre précédent, a fait une fortune plus considérable encore. Les *life pills* (pilules de vie) et les *phœnix bitters* ont aussi rapporté des millions à monsieur Mofat ; enfin monsieur Pease n'a pas été moins heureux en vendant du *horehoud candy* pour les rhumes de poitrine.

Nous avons dit qu'il n'était pas permis aux Etats-Unis de faire de la médecine sans être reçu médecin, bien qu'un grand nombre de personnes enfreignent les lois à cet égard. Nous serions tenté, d'après le fait suivant, de croire que le titre seul d'officier de santé ne suffit même pas.

Un de nos compatriotes, monsieur Onésime Pernicieux, vint il y a quelques mois s'établir à Saint-Louis pour y exercer la médecine. N'ayant qu'un diplôme d'officier de santé, soit qu'il craignit de n'être pas suffisamment en règle avec les lois du pays, soit qu'il eût voulu se donner plus de poids aux yeux de ses cliens, il chercha le moyen de rendre son titre d'officier de santé plus respectable encore. Pour cela, il trouva l'expédient suivant, qui escomptait sa science future en faveur de son insuffisance présente : monsieur Pernicieux (singulier nom pour un médecin) fit imprimer des cartes sur lesquelles il y avait :

ONÉSIME PERNICIEUX,

(de Paris),

OFFICIER DE SANTÉ, BIENTÔT DOCTEUR

Que dites-vous des bonnes dispositions de ce cher monsieur Pernicieux ? En vérité, la seule vue d'une carte semblable suffirait à rendre la santé au malade le plus récalcitrant.

Les discours sur l'émancipation de la femme en Amérique commencent à porter leurs fruits. Si les Américaines ne sont encore ni électeurs, ni éligibles, si elles ne peuvent devenir ni président de la république, ni ministre d'Etat, ni avocat, ni général, ni pompier, elles ont du moins le droit de se faire nommer médecin et d'exercer cette profession. En effet, une école spéciale de médecine à l'usage du beau sexe vient de s'ouvrir à New-York. Les dames se montrent des plus empressées à prendre leurs inscriptions et à recevoir les leçons d'une science qui jusqu'à présent avait été le partage exclusif des hommes. Voici une petite anecdote qui donne la mesure de la science médicale de quelques-unes de ces étudiantes en médecine. Un citoyen américain envoie chercher un jour pour sa femme malade une bloométriste-médecin. La bloométriste tâte le pouls de la malade, examine la langue, et lui déclare qu'elle est atteinte d'une maladie de foie. Cette dame exerçait la médecine homœopathique; elle tire aussitôt d'une petite fiole des globules et lui prescrit d'en avaler trois, matin et soir. La malade suit rigoureusement l'ordonnance de la femme de l'art, mais elle ne ressent aucun soulagement.

— Je ne me trouve pas mieux, — lui disait-elle à chaque nouvelle visite.

— Vraiment ! — lui répondait la bloométriste, sans paraître trop étonnée; — eh bien ! je vais changer de remède.

Puis elle prenait une autre fiole contenant des globules nouveaux dont elle lui ordonnait l'usage.

Dix fois la malade se plaignit ainsi de n'éprouver aucun soulagement, et dix fois le docteur femelle changea le remède, espérant toujours tomber sur le bon.

Impatienté, le mari voulut consulter le docteur Bolton, dont nous avons parlé plus haut.

Le savant docteur examina cinq minutes la malade, se mit à rire de ce rire franc et sympathique que nous lui connaissons, et déclara l'état de sa nouvelle cliente fort peu alarmant, mais très intéressant.

Survint la bloométriste, munie de nouvelles fioles de globules pour changer encore le remède si cela était nécessaire.

— Ma femme n'a aucune espèce de maladie, — lui dit le mari un peu irrité, — et son malaise n'est que la conséquence naturelle d'une indisposition plus naturelle encore.

— Eh ! que ne me l'avez-vous dit plus tôt — répliqua naïvement la femme-médecin, — je ne lui eusse administré aucun remède.

Cette anecdote, du reste, ne conclut nullement contre l'aptitude possible du beau sexe en matière médicale. Elle constate simplement l'état présent de son instruction scientifique, laquelle, sans aucun doute, est susceptible d'amélioration.

XIV

LE 4 JUILLET EN AMÉRIQUE.

Le 4 juillet, jour anniversaire de la déclaration de l'indépendance américaine, est célébré aux États-Unis par des centaines de millions de pétards de toute espèce qu'on tire partout, dans les villes comme dans les campagnes, avec des coups de pistolet, des coups de fusil et des coups de canon à faire trembler le sol. Il faut véritablement avoir passé un 4 juillet aux États-Unis pour se faire une idée exacte du vacarme qui signale cette journée mémorable. Assurément le motif de cette assourdissante manifestation est des plus louables, et l'on comprend très bien l'enthousiasme que doit éveiller dans toute la population le souvenir glorieux d'une indépendance qui, en donnant la liberté aux États-Unis, lui a donné la force et la richesse; mais il est impossible de se réjouir plus bruyamment.

La manie des pétards est universelle, et tout le monde en tire le 4 juillet, depuis les plus petits enfans, les demoiselles et les femmes, jusqu'aux hommes les plus graves de tous les âges et de toutes les conditions. Dès la pointe du jour, la population est sur pied, et le tapage commence. On voit des hommes, debout devant la porte de leur maison, en manches de chemise, des caisses de pétards à leur côté, une mèche allumée au bout d'un bâton, en tirer, sans désemparer autrement que pour prendre leur repas, jusqu'à minuit et deux heures du matin. Des bandes de jeunes gens parcourent les rues avec des pistolets, des carabines, des fusils, et tirent partout à tort et à travers.

Quelquefois les armes dont on se sert sont vieilles et rouillées et crèvent dans les mains de ceux qui en font usage; mais ces sortes d'accidens sont si fréquents le 4 juillet que personne n'y apporte la moindre attention. J'ai vu des hommes, une main brûlée ou meurtrie par un éclat d'arme, mettre leur bras en écharpe et se servir de la main qui n'avait pas été blessée pour continuer à tirer des coups de pistolet en chantant l'air du *Yankee doodle.*

Cet air, très peu martial et très mauvais au point de vue de l'art, est une chanson, d'origine anglaise, que les Américains ont fait leur air patriotique pour mystifier l'armée anglaise qui voulait les mystifier.

Les Anglais avaient composé la chanson du *Yankee doodle* pendant la guerre de l'indépendance, pour se moquer de l'armée citoyenne des Américains, dont ils croyaient pouvoir se rendre maîtres facilement, grâce à la bonne tenue et à la discipline de l'armée britannique qui les combattait. Piqués au vif, les Américains jurèrent de vaincre les Anglais et les chassèrent de leur territoire, devenu indépendant, au son même de l'air qui avait été fait contre eux, et qui est devenu, avec le *Hail Columbia,* leur chant national.

Le *Yankee doodle,* qui en tout temps a le pouvoir en Amérique d'exciter l'enthousiasme des populations, produit plus d'effet encore le jour du 4 juillet, où il se trouve pour ainsi dire mis en scène au milieu des détonations d'armes.

Mais le soir de ce même jour, 4 juillet, on renchérit encore sur ce qu'on a fait dans la journée. L'oreille blasée trouve faibles les éclats des pétards, les pistolets qu'on charge jusqu'à la gueule semblent monotones et les carabines mêmes n'ont qu'une voix sourde et enrouée au milieu de ce tapage universel. C'est par caisses entières qu'on fait alors partir les pétards et les bombes. Des détonations formidables se font entendre jusque dans l'intérieur des maisons, où des barriques sont disposées au milieu des chambres pour contenir des pétards chinois qu'on brûle par paquets de cinq cents à la fois. Ce ne sont partout que débris de pièces d'artifice à moitié éteints, et les toits des maisons sont jonchés de queues de fusées qui sillonnent l'air en tous sens. On ferme les lucarnes pour empêcher les fusées de pénétrer dans les maisons et d'y mettre le feu. Malgré ces précautions, les incendies sont toujours nombreux le 4 juillet, qui est aussi la fête particulière des pompiers. Au bruit général des détonations se joint invariablement le glas lugubre du tocsin qui sonne au feu, et le bruit indescriptible des pompes traînées par leurs nombreux servans.

C'est à la lueur des maisons incendiées, dont les étincelles s'étendent sur toute la ville, que la population étourdie, haletante, ivre de bruit, les mains et le visage noircis par la poudre, la gorge enflammée par les hurras répétés, tire ses derniers pétards, brûle ses dernières cartouches, et rentre chez soi goûter le repos, rendu si nécessaire après les excitations de la journée.

Les personnes qui se piquent de donner le bon ton s'absentent de la ville le 4 juillet, et vont à la campagne tirer en petit comité leurs pétards.

Les statisticiens, qui calculent tout, ont calculé, d'après les pétards qui se consomment le 4 juillet et la poudre qui se brûle ce jour-là dans tous les États-Unis, que chaque citoyen américain représente en moyenne cinq cent trente-cinq détonations.

Tout le monde pourtant ne fait pas partir des pétards à l'exclusion de tout autre plaisir, et de nombreux amusemens sont offerts au public le jour du 4 juillet.

De magnifiques steamboats, peints en blanc et élevés au-dessus de l'eau comme des maisons, sont unis deux à deux par un large plancher, et servent de salle de danse à plus d'un millier de danseurs, tout en les promenant sur la rivière. Dès que les bateaux élégamment pavoisés quittent les quais pour se mettre en marche, une musique nombreuse établie sur une estrade élevée au milieu des deux steamboats exécute des polkas, des valses, des mazurkas et des gigues. La masse des danseurs s'ébranle au son de la musique, et tout le monde part au bruit cadencé des instrumens et des roues des machines en mouvement. Rien n'est plus pittoresque, quand on est à terre au bord de la rivière si large de l'Hudson, à New-York, que de voir glisser sur l'eau tranquille ces immenses bateaux de plaisir, sur lesquels on aperçoit les danseurs comme de petites marionnettes se mouvant au son vague de l'orchestre perdu dans le lointain.

Ces excursions sont des plus agréables en été, où la chaleur est aussi forte à New-York que le froid y est rigoureux dans les mois de décembre, janvier et février.

Les promenades en steamboat sont un des plaisirs favoris des Américains, et, comme tous les plaisirs publics aux États-Unis, accessibles à tous par le bon marché.

Les plaisirs, en France, coûtent fort cher par suite de certaines habitudes aristocratiques que l'orgueil conserve pour empêcher le mélange des classes de la société. En Angleterre, c'est pis encore, et les amusemens, on peut le dire, sont le privilège exclusif des gens riches. Mais en Amérique, où la population n'est point divisée par l'orgueil des castes, où le costume du pauvre est absolument le costume du riche, un peu moins frais ou un peu moins élégant de forme, voilà tout, les spéculateurs en toutes choses ne visent et ne doivent viser qu'à satisfaire le plus grand nombre. Plus les prix sont réduits, plus par conséquent ils sont accessibles à tous, et plus grands sont les bénéfices de la spéculation, toujours basée en Amérique, autant par intérêt que par liberalisme, sur la participation du plus grand nombre au bien-être et à toutes les jouissances de la vie.

A côté des excursions dont la danse est l'objet principal, il y a dans le courant de l'été, mais plus particulièrement le 4 juillet, des excursions spéciales pour des promenades en mer et pour la pêche à la morue.

La pêche à la morue est certainement la plus amusante de toutes les pêches.

On n'a pas idée de la stupidité et de la voracité de ce poisson, qu'on pêche à la ligne, et qui, au fond de l'eau, fait littéralement queue pour attendre son tour d'être pris.

Le pêcheur de morue, quand ce poisson est abondant, n'a que le temps juste d'amorcer et de jeter sa ligne à l'eau, entraînée rapidement au fond par un lourd morceau de plomb, pour amener une morue suspendue à l'hameçon.

La morue voisine prend alors dans l'eau la place de celle que l'on vient de pêcher, et semble attendre avec impatience, quoiqu'elle attende avec calme, le retour de la ligne pour se faire pêcher de même.

Et ainsi de suite de toutes les morues jusqu'à la dernière, qui a vu successivement disparaître toutes ses compagnes aquatiques sans concevoir pour cela le moindre soupçon.

Quelquefois les pêcheurs de morue s'amusent à lâcher sur l'eau un de ces poissons qu'ils viennent de prendre, pour se donner le spectacle curieux des efforts que fait la morue pour plonger et gagner le fond de la mer sans que jamais elle puisse y parvenir.

Quand elle quitte les bas-fonds où seulement elle peut vivre, et qu'on la force à remonter à la surface de l'eau, la morue se remplit d'air aussitôt et surnage malgré elle, comme une vessie soufflée, sans pouvoir descendre au delà de quelques pouces à fleur d'eau.

Après avoir vu la morue se débattre ainsi quelque temps en essayant de plonger, il est toujours facile de la rattraper avec la main.

Il est à remarquer que les grands événemens de l'histoire des États-Unis ont pour date le 4 du mois. Le 4 avril 1609, Hudson découvrit la baie de New-York; le 4 juillet 1776 eut lieu la déclaration de l'indépendance; le 4 octobre 1777 la bataille de Germantown et l'adoption par les treize colonies des articles de la confédération; le 4 décembre 1782, Washington se démet, en plein congrès, du commandement général de l'armée; le 4 juillet 1815, l'escadre américaine triomphe à Alger et signe un traité de paix; le 4 mars a lieu l'élection présidentielle; enfin, le 4 août 1858, l'Europe et l'Amérique se trouvent mises en moment en communication instantanée au moyen du télégraphe électrique.

Le 4 juillet, avec le jour anniversaire de la naissance de Washington et le jour d'actions de grâces, où l'on remercie Dieu de tous les bienfaits, on ne peut plus réels, ceux-là, qu'il s'est plu à répandre sur les États-Unis, sont les trois grandes fêtes patriotiques de l'Union américaine.

XV

LE COMFORTABLE EN AMÉRIQUE.

Le comfortable est la science du bien-être matériel.

C'est dans le comfortable du *home* (du chez soi) que les natures calmes et froidement sensuelles des Anglais et des Américains du Nord aiment à se retrancher aux heures du repos, pour y vivre seuls et aussi bien que possible.

On sent l'imagination se refroidir en soi quand on parcourt certaines rues fashionables et profondément silencieuses de New-York, de Boston, de Philadelphie et de toutes les grandes villes de l'Union, tant la tranquillité est personnifiée dans ces maisons de briques et de pierres grises hermétiquement fermées comme de larges et somptueux tombeaux de familles vivantes. Rien ne manque pour éveiller dans l'âme de l'étranger ces funèbres illusions. Les maisons américaines, creusées de chaque côté par les *basements*, sont entourées de grilles de fer; elles sont flanquées d'étroits jardins extérieurs, et sur la porte d'entrée toujours fermée, et par laquelle on arrive au moyen d'un escalier de pierre, on lit comme une épitaphe le nom de l'habitant de la maison, écrit en lettres noires sur une plaque de métal blanc.

L'intérieur de ces maisons est beaucoup moins triste, quoiqu'il y règne partout une symétrie de froide étiquette. On y trouve un luxe et un comfort véritables, qui ne laissent rien à désirer, et dont nous autres Français, avec nos grandes maisons à six et sept étages et nos petits appartemens, nous n'avons aucune idée. On peut dire que les Parisiens n'ont en général que des logemens pour s'y camper à l'abri des intempéries, tandis que les Anglais et surtout les Américains demeurent réellement chez eux. Mais il y a tant d'autres compensations à Paris!

Si on excepte les maisons dites d'Irlandais, qui se louent aux pauvres par chambres et par petits appartemens, il n'y a que deux manières de vivre dans tous les États-Unis: chez soi, dans la maison qu'on occupe seul avec sa famille, ou à l'hôtel, ou en *boarding-house*, sorte de pension bourgeoise dont quelques-unes déploient un grand luxe de mobilier. L'ameublement d'une maison américaine *respectable* représente presque seul une fortune. Des tapis recouvrent toutes les chambres, depuis le salon jusqu'aux compartimens les plus modestes du grenier (*attic*) et même jusqu'à la cuisine.

Les Américains ont une sorte de culte pour les tapis; ils se passeraient des choses les plus utiles, plutôt que de n'avoir pas de tapis à mettre dans le *parlor*. Les nègres eux-mêmes ont des tapis au milieu des bouges infects qu'ils habitent dans Wester street, dans Church street, dans Laurens street et dans Christy street à New-York.

L'été on enlève les tapis de laine, trop chauds pour la saison, et on y substitue des nattes chinoises, à carreaux jaunes et rouges, très jolies et très fraîches. Dans toutes les maisons les escaliers de tous les étages sont garnis de très beaux tapis de Bruxelles, assujettis par de larges baguettes de métal blanc.

Les maisons de la cinquième avenue, à New-York (une rue magnifique), et celles du haut de la ville jusqu'à la quarantième rue (car on compte les rues par numéros à partir d'un certain endroit), sont toutes bâties sur le même modèle à l'extérieur comme à l'intérieur. Elles ont toutes au rez-de-chaussée un splendide salon qui tient toute la longueur du bâtiment. Ce salon se divise par moitié au moyen d'une porte à coulisse en bois d'acajou qui s'ouvre et se ferme à volonté en disparaissant complètement dans le mur. Cette disposition est excellente et permet de mesurer la grandeur du salon au nombre des convives, ou, si l'on veut, de former deux salons parfaitement indépendans l'un de l'autre. Les meubles et les rideaux qui garnissent les salons des maisons américaines sont d'ordinaire fort beaux. Ils sont, pour la plupart, importés de Paris, ou fabriqués à New-York par des ébénistes et des tapissiers français.

Il n'est assurément pas de maisons mieux tenues que les maisons américaines. La plus grande propreté règne partout, et le luxe et le comfort se retrouvent jusque dans les chambres de domestiques. L'orgueil, quand ce n'est pas l'intérêt de certains marchands qui veulent donner le change sur une fortune douteuse et augmenter leur crédit par l'étalage d'un luxe trompeur, a fait des maisons américaines, dans ces dernières années, de véritables palais royaux.

C'est dans le *basement*, sorte de cave peu profonde et rendue habitable, que la cuisine est d'ordinaire installée, non loin de la salle à manger. Mais, dans les maisons où la salle à manger se trouve au premier étage, les plats arrivent de la cuisine par l'intérieur du mur et au moyen d'une boîte attachée par une corde roulant sur des poulies, comme on transporte les livres à la bibliothèque de la rue Richelieu. Par ce moyen, l'odeur de la cuisine ne se répand pas dans la maison, et le service se fait plus promptement.

Toutes les maisons de toutes les grandes villes, aux États-Unis, ont une salle de bains parfaitement organisée, avec des douches combinées d'eau froide et d'eau chaude. Les Américains ont pour habitude de prendre un bain de quelques minutes tous les matins avant le déjeuner.

L'eau froide et l'eau chaude sont à discrétion, non-seulement dans la salle de bains, mais aussi dans toutes les chambres à coucher, garnies dans le cabinet d'une toilette en marbre blanc adhérente au mur, et sur laquelle sont enchâssées de riches cuvettes d'où l'eau s'écoule à volonté par des tuyaux invisibles, jusque dans la rue. Des conduits font monter l'eau chaude de la cuisine dans toute la maison. Quant à l'eau froide, elle arrive à New-York dans chaque maison par des tuyaux souterrains qui serpentent dans la ville en tous sens depuis les grands réservoirs situés à la quarante-deuxième rue, alimentés par un grand et très bel aqueduc. Cet aqueduc, admiré de tous les ingénieurs, est porté par de magnifiques arcades, et fournit l'eau excellente du Croton.

New-York, autrefois manquait d'eau comme aujourd'hui, encore Brooklyn. Les travaux pour conduire l'eau dans la ville n'ont pas coûté moins de 70 millions de francs. L'aqueduc, qui commence à 40 milles de l'hôtel de ville, peut fournir en 24 heures 69 millions de gallons d'eau d'une pureté parfaite et très digestive.

L'emploi du gaz pour l'éclairage des maisons est universel en Amérique. Toutes les chambres sont munies d'élégans becs à gaz, qui donnent une clarté commode, prompte et à très bon marché. Les lampes à l'huile sont pour ainsi dire inconnues aux États-Unis, et on ne se sert

guère que de lampes alimentées par une espèce de gaz portatif qu'on appelle fluide, dans les rares maisons qui sont privées de gaz. Des calorifères, dont les fourneaux sont bâtis dans les caves, répandent dans toute la maison une chaleur fort agréable. Ces fourneaux sont chauffés au charbon de terre, qu'on introduit dans les caves par un trou donnant sur le trottoir de la rue, et qu'on bouche au moyen d'une plaque de fer.

Il n'est pas de maisons à New-York, comme dans toutes les autres villes de l'Union, qui n'aient un long jardin avec un carré de gazon, où l'on fait sécher le linge que chacun fait blanchir chez soi. Les seules choses qui manquent au comfortable des maisons américaines, ce sont des écuries et une remise. Les personnes qui ont équipage sont obligées de les remiser dans des maisons spéciales qui en prennent soin.

Mais à côté de ces maisons si somptueuses, si vraiment comfortables, les négocians ont leur *office*, où ils passent les trois quarts de leur vie et qui forme avec leur maison particulière le contraste le plus étonnant.

Il y a deux hommes bien tranchés chez l'Américain l'homme d'affaires (*the business man*), que tout le monde peut voir à toute heure, sans se faire annoncer, sans être connu de lui, sans cérémonie aucune, et le chapeau sur la tête, depuis huit heures du matin jusqu'à six heures du soir, et l'homme particulier, l'homme privé, comme on dit en anglais, qui, dans son luxueux intérieur, n'est abordable que pour un petit nombre de connaissances intimes.

Nous avons dit sommairement ce qu'était la maison particulière; jetons maintenant un coup d'œil sur l'*office*.

L'office du *business man* est en général quelque chose de repoussant. Il faut que le bonheur du trafic soit bien puissant chez certains hommes pour qu'ils se condamnent ainsi volontairement à la plus insupportable des prisons. L'office du véritable *broker* américain est une chambre sombre et misérable, mal garnie d'un bureau incommode pour éviter tout soupçon de luxe, de quelques chaises de paille raccommodées que l'on casse souvent, je crois, pour les pouvoir raccommoder; d'une vilaine petite fontaine et d'une méchante cuvette pour se laver les mains; enfin, de plusieurs fauteuils de cuir vert portant l'empreinte profonde du zèle et de l'assiduité au travail du patron et des commis aux écritures.

L'homme d'affaires, dont les qualités sont trop souvent l'opposé de la générosité, de la poésie, de l'amour du beau dans les arts, se refuse par système, à son office, toute espèce de comfortable. Il croit prouver en cela le sérieux de son caractère, qu'il prouve à peu près comme les gens qui se laissent pousser de grandes moustaches prouvent leur force et leur courage. De plus, l'homme d'affaires affecte le dédain de tout luxe à son usage personnel, pour flatter et plaire aux petits marchands qui viennent traiter avec lui. Il est inconcevable, mais il est très vrai que les trafiquans aiment, chez les hommes d'affaires qu'ils savent riches, l'apparence de la misère et le dédain affecté du luxe. Ces contrastes frappent l'imagination sordide des uns et des autres, inspirent la cupidité et provoquent les rapprochemens.

Un homme d'affaires qui serait bien installé dans un office bien propre, bien aéré, bien meublé, dont le langage serait poli et avenant, les manières courtoises, contenterait certainement beaucoup moins ses cliens et ferait beaucoup moins d'affaires qu'un cuistre ratatiné sur son vieux fauteuil de cuir, qui reçoit ses cliens d'un ton bref et indifférent. Le ton de ce cuistre, ses manières, son langage, les meubles misérables de son office, quand on sait qu'il possède une maison somptueuse où vit sa famille, plaisent beaucoup plus au chaland, qui trouve cette manière d'être la seule convenable à un véritable homme d'affaires.

Des négocians sont convenus avec moi de cette vérité, et des joueurs de profession, comme il y en a tant en Amérique, m'ont avoué que l'or le plus précieux à leurs yeux était l'or qu'une main sale puisait dans une bourse cachée dans la doublure de quelque vieil habit graisseux. La cupidité a des voluptés âcres qui s'observent plus aisément qu'elles ne s'expliquent.

Les maisons si singulièrement bâties, dont les chambres se louent pour en faire des offices, ne servent qu'à cet usage, et personne n'y couche. Le dimanche, dans le quartier des affaires, il règne un silence de mort, qu'interrompt seule de loin en loin les pas lents de quelque policeman de ronde. Les hommes d'affaires sommeillent dans les salons somptueux de leur maison particulière, mais ils ne dorment pas; ils combinent les ruses savantes, entre deux versets de la Bible, qu'ils mettront en jeu le lendemain pour aider la chance des affaires, qui a toujours besoin d'être aidée.

Les chemins de fer américains sont loin d'offrir sur quelques points le comfortable de nos chemins de fer français; mais ils sont préférables sur quelques autres, sans parler des constructions mêmes des chemins de fer aux États-Unis, constructions qu'on croirait provisoires tant elles offrent peu de garantie de solidité et sont faites négligemment, les vagons sont laids de forme, et on n'y est pas à beaucoup près aussi commodément assis que dans les bons compartimens de nos lignes ferrées.

Toutefois, la compagnie du Great-Western railroad a récemment établi sur sa ligne des vagons-dortoirs d'un comfort et d'une élégance extraordinaires. Ces vagons contiennent, rangés sur trois rangs, trente-six lits, composés d'un sommier à ressorts, d'un matelas en crin et d'une couverture très chaude. Chaque lit est entouré d'un élégant rideau de soie, de manière à former alcôve.

Un compartiment spécial est réservé aux dames qui voyagent seules, et, nous le savons, elles sont partout nombreuses aux États-Unis. Les vagons-dortoirs sont en outre garnis de lavabos avec eau chaude et eau froide, de miroirs et de fauteuils. Ajoutons que, vu leur pesanteur et leur position au milieu de chaque convoi, on y est beaucoup moins secoué que dans les voitures ordinaires. Voilà des vagons dont on appréciera toute la valeur si jamais les Américains mettent à exécution leur dessein de relier la Californie à tous les États-Unis.

En général les vagons américains sont très longs et peuvent contenir une centaine de stalles en bois nullement rembourrées. Mais au milieu des stalles, mobiles de manière à faire vis-à-vis à la personne placée derrière soi si l'on veut converser avec elle, un passage est laissé libre pour les promeneurs fatigués de se tenir assis. Les vagons, en outre, sont rattachés étroitement ensemble de manière qu'on peut, sans aucun danger, parcourir toute la longueur du convoi et s'arrêter où l'on veut. J'avoue que cela est fort agréable, surtout pour les voyages de longue durée, comme ils sont presque tous aux États-Unis, où les villes se trouvent à de grandes distances les unes des autres. Il y a aux États-Unis des lignes ferrées de 3,800 milles dont les stations sont très espacées. Dans l'hiver, des poêles chauffent les vagons.

Il n'y a sur les chemins de fer américains, comme en France et comme en Angleterre, différentes catégories de places, et le riche ne s'étale pas sur des coussins moelleux, garnis de belles étoffes, à côté du pauvre assis sur des banquettes de bois. Ces distinctions n'existent pas là-bas, et ce n'est certes pas nous qui nous en plaindrons. L'ouvrier voyageur, aussi bien que le plus malheureux émigrant, partage avec le banquier le plus opulent tous les ennuis comme tous les avantages du voyage. L'égalité existe du moins en chemin de fer; c'est toujours quelque chose. Ajoutons, comme nous l'avons déjà dit, que les voyages se font à bon marché sur les voies ferrées de l'Union comme sur les steamboats.

On a évidemment beaucoup exagéré en France le nombre des accidens qui arrivent en Amérique sur les chemins de fer et sur les steamboats. Il arrive beaucoup d'accidens sans doute, mais proportionnellement au nombre de milles de chemin de fer et au grand nombre de ba-

teaux à vapeur, ces accidens sont moins fréquens qu'on ne le suppose généralement. Il y a eu en 1858, aux États-Unis, 82 accidens de chemins de fer, qui ont causé la mort de 119 personnes et entraîné des blessures graves pour 417. Comparativement au résultat de l'année 1857, les accidens ont diminué d'environ quarante pour cent; le nombre des personnes tuées et blessées est aussi considérablement moindre. Si l'on applique la comparaison aux cinq années précédentes, les résultats donnent une moyenne de diminution beaucoup plus grande. En ce qui concerne les accidens de bateaux à vapeur, l'amélioration ne présente pas un caractère aussi marqué. Quoi qu'il en soit, il y a sur l'année 1857 une diminution d'environ onze pour cent dans le nombre des accidens, et de quatre et quart pour cent dans le nombre des conséquences fatales qu'ils ont eues.

Ajoutons que, conformément au précepte américain : Time is money, les chemins de fer des États-Unis sont les plus rapides du monde. Suivant un calcul que nous avons lieu de croire exact, voici en un temps donné la vitesse des chemins de fer en Amérique et dans les plus grands centres de population en Europe : — États-Unis, grande vitesse, 40 milles; express, 80; maximum, 100. — France, grande vitesse, 40; express, 72; maximum, 88. — Angleterre, grande vitesse, 36; express, 60; maximum, 82. — Allemagne, grande vitesse, 36; express, 58; maximum, 76. On voit par ce tableau, que, après les États-Unis, c'est en France qu'on voyage le plus vite.

Nous avons fait connaître dans un chapitre précédent une partie du comfort des bateaux à vapeur américains, où l'on trouve des salons de lecture, des salles de concert, des restaurants, des bar-rooms, et sur quelques-uns, comme dans les grands hôtels, une chambre meublée avec le plus grand luxe, tendue de rideaux de soie, de velours et de dentelles, qu'on désigne sous le nom de chambre de la mariée. C'est dans cette chambre que les jeunes mariés vont, quand ils le désirent, enfermer leur vaniteux amour.

Les Américains sont en général fort loin d'éprouver comme nous les délicatesses de la modestie et de la décence. Les femmes, les jeunes filles même les mieux élevées, n'ont pour la plupart qu'une pudeur naturelle fort douteuse, et ce qu'elles affectent de décence n'est le plus souvent que conventionnel. Je pourrais citer mille preuves à l'appui de cette opinion, mais je me borne à signaler comme très concluant l'usage général de la chambre de la mariée. Ainsi une Américaine, au sortir de chez ses parens et à peine mariée, n'éprouve aucun scrupule ni aucune gêne à mettre son innocence en spectacle devant une foule curieuse et complétement étrangère, qui épie tous ses mouvements et la suit de l'œil en souriant jusque dans la chambre de l'hyménée. Est-il une jeune femme en France qui voudrait et qui oserait afficher ainsi une nécessité urgente sa position de nouvelle mariée, et consentirait à publier le programme de ses sentiments les plus tendres et les plus intimes? Assurément non.

Au comfortable déjà si grand des steamboats américains, les journaux nous apprennent que l'Isaac-Newton, un des bateaux de la rivière de l'Hudson, vient de supprimer l'usage de l'éclairage à l'huile pour adopter l'éclairage au gaz, qu'on avait considéré jusqu'ici comme dangereux pour la navigation. Cent quarante becs de gaz distribués dans le bâtiment jettent leurs vives et inaltérables clartés partout où il est besoin. Des lustres immenses complètent l'ornementation des salons et éclairent en même temps les cabinets adjacens. Le gazomètre, placé sur le pont et dans des conditions de sécurité parfaite, peut contenir jusqu'à cinq cents pieds cubes. Enfin il paraît que, entre autres avantages, le nouveau mode d'éclairage offre sur l'ancien une grande économie. Cette dernière considération surtout pourra déterminer les autres steamboats à imiter l'Isaac-Newton.

Rien de plus singulier et aussi de moins comfortable que les omnibus à New-York. Ce sont des voitures de forme anglaise, ne pouvant guère renfermer plus de douze personnes assises, mais susceptibles d'en recevoir un plus grand nombre les jours de pluie et quand les *ladies* surprises par le mauvais temps s'installent, comme nous l'avons dit, sans façon sur les genoux des messieurs. Les omnibus n'ont pas de conducteur debout sur le marche-pied, comme cela existe en France, et c'est le cocher qui, du haut de son siége, fait le double office de conducteur et de cocher. Un trou pratiqué dans le haut de l'omnibus permet aux voyageurs de se mettre en communication avec le cocher, et c'est par ce trou qu'en se tenant debout on paye sa place. Quand on veut faire arrêter la voiture, on tire une lanière de cuir qui passe par ce même trou pour se rattacher à l'un des pieds du cocher. Celui-ci, se sentant tirer la jambe, arrête la voiture.

Pour parler au cocher, la position n'est pas des plus agréables : on est forcé de pencher la tête en tournant son visage jusqu'à l'entrée du trou où du l'autre côté le cocher a collé son oreille. Un semblable système serait impossible partout ailleurs, en Europe, où il paraîtrait très incommode et surtout ridicule ; mais encore une fois le ridicule n'existe pas en Amérique, où il est tué par l'esprit de liberté, assurément fort louable. L'Américain, essentiellement spéculateur, ne voit dans cette détestable organisation d'omnibus que l'économie d'un conducteur, et il applaudit à cette économie sans songer à se plaindre.

Le prix d'une course en omnibus est, comme à Paris, de trente centimes. Mais s'il advient que vous n'ayez pas sur vous les trente centimes ou que vous n'en ayez qu'une partie, le cocher accepte ce que vous pouvez lui donner et vous laisse descendre sans difficulté. Il est d'ailleurs le maître absolu de sa voiture, qu'il loue à forfait. Souvent même, pour ne pas se donner la peine de changer, ou dans la crainte de recevoir un faux billet de banque (on sait que les billets de banque sont à peu près la seule monnaie courante en Amérique, l'or et l'argent étant fort rares dans la circulation), il préfère vous laisser partir sans payer.

A l'intérieur des omnibus, comme à l'extérieur, ce ne sont que portraits de femmes en grande toilette de bal, mêlés à des portraits d'artistes en vogue. Mesdames Sontag, Alboni, Grisi, Mario et quelques autres chanteurs célèbres, décorent les omnibus de New-York, véritables musées artistiques. Jenny Lind y figurait partout ; mais depuis le mariage si imprévu de cette grande cantatrice, les cochers d'omnibus, désillusionnés comme le reste de la population, ont fait disparaître des portières de leur voiture la gracieuse image de l'ange déchu.

Il n'est pas d'endroit où l'on consomme plus de glace qu'aux Etats-Unis. Les Américains, grands buveurs d'eau, ne boivent que de l'eau à la glace, été comme hiver. Tous les matins, des charrettes chargées de glaces déposent devant la porte de chaque maison, dans le *basement*, la provision de la journée. Tout le monde fait usage de glace, jusqu'aux gens les plus pauvres. C'est un comfort que les nègres eux-mêmes se donnent. La glace coûte deux centimes la livre environ. Quand les Américains ne boivent pas de l'eau glacée, ils mangent des crèmes glacées. A toute heure du jour, et dès le matin, on voit des dames en grande toilette attablées dans les *ice cream saloons*, où elles dévorent les glaces plutôt qu'elles ne les mangent. Avant comme après dîner, le jour comme la nuit, les Américains prennent des crèmes glacées. Une crème glacée d'un shilling américain (soixante centimes) équivaut à deux glaces comme celles qu'on a coutume de prendre dans les cafés de Paris, et qui coûtent un franc chacune.

Les dames, et aussi beaucoup de messieurs ont l'habitude, entre le déjeuner et le dîner, d'entrer dans un *ice cream saloon* pour y manger une soupe aux huîtres arrosée d'un grand verre d'eau à la glace. Les huîtres occupent la première place dans les soupers américains. On les sert accommodées de différentes manières ou crues. Beaucoup d'Américains font leur *lunch* avec des huîtres qu'ils

assaisonnent de poivre et de sel, et qu'ils mangent avec des *crakers*, sorte de petits biscuits excellens. Souvent on sert les huîtres dans une assiette et sans leur coquille. L'aspect de ces huîtres, très grandes et très grasses, a quelque chose de repoussant quand on n'y est pas habitué.

Rien n'est plus curieux que les restaurans à l'usage des négocians dans le bas de la ville, à New-York. De longs comptoirs, très élevés, servent de tables à manger aux *business men*, qui s'asseoient, comme de grands enfans, sur des chaises très hautes. Des fourneaux sont allumés à côté de ces comptoirs-tables, et en moins de cinq minutes le cuisinier cuit une soupe aux huîtres qu'on ne sert jamais sans une petite assiette garnie de cresson ou de choux coupés qu'on prépare en salade. L'homme d'affaires, qui n'a jamais de temps à perdre, avale en deux tours de mâchoire la soupe très abondante, le cresson ou les choux avec des biscuits à discrétion, et tout cela ne lui coûte que 50 centimes.

On peut même, si on le désire, faire son *lunch* à meilleur compte, en allant à certaines heures dans les hôtels où l'on sert le *free lunch* (libre lunch ou lunch gratis). Des viandes froides très appétissantes sont offertes dans des plats d'argent, et chacun a le droit de prendre part à ce repas, à la seule condition de consommer, en le payant, un verre d'une boisson quelconque d'un prix fort modéré. Ainsi, pour 30 centimes par exemple, que coûte un verre de bière, on peut faire un excellent repas, comfortablement servi et en bonne compagnie.

L'eau-de-vie coûte cher aux Etats-Unis, mais quand on entre dans un *bar-room* et qu'on demande de l'eau-de-vie, le garçon vous en apporte une bouteille entière avec un grand verre ; vous vous servez vous-même à votre guise sans jamais payer plus cher ni meilleur marché que le prix fixé d'avance d'après la moyenne d'une consommation ordinaire. En outre, dans les *bar-rooms*, il y a toujours à la disposition des buveurs, et gratis, du fromage, des biscuits et du tabac à fumer. Mais tel est le salutaire effet de la liberté, qu'en laissant aux hommes toute leur dignité, elle leur inspire des sentiments de délicatesse et de discrétion. Personne, en Amérique, pas même les ivrognes, n'abuse de la liberté qui lui est offerte de se servir outre mesure de vins et de liqueurs mis à sa disposition ; on sait à peu près ce qu'il convient d'en prendre pour le prix fixé et on n'en prend pas davantage. Il en est de même du fromage, des biscuits et du tabac, dont personne ne fait abus.

Le comfortable américain s'étend jusque dans les temples et dans les églises, disposés en stalles avec une galerie qui fait tout le tour de l'édifice. Des tapis sont tendus par terre et des calorifères entretiennent en hiver une douce chaleur.

Les barbiers ont fait des progrès dans la science du comfortable depuis Figaro, qui se rendait d'un pied léger chez Barthold, une savonnette sous le bras, des rasoirs et une lancette dans sa poche.

Les barbiers de nos jours, mais surtout les barbiers américains, que je place bien au-dessus de tous les autres, ont des établissemens magnifiques et véritablement curieux. C'est presque un plaisir que de se faire raser à New-York, tant les barbiers sont excellens et tant leurs boutiques sont comfortables, somptueuses et vastes. Le fauteuil sur lequel on s'assied vaut seul l'argent, comme on dit vulgairement. Tout le corps y est délicieusement calé, depuis les pieds jusqu'à la tête, que le barbier, pour la mettre à sa main, monte ou descend à volonté au moyen d'un simple ressort. C'est avec de larges pinceaux à barbe trois ou quatre fois plus volumineux que ceux dont on fait usage en France que les barbiers américains vous barbouillent le visage. Après les premiers coups de rasoir, le barbier vous barbouille de nouveau et vous rase de très près, très légèrement et très vite. Ce n'est pas des barbiers américains qu'on pourrait dire :

Lambin, mon barbier et le vôtre,
Rase avec tant de gravité
Que tandis qu'il rase un côté,
La barbe repousse de l'autre.

Mais quand la barbe est faite, l'opération n'est pas terminée, tant s'en faut. Le barbier demande si vous désirez avoir la tête savonnée. Si vous dites oui, en un instant votre tête est enduite de savon, et les mains actives et intelligentes de l'artiste passent et repassent dans vos cheveux et sur le cuir chevelu, de manière à vous rendre la peau plus blanche que la blanche hermine, comme dit la romance, et les cheveux irréprochables de pureté. D'abondantes ablutions d'eau froide et d'eau chaude enlèvent jusqu'au dernier vestige de savon; de larges serviettes vous sèchent ensuite la tête, que le fer, le peigne, la brosse et la pommade achèvent d'embellir. Mais si vous ne voulez pas avoir la tête savonnée, le barbier se contente de vous asperger les cheveux d'une eau odoriférante qui rafraîchit agréablement la tête et maintient parfaitement les cheveux dans la position qu'on veut leur donner.

Ce serait, j'en suis sûr, une excellente spéculation que de monter dans un des beaux quartiers de Paris un établissement de barbier entièrement à l'américaine et desservi par des Américains. Les Français, que certains étrangers se plaisent à qualifier de coiffeurs, pour les molester, sont très certainement surpassés par les Américains dans l'art fameux de Figaro, pour la barbe du moins.

Si jamais un barbier américain lit ces lignes et qu'il se décide à venir à Paris tenter la fortune, il pourra me compter au nombre de ses pratiques les plus assidues, et je le prie dès à présent de recevoir l'expression de mon admiration reconnaissante.

Les architectes américains ont la manie des constructions grecques pour les maisons de campagne. Ces maisons, en bois pour la plupart et peintes en blanc, présentent toutes une façade à colonnes, surmontée de chapiteaux corinthiens, et dont la Bourse et la Madeleine de Paris peuvent donner une idée. Il résulte de toutes ces constructions uniformes, entièrement blanches partout et entourées de beaux jardins, un fort joli et fort riant coup d'œil, et avec un peu d'imagination on pourrait prendre les rives du Staten-Island pour une des anciennes îles de la mer Égée.

Les maisons de campagne dans le nord de l'Amérique, sans être en tous points aussi comfortables que les maisons de ville, sont néanmoins généralement bien meublées. Des nattes chinoises recouvrent le parquet, du reste fort laid, de toutes les chambres, et il n'est pas de salon sans un lourd et large piano carré, aux pieds de mastodonte. Parmi les chaises et les fauteuils de forme ordinaire se mêle l'indispensable rocking-chair. La rocking-chair (chaise-berceuse) est une espèce de fauteuil de crin dont les pieds reposent de chaque côté sur des demi-cercles de bois relevés par derrière, ce qui permet de se balancer agréablement et sans fatigue aucune. Il y en a de toutes les dimensions, et on en fait même pour les petits enfans. J'avoue qu'il est très agréable, en été surtout, de se balancer ainsi sur ces fauteuils, où le corps se trouve appuyé de toutes parts.

Les chambres à coucher des maisons de campagne en Amérique sont garnies d'une façon charmante et originale de meubles en bois peint. Sur un fond qui varie du blanc au vert pomme, ou jaune citron, ou bleu de ciel, se détachent des fleurs isolées et des bouquets formés des couleurs les plus vives et les plus diverses. Cela est frais, léger, coquet et parfaitement approprié à l'ameublement d'une maison de campagne.

Les Américains, chez qui le comfortable perce à peu près partout, ont pour l'usage de la toilette des vases plus grands et généralement plus commodes que les nôtres, bien que moins élégans. Mais à des lits de cinq pieds et demi de large ils mettent des draps de lits d'enfans, et leurs serviettes de toilette et de table, couvrent à peine le visage ou les genoux. Encore dans beaucoup de boarding-houses, à la campagne comme à la ville, ne donne-t-on pas de serviettes à table. Chacun s'essuie comme il peut, à la nappe, avec son mouchoir, ou pas du tout.

De vastes hôtels construits en bois reçoivent, l'été, aux environs de toutes les grandes villes, et jusqu'à vingt et vingt-cinq lieues à la ronde, les familles très nombreuses qui, n'ayant pas en propriété de maisons de campagne, veulent néanmoins goûter les plaisirs de la villégiature, et fuir la ville pendant les horribles chaleurs des mois de juin, juillet et août. Beaucoup d'Américains prolongent leur séjour à la campagne jusqu'au mois de septembre, d'octobre et même de novembre.

Mais le temps qu'on passe à la campagne n'est un temps de vacance que pour les femmes et les enfans. La chaleur n'arrête pas chez les hommes l'ardeur indomptable des affaires. Ils partent tous les matins par les railroads ou les steamboats, et se rendent en ville à leur office, qu'ils ne quittent que le soir pour venir coucher à la campagne. Maintenant est-il nécessaire de dire ce que font, en l'absence de leurs maris et durant les longues heures du jour, bon nombre de jeunes et tendres ladies? Elles flirtent, mon Dieu! elles flirtent dans les sombres allées, elles flirtent dans le parlor de l'hôtel, elles flirtent sur les bords de la mer, dans quelque grotte à l'abri du soleil, et au murmure mystérieux des vagues dont les plaintes monotones éveillent dans l'âme de douces pensées d'amour, des sentiments poétiques.

Je ne crois pas qu'un jeune homme puisse passer son temps plus agréablement que l'été en Amérique dans un hôtel. Je n'ai aucun étranger qui ne parle avec une sorte d'enthousiasme du séjour de la campagne aux États-Unis, et qui ne vante très justement le caractère enjoué des Américaines, leur mélange de ruse et de naïveté, la fraîcheur et la blancheur de leur teint, la finesse et l'harmonie de leurs traits délicats.

Dans quelques endroits plus à la mode, le luxe de la toilette y est vraiment excessif. On peut dire que quand ces dames ne flirtent pas, elles sont dans leur chambre occupées à se déshabiller et à s'habiller de nouveau. La toilette des enfans est surtout remarquable par l'élégance, le bon goût et l'originalité. Les femmes américaines, qui entre toutes les femmes aiment et gâtent leurs enfans, les élèvent d'une façon toute particulière, qui paraîtrait et qui serait peut-être très dangereuse en France, où le climat est généralement beaucoup plus humide que presque partout aux État-Unis.

Dès les premiers jours de leur naissance et quelle que soit la saison, les enfans sont laissés tête nue et entièrement libres dans leur berceau. Des bandes de flanelle leur soutiennent seules le corps pendant les cinq ou six premières semaines. L'horrible maillot dont on emprisonne encore chez nous les enfans, malgré les remontrances des médecins, est inconnu en Amérique comme en Angleterre. Dans certaines provinces en France on ficelle littéralement les enfans en bas âge en leur liant étroitement, comme à des momies d'Égypte, les jambes et les bras, incapables du moindre mouvement. Cela est stupide, contraire en tous points au développement de l'enfant, lequel souffre d'un régime qui est une torture; aussi cela a-t-il de grandes chances de se conserver longtemps encore dans les usages d'un peuple qui passe qu'on appelle le plus inconstant et le plus éclairé de tous les peuples.

Jusqu'à l'âge de quatre ou cinq ans, les petits garçons sont habillés de robes décolletées et les bras nus. Les petites filles, jusqu'à l'âge de dix et douze ans, sont mises de la manière la plus charmante, en robes courtes et décolletées, et les bras nus en toute saison. On a pu contester les avantages d'un pareil régime; quoi qu'il en soit, je ne crois pas que nulle part au monde il y ait de plus jolis et de plus beaux enfans que dans le nord des États-Unis.

Nous avons dit déjà quelques mots de la cuisine américaine, si peu varié et généralement très médiocre. Nous n'y reviendrons pas. Seulement, nous ajouterons que la viande de boucherie, le gibier, la volaille, le poisson, les fruits et les légumes, d'une apparence fort belle en général, sont loin de valoir les produits de même nature que nous avons si parfaits chez nous.

Les pêches abondent dans le nord des Etats, mais elle n'ont ni la saveur ni la délicatesse des pêches que nous récoltons en France. Quant aux fraises, elles sont fort belles, d'un goût exquis, et on en consomme à New-York plus peut-être que dans aucun autre pays du monde. D'après une statistique, les cinq steamers qui desservent le transport des fruits et des légumes entre New-York et la côte de New-Jersey, apportent en moyenne 1,800 barils de fraises par jour ; les chemins de fer ajoutent à ce contingent quotidien 1,200 barils environ, en tout 3,000 barils. Chacun de ceux-ci contenant 200 paniers, il en résulte que New-York reçoit et consomme par 24 heures 600,000 paniers de fraises, lesquels, au prix moyen de 3 1/2 cts, représentent une somme de 21,000 dollars, soit environ 103,000 francs.

Les Américains dédaignent certains produits que nous estimons beaucoup en Europe. Ainsi, parmi les poissons, ils ne mangent ni la raie ni les jeunes requins, qui sont pourtant fort bons, ni un autre poisson blanc très délicat, mais trop rempli d'arêtes ; enfin ils se bornent à tuer pour le rejeter à la mer une sorte de monstre marin, hideux de forme, j'en conviens, et plus propre à inspirer l'effroi qu'à développer l'appétit, mais dont la chair, blanche et ferme comme celle du turbot, en a toute la saveur délicate. Les Américains du Nord dédaignent en outre l'oseille, et commencent à peine aujourd'hui à manger les rognons de mouton et le foie de veau. En revanche ils se régalent à manger rôtis des écureuils qui ont toute l'apparence de gros rats de gouttière.

Au reste, les rats sont considérés comme un mets excellent par tous les Chinois qui habitent les Etats-Unis, et particulièrement la Californie, où ils sont en très grand nombre. Mais que ne mangent pas les Chinois! Voici ce que m'a raconté un Français, mineur en Californie : une fois, il vit un Chinois armé d'un long couteau pointu avec lequel il fouillait la terre. Il cherchait ainsi des vers de terre, qu'il plaçait au fur et à mesure qu'il les trouvait dans une large boîte de fer-blanc suspendue à son cou. « C'est un pêcheur sans doute, se dit notre Français, et je veux voir comment pêchent les Chinois, qui font tout différemment que les autres hommes. » Et il suivit des yeux le Chinois, qui ne cessa de fouiller le sol que pour se diriger, sa boîte pleine de vers, dans une petite cahute en bois où il demeurait avec sa femme et ses enfans. Le Chinois lava les vers avec le plus grand soin, un à un, et les réunit ensuite dans une casserole, où ils bouillirent environ vingt minutes. « Les poissons, déjà si friands des vers crus, les préféront cuits sans doute, » pensa notre compatriote, bien décidé à suivre jusqu'au bout le pêcheur chinois. Mais quelle ne fut pas sa surprise quand, ayant retiré les vers du feu, le Chinois et sa famille en firent un repas délicieux !

En Californie, on mange beaucoup de choses qu'il serait bien difficile de se procurer ailleurs, telles que perroquets qu'on accommode au riz, certains singes qu'on mange à la broche, oiseaux divers parmi lesquels figurent souvent des brochettes de bengalis. L'ours, sur les marchés de toutes les villes de la Californie, est très abondant, et il paraît certain que c'est une viande excellente quand on la sait bien préparer.

Disons, puisque nous venons de parler des marchés, que ce sont les hommes, dans tous les Etats-Unis, qui vont eux-mêmes, un panier sous le bras, faire les provisions nécessaires à la consommation journalière de la maison. Cette coutume, à la vérité, commence à se perdre dans certaines villes, mais elle se maintient ailleurs dans toute sa force, et il n'est pas rare, même à New-York, de voir à Washington-Market des gentlemen très estimables

et en très grand nombre, faire leur provision de beurre, débattre le prix d'une volaille, acheter un gigot, et se faire peser du poisson, qu'on vend à la livre.

Mais ce qui étonne le plus les étrangers, c'est le costume des maraîchers, d'une propreté et d'une coupe irréprochables. Les bouchers, par exemple, sont, dans leur état, habillés comme de véritables gentlemen, en habit ou en redingote de drap noir, en pantalon de belle étoffe, en gilet bien taillé, en chemise fraîchement empesée, en faux-col raide comme du carton, soutenu par une cravate à l'américaine élégamment nouée. Un tablier toujours blanc les garantit du contact de la viande, et c'est le chapeau sur la tête qu'ils coupent, taillent, scient et servent les acheteurs, avec lesquels ils sont polis et complaisans.

Les ouvriers qu'on appelle chez soi pour les petits travaux, tels que réparer une cheminée, remettre en place un bec de gaz, ou pour arranger les fragiles, laides et incommodes croisées à guillotine que les Américains ont héritées des Anglais ; ces ouvriers, vêtus d'un habit noir ou d'une redingote de drap, travaillent le plus souvent sans rien déranger à leur toilette et en conservant leur chapeau sur la tête. Conserver le chapeau sur la tête n'est considéré, en Amérique, ni comme un manque d'éducation ni comme une impolitesse, et il est à remarquer que les ouvriers américains, bien que très indépendans, sont très convenables et toujours polis, de cette politesse vraie qui consiste à se rendre utile, sans grimace et sans fausse obséquiosité.

La garde-robe d'un Américain, même d'un riche Américain, est très bornée, et les maisons les plus confortables n'ont de linge que le strict nécessaire. Ce n'est pas comme dans certaines villes de France, particulièrement dans le Midi, où le luxe consiste à avoir toujours bien garnies d'immenses armoires remplies de linge inutile, et à ne faire la lessive qu'une fois l'an.

En voyage, l'Américain n'apporte de bagage qu'une petite malle ou une simple valise. Il achète dans chaque ville le linge et les habits qui lui sont nécessaires, et abandonne à l'hôtel le linge qu'il a porté. Les femmes en voyage ne font guère autrement que les hommes, et il n'est pas rare d'en voir, avec une simple malle, entreprendre des voyages de plusieurs centaines de lieues.

Monsieur Jobard, le fameux savant de Bruxelles, a dernièrement combattu, dans un spirituel rapport, l'usage des brosses qui usent et nettoient mal les habits, pour préconiser l'usage des éponges humides, qui, beaucoup mieux que les brosses de crin, enlèvent la poussière et les taches sur le drap. « Ce que je dis, écrit monsieur Jobard, ne fera pas plaisir aux marchands de brosses, mais fera sourire de contentement les marchands d'éponges. » Ce que j'ai à dire à mon tour sur la manière dont on nettoie les habits en Amérique ne fera pas plus de plaisir aux marchands de brosses qu'aux marchands d'éponges ; mais il égayera très fort les marchands de balais. En Amérique, en effet, on ne brosse pas plus les habits qu'on ne les éponge ; on les balaye. C'est avec un petit balai de paille, plat, en forme d'éventail, qu'on enlève la poussière sur tous les vêtemens des hommes, et ce mode de nettoyage est excellent.

A la porte du vestibule de tous les hôtels, des nègres balayeurs d'habits, un petit balai à la main, attendent les voyageurs et les épousettent rapidement partout, depuis le collet de l'habit jusqu'au bas du pantalon, sans demander la permission, sans dire un seul mot, et avec une gravité toujours plaisante chez les nègres.

Les Américains n'ont pas hérité des Anglais le goût des courses de chevaux. Il n'y a que fort peu de *steeple-chases* aux Etats-Unis, mais en revanche il y a beaucoup de courses en cabriolet par des chevaux trotteurs. Les Américains, à tort ou à raison, ont la prétention d'avoir les meilleurs trotteurs du monde entier. Ils ont souvent envoyé de leurs chevaux sur les turfs anglais, mais les Anglais ne les ont jamais voulu admettre, par la raison qu'ils galopent avec les jambes de derrière, accusation grave que les Américains ont vivement repoussée, mais que les Anglais ont toujours maintenue. Les Américains prétendent que les Anglais n'ont imaginé cette odieuse calomnie que pour échapper à l'humiliation d'être battus par eux. Cela pourrait bien être, et je m'en informerai auprès de mon ami Léon Gatayes, qui doit le savoir.

Quoi qu'il en soit, galopeurs ou trotteurs, ce ne sont pas les chevaux qui manquent en Amérique. Le nombre de ces utiles animaux, si nous devons en croire une statistique récente, ne s'élèverait pas à moins de 4,500,000. C'est l'Ohio qui en possède le plus; vient ensuite l'État de New-York, puis la Pensylvanie, le Kentucky, etc. Le Minnesota se trouve placé au dernier rang de cette statistique chevaline.

En admettant un chiffre approximatif de 75 dollars pour chaque cheval, on obtient un total de 337,500,000 dollars.

En Amérique, où l'on mange généralement mauvais, on boit des breuvages excellents. On n'a pas l'idée en France du genre et de la variété de ces boissons, qu'on prend ou chaudes ou à la glace, et dans ce dernier cas avec un chalumeau de paille ou de jonc. Le chalumeau, en répandant petit à petit le breuvage dans la bouche, rafraîchit mieux et fait aussi mieux savourer les parfums. Je ne sais pas ce que pouvaient être l'ambroisie et le nectar, mais je doute que ces breuvages des dieux pussent paraître plus agréables que certaines boissons américaines dont on ne fait guère à Paris que de mauvaises imitations. Comment se fait-il que Brillat-Savarin, le célèbre auteur de la *Physiologie du goût*, et qui a séjourné quelques années en Amérique, n'ait pas parlé dans son ouvrage des boissons américaines? Sans chercher à pénétrer le secret de cette omission, nous allons tâcher d'y remédier en donnant ici les noms des principales boissons américaines et la recette pour la composition de quelques-unes.

Je ne serais pas surpris que, à la suite de ces recettes, les limonadiers de Paris ne m'élevassent un temple; mais Dieu m'est témoin que cet honneur je ne l'aurai pas désiré.

Le MINT JULEP se fait en mettant dans un fond convenable de vin de Madère un peu de glace concassée, du sucre en poudre et de la noix muscade râpée. Le tout se mélange en transvasant rapidement cette boisson dans deux gobelets qu'on tient à une certaine distance l'un de l'autre. Les limonadiers américains opèrent ce mélange avec une adresse et une promptitude remarquables. Le *mint julep* se verse dans un grand verre qu'on couronne de feuilles de menthe verte, de quelques fraises et d'une douzaine environ de petits morceaux d'ananas. On hume ensuite cette boisson fraîche, tonique et agréablement parfumée, au moyen d'un chalumeau de paille ou de jonc, comme nous l'avons dit.

Le SHERRY COBBLER, d'un goût tout différent, n'est pas moins agréable, et beaucoup de personnes le préfèrent même au *mint julep*. Le *sherry cobbler* se compose de vin de *Sherry*, d'un peu d'eau-de-vie, d'un peu de sucre en poudre, d'un peu de noix muscade râpée et de morceaux de glace concassée; le tout mélangé au moyen de deux gobelets, comme on fait pour le *mint julep*. Le *sherry cobbler* se boit généralement aussi au moyen d'un chalumeau.

Le COCK TAIL, littéralement *queue de coq*, se fait avec du *bitter*, de l'eau-de-vie, de la noix muscade râpée et de petits morceaux de glace. Le *cock tail* est considéré comme une liqueur tonique, et on n'en boit guère qu'un quart de grand verre à la fois.

Il y a plusieurs espèces de *cock tails*, parmi lesquels, avec le *brandy cock tail*, nous avons remarqué *the sling*, d'un goût très fin.

Le GIN TODDLY se boit ordinairement chaud et se fait avec du gin, de l'eau très chaude, du sucre râpé et du citron.

THE MORTAIN DEW (la rosée de la montagne).

HALF AND HALF (moitié par moitié; c'est-à-dire moitié eau et moitié eau-de-vie).

THE WHISKY PUNCH (punch au wisky).

THE THOROUGH KNOCK ME DOWN (littéralement casse-poitrine).

THE TOM AND JERRY.

THE OLD TOM (le vieux Tom).

THE EGG-NOG. Cette dernière boisson, plus particulièrement en usage dans le sud des États-Unis, et qu'on boit de rigueur à l'époque du Christmas, c'est-à-dire le jour de Noël, est une sorte de punch à la romaine. *The egg-nog* se compose d'œufs crus mélangés à de l'eau-de-vie et qu'on prépare de la manière suivante. Ce sont ordinairement les créoles elles-mêmes qui, de leurs blanches et indolentes mains, font le *egg-nog*, qu'elles offrent aux invités de Noël. Après avoir cassé un certain nombre d'œufs, elles séparent les blancs des jaunes, qu'elles mettent à part; puis elles battent les blancs comme pour faire des œufs à la neige et jusqu'à ce qu'ils aient produit, en se gonflant, une sorte d'écume blanche et légère. Les jaunes d'œufs sont ensuite mêlés avec du sucre et de l'eau-de-vie, puis réunis avec les blancs. Cette boisson est rarement du goût des étrangers; mais ils s'y habituent bientôt et finissent par la trouver excellente.

Un des côtés comfortables des villes américaines, mais particulièrement de New-York, ce sont les arbres qui bordent la majeure partie des rues, et donnent, en été, tout en assainissant l'air, une fraîcheur des plus agréable.s La chaleur est si grande en été à New-York, qu'il n'est pas rare de voir dans les rues et sur les quais des hommes et des chevaux tomber morts, foudroyés par l'ardeur du soleil. Aussi, indépendamment des arrosoirs publics, chaque particulier, sans que pourtant il y soit obligé par la police, rafraîchit matin et soir les trottoirs de sa devanture avec une pompe, dont il se sert aussi pour laver sa maison du haut en bas.

Les gares des chemins de fer, si belles en France, et dont quelques-unes peuvent être considérées comme de véritables monumens, sont dans toute l'Amérique si laides qu'on s'en ferait difficilement une idée exacte. Il en est de même de tous les édifices publics. Nous citerons à New-York la Bourse, les différens tribunaux, les prisons et la poste aux lettres, qui ne sont que d'affreuses baraques. Sans compter que le service laisse partout beaucoup à désirer.

Ainsi, pour ne parler que de la poste, nous dirons que les lettres restantes et les paquets sont délivrés sans formalité aucune à quiconque se présente pour les réclamer. On n'exige même pas du réclamant qu'il dise son nom, et pourvu qu'il paye le port, il pourrait emporter toutes les lettres, si telle était sa fantaisie. Il est vrai qu'il y va des galères pour s'emparer sans autorisation d'une lettre adressée à un autre qu'à soi; mais malgré la sévérité des lois à cet égard, on comprend tous les inconvéniens qui doivent résulter et qui résultent parfois d'un pareil état de choses.

Quant aux facteurs chargés de distribuer les lettres à domicile, ils les portent réunies pêle-mêle dans un mouchoir de poche dont ils retiennent les quatre coins avec la main. On se demande comment ils n'ont pas une boîte pour renfermer les lettres, toujours en danger de se perdre dans un mouchoir qui s'entr'ouvre sans cesse.

Après avoir, dans ce chapitre sur le comfortable, mentionné le système des stalles dans les théâtres, à l'exclusion des loges et de toutes les autres places, il ne nous restera plus pour clore cette énumération qu'à signaler comme un comfort à l'usage d'un grand nombre de ladies... les râteliers postiches.

Les dents se gâtent vite dans certaines parties de l'Amérique, par l'usage incessant de la glace, par l'abus des bonbons et par les eaux, souvent trop chargées de calcaire. Mais la coquetterie joue un des rôles principaux, sinon le rôle principal, dans l'emploi si général des râteliers postiches.

Il n'est pas rare en effet, et je tiens le fait de plusieurs dentistes américains et étrangers, de voir de jeunes femmes, des demoiselles même, se faire arracher toutes les dents pour s'en faire poser de fausses, et cela uniquement parce que leurs dents sont jaunes, trop longues ou mal rangées. Il est vrai que les dentistes américains ont la réputation d'être les premiers dentistes de l'univers, et que ces dames ont pour les aider à supporter la terrible extraction, les paralysantes émanations du chloroforme. Mais il faut être furieusement coquette pour préférer à des dents véritables et saines, quoique jaunes, mal rangées ou trop longues, des dents postiches, si blanches et si bien alignées qu'elles puissent être.

Il y a donc considérablement de faux râteliers en Amérique, autant par nécessité que par coquetterie. Personne n'éprouve de répugnance à orner sa mâchoire de fausses dents, et, si j'en crois une historiette qui m'a été racontée, un râtelier postiche serait un présent fort acceptable, quand on veut, comme a dit Horace, joindre l'utile à l'agréable.

Voici l'historiette :

Des demoiselles, élèves dans un pensionnat à la campagne, aux environs de Boston, avaient remarqué depuis longtemps la difficulté qu'éprouvait leur chère maîtresse à mastiquer la croûte de pain, la salade et certaines viandes. En élèves attentionnées et généreuses, elles résolurent de lui acheter un faux râtelier, et se cotisèrent à cet effet. Elles avaient d'ailleurs entendu leur maîtresse se plaindre à plusieurs reprises de la cherté des râteliers postiches, dont les riches seuls peuvent se passer le luxe.

— Ah ! si mon pauvre mari vivait encore ! — avait-elle dit un jour dans un moment de tendre expansion et se croyant seule, — c'est dans un mois l'anniversaire de ma naissance; il voudrait fêter cet heureux jour, me donner une nouvelle preuve d'amour, et il m'achèterait un râtelier dont j'ai tant besoin ! Cher époux !... cher râtelier !...

Ces touchantes paroles furent recueillies, et à l'aide d'un dentiste adroit qu'on mit dans la confidence et qui prit discrètement la mesure de la mâchoire de l'institutrice, le râtelier, un râtelier de luxe, se trouva prêt pour le jour anniversaire.

Dès le matin de ce jour mémorable, les pensionnaires en grande toilette attendirent la venue de l'institutrice. Le râtelier fut soigneusement placé dans un plat d'argent entre deux bouquets, et finalement offert par la plus jeune pensionnaire, qui, en outre, débita un compliment à la maîtresse d'école d'une voix entrecoupée par l'émotion. Celle-ci accepta le présent de l'air modeste qui convient à toute maîtresse de pension, mais ne chercha pas à dissimuler son contentement. Elle adressa en remercîment un speech à ses élèves, lequel se terminait par ces paroles :

— J'ai pu parfois, chères élèves, me montrer sévère envers vous, et pincer des lèvres, comme on dit. Je n'aurai plus désormais que gracieux sourires, ne fût-ce que pour montrer mes jolies dents et faire honneur à vos largesses.

Quelque extraordinaire que puisse paraître un pareil fait, il n'a rien d'étrange aux États-Unis pour les personnes qui connaissent les mœurs si simples de la campagne, et l'esprit si éminemment positif et pratique des Américains.

XVI

L'ÉDUCATION PUBLIQUE EN AMÉRIQUE.

À un peuple essentiellement libre et éminemment progressiste comme celui des États-Unis, il faut l'enseignement libre et l'instruction gratuite pour tous.

L'absence d'une Église dominante en Amérique a rendu facile la liberté de l'enseignement, dont les bénéfices sont offerts à tous les citoyens, sans distinction de secte religieuse.

Chaque personne étant entièrement libre d'obéir à sa conscience et de choisir entre tous les cultes celui qu'elle croit préférable, on n'impose aux enfans aucune doctrine religieuse. Ce à quoi l'on s'attache avant tout dans les *public schools*, c'est à former des hommes, en nourrissant l'intelligence des enfans des élémens de l'instruction, si précieuse dans la société, où savoir lire et savoir écrire sont aussi indispensables que savoir comprendre la parole et que savoir parler.

L'enseignement n'est pas obligatoire aux États-Unis, et il n'était pas nécessaire qu'on le rendît tel. Cette mesure peut être utile momentanément dans les pays dominés par certains préjugés et par l'incurie des esprits trop longtemps comprimés, mais elle serait superflue en Amérique, où le peuple, avec la liberté et la conscience de sa dignité, a le bon sens de comprendre tous les avantages de l'instruction.

Ainsi donc la classe la plus nombreuse, qui, en Amérique comme partout ailleurs, n'est certainement pas la moins utile, sait lire, écrire et suffisamment calculer pour le besoin de ses intérêts. Ce don gratuit et magnifique, vraiment républicain, de l'instruction primaire, fait loyalement à tous les déshérités du sort, est sans aucun doute une des causes principales de l'incomparable prospérité de l'Union, et restera sa sauvegarde dans l'avenir.

Quoi qu'on ait pu dire contre la raison humaine, et malgré les déclamations intéressées de certains raisonneurs qui seuls veulent raisonner pour prouver qu'on ne raisonne pas, les États-Unis démontrent parfaitement que, pour garantir les grands principes de la liberté, on doit surtout compter sur l'instruction et le bon sens populaire.

Quant à l'éducation purement morale, aussi indispensable à notre avis que l'instruction proprement dite, elle n'est pas négligée, tant s'en faut, dans les écoles gratuites en Amérique.

La morale, unie partout aux principes de toutes les religions, est enseignée au moyen de livres rudimentaires excellens sous tous les rapports. Ces livres prêchent l'amour de Dieu, sans toutefois indiquer sous quelle forme il convient de l'adorer; ils enseignent à honorer notre père et notre mère, à ne pas voler, à ne pas assassiner, à faire autant que possible le bien, à éviter autant que possible de faire le mal, à faire son prochain comme soi-même. Pénétré de ces doctrines invariables, l'enfant grandit sans danger pour la société, et sans crainte de fausser sa conscience. Devenu homme, et quand sa raison est suffisamment éclairée, il choisit alors librement l'Église de ses sympathies. Quelle que soit la secte de son choix, dans la Bible comme dans le Coran, dans le Coran comme dans l'Évangile, dans l'Évangile pur comme dans tous les systèmes qui le divisent, partout il retrouvera les mêmes principes de morale. Les religions sont diverses, la morale est une.

En ce qui concerne les écoles particulières, elles sont, comme les écoles gratuites, un terrain neutre fermé à toutes les compétitions de sectes. L'instruction et la morale y sont répandues avec le respect de toutes les religions. Aussi voit-on figurer au bas des prospectus des écoles bien dirigées, des avis sur lesquels on assure aux élèves des bancs dans les différentes églises de toutes religions.

On a reproché excessivement aux Américains de se contenter en général d'une instruction superficielle. On semble l'oublier parfois, l'Amérique, qui doit tout à son indépendance, n'est indépendante que depuis 1776. C'est le 4 juillet de cette année mémorable de 1776 qu'a été signé à Philadelphie l'acte de déclaration de l'indépendance. Or, depuis et dans le dernier demi-siècle, le nombre des États de l'Union a plus que doublé, sa population a quadruplé; ses frontières se sont étendues du Mississipi au

Pacifique, le commerce et la navigation ont pris un développement extraordinaire. Les facultés inventives des Américains, excitées au plus haut degré, ont produit les plus remarquables découvertes. Le vaste territoire de l'Union est sillonné en tous sens de chemins de fer et de canaux.

Le génie d'un Américain a soumis les vents et les flots aux volontés du commerce ; le génie d'un autre a dirigé la foudre ; un autre a supprimé la distance par la transmission de la pensée ; un autre enfin, comme le génie du bien, a paralysé la douleur physique en découvrant le chloroforme. Mais ce n'est pas assez, et l'on s'étonne que ce peuple, le seul qui sache lire, ne réunisse pas aussi la culture générale et approfondie des sciences et des lettres.

D'ailleurs, il faut le reconnaître, l'enseignement est en progrès partout, et il existe aux États-Unis des colléges supérieurs qui seraient remarquables partout en Europe. Nous citerons le collége de Cambridge, près de Boston, le collége Haward, et le collége militaire de Wespoint pour l'infanterie et la cavalerie.

En 1814, un anonyme de Boston légua au collége Haward une somme de 20,000 dollars (plus de 100,000 fr.) pour y fonder une chaire de langue grecque. L'année suivante, une autre personne fit don au même collége d'une somme de 30,000 dollars destinés à une chaire de langue française. Enfin, et vers la même époque, l'État de Massachusetts n'alloua pas moins de 100,000 dollars (533,000 fr.) à ce même et très heureux collége Haward.

Mais s'il est évident que l'instruction aux États-Unis tend chaque jour à devenir plus complète, il n'est pas moins évident qu'un très grand nombre d'écoles sont encore dirigées par des professeurs incapables. Les diplômes n'étant exigibles nulle part, chacun peut ouvrir une école à son gré. On se fait professeur en Amérique quand on ne sait plus que faire, et l'on ouvre un pensionnat quand le malheur des affaires vous a forcé de fermer boutique. Il n'est pas d'étranger dans l'embarras qui n'ait cherché à donner des leçons de toutes les branches des sciences et des arts, depuis l'astronomie jusqu'à la gymnastique. J'ai connu à New-York un Auvergnat, ancien porteur d'eau et garçon dans un *bar-room*, qui, sachant à peine lire et ne sachant pas du tout écrire, s'était bravement annoncé comme maître de français. Sa méthode, très simple et entièrement nouvelle, consistait à parler auvergnat à ses élèves et à leur dire : Imitez-moi.

Ce singulier professeur ayant été présenté à un Allemand qui donnait aussi des leçons de français, les deux *maîtres* voulurent se parler, mais ils ne purent parvenir à se comprendre, malgré tous leurs efforts.

—Fitchtral—disait l'Auvergnat,—chetut-là peut chevanter de parler drôlement le franchais ! Che n'est pas comme dans l'Auvergne. Chan doute que chaque pays a chon franchais que les jautres ne comprennent pas.

— Tartciffe ! guel trôle l'homme, — murmurait de son côté l'Allemand en jetant sur l'Auvergnat un air d'envie ; —pour barler vrançais, il barle ; il barle bien même ! Mais che ne barle bas mal non plis, et je ne bois bas bourguol il fait gomme s'il ne me gombrennait bas. Ce être bar jalisie et barce que nous sommes dous les teux tes broveseurs te lankue.

Mais voici un fait curieux encore, et dont on nous a assuré l'exactitude :

Un Bordelais, après avoir essayé en Amérique de tous les métiers, se trouvait un jour près de Louisville dans un état de complet dénument. Il pensait peut-être au moyen de suicide par lequel il pourrait se tirer doucement possible se débarrasser du pesant fardeau de la misère, quand il rencontra par hasard un Américain qu'il avait connu autrefois. Le Bordelais se hâta d'exposer sa triste position à l'Américain en se recommandant à lui.

— Well ! — lui dit le Yankee, — si vous saviez l'italien, vous pourriez entrer tout de suite comme professeur dans une école de garçons, située aux environs, et qui est renommée pour ses études de langues vivantes.

— C'est donc un Italien seulement et non pas un Français qu'il faut ? — demanda notre compatriote avec anxiété.

— Il ne faut qu'un professeur d'italien, — ajouta l'Américain.

— Le professeur auquel je dois succéder est-il encore à l'école ? — demanda le Bordelais.

— Il n'y a jamais eu de professeur d'italien dans cette école, et c'est une lacune qu'on désire combler ; mais savez-vous l'italien, oui ou non ?

— Si je le sais ! — répondit le Bordelais avec assurance. — Je le crois bien ! Il fut un temps même où à force de parler italien, j'avais complétement oublié le français.

— Very well, cher monsieur, et je suis charmé de pouvoir vous être utile. Vous pouvez vous présenter de ma part à l'école en question, et je ne doute pas que vous n'y soyez agréé.

— Merci, cher monsieur ; *a revedere, mio caro*, comme nous disons en italien.

Et le Gascon, qui ne savait d'italien que cette seule phrase, un peu courte, et *felicita*, pour avoir entendu chanter ce dernier mot à la fin d'une infinité de *cabalette* italiennes, prit congé de son protecteur.

Il se mit à réfléchir profondément au moyen d'enseigner l'italien quand on ne le sait pas ; mais il ne trouvait pas ce moyen. Cependant il se dirigea vers la maison fortunée qui devait lui offrir un gîte et la nourriture dont il avait grand besoin.

Tout à coup, et comme frappé d'une heureuse inspiration, il passa la main sur son front. Un sourire de bonheur avait illuminé sa figure attristée. Il pressa le pas et se trouva bientôt devant le directeur de la pension, qui ne fit aucune difficulté de l'installer chez lui.

Dès le lendemain de son arrivée, le Bordelais prenait possession de sa classe d'italien. Les élèves firent bientôt des progrès remarquables sous l'habile direction du professeur, doublement estimé pour ses talens et son humeur enjouée. Le directeur avait, à plusieurs reprises, adressé les compliments les plus flatteurs à notre compatriote pour sa bonne méthode et le soin qu'il prenait à bien faire prononcer la douce langue des amours, comme il disait tout bas en souriant.

— Ma méthode, comme vous le voyez, — disait le Bordelais, — consiste à ne pas me servir de livres. A quoi bon les livres ? à fatiguer l'esprit des élèves par des théories souvent inutiles, et à perdre un temps précieux que la pratique peut toujours employer fructueusement.

— C'est parfait, — répliquait le directeur. — Mais le Dante ? Je voudrais que de temps à autre vous leur fissiez lire le Dante. Le Dante, voyez-vous c'est toujours le Dante.

— Oui, — répondait le Bordelais, — c'est toujours le Dante, et ce sera toujours le Dante ; mais ce n'est pas toujours amusant. J'ai lu autrefois une traduction de l'*Enfer*, ça ne vaut pas le diable. J'aime mieux les chansons de Béranger, — ajoutait-il en riant.

— Comment ! c'est dans une traduction que vous avez lu le Dante ?

— Ah diable ! — se dit à part notre Gascon, — j'avais oublié mon rôle. — Puis, se reprenant : — J'ai lu l'*Enfer* dans une autre langue parce que j'ai voulu voir combien ce beau livre perdait à être traduit. Quant aux œuvres de *Béranger*, je les préfère à certains égards, mais pour des élèves de première année seulement.

Le directeur trouva cette explication satisfaisante.

Tout marchait pour le mieux dans le meilleur des pensionnats possibles, et notre compatriote, séduit par les douceurs d'une vie sûre et tranquille, ne songeait qu'à se maintenir à son poste, quand un incident inattendu vint mettre un terme à tant de félicités. Un Italien, un véritable Italien, venait d'arriver dans la pension pour y placer un de ses enfans. Enchanté de la présence de cet étranger, le directeur de l'école voulut jouir d'un triomphe dans la personne de ses élèves de la classe d'italien. Il les fit venir. Les élèves se présentèrent avec assurance et parlèrent entre eux avec une facilité merveilleuse pour des élèves de quelques mois. Mais au lieu de les applaudir, l'Italien partit d'un long éclat de rire, et assura qu'il n'y avait pas dans tout ce qu'il venait d'entendre un seul mot d'italien.

On chercha le malencontreux professeur ; il avait disparu. Le malheureux leur avait appris le patois gascon !

Du reste, cette pauvre langue française n'est pas mieux traitée par certains Américains qui se mêlent de l'enseigner. Et puisque nous sommes en train de raconter les faits, qui mieux que les raisonnements prouvent la vérité, racontons encore celui-ci.

Un révérend directeur d'un collège de garçons se présente, sans être connu, chez un professeur de français jouissant d'une réputation méritée.

— Je viens, monsieur, — lui dit en anglais le révérend, — vous prier de m'enseigner le français.

— Très volontiers, monsieur, mais veuillez vous asseoir.

— Permettez que je ne m'assoie pas; pour m'asseoir, il faut perdre du temps, et je n'ai pas une minute à perdre. Je pars ce soir même.

— Pour revenir bientôt sans doute.

— Non, monsieur, pour ne plus revenir.

— Mais alors comment voulez-vous prendre vos leçons de français ainsi à distance ?

— Je n'en désire qu'une.

— Une leçon ! Et c'est en une seule leçon que vous avez la prétention d'apprendre le français ?

— Une seule leçon me suffira, je pense. Mon but est d'apprendre à prononcer l'alphabet ; une fois la prononciation de l'alphabet obtenue, j'apprendrai le reste aisément tout seul, au moyen des livres qui donnent la prononciation figurée.

Le professeur secoua la tête en signe d'incrédulité; mais, pour ne pas déplaire au révérend, il voulut bien consentir à lui donner la leçon qu'il demandait.

— Jacques, — dit le professeur en appelant son domestique, — apportez-nous le tableau et la craie.

Le tableau des démonstrations en place, la leçon commença. L'honorable ministre passa près de deux heures à se désarticuler la mâchoire pour ne pas dire *aye* au lieu de *é*, *airr* au lieu de *r*, *tou* au lieu de *u*. Puis en véritable Yankee il calcula exactement le prix de la leçon d'après le prix d'un terme (trois mois), en fit la monnaie et l'offrit au professeur. Pour toute réponse, ce dernier appela de nouveau son domestique.

— Jacques, — lui dit-il, — prenez cet argent; monsieur vous l'offre pour la peine que vous avez eue d'apporter le tableau. Quant à moi, — dit-il en s'adressant au révérend, — je n'ai pas pour habitude, comme les cochers de fiacre de mon pays, d'être payé à l'heure ou à la course. J'ai fait cela dans le seul but de vous être agréable et pour la plus grande gloire de notre alphabet.

Le révérend se retira très étonné du désintéressement du professeur.

Quinze jours après cette entrevue grammaticale, le révérend, se trouvant suffisamment instruit dans la langue de Racine, rentrait dans son collège et prenait lui-même la direction de la classe de français.

Nous pourrions, si cela était nécessaire, citer les noms de ces deux messieurs.

Il résulte de l'insuffisance des professeurs, sur le concours desquels on ne saurait généralement compter, des livres excellents pour l'enseignement élémentaire. L'Amérique est, je crois, le pays qui a fourni les meilleurs abrégés de toutes les branches de l'instruction et de toutes les sciences. Il est vrai que ces livres ne sont pour la plupart que le résumé habilement fait des livres de même nature imprimés en Allemagne, en France et en Angleterre. Mais les Américains ne se montrent nullement scrupuleux de prendre le bien où ils le trouvent.

Pour compléter l'instruction du peuple autant que pour l'amuser, les *lecturers* donnent des lectures publiques

sur tous les sujets possibles. Ils traitent tour à tour de l'histoire, de la littérature, de la philosophie, de la physique, de la chimie, de la zoologie, de l'astronomie, de la géologie, de la lexicologie, de la magie, des esprits frappeurs, de la Bible, de l'Évangile, des livres sacrés de l'Inde, du paganisme, du catholicisme, du bouddhisme, du brahmanisme; ils parlent sur l'art, sur le vrai, sur le beau, sur l'aimable, sur le sublime, etc., etc. Les lectures, fort en honneur partout aux États-Unis, sont d'un excellent revenu pour les *learned professors*, qui en font avant tout un objet de spéculation.

Ces séances littéraires et scientifiques sont annoncées par tous les journaux à grand renfort de réclames, et, sur tous les murs de la ville, par des affiches gigantesques et multicolores. Mais, il faut le reconnaître, ces lectures publiques, qui pourraient être si profitables au peuple toujours disposé à s'instruire, ne répondent pas en général à l'idée qu'on pourrait s'en faire.

L'originalité y fait complétement défaut, et on retrouve partout les lambeaux des livres les plus connus que le *lecturer* se garde bien de jamais nommer.

Excepté messieurs Thackeray, F. Meagher et Everett, un Anglais, un Irlandais et un Bostonien, on aurait peut-être de la peine à citer des hommes vraiment instruits parmi les innombrables *lecturers* de profession.

Les sujets qui plaisent le plus au public américain sont les sujets gais, après les sujets merveilleux. Je me souviens qu'à New-York, dans la même soirée, un artiste musicien d'un talent d'exécutant des plus distingués n'était parvenu à réunir, dans un concert, que cinquante personnes payantes, pendant qu'un *lecturer* avait fait dix-huit cent dollars de bénéfice net en parlant des esprits frappeurs.

Quand le *lecturer* trouve pour annoncer sa séance un nom excentrique qui promet force lazzi et quolibets, il peut considérer le succès comme certain.

Quoi qu'il en soit de la médiocrité des lectures publiques en général, elles sont toujours pour le peuple, qui les aime, un délassement souvent noble et toujours inoffensif.

L'éducation des femmes est peut-être plus soignée en Amérique que celle des hommes. Les femmes, n'ayant pas comme les hommes les affaires qui réclament de bonne heure tout leur temps, ont tout le loisir désirable pour s'instruire. Elles vont à l'école, comme nous avons eu occasion de le dire déjà, jusqu'à l'âge de dix-huit et vingt ans.

Les langues vivantes sont surtout l'objet de leurs études. Avec le français, qui est devenu pour ainsi dire obligatoire, beaucoup de jeunes personnes prennent des leçons d'allemand et d'italien. J'ai connu une jeune femme en Amérique qui parlait dix langues. C'est beaucoup, sans doute, et c'est peu si l'on considère que le nombre des langues parlées dans le monde connu est de 8,064, dont 587 en Europe, 896 en Asie, 276 en Afrique et 1,264 en Amérique. Mais si l'on s'en rapportait au programme des études fastueusement écrit en regard des prospectus de tous les pensionnats, aux États-Unis les demoiselles devraient toutes mériter les titres de bachelier ès lettres et de docteur ès-sciences.

Rien n'est négligé sur ces programmes : tous les arts d'agrément y figurent avec l'histoire de tous les peuples, avec la géographie, les mathématiques, la botanique, la physique, la chimie, l'histoire naturelle et l'astronomie. En réalité, elles sortent généralement de pension n'ayant de toutes ces connaissances que les éléments les plus vulgaires. Mais du moins elles possèdent ces éléments, que trop de jeunes Américains n'ont pas.

Quelques dames françaises ont fondé à New-York des maisons d'éducation dont la réputation est plus ou moins bien justifiée par le mérite personnel des directrices. A côté des institutions de madame Canda, de madame Chegaray et des dames Coulan, nous citerons particulièrement le pensionnat de madame Ilix. Madame Ilix est une femme

du monde dans toute l'acception du mot. A des connaissances spéciales approfondies, au charme d'une conversation exquise dans le français le plus pur, elle joint une
sollicitude maternelle pour les jeunes filles qui lui sont
confiées. Nous avons passé des soirées heureuses, bien
rares en Amérique, chez cette excellente dame, qui, de
plus, est une musicienne hors ligne et une cantatrice d'infiniment de goût. Madame Ilix est secondée depuis quelque
temps par monsieur Ilix, son fils, qui, après avoir été
successivement professeur au collège de Cambridge, puis
secrétaire auprès de monsieur Soulé, de la Nouvelle-
Orléans, s'est définitivement associé aux travaux de sa
mère.(1)

De semblables maisons d'éducation, si elles se multi-
pliaient, finiraient sans doute par rendre aux professeurs
instruits l'estime qu'on leur refuse trop souvent en Amérique, il semble que Lucien ait deviné le triste sort d'un
grand nombre de professeurs aux États-Unis quand il
s'écrie, dans ses *Dialogues des morts* : « Après avoir acca-
blé de calamités ceux qu'ils veulent perdre, les dieux, dans
leur inexorable colère, leur réservent pour coup de grâce
le fléau de la pédagogie! »

Les Jésuites n'ont pas manqué, comme bien l'on pense,
de fonder des collèges en Amérique pour étendre leur influence.

Nulle part, peut-être, leur tâche n'est plus difficile à
remplir qu'aux États-Unis. On les connaît parfaitement de
l'autre côté de l'Océan et on se méfie d'eux. Mais ils savent
arriver au but par plus d'une route détournée. Là-bas,
comme partout ailleurs, ils usent avec adresse de leur
grand moyen de propagande, s'associent des coadjuteurs
laïques, dont personne ne se défie et qui restent ignorés,
et décuplent leur puissance.

Quelques-uns servent la compagnie par entraînement
religieux, mais la plupart le font uniquement pour s'assurer des protecteurs et se faire une position.

De temps à autre, les journaux américains, inquiets de
l'envahissement progressif des jésuites, lancent contre eux
de terribles bordées. Les jésuites baissent la tête sans souffler mot, et laissent passer l'orage. Ils en ont bravé bien
d'autres. Supprimés par un bref de Clément XIV, et expul-
sés de tous les pays du monde, ils ont fini par les reconquérir tous.

Aujourd'hui ils cherchent à s'implanter solidement sur
le sol de l'Amérique, au sein même des réfugiés dont ils
ont persécuté les pères. Ils y arriveront peut-être, mais
peu à peu. L'éducation de la jeunesse leur offre le moyen
le plus sûr d'atteindre leur but. Ce moyen n'est pas neuf,
mais il reste toujours excellent devant l'incurie générale.

Pascal a eu beau lancer contre eux un livre immortel
qui les peint en traits de génie par la morale révoltée,
c'est toujours au nom de la morale qu'ils vivent. C'est au
nom de la morale qu'ils sont entrés dans la fameuse conspiration des poudres en Angleterre; c'est au nom de la
morale qu'ils ont fait partie de la Ligue; c'est au nom de
là morale qu'ils ont méconnu l'autorité du pape, après
avoir, au nom de la morale, juré d'observer aveuglément
ses ordres; c'est au nom de la morale enfin qu'ils ont
trempé dans toutes les abominations, dans tous les massacres, dans tous les excès qui ont eu la religion pour prétexte; c'est plus que jamais au nom de la morale qu'ils
s'efforcent d'attirer la jeunesse à eux sous l'attrayant appât
de l'instruction.

Espérons que les jésuites, comme des éleveurs intéressés,
ne nourriront pas en Amérique l'esprit de leurs élèves
pour l'immoler ensuite à leur profit.

(1) Depuis que ces lignes ont été écrites, madame Ilix est
allée se fixer à la Havane, où elle a ouvert un pensionnat justement renommé.

XVII

LES BALS EN AMÉRIQUE.

En France, on général, les femmes se marient pour
deux motifs principaux et un motif accessoire, qu'elles
classent dans leur esprit de la manière suivante : d'abord,
pour avoir un cachemire et des diamans; ensuite, pour se
donner plus de liberté et jouir des plaisirs de la société;
enfin, comme accessoire, pour avoir un mari. En Amérique, l'accessoire est le principal et même le seul objet
du mariage, car les demoiselles n'ont certainement pas
moins de liberté que les femmes : c'est même ordinairement le contraire : elles portent des cachemires et des diamans avant le mariage aussi bien qu'après, et quant aux
plaisirs de la société, parmi lesquels la danse occupe partout la première place, l'usage les réserve presque exclusivement aux jeunes filles. Ce sont elles la plupart du
temps qui donnent des bals chez leur mère, et qui font
les invitations en leur propre nom. Dans ces bals, cela va
sans dire, ce sont elles et les *bachelors* (les célibataires)
qui accaparent tous les plaisirs. Il arrive fort souvent que
la demoiselle qui donne le bal n'invite que des demoiselles et des hommes non mariés, l'homme marié étant
généralement très dédaigné des jeunes misses, qui n'en
parlent qu'avec une petite moue très piquante et très
charmante.

Mais quand il arrive à quelqu'une d'entre elles d'étendre leur politesse jusqu'aux femmes mariées et jusqu'aux
maris, la gent corvéable et mariée n'est appelée à la fête
qu'à titre de *grande utilité*, c'est-à-dire que pour figurer
comme tapisserie vivante et compléter l'ornementation
mobilière de la fête.

Au reste, dans tous les bals particuliers, sans exception,
ce ne sont guère que les jeunes filles et les jeunes gens
qui prennent part à la danse, et les femmes les plus passionnées et les plus intrépides danseuses couper court à leur
plaisir favori aussitôt que l'amour conjugal a pris dans
leur cœur la place de la *flirtation*, qui n'en est que le
gracieux prélude.

Le mariage opère souvent en Amérique des conversions
étonnantes. Les Américains, et intéressés en toutes choses,
sont peut-être les hommes les plus désintéressés en amour,
et les femmes comme les hommes n'obéissent d'ordinaire
qu'aux seuls entraînements du cœur. L'absence de tous
préjugés de caste, jointe à la facilité relativement grande
que tout homme actif et industriel a de gagner largement
sa vie et même de faire fortune, sont les causes qui, jusqu'à présent, ont écarté du mariage l'intérêt de fortune,
intérêt qui, en Europe, domine habituellement tous les
autres.

Il n'est pas rare de voir aux États-Unis des jeunes filles
que le démon possède, si elles ne sont elles-mêmes le démon sous la plus ravissante incarnation, se faire ermites,
non pas en vieillissant, ce qui diminuerait de beaucoup
leur mérite, mais simplement en se mariant. Nous pourrions citer les noms de jeunes filles, à New-York, à Boston,
à Philadelphie, à Baltimore et un peu partout ailleurs,
qui, après avoir été montrées des lionnes à tous crins, sont
devenues par le mariage des modèles de femmes rangées,
simples et économes. Nous dirions, si nous ne craignions
de paraître indiscret, le nom d'une des beautés fameuses
de New-York qui, après avoir mené, étant demoiselle, une
vie des plus excentriques; après avoir fait en hiver de
folles promenades en traîneau, la nuit, sur les routes de
glace, sans autres témoins que les soleils lointains du
firmament; après avoir assisté hors de la maison maternelle à de gais soupers au vin de Champagne en joyeuse

compagnie dont elle était l'amphitryon; après avoir régné chez elle par son luxe autant que par sa beauté, et, sans sortir de New-York, avoir reçu ses amis en Espagne avec le costume espagnol, en Grèce avec le costume grec, en France avec le costume pompadour, en Turquie, au harem, avec le costume de sultane, termina cette vie d'agitation en épousant un jeune négociant sans fortune et en se trouvant heureuse de conduire elle-même son modeste ménage.

C'est là assurément un trait de mœurs fort méritoire, et il serait peut-être difficile d'en citer un semblable en Europe, où, comme nous l'avons dit, le mariage est si souvent une affaire de spéculation.

Quoi qu'il en soit, le dévouement chez la femme mariée n'est pas incompatible avec la danse, et il est fâcheux que les jeunes mariées privent les bals en Amérique de leur gracieux concours.

Chaque famille, dans le nord de l'Amérique, ne donne guère qu'un seul bal chaque année; mais ce bal est toujours l'occasion d'un luxe extrême, à ce point qu'il tombe parfois dans le ridicule. On n'est pas pour s'amuser et amuser ses amis qu'on les réunit ainsi chez soi; c'est par ostentation plus souvent, pour montrer le luxe de sa maison et faire voir qu'on peut se passer la fantaisie de gaspiller quelques milliers de dollars en une soirée. Le salon principal, où l'orchestre se tient, est d'ordinaire orné à l'excès de fleurs naturelles, parmi lesquelles dominent les camellias, qui sont, de toutes les fleurs, les plus chères.

Il n'est pas rare de voir dans un bal des camellias figurer pour une valeur de dix ou douze mille francs, et quelquefois davantage. Un buffet permanent, desservi par de nombreux domestiques, et où les invités trouvent en abondance les mets les plus recherchés et les plus variés, joints aux vins les plus fins, est ouvert depuis minuit, et reste ainsi toute la nuit à la disposition des consommateurs. Quant à la toilette des dames, demoiselles ou femmes mariées, elle ne saurait être plus luxueuse, et, disons-le, de meilleur goût. Tout ce que nos incomparables fabriques de Lyon fournissent de soieries les plus riches et les plus nouvelles se mêle aux dentelles les plus ouvragées, aux bijoux les plus resplendissans.

Peu de temps avant mon départ des États-Unis, madame R..., de Philadelphie, venait de donner son bal annuel, qui a le privilège d'exciter l'enthousiasme et la curiosité de tous les habitans de l'Union. C'est une grande affaire que ce bal, et les journaux en font chaque fois les comptes rendus les plus détaillés. On vient par toutes les voies, par mer et par terre, de plus de cent lieues à la ronde, pour assister au bal de madame R..., qui depuis longtemps reste la lionne des États-Unis.

Dans le dernier bal offert par cette aimable dame, qui fait de sa fortune un noble emploi et sait encourager les artistes de mérite, plus de mille personnes avaient été invitées, et presque personne ne fit défaut. Il y avait des dames assises jusque sur les degrés des escaliers de tous les étages de la maison, comme des guirlandes de fleurs animées. Toutes les danseuses ne purent certainement pas prendre part à la danse ce soir-là, et l'on se suivait en procession pour aller jusque dans le grand salon jouir du splendide coup d'œil qu'il présentait. On évaluait de vingt à vingt-cinq mille francs l'argent qu'avaient dû coûter les camellias qui tapissaient la salle de danse. D'élégans petits écriteaux placés de distance en distance invitaient les gentlemen à respecter les fleurs et à ne point les cueillir. Les gentlemen, qui par galanterie dégarnissaient les salons de leur tenture embaumée pour en orner les danseuses, méritaient cet avertissement. Madame R... justement pensé que la galanterie bien entendue des invités devait s'exercer d'abord sur la maîtresse de la maison, et qu'il ne convenait pas de faire des politesses à ses dépens.

Dans les bals précédens, il arrivait qu'à force de galanterie de la part de ces messieurs, il ne restait plus vers la fin de la soirée, des vingt ou vingt-cinq mille francs de camellias nécessaires à l'ornementation de la fête, que quelques tiges sans fleurs et que quelques feuilles dédaignées. Pour donner une idée du luxe déployé à l'occasion du dernier bal offert par madame R..., nous nous bornerons à constater un fait qui parle suffisamment par lui-même. Cette dame ayant voulu meubler sa maison à neuf, voulu pour rendre la réception plus brillante, et ayant fait venir de Paris tout ce qui était nécessaire à cet effet, a payé de droit d'entrée seulement, sans compter le fret aucun des autres frais d'emménagement et de transport, douze mille dollars (plus de soixante mille francs).

Mais les maisons particulières se bornent généralement à n'offrir qu'un seul bal par année, on danse beaucoup et très souvent dans tous les hôtels et dans tous les boarding houses. Les propriétaires des hôtels et des boarding houses font, eux seuls souvent tous les frais de ces soirées dansantes dans le but d'amuser leurs pensionnaires et d'augmenter leur clientèle; mais d'autres fois ce sont les pensionnaires eux-mêmes qui se cotisent pour donner à frais communs un bal auquel ils invitent leurs connaissances de l'hôtel et du dehors.

On danse en toute saison dans les hôtels en Amérique, et j'ai vu à la campagne, au mois d'août, par trente-cinq degrés, ces messieurs et ces dames sauter avec le plus grand enthousiasme la nuit et même le jour.

Il n'y a, je crois, nulle part aux États-Unis de bals publics dans le genre du bal Mabile, du bal du Château-des-Fleurs, du bal du Château-Rouge et de tous les autres bals si nombreux à Paris et dans les environs. Le puritanisme américain reculerait d'épouvante à la vue des danses qui s'y pratiquent, si atténuées qu'elles soient par la présence du sergent de ville. Le cancan est encore inconnu des rigides habitans de l'Union (rigides au moins en apparence), et s'ils le pratiquent jamais, ce sera secrètement, chez eux, les portes bien fermées, ou bien encore dans certaines écoles de danse.

Ces écoles ne sont en réalité que des bals payants. On y est admis sur présentation pour une soirée, ou on s'y abonne au mois. C'est là qu'il faut aller chercher les Frisette, les Reine Pomaré, les Mogador, les Rose-Pompon et les Coquelliquette du nouveau monde. Ces dames, payées par l'entrepreneur de l'établissement, sont chargées de donner des leçons de danse aux gentlemen. Elles s'en acquittent avec tout l'abandon que réclament de si honorables fonctions, et dans les toilettes les plus élégantes.

Le puritanisme, qui s'effarouche souvent de tout, ne s'effarouche parfois de rien; il faut savoir le prendre, ce bon puritanisme, et, quand on évite le scandale, ch! mon Dieu! il n'est pas plus bégueule qu'un autre, et se laisse parfaitement aller aux petites fredaines cachées, que le ciel pardonne à demi, comme on sait.

Mais s'il n'y a pas de bals publics en permanence, cela n'empêche personne de danser. Les gens qu'on pourrait appeler le peuple en Amérique, s'il y avait des personnes en dehors du peuple, ces gens qu'on désignerait mieux par la qualification de petits marchands et d'ouvriers, dansent très souvent chez eux, à la campagne, sur les bateaux à vapeur, dans les excursions et dans certains clubs. Les danses en usage un peu partout aujourd'hui, et qui sont la valse, la polka, la polka-mazurka, la redowa, la schottisch, le quadrille, etc., les classes moyennes joignent, aux États-Unis, la gigue, qu'ils préfèrent à toutes les autres danses. La gigue a le pouvoir de les passionner.

Le talent du gigueur consiste à tenir le torse et les bras dans la plus grande immobilité possible, pendant que les jambes et les pieds tracent les figures les plus rapides et les plus variées. Un bon gigueur danse ainsi pendant une demi-heure au plus, et ne cesse que lorsque la fatigue a opprimé sa poitrine et raidi les muscles de ses membres.

La gigue se danse en solo par les hommes, et récrée l'œil de la manière la plus agréable quand elle est bien exécutée en pantalon collant par un homme leste et souple.

Outre la gigue, les Virginiens exécutent, réunis en

grand nombre, une danse lourde, toute remplie de figures ridicules, et qui dure autant que les éternels *cotillons* de nos salons parisiens.

Cette danse débute par une longue promenade au pas et en rond dans laquelle le cavalier donne le bras à sa danseuse, ce qui peut paraître piquant en Amérique, où, comme nous l'avons déjà fait observer, les hommes ne donnent le bras qu'à leur femme ou à leur fiancée.

Après cette promenade, il s'engage une sorte de chassé-croisé général, suivi de plusieurs autres figures qu'on croirait empruntées à la bourrée d'Auvergne. Puis à ces figures succèdent d'autres promenades au pas. Quelquefois ce sont les hommes qui entre eux se donnent le bras ; ce qui doit, il me semble, médiocrement le charmer. Enfin cette longue pantomime se termine par un galop général qui rend les Américains ivres de joie, presque furieux de bonheur. Ils enlèvent leur danseuse plutôt qu'ils ne la conduisent, au risque de trébucher et de rouler dans la poussière avec leur précieux fardeau et de se faire écraser sous la masse des danseurs enthousiasmés que rien ne saurait arrêter dans leur course. Et certes ce n'est pas toujours la voix entraînante de l'orchestre, comme on dit, qui les excite ainsi ; assez souvent l'orchestre se compose uniquement d'un violon.

Mais telle est l'économie du plaisir qui s'accumule dans l'esprit et le cœur des Américains, toujours occupés d'affaires, que quand ils trouvent l'occasion de s'amuser, ils le font, comme les gens qui dînent par extra au restaurant à trente sous par tête, à s'en rendre malades.

Il n'y a pas aux États-Unis, comme dans toutes les colonies espagnoles, comme à la Havane, par exemple, des danses nationales et vraiment typiques, gracieuses et expressives. Les danses espagnoles offusquent la *morale publique* des Américains, qui ne comprennent pas que l'un des privilèges de l'art, en ennoblissant toutes choses jusqu'à l'idéal, est de poétiser l'expression des sentiments et de la passion. Pour le plus grand nombre des Américains, j'en suis sûr, le Laocoon, ce chef-d'œuvre de l'antiquité, ce beau type de la souffrance noble, n'apparaîtrait que comme un vieillard trop peu vêtu par ses serpens ; et quant à ses fils, ils ne les considéreraient guère que comme des jeunes gens inconvenans et tout à fait inexcusables, qui auraient dû mettre des pantalons et un habit.

Pour en revenir aux danses en Amérique, nous dirons que les seules qui présentent un caractère complet d'originalité sont les danses des nègres dans les États du Sud. Dans les habitations, les jours de fête, ou après le travail, les nègres esclaves allument un grand feu et dansent, à la lueur de ce foyer, les *bamboulas* les plus singulières, les plus dramatiques et parfois les plus comiques, malgré certain fonds de tristesse qui résulte du caractère de leurs instrumens de musique et de leur musique en elle-même, remplie d'intervalles étranges, formant des mélodies langoureuses dessinées sur un rhythme persistant et fortement accentué. Nous ne saurions mieux comparer certaines des danses de nègres, toutes pantomimiques, qu'à la danse fameuse du *tison*, dans laquelle cet animal fait la cour à une génisse en galopant autour d'elle.

Les nègres, et surtout les négresses, si cambrées, si déhanchées, se tordent et se faisant vis-à-vis comme des énergumènes. L'assistance enthousiasmée mêle sa voix au son des instruments.

Il serait impossible d'essayer de donner une idée, même affaiblie, de la versification de leurs chansons plus que légères. Pourtant les jeunes créoles assistent à ces danses, écoutent ces chansons sans le moindre scrupule. Ce qui les blesserait et les révolterait dans la bouche d'un blanc les égaye et les fait rire dans la bouche d'un nègre. Il est vrai que les nègres ne sont pas des hommes pour les habitans du sud de l'Amérique, et nous aurons bientôt occasion, dans une étude succincte des mœurs de la Louisiane, de revenir sur ce sujet si intéressant à tant de titres.

XVIII

LE CHRISTMAS. — LE PREMIER JOUR DE L'AN. LES VALENTINES EN AMÉRIQUE.

Le jour de *Christmas*, c'est-à-dire le jour de Noël, est l'occasion dans tous les États-Unis de fêtes de famille telles qu'on les pratique dans plusieurs villes du nord de la France et dans toute l'Allemagne. On plante l'*arbre de Noël*, qui consiste en une large branche de cyprès, garnie partout de jouets d'enfans, de bijoux plus ou moins précieux, de boîtes de bonbons, de joyaux en tout genre, que le propriétaire de l'arbre de Noël offre aux invités en guise de cadeaux d'étrennes. Cette fête est surtout, on le comprend, la fête des enfans. Après qu'on a suffisamment admiré dans son ensemble l'arbre merveilleux, on permet aux enfans et aux jeunes personnes d'en cueillir les fruits précieux, plus tentans à leurs yeux que les plus belles pommes de l'arbre de la science, qu'ils ne tiennent nullement à cueillir en général.

L'usage des fêtes du Christmas commence un peu à se perdre et se confond avec la fête du premier jour de l'an. Il règne ce jour-là un grand laisser-aller partout en Amérique, et les dames se montrent d'une hospitalité très cordiale à l'égard des visiteurs qui ne se bornent pas à envoyer leur carte.

Le premier jour de l'an, on ne voit pas de dames dans les rues ; elles restent toutes chez elles pour recevoir les visites, depuis huit heures du matin jusqu'à minuit, et quelquefois plus tard. Elles se tiennent dans le salon, en grande toilette de bal, à côté des jeunes filles également en grande toilette. Un buffet, élégamment dressé et amplement garni de volaille froide, de jambon, de pâtés, de tartes aux fruits et de gâteaux de toutes sortes, est mis, avec des vins fins et des liqueurs, à la disposition de tous les visiteurs. Il est d'usage qu'on ne doive pas refuser, sur l'invitation de la maîtresse de la maison, d'accepter quelque chose, ne fût-ce qu'un verre de vin de Madère avec un biscuit. Les verres de Madère, pris ainsi en détail toute la journée, finissent, vers le soir, par fournir à l'estomac un total de boisson très considérable, que des teintes empourprées trahissent souvent sur les visages des gentlemen les plus respectables. Mais ces dames sont si aimables qu'il est impossible de leur rien refuser.

Il m'est arrivé à New-York, il y a eu quelques années au mois de janvier dernier, une petite aventure assez drolatique qui prouve l'esprit de fraternité qui règne le premier jour de l'an au sein même des familles américaines, si réservées d'ordinaire.

Devant aller rendre visite à une dame américaine que j'avais eu l'occasion de voir une seule fois, je me trompai de porte et me trouvai étranger au milieu d'une douzaine de dames et de demoiselles. Elles me reçurent fort bien, et pendant quelque temps je ne m'aperçus pas de mon erreur. Ces dames m'offrirent à boire, et je bus ; puis nous causâmes un peu de toute chose. Cependant, ne voyant pas arriver dans le salon la dame à laquelle je venais particulièrement rendre visite, je demandai à une demoiselle si cette dame allait bientôt venir, et je la nommai.

— Cette dame ! — me dit-elle en riant, comme font toutes les demoiselles américaines à propos de tout ; — mais elle ne viendra pas, cette dame, et nous ne la connaissons pas.

— Comment ! — repris-je étonné et confus, — vous ne connaissez pas cette dame ? Mais vous n'êtes donc pas de sa famille ? mais je ne suis donc pas ici chez elle ?

— Pas du tout, — reprirent toutes les demoiselles en éclatant de rire; — elle demeure la porte à côté.

Alors, me dirigeant vers la dame que son âge permettait de supposer la maîtresse de la maison :

— Mille pardons, madame, — lui dis-je, — de cette erreur involontaire, que je ne me sens pourtant pas la force de regretter entièrement, puisqu'elle m'a procuré le plaisir de vous voir. Serais-je assez heureux pour vous faire agréer mes excuses ?

— Vos excuses sont superflues, monsieur, et nous avons pensé tout de suite que votre visite chez nous n'était que le résultat d'une méprise, comme cela peut arriver à cette heure de la nuit et dans la précipitation à terminer des visites en retard.

— Permettez-moi, madame, — ajoutai-je, — de vous présenter ma carte en me retirant.

Et je remis ma carte à cette charmante lady. Il se trouva que j'étais indirectement connu d'elle comme artiste; au lieu de me laisser continuer mes visites, elle me retint à souper, et nous fîmes de la musique une partie de la nuit.

Des aventures à peu près semblables sont arrivées à des personnes de ma connaissance, et toutes ont été non-seulement excusées de leur erreur, mais reçues par les dames, seules maîtresses chez elles ce jour-là, avec la plus grande amabilité. Ah ! s'il n'y avait que des Américaines en Amérique, le nouveau monde serait le plus gracieux séjour! mais, sous certains rapports du moins, les Américains gâtent un peu l'Amérique.

Les VALENTINES sont des lettres anonymes qu'on a, dans le courant du mois d'avril, aux États-Unis, l'habitude d'envoyer à ses connaissances. Aux jeunes filles, leurs amoureux envoient des lettres extraordinairement grandes, dorées sur tranche, enjolivées d'un tas de petits amours et de cœurs enflammés et enfermées dans des boîtes de luxe garnies de rubans de toutes les couleurs et d'enjolivemens de toute sorte. Il y a certaines de ces boîtes qui coûtent jusqu'à vingt dollars et même plus. Quant au contenu des lettres, on le devine : ce sont les mots les plus doux du vocabulaire de l'amour, des protestations, des sermens pour la vie, et quelquefois un timide reproche d'ingratitude. Les auteurs de ces lettres ne les signent pas, mais ils sont toujours reconnus; ils le savent parfaitement, et c'est là précisément pour eux le plus grand charme des valentines amoureuses.

Les demoiselles répondent souvent à ces lettres anonymes illustrées par d'autres lettres anonymes beaucoup plus simples, et lorsqu'elles habituellement elles dessinent ou font dessiner une scène comique pour se moquer du galant, quand elles veulent lui faire savoir qu'elles l'ont reconnu.

Un jeune homme étranger attaché à une ambassade et porteur de moustaches à la Don Quichotte reçut, en réponse à la plus tendre des valentines, cette autre valentine d'une jeune Américaine. Sur une feuille de papier était dessiné un élégant cavalier qui, en voulant déclarer sa flamme à la jeune fille, fit un mouvement si brusque de la tête, qu'une des pointes acérées de sa moustache cirée pénétra dans l'œil de la jeune fille.

— Ah ! — s'écria la demoiselle, — Cupidon m'a percé l'œil.

On vend chez tous les papetiers de grossières images coloriées représentant des scènes grotesques avec des légendes explicatives. On se borne souvent à envoyer ces images en guise de valentine. Un pharmacien reçoit l'image d'un de ses confrères, l'instrument dans une main et poursuivant un malade. Un cordonnier se voit apporter un affreux savetier doué d'un horrible visage praliné, comme dit Théophile Gautier, avec un nez qui trognonne, comme dit Victor Hugo, et des yeux qui vendangent, comme dit Balzac. Enfin les partisans de la liberté des femmes reçoivent le portrait d'une bloomériste vieille, sèche, impérieuse, une cravache à la main et à califourchon sur les épaules d'un homme. Il y a des

valentines pour tous les ridicules et pour toutes les professions.

On donnait autrefois, et peut-être encore aujourd'hui, dans quelques parties de l'Angleterre, le nom de *valentins* aux prétendus que chaque jeune fille avait coutume de se choisir à l'époque de la fête des *Brandons*. Il était accordé aux valentins, pour un certain temps, le doux privilège d'écrire des lettres d'amour à leur prétendue. Voilà sans doute l'origine des *valentines* en Amérique, dont la coutume s'est beaucoup modifiée, comme on le voit.

XIX

LES VOLEURS ET LES CRIMINELS EN AMÉRIQUE.

L'étude que nous avons entreprise sur les usages et les mœurs des habitans de l'Amérique serait incomplète si nous ne consacrions un chapitre spécial au monde des voleurs et des criminels. Ces messieurs, il faut le reconnaître, ont leur utilité en Amérique comme partout ailleurs, et nous leur devons même quelque reconnaissance.

Et d'abord les honnêtes gens leur doivent ce qu'ils ont de plus cher, leur réputation. Sans les fripons, en effet, à quoi se réduirait l'honorabilité des gens probes? Cette honorabilité aurait-elle seulement jamais pu être constatée, si on n'avait aussi constaté les défauts contraires à l'honneur? La vertu, c'est évident, n'existe et n'est vertu que parce que le vice contraste avec elle.

Supprimez les coquins, et vous porterez un coup mortel au plus grand nombre des institutions sociales dans tous les pays civilisés.

Sans le précieux concours des vauriens de toute sorte, que deviendraient les légistes, les moralistes, les philosophes, les ministres de toutes religions, les huissiers, les avorats, les commissaires, les gendarmes, la police entière, les geôliers, les douaniers, les gardes champêtres, etc., etc.? Ce serait, en vérité, le bouleversement de la société entière, tel que ne l'ont jamais rêvé les progressistes les plus avancés.

Que deviendraient pareillement sans eux la littérature, le théâtre, la peinture, la sculpture, le drame musical, qui ne vivent que de contrastes? Que deviendrait l'histoire, surtout, si on n'y racontait tous les crimes imaginables pour la rendre intéressante?

Mais c'en est assez pour prouver l'heureuse influence des voleurs et des brigands au point de vue de la société, de la morale et des beaux-arts.

L'Amérique semble avoir compris, comme tout le reste du monde, l'utilité des *robbers* et autres *pick-pockets*. On serait même tenté de croire qu'elle les encourage parfois, tant la justice est douce à leur égard et tant la police se montre discrète à leur endroit.

Pour sauvegarder autant que possible la liberté des citoyens, si respectée aux États-Unis, et prévenir les abus de la prison préventive, les lois admettent les cautions en argent fournies par les accusés comme garantie de leur comparution devant les tribunaux. L'esprit de cette mesure est assurément très libéral, mais, dans certains cas, il n'est pas sans inconvénients.

En effet, il devient souvent facile à un voleur ou à un malfaiteur quelconque dont on a accepté le cautionnement de se soustraire par la fuite au châtiment de la justice. Dans ce cas, le cautionnement perdant sa véritable caractère, devient par le fait l'impunité du délit estimée par la justice et achetée par le coupable.

Il est vrai que le cautionnement n'est jamais accepté pour le crime d'assassinat; mais ce cas excepté le cautionnement est toujours recevable.

40

D'un autre côté, le barreau américain manque parfois de la dignité qu'on aurait en droit d'attendre toujours des représentans de la justice.

Nous n'en voulons citer qu'un exemple.

Dernièrement, une question délicate se trouve soulevée dans un tribunal à New-York, à propos d'un procès difficile. Après les plaidoiries de l'avocat d'une des parties adverses et les répliques du juge, l'avocat, à bout d'argumens, ne trouve rien de mieux pour en finir que d'offrir au juge de parier avec lui qu'il se trompe sur la question en litige. La somme du pari était assez ronde et pouvait tenter l'interprète de la loi. Il réfléchit un instant et accepte le pari séance tenante. L'avocat se nommait monsieur Betts, et le juge était monsieur O'Conner.

Les avocats américains sont certainement de tous les avocats du monde les plus insolens et les plus loquaces. L'avocat américain fait de chaque témoin un véritable martyr soumis au tribunal de l'inquisition. Êtes-vous appelé pour déposer sur un fait quelconque, l'avocat de l'accusé, qui a le droit de vous interroger et auquel vous devez répondre, vous regarde d'un air insolent en clignant de l'œil et fouille dans votre vie privée depuis votre plus tendre jeunesse. Il vous soupçonne implicitement capable des plus grands forfaits, et le moins qui puisse arriver c'est que, prenant une physionomie goguenarde, il mette en doute votre moralité, par conséquent la sincérité de votre déposition, en vous accusant de professer pour le beau sexe une trop grande admiration. Vous vous récriez; peine perdue, l'avocat assure que vous vous détournez dans la rue pour regarder toutes les ladies, qu'on vous a vu parler mystérieusement à beaucoup de femmes mariées, et que vous êtes la terreur des jeunes filles effrayées de vos propos séducteurs.

Si ce moyen ne réussit pas à sauver son client, l'avocat américain, en désespoir de cause, se mettra à parler comme un cheval se met à courir quand il a le mors aux dents. Il parlera de tout et lassera les juges pour affaiblir leur cerveau et finir par les convaincre plus facilement. Dernièrement, Jacob Parker a fait durer six jours une plaidoirie devant la cour des réclamations de l'État de New-York. Il me semble que si quelqu'un avait le droit de réclamer c'était le tribunal, même contre une semblable plaidoirie.

Il y aurait une série de physiologies fort intéressantes à faire de toutes les espèces de fripons américains. Ces fripons ont leur physionomie particulière, leurs trucs, leur faire, qui évidemment appartiennent à une école différente de l'école européenne. On ne vole pas partout de la même façon. Nous avons nos voleurs, les Américains ont les leurs.

Les Américains ont les rowdies, les shorts, les swellboys, les gamblers, les buglers, les swindlers, les loafers, les blacklegs, les runners, les peter-funks, les roughs, les killers, etc.

J'en passe et des plus coquins.

Nous n'entreprendrons pas de décrire les prouesses de tous ces messieurs, mais il nous serait impossible de ne pas rendre ici un juste hommage au talent des runners et des peter-funks. Ces deux catégories peuvent à juste droit passer pour classiques. Nous leur devons le vol dit à l'américaine, un peu passé de mode aujourd'hui, mais qui a eu un moment, ne l'oublions pas, les honneurs de la vogue.

Il y a deux espèces de runners. Les premiers ont pour spécialité l'exploitation des émigrans, qui la plupart débarquant ne connaissant personne et ne parlant pas la langue du pays. Avant même son débarquement, l'émigrant est souvent assiégé par des bandes de runners, dont le quartier général s'étend à New-York, depuis Greenwich street jusqu'à l'entrée de la rivière de l'Est. Les runners, avec une habileté digne d'un meilleur emploi, se divisent les vols auprès des émigrans. Quand ceux-ci mettent pied à terre, ils risquent de tomber dans des pièges de tous genres, et sont poursuivis d'obsessions, de mensonges,

d'escroqueries de toute nature, de faux billets de banque, de faux tickets (cartes d'admission) pour les chemins de fer et les steamboats.

Les runners de la seconde catégorie exploitent particulièrement les maisons incendiées. Ils suivent les pompes, et quand ils le peuvent, les traînent avec les pompiers jusque sur le lieu du désastre. On appelle communément cette espèce de voleurs runners of the fire engines (coureurs de pompes à incendie.)

Dans chaque ward de la cité, c'est-à-dire dans chaque arrondissement, les runners of the fire engines se tiennent pour ainsi dire embrigadés, l'oreille tendue, le jarret fermé, épiant les incendies comme une proie. Sous prétexte d'éteindre les maisons incendiées, il s'y introduisent et y pillent ce qu'ils peuvent y trouver de précieux.

Quand les incendies ne donnent pas naturellement assez, ces excellens runners y suppléent en mettant eux-mêmes le feu aux maisons. La loi punit de mort les incendiaires en Amérique, mais il est presque impossible de les atteindre. Il faut, suivant le texte de la loi, pour qu'un incendiaire soit convaincu de son crime, qu'il ait été vu par un certain nombre de témoins mettant le feu, une torche à la main.

Les peter-funks, qu'on désigne aussi sous le nom de mockauctionneers (faux encanteurs), exploitent la crédulité des passans par l'appât de marchandises au rabais. Ils vendent des montres de cuivre pour des montres d'or, et affichent toutes sortes de marchandises mensongères. Les Américains, qui sont à la fois très-rusés et très-naïfs, se laissent séduire comme les étrangers et entrent chez les faux encanteurs. Là ils sont doublement volés et par les marchands et par d'adroits filous qui dévalisent leurs poches. Si les victimes veulent réclamer, les peter-funks font semblant d'être insultés par les plaignans, et ils les assomment sous prétexte d'assault and battery du fait des volés.

Le bon ordre qui règne en Amérique n'est certes pas le résultat de l'observance rigoureuse des lois. Il serait plus exact de l'attribuer au contraire à la tolérance qui se manifeste partout. Ainsi, par exemple, la législation défend les maisons de jeu, et les gambling houses sont ouvertes à tout venant. Tant que cela ne fait pas scandale, la police ferme les yeux.

Les loteries non plus ne sont pas autorisées, mais on en fait sous le nom assez adroit de gift enterprise.

Enfin la législature d'Albany, passionnée pour l'eau claire, a dernièrement, à l'exemple de plusieurs autres États de l'Union, défendu la vente en détail des vins et des liqueurs; mais cette loi, contraire au vœu de la population, n'a pas été mise cinq minutes en vigueur.

Nous avons dit, dans l'un des chapitres précédens, que l'attorney ou ministère public ne poursuivait jamais d'office les abus de confiance. Profitant de cette disposition de la loi, certaines banques aux États-Unis ont usé, pour augmenter leur bénéfice, d'un moyen très adroit, mais fort coupable, qui n'a été dévoilé que tout dernièrement.

Les banques, dont les chartes sont délivrées pour un capital déterminé qui repose quelquefois sur la valeur très exagérée, quand elle n'est pas complètement illusoire, de certains immeubles, après avoir escompté pour des sommes équivalentes à deux et trois fois le capital qu'elles représentent, se montrent tout à coup gênées dans leurs opérations et se laissent décréditer; puis un beau jour elles refusent leur propre papier sans motiver ce refus.

L'alarme est aussitôt donnée par les télégraphes électriques sur toutes les places importantes du commerce, où les banques en question passent pour brokees (cassées). Des agens secrets achètent à trente, quarante, cinquante pour cent, quelquefois moins, les billets de ces banques de leurs détenteurs, heureux en pareil cas de ne pas tout perdre. Quand l'opération des agens est terminée, les banques qui passaient pour brokees se montrent très étonnées, et font savoir par la voie des journaux que l'état de leurs finances n'a jamais été plus prospère, qu'il n'y a eu de leur part qu'une simple suspension d'affaires motivée par une raison quelconque. Elles réalisent ainsi en quelques heures des bénéfices considérables, sans que personne ait le droit de se plaindre. En effet, elles ne s'étaient point déclarées officiellement en faillite, et c'est tant pis pour les peureux trop pressés de convertir avec perte des valeurs excellentes.

Voici un autre cas d'abus de confiance non réprimé par les lois américaines, et qui eût certainement été puni de plusieurs années de prison en Europe.

Un négociant de New-York, jouissant d'une réputation parfaitement honorable, se présente un jour chez le propriétaire d'un grand nombre d'actions de chemins de fer dont il voulait se défaire. Le négociant offre de les acheter, et le marché se conclut. Aussitôt l'acheteur des actions signe un check sur une banque où il avait de l'argent déposé, et le remet en payement contre livraison des coupons d'actions. Sans méfiance aucune, connaissant l'honorabilité intacte jusqu'alors du négociant, le propriétaire livre les coupons, accepte le check, et donne un reçu pour la valeur totale.

Muni de ce reçu, le négociant se dirige sans perdre un instant jusqu'à la banque, où il avait réellement de l'argent déposé, et le retire aussitôt.

Une heure plus tard arrive le détenteur du check pour se faire payer; mais on lui dit que le signataire du billet venait de retirer l'argent qu'il avait à la banque, et qu'en conséquence on ne pouvait accepter ni payer ce check. La friponnerie est aussitôt découverte, et plainte est portée en escroquerie. Saisi de l'affaire, le tribunal rejette le cas d'escroquerie, attendu que l'inculpé, quand il offrit le check accepté, avait véritablement en banque l'argent nécessaire au payement intégral de ce check, et le déclare innocent.

Veut-on un dernier exemple de la ruse des Américains, et de l'habileté avec laquelle ils savent mettre le bon droit de leur côté?

Un marchand, sur le point de faire faillite, va trouver son principal créancier et lui fait part de sa position désespérée.

Le créancier, un des plus riches négociants de New-York, était nonchalamment assis à son bureau, un canif à la main, avec lequel il se grattait les ongles, tout en pensant à ses affaires de la journée. Il laissa parler son débiteur sans changer de position et sans l'interrompre un instant.

— Avez-vous déjà parlé du mauvais état de vos affaires à quelqu'un? — lui dit-il d'un ton tranquille, et sans paraître nullement contrarié de la fâcheuse nouvelle que venait de lui apprendre son débiteur.

— Non; il m'a semblé plus convenable de vous en faire part, à vous d'abord, qui êtes mon plus fort créancier.

— Très bien, — répliqua le créancier du même ton de voix indifférent. — Et que comptez-vous faire maintenant?

— Ma position est désespérée; je ne puis tenir plus longtemps, et si mes créanciers ne m'accordent du temps, je me verrai forcé de déposer mon bilan.

— Ce serait fâcheux pour vous.

— Ce serait le désespoir, et je ne m'en consolerai jamais!

— Oh! l'on se console de tout, et surtout d'avoir fait faillite... Mais, dites-moi, combien pensez-vous pouvoir offrir à vos créanciers si vos affaires ne s'arrangent pas?

— Dix pour cent tout au plus.

— Combien me devez-vous?

— Dix mille dollars.

— Ce serait donc mille dollars seulement que j'aurais à toucher pour ma part?

— Mille dollars, pas davantage.

— Et encore cela ne serait peut-être pas bien sûr. Si vous voulez, nous nous associerons.

— Comment dites-vous? — reprit le pauvre petit marchand, craignant de n'avoir pas bien entendu, tellement l'offre du grand capitaliste lui paraissait heureuse.

— Je dis, — répéta le riche négociant qui continuait de se gratter les ongles machinalement, — je dis que, si vous le voulez, nous nous associerons.

Ivre de joie, le petit marchand accepta d'enthousiasme la proposition d'un homme dont le nom seul équivalait à de l'argent comptant, et dès le lendemain l'acte d'association était passé entre eux.

Le surlendemain, quand le petit marchand entra comme d'habitude dans sa boutique, il y trouva, à sa grande surprise, son très honorable associé installé dans un fauteuil, les jambes allongées et croisées l'une sur l'une; il était en train, comme l'avant-veille, de se gratter les ongles avec son canif.

Le petit marchand se montra on ne peut plus flatté de la visite de son important associé, lui donna une poignée de main à lui briser les articulations, lui sourit agréablement, et parut attendre debout les ordres qu'il voudrait bien lui donner.

Il attendit ainsi quelques instants, pendant lesquels le capitaliste, continuant de se gratter les ongles avec son canif, sembla même avoir oublié la présence de son associé.

Un peu contrarié, celui-ci s'apprêtait à formuler sa question, quand celui-là, devinant ses intentions, se leva brusquement, posa son canif sur le comptoir, et lui demanda, d'un ton poli mais bref, ce qu'il y avait pour son service.

— Mais, — répondit le petit marchand extrêmement intrigué du ton singulier de son associé, — je me rends comme d'habitude à mon magasin, qui est maintenant le nôtre, et, comme je vous y vois, je suppose que vous avez à me consulter sur quelque affaire; n'êtes-vous pas mon associé?

— Je l'étais hier, mon cher monsieur, mais je ne le suis plus aujourd'hui. J'ai vendu *notre* magasin.

— Comment! et sans me consulter?

— Sans doute. En vertu de l'acte d'association par nous signé, j'avais, vous le savez, le droit de vendre et d'acheter sans votre participation, et j'ai vendu le magasin tout entier pour la somme juste de dix mille dollars que vous me deviez, et dont voici quittance. Quant à vos créanciers, ils s'arrangeront avec vous comme ils pourront; cela ne me regarde pas.

— Mais c'est une indignité, cela!

— C'est de l'adresse, mon cher monsieur, de l'adresse, voilà tout.

— Nous plaiderons, monsieur.

— Vous perdrez votre procès, et de plus vous passerez pour un maladroit en affaires, ce qui assurément dans le commerce est la pire de toutes les réputations.

L'Amérique est le pays des anomalies par excellence.

Ainsi les Américains ne sont assurément pas méchans en général, et pourtant il se commet en Amérique les crimes les plus inconcevables et les plus atroces, de sang-froid, sans haine, sans intérêt, uniquement pour l'horrible besoin de commettre des crimes et de faire du mal.

Il y a aux États-Unis des hommes sans nom, qui se feraient un véritable scrupule de voler un centime à qui que ce fût, et qui, *pour rire*, attaquent la nuit des hommes qu'ils ne connaissent pas, leur coupent les oreilles, leur crèvent les yeux et leur percent le cœur. Ce sont des assassins amateurs.

Une fois, ces messieurs arrêtèrent un mulâtre à Brooklyn.

— Où allez-vous ainsi, vilain nègre? — lui dirent-ils.

— Je ne suis pas un nègre, mais un respectable ministre de couleur qui se rend paisiblement chez lui, auprès de sa femme et de ses enfans.

— Eh bien! s'il en est ainsi, votre femme et vos enfans auront de la peine à vous reconnaître, car vous y arriverez sans nez.

Et ils lui coupèrent le nez.

Une autre fois, presque sous mes fenêtres, dans Prince street, à New-York, un médecin, qui se rendait la nuit auprès d'un malade en danger de mort, fut arrêté par quelques-uns de ces féroces *farceurs*. Il pleuvait à torrent, et sans égard pour le dévouement de ce médecin, dont la vie en ce moment était doublement précieuse, ils le terrassèrent à coups de poing, le saignèrent au bras pour se moquer de ses fonctions de médecin, et finirent par lui couper la jugulaire.

La police, qui arrive trop souvent quand on n'a plus besoin d'elle, recueillit ce malheureux baigné dans son sang, mais muni de sa montre et de tout son argent, que les assassins avaient respecté, ne faisant de l'assassinat qu'un plaisir entièrement désintéressé.

A côté de ces crimes inconcevables, les assassinats qui ont un but de vengeance ou d'intérêt sont comparativement très rares. Cela tient, on ne saurait en douter, à la grande liberté de mœurs et à la facilité du travail qui, en Amérique, ne permet guère la fermentation des passions violentes. Il est incomparablement plus facile à l'Américain de vivre avec quelque industrie que ce soit, plus facile de se marier et d'élever ses enfans que cela ne l'est aux populations des anciens pays civilisés. Les distinctions sociales ne viennent pas non plus, comme en Europe, blesser son amour-propre, humilier sa raison, révolter souvent sa justice en égarant son cœur.

En revanche, l'abrutissement né de la dissolution et de l'ivresse compte un grand nombre de victimes. Chez certaines natures, la précocité du crime est invraisemblable, et il n'est pour ainsi dire pas de jour, dans aucune des grandes villes de l'Union, qu'on n'arrête pour vol, batterie ou ivresse, quelques garçons de douze à quinze ans.

Durant mon séjour aux États-Unis, un enfant de six ans, nommé John Caffrey, a été tué dans une école de garçons de Ward's-Island par deux autres enfans âgés l'un et l'autre d'environ sept ans. Un témoin, un autre jeune enfant, a raconté qu'il avait vu les deux petits meurtriers s'approcher du lit de Caffrey, couché comme eux dans le dortoir de la pension. L'un d'eux, le petit Crumley, prit un bâton et en frappa plusieurs fois Caffrey sur la tête pour l'étourdir, et ensuite sur les jambes ; après quoi ils le tirèrent du lit et le poussèrent hors du dortoir. Le pauvre enfant, horriblement battu, ayant perdu connaissance, resta étendu par terre dans le corridor jusqu'au lendemain matin.

Alors seulement des femmes de la maison le trouvèrent la tête fendue et ayant cessé de vivre.

Le jury d'enquête, après avoir entendu le rapport du médecin de Ward's-Island, prononça le verdict suivant : « Le défunt John Caffrey est mort de convulsions : ces » convulsions ont été amenées par le traitement cruel que » les deux garçons nommés James Crumley et Charles » Collons ont fait souffrir à Caffrey. »

Je connaissais à New-York un policeman (sergent de ville) à qui j'avais eu occasion d'être utile. Un jour, ce policeman vint me trouver.

— Aimez-vous à voir pendre? — me dit-il.

— Comment pendre! pendre quoi!

— Pendre des hommes, parbleu!

— J'avoue, cher monsieur, que je n'ai pas pour ce genre de spectacle un goût bien vif; je trouve que, comme la tragédie, la pendaison manque de gaieté.

— C'est fâcheux, — me dit le policeman d'un air convaincu; — c'est même très fâcheux.

— Et pourquoi donc est-il si fâcheux que je n'aime pas à voir pendre?

— Oh! parce que les exécutions sont rares à New-York, et que demain, par extraordinaire, on pend deux hommes à la fois dans la prison des Tombes, où j'aurais pu vous introduire par faveur; mais puisque vous n'aimez pas à voir pendre, c'est différent; je croyais vous faire plaisir. N'en parlons plus.

— Eh bien! ne fût-ce que pour répondre à votre gracieuse invitation, je ferai un effort sur moi-même et je vous accompagnerai.

— Très bien. Vous savez sans doute le nom des condamnés?

— Non; qui sont-ils?

— Un catholique et un protestant : Saül et Howlett, convaincus d'avoir assassiné le garde du navire Baxter.

Je pris rendez-vous avec mon complaisant policeman, et nous allâmes le lendemain, à l'heure de l'exécution, à la prison des Tombes.

De forts détachemens de police s'efforçaient à grand'-peine d'en garder les portes. Toutes les croisées et tous les toits des maisons environnantes étaient envahis par une foule avide de fortes émotions. De là, en effet, on pouvait tant bien que mal apercevoir ce qui se passait dans l'intérieur de la prison. On cite un homme qui, ayant vainement essayé de prendre place à une croisée d'où on pouvait voir l'exécution, commit ostensiblement un vol pour se faire incarcérer, et pouvoir ainsi être témoin de l'horrible spectacle qui se préparait. On estimait à douze ou quinze mille personnes la foule des curieux qui encombraient les Tombes.

Dans l'intérieur de la prison, trois cents personnes environ avaient été admises comme moi par *faveur*.

A midi précis, les deux condamnés sortirent de leur cellule, assistés, l'un de deux prêtres catholiques, l'autre d'un ministre protestant.

Tous deux étaient pâles et abattus, mais assez calmes pourtant. Saül, ayant aperçu un de ses amis juché sur un toit, s'efforça de lui sourire en lui criant : « Mauvaise affaire! » On leur ajusta la corde autour du cou, et, après que les dernières cérémonies de la religion et que les dernières formalités de la justice curent été accomplies, on coiffa ces malheureux d'un bonnet noir, dont on leur couvrit le visage. Un instant après, les deux hommes se trouvèrent suspendus en se balançant légèrement. Howlett, dont la colonne vertébrale avait été brisée par la secousse, ne fit aucun mouvement. Il n'en fut pas de même de Saül, qui s'agita deux ou trois minutes dans d'horribles convulsions.

Une demi-heure après, les cadavres furent descendus, et le jury du shériff s'assembla, comme il est d'usage, pour constater la mort.

— Eh bien! — me dit mon ami le policeman en me donnant une tape sur le dos, — cela vous a-t-il fait plaisir?

— Pas trop.

— Pourquoi donc? est-ce que vous ne vous êtes pas trouvé bien placé?

— Trop bien, au contraire; mais décidément je n'aime pas la pendaison.

— Ça se comprend; vous êtes Français, et, comme tel, habitué à la guillotine, que vous préférez naturellement à la corde : quand on est habitué à une chose, c'est le diable pour s'en déshabituer. Mais il ne faut pas être exclusif, et quand vous aurez vu pendre plusieurs fois encore, vous rendrez justice, je l'espère, à la pendaison, qui, à côté de la guillotine, a bien aussi son mérite.

J'essayai de sourire aux lugubres encouragemens de mon ami le policeman, et je me hâtai d'aller respirer le grand air, dont j'avais le plus grand besoin.

Puisque nous sommes dans les sombres histoires, racontons encore, d'après les journaux américains, l'exécution d'un homme jugé, condamné et exécuté en vertu de la loi de Lynch, c'est-à-dire par le peuple tout entier.

L'exemple donné par San-Francisco a trouvé des imitateurs dans plusieurs États de l'Union, notamment dans le Missouri, où le peuple se fait juge et bourreau.

Pour peu que cela continue, il n'y aura plus besoin de cours de justice en Amérique : l'ubiquiste juge Lynch se chargera de leur besogne.

Un jour une vingtaine d'enfans qui fréquentaient une école de village, dans le Missouri, se trouvèrent empoisonnés ainsi que leur maître.

On fit des recherches, et l'on découvrit que l'on avait introduit du poison dans une fontaine qui fournissait de l'eau à l'école.

Un nommé James Ray, dont la réputation était des plus mauvaises, fut accusé de ce crime par la voix publique.

Il avait eu pour mobile, disait-on, de se venger de plusieurs des parens de ces pauvres enfans, qui, dans un procès civil, avaient déclaré qu'ils n'ajouteraient foi à aucune déposition que pourrait faire ce Ray, fût-ce même sous le sceau du serment. On ajoutait que, quelque jours avant l'empoisonnement des eaux de la fontaine, il avait retiré ses enfans de l'école, prétendant avoir besoin de leurs services.

Ray fut arrêté, et l'on procéda sur-le-champ à son jugement d'après le code de Lynch.

Un messager à cheval parcourut à grande vitesse les villages environnans, annonçant que James Ray serait pendu le même jour devant l'école.

Vers onze heures, il se forma un rassemblement de fermiers accompagnés de leurs fils, en tout une centaine environ. On apercevait, à travers une fenêtre de l'école, deux prédicateurs baptistes, priant et chantant, en compagnie d'un homme de haute taille, aux formes athlétiques, dont les bras étaient liés : c'était l'accusé.

Au bout de quelques minutes, la foule s'éloigna et se réunit autour d'un homme placé sur une hauteur, et qui évidemment se préparait à parler à l'assemblée.

On reconnut en lui un certain Thomas Greer, qui avait prêché plus d'une fois dans une église de baptistes.

On pouvait supposer qu'il allait se servir de l'influence que lui donnait le caractère sacré dont il était revêtu pour apaiser les passions de la foule et pour l'exhorter au respect des lois. Il n'y songeait guère, le digne homme.

— Messieurs et corictiones, — s'écria-t-il, — que tous ceux qu'a atteints dans leurs familles le crime commis se détachent de l'assemblée et se groupent autour de moi. Je marquerai d'une croix noire le nom de ceux qui n'obéiront pas. Quant aux autres spectateurs, qu'ils s'éloignent, je ne veux pas de leur concours. Quinze individus obéirent à cette sommation. Il continua dans ces termes : — Hommes, convient-il de rendre la liberté à ce misérable? Que ceux qui sont de cet avis lèvent la main. Pas une main ne se leva. — Alors, messieurs, — reprit-il, — que ceux qui sont d'avis de le pendre disent oui.

— Oui, oui, oui! — crièrent successivement chacun de ces quinze nouveaux francs-juges, juges et parties à la fois.

Greer annonça à la foule, qui se composait alors de 250 personnes, que le condamné serait pendu dans une heure.

Tous les regards se tournèrent vers ce malheureux, afin de voir quel effet produisait sur lui cet arrêt de mort. Mais il s'y attendait sans doute, car son calme ne se démentit pas.

Il employa cette heure à conférer avec un ministre de l'Evangile et à se préparer à la mort. Pendant ce temps, il ne regarda pas plus de deux fois à l'horloge.

Lorsqu'on lui eut annoncé que le moment était venu, il s'approcha d'un cheval d'un pas ferme, le monta, et se dirigea, escorté de ses quinze juges, vers la potence, ou plutôt vers un vieux chêne, à une branche duquel on avait fixé une corde. La distance était d'environ 700 mètres. En arrivant au lieu indiqué, le condamné descendit de cheval et monta sur un banc élevé, sous la corde fatale; puis il demanda qu'on fît la lecture de sa confession.

Greer obtempéra à ce désir; mais cette confession n'était qu'une déclaration diffuse de son innocence, accompagnée d'une espèce d'autobiographie.

Quand la lecture fut terminée, il demanda combien de temps on lui donnait pour prononcer un discours.

— Trente minutes, — lui répondit-on.

C'était un homme tout à fait illettré; mais il s'exprima avec fermeté, et sans qu'on pût surprendre le moindre tremblement dans sa voix. Voici ses paroles :

— Messieurs et honorables citoyens du comté de Morgan, je suis au moment de mourir innocent; mais je mourrai en brave. Je ne verserai pas une larme devant vous. Je suis innocent : le Tout-Puissant le sait. Je laisse une excellente femme et quatre jeunes filles. Il faut que je les quitte, ces pauvres chéries; mais je n'ai pas de honte de mourir. J'espère que mes concitoyens prendront soin de ma famille. — Il continua ainsi quelque temps, jusqu'à ce qu'on l'avertit que les trente minutes étaient écoulées. Il en demanda dix autres, qu'on lui accorda également. Il en profita pour faire le tour du cercle, serrant la main aux uns, embrassant les autres, et pardonnant à tous. Puis il remonta sur le banc et ajusta lui-même la corde autour de son cou, en demandant qu'on allongeât un peu cette corde. — J'ai vu de ces sortes de choses, — dit-il, — et si vous ne me donnez pas plus de corde, je resterai pendu cinq minutes avant de mourir. — On lui répondit que la corde était assez longue. — Messieurs, — reprit-il, — encore quelques secondes et je ne serai plus. Je suis innocent; prenez soin de ma famille!...

En disant ces mots il se précipita dans l'espace; mais, au bout d'une demi-minute, on s'aperçut que sa prévision allait se vérifier et qu'il souffrait longtemps. On le releva on allongea la corde, on ajusta mieux le nœud coulant; puis, comme disent les Anglais, on le lança dans l'éternité. Il mourut presque aussitôt.

Cette scène avait été horrible. Ajoutons toutefois que le crime de Ray n'est l'objet d'un doute pour personne. Son courage et son sang-froid étaient dignes d'une meilleure cause.

La connaissance du droit naturel, qui chaque jour pénètre davantage les esprits, en adoucissant les mœurs nous montrera certainement un jour la peine de mort comme une loi barbare que la société doit à jamais effacer de ses codes. Tuer est toujours tuer, et le bourreau n'est en fait que l'assassin de l'assassin. Mettre un homme à mort parce qu'il s'est rendu coupable de meurtre, c'est jusqu'à un certain point abaisser la justice au niveau même du crime; ce n'est point seulement punir, c'est aussi se venger. Or si la vengeance seule arme le bras d'un meurtrier, la société qui punit le meurtre par le meurtre n'est pas moins coupable que le coupable. Assassiner dans l'ombre un ennemi coupable ou innocent, mais désarmé, est un crime hideux, c'est le dernier des crimes; pendre, guillotiner, empaler, garroter, fusiller ou décapiter cet homme au nom de la loi, en grande pompe, sur une place publique, est un acte révoltant dont la moindre conséquence est d'effacer le souvenir du crime par l'horreur du châtiment. Le droit de représaille est aussi contraire à la majesté de la justice qu'à la morale sur laquelle elle s'appuie. Comme la morale, la religion condamne la peine de mort, et il faudrait désespérer de l'humanité si l'on voyait longtemps encore et inflexible châtiment en vigueur dans les États de l'église romaine, où les exécutions capitales sont prononcées et ordonnées au nom de celui qui, prince temporel, doit être le représentant de Jésus-Christ sur la terre.

Mais déjà la peine de mort en matière politique est abolie par un certain nombre de nations, et la conscience de tous les peuples la rejette en qualifiant de martyrs ceux qui en sont encore victimes. Cette sage et humaine mesure s'étendra-t-elle bientôt à tous les pays d'Amérique? Il faut l'espérer.

En attendant, c'est avec une bien vive satisfaction que nous avons vu tout récemment l'assemblée législative d'Albany modifier les lois criminelle de l'état de New-York. Il n'y a plus dans cet État que les crimes de meurtre et d'incendie au premier degré qui soient punis de mort. D'un autre côté il ne devra jamais y avoir plus d'une année de délai entre le jour du prononcé de la sentence et celui de l'exécution. Enfin l'ordre d'exécution devra toujours être signé par le gouverneur, qu'il y ait eu ou non recours à ce magistrat pour la commutation de la peine.

XX

PHYSIONOMIE GÉNÉRALE DES ÉTATS DU SUD.

Les Etats du Sud présentent en général, sous le rapport des usages et des mœurs, une physionomie très différente de celle des Etats du Nord.

Il y a plusieurs raisons pour que cette différence existe.

Premièrement, une grande portion des pays qui forment aujourd'hui les Etats du Sud ont été, dans le principe, comme tout le monde sait, des colonies espagnoles ou françaises. Or, les mœurs des Français et des Espagnols diffèrent essentiellement des mœurs des Anglais, qui ont nécessairement imprimé le cachet de leur civilisation à toutes les parties du nord qu'ils ont colonisées.

Deuxièmement, il résulte du maintien de l'esclavage dans ces contrées certaines habitudes inhérentes à tous les pays à esclaves, et qu'on remarque dans l'ile de Cuba aussi bien qu'au Brésil et dans le sud de l'Union.

Troisièmement enfin, il y a entre le Sud et le Nord la différence si grande du climat, dont on ne saurait méconnaître l'influence morale, et qui commande des coutumes diverses.

On peut diviser en trois races parfaitement caractérisées les hommes qui peuplent aujourd'hui le vaste territoire de la république américaine.

Ces trois races sont: le *Westman* (l'homme de l'Ouest), le Yankee proprement dit, et le Virginien, ou l'homme du Sud.

Chacune de ces trois races a son esprit particulier, sa manière d'être, que tendent à conserver les lois propres à régir chaque État, entièrement indépendant, comme on sait, du gouvernement général de l'Union.

Le *Westman* a des façons peu engageantes au premier abord. Il est rude, indépendant quelquefois jusqu'à l'incivilité. Mais aussi il est franc, généreux, désintéressé, éminemment hospitalier.

Sa manière d'être est la conséquence logique de son éducation première et du milieu dans lequel il se trouve encore aujourd'hui. C'est dans l'Ouest que se sont toujours rassemblés en plus grand nombre les déshérités de toute la terre qui sont venus demander à l'Amérique le pain et la liberté, cette double nourriture du corps et de l'âme. Mais, pour conquérir ces biens précieux, il a fallu lutter et l'emporter sur une nature heureuse et fertile sans doute, mais sauvage d'abord, et rebelle aux travaux de l'agriculture.

Les premiers travaux accomplis sur cette terre nouvelle par les hardis colons qui la peuplèrent sont une des belles pages de l'histoire de la civilisation moderne. Ils sont la preuve de la force et du courage que l'homme puise dans la liberté.

Les colons de l'Ouest avaient tout à faire pour leur installation et leur bien-être dans la patrie de leur adoption. Ils avaient à se frayer des routes à travers des forêts séculaires presque impénétrables, à défricher ces forêts, à en cultiver les terrains, à bâtir des villes; ils avaient, ce qui n'était pas le moins pénible, à repousser les Indiens, qui soutenaient vaillamment leur droit de possession et n'abandonnaient que pied à pied le pays aimé de leurs ancêtres.

Toujours en butte aux attaques des sauvages et les attaquant eux-mêmes pour agrandir leur territoire, les habitans de l'Ouest formèrent comme une société à part de soldats laboureurs. Constamment armés, ils allaient partout, et jusqu'à l'église, le mousquet sur l'épaule, le pistolet au poing, le poignard à la ceinture. Véritables enfans de la nature, ils n'avaient pour se guider que les lois innées de la conscience et les raisons de l'intérêt.

Là chacun se faisait justice soi-même, ce qui est assurément toujours un tort; mais aussi chacun se montrait envers les autres tolérant et serviable. L'égoïsme et l'intolérance abandonnent les hommes dans les entreprises périlleuses où le bien de chacun dépend de la réussite de tous; ils deviennent alors compatissans et bons; c'est peut-être encore de l'égoïsme au fond; mais il ne faut jamais trop sévère le cœur des hommes quand on veut y trouver le bien, il faut savoir se contenter de la forme et de la superficie des bonnes qualités.

Pour donner une idée de la rudesse de manières des habitans de l'Ouest, on les a surnommés *half horse, half alligator*, c'est-à-dire moitié cheval, moitié crocodile.

Le *Westman* est en général peu soigneux de sa personne. Les habits les plus commodes et les plus résistans sont ceux qu'il préfère. Contrairement au *Yankee*, il dédaigne l'habit noir et s'habille, comme les fermiers, de draps épais. Il porte des grosses bottes à solides semelles, et à la manière dont il attache à son cou le ruban qui lui sert de cravate, il est évident qu'il n'a jamais lu *l'Art de mettre sa cravate*, par l'auteur des *Souvenirs intimes du temps de l'Empire*, M. Emile Marco de Saint-Hilaire. Il va partout le chapeau jeté en arrière, et le conserve sur sa tête des journées entières chez lui. Jamais il ne l'ôte pour saluer personne.

L'homme de l'Ouest est passionné pour le tabac, mais il ne le prise jamais; il fume toujours, à moins qu'il ne chique. Quelquefois il chique et il fume en même temps.

Si vous fumez en passant dans la rue et que son cigaro soit éteint, l'homme de l'Ouest vous arrêtera sans façon, non pas pour vous demander la permission d'allumer son cigare, mais pour vous prendre le cigare de la bouche et se servir de votre feu sans plus de cérémonie. L'affaire terminée, il vous rend votre cigare sans vous regarder et sans vous remercier, et continue son chemin. Mais il ne serait pas du tout hors de ses habitudes que, jugeant son tabac meilleur que le vôtre, il ne jetât votre cigare et vous offrît trois ou quatre des siens, et cela, le plus naturellement du monde et sans exiger de vous aucun remerciment.

Le *Yankee* forme avec le *Westman* un contraste frappant. Il a conservé de ses ascendans un certain vernis d'aristocratie et la rigidité des mœurs puritaines.

Chassés de la Grande-Bretagne par les persécutions de Jacques Ier, les puritains abandonnèrent leur patrie pour venir en Amérique jouir de la liberté de conscience. Pour prouver qu'ils n'étaient pas des brigands, comme on voulait le faire croire, ils soumirent leur vie privée aussi bien que leur vie publique aux règles les plus sévères, ils exagérèrent même parfois l'austérité de tous les principes au point de tomber dans le ridicule. La nouvelle Angleterre ne fut guère dans les premiers temps qu'une sorte de monastère intolérable.

Les membres de cette société prirent, avec la dissimulation et la méfiance de caractère, un esprit guindé, froid, réfléchi, calculateur, sans spontanéité. Tels ils étaient et tels ils sont restés à peu de chose près, malgré le contact qu'ils n'ont cessé d'avoir avec un grand nombre d'étrangers. Ce n'est point à dire qu'ils soient absolument sans qualités, loin de là, mais ils font le bien parce qu'il est utile, convenable, adroit même de le faire, et ils cèdent rarement à un entraînement généreux. Ces hommes sont des chiffres; ils en ont la régularité, la logique, mais aussi toute la sécheresse. Leurs actions, leurs sentimens, leur vie tout entière sont soumis au calcul des quatre règles: additionner, multiplier, diviser et soustraire.

Les Yankees ont à juste titre la réputation d'être les plus habiles négocians de l'Amérique, et peut-être sont-ils les meilleurs négocians du monde entier. Ils passent pour être d'excellens marins, pour être des mécaniciens ingénieux, et comme spéculateurs leur hardiesse tient de

la témérité. Ce sont eux pour la plupart qui, en Amérique, ont ouvert les communications à travers des fleuves
aussi larges que des mers, qui ont établi des comptoirs
partout, formé des compagnies pour toutes sortes d'ex-
ploitations, fondé des fabriques et posé les rails qui
serpentent sur le vaste sol de l'Union, du sud au nord, de
l'est à l'ouest.

Mais, malgré tout ce que l'Amérique doit au génie industriel et extraordinairement actif des Yankees, toujours
sur la brèche de la spéculation, leur caractère froid, sans
enthousiasme aucun, les a jusqu'à présent tenus éloignés
de l'arène politique. Aussi est-ce une chose notable que,
dans la liste déjà longue des présidens des Etats-Unis, on
ne voie figurer que les noms de deux Yankees, messieurs
John Adams, et son fils, Quincy Adams. Et encore faut-il
remarquer que ces messieurs n'ont fait chacun qu'un seul
terme de quatre ans, tandis que la grande majorité des
autres présidens ont été réélus, comme l'autorise la
constitution. C'est assurément une preuve incontestable
du peu de popularité dont jouissent les Yankees comme
hommes politiques. Ils se sont, du reste, montrés jusqu'ici ennemis des tentatives de progrès. Cela peut être
de la sagesse chez eux, qui jouissent de la plus libérale
des constitutions, mais certains Américains attribuent cet
esprit conservateur aux idées monarchiques, qui ne seraient pas encore entièrement éteintes dans leur esprit.

Toujours austère, du moins en apparence, le Yankee
s'abstient avec un soin affecté de tout plaisir public. Il ne
va pas au spectacle ou il y va très peu. Pour cacher les
apparences et déguiser la chose sous le nom, d'adroits
spéculateurs (des Yankees sans doute) ont ouvert des
salles de spectacles sous le nom de musées, et à l'usage
des puritains. Ces messieurs font semblant d'aller examiner quelques vieux animaux empaillés exposés à côté
de la salle de spectacle, et ils profitent avec adresse d'un
moment favorable pour se soustraire aux serpens et aux
crocodiles et aller jouir incognito du plaisir de la comédie.

Il y a des spectacles-musées à Boston, à New-York et
dans quelques autres villes importantes de l'Amérique du
Nord où se trouvent en grand nombre des Yankees puritains.

Le Yankee refuse de se mêler publiquement à tous les
jeux. La seule exception qu'il fasse peut-être est en faveur
du jeu de quilles. Oh! par exemple, en ce qui touche
le jeu de quilles, rien ne saurait l'empêcher d'en goûter
les charmes. Ce n'est pas un simple plaisir chez lui, c'est
une passion véritable. Les Yankees jouent avec des boules
énormes, grosses comme des bombes, et qu'ils font rouler à une grande distance. Dans les campagnes, sur les
routes, dans les jardins, dans les hôtels, partout on joue
aux quilles.

De nombreux accidens sont arrivés par le fait de joueurs
maladroits qui abattaient les jambes d'innocens spectateurs, croyant atteindre les quilles. Cette méprise devait
doublement vexer les propriétaires des jambes maltrai-
tées. Aussi une ordonnance de police a-t-elle, à certaine
époque, défendu ce jeu dangereux qu'on désignait le plus
souvent par le jeu des neuf, à cause des neuf quilles dont
il se composait. Les Yankees, inconsolables de cet arrêté
sévère, n'ont pas tardé à trouver un excellent moyen
d'éluder la loi. Ils ont supprimé une quille du jeu, qui
devenait par le fait un nouveau jeu, le jeu des huit,
exempt de toute interdiction. Il y a du jésuite casuiste
parfois chez le Yankee, qui pourtant déteste le Jésuite.

Les Yankees, grands buveurs d'eau, sont aussi les plus
fidèles observateurs du repos dominical. Ils croiraient
manquer aux devoirs les plus sacrés s'ils ne bâillaient sur
leur Bible toute la journée du dimanche. Ce sont eux qui
ont institué partout, aux Etats-Unis, les bible-houses, où
l'on distribue gratis des bibles à tous ceux qui en font la
demande.

Pour donner une idée du caractère très peu folâtre

des Yankees pur sang, nous rappellerons ce fait caractéristique :

Monsieur Quincy Adams, président de la république et
Yankee, comme nous l'avons dit plus haut, ébloui sans
doute par le faste des grandeurs, eut un moment de
vertige qui égara son cœur. Il fit un pas funeste dans la
voie périlleuse des plaisirs mondains. En sybarite corrompu et amolli, il fit placer dans une des salles de la
Maison Blanche... le dirai-je ? Il fit placer un billard. Les
puritains, ses compatriotes, vivement alarmés d'un pareil
débordement, crurent de leur devoir d'infliger un blâme
officiel au président assez voluptueux pour se permettre
des carambolages.

Le Virginien, autrement dit l'homme du Sud, est très
certainement de tous les Américains le plus sympathique.

Il a toutes les qualités extérieures et beaucoup de qualités foncières qui manquent au Yankee. Dans bien des
cas il est l'antipode de ce dernier. Ainsi le Yankee est actif
jusqu'à l'excès; le Virginien se complaît dans le doux far
niente. Le Yankee est sobre de ses paroles et avare de ses
écus; le Virginien est causeur et dépensier jusqu'à la
prodigalité. Le Yankee est toujours propre dans sa mise,
quoique très souvent râpé; le Virginien n'est pas toujours
propre, mais il aime les bijoux et les beaux habits. Le
Yankee se montre l'ennemi de tous les plaisirs, comme
nous venons de le dire; le Virginien ne vit que pour les
fêtes, le spectacle, le jeu et la galanterie. Le Yankee
habite des maisons rangées comme le chiffre d'un dividende et silencieuses comme des tombeaux; la maison du
Virginien est le plus souvent en désordre, et il s'y fait
toujours plus ou moins de bruit.

Si l'homme de l'Ouest avait plus d'urbanité, plus de
raffinement dans les manières; s'il était plus soigneux de
sa personne; si en un mot il ne cachait pas sous une
enveloppe grossière les excellentes qualités morales qui le
distinguent, il serait, je crois, l'Américain par excellence.
Nul plus que lui n'a le sentiment de sa propre dignité et
d'estime pour les autres hommes. Il aime l'égalité parce
qu'il est juste et bon. Mais ses façons d'agir sont encore
trop peu policées pour laisser apercevoir ses mérites, qu'il
faut en quelque sorte deviner.

Le Virginien l'emporte sur les autres Américains par la
plus précieuse des qualités, par l'enthousiasme. L'enthousiasme est le foyer sacré qui fait naître et réchauffe
tous les beaux sentimens chez l'homme; sans enthousiasme, il n'y a ni grands talens ni grandes vertus. Aussi
voyons-nous l'enthousiasme en Virginie fournir un grand
nombre d'hommes illustres par leurs talens et leur vertu
politique. Il suffit de citer Washington, Jefferson, Monroë,
Madison, Patrick Henry, Lee, Gaw, etc.

Malheureusement une plaie toujours vive et saignante
dégrade les Etats du Sud, si riches et si fertiles.

On a deviné que nous voulons parler de l'esclavage.

Tout a été dit sur ce droit criminel d'un homme qui
dispose à son gré de la vie, des biens, de la liberté, de son
semblable; d'un droit qui s'étend jusqu'aux enfans de
l'esclave, jusqu'à ses petits-enfans, jusqu'à ses descendans
à perpétuité. Cela est monstrueux; cela répugne à tous les
sentimens avouables; cela est contraire à la justice et à
la raison. La cupidité seule voudrait justifier l'esclavage
parce que la cupidité est un vice odieux à qui ne répugne
aucun moyen; mais la cupidité ne saurait longtemps
triompher des plus nobles sentimens et particulièrement
de l'amour sacré de l'humanité, qui est dans le cœur de
tous les hommes. L'esclavage, la plus dégradante expression du pouvoir absolu, disparaîtra bientôt complétement
de la terre, on n'en saurait douter.

L'abolition de l'esclavage aux Etats-Unis est l'aspiration
généreuse de toutes les personnes équitables qui ne voient
pas sans une sorte de stupéfaction des esclaves sur la terre
du progrès et de la liberté par excellence. Je sais qu'il y a
de grands obstacles à la réalisation de l'affranchissement
des noirs. Mais de tous les obstacles le plus grand, assu-

rément, est l'intérêt des possesseurs d'esclaves, qui se trouvéraient dépouillés d'une partie de leur fortune par l'affranchissement des nègres.

Un seul individu, monsieur Samuel Harston, de la Virginie, possède près de deux mille nègres et négresses. Les naissances dans ces familles d'esclaves s'élèvent à une moyenne de cent par an. On estime la valeur de ses troupeaux humains à cinq millions de plastres.

Déjà, l'on s'en souvient, plusieurs tentatives de révolte ont mis en danger la vie des blancs dans les États du Sud. La fameuse conspiration de 1820, dont le but était le massacre de tous les propriétaires d'esclaves, n'échoua, comme on sait, que par la dénonciation d'un des conspirateurs mêmes, qui, épouvanté des conséquences immédiates du soulèvement, avoua tout à son maître.

Depuis cette époque, et dernièrement encore, on a découvert de nouveaux complots sur le point de se réaliser.

Malgré ces terribles avertissements, les habitans du Sud continuent à vivre dans une apparente sécurité, et ne songent nullement à prendre les mesures pour l'extinction de l'esclavage.

Quant au gouvernement de la république, il n'a ni le droit ni la volonté de se mêler de cette question, particulière à certains États. Dans son discours d'inauguration, le président des États-Unis, monsieur Pierce, a proclamé hautement les droits du Sud à ce sujet.

« Je crois, a-t-il dit, que l'institution *involontaire* de la » servitude telle qu'elle existe dans différens États de » cette confédération est reconnue par la constitution. Je » crois qu'elle est, au même titre que tout autre droit, » garantie par la constitution, et que les États où elle » existe ont le droit de prendre les moyens de maintenir » les mesures constitutionnelles. Je soutiens que les lois » de 1850, appelées communément le compromis, sont » constitutionnelles et doivent être sans hésitation exécu- » tées.

» Je crois que les autorités constituées de cette répu- « blique sont tenues de considérer les droits du Sud à » cet égard comme elles considéreraient tout autre droit » légal et constitutionnel ; que les lois pour soutenir ces » droits doivent être respectées et obéies, *non pas avec* » *une répugnance encouragée par d'abstraites théories* » *quant à leur convenance dans un autre état de société,* » *mais rigoureusement et selon les décisions des tribunaux* » *auxquels il appartient d'en connaître.* »

Comme chef de l'État, comme gardien fidèle de la constitution qu'il a juré de faire respecter, le président de la république des États-Unis a pu tenir ce langage ; mais si le droit est en faveur de l'esclavage dans le Sud, la raison et le sentiment universel se prononcent contre lui.

Et pourtant les partisans de l'esclavage paraissent devoir l'emporter dans le vaste territoire du Kansas, qui d'un pays libre des États-Unis est menacé de devenir définitivement un pays à esclaves ; et cela malgré les efforts les plus louables des abolitionistes, qui n'ont épargné, dans cette circonstance solennelle, ni leur argent ni leur vie exposés dans une suite de combats les plus déplorables.

Maintenant il est du devoir de notre impartialité de faire connaître la véritable situation des nègres esclaves. On a beaucoup exagéré la cruauté des maîtres envers les esclaves. De plus, on a prêté complaisamment à ceux-ci des sentimens élevés qu'ils n'ont guère pour la plupart. Les écrits très négrophiles sont assurément fort louables dans leur but, mais il y a toujours un tort à exagérer les droits d'une bonne cause.

Disons-le en l'honneur du progrès de la civilisation, le temps n'est plus où les blancs avaient droit de vie et de mort sur les nègres, et les frappaient pour le plaisir de les voir souffrir. Ces époques barbares sont passées, et nous pouvons assurer que, sauf de très rares exceptions, les noirs sont traités avec douceur. Dans tous les cas, les maîtres sont responsables devant les tribunaux des châti-

mens excessifs qu'ils pourraient infliger à leurs esclaves.

Les noirs, dans tout le sud des États-Unis, jouissent d'un certain comfortable relatif. Ils sont bien nourris, suffisamment vêtus, suivant la saison, et ils travaillent certainement moins que la grande majorité des ouvriers, des commis, des employés de toutes sortes, des artistes et des écrivains qui demandent l'existence à leur labeur.

Examinons d'abord la vie des nègres sur le sort desquels on s'apitoie le plus généralement. Ces nègres sont les planteurs qui, dans les habitations, cultivent le café, le coton, le riz et la canne à sucre.

Dans presque tout le sud des États-Unis, les nègres travaillent à la tâche, ce qui permet aux hommes actifs d'avoir du temps à eux.

Cette tâche est calculée suivant la force, l'âge, le sexe de chacun, et basée sur une moyenne de huit heures de travail par jour.

Avant l'âge de dix ans, les nègres esclaves, plus heureux que les enfans du même âge dans nos manufactures et que presque tous les apprentis, ne font aucun travail rigoureux et constant. On leur fait faire des commissions parfois, mais on ne les charge jamais de fardeaux trop lourds pour leurs forces. Ils passent tout le temps à courir dans les champs, à chasser ou à pêcher ; ou bien ils restent à la maison pour surveiller, en l'absence de leur mère, les enfans plus jeunes qu'eux.

Les nègres, dans les plantations, jouissent de ce qu'on appelle le samedi du nègre, c'est-à-dire qu'ils ne font ce jour-là qu'une demi-journée de travail. Quant au dimanche, il leur appartient tout entier sans aucune restriction. On ne les force point à assister aux offices religieux, et beaucoup même partent le samedi soir pour aller en steamboat à quinze et vingt lieues à la ronde passer la journée chez des amis, esclaves comme eux, qui les reçoivent et qui les traitent chez leur maître.

Les nègres sont, du reste, rarement sans argent. Pour peu qu'ils ne se montrent pas trop paresseux, ils ont dans leur esclavage le temps d'en gagner. Il est très positif qu'un noir qui aurait l'ardent désir de se libérer trouverait en peu d'années, à l'aide de son travail et avec les protections des sociétés d'abolitionistes, les moyens de se racheter. Disons, pour être juste, qu'un nègre qui se rachète est ordinairement vendu par son maître un tiers au moins que sa valeur d'estimation.

Quant aux nègres libres, *le Croissant*, journal de la Nouvelle-Orléans, estime à 4,000,000 de dollars (plus de vingt-cinq millions de francs) la propriété qu'ils se sont faite dans cette seule cité.

Les propriétaires d'esclaves dans les plantations ne refusent jamais d'accorder à ceux-ci un certain espace de terrain que l'esclave a le droit de cultiver pour son compte, la tâche imposée par le maître une fois remplie. Dans ce terrain, le nègre cultive des légumes, il élève de la volaille, engraisse des porcs, et souvent même il nourrit une vache. Ces légumes, cette volaille, ces porcs et le lait de la vache sont presque toujours vendus au propriétaire même de l'habitation, qui paye généreusement ces produits.

La nourriture des noirs, dans toutes les plantations, n'est certainement pas inférieure à celle du plus grand nombre de nos ouvriers et petits fonctionnaires d'Europe. Je la trouve préférable à celle des marins subalternes à bord de presque tous les navires. La nourriture de l'esclave consiste, pour chaque individu, en une mesure quotidienne de maïs ou de riz, en une ration copieuse de mélasse, en légumes frais auxquels on ajoute, soit un morceau de jambon, soit un morceau de corn-beef, soit une portion de poisson salé ; enfin, pour dessert, ils cueillent eux-mêmes les fruits délicieux que le Sud donne en si grande abondance, sans compter le café, qu'ils aiment beaucoup, et dont ils boivent à discrétion.

Si le noir tombe malade, il est traité avec un soin qu'on serait injuste de n'attribuer qu'à l'intérêt du maître. Chaque habitation a son infirmerie munie d'une pharmacie suffisante. Rien n'est refusé pour le rétablissement de la santé des esclaves : ni les soins particuliers, ni les médicamens, ni la bonne nourriture dans le moment de leur convalescence.

Le séjour de l'infirmerie est pour le nègre, si essentiellement paresseux en général, un véritable lieu de délices. Être couché et ne rien faire sont pour lui le suprême bonheur, avec le plaisir de danser et de faire de la musique. On cite des noirs qui ont simulé des maux de dents et se sont bravement fait arracher les molaires les plus saines pour jouir à l'infirmerie du repos accordé en pareil cas (un jour de congé). D'autres mangent de la terre ou des herbes malfaisantes, et se donnent ainsi la fièvre pour avoir le droit de ne rien faire tant que dure l'indisposition.

Les nègres des habitations, si peu vêtus dans l'exercice de leur travail, font le dimanche une toilette complète. Rien de plus drolatique que les nègres et les négresses dans ce qu'ils appellent leurs beaux atours. On se croirait, en les voyant, à la descente de la Courtille un jour de mardi gras à Paris. N'importe, ils se trouvent beaux comme cela. Avec des chapeaux de Robert-Macaire, des habits d'étoffe de coton taillés en queue de morue, des pantalons et des gilets indescriptibles, les hommes esclaves portent souvent des montres auxquelles sont attachées d'énormes breloques qui leur pendent jusqu'à mi-jambe. Quant aux négresses, leur toilette est des plus disparates, et elles se couvrent tellement de faux bijoux et de toutes sortes de verroteries qu'on les prendrait pour des fonds de boutiques ambulantes. Ainsi rayonnantes, elles subjuguent le cœur de leurs beaux. « Demandez au crapaud, » a dit Voltaire, « ce que c'est que la beauté, il vous répondra que c'est sa crapaude. »

Au reste, le cœur des noirs est très prompt à s'enflammer, mais il se désenflamme avec la même facilité. Les noirs, dans les habitations, se marient, se démarient et se remarient le plus aisément du monde. On leur laisse à cet égard la plus grande liberté. C'est assurément un tort, et un tort des plus graves. Dans quelques habitations, le mariage des noirs n'existe pour ainsi dire pas, et fait place à la promiscuité la plus dégradante. Quelques propriétaires d'esclaves se montrent plus moraux et font bénir l'union des noirs : mais il est toujours facile à ceux-ci d'obtenir leur séparation pour contracter de nouvelles unions. Avant tout, d'après les propriétaires d'esclaves, il est urgent que les noirs vivent entre eux en bonne intelligence, et que les arbres ne soient pas stériles, ainsi que le recommandent les saintes Ecritures.

Comme on le voit, le noir est quelquefois abaissé au niveau de la brute par la coupable sordidité du maître.

Après le travail de la journée, mais surtout le samedi soir et le dimanche, les noirs se livrent, à la campagne, aux plaisirs de la musique et de la danse.

La sensibilité des nègres pour la musique est extrême. Sous le charme de son des instrumens, ils oublient toutes leurs misères et semblent s'oublier eux-mêmes. Dans les villes, quand une bande de musique défile dans les rues, on ne voit que nègres escortant les musiciens avec les démonstrations de la joie la plus vive. Il arrive quelquefois qu'ils font des commissions pressées ou se rendent au travail quand ils rencontrent les bandes de musique : ils les suivent néanmoins. La peur même des coups de fouet ne les arrête pas dans ce cas. La musique est pour eux un aimant irrésistible. On a vu des noirs, certains d'être battus en rentrant chez leur maître, perdre des journées entières à écouter de la musique. Les noirs sont du reste très aptes à devenir d'excellens musiciens. À la Havane, à Rio-de-Janeiro, l'on remarque d'excellens orchestres entièrement formés de musiciens noirs et mulâtres. Les Havanais chantent une romance composée, paroles et musique, par un esclave noir qui s'est suicidé par amour pour sa jeune maîtresse. Il y a dans cette œuvre naïve une élévation de sentiment, une douceur si profonde, un amour si tendre et si respectueux, qu'en l'écou-

tant il est impossible de retenir ses larmes. L'homme se fait chien pour se prosterner plus humblement, et mourir aux pieds de sa maîtresse après lui avoir dit : « Je t'aime ! »

La musique des nègres, si dédaignée, si ridiculisée par les blancs en Amérique, n'est pourtant pas sans poésie et sans charme. Basées sur des rhythmes d'une originalité entraînante, les mélodies qui la composent sont l'heureuse expression d'une inspiration sauvage, mais sympathique et pleine d'une douce mélancolie. L'instrument favori des esclaves du sud des États-Unis est une sorte de guitare qu'on appelle banjo. Le son du banjo est grave, doux et triste, et on ne peut mieux approprié à la musique des noirs. Notre ami Gottschalk vient de publier sous le titre de Banjo un morceau de piano que nous avons eu le plaisir de l'entendre exécuter plusieurs fois en Amérique, et qui fera mieux comprendre ce genre de musique que tout ce que nous pourrions en dire ici. Il est impossible de pousser plus loin l'imitation. On se croirait, en écoutant le Banjo, transporté sur les bords du Mississipi, à l'ombre des bananiers, dans la riante et plantureuse Louisiane. C'est une bien charmante page de musique que le Banjo, et une bonne fortune pour les pianistes qui commencent à trouver borné le cercle des fantaisies brillantes sur des thèmes d'opéras.

Laissons la musique des noirs, qui nous aura servi à constater ce que trop souvent on a voulu dénier absolument à ces pauvres réprouvés, la sensibilité poétique, et continuons à les suivre dans leur manière de vivre en esclavage.

« Comme l'expérience nous rend enfans, » a dit mistress Trollope, « et comme nous sommes ignorans sur la plu» part des sujets sur lesquels nous ne pouvons nous ins» truire que par ouï-dire ! Je quittai l'Angleterre avec des » sentimens si opposés à l'esclavage, que ce ne fut pas » sans une émotion pénible que je me trouvai entourée » d'esclaves. À l'aspect de tous les noirs, hommes, femmes » ou enfans qui passaient près de moi, mon imagination » créait un petit roman bien triste dont ils étaient les » héros. Depuis que je suis plus instruite sur ce sujet et » que je connais mieux la situation réelle des esclaves en » Amérique, j'ai souvent ri de ma sensibilité. »

C'est qu'en réalité, si l'institution de l'esclavage est doublement odieuse dans le pays de toutes les libertés, il faut bien reconnaître que la position matérielle des esclaves est meilleure qu'on ne pourrait le supposer.

Une autre femme, madame la comtesse Merlin, qui brillait à la fois par son esprit, son cœur, sa beauté et son admirable talent de cantatrice, a rapporté le fait suivant dans son charmant ouvrage La Havane : « Il y a quelque années, par fraude ou par violence, deux fils d'un cacique furent enlevés et amenés ici par un bâtiment négrier portugais. On les vendit. Peu de temps après, une ambassade de Couloremtes, tatoués et habillés de plumes de couleur, aborda dans l'île. Ils venaient de la part de leur chef ré » clamer auprès du gouverneur les deux princes enlevés. Le gouverneur consentit sans peine à leur départ : mais les jeunes gens refusèrent de quitter Cuba, où ils jouissaient, disaient-ils, d'un bonheur qu'ils n'avaient jamais goûté dans leur pays. Ainsi l'état de prince en Afrique ne vaut pas celui d'esclave dans nos colonies. »

Si les maîtres ont le droit criminel de frapper des hommes que le destin a faits leurs esclaves, il est loyal de dire qu'ils usent généralement de ce droit avec modération. Mais quand le nègre est châtié, il lui est toujours facile ou de changer de maître ou d'aller porter plainte devant des comités spéciaux qui le protègent. Si le maître d'un esclave se montre cruel envers lui, il est puni de l'amende et de la prison. La vie de l'esclave est aussi protégée que la vie de l'homme libre. Voici un fait à l'appui qui le prouve, entre dix faits que nous pourrions citer.

Un nègre, il y a de cela quelques années, s'était échappé d'une habitation située aux environs de Charleston. On avait fait pour le retrouver les plus actives démarches, mais sans résultat satisfaisant, il était devenu évident que le fuyard avait pénétré jusque dans la forêt, où il vivait en *marron*, c'est-à-dire de fruits sauvages, de chasse et d'eau. Une récompense fut promise à celui qui ramènerait le fugitif à son maître. Deux hommes eurent l'idée infernale de *chasser* le nègre comme on chasse un loup ou un ours, avec l'aide d'une meute de chiens.

La chasse fut longue et la battue de la forêt avait été presque complète, quand les hurlements des chiens avertirent les chasseurs d'hommes de la présence de leur victime. Les animaux venaient de découvrir le gîte où le malheureux esclave se tenait blotti, et ils aboyaient avec fureur autour de lui. Loin de les calmer, les chasseurs qui les dirigeaient les excitèrent au contraire, et il s'établit bientôt un combat horrible et désespéré entre le noir sans armes et les chiens qui le dévoraient. Cette scène abominable, sur laquelle nous ne voulons pas nous arrêter plus longtemps, se termina par la mort de l'esclave, qui expira au milieu des plus cruelles souffrances. On le trouva mordu par tout le corps, et sa figure en lambeaux, horrible à voir, était méconnaissable. La population, indignée, n'attendit pas l'action des tribunaux. Elle jugea elle-même les coupables, en vertu de la loi de Lynch, et, à l'unanimité, après avoir entendu leur défense, ils furent déclarés coupables de meurtre et condamnés comme tels à être pendus à l'endroit même où le nègre avait péri.

L'un des condamnés était le fils d'un riche agriculteur. Le criminel comptait sur les influences pour le sauver ; mais ni les influences ni l'argent ne purent le soustraire au juste châtiment qui lui était réservé. Tous deux furent pendus et conduits à la potence par la population indignée.

On peut lire les péripéties de ce double drame dans les journaux de l'époque imprimés à Charleston.

Une autre fois, dans cette même ville de Charleston, une femme fut condamnée à dix mille dollars d'amende (plus de 50,000 francs) et une année de prison pour avoir, dans un moment de colère, appliqué un coup de bâton sur la tête d'une négresse, son esclave. Ce coup, donné sans préméditation, avait eu des conséquences funestes, et l'esclave en était morte. Le jury, en écartant les circonstances aggravantes de la préméditation, voulut néanmoins punir rigoureusement un acte de brutalité et faire un exemple.

Mais si les lois ou plutôt le sentiment public protègent les noirs contre les cruautés et les injustices des blancs, ceux-ci se montrent impitoyables envers tout noir qui ose lever la main sur son maître. Des esclaves ont été brûlés vifs comme au beau temps de l'Inquisition pour avoir assassiné ou seulement tenté d'assassiner leur maître. Le supplice de la pendaison ne suffit pas en pareil cas, et il faut, pour punir un attentat semblable, avec la mort, infliger la torture et brûler à petit feu. On comprend la sévérité des juges à punir tout attentat contre la vie ; on comprend que la punition soit plus rigoureuse quand le coupable est noir dans un pays souillé par l'esclavage, mais rien ne saurait justifier les horreurs de l'auto-da-fé. Il ne reste de ces exécutions révoltantes qu'un sentiment de profonde pitié pour le coupable, au lieu du salutaire exemple qu'on en attendait. L'expiation l'emporte en ce cas sur le crime commis. La crainte des supplices peut tout au plus arrêter un moment l'essor des mauvaises passions, mais elle ne change pas la nature de l'homme. Une éducation bien dirigée, une justice modérée et l'exemple de l'amour de l'humanité sont efficaces à inspirer les bons sentiments en développant la raison. Les maîtres qui passent dans le sud des États-Unis pour être les plus doux pour leurs esclaves sont les créoles. Les plus sévères sont les Anglais et les Yankees. Les Français, les Italiens et les Espagnols ne sont généralement pas méchants, mais ils donnent trop souvent l'exemple du relâchement des mœurs en entretenant avec leurs esclaves des liaisons coupables.

Les nègres pour le service de la campagne valent, sui-

vant leur âge et leur force, de huit cents dollars jusqu'à douze cents. Les femmes se payent moins cher.

Passons maintenant des nègres employés dans les plantations aux esclaves qui habitent les villes.

Les nègres esclaves dans les villes du sud des États-Unis se divisent en deux grandes catégories : les domestiques et les ouvriers. On pourrait y ajouter une troisième catégorie, moins nombreuse, formée des esclaves marchands.

Les domestiques noirs sont très certainement les plus paresseux, les plus sales, les plus détestables de tous les domestiques des deux mondes, et de toutes les couleurs. Il n'est pas un seul serviteur en France, en Angleterre ou en Allemagne, qui ne fasse à lui seul la besogne ordinaire de quatre noirs. Leurs mouvements sont comptés, et, si vous leur dites de se dépêcher, ils s'arrêtent au contraire, retournent la tête lentement, vous regardent, sourient d'un air bête, et, reprennent leur pas ordinaire. Vous pouvez vous irriter, jurer, les battre même : vous n'obtiendrez jamais des nègres qu'ils se dépêchent de faire leur besogne.

Dans les maisons bien tenues, les domestiques, en grand nombre, ont chacun son travail spécial. Ils se renferment strictement dans leurs attributions, et pour rien au monde vous ne les en feriez sortir, même accidentellement. Je suppose que le nègre préposé à ouvrir la porte d'entrée pour recevoir les visiteurs s'absente un moment : personne ne se dérangera pour le remplacer en cas de besoin. Vous auriez beau frapper à enfoncer la porte, pas un nègre dans la maison ne bougera s'il n'en reçoit l'ordre formel de son maître. Et cela, non pas certes par scrupule, et pour ne pas empiéter sur les fonctions de leur camarade, mais par paresse uniquement.

Non-seulement les nègres sont généralement paresseux, mais de plus ils sont gourmands et passablement voleurs. Ils se montrent généralement peu reconnaissants, et, à défaut de courage, ils sont cruels.

Malgré leurs défauts, les domestiques noirs sont généralement bien traités, et ce qu'on supporte d'eux on ne le supporterait certainement pas de domestiques à gages. Chose étrange, il existe souvent entre les esclaves et leur maître une intimité qu'on ne trouverait nulle part en Europe entre maîtres et domestiques. On serait dans l'erreur la plus grande et la plus risible si, n'ayant jamais lu que les ouvrages de certains poètes et romanciers, on se représentait les nègres tremblants à la voix de leur maître et soumis à leur moindre caprice. Quand on appelle les nègres, ils ne répondent jamais tout de suite, et si les ordres qu'on leur donne ne sont pas de leur goût, ils font la grimace, murmurent et discutent. A bout de patience, on leur donne quelquefois un horion, mais le plus souvent on se borne à les *en* menacer.

Pourtant, si un esclave se montre par trop impertinent, s'il commet une faute grave quelconque, on l'envoie fustiger dans une maison spéciale de correction. Un *bon* pour un certain nombre de coups de fouet est remis au coupable, et il est obligé d'en aller recevoir le prix, comme une lettre de change de l'enfer payable au porteur. Le bourreau examine le bon, comme ferait un caissier avant de payer une traite, en prenant copie sur le registre de la maison, et procède ensuite à l'exécution de la sentence. Après trois coups de fouet, les chairs sont entamées, et les victimes poussent des cris à fendre l'âme. Les créoles, sans être méchants, restent insensibles à ces cris ; il leur semble tout naturel qu'on batte ainsi les noirs.

Les noirs, d'ailleurs, ne sont pas considérés comme des hommes dans les pays à esclaves. Leurs souffrances n'inspirent d'autre pitié que les souffrances d'un animal. On parle devant eux d'eux-mêmes comme s'ils n'y étaient pas. En un mot, l'esclave est une chose et non pas une personne.

Par une dérision cruelle, on appelle vulgairement la maison de correction où l'on fouette les noirs *the sugar koina* (la maison de sucre). Comme un nègre perd de sa valeur en raison directe du nombre des châtiments qu'il reçoit dans *the sugar house*, les propriétaires d'esclaves ne les y envoient qu'à la dernière extrémité. Quoi qu'il en soit, il est indigne que des hommes, de leur propre autorité, puissent faire frapper d'autres hommes. Nous reconnaissons, parce que cela est vrai, que de fait les abus sont rares, mais le droit subsiste, et c'est ce droit monstrueux que nous flétrissons au nom de l'humanité.

Les esclaves ouvriers sont de tous les noirs les plus considérés. Ils s'estiment eux-mêmes au-dessus des autres, parce qu'ils gagnent plus d'argent et jouissent dans leur esclavage d'une sorte de liberté. Ils se louent de leur maître pour une somme déterminée par semaine, et travaillent pour leur propre compte. Par ce moyen ils sont libres d'aller où ils veulent, et de travailler à leurs heures et comme bon leur semble. La classe ouvrière est l'aristocratie de ce pauvre monde perdu. Ce sont les ouvriers qui sont les richards parmi ces misérables créatures, et le beau sexe noir les tient en grand honneur partout. On trouve d'excellens ouvriers noirs dans tous les corps d'état, et il en est qui rapportent à leur maître jusqu'à cinq et six francs par jour de bénéfice net. Aussi un bon ouvrier se vend-il jusqu'à sept et huit mille francs.

Les nègres marchands agissent d'ordinaire comme les ouvriers. Ils se louent à leur maître pour telle ou telle somme par semaine, et spéculent librement ensuite. Ils ont toujours de l'argent à eux, mais ils ne savent pas l'économiser. Ils ne sont pas prodigues, mais ils dépensent leur argent sottement et n'ont pas d'ordre de conduite. Dans dix ans, il n'y aurait plus un seul esclave nulle part au monde si les esclaves eux-mêmes le voulaient. Sans révolte, sans secousse aucune et sous la protection des blancs, ils pourraient tous se racheter avec le fruit de leurs économies.

D'un autre côté, rien n'empêcherait la formation de caisses spéciales obligatoires de retenue pour la libération des esclaves. Un tant pour cent sur le produit du travail des noirs serait versé tous les mois à cette caisse par les soins mêmes de chaque propriétaire d'esclaves, comme le gouvernement le fait en France pour assurer la pension des militaires et de certains employés. Par ce moyen bien simple, trop simple peut-être pour qu'on y ait songé, les noirs se trouveraient libérés et pourraient aussi libérer leurs enfans sans léser d'aucune manière les intérêts de leurs maîtres.

Dans tous les cas, il y aurait beaucoup de bien à attendre de pareilles caisses d'épargne, et il est étrange qu'il n'en existe nulle part de semblables pour les noirs. Il est vrai que les créoles ont tout intérêt à ne pas rompre la chaîne qui rive le fils au père et le petit-fils au fils; mais c'est aux abolitionistes à prendre les mesures efficaces, et celle que nous proposons nous paraît la plus simple et la plus convenable.

Les plus injustes préjugés pèsent sur la race noire dans tous les États-Unis, et plus particulièrement dans les États à esclaves, cela se comprend de reste. Dans le Sud, un blanc ne peut, dans aucun cas, se marier à une femme de couleur, fût-elle blanche comme une Géorgienne. Avoir eu un nègre parmi ses aïeux est un péché originel que ne peut effacer ni la vertu ni le talent. Dédaignées de toutes les blanches, beaucoup moins blanches souvent que les femmes de couleur, ces dernières ne sont reçues nulle part dans la société, eussent-elles en partage une fortune rothschildienne. Mais aussi comme elles savent se venger du dédain de ces dames! Généralement belles, et les plus séduisantes de toutes les femmes du monde peut-être, les filles de couleur deviennent, par l'orgueil des blanches, leurs rivales naturelles. Non-seulement elles s'emparent trop souvent du cœur de leur mari, mais avec leur cœur elles prennent aussi leur fortune. Rien n'est trop beau pour ces *filles de marbre jaune*, qui cachent la couleur de leur peau sous les diamans, l'or et la soie, dont elles savent si bien dépouiller leur noble rivale.

Et de quoi se plaindrait-on? Serait-on en droit de les accuser du désordre de leur vie, quand cette vie leur est imposée par des lois tyranniques et d'injustes préjugés?

Le préjugé de la couleur est si vivace qu'il s'étend jusque chez les noirs, dont quelques-uns s'efforcent de se blanchir la peau en se droguant et même en se brûlant l'épiderme. La brûlure change la couleur de la peau, qui, en se boursouflant, prend la teinte morte de la craie. On a vu des négresses trop coquettes se brûler le visage et les mains pour devenir à moitié blanches.

Un jour je fus témoin d'une scène fort comique. Deux noirs se querellaient pour je ne sais quel motif. Les noirs d'ailleurs se querellent toujours. Après s'être prodigués, dans un *crescendo* des plus animés, toutes sortes d'épithètes injurieuses; après s'être traités de singe, de voleur, de paresseux, de chien mort, de banane pourrie, l'un d'eux dit à l'autre avec l'expression du plus profond dédain:

— Va-t'en, nègre!

Une loi des États du Sud punit quiconque apprend à lire à un esclave. C'est assurément fort adroit, et depuis longtemps nous savons qu'un des meilleurs moyens d'exploiter les hommes en les dominant est de les tenir dans l'ignorance. Mais cette loi impie, mal en harmonie avec la nature du gouvernement de l'Union et avec l'état des esprits en Amérique, est pour ainsi dire tombée en désuétude. Il y a aujourd'hui à la Nouvelle-Orléans, à Charleston et dans beaucoup d'autres villes des États du Sud, des écoles spéciales pour les noirs esclaves auxquels leurs maîtres font donner les élémens de l'instruction.

On a beaucoup exagéré le sort qu'on réserve dans le Sud aux abolitionistes quand on a dit qu'on les pendait. On ne les pend pas, mais on les chasse après les avoir *emplumés*.

Voici comment on emplume les abolitionistes trop zélés.

Après s'être assuré de leur personne, on les déshabille et on étale leur corps d'une couche assez épaisse de mélasse. Cette opération préalable terminée, on les roule dans une couette percée, et en un instant le patient est changé en oiseau. On le porte alors en grande pompe et on le promène dans les rues au son des instrumens charivariques. Quelquefois on l'enferme dans une baraque, où on le fait voir pour deux sous.

Les nègres ne sont pas les derniers à rire de la piteuse mine de leurs malheureux libérateurs, qu'ils traitent de vilains oiseaux.

Quand on a suffisamment joui du spectacle, on déplume notre homme; on retire la mélasse qui recouvre son corps, on le baigne, on lui rend ses habits et on l'envoie prêcher ailleurs ses doctrines philanthropiques.

Les créoles détestent naturellement par intérêt les abolitionistes; aussi sont-ils heureux quand ils peuvent en prendre un en défaut. Dernièrement, un homme, possesseur d'une cinquantaine d'esclaves, mourut dans la Floride, en donnant la liberté à tous ses noirs. Cet homme n'avait d'autre héritier qu'un neveu, ardent abolitioniste, et dont les conférences sur l'esclavage avaient rendu le nom fameux. Jugeant, d'après les actes de son neveu, que son legs d'esclaves ne pourrait lui convenir, il préféra, plutôt que de les vendre, leur donner à tous la liberté. Il était d'ailleurs persuadé que cette résolution généreuse, bien que tardive, rendrait sa mémoire chère à son digne neveu. Il mourut dans cette confiance et entouré de la bénédiction de tous ses noirs.

Mais, ô fatal effet de la fortune! les cinquante nègres, qui formaient ensemble un capital d'environ trois cent mille francs, troublèrent l'esprit de l'abolitioniste et tentèrent sa cupidité. Le négrophile de la veille devint le négrophobe du lendemain. Nous avons eu parfois de ces métamorphoses en politique. La mort de son oncle avait dessillé ses yeux, et il reconnut subitement tous les avantages de l'esclavage au point de vue multiple de la morale, du droit, de la religion, de l'ordre social, de la famille, et surtout de la propriété. Bien résolu à faire valoir des droits qu'il croyait légitimes, il attaqua devant les tribunaux la validité du testament de son oncle, et réclama comme sa propriété les cinquante esclaves. Le tribunal, très heureusement, rejeta cette prétention, déclara les noirs libres, et condamna l'ex-abolitionniste aux dépens du procès.

Mais il ne faut pas donner à ce fait isolé plus de valeur qu'il ne mérite. C'est une justice à rendre aux abolitionnistes, qu'ils travaillent avec la plus louable ardeur à l'émancipation de la race noire.

Il y a dans tous les Etats-Unis des sociétés d'abolitionnistes qui favorisent la fuite des noirs jusqu'au Canada, où ils sont libres de droit en y arrivant. Il n'est sorte de sacrifices que ne s'imposent ces hommes honorables pour délivrer les malheureux esclaves. Mais, comme tous les philanthropes, ils sont spécialistes. Les abolitionnistes ne sympathisent qu'aux seules souffrances des nègres; le malheur des blancs les touche fort peu; leur cœur est teint en noir.

La sensibilité spéciale de certains négrophiles pour des souffrances spéciales nous remet en mémoire la conversation d'un philanthrope spécial avec un pauvre ouvrier sans travail qui venait réclamer du secours.

— Mille pardons de vous déranger si matin. Etes-vous monsieur X..., le philanthrope? — demanda le pauvre diable en ouvrant discrètement la porte du cabinet de l'homme bienfaisant.

—Moi-même, mon ami, —répondit monsieur X... d'une voix artificiellement sensible. — Qu'y a-t-il pour votre service?

— Vous pouvez me sauver la vie, monsieur; et, ce qui est plus précieux encore pour moi, vous pouvez sauver la vie de ma femme et de mes enfans qui manquent de pain.

— Très bien, mon ami, très bien. Asseyez-vous donc. Nous allons envisager cette affaire dans un instant. Je mets la dernière main à ma toilette, et je suis après cela entièrement à vous.

— J'attendrai, monsieur.

— Quel temps fait-il donc aujourd'hui dehors? Beau temps, j'espère. Je dois me rendre avant midi assez loin d'ici pour présider un comité particulier pour les paralytiques sans fortune. Nous avons des sociétés de bienfaisance pour tous les genres de souffrance, excepté pour les paralytiques, qui nous avaient échappé jusqu'à présent.... Je voudrais qu'il fît beau temps pour faire le chemin à pied. La promenade a ce double avantage de donner de l'appétit et de faciliter la digestion.

— Pauvre femme! pauvres enfans! — se dit le malheureux ouvrier; — comme c'est long!

— Mais, à propos, mon ami, — reprit le philanthrope, — d'où sortez-vous maintenant? De Toulon, je présume?

— Non, monsieur; je ne suis même jamais allé à Toulon.

— Vous sortez de Brest, alors?

— Pas davantage. J'ai été à Brest il y a quelques années, mais je n'y suis resté que peu de temps.

— Ah! vous êtes déjà allé à Brest? c'est parfait. Ainsi, puisque cette fois vous ne venez ni de Toulon ni de Brest, c'est donc du bagne de Rochefort que vous sortez?

— Du bagne, monsieur! — s'écria d'une voix émue et indignée le pauvre mais honnête ouvrier; — le malheur a pu m'atteindre, mais, Dieu merci, je n'ai jamais manqué à mes devoirs, et dans la misère qui m'accable, j'ai su conserver un nom respectable et respecté.

— Comment! vous n'êtes pas allé au bagne, — répondit le philanthrope d'un air étonné, et paraissant contrarié.

— Non, sans doute, monsieur, mille fois non.

— En ce cas, cher monsieur, vous me voyez au désespoir de vous avoir fait attendre inutilement, mais je me suis fait une règle de ne secourir que les forçats libérés. Si seulement vous aviez fait quelques années de prison... mais rien, dites-vous; voyez ailleurs. Plus tard, si, entraîné fatalement, vous succombez et que les galères soient

le châtiment infligé à vos méfaits, venez me trouver alors; et je me ferai un véritable plaisir de vous aider à rentrer dans la société. Comme les médecins, je guéris quelquefois le mal, mais je ne le préviens jamais; ce n'est pas ma spécialité.

Les habitans du Sud n'ont pas manqué de tourner en ridicule la compassion exclusive des abolitionnistes pour les souffrances des noirs. Voici à ce sujet une fable assez piquante écrite par monsieur Camille, de la Nouvelle-Orléans :

L'ENFANT ET SON POULET.

Un enfant s'était pris d'amour pour un poulet;
　　C'était cependant le plus laid
　　Qu'on pût voir fort loin à la ronde;
Mais il était tout noir, le seul de sa couleur,
　　Et nous savons de par le monde
Dix mille affections sans un motif meilleur.
Un jour que notre enfant jouait à la fenêtre,
　　Il vit paraître
Un serviteur armé du mortel instrument
　　Fatal au peuple voletant.
　　(Chacun de vous ici devine
Que je prétends parler du couteau de cuisine.)
« — Oh! s'écria l'enfant du ton du désespoir,
Le méchant va tuer mon pauvre poulet noir!
Comme il lui fera mal!... le méchant!... Pauvre bête!... »
　　La mère, à ses pleurs inquiète,
Lui dit : « — Non, mon doux ange, il n'y touchera pas;
Calme-toi, mon amour; » puis, me parlant tout bas :
　　« Sa sensibilité m'a souvent alarmée.

Cependant, rassuré sur son oiseau chéri,
　　Tranquille et souriant, il écouta le cri
　　De la volatile égorgée.
« — Ne pensez-vous donc pas, lui dis-je, mon enfant,
　　Que ce poulet-ci souffre autant? »
« — Oh! ça m'est bien égal, répondit le doux ange.
Il faut bien qu'on en tue, il faut bien qu'on en mange;
Leurs vilains poulets blancs peuvent souffrir, vraiment!
　　Mon poulet noir, c'est différent. »

　　Hélas! combien l'on peut en voir
Qui, tout en déplorant des maux imaginaires,
　　Peuvent voir sans s'émouvoir
　　Les cris des réelles misères...
　　Eh! ce n'est pas leur poulet noir!

Mais on n'excuse pas un mal en en dévoilant un autre. Si les *blancs* sont à plaindre, les *noirs* n'en sont pas plus heureux pour cela.

Un mot maintenant sur la traite des noirs.

Il résulte d'une déclaration du vice-marshal des Etats-Unis, chargé de la haute police maritime dans l'Etat de New-York, que, pendant les douze derniers mois, il a dû sortir du port de New-York au moins quinze navires destinés à la traite des nègres.

Les entrepreneurs de ces opérations y ont mis une telle sagacité, que la police américaine n'a pu obtenir que deux condamnations, celle du *Falmouth* et celle du *Julia-Morgan*, tous deux évidemment armés pour la traite.

Du reste, on se rend aisément compte des facilités que les armemens destinés à la traite ont pour échapper à la vigilance des autorités, quand on sait l'énormité des profits que donnent ces opérations. Voici sur ce sujet quelques chiffres qui ne manquent pas d'intérêt :

Les navires les plus généralement employés pour la traite sont des goëlettes d'un tonnage moyen, ne coûtant pas au delà de 5 à 7,000 dollars (de 25 à 30,000 fr.). Ces navires sont destinés à ne faire qu'un voyage et à être coulés ou jetés à la côte aussitôt après avoir déchargé leur cargaison de chair humaine.

Les spéculateurs dans ce révoltant commerce ont établi leur calcul de telle sorte qu'il suffit que, sur quatre navires employés à ce trafic, il y en ait un qui arrive à bon port pour réaliser un beau profit.

En effet, pris sur la côte d'Afrique, le nègre coûte de 10 à 40 dollars (de 50 à 200 fr.); rendu sur le marché américain, il se revend facilement de 300 à 800 dollars (de 1,500 à 4,000 fr.).

Ainsi une cargaison de 500 nègres, coûtant, à raison de 40 dollars par tête, 15,000 dollars, donne au spéculateur un produit de 170 à 180,000 dollars, tous frais payés.

C'est un bien vilain métier que celui de négrier; en outre, c'est un métier des plus dangereux. Malheur au navire négrier rempli de marchandise humaine qui marche dans les eaux d'un navire de guerre ennemi de la traite! S'il ne parvient pas à fuir il est pris, la cargaison et le navire confisqués et l'équipage pendu. On a vu des capitaines négriers, chassés par un navire de guerre, ordonner de jeter tous les noirs à la mer pour n'être pas pris en flagrant délit de traite. Mais ce moyen barbare n'a presque jamais réussi à sauver les navires destinés à la traite. D'autres négriers ont pu échapper aux navires de guerre, grâce à leur présence d'esprit qui, au moment du danger, leur a suggéré quelques ruses ingénieuses.

Voici deux faits qui nous ont été racontés comme certains :

Un matin, aux premières lueurs du jour, une goëlette négrière, fine marcheuse, et chargée de près de quatre cents noirs, aperçoit sur l'avant une frégate anglaise qui faisait le même chemin qu'elle. A la vue de ce terrible ennemi, le capitaine négrier fronce le sourcil et demande au ciel, ou plutôt à l'enfer, une inspiration heureuse. S'il vire de bord, la frégate, qui n'est plus guère qu'à une portée de canon, va lui faire la chasse et coulera la goëlette; si, pour se maintenir toujours à une certaine distance de la frégate, le négrier diminue sa voilure, le navire de guerre, suspectant cette manœuvre, abordera la goëlette, et les nègres seront découverts. Il fallait donc, pour n'être pas suspect à la frégate, faire toujours la même route et avec la même voilure; malheureusement la goëlette est meilleure marcheuse que la frégate, et le capitaine négrier a calculé avec terreur le moment où il atteindra son ennemi et voyagera avec lui de conserve pendant un certain temps.

Il fallait donc à tout prix éviter ce dangereux compagnon,

Mais quel moyen employer?

Tout d'un coup la physionomie du capitaine négrier s'illumine; il se frotte les mains et crie à son équipage :

— Mes enfans, nous sommes sauvés !

La goëlette négrière était partie du port de New-York armée comme pour la pêche à la baleine et avec de faux papiers. Le capitaine ordonna qu'on sciât en deux les énormes tonneaux destinés à renfermer l'huile des baleines qu'on n'allait pas chercher. Ces tonneaux une fois sciés par le milieu, le capitaine les fit attacher de distance en distance au moyen d'un gros câble et de façon que l'ouverture de chaque tonneau se trouvât dans la direction de la marche du navire.

Puis il fit jeter à mer ce long et lourd chapelet, en attachant derrière la goëlette l'extrémité du câble.

On a deviné l'effet de ces tonneaux pressant la masse d'eau qu'ils renfermaient et que le négrier ne put remorquer qu'en diminuant sensiblement sa marche. Le but était atteint. La goëlette ne put joindre la frégate, qui, n'ayant observé aucun changement dans la manœuvre du navire d'abord suspect, ne l'inquiéta pas.

Mais quand la nuit fut venue, le capitaine négrier trouva prudent de rembarquer les tonneaux et de virer de bord. Le lendemain, cinquante lieues séparaient le chat de la souris, je veux dire la frégate du négrier.

Une autre fois, un brick bourré de nègres se trouva, avec les premiers rayons du soleil levant, en vue d'une corvette qui, suspectant ce navire, mit la barre sur lui. La corvette marchait mieux que le brick, et toute tentative de fuite fût devenue inutile.

Fallait-il donc pour cela se laisser prendre sans rien tenter pour échapper à l'ennemi!

Cette résignation n'est guère dans le caractère des capitaines négriers.

Celui-ci, pour tromper la corvette, eut recours à un stratagème hardi qui lui réussit complètement.

Il fit descendre tous les noirs dans la cale, et avec eux une partie de l'équipage. Puis il s'appliqua à mettre tout en désordre sur le pont du navire, à démarrer les cordages, en un mot, à donner au brick l'aspect d'un navire abandonné.

Après quoi il ordonna aux trois ou quatre marins restés avec lui sur le pont de s'enduire le visage d'une légère couche de safran, de ramener leurs cheveux sur le front, de se donner l'aspect d'hommes malades prêts à rendre l'âme. Il prit lui-même toutes ces précautions et attendit avec confiance.

Quand la corvette ne fut plus qu'à une certaine distance du brick, elle mit un canot à la mer, avec un officier chargé d'inspecter le navire suspect.

Le canot de la corvette héla le négrier; mais personne ne répondit à bord. L'officier du navire de guerre étant monté sur le brick, il ne fut pas peu surpris de voir tout en désordre et un équipage réduit à quatre ou cinq hommes, la figure jaune, l'air souffrant, à peine capables de tenir sur leurs jambes.

— C'est le ciel qui vous envoie! — dit le capitaine négrier d'une voix affaiblie en s'adressant à l'officier de la corvette.

— Qu'avez-vous donc? — fit ce dernier.

— Hélas! nous venons de la Havane, où la fièvre jaune sévissait cruellement, et cette épouvantable maladie a décimé mon équipage... Auriez-vous, monsieur l'officier, des légumes frais à nous donner? Nous sommes tous atteints par la contagion, et quelques vivres frais nous feraient grand plaisir.

A ce moment, les matelots soulevèrent avec peine un objet entortillé dans une toile goudronnée et le jetèrent tristement par-dessus le bord.

Le capitaine essuya une larme en entendant le bruit sourd causé par la chute de l'objet qu'on venait de jeter à la mer.

— Que viennent de faire vos hommes? — demanda en se bouchant le nez l'officier, très inquiet de tout ce qu'il voyait.

— C'est mon fils, mort de ce matin, — répondit le négrier. — Va, mon enfant, — ajouta-t-il en regardant la mer, — je ne te survivrai pas longtemps!

Il y eut un instant de silence.

— Dites-moi, capitaine ! vous m'avez demandé quelque chose tout à l'heure? — dit l'officier de la corvette en se bouchant de plus en plus le nez.

— Des légumes frais, — répondit le négrier; — oh! des légumes frais!

— C'est bien, — ajouta l'officier, heureux d'abréger sa visite à bord de ce navire pestiféré. — Je tâcherai de vous en envoyer.

Puis il s'empressa de descendre dans son canot et de regagner la corvette.

Peu soucieux de s'exposer à avoir la fièvre jaune à son bord, le commandant de la corvette n'envoya pas de légumes frais au négrier, qui, voyant le navire de guerre s'éloigner à toute voile, fit remonter son équipage pour se livrer à la joie et boire du champagne à la santé de la fièvre jaune.

Mais en voilà suffisamment sur les négriers et les malheureux nègres. Passons à d'autres sujets.

Ce qui tout d'abord frappe les étrangers qui visitent la Nouvelle-Orléans, c'est, avec les habitudes toutes particulières des esclaves, la grande beauté des femmes créoles et l'esprit querelleur des hommes.

Les femmes créoles ont une beauté et une grâce toutes particulières. Avec une peau de lis, des yeux noirs hardiment dessinés et voluptueusement ombragés de cils longs et épais, une chevelure abondante, des pieds à tenir dans la main, une taille élégante et souple, des dents de king's▸

charles, une bouche un peu grande, mais intelligente et sensuelle, la créole est surtout charmante par ses gestes gracieux et nonchalants, par son organe doux et lent. Un fluide sympathique se dégage de la créole comme le parfum des fleurs. Elle est plus femme que les autres femmes, dans son corps, dans tous ses gestes et dans son esprit. Naturellement bonne pour tous, elle a pour ses enfans, entre toutes les mères, l'intelligence de l'amour maternel. Il y a de l'art dans sa nature si amplement douée. Mais si elle peut tout deviner, elle ne veut rien apprendre. Sa paresse est au niveau de son intelligence. La créole mourrait de faim si d'autres ne prenaient soin de son existence. Elle ne connaît aucun des soucis de la vie matérielle, et croit que pour vivre il suffit de naître. La Providence, qui donne la pâture aux petits des oiseaux, ne saurait, dans son opinion, se montrer moins généreuse envers une belle et bonne fille comme elle, qui vaut tous les oiseaux du monde.

L'unique souci de la créole est, avec le soin de ses enfans, la conservation de sa peau. Rigoureusement enfermée dans ses appartemens, elle ne sort que le soir, quand la brise de la mer vient rafraîchir la terre brûlée par le soleil. Dans la journée, quand elle ne donne pas ses soins à ses enfans, elle se soigne elle-même. Vous la trouvez le plus souvent le visage, les mains et les bras enduits de *cold-cream*. Sous cette touche grasse, la peau se tient flexible et l'air ne la pénètre pas.

Les moins coquettes se saupoudrent le visage, la poitrine et les bras avec de la poudre de riz. Elles répètent cette opération plusieurs fois par jour. On les prendrait pour des Pierrots dans l'exercice de leurs fonctions. Une créole privée de poudre de riz serait la plus malheureuse des femmes. Rien n'est plus nécessaire aux femmes en général que le superflu; pour les Américaines du Sud, la poudre de riz est un superflu de première nécessité.

Quand la créole doit sortir de chez elle, elle passe légèrement sur les parties de son corps saupoudrées une fine étoffe de batiste. Cette batiste enlève le plus gros de la poudre, mais il en reste assez dans les interstices de la peau pour prévenir la transpiration et donner au teint cette couleur mate particulière aux violonistes sans talent, aux poètes inconnus et aux femmes passionnées.

Dans des corps de sultane, les créoles ont des cœurs de sœurs de charité. Tout le Sud, on le sait, est une contrée malsaine. On appelle la Nouvelle-Orléans le tombeau de l'Amérique. Au moment des grandes chaleurs, ce pays est désolé par la fièvre jaune. Le dévouement des créoles à soulager les souffrances des malheureux malades est au niveau de tout éloge. Les femmes dites de couleur méritent surtout à cet égard la reconnaissance des amis de l'humanité. Tout est désintéressé chez ces natures dévouées, qui font le bien pour le seul bonheur de le faire. Les étrangers trouvent en elles les soins d'une mère et les consolations d'un ange. On ne veut pas mourir alors pour les pouvoir aimer.

Si les femmes savaient toute l'influence qu'elles ont sur les hommes, elles seraient trop orgueilleuses et ne prendraient pas tant de peine à déguiser leurs qualités. Très heureusement pour eux elles s'amoindrissent souvent en voulant se rehausser. Elles ont horreur du vrai, et mettent de la crinoline à leur esprit et à leur cœur aussi bien qu'à leurs ajustemens; ce qui nous sauve quelquefois.

Du reste, personne mieux qu'une créole ne s'entend à soigner un malade. Si les médecins, d'après un célèbre praticien, ne sont que d'intelligens garde-malades, les femmes du Sud sont toutes doctoresses.

Il est vrai que le spectacle de ces malheureuses villes du Sud au moment de la fièvre jaune attendrirait le cœur d'un usurier. Il n'est pas rare de voir des familles entières de six à huit personnes s'éteindre en quelques jours. Il y a quatre ans, on manquait d'hommes, à la Nouvelle-Orléans et à Olfork, pour enterrer les morts. Les parents des décédés les faisaient inscrire, et on les venait chercher à tour de rôle. Les épisodes les plus épouvantables ont si-

gnalé cette année malheureuse entre toutes. Les journaux ont été un moment suspendus faute du personnel nécessaire. On fuyait la ville comme on fuirait la mort même. Il ne restait que les pauvres et les cœurs courageux et dévoués. Des actes de lâcheté ont été commis. On a vu des prêtres des différentes religions, plus soucieux du salut de leur corps que du salut de leur âme, fermer leurs temples pour fuir la peste. Des fonctionnaires publics ont également abandonné leur poste. On cite des scènes déchirantes. Un homme est resté seul pour enterrer sa femme et ses deux enfans que les fossoyeurs n'avaient pas le temps d'enterrer. Le fléau n'a disparu qu'avec les premières gelées. Il en est ainsi tous les ans : l'hiver seul chasse la fièvre jaune.

Il faut certainement beaucoup de courage de la part des étrangers pour aller se fixer dans certaines parties du sud des États-Unis. Ils y trouvent du reste une vie facile et agréable. Tous les genres d'industrie y fleurissent, et les salaires sont très satisfaisants. Les pièces d'argent circulent dans le Sud comme les pièces de cuivre dans le Nord.

Nous avons signalé comme un des traits caractéristiques des habitans du Sud leur esprit querelleur. Cet esprit est plus particulièrement dans l'esprit des Louisianais.

Les duels de la Louisiane sont célèbres. Ces messieurs se battent à la carabine dans des forêts où ils se chassent, comme faisaient les anciens Corses, ou bien munis de poignards et avec des pistolets à dix coups. Quand chaque adversaire a tiré ses dix coups, si aucun des combattans n'a été blessé, ils courent l'un sur l'autre et se poignardent. On ne se bat plus guère à coups de revolver dans les rues de la Nouvelle-Orléans; cela arrive pourtant plusieurs fois chaque année. En revanche, on se brûle sans façon la cervelle dans les *bar-rooms*, remplis de vauriens toujours disposés à vous chercher dispute. Abusant de la loi sauvage qui, sous prétexte de défense personnelle, autorise tout individu à tuer l'homme qui le frappe ou essaye de le frapper, des coquins de la pire espèce provoquent les étrangers, qui souvent ignorent cette loi. Ils les excitent et les tuent à la première menace de leur part. Ils appellent cela *écumer* l'étranger.

Quelquefois pourtant ce sont les étrangers qui les écument.

Un Français nouvellement débarqué à la Nouvelle-Orléans entre dans un *bar-room* pour s'y rafraîchir :

— Garçon ! un verre de bière !

Le garçon sert le verre de bière demandé. Mais au moment où le Français va prendre le verre sur le comptoir, un inconnu, par un mouvement leste, s'en empare, et, sans dire un seul mot, boit la bière qui ne lui est pas destinée.

— Je n'ai pas l'honneur de vous connaître, lui dit le Français avec une certaine liberté grande,

— Je ne vous connais pas non plus, lui dit l'inconnu.

— Mais alors vous me cherchez dispute.

— Je serais désolé de laisser dans votre esprit le moindre doute à ce sujet, et puisqu'il faut tout vous dire, vous me déplaisez. Est-ce clair et limpide ?

— Prenez garde, monsieur, lui dit notre compatriote d'un ton calme et presque protecteur ; je suis un homme qui vit de son travail, et je n'aime à insulter personne, mais je ne supporte pas qu'on m'insulte. Pour cette fois, je vous pardonne... Garçon ! un second verre de bière !

Le querelleur, qui n'avait répondu à ces paroles que par un ricanement plus insultant encore, attendit que le second verre de bière fût versé. Comme la première fois, il s'en empara, en but une gorgée et jeta le reste.

Notre compatriote, irrité au dernier point, fit mine de se précipiter sur lui.

— Arrêtez, lui dit en le retenant par son habit un individu témoin de la scène, arrêtez ou vous êtes perdu; s'il ne vous assassine à l'instant même, il vous tuera en duel; c'est le plus grand duelliste de la Louisiane. A la carabine comme au pistolet, au poignard comme au sabre, à l'épée comme à la lance et à l'espadon, il a tué trente-quatre personnes, et il en a blessé plus de soixante.

— Ce que vous me dites apaise ma colère.

— C'est effrayant, n'est-ce pas?

— Au contraire, cela me rassure complétement. — Après ces paroles promptement échangées, notre compatriote s'approcha de son ennemi effronté, qui l'examinait d'un air narquois : — Écoutez, monsieur, je suis dans un jour de bonne humeur que je ne voudrais pas troubler. Vous avez bu deux verres de bière, c'est assez; à mon tour maintenant. J'espère que ma condescendance vous inspirera des regrets et une conduite plus digne. — Garçon! un troisième verre de bière!

Le commis de taverne versa en tremblant le troisième verre de bière, qui devait infailliblement amener une catastrophe.

En effet, à peine la boisson fut-elle sur le comptoir, que l'irascible spadassin, qui voulait un duel, prit le verre et en jeta le contenu.

Plus prompt que le tigre qui s'élance sur sa proie, le Français se jeta d'un bond sur son adversaire, et lui porta avec le poing et les pieds des coups épouvantables dans la poitrine et sur le visage. Le querelleur n'eut même pas le temps de se défendre; il chancela quelques instans et tomba évanoui, le visage horriblement maltraité. Quand il fut à terre, le Français cessa de frapper, et, tirant tranquillement de sa poche un carnet, l'ouvrit, prit une carte d'adresse à son nom, et la colla sur la poitrine du vaincu; puis, s'adressant aux personnes présentes :

— S'il est quelqu'un qui se dise l'ami de cet homme, je le préviens que je suis tous les jours chez moi depuis huit heures jusqu'à onze heures du matin. Garçon! un quatrième verre de bière!

Cette fois, personne ne vint lui disputer le rafraîchissement dont il avait doublement besoin après cet exploit. Il but, paya toute la consommation, et se retira laissant l'assemblée stupéfaite.

En relevant le blessé, qui avait deux côtes brisées et un œil hors de son orbite, on lut sur la carte laissée par le Français : *Lucien Petit (de Paris), professeur de boxe, de chausson, d'escrime, de canne et de bâton. Leçons en ville à des prix modérés.*

Un mois et demi après cette scène, notre compatriote entend frapper à sa porte. Sans attendre la permission d'entrer, un homme se précipite au dedans. Son visage porte l'empreinte de blessures récentes.

— Me reconnaissez-vous? dit-il au maître d'armes d'une voix suffoquée par la colère.

— Parfaitement, lui répondit notre compatriote. — Qu'y a-t-il pour votre service?

— Je viens vous chercher pour vous tuer. Je reconnais que je vous ai insulté, et à ce titre je vous donne le choix des armes. Mais dépêchez-vous, j'ai le plus grand besoin de vous voir mort. Je sais qui vous êtes, et ce sera pour moi un double plaisir de vous casser la tête ou de vous percer la poitrine. Mais dépêchons-nous, le temps s'écoule, et je trouve que vous vivez trop longtemps.

— Écoutez, parlons peu et parlons bien; surtout, ne nous mettons pas en colère. Si vous m'en croyez, nous en resterons là de notre sotte discussion. Vous m'avez bu ma bière, je vous ai rossé, rien de mieux. Je ne tiens pas plus à vous ôter la vie aujourd'hui que je ne tenais, il y a un mois et demi, à vous casser les côtes. Rien ne vous dégoûte d'une chose comme d'en faire son métier. Mais, sur mon honneur, si vous me faites me déranger pour aller sur le terrain, je vous jure que vous y resterez.

— Ah! tu crois cela, vilain donneur de coups de poing! Eh bien! c'est ce que nous allons voir. En attendant, lis cette liste de trente-quatre morts et de soixante-dix-huit blessés, tous gens estimables et que j'aime parce qu'ils m'ont compris, et dis-moi si un homme tel que moi, qui a su se tailler une pareille besogne, peut avoir peur d'un *Petit?*

— Ainsi, vous voulez absolument vous battre?

— Mauvais plaisant! — dit le spadassin. Puis, reprenant après un moment de silence : — Vous savez, il n'est pas nécessaire de faire une grande toilette... Mettez vos habits les plus fanés... Je suis économe, moi.

— Trêve de railleries, et partons, — dit le maître d'armes. — Je choisis l'épée.

— Vos témoins? — dit le créole.

— Mes témoins seront les vôtres. Partons.

— Partons.

Le créole tirait parfaitement l'épée, mais il n'avait pas en ce moment le sang-froid que réclament les armes. Après quelques passes, notre compatriote blessa légèrement son adversaire au bras. A la vue de son sang, le créole devint furieux.

— Croyez-moi, — dit le professeur d'escrime, — vous êtes blessé, l'honneur est satisfait, restons-en là.

— A mort! — dit le créole, — à mort!

— Qu'il en soit donc ainsi, — reprit le Français en lui traversant la poitrine d'un furieux coup d'épée.

— Canaille! — lui dit le créole d'un œil hagard et en tombant mortellement blessé : — tu me le payeras!

Lucien Petit venait de mettre le comble à sa réputation en tuant, après l'avoir rossé, le bourreau des crânes.

Tous les duels sont loin d'être aussi dramatiques, et il en est même de fort comiques.

Un estimable négociant de la Nouvelle-Orléans eut un jour maille à partir avec un autre négociant non moins estimable. C'était après dîner, les esprits étaient échauffés par des libations abondantes, on résolut de se battre. Le duel fut fixé pour le lendemain.

Le lendemain, le provocateur avait réfléchi et regrettait de se battre pour une semblable niaiserie. Après avoir passé en revue différens moyens de concilier son honneur, qui lui disait de tirer l'épée, avec le sentiment de sa conservation, qui lui disait de n'en rien faire, il s'arrêta à un expédient qui donnait raison à tous deux.

Il alla trouver son adversaire et lui dit :

— Monsieur, un duel entre nous est devenu nécessaire...

— Il est indispensable.

— Je tiendrais essentiellement à ce qu'il eût lieu tout de suite...

— Et moi aussi.

— Mais un devoir impérieux que vous comprendrez m'oblige à ajourner notre rencontre. Je suis marié, monsieur...

— Que voulez-vous, monsieur, je le suis aussi.

— Je ne m'en plains pas, c'est inutile; mais ma femme, d'une santé délicate et dans une position dont l'intérêt évident va tous les jours croissant, me commande des ménagemens. Je ne puis, dans une position semblable, l'exposer à des émotions dont les suites pourraient être funestes. Verriez-vous un empêchement, monsieur, à remettre notre rencontre à un moment, assez rapproché du reste, où je pourrais me battre sans l'inconvénient que je vous signalais?

— Certainement non, monsieur. Comme père de famille, je ne puis qu'applaudir à la délicatesse de vos sentimens et à la prudence de votre esprit.

Le négociant s'inclina et se retira.

Quatre mois plus tard, ce mari prévoyant avait un fils qu'il embrassa pour ne le revoir plus peut-être. En envoyant une lettre de faire part de naissance, le négociant se mit à la disposition de son adversaire.

— Il n'y a qu'un inconvénient, — lui dit celui-ci : — il y a quatre mois j'étais libre, je ne le suis plus aujourd'hui. Nos positions sont interverties, monsieur, et, à mon tour, je ne puis me battre en ce moment sans risquer auprès de ma femme ce que vous avez craint de risquer auprès de la vôtre.

— Comment! votre dame aussi serait...

— Oui, monsieur, et c'est à mon tour à vous demander

la faveur que je n'ai pas cru devoir vous refuser il y a quelque temps.

— Et que par toutes sortes de motifs je suis heureux de vous accorder aujourd'hui, monsieur et cher ennemi.

Mais ce duel singulier, si bizarrement retardé, vint à la connaissance des femmes des deux adversaires. Ces dames, mues par un sentiment commun, et sachant le motif qui jusque-là avait empêché leurs maris de se battre, résolurent de prolonger indéfiniment la situation. Ces messieurs, menacés d'un accroissement de famille qui n'avait de bornes que leur réconciliation mutuelle, s'empressèrent de faire la paix.

On joue considérablement dans tous les Etats du Sud de l'Amérique. Partout, à terre comme dans les steamboats qui courent sur le Mississipi, le jeu est la passion dominante des créoles et des étrangers, que le mauvais exemple entraîne.

Pour donner une idée de cette malheureuse passion, nous citerons les deux faits suivans :

Un jour, un riche planteur, parti de la Nouvelle-Orléans sur un bateau à vapeur, perdit en route trente mille piastres qu'il avait avec lui. Excité au dernier point par la perte de cet argent, il voulut jouer encore pour se rattraper, et perdit successivement sa montre et tous ses bijoux. Ce planteur avait son domestique, un excellent noir qu'il aimait beaucoup et qui avait toute sa confiance.

— John, — lui dit-il, — va dans ma cabine, fouille mes malles, cherche partout, et trouve-moi de quoi jouer encore.

John obéit, fit l'inventaire de tout ce que possédait son maître, mais ne trouva rien qui pût servir d'enjeu.

— J'ai cherché ; monsieur n'a plus aucune valeur avec lui.

Le planteur le regarda d'un air étrange.

— Tu te trompes... approche... monte sur la table de jeu... Monsieur, — dit-il à son partner, — je vous joue mon domestique.

— Tout entier, — lui répondit l'heureux joueur, — ou en deux fois?

— Tout entier, en une seule partie, contre mille piastres; il en vaut deux mille comme un schilling; c'est le plus excellent homme que je connaisse.

— Comment! monsieur veut me risquer comme cela! dit le nègre d'un air moitié suppliant et moitié effrayé.

— Tais-toi, tais-toi. Est-ce convenu, — dit-il en s'adressant à son partner?

— C'est convenu.

— Jouez.

Après quelques coups heureux, la veine tourna de nouveau contre le planteur, et le nègre, posé une dernière fois comme enjeu, finit par être gagné par son nouveau maître, qui l'emmena chez lui.

Un négociant de la Caroline du Sud fit plus encore : il joua sa femme et la perdit. Après ce coup malheureux, il remit à son très fortuné partner le billet suivant :

*A madame ***,*

« Chère amie,

» Egaré par la passion du jeu, j'ai tout risqué et j'ai
» tout perdu, jusqu'à vous-même.
» Par cette présente obligation, je m'engage à divorcer,
» et à quitter les Etats-Unis en renonçant à mes droits
» matrimoniaux en faveur du porteur de ce présent man-
» dat, qui est un jeune et galant gentleman. De plus, il
» vous connaît et vous aime.
» Vous ferez, j'espère, honneur à ma signature, jus-
» qu'ici respectée, et n'ajoutez pas à mes malheurs le dé-
» sespoir de voir mes engagemens protestés. Je pars dans
» cette confiance. Adieu, vous ne me verrez plus. Vivez
» heureuse. »

La femme du trop intègre négociant s'indigna d'abord,

comme c'était son devoir, puis, après quelques jours de réflexion, elle crut devoir se conformer aux dernières volontés de son ex-mari.

Quel héroïsme d'abnégation!

Il est vrai que le détenteur du billet à ordre était un jeune et galant gentleman.

N'importe! il est beau de se dévouer ainsi pour son mari.

Cette histoire est parfaitement authentique et très connue en Amérique. Nous pourrions, si nous ne nous étions imposé la discrétion, citer ici le nom des deux joueurs. Ajoutons que le charmant enjeu de cette excentrique partie n'avait pas vingt ans et qu'elle était remplie d'agrémens.

Mais c'en est assez, comme disait monsieur Birmann après avoir prêché pendant quatre heures de suite.

Il est temps que nous terminions cette série d'observations.

Nous aurions pourtant encore bien des sujets à traiter que nous n'avons fait qu'effleurer en passant. Mais il faut savoir ne pas tout dire. La coquetterie de l'écrivain, comme celle de la femme, est de laisser deviner.

PHYSIOLOGIE DU MAL DE MER

Si jamais vous avez fait un voyage au long cours et que vous ayez eu le mal de mer, vous conviendrez avec moi que c'est la plus cruelle des indispositions.

Rien ne saurait donner l'idée de ce mal, dont les symptômes caractéristiques sont un abattement tout particulier, l'indifférence la plus complète sur toute chose et sur soi-même, enfin une répugnance presque invincible pour la nourriture, et notamment pour les mets et boissons qui, dans l'état normal, vous sont le plus agréables.

Comme, à de très rares exceptions près, le mal de mer disparaît au bout de quelques jours de traversée, et que, pour ceux la mêmes qui en souffrent le plus et le plus longtemps, il ne présente pas de danger sérieux (1), on plaint médiocrement les malheureux que le roulis éprouve.

Généralement, au contraire, on se sent très disposé à les plaisanter.

Il est certaines affections (et ce ne sont pas toujours les moins douloureuses) que personne ne prend au sérieux, excepté le malade qui en est atteint. On pourrait appeler ces sortes de maladies les maladies comiques de l'humanité, s'il était permis d'assembler des mots aussi disparates.

Rien n'est plus curieux et parfois plus drôlatique que les scènes de mal de mer dans les premiers jours de l'embarquement. Il s'en faut de beaucoup que le mouvement du navire agisse de la même manière sur toutes les organisations. Chaque malade est malade à sa façon, et les façons de mal de mer sont parfois aussi variées que les individus.

Jetons un coup d'œil sur ce théâtre mobile qu'on appelle un navire, et passons rapidement en revue les acteurs mélancoliques que forcément y jouent un rôle.

Au moment du départ, équipage et passagers, tout le monde est sur le pont. Les physionomies sont animées,

(1) Pourtant on cite quelques personnes qui ont succombé au mal de mer, entre autres l'ingénieur Simons, nommé gouverneur à Saint-Thomas, et qui n'a pu dépasser l'île de Madère.

souriantes, pleines d'ardeur. Chacun semble défier les élémens, et si l'on vient à parler du mal de mer ce n'est que pour en rire. Les personnes qui naviguent pour la première fois sont les plus disposées à se moquer d'un mal qu'elles ne connaissent pas. Beaucoup d'entre elles se flattent d'en être exemptes par la vaine raison qu'elles ont pu, sans être incommodées, aller à reculons en voiture, ou bien faire des parties de canot sur la rivière.

A côté de ces sceptiques railleurs, qui dans quelques heures seront anéantis, les yeux morts, le visage jaune et penché comme un gigantesque citron incliné sur sa tige, il faut placer le navigateur expérimenté qui d'un air souriant tire sa montre et vous dit :

— Il est deux heures, le vent souffle sud-quart-sud-ouest ; je me porte à merveille, mais, vers quatre ou cinq heures, je serai malade, je serai très malade, horriblement malade, et j'ai le temps bien juste de prendre mes dispositions et d'aller manger un morceau.

— Ah ! monsieur est sujet au mal de mer ?—ajoute d'un ton ironique un homme d'une quarantaine d'années, petit de taille, orné de deux petits yeux bleu clair et très vifs, d'une longue paire de moustaches soigneusement cirées, et qui a dû être, est ou sera capitaine dans la garde nationale.

— Mais, mon Dieu ! oui, monsieur, — répond le navigateur,—et j'ai de plus, sur beaucoup d'autres personnes, l'inconvénient de prévoir mes douleurs avec la désolante précision d'un astronome qui annonce une éclipse. Le mouvement cadencé des vagues, comme disent les poëtes qui n'écrivent pas leurs inspirations dans une cabine de bâtiment, et par un vent sud-quart-sud-ouest, n'a sans doute aucun effet fâcheux sur vous, monsieur ?

— Je ne le crois pas, monsieur, je suis solide, j'ai bon pied, bon œil, le coffre est excellent, et le mal de mer, comme la migraine, comme les vapeurs, me paraît devoir être le privilège du beau sexe, jaloux de profiter de toutes les occasions de se rendre intéressant.

— Et vous êtes trop galant, sans doute, pour ne pas laisser aux dames la jouissance de tous leurs privilèges ?

— Je suis surtout trop bien portant.

— Eh bien ! monsieur, je vous souhaite la continuation d'une aussi excellente santé. Quant à moi, veuillez me permettre de profiter des courts momens qui me restent pour me préparer à être malade.

— A votre aise, monsieur ; j'ai l'honneur de vous saluer.

Deux heures après ce colloque, la physionomie si gaillarde du petit bonhomme à moustaches cirées change d'aspect ; il pâlit, devient taciturne, ne répond que par monosyllabes, passe sa main sur son front comme pour en chasser de funestes pensées. Bientôt on l'entend pousser un profond soupir, et, d'une voix de tonnerre, crier au steward :

— Garçon ! une cuvette.

— Monsieur, il n'y en a plus.

— C'est bien ! c'est bien ! on s'en passera.—Hélas ! comment pourra-t-il s'en passer ? Loin de se calmer, la mer devient plus forte, les vagues prennent la proportion de petites montagnes qui jouent avec le navire et le font rouler ou lui impriment le mouvement de langage si fatal aux estomacs sensibles. Le petit homme crie de nouveau, et avec désespoir cette fois : — Garçon ! je vous ai demandé une cuvette.

— Dans un instant, monsieur, on en prépare de nouvelles.

— Dans un instant il sera trop tard, — répond d'une voix étouffée et en passant du jaune au vert l'homme au coffre solide.

Vient ensuite le malade que les effets du mal de mer n'empêchent ni de parler ni de manger.

Vous le voyez se promener gravement sur le pont, discuter sur la politique, sur la philosophie, sur le commerce, sur la religion, sur les esprits frappeurs.

Seulement, de temps à autre, il vous prie de l'excuser

un instant, *passe sous le vent*, et revient à la conversation.

Il a le mal de mer comme d'autres sont enrhumés du cerveau.

Il y a le malade rempli de regrets, qui donnerait sa fortune pour aborder une terre quelconque, fût-ce l'île de Robinson Crusoé. Au moins Robinson n'avait pas le mal de mer. Ce malade supplie ses amis, le capitaine, le mousse, le cuisinier, la femme de chambre, l'équipage entier de le jeter par-dessus bord, au nom de l'humanité souffrante. On écoute ses plaintes et ses propositions en sifflant un air de polka, et on lui propose un morceau de jambon ou des sardines à l'huile, qu'il repousse avec horreur.

Le malade qui par amour-propre dissimule son mal n'est pas le moins curieux à observer. Tout en lui indique la souffrance; il est pâle, ses traits sont profondément altérés, ses yeux semblent plus grands et plus enfoncés dans leur orbite, sa langue est chargée, ses gencives sont blanches; mais il se dit on ne peut mieux portant, et, assuré que le mal de mer est un mal de pure imagination, il mange très peu, mais il affecte un appétit vorace, et se plaint qu'on ne fasse à bord que quatre repas.

Un autre genre de malade est celui qui, étant couché et dans un état d'immobilité complète, ne se trouve pas trop mal, mais qui ne peut faire le moindre mouvement sans s'exposer aux conséquences les plus fâcheuses. Quelquefois il tente de se lever et de s'habiller pour aller sur le pont respirer le grand air recommandé à toutes les victimes de l'Océan ; il se chausse avec d'infinies précautions, dans le but de faire le moins de mouvemens possible ; il passe une demi-heure à enfiler son pantalon et un quart d'heure à en assujettir les boutons; il s'y prend à dix fois pour mettre ses cheveux en ordre, renonce par prudence à se laver les mains, et pour gagner du temps ne met pas de cravate ; il cherche son habit que le roulis a emporté, et n'ose le ramasser ; enfin il se décide, il fait un pas, il le tient; vite il passe une manche; mais, au moment de passer l'autre, il n'a bien juste que le temps de se coucher tout habillé, pour éviter la catastrophe.

Les amis de ce malade ne manquent jamais de lui faire des reproches sur son apathie.

— Allons, voyons, — lui disent-ils, — secouez-vous un peu; il ne faut pas se laisser aller comme cela, que diable ! Vous vous écoutez trop, mon cher. Voyons, levez-vous, venez vous mettre à table, mangez bien, buvez bien, et, après le repas, venez faire avec nous une petite ascension sur la vergue de cacaolis ; on y est très bien.

Le malheureux, épuisé par tant d'efforts, n'a pas même la force de répondre aux barbares invitations de ses trop bien portans amis.

Les femmes sont généralement plus sujettes au mal de mer que les hommes; les enfans en sont rarement atteints.

Toutefois, j'ai vu des hommes jeunes et robustes malades au point de ne pouvoir prendre aucune nourriture durant plusieurs semaines, et souffrir tout le temps de la traversée, pendant que de jeunes femmes, délicates mais insensibles au roulis, lisaient, brodaient, chantaient, dansaient, nouaient des intrigues galantes et ne manquaient pas un repas.

J'ai aussi vu des enfans pris du mal de mer, et jusqu'à des enfans à la mamelle, notamment quand la nourrice subissait elle-même l'influence du mouvement du navire.

Le mal de mer n'épargne pas plus les animaux que les hommes.

Rien de plus comique que la piteuse contenance des moutons, des cochons, des poules, des canards et des dindons au commencement du voyage, et par une brise un peu forte. Pour conserver leur aplomb, ils se penchent à gauche quand le navire penche à droite, à droite quand il s'incline à gauche. Ils restent sur place, ne font entendre aucune plainte, et se balancent si bien et avec tant d'ensemble pour assurer leur équilibre, qu'on les prendrait pour une troupe d'animaux savans admirablement dressés.

Le dindon est le personnage le plus comique de la bande des animaux. Ses excroissances charnues et dentelées, les caroncules d'un rouge vif qui, ordinairement, garnissent la tête de cet estimable volatile, sont pâles et flétries à la mer. Le dindon anéanti vous regarde, mais semble ne pas vous voir. Vous le menacez, il ne bouge pas autrement que pour garder sa position perpendiculaire.

De temps à autre, il ferme un œil et continue de vous regarder sans vous voir avec l'œil resté ouvert.

Quelquefois il lève une patte tout à la fois et ferme un œil; mais, dans cette position, le roulis le fatigue plus encore, et il se remet vite sur ses deux pattes.

A ce moment, il ouvre les deux yeux, mais ne tarde pas à en fermer un. J'ai passé des heures entières à examiner la triste mine des dindons, des poules et des bestiaux, dont l'expression sévère et profondément mélancolique à quelque chose d'infiniment drolatique pour tout observateur bien portant.

Le dindon, comme les autres animaux, dédaigne toute nourriture pendant la maladie.

Peu à peu le mal de mer s'affaiblit, les animaux commencent à manger et semblent renaître à la vie.

C'est l'affaire des deux ou trois premiers jours de voyage.

On a beaucoup cherché et on cherche encore un remède contre le mal de mer.

Mais jusqu'à ce jour, on ne connaît contre le mal de mer que des palliatifs. En attendant mieux, le plus puissant peut-être, et dans tous les cas le plus agréable à employer, est le vin de Champagne.

Quel remède précieux! On ne prend pour se rétablir quand on est malade, on en prend pour se maintenir en santé quand on se porte bien; à bord comme à terre, il opère des merveilles, et ce serait en vérité presque dommage qu'un spécifique vint remplacer un aussi agréable palliatif.

Mais qu'avons-nous dit? Un spirituel écrivain, un économiste savant, un inventeur distingué, monsieur Jobard, prétend avoir découvert la cause du mal de mer, et il offre généreusement un remède infaillible aux nombreuses victimes de l'Océan. Mais quelle est donc la cause de ce vilain mal de mer? direz-vous. Voici:

« Mettez dans un verre vide une boulette de pain, » nous dit monsieur Jobard, « abaissez-la tout un peu vivement, et vous sentirez l'objet frapper la paume de la main qui le couvre. Eh bien! vos intestins étant mobiles dans les cavités splanchniques, autrement dit dans l'abdomen, autrement dit dans le ventre, le même effet a lieu dans le tangage, c'est-à-dire quand le vaisseau plonge et semble se dérober sous vos pieds. Alol est là! Les intestins, se soulevant contre le diaphragme, compriment le foie, et la vésicule biliaire est forcé de dégorger son contenu dans l'estomac; de là les vomituritions verdâtres, suivies de l'irritation des papilles de l'estomac, peu habitué à sentir tant de fiel pénétrer à la fois dans son réduit, veuf de tout loi alimentaire.

» Les personnes qui ont bien dîné avant de s'embarquer souffrent d'abord moins de l'action du fiel, » ajoute monsieur Jobard; « mais le mal ne fait que sommeiller pour éclater ensuite avec une force nouvelle.

» Quand la traversée est courte, le mal des bien repus est supportable; mais si elle est longue, ce palliatif contre le mariphobisme est aussi vain que l'aumône contre le paupérisme. A quoi se réduit donc le remède? Sont-ce les pastilles de menthe, l'éther ou le chloroforme, ou la pinte de rhum, dont nous avons vu le professeur Schlegel s'administrer une dose anesthésiante? Non, rien du tout cela, pas même les bonbons de Malte ni le papier d'Albespeyre; mais nous ne condamnons pas le papier de Jaffa, qui a

touché le saint sépulcre, et nous dirons pourquoi un jour de doute.

« » Il suffit d'empêcher que les intestins ne se soulèvent et ne viennent titiller le diaphragme en provoquant le hoquet vomitif. Il n'y a donc qu'à les emballer, à les arrimer comme une marchandise destinée à passer la mer, de manière à leur enlever toute mobilité ou, si vous voulez, toute liberté malfaisante, ce qui prouve que la répression et la compression évitent bien des révolutions sans recourir à l'expulsion des élémens de troubles intérieurs. »

Si vous avez compris, vous trouverez le remède vous-même, en vous plaçant une ceinture sous le thorax, c'est-à-dire sur le haut du ventre, au plus près des dernières côtes, comme si vous vouliez vous donner un taille de guêpe. Ceci est déjà fort bon et peut suffire en bien des cas; mais pour plus de sûreté et pour mieux consolider la masse intestinale, vous attacherez à la première une seconde branche de ceinture qui, partant du rachis, passe sous le pubis, autrement dit le périnée, et vienne s'accrocher à une boucle fixée à la partie antérieure de la ceinture, qu'elle empêche de remonter. Il y a des gens qui n'ont pas été soulagés en plaçant leur ceinture sous le ventre comme des Chinois; ceux-là n'avaient pas compris.

Voilà qui est très bien, et la ceinture proposée par l'ingénieux directeur du musée de l'industrie de Bruxelles peut, nous le croyons, apporter en certain cas du soulagement. Mais le roulis et le tangage ne sont pas les seules causes de ce mal déplorable. Nous en trouverions, au besoin, la preuve dans le petit ouvrage de monsieur Jobard même. « Nous avons connu, » dit-il, « un dame qui ne pouvait regarder une marine de Gudin sans être saisie du mal de mer. » L'imagination suffirait-elle donc pour soulever la masse intestinale? Évidemment non, et il y a dans le mal de mer des causes encore inconnues.

Après la ceinture de monsieur Jobard, il ne faut pas oublier de signaler une recette assez originale contre le mal de mer. Nous la devons à notre ami Léon Plée, qui en a fait la découverte dans l'un des ouvrages du philosophe et poète persan Saadi.

Voici comment s'exprime l'auteur de *Gulistan*, du *Bostan* et du *Pend-Nameh*.

« Un jeune passager souffrait du mal de mer et maudissait les vaisseaux; le capitaine du navire le fit jeter » dans les ondes et retirer tout aussitôt.

» Avec quelle joie alors le marin inexpérimenté retrouva le pont du navire. Il ne se plaignit plus et ne » souffrit plus.

» Le seul remède à de petits maux est souvent une » grande douleur. »

Les Persans, comme on le voit, n'y vont pas de main morte et n'aiment pas les demi-mesures. Mais il nous semble que le *marin inexpérimenté* aurait beaucoup moins souffert encore et ne serait plus jamais plaint si au lieu de le repêcher le capitaine l'eût laissé se noyer.

Nous signalons ce perfectionnement aux capitaines persans.

On a dit avec raison que les navires d'un fort tonnage étaient plus favorables que les petits navires aux personnes sujettes au mal de mer. De plus, on est moins malade sur les navires à voiles que sur les bateaux à vapeur. Les bateaux à vapeur ont l'inconvénient particulier du tremblement de la machine, qui n'empêche nullement le roulis et le tangage, et occasionne des maux de tête. En outre, l'odeur de l'huile chaude, quand le vent la porte vers vous, suffirait à donner le mal de mer à un marsouin même.

Et pourtant je vous engage, si vous avez une longue traversée à faire, à prendre un steamer de préférence à un navire à voiles, car de tous les ennuis de la mer le plus grand, à coup sûr, est de rester longtemps en mer.

P. S. Au moment de mettre sous presse, nous lisons dans un journal les lignes suivantes, qui manquaient à notre physiologie du mal de mer.

« *Le mal de mer* remonte aux premiers navigateurs;

les savans de tous les siècles et de tous les pays en ont vainement cherché le remède; à la France appartenait l'honneur d'une si précieuse découverte. Le docteur *Achille Hoffmann, que la difficulté ne décourage jamais,* est l'auteur d'une liqueur agréable, dont une seule dose suffit pour préserver de cette affreuse souffrance. Afin de donner une garantie complète, même aux plus incrédules, il n'a pas hésité à y attacher son nom. »

Pourtant si la divine liqueur du docteur que la difficulté ne décourage jamais n'opérait pas sur vous, ma foi! je ne verrais plus qu'un moyen de vous soustraire au mal de mer... ce serait de rester sur terre.

UN FEUILLET DE LA VIE DE BOLIVAR

Quand Bolivar, à la tête de quelques patriotes, agita dans la Nouvelle-Grenade l'étendard de l'indépendance, les malheureuses colonies espagnoles étaient déjà frappées au cœur par les abus sans nombre d'un gouvernement déplorable. L'absolutisme des rois d'Espagne, leur cupidité insatiable et maladroite, leur étroit esprit d'accaparement, joint à l'intolérance excessive des catholiques, devaient faire du pays le plus riche par son étonnante fertilité et tous ses trésors minéralogiques la plus misérable des contrées du nouveau monde.

On ne saurait se figurer jusqu'à quel point les rois d'Espagne qui s'étaient succédé depuis la découverte de l'Amérique semblaient avoir travaillé comme à plaisir à la ruine de leurs possessions d'outre-mer. Après la paix de Badajoz, il n'était permis qu'à la France d'envoyer des agens et des consuls dans l'Amérique espagnole; encore leurs actes étaient-ils assidûment surveillés par la double police des autorités civiles et du clergé. L'inquisition reprenait souvent en sous-œuvre les accusés reconnus innocens par les tribunaux séculiers; car le clergé agissait *proprio motu,* indépendamment de toute autorité politique.

En face de tous les privilèges accordés à l'Eglise depuis trois siècles, Bolivar pensa que l'armée la plus redoutable à l'indépendance de la Nouvelle-Grenade serait celle des prêtres et des moines, si elle venait à se déclarer contre l'insurrection. Il demanda au clergé qu'il restât neutre dans les événemens qui allaient s'accomplir, et le clergé y consentit. Pour prix de cette neutralité, Bolivar promit de conserver intacts tous les privilèges de l'Eglise dans le cas où il triompherait. Et en effet les membres du clergé siégèrent au congrès; ils furent reconnus aptes à tous les emplois civils et même militaires; on les paya toujours de préférence à tout autre ordre de citoyens; la religion catholique fut reconnue à l'exclusion de tout autre culte; la fortune considérable et toujours grossissante des églises et des congrégations religieuses fut rigoureusement respectée; l'éducation fut monopolisée par le clergé; enfin, le tribunal de l'inquisition ne cessa pas de fonctionner avant comme après la déclaration de l'indépendance.

Le fait que nous allons rapporter se passait au commencement de l'année 1823.

Bolivar, à la tête d'une armée de quatre ou cinq mille volontaires, marchait sur Caracas, sa ville natale, qu'il allait bientôt délivrer du joug des Espagnols.

Les esprits étaient exaspérés par les actes sauvages du gouverneur Monteverde et du commandant Suosola.

L'affaire d'Aragua surtout remplissait tous les cœurs de la plus vive indignation contre l'armée royaliste.

Suosola, étant entré en ami avec des troupes du gouvernement espagnol dans la petite ville d'Aragua, voulut célébrer cette entrée. Il ordonna des réjouissances publiques, et, après une procession religieuse, prélude indispensable de toute fête dans la Nouvelle-Grenade, il voulut passer la revue de ses soldats. Les habitans, sans armes et complétement rassurés par l'attitude amicale des Espagnols, accoururent en foule à l'invitation de Suosola.

Tout se passa d'abord parfaitement, et le peuple, rempli de reconnaissance pour le mal que ne lui faisait pas son bon gouvernement, cria avec enthousiasme : Vive Ferdinand! vive Suosola! Celui-ci répondit à la foule par de charmans sourires, puis il fit cerner la place, et donna l'ordre à ses soldats de couper les oreilles de toutes les personnes présentes, sans distinction de sexe ni d'âge.

On fit apporter plusieurs grands paniers qu'on remplit d'oreilles coupées, et qui furent expédiés au gouverneur Monteverde.

Le gouverneur vit dans ce cadeau assez original de son commandant un gage de fidélité à la bonne et sainte cause du gouvernement royaliste.

Monteverde écrivit dans ce sens à Suosola, qui, enchanté de l'approbation de son chef, coupa encore les oreilles de quelques habitans pour en faire des cocardes.

L'exemple trouva des imitateurs dans l'armée, qui ne voulut plus avoir que des oreilles pour cocardes. Cela devint une véritable mode, et partout où l'armée espagnole passait, elle coupait les oreilles des habitans pour en orner ses chapeaux.

Ce fait monstrueux servit à merveille les projets de Bolivar, en exaspérant les Américains contre le gouvernement espagnol.

La prise de Caracas en fut le châtiment.

A quelque distance de la plaine où campait le chef des indépendans quelques jours avant la prise de Caracas, se trouvait une colline doublement célèbre par une source d'eau chaude et par les miracles d'une Vierge fameuse qu'on appelait la Vierge d'*Agua-Caliente*. De nombreux pèlerins venus de toutes parts allaient implorer la protection de la madone et lui offraient de riches présens. La chapelle était donc remplie d'objets précieux.

La réputation de cette madone s'était même étendue au delà des mers.

En effet, un roi d'Espagne étant tombé malade, s'était adressé, comme un simple sujet, à la Vierge d'Agua-Caliente, et lui avait envoyé une belle couronne d'or en remercîment de sa guérison. Ce don avait été l'occasion d'une grande cérémonie; la couronne avait été placée solennellement sur la tête de la Vierge aux miracles, dont la bonne renommée avait singulièrement augmenté par suite d'un tel événement.

Cependant rien n'était changé dans le camp de Bolivar depuis l'arrivée des indépendans auprès de Caracas. Le libérateur de la Colombie venait comme de coutume de payer par ses troupes (qui demandaient des vivres et des habits) en leur lisant une nouvelle proclamation.

C'est ainsi que depuis longtemps, vu les circonstances difficiles, il s'acquittait envers les braves volontaires qui formaient son armée.

Singulière armée que celle-là !

Les soldats munis de l'uniforme complet composaient un corps d'élite et marchaient au premier rang;

Les soldats munis de souliers, de pantalons et de chapeaux, mais dépourvus d'habits, formaient une division très recommandable après le corps d'élite, et marchaient au second rang;

Les soldats munis de souliers et de pantalons, mais manquant d'habits et de chapeaux, marchaient au troisième rang;

Les soldats vêtus de pantalons, mais manquant des autres parties de l'uniforme, marchaient au quatrième rang;

Enfin ceux qui étaient encore moins vêtus se perdaient dans l'épaisseur des derniers rangs.

Or, Bolivar avait achevé de rédiger à l'avance une dernière proclamation pour payer à son échéance la solde du mois courant, quand on vint l'avertir qu'un étranger demandait à lui parler.

Cet étranger était Juan-Rodrigues-Ceballos-Jardines d'Alfandiga, grand vicaire de monseigneur l'archevêque de Caracas.

La physionomie de Bolivar était devenue soucieuse; il lui semblait que l'archevêque de Caracas n'aurait pas dérangé son grand vicaire pour lui annoncer une bonne nouvelle.

Le padre don Juan-Rodrigues-Ceballos-Jardines d'Alfandiga était un gros homme d'une quarantaine d'années environ. D'un esprit borné, n'ayant reçu qu'une éducation incomplète, il s'était élevé rapidement au poste éminent qu'il occupait, grâce à son humeur enjouée et conciliante, grâce aussi à son embonpoint, qui le rendait tout d'abord sympathique.

Quand Bolivar entra dans la tente où l'attendait ce grand vicaire, celui-ci achevait de fumer une cigarette, ce qui était d'usage général alors, même parmi les dames.

Don Juan d'Alfandiga présenta, selon l'habitude du pays, une de ses mains à Bolivar, qui la baisa respectueusement.

— Je viens pour une chose grave,—dit le grand vicaire d'un ton de voix parfaitement tranquille et avec une physionomie heureuse qui contrastait avec le sens de ses paroles; — un vol odieux et sacrilége a été commis ces jours passés dans la chapelle d'Agua-Caliente par un de vos soldats.

— Comment ! il se pourrait, monseigneur ?

— Un brigadier de votre armée, de ceux qui ont des souliers et des pantalons mais pas d'habits...

— Le premier corps après le corps d'élite?

— Soit! un de vos brigadiers donc, du premier corps après le corps d'élite, s'est introduit dans la chapelle et n'a pas craint de s'emparer de la couronne d'or massif que portait sur sa tête la glorieuse Vierge aux miracles, Notre-Dame d'Agua-Caliente.

— C'est assurément un grand crime, — répondit Bolivar; — mais monseigneur est-il bien sûr de ne pas se tromper sur le coupable?

— Je ne me trompe jamais. Il se nomme Pedro Francisco, il a trente et un ans, et il est natif de Bogota.

— Le plus brave de mes soldats! — pensa Bolivar en fronçant les sourcils! — le malheureux ! il est perdu ! — Puis, réprimant aussitôt ce mouvement involontaire : — Et que faut-il faire, monseigneur, — dit-il, — pour satisfaire votre justice?

— Il faut d'abord,—répliqua le grand vicaire,—obtenir du criminel la restitution de cette précieuse relique, ou tout au moins des morceaux qui pourraient être encore en sa possession ; puis, ce résultat obtenu, il faut, pour faire un exemple, le juger et le faire fusiller.

— Ce que demande monseigneur est de toute justice.

— Dans une affaire aussi grave, monseigneur a pensé que, pour rendre l'exemple plus salutaire encore, il convenait que lui-même vînt ici, au milieu du camp, présider le tribunal qui doit juger le criminel. Demain, à midi, monseigneur l'archevêque et moi nous serons ici, si vous n'y voyez pas d'empêchement.

Il fallut se résigner.

Rentré dans sa tente, Bolivar se prit à réfléchir sur le déplorable effet de la condamnation et de l'exécution d'un de ses soldats à la veille du coup décisif qu'il préparait. Francisco était aimé de ses camarades; c'était le plus intrépide soldat de l'armée, et, sans prétendre l'excuser, Bolivar trouvait dans la misère des soldats, qui ne se nourrissaient guère que de proclamations, une circonstance atténuante en faveur des coupables tentés à l'occasion par la vue de l'or. Bolivar aurait vivement désiré sauver le brigadier, mais il ne voulait pas refuser justice à l'archevêque et se mettre en guerre ouverte avec lui.

Sous le coup d'une colère qu'il ne chercha même pas à maîtriser, le général se fit amener le brigadier.

— Ah! te voilà ! — lui dit Bolivar d'un ton de voix terrible; — te voilà, coquin, pendard, brigand ! assieds-toi, nous avons à causer. — Sans souffler mot, le brigadier s'assit sur l'extrémité d'un banc de bois. — C'est donc toi, scélérat,—continua Bolivar,—qui n'as pas craint de commettre le plus indigne des sacriléges en pillant la sainte madone d'Agua-Caliente? Eh bien! tu seras fusillé, entends-tu ! — Le brigadier gardait le silence. — Triple sot! Tu croyais sans doute que monseigneur l'archevêque se verrait ainsi indignement volé dans la personne de la madone sans faire les démarches nécessaires pour découvrir le coupable, et que ce coupable échapperait au châtiment !... Parle?

— Je ne nie pas mes torts, mon général, et je suis résigné à tout.

— La belle résignation et la belle mort pour un soldat de l'indépendance, et cela au moment où tu sais combien tu aurais pu m'être utile pour la prise de Caracas! Je te croyais plus de mes amis, Francisco, et il me semble que, pour commettre ton crime, tu aurais dû, par délicatesse, attendre du moins après l'assaut.

— J'expierai ma faute en mourant avec courage.

— Eh ! mon Dieu ! je ne t'ai jamais empêché de mourir partout où la mort pouvait servir à quelque chose. Meurs tant que tu voudras, mais pour la bonne cause.

— Ma pauvre vieille mère ! — murmura le soldat.

— Il est, ma foi ! bien temps de faire du sentiment! Je trouve que le souvenir de ta mère, qui n'aurait dû t'inspirer que de bonnes actions, arrive un peu tard.

— Hélas ! c'est pour elle seule que j'ai commis le crime, c'est pour elle seule que je vais mourir.

— Que diable me chantes-tu là?

— C'est bien simple, mon général. Ma mère, depuis l'affaire des oreilles coupées à Aragua, se mourait de misère et de maladie sans que personne pût lui venir en aide. Elle n'avait que moi sur la terre, et mon général sait que depuis quelque temps l'argent n'est pas commun dans l'armée des indépendans.

— Bon, bon! passons sur ce détail.

— Or, j'entrai il y a quelques jours dans la chapelle de la Vierge pour prier la madone de venir au secours de ma mère ; je la priai à genoux, la face contre terre, et de toute la force de mon âme. «O Vierge sacrée! m'écriai-je, ne laissez pas mourir ma vieille mère faute d'un peu d'or. » Puis, la tête perdue, le cœur bouleversé, j'eus la fatale pensée de m'emparer de la couronne de la madone, que j'ai envoyée à ma mère pour soulager sa détresse.

Ce récit naïf avait vivement impressionné Bolivar. Il aurait bien voulu pouvoir sauver le brigadier, mais il connaissait l'inflexible sévérité de l'archevêque.

Tout à coup l'expression de sa physionomie changea, et un sourire de malicieuse satisfaction effleura ses lèvres.

— Ce que tu dis là, Francisco, — reprit-il d'un ton sévère, — ne saurait justifier ta conduite ; si je te plains au fond du cœur comme homme, je ne puis t'absoudre comme juge. Tout ce que je puis te promettre, c'est d'adoucir ta peine en considération de tes bons sentiments et de ton repentir. On te fusillera au sortir de l'audience pour ne pas te faire languir; mais je mets une condition à ma complaisance : c'est que, devant le tribunal, tu répondras affirmativement à toutes mes questions.

— Cependant... mon général...

— Pas de réplique, morbleu ! tu sais que je n'aime pas les observations.

— Oui, mon général.

— Allons, c'est entendu ; retire-toi, et à demain.

— Oui, mon général.

Le lendemain, Bolivar écrivit peut-être encore quelque proclamation nutritive, après quoi il se fit servir à déjeuner, se mit en grande tenue, ordonna la construction d'une estrade pour les juges, commanda son état-major pour midi, et attendit avec inquiétude l'arrivée de l'archevêque.

A midi précis, une fanfare d'honneur annonça l'arrivée au camp de monseigneur l'archevêque de Caracas, de son grand vicaire, et d'une suite composée d'un capucin noir, d'un carme déchaussé, d'un bénédictin et d'un moine de l'ordre si riche des frères mendians.

Bolivar se hâta d'aller au-devant du pieux cortége, et baisa respectueusement la main de l'archevêque.

— Tout est prêt, monseigneur ; mais Son Excellence voudra bien m'excuser s'il ne m'est pas possible de la recevoir plus dignement.

— Un tribunal d'un jour ne peut être installé, — dit le grand vicaire, — comme le tribunal de la sainte inquisition à Caracas, où, Dieu merci ! rien ne manque aux juges, non plus qu'aux accusés.

Le cortége étant arrivé sous la tente de Bolivar, où était élevée l'estrade, l'archevêque se plaça sur un fauteuil d'honneur ; le grand vicaire s'assit à la gauche de l'archevêque, et Bolivar prit place à l'extrémité opposée.

Le capucin noir, le carme déchaussé, le bénédictin et le moine mendiant s'installèrent sur un banc du côté du grand vicaire, et l'état-major du général s'assit vis-à-vis des religieux.

Au milieu de cette haie de spectateurs, et près de l'estrade, se trouvait le petit banc occupé par l'accusé.

Bolivar prit la parole.

— Accusé, vous savez le crime odieux qu'on vous impute ?

— Oui, mon général.

— Ce crime entraîne la peine capitale, et le tribunal, j'en ai la confiance, se montrera inflexible contre un acte qui soulève l'indignation de tous les cœurs honnêtes. — À ces mots, l'archevêque, se tournant du côté de Bolivar, lui fit un signe d'approbation. — Reconnaissez-vous, — dit Bolivar poursuivant l'interrogatoire, — avoir pénétré dans la chapelle d'Agua-Caliente le jour de la disparition de la couronne ?

— Oui, mon général.

— Reconnaissez-vous avoir cette couronne en votre possession.

— Oui, mon général.

— Est-il vrai, brigadier, comme les témoins l'assurent, que vous ayez envoyé la couronne de la madone à votre mère, qu'on dit pauvre et infirme ?

— Oui, mon général.

— Est-il vrai que vous ayez prié la madone en entrant dans la chapelle ?

— Oui, mon général.

— Est-il vrai que vous oyez été saisi d'une émotion extraordinaire à sa vue ?

— Oui, mon général.

— Avez-vous une foi profonde dans l'inépuisable bonté de la madone ?

— Oui, mon général.

— Croyez-vous que nul ne la sollicita en vain ?

— Oui, mon général.

— Croyez-vous à sa puissance ?

— Oui, mon général.

— Est-il vrai qu'après l'invocation que vous lui avez adressée, son visage se soit soudainement éclairé comme par l'effet d'un dernier rayon de soleil couchant ?

— Oui, mon général.

— Avez-vous cru reconnaître dans ce fait une intervention divine et comme un mystérieux avertissement en votre faveur ?

— Oui, mon général.

— Ce n'est pas tout. Vous avez prétendu, m'a-t-on rapporté, que vous auriez cru voir en même temps la madone vous sourire, prendre la couronne elle-même sur sa tête et vous la tendre, en vous disant : « Prends-la, je te la donne pour la vieille mère ! » Osez-vous persister dans l'allégation de ce fait, qui serait prodigieux, mais qui n'aurait d'ailleurs rien d'impossible de la part d'une madone dont les miracles sont si nombreux ? Osez-vous y persister ?

— Oui, mon général.

A cette affirmation inattendue, il y eut un moment d'hésitation dans la salle ; les officiers d'état-major de Bolivar chuchotèrent entre eux, et les religieux, mus par une même pensée, observèrent attentivement l'archevêque.

— Ma foi ! c'est un miracle de plus, — se hâta de dire Bolivar, pour faire cesser toute incertitude.

— En effet, — répéta naïvement le grand vicaire, — cela pourrait bien en être un.

— C'en est un ! — s'écrièrent tous les officiers sur un signe du général.

Pendant ce temps, l'archevêque gardait le silence ; il fronçait les sourcils, promenait un regard inquiet sur l'auditoire, et paraissait en proie à un combat intérieur.

Enfin il rompit le silence.

— Soit, — dit-il après une longue pause et en poussant un soupir, — c'est un miracle.

— C'est un miracle, — répétèrent alors tous les religieux en joignant les mains et en levant les yeux au ciel.

— Oui... — reprit lentement l'archevêque en se caressant légèrement le menton, — oui, c'est un grand miracle... Nous fonderons une cérémonie en commémoration, et le produit de la quête, — se dit à lui-même l'estimable prélat, — servira à donner une autre couronne à la madone, plus belle, je l'espère, que celle qu'elle possédait autrefois.

— Vous l'avez entendu, Juan Francisco, — reprit à son tour Bolivar, dont la physionomie, bien que sérieuse, trahissait une joie intérieure, — le tribunal, à l'unanimité, vous reconnaît innocent. La justice humaine ne peut que s'incliner devant les arrêts du ciel. Allez en paix, et continuez de mériter l'estime de vos concitoyens et les faveurs divines en vous montrant, comme par le passé, bon soldat, bon catholique et bon fils.

L'accusé se leva, salua les juges et fit mine de se retirer.

Comme il allait franchir la porte, l'archevêque, qui n'avait pas cessé de caresser machinalement son menton, le rappela.

— Un instant, brigadier, revenez par ici ; j'ai encore quelque chose à vous dire.

— Je suis à vos ordres, monseigneur, — répondit Francisco en revenant sur ses pas.

— Écoutez bien ce que je vais vous dire, et ne l'oubliez pas. Dans votre intérêt, croyez-moi, si jamais une Vierge ou un saint quelconque venait à vous offrir encore quelque chose, eh bien ! refusez. Les saints n'aiment pas toujours qu'on les prenne au mot, et il est de bon goût de savoir leur résister en pareil cas. Il ne faut pas abuser de leur générosité, mon garçon, cela vous porterait malheur une autre fois... Allez.

CE QUE LES INDIENS HURWOOYS

FONT DES PAINS A CACHETER

Un Français nommé Alphonse Bénédict se trouvait, en 1835, dans la république de la Nouvelle-Grenade.

Bénédict était un de ces hommes comme il y en a tant en Amérique, qui passent une vie errante à faire leur fortune et à la défaire, et dont beaucoup meurent pauvres après avoir été millionnaires plusieurs fois.

Notre compatriote avait fait un peu tous les métiers

en courant après les millions, qui couraient plus vite que lui.

Arrivé dans les anciennes colonies espagnoles avec une pacotille mal choisie pour les besoins du pays, il s'était vu forcé de réaliser avec une perte considérable.

Dans cette partie de l'Amérique où il pleut si rarement, Bénédict, par exemple, avait apporté un fort assortiment de parapluies, et, pour les dames colombiennes qui préféraient la blonde à la dentelle de fil, il avait fait choix de riche point d'Angleterre.

Très heureusement pour Bénédict il y avait dans sa cargaison pour cent francs de mirlitons.

Ces mirlitons le sauvèrent d'une ruine complète.

Les gamins de la Colombie, pour lesquels cet instrument champêtre était encore inconnu, se prirent d'un tel amour pour les mirlitons qu'ils en voulurent à tout prix.

C'était une fureur de mirlitons comme on n'en vit jamais, même à la foire de Saint-Cloud.

Si seulement Bénédict avait pu échanger chaque mètre de point d'Angleterre pour un mirliton, son voyage eût été des plus productifs.

Bénédict eut donc les moyens d'entreprendre un nouveau commerce.

Il réfléchit quelque temps et finit par monter un pensionnat de demoiselles, d'après la méthode, nouvelle alors, de l'enseignement mutuel.

L'enseignement est la grande ressource des Français malheureux à l'étranger, qui, dans l'opinion générale, ne peuvent être que professeurs, médecins, coiffeurs ou cuisiniers.

L'établissement fondé par Bénédict et tenu par lui avec beaucoup de soin prospéra rapidement. Il eut comme pensionnaires les demoiselles les plus distinguées de la ville, y compris es filles du président de la république.

Tout allait à merveille : les demoiselles, chose étrange, consentirent à apprendre à lire, à écrire, et même elles voulurent bien recevoir quelques notions d'histoire et de géographie, ce qui étonna fort tout le monde et valut à notre Français les félicitations les plus méritées.

Enfin, pour comble de bonheur, les pensionnaires payaient régulièrement le prix de leur pension, ce qui est loin d'être ordinaire dans la Nouvelle-Grenade.

La fortune souriait donc à notre compatriote, peut-être même allait-elle lui rire tout à fait, quand la plus charmante élève de Bénédict, la señora Mariquita de las Rosas, se fit enlever par le professeur d'écriture, qui pourtant n'était pas jeune et qui de plus était grêlé.

Cette aventure, que Bénédict ne put cacher, causa le plus grand scandale et jeta le discrédit sur la maison. Chaque mère se fit un devoir de retirer sa fille de chez Bénédict pour la mettre ailleurs, comme s'il n'y avait pas dans tous les pensionnats des professeurs d'écriture plus ou moins vieux et plus ou moins grêlés.

Bénédict soutint cette thèse dans une circulaire qu'il adressait aux parens.

On trouva ce langage un peu leste, et peu s'en fallut qu'on ne l'accusât de justifier les désordres de tous les maîtres d'écriture en général.

La carrière du professorat était perdue à jamais pour lui. Bénédict n'hésita pas à mettre en ordre ses petites affaires et à partir pour une autre ville de la Nouvelle-Grenade.

Reconnaissant les dangers d'instruire les demoiselles, il ne voulut pas tenter de nouveau la vertu des calligraphes, et il s'annonça comme médecin.

Bénédict, bien entendu, n'avait aucun diplôme ; mais il était Français, et pour bien des gens ce titre seul était une garantie suffisante.

Un médecin français, même quand il n'est pas médecin, s'il est Français, inspire toujours une certaine confiance à l'étranger.

Notre néo-médecin ne tarda pas à avoir une assez jolie clientèle. Il était aimable auprès des dames, et on vantait son système, qui consistait à ne jamais droguer ses malades.

« La nature, » disait-il, « est plus savante que nous tous ; ayons confiance et laissons-la agir. »

Il faisait, dans toute la rigueur du mot, ce qu'on appelle de la médecine expectante.

Pour toutes les maladies en général, il prescrivait :

D'abord la patience et le temps ;

Ensuite de la tisane des quatre fleurs pectorales ;

Puis de l'eau de riz ;

Puis une infusion de racine de guimauve ;

Puis des cataplasmes de graine de lin ;

Puis des bains de pieds sinapisés ;

Et la diète.

Si le malade guérissait, le médecin en avait tout l'honneur ; si le malade venait à mourir, le médecin avait du moins la conscience de ne l'avoir pas tué ; et c'est beaucoup, en médecine, que cette conscience du médecin.

Mais il arriva ceci : c'est qu'un médecin allemand vint s'établir dans la même ville.

Ce nouveau médecin allemand n'était pas médecin non plus, et n'était qu'Allemand, comme le médecin français n'était que Français.

On comprend l'émulation qui dut les animer.

Elle fut d'autant plus vive qu'à la rivalité de la science se mêla naturellement une question de nationalité.

Bénédict, renonçant désormais au système inoffensif qu'il avait d'abord adopté, se lança éperdument dans les remèdes de haute pharmacie.

Ces remèdes manquèrent rarement leur effet.

Les malades de Bénédict, qui s'étaient si bien portés jusque-là, devinrent réellement malades.

Les tables de la mortalité humaine s'enrichirent du nom de la plupart de ses cliens.

La réaction contre le malheureux médecin français fut si vive en peu de temps qu'on lui contesta non-seulement son titre de médecin, mais même aussi sa qualité de Français.

Pour échapper à la vindicte d'un grand nombre de familles en deuil, il s'enfuit en abandonnant son mobilier et tout l'argent qu'il avait placé.

Dégoûté de la médecine, il se fit mineur.

Avec un peu d'argent comptant et du crédit, il acheta une portion d'une mine d'argent qui passait dans le pays pour être des plus riches.

Notre homme, affublé d'un large chapeau de paille, d'une chemise rouge et d'une paire de grosses bottes de cuir recouvrant une partie du pantalon, se mit bravement, une pioche en main, à exploiter son trésor caché.

Durant les premiers jours de son exploitation, la mine soutint brillamment sa réputation et la veine, qui déjà rendait beaucoup, promettait plus encore en s'élargissant.

Mais à quelques pieds de profondeur, comme eût dit Racine, l'argent pur se changea en un plomb vil.

On fouilla quelques jours encore pour découvrir l'artère métallique qu'on croyait avoir trouvée, mais toute tentative fut inutile.

Bénédict se trouvait, pour la troisième fois en Amérique, déçu dans ses espérances de fortune.

Avec le peu de ressources qui lui restaient, il se fit bijoutier.

Dans ce nouveau métier, et grâce à un excellent ouvrier qu'il s'était associé, Bénédict eût pu encore s'enrichir, sans un tremblement de terre qui renversa son magasin et engloutit ses ateliers.

Quand il arrive un tremblement de terre en Amérique, chacun se croit quitte envers ses créanciers.

On devait de l'argent à Bénédict ; on ne le paya point, et il fut contraint de se déclarer en faillite.

Pour donner dix pour cent à ses créanciers, il avait usé de toutes ses ressources et s'était mis volontairement dans le dénûment le plus complet.

Il espérait du moins conquérir ainsi leur confiance et obtenir d'eux quelque nouveau crédit.

Les créanciers de Bénédict reconnurent qu'il était un parfait honnête homme, mais ils refusèrent toute espèce d'avance, précisément parce qu'étant honnête homme il s'était dépouillé en leur faveur de tout ce qu'il possédait, et n'offrait plus, commercialement, aucune garantie.

— Vous m'eussiez donc aidé à refaire mon magasin si je ne vous avais pas payé? — leur dit Bénédict avec un sourire amer.

Les créanciers se contentèrent de l'assurer de leur estime, et lui tendirent cordialement la main en lui souhaitant toute sorte de prospérités.

Bénédict, ne sachant plus à quelle profession se vouer, en était arrivé de désespoir à rêver de s'emparer de la dictature du pays au moyen d'un pronunciamiento quelconque; il était même en train de rédiger sa proclamation, lorsqu'on frappa rudement à sa porte.

— Qui est là? — dit Bénédict.

— C'est moi, — lui répondit-on.

— Parbleu! — riposta l'aspirant dictateur, — je sais bien que vous, qui que vous soyez, ne pouvez pas être un autre; mais cela ne me dit pas qui vous êtes.

— Ouvrez et vous verrez.

— Je n'ai pas le temps.

— Que faites-vous donc?

— Vous le saurez plus tard.

— Mais ouvrez donc! Je viens faire votre fortune, et si vous n'acceptez pas la fortune que je vous offre, vous me ruinez. Ouvrez donc ou j'enfonce la porte.

— Ma fortune! N'enfoncez pas la porte, c'est inutile, je l'ouvre.

Quand Bénédict eut ouvert la porte:

— Que le diable soit de vous! — lui dit l'étranger d'une voix émue, — vous m'avez fait peur; il y avait dans votre voix un accent si décidé!... et puis, comme je vous l'ai dit, il y va de ma ruine.

— Donnez-vous donc la peine de vous asseoir.

— Avec plaisir, car c'est à peine si je puis me tenir.

— Me direz-vous, monsieur, pour quel objet vous venez me déranger dans mes graves préoccupations?

— Pour Dieu! monsieur, laissez-moi respirer.

— A votre aise, monsieur, respirez, respirez...

— Vous êtes Français, monsieur?

— Je suis... je suis... c'est-à-dire que je l'étais, mais je suis justement en voie de cesser de l'être.

— Peu importe, monsieur; il suffit que vous l'ayez été pour que vous sachiez faire la cuisine.

— Pourquoi dois-je savoir faire la cuisine?

— A moins cependant que vous ne soyez coiffeur, professeur ou médecin.

— Je vous en prie, — interrompit Bénédict, — ne me rappelez pas de cruels souvenirs... Ainsi donc, vous avez besoin d'un cuisinier français?

— Oui. Il faut que dans les vingt-quatre heures j'en aie trouvé un, sous peine de perdre ma place d'intendant du dictateur.

— Du dictateur! — s'écria Bénédict. — Et moi qui...

— Place excellente, — reprit l'intendant. — Voulez-vous accepter? Vous ne répondez pas?

— Je pensais à une chose, — dit Bénédict, qui hésitait encore intérieurement entre les fonctions de cuisinier du dictateur et celle de dictateur même. — Dites-moi, serai-je le seul cuisinier de Son Excellence, dans le cas où j'accepterais vos offres.

— Non, certes, vous serez trois.

— Ah! il y a déjà deux cuisiniers? — pensa Bénédict. — C'est très bien. Voilà qui me décide. Tout bien considéré, ce parti est encore le plus sage. Les dictateurs passent, les cuisiniers restent. Et, dites-moi, — reprit-il à haute voix, — mes deux futurs collègues sont-ils des hommes de talent?

— Des hommes du premier mérite. Ils n'ont qu'un dé-

faut aux yeux du dictateur, c'est de n'être pas Français. Ah! s'ils étaient Français, je n'aurais pas eu besoin de vous, et je vous eusse laissé de tout mon cœur à vos graves préoccupations, que je ne connais pas.

— Eh bien! — dit Bénédict en tendant la main à l'intendant, — j'accepte. Partons.

— Partons, — dit l'intendant, — tout est prêt pour vous recevoir, et dès aujourd'hui vous entrerez en fonction.

Bénédict s'installa chez le dictateur. Il fut reçu par les cuisiniers de la maison avec tous les égards qu'on doit à un compatriote des Vatel, des Béchamelle, des Orly, des Carême et des Gourville.

Bénédict, qui n'aurait pas su faire cuire à point un œuf à la coque, fit changer une partie de la batterie de cuisine, et demanda la construction de nouveaux fourneaux.

Cette mesure d'autorité fut d'un excellent effet moral, et donna du cuisinier français la plus haute idée.

Coiffé d'un bonnet de coton, un grand couteau à la ceinture, Bénédict trônait donc dans le sous-sol de l'hôtel de la dictature, au lieu de le faire dans le salon.

Il ne mettait jamais la main à la besogne, comme il convient à tout chef qui se respecte; il se contentait d'approuver d'un signe de tête ce que faisaient ses aides, messieurs les cuisiniers en second.

Sachant qu'un air sévère et une grande réserve inspirent le respect, il était toujours sérieux et parlait le moins possible.

Quand l'un des cuisiniers lui demandait un conseil, Bénédict se bornait d'ordinaire à répondre:

— Faites comme vous avez l'habitude de faire; c'est très bien ainsi. Seulement, mettez-y tous vos soins.

Le dictateur trouva la cuisine incomparablement meilleure depuis qu'elle était dirigée par un chef français.

Il fit complimenter Bénédict et ordonna qu'on doublât ses appointements.

Mais est-il ici-bas de Capitole qui ne soit voisin d'une roche Tarpéienne? Ce bienveillant dictateur ne tarda pas d'être renversé par un compétiteur audacieux, un ancien maquignon qui était parvenu à rallier un certain nombre de partisans à son pronunciamiento.

Le vainqueur arriva naturellement au pouvoir avec des ministres, des fonctionnaires et des cuisiniers de son choix.

Bénédict dut quitter son poste avec tout le personnel du gouvernement déchu.

Il se rendit à Carthagène muni d'un capital de 500 piastres qu'il avait gagnées à regarder les autres faire la cuisine à Son Honneur.

Tant il est vrai qu'en toutes choses ce ne sont jamais ceux qui travaillent eux-mêmes qui profitent le plus de ce travail, mais bien ceux qui regardent les autres travailler.

Carthagène était en ce moment, comme presque toujours, tant soit peu en bouleversement, en pronunciamiento, fort semblable en cela à presque tous les petits États ci-devant espagnols, lesquels étaient dirigés par un clergé généralement ignare, intolérant et avide.

Carthagène était donc fort agitée quand Bénédict y arriva.

Comme toujours, les caisses du trésor public étaient épuisées, et il fallait de l'argent à tout prix pour soutenir la lutte.

Il y avait sur les longs remparts de la ville de vieux canons hors de service; le gouvernement les mit en vente. L'affaire offrait de beaux bénéfices, et Bénédict songea à en profiter. Il s'associa à un Anglais, et tous deux achetèrent pour les fondre les anciens canons espagnols.

Mais au moment de prendre livraison de la marchandise, et après l'avoir payée, un pronunciamiento inattendu eut lieu; le nouveau gouvernement conserva les canons, mais il ne rendit pas à Bénédict l'argent que celui-ci avait donné d'avance au gouvernement défunt.

Bénédict, pendant qu'il était cuisinier du dictateur, avait fait la connaissance du bedeau de la cathédrale de Carthagène. Ce dernier, voyant l'ex-cuisinier dans l'embarras, lui offrit, en attendant mieux, de le faire entrer dans le service des processions pour jouer les rôles de grande utilité, tels que diable, ermite, etc. (1)

Bénédict, plein de reconnaissance, accepta les offres du bedeau et débuta, dans ces représentations sacrées, par le rôle important de saint Antoine.

Il faut savoir qu'il était d'usage, il y a peu d'années encore, dans toute l'ancienne Colombie, de faire à certaines époques de l'année des processions religieuses dans les rues de Carthagène et des autres principales villes de cette république. Ces processions étaient des plus curieuses, et nous avons pu en juger par nous-même, ayant, dans notre jeune âge, séjourné dans la Nouvelle-Grenade.

Ces processions avaient pour principal objet de représenter une scène tirée de l'histoire sainte, ou simplement une scène de fantaisie dans laquelle le génie du mal luttait contre le génie du bien, lequel finissait toujours par triompher, cela va sans dire.

C'est par exemple la tentation de saint Antoine que le clergé américain offrait en représentation au peuple charmé de ce genre de spectacle gratis.

On y voyait le célèbre cénobite avec sa longue barbe blanche, sa robe d'ermite en bure marron, chaussé de sandales et suivi par le compagnon fidèle et grognon que vous savez. Saint Antoine marchait en tête du cortège, et récitait des prières, un chapelet à la main.

Tout à coup une femme se détachait de la foule et se dirigeait vers le saint, dont elle sollicitait l'attention. Cette femme était jeune et belle ; sa taille, comme la taille de toutes les Colombiennes, était svelte et souple ; elle avait des yeux noirs et brillans ; elle souriait avec malice et semblait inviter saint Antoine à la suivre, par des gestes gracieux et pleins d'abandon.

A la vue de tant de séductions, saint Antoine comprend le danger qui le menace, et, pour s'en garantir autant que possible, il redouble de prières, ce que témoignent les grains de son chapelet qui disparaissent rapidement sous le mouvement convulsif de son pouce. Il voudrait fuir pour se dérober au charme du démon qui l'enchante, mais tous ses efforts sont vains. Il veut se cacher le visage pour rappeler ses forces évanouies ; mais toujours un coin de son œil reste découvert, et il voit comme malgré lui les incessantes espiègleries du terrible mutin qui l'agace en faisant des signes de tête.

L'ermite infortuné a toutes les peines du monde à ne pas céder, et semble lutter avec le courage désespéré

(1) Les habitans de la Colombie ne faisaient qu'imiter dans ces sortes de processions les usages de l'ancienne Castille, passionnée pour tous les genres de spectacles.

Voici ce que dit à ce propos monsieur Mérimée, de l'Académie française, dans une intéressante étude sur la littérature espagnole :

« L'inquisition, soutenue par un roi despote, assez puissante
» pour expulser six cents mille Moresques, parce qu'elle se fai-
» sait l'interprète d'un sentiment de patriotisme exclusif, l'in-
» quisition ne parvint pas à réprimer le penchant populaire
» pour le théâtre. Elle succomba honteusement dans la lutte.
» Des ecclésiastiques écrivirent pour la scène, des acteurs figu-
» rèrent dans les pompes sacrées, et les couvens s'ouvrirent
» pour des représentations théâtrales. Les saints, la Vierge et
» Dieu lui-même eurent leurs rôles. Il est vrai qu'en fin de
» compte la religion, ou plutôt le pouvoir du clergé n'y perdit
» rien. Quelques lignes de madame d'Aulnoy nous montreront
» quel était l'état du théâtre et celui de la religion en Espagne,
» en 1679. « On jouait, dit-elle, la vie de saint Antoine (à Vit-
» toria). J'y remarquai que le diable n'était pas autrement
» vêtu que les autres, et qu'il avait seulement des bas de cou-
» leur de feu, et une paire de cornes pour le faire reconnaî-
» tre. Quand saint Antoine disait son confiteor, ce qu'il faisait
» assez souvent, tout le monde se mettait à genoux et se don-
» nait des mea culpâ si rudes qu'il y avait de quoi s'enfoncer
» l'estomac. »

d'une âme à moitié plongée déjà dans le gouffre éternel de l'enfer.

Enfin, dans un effort suprême, saint Antoine prend la fuite et laisse couverte de confusion la femme perverse et vaincue.

D'autres fois, c'est le diable sous sa propre forme, en simple négligé, avec ses cornes et sa longue queue, qui cherche à corrompre un moine peu disposé à l'écouter. Le moine, pour se débarrasser du diable, saisit un goupillon et lui lance au visage quelques gouttes d'eau bénite. On sait toute la puissance de l'eau bénite en pareil cas ; le diable se met à fuir comme s'il s'emportait lui-même, aux applaudissements de la foule, passionnée dans la Colombie pour ce genre de spectacle religieux imité des anciens mystères.

Bénédict, nous l'avons dit, avait débuté par le rôle de saint Antoine ; il remplit successivement et très convenablement les rôles de diable et tous ceux qu'on voulut bien lui confier ; malheureusement c'était un triste métier et il fallut l'abandonner pour une industrie ou un emploi plus lucratif.

Une occasion heureuse se présenta qui permit à Bénédict de mettre à profit un talent de basson amateur, hélas ! fort négligé depuis longues années.

L'armée victorieuse du nouveau dictateur était dans le plus triste état.

Le général en chef de ces braves songea à les doter d'une musique militaire. On fit appel à tous les musiciens de la république, et un congrès musical eut lieu, où se rencontrèrent des maestri indigènes et étrangers. Nègres, mulâtres, quarterons, rouges, Malgaches, Talingas, Cafres, Botocudos et Iroquois discutèrent longuement et savamment sur l'exécution du programme posé par le général en chef. Il s'agissait d'organiser, en deux mois au plus, une musique militaire en état de jouer des marches et des pas redoublés.

La chose fut regardée comme impossible.

Un aveugle, après s'être fait longtemps admirer dans le pays comme professeur de clarinette, se distingua comme orateur dans cette séance solennelle. Il accusa vertement le général en chef de n'y voir goutte dans les questions musicales.

Ce discours fut chaleureusement applaudi, et le congrès se retira en emportant le regret de voir s'échapper une si belle occasion de propager la musique dans l'heureux pays des ignames.

Mais le congrès avait compté sans Bénédict, qui avait appris dans sa vie aventureuse à ne douter de rien. Notre compatriote se présenta audacieusement au général en chef, et promit de le satisfaire pour l'époque fixée.

Il accepta donc vingt-cinq hommes pris au hasard dans les rangs, à la seule condition qu'il aurait, pendant les deux mois employés à l'épuration musicale de ses élèves, un pouvoir absolu sur eux, se réservant in petto d'employer, pour les diriger, plus souvent le bambou de Carthagène que la baguette de chef d'orchestre.

Quinze jours se passèrent pendant lesquels, il faut l'avouer, Bénédict enseigna à ses dociles élèves la valeur des notes bien moins encore que celle des coups de bâton. Leurs épaules multicolores, comme des pages vivantes, portaient l'empreinte de la théorie des mesures à deux, à trois et à quatre temps.

Quand il les jugea suffisamment imbus des principes élémentaires de l'art, il voulut, pour jouir d'un premier triomphe, leur faire passer un examen devant le vainqueur de son ex-patron, l'ex-dictateur déchu.

Le général en chef se rendit à l'invitation du professeur, et la séance commença.

— Qu'est-ce que la musique ? — demanda Bénédict au musicien le plus instruit de la bande, à monsieur Apollon, jeune nègre du plus bel avenir, et dont nous croyons devoir conserver le langage.

— La misique l'y vaut deux noires, — répondit celui-ci avec assurance.

— Comment dis-tu, mauricaud ?

— Ah ! moi trompé ! l'y vaut deux blanches.

— Deux blanches ! imbécile ?

— Ah ! moi trompé encore. La misique l'y vaut rien.

Peu satisfait des réponses de monsieur Apollon, le professeur parcourt des yeux les rangs de ses élèves, cherchant quelque part la réponse. Il crut apercevoir dans le sourire moqueur et satisfait d'un vieux nègre mongol, nouvellement débarqué, la réponse que l'autre aurait pu faire.

— Approche, — lui dit-il en accompagnant sa parole d'un geste impérial. Le nègre s'approcha d'un air joyeux et en se dandinant sur ses hanches. — Voyons, mon ami, sais-tu ce que c'est que la musique ? — Le nègre se mit à rire aux éclats, en appuyant ses deux mains sur ses genoux et en pliant les jarrets. — Eh bien ! parle donc ! sais-tu ce que c'est que la musique ?

— La misique ?... Ça l'y est bien sûr, — répondit-il en étouffant son rire dans sa gorge ; — la misique ça l'y est moa, ça l'y est li, ça l'y est c't autre, ça l'y est vous, ça l'y est nous tous.

— Comment ! animal, brute, sauvage, iroquois, cachalot, marsouin, la musique c'est toi, la musique c'est lui, la musique c'est nous tous !

— Ça l'y est bien sûr, — répondit-il d'un air de plus en plus satisfait ; — quand nous passe sur la place du Pélican-Blanc, chacun y dit : voilà la misique !—Une grêle de coups de poings accueillit cette réponse. Bénédict exaspéré, oubliant tout le respect qu'il devait au général en chef, et sans même prendre le temps de s'excuser, s'était précipité furieux sur l'infortuné nègre, qu'il aurait vraisemblablement assommé si la mémoire de ce dernier lui étant soudainement revenue, il ne se fut écrié de sa voix la plus perçante : — M'y connais ! m'y connais ! m'y connais ! la misique est un art d'AGRÉMENT.

Bénédict s'attendait à recevoir des complimens ; il reçut son congé comme incapable. Ruiné pour la dixième fois, sans ressource aucune, ayant essayé de tous les métiers et de toutes les professions, notre compatriote tout à fait découragé voulut se débarrasser de la vie. Il songea sérieusement au mode de suicide qu'il devait adopter.

Heureusement les juifs, qui sont la providence à gros intérêts, lui vinrent en aide en cette circonstance.

— Vous avez de l'intelligence, vous êtes actif, vous êtes honnête même, ce qui est plus rare, mais vous n'avez pas de bonheur, — lui dit un des fils d'Israël. — Néanmoins, comme je connais votre famille, comme je sais que vous êtes l'unique héritier d'un de ces oncles de France que je place fort au-dessus de beaucoup d'oncles d'Amérique, je suis disposé à vous vendre à crédit pour dix mille francs de marchandises. Vous savez ou vous ne savez pas que les Indiens hurwoovs se réunissent tous les ans dans la vallée de Papayan pour y échanger de la poudre d'or contre des marchandises de toutes sortes. Dans quinze jours doit commencer cette foire ; elle n'en dure que cinq. La route n'est pas facile ; elle est même dangereuse en certains endroits ; mais vous n'êtes pas poltron, et vous avez envie de vous tirer d'affaire. Partez donc avec les dix mille francs de marchandises que je vous offre, moyennant une traite de vingt-cinq mille francs que vous allez me souscrire ; et que Jehovah vous protège !

Bénédict accepta l'offre du juif comme un noyé accepte une branche pourrie qu'on lui tend, et il signa la traite de 25,000 francs. En signant la facture de ses marchandises, notre compatriote ne fut pas surpris d'y voir figurer pour une valeur de 500 fr. de pains à cacheter.

—Que voulez-vous, — dit Bénédict au juif, — que les Indiens hurwoovs fassent de pains à cacheter ? Savent-ils écrire, et leur correspondance est-elle donc si considérable qu'ils aient besoin d'une aussi grande quantité de pains à cacheter ?

— Les Indiens écrivent peu en effet, — répondit le juif,

— mais il est toujours bon d'avoir des marchandises bien assorties.

Bénédict se récria, mais le juif ne voulut pas céder. Il tenait, c'était évident, à se débarrasser d'une marchandise difficile à placer.

Il fallut se résigner, sous peine de voir se rompre le marché.

Bénédict se mit en route avec ses marchandises, portées à dos de mulets.

Le voyage fut heureux, et Bénédict s'installa dans la vallée de Papayan dès l'ouverture de la foire.

Le premier Hurwoovs qui ouvrit une boîte de pains à cacheter les examina longtemps avec un mélange d'étonndement et d'admiration. Il referma ensuite la boîte avec de grandes précautions, la garda pour lui, et, sans en demander le prix, la paya en tirant d'un long sac de cuir deux fortes pincées de poudre d'or qu'il remit à Bénédict. C'était payer au centuple la valeur de cette marchandise.

Un second Hurwoovs survint qui ne se montra pas moins empressé que le premier à faire l'acquisition d'une nouvelle boîte de pains à cacheter.

A ce second Indien en succéda bientôt un troisième, puis un quatrième, puis un cinquième ; bref, on fit queue devant la boutique à la fin de la journée. Bénédict croyait rêver ; il ne pouvait s'expliquer cette sorte d'enthousiasme des Hurwoovs pour les pains à cacheter. Il s'assura qu'il était bien éveillé en contemplant la poudre métallique qui brillait à ses yeux.

Le second jour de la foire, les Indiens vinrent en masse devant la baraque de notre compatriote stupéfait, qui fixa le prix de chaque boîte de pains à cacheter à six pincées d'or chacune.

Ce prix exorbitant ne refroidit pas l'empressement des Indiens, qui, le troisième jour, envahirent littéralement la boutique. Bénédict porta son prix à douze pincées d'or, au lieu de six ; puis, dans le courant de la journée, à vingt-cinq, et finit par soixante.

Cette fois Bénédict était riche. Les mirlitons l'avaient sauvé alors qu'il avait pour près de cent mille francs de très belles choses qu'il n'avait pu vendre à aucun prix ; les pains à cacheter faisaient sa fortune sans qu'il eût trouvé à placer pour une seule piastre d'aucune autre marchandise. O bizarrerie du commerce américain !

Mais pourquoi les Indiens avaient-ils acheté avec tant de délire des pains à cacheter ?

Bénédict eut le mot de l'énigme quand il vit les Hurwoovs le corps tout couvert de ces mêmes pains à cacheter, qu'ils s'étaient collés coquettement. Les plus modérés n'en portaient que sur le front, sur le menton et sur les joues ; les plus somptueux en avaient des pieds à la tête. Ce fut dans cet étrange costume qu'ils se livrèrent aux danses effrénées qui témoignent de l'absence complète de sergens de ville hurwoovs.

Mais s'il est toujours difficile de faire fortune en Amérique, il est encore bien plus difficile d'y conserver la fortune qu'on y a faite. Bénédict voulut accroître ses richesses, et il spécula sur les sucres. L'opération était raisonnable, utile et parfaitement combinée. Aussi devait-elle échouer, et, comme le dirent de mauvais plaisans, les sucres furent remplis d'amertume pour Bénédict.

Bénédict est mort dans l'indigence à New-York, où j'ai eu occasion de le voir.

Jetons quelques pains à cacheter sur sa tombe.

L'AMOUR D'UN ESCLAVE

NOUVELLE

I

La baie de Rio-de-Janeiro passe à juste titre pour l'une des trois plus belles baies du monde. Elle le dispute en magnificence à la baie de Constantinople, généralement regardée comme la plus belle avec celle de Naples.

En effet, tout est imposant et grandiose dans l'entrée de la capitale du Brésil.

Quand on vient du large, une chaîne de hautes montagnes se présente à l'œil saisi d'admiration, sous la forme étonnante d'un homme couché et comme endormi dans la mer. Le rocher à pic qu'on nomme le *Pain-de-Sucre* dessine nettement le pied du géant ; les jambes et le corps sont on ne peut plus distinctement formés, et le *Corcovado*, qu'on met trois heures à gravir à dos de mulet, représente le nez légèrement arqué du colosse, sculpté sur une longueur de plusieurs lieues.

Nous ajouterons, nous qui avons pu l'observer par nous-même, que le *géant couché* ressemble, comme un portrait, à la figure de Louis XVI.

Au fur et à mesure qu'on avance vers l'entrée du port, les formes puissantes du colosse deviennent moins précises ; les montagnes et les rochers, qui paraissent unis à distance, se détachent graduellement, et bientôt l'illusion s'évanouit.

Mais l'admiration n'est pas amoindrie par le changement du spectacle, et la nature conserve toute sa magnificence.

En entrant dans la rade, on aperçoit, au milieu de végétations nouvelles pour l'Européen, la ville de Rio, pittoresquement bâtie sur un plan incliné, et ornée d'une luxuriante ceinture de hautes montagnes toujours vertes.

La première habitation qui s'offre à la vue du voyageur est l'*Aljube* (1), où l'on inflige aux nègres, sur l'ordre de leur maître, les corrections corporelles, qui varient de vingt-cinq jusqu'à cent cinquante et même deux cents coups de *xicote*.

Le xicote est formé de longs nerfs de bœuf, terminés par plusieurs lanières au bout desquelles on attache une pointe de fer.

C'est un noir, le plus souvent un esclave, qui exécute les sentences prononcées contre les coupables. Au troisième coup, quand le bourreau fait consciencieusement son devoir, les chairs partent en lambeaux. Un médecin constate l'état du patient, et, suivant les pulsations du pouls, on continue ou on cesse de frapper.

Cette lugubre et hideuse prison de l'*Aljube*, sans cesse arrosée du sang des esclaves, apparaît sur le riant coteau de *Castello* comme le stigmate d'un état social depuis longtemps condamné, et que réprouvent à la fois l'humanité, la morale, la religion et l'intérêt bien entendu des colons, sans cesse menacés par la révolte des noirs.

Tous les maîtres n'envoient pas leurs esclaves à l'Aljube ; il en est qui les font frapper chez eux, ou leur imposent certaines corrections particulières au Brésil.

Aux esclaves coureurs on attache un anneau très lourd au bas de la jambe, relié à la ceinture par une chaîne de fer ; ce qui, du reste, ne les empêche pas d'aller se promener.

(1) L'*Aljube*, ou *cassa de correição*, placée d'abord sur le morro do Castello, se trouve à cette heure dans la Catombi.

Aux nègres trop enclins au doux *far niente*, on rive au cou un anneau de fer rond, d'un pouce de diamètre, auquel se trouve fixée une croix perpendiculaire du même métal. Ces nègres en sont quittes pour se coucher du côté opposé où se trouve la croix.

Enfin, aux ivrognes, on met un masque de fer-blanc qui enveloppe tout le visage. Ce masque est percé de deux trous à l'endroit des yeux, afin que l'esclave puisse se diriger ; c'est à peine si, du côté de la bouche, on a ménagé une petite ouverture pour la respiration. Ces nouveaux hommes au masque de fer s'introduisent l'eau-de-vie de canne (la boisson habituelle des noirs) par les deux trous des yeux ; ils penchent la tête pendant cette opération, et la liqueur coule ainsi jusque dans leur bouche.

Un masque de fer-blanc dans un pays où le thermomètre monte souvent jusqu'à quarante degrés, c'est peu agréable ; mais les buveurs de tous les pays et de toutes les couleurs sont incorrigibles, on l'a dit depuis longtemps.

Nous sommes au second dimanche du mois de janvier, c'est-à-dire dans la saison la plus chaude à Rio-de-Janeiro. La baie, toujours si animée par la présence de nombreux navires de guerre et de commerce de toutes les nations, par les mille *faluas* qui tendent avec élégance leur voile latine au vent, et par l'innombrable quantité de pirogues étroites et allongées, le plus souvent conduites par un seul nègre, offrait ce jour-là un aspect plus animé encore que de coutume, particulièrement auprès de la rive, à la hauteur de l'île des Serpens. On voyait à quelque distance de cette île, non loin des dépôts de la douane, deux bricks portugais aux formes massives, récemment arrivés des îles Canaries et des îles du cap Vert. De nombreuses pirogues accostaient ces navires, dont les ponts étaient couverts d'hommes, de femmes et de quelques enfans.

Ces hommes, ces femmes et ces enfans, tous blancs, attendaient un maître qui vînt, non les acheter, on ne vend que des nègres au Brésil, mais les engager à son service pour un certain nombre d'années, à la volonté des parties contractantes.

Les habitans des îles Canaries, des îles Açores, et des îles du cap Vert sont loin d'être riches généralement, et il y a dans ces terres, pourtant très fertiles et on ne peut plus heureusement favorisées par la douceur du climat, une misère aussi profonde, aussi dégradante que dans certaines parties de l'Irlande, le pays de la faim. Cette misère des habitans de ces différentes îles a donné lieu à une spéculation qu'on pourrait appeler la *traite des blancs*.

Voici comment on pratique cette traite :

On frète un navire : le plus souvent on choisit un vieux et mauvais navire, pour l'avoir à meilleur compte ; puis on fait savoir aux habitans, par la voie des affiches et des journaux, qu'on est disposé à les transporter à crédit à Rio-de-Janeiro, où ils ne pourront manquer de se placer avantageusement. Ceux qui acceptent le crédit offert s'engagent, devant le capitaine qui doit les transporter, à se louer, suivant leur capacité et leur métier, à toute personne qui, à Rio-de-Janeiro, consentira à payer leur voyage en déduction de leurs appointemens, sur lesquels l'administration de l'émigration n'a rien à voir. Le prix du voyage est fixe, égal pour tous, et les enrôlés sont reçus à bord, empilés plutôt que logés dans l'entrepont, sur la dunette, sur le pont, où on a improvisé des emménagemens, et jusque dans les chaloupes.

Qu'une tempête survienne, qu'une voie d'eau se déclare, et les trois quarts au moins des passagers périront faute de moyens nécessaires à leur sauvetage.

Mais les émigrans ne sont pas des passagers pour ceux qui font la traite des blancs en Amérique ; ce sont des émigrans, voilà tout, et il est toujours permis de les traiter comme on traiterait une cargaison de marchandises.

Quant à la nourriture qu'on donne aux émigrans des différentes îles, elle ne diffère en rien de celle qu'on donne aux nègres esclaves dans toute l'étendue des provinces du Brésil.

Cette nourriture se compose de viande salée séchée au soleil, de haricots noirs, petits maïs très bons, de lard, et, pour mitiger le tout, d'une farine grossière qu'on fait avec la racine du manioc. On forme du mélange de ces ingrédiens une sorte de bouillie noirâtre d'un aspect repoussant, mais d'un goût assez agréable. Au reste, la *feijoada* (c'est ainsi qu'on nomme ce mélange) est le plat de fondation de tout dîner modeste au Brésil; on le sert comme on sert chez nous le classique pot-au-feu, comme on sert le *puchero* en Espagne.

Quand il arrive à Rio-de-Janeiro un navire des Açores, des îles du cap Vert ou des îles Canaries chargé d'émigrans, c'est une partie de plaisir pour les Brésiliens, particulièrement pour les jeunes gens, d'aller à bord examiner *la beauté de la cargaison*. Comme il est facile de le deviner, les jeunes filles et les jolies femmes sont toujours les premières placées. Les capitaines, qui savent cela, reçoivent toutes les jeunes femmes avec plaisir, se montrent plus difficiles pour l'admission des hommes, et refusent impitoyablement tout crédit aux vieilles femmes. Les enfans ne sont reçus que s'ils ont avec eux une jolie sœur ou une mère encore agréable. Il s'établit ainsi une sorte de compensation; l'un fait passer l'autre.

Au moment où commence ce récit, deux hommes, qu'à leur mise simple mais recherchée on devinait devoir appartenir au commerce aisé de la ville, ou à quelque profession libérale, prirent place dans une pirogue.

— *Muléque*, — dit l'un des deux personnages en s'adressant au nègre batelier, — conduis-nous à bord du brick d'émigrans l'*Inès-de-Castro*.

— Oui, *mon monsieur*, — s'empressa de répondre le nègre dans son humble langage.

Puis, poussant la pirogue échouée sur le rivage en se mettant dans l'eau jusqu'à mi-jambe, il sauta lestement dans la frêle embarcation, saisit une courte rame du sauvage taillée en pointe, et rama debout vers le brick.

— Eh bien! senhor Manoel Ribeira, — dit le plus jeune des voyageurs en s'adressant à son compagnon, qui paraissait âgé de trente-cinq à trente-huit ans; — il paraît décidément que *Votre Seigneurie* a le plus impérieux besoin d'une jeune et jolie gouvernante pour administrer sa maison? Le fait est que toujours des visages noirs c'est monotone et ce n'est pas beau. Ne fût-ce qu'au point de vue de l'art, *vous* auriez encore raison, et je trouve qu'une blanche jeune fille ferait admirablement dans *votre* maison au milieu de *vos* obscurs serviteurs.

— Tu plaisantes comme un Français, mon cher Pinto, — répondit Manoel Ribeira, qui en sa qualité de Portugais natif d'Oporto ne plaisantait jamais; — j'ai besoin, il est vrai, d'une gouvernante blanche pour tenir ma maison, puisque je suis garçon, et que seul un blanc peut inspirer la crainte et le respect aux nègres, mais je n'ai nullement l'intention de la choisir jeune et jolie. Je m'inquiète fort peu, d'ailleurs, du bon effet que sa présence pourra produire chez moi au point de vue de l'art et du mélange des couleurs.

— Peste! quel superbe dédain pour le beau sexe et quel mépris de l'art! Je ne t'ai pas toujours connu dans les mêmes dispositions, du moins en ce qui concerne le beau sexe. Il y a peu d'années, quand tu commençais l'exercice de la médecine et que tu n'étais encore que simple commis...

— Oui, mon cher, — dit monsieur Ribeira en interrompant son ami, — tu as raison; mais je suis patron aujourd'hui.

— Très bien; monsieur devenu grave en montant en grade, c'est la règle. Ainsi donc ton intention est de choisir à bord, si par hasard il s'en trouve, quelque chose de sérieux, de solennel, de laid même, dans les environs de trente-cinq à cinquante ans, n'est-ce pas? mon imposant ami.

— La marge est longue de trente-cinq à cinquante ans; au surplus, je n'ai rien d'arrêté, et celle qui me conviendra, jeune ou vieille, blonde ou brune, laide ou jolie, je l'engage et l'emmène avec moi.

Tout en causant ainsi, Ribeira et Pinto arrivèrent jusqu'au brick. La pirogue accosta, et les passagers montèrent à bord par l'échelle de corde qui s'y trouvait attachée. Une fois sur le pont, ils commencèrent l'inspection des malheureux qui attendaient un maître.

— Voyez, messieurs, — disait le capitaine en s'adressant aux visiteurs, — j'en ai pour tous les goûts et pour tous les besoins. J'en ai dans les deux sexes, depuis l'âge le plus tendre jusqu'à quarante ans.

— Un âge qui commence à être dur, — murmura Pinto en riant.

— Le tout, — continua le capitaine, — en parfaite santé et suffisamment vêtu. J'ai des blanchisseuses, des couturières, des cuisinières, des bonnes d'enfans; j'ai aussi des femmes, — dit-il avec malice, — qui ne sont encore aptes à rien, mais qui peuvent devenir aptes à tout. En fait d'hommes, j'ai des domestiques en tous genres, des jardiniers, des cochers, des hommes de peine, etc. Voyez, messieurs, et demandez; tout mon monde est en outre pourvu de certificats de vaccine.

— Monsieur le capitaine, — dit un Anglais d'une soixantaine d'années environ, au teint coloré, à l'œil bleu, petit mais plein de feu, — je voudrais vous entretenir un instant.

— Je suis à vos ordres, — répondit le capitaine en se dirigeant vers l'avant du navire.

— Vous voyez en moi un veuf, — commença l'Anglais en se penchant vers le capitaine, et en parlant si bas que c'est à peine si ce dernier pouvait l'entendre; — mon Dieu! oui! j'ai le malheur d'être veuf, et je voudrais, pour diriger mon intérieur, quelque chose de bien, une femme... hors ligne. Il y a peu à faire chez moi, mais je tiens à ce que le peu qu'il y a à faire se fasse le mieux possible... vous comprenez?

Et l'Anglais appliqua sur l'épaule du capitaine un léger coup de poing qu'il accompagna d'un bruyant éclat de rire.

— Je vous comprends, — répondit le marchand d'émigrans; — mais je crains de n'avoir pas ce qu'il vous faut pour le moment, à l'exception peut-être de..... mais non encore..... Dès le premier jour de mon arrivée, les jeunes Brésiliens ont écrémé ma cargaison.

— En sorte que, s'ils ont ôté la crème, il ne reste plus que le *lait*, — fit l'Anglais heureux de ce jeu de mots.

— Et vous n'aimez pas le *laid*, je le vois.

— Et je n'aime pas le laid, vous l'avez vu.

— Ce sera donc pour le prochain voyage; je vous promets de vous réserver quelque chose de..... hors ligne comme vous le désirez.

— Merci, capitaine; vous êtes vous-même quelque chose de hors ligne pour l'amabilité.

Plus loin, un Français entre deux âges, mais inclinant sur le second, gros, lymphatique, sensible à l'excès, lent dans tous ses mouvemens comme dans sa parole, mélancolique et prodigieusement naïf, disait à un autre Français de ses amis, légèrement railleur celui-ci :

— Je cherche, parmi ces créatures abandonnées, s'il se trouve un cœur véritablement aimant et désintéressé qui puisse m'aimer pour moi-même. Je n'ai plus à me fier ni aux Brésiliennes, ni aux Françaises, ni aux Anglaises, ni aux Espagnoles, et je veux essayer des îles Canaries.

— Pauvre serin, va! — se dit en lui-même l'ami du naïf Français; puis à haute voix : — Vous croyez donc les îles Canaries plus dignes de vos sympathies?

— Peut-être, mon ami.

— Mais si vous croyiez amoureux d'une certaine Euphrosine, pour laquelle vous aviez bravement affronté les préjugés du monde, et qui avait consenti à embellir de sa présence votre mélancolique demeure.

— Euphrosine? ah! je l'ai bien aimée!... mais elle m'a trompé; elle m'a trompé dans des conditions détestables, mon cher, en m'enlevant tous mes effets et jusqu'à mes bottes.

— Bah! vous n'exagérez rien?

— Rien, mon cher. L'ingratitude des femmes est incommensurable comme l'infini de leurs caprices. Figurez-vous que j'ai passé avec cette femme des jours qui devaient cimenter à jamais nos deux existences. Le malheur, la misère et la faim, oui, la faim, ont uni longtemps nos tristes destinées, et nos larmes ont bien des fois mouillé le pain noir que j'avais seul à lui offrir, avec mon amour et une modeste chambre. Eh bien ! le croirez-vous, l'ingrate a oublié tout cela pour se sauver avec un jeune homme, beau et très aimable, qui lui assurait cinq cents francs par mois avec un appartement richement meublé.

— Oh ! oh ! oh ! que les femmes sont ingrates !

— La malheureuse s'est perdue. Au moins, avec moi, elle pouvait lever la tête avec fierté, car, certes, je n'en avais pas fait une femme entretenue.

— Et aujourd'hui vous cherchez à combler le vide que la fuite d'Euphrosine a fait dans votre cœur, en venant ici faire choix d'une jeune émigrante pour lui offrir un amour désintéressé ?

— Sans doute. L'amour qu'on paye n'est pas de l'amour. Outre l'inconvénient qu'il y a de le payer, il détruit toute illusion et toute poésie ; or la poésie et l'illusion sont les plus charmans ornemens de l'amour... Et tenez, quand une femme a le triste courage d'imposer des conditions à ses faveurs, et qu'elle me demande de l'argent, savez-vous ce que je fais ?

— Vous payez, je pense ?

— Eh bien ! oui : mais alors il me vient dans l'esprit que cette femme est intéressée, que mon amour n'est pas son seul objet, et, malgré moi, je deviens triste et réfléchi.

— Vous voudriez être aimé pour vous-même ?

— Ce serait si doux ! Le matin, par exemple, quand je sors pour faire des affaires, et que je n'en fais pas ; quand, après une journée de vains efforts je rentre impatient et maussade, sans avoir pu réaliser aucune de mes espérances, combien il me serait agréable alors d'avoir une femme modeste, aimante, sobre, délicate, attentionnée, qui me comblât de tendres caresses, et supportât avec joie tous mes ennuis et mon adversité.

— Mais vous devez trouver cela facilement, il me semble ?

— Pas si facilement que vous le croyez, mon cher, et, ne pouvant rencontrer cette femme sur terre, je viens la chercher à bord.

En parlant ainsi, le Français obèse, mélancolique et par trop aimant, était arrivé avec son ami jusque dans la chambre du capitaine. En ce moment Manoel Ribeira signait avec une jeune fille un engagement de cinq ans, en qualité de gouvernante.

Cette jeune fille avait dix-huit ans et se nommait Maria Dolorosa. Née d'une famille d'agriculteurs des îles, elle avait reçu quelques élémens d'instruction, et s'était, grâce à son intelligence supérieure, rapidement élevée au-dessus de sa condition sociale. Son père et sa mère, qui l'adoraient plutôt qu'ils ne l'aimaient, avaient placé tout leur bonheur comme toute leur gloire dans l'avenir de leur fille. Par malheur Dolorosa n'avait pas encore atteint sa onzième année quand sa mère mourut, et son père, ruiné à la suite d'une fausse spéculation, fut contraint de vendre la seule petite propriété qu'il possédât, et de s'expatrier.

Sans ressource aucune, désespéré, il recommanda Dolorosa à une vieille tante et partit pour les Grandes Indes.

Cinq ans après le départ du père de Dolorosa, la vieille gardienne de la jeune fille mourait, et, deux ans après cette mort, l'orpheline prenait passage, en qualité d'émigrante, sur le brick portugais où nous venons de la voir recueillie par Manoel Ribeira.

Quelques mots sur Ribeira sont nécessaires pour l'intelligence de cette histoire.

Manoel Ribeira était Portugais et natif de la province d'Oporto, nous l'avons déjà dit. Semblable à beaucoup de ses compatriotes, il était venu tout enfant à Rio-de-Janeiro, et avait débarqué avec dix francs dans sa poche, sans recommandation aucune, à la grâce de Dieu.

Les Portugais sont généralement d'excellens négocians ; ils sont sobres, actifs, travailleurs, patiens, honnêtes et pleins d'ambition. De plus, ils se montrent d'une grande soumission auprès de leur patron, ce qui est toujours une bonne qualité chez un employé. Aussi les chefs de maisons de commerce, au Brésil, donnent-ils en général la préférence aux Portugais quand ils ont besoin de commis. Presque tous les commis subalternes, à Rio-de-Janeiro, sont de jeunes Portugais, qui viennent enfans y chercher une position. Les Portugais ont encore sur les autres étrangers au Brésil l'avantage considérable de parler la langue du pays.

Manoel Ribeira, à peine arrivé à Rio-de-Janeiro, était entré comme petit commis dans une tenda, c'est-à-dire chez un épicier débitant de liqueurs. Les Portugais sont constans. Ribeira passa huit années chez son premier patron. Il ne sortit de cette maison que pour entrer comme premier commis chez un marchand de viande sèche en gros.

Nous le trouvons aujourd'hui chef à son tour d'une importante maison de commerce, ayant sous ses ordres de nombreux employés, et propriétaire d'une dizaine d'esclaves des deux sexes, affectés au service de l'intérieur de son établissement.

C'est cette maison considérable que Maria Dolorosa, si jeune encore, était appelée à diriger en qualité de gouvernante.

Comment Manoel Ribeira, un homme sérieux et de sens, avait-il choisi, sur un grand nombre d'émigrans, précisément celle qui par son âge paraissait offrir le moins de garantie.

II

— Vous êtes bien jeune, mon enfant, — avait dit Manoel Ribeira en s'adressant à Dolorosa, — pour remplir les fonctions de gouvernante dans ma maison, dont le personnel est nombreux.

— Je suis jeune, il est vrai, — avait répondu la jeune fille, — mais j'ai beaucoup souffert déjà, et la souffrance vieillit souvent plus que les années, en même temps qu'elle donne une expérience prématurée.

Cette réponse simple, simplement faite, avait produit la meilleure impression dans l'esprit du Portugais, et l'avait déterminé dans son choix. D'ailleurs il se sentait attiré par la physionomie douce, éminemment honnête de la jeune émigrante, et par l'intelligence de son regard.

Dolorosa n'était pas précisément jolie ; ses traits manquaient de régularité, bien que l'ensemble en fût harmonieux, et sa taille, un peu courte, n'avait pas toute l'élégance désirable. Mais à côté de ces défauts on admirait en elle de beaux cheveux noirs, des yeux intelligens et doux, admirablement ombragés de longs cils, un front mat et limpide, un petit pied gracieusement cambré, une main soignée, et par-dessus tout une voix calme, douce et musicale comme une tendre et plaintive mélodie de l'âme. Avec cette aisance de bon goût que donne l'intelligence jointe à la bonté, Dolorosa prit possession de son emploi à la satisfaction de tous. Commis et esclaves eurent bientôt pour elle la plus tendre affection. Elle avait en horreur les châtimens corporels, et savait, par sa parole persuasive et la droiture de son esprit, ramener à leur devoir les nègres en faute. Dolorosa était véritablement trop chrétienne pour qu'il n'y eût pas dans son cœur un écho de la parole de Dieu, *Vos omnes fratres estis !* vous êtes tous frères ; cette parole sublime à laquelle sont restés sourds les catholiques du nouveau monde propriétaires d'esclaves, et ceux de l'Europe qui les ont soutenus.

C'était un nègre nommé José qui était chargé de la direction du personnel domestique avant la venue de Dolorosa dans la maison de Ribeira.

José, grand, beau, bien fait de toute sa personne, et dans la force de la jeunesse, avait été acheté à l'encan, lorsqu'il n'avait encore que cinq ans, par monsieur Ribeira, qui l'avait pris en affection.

José méritait cette affection à tous égards.

D'une fidélité irréprochable, il avait pour son maître un attachement sans bornes; ardent et passionné, il appartenait à cette catégorie d'hommes qui sont le type de l'honnêteté quand ils ne se jettent pas tout entiers dans le désordre et le vice. S'il est vrai que les extrêmes se touchent, c'est surtout en ce qui concerne les fortes qualités du cœur et de l'esprit que cette vérité est applicable. Les natures vigoureuses, entraînées par les passions, se précipitent avec une égale ardeur dans la route du bien ou du mal, et la parcourent jusqu'à leurs dernières limites. Il faut souvent peu de chose, un événement en apparence insignifiant, pour imprimer aux natures exaltées et enthousiastes le mouvement qui leur fera prendre l'une ou l'autre de ces deux routes.

Les bons soins de Ribeira, son affection pour l'enfant voué au triste hasard de la servitude, avaient ouvert le cœur du jeune noir aux sentimens généreux, et il était devenu honnête et dévoué en raison de la puissance de son organisation.

Quand José se vit dépossédé par une étrangère du poste de confiance qu'il occupait, il ne put réprimer un vif sentiment de jalousie. Il dut faire de grands efforts sur lui-même, et appeler à son secours toute sa raison pour ne pas se révolter ouvertement contre ce qu'il croyait être une injustice. Mais, la première effervescence passée, José se plia à la volonté de son maître, et ne tarda pas à subir l'influence doucement dominatrice de Dolorosa. Il finit par avoir pour elle les égards les plus délicats, et se montra l'esclave le plus soumis à ses ordres parmi tous les esclaves de la maison.

Bientôt pourtant, par l'effet d'un retour aux sentimens de jalousie sans doute, José redevint ce qu'il avait été tout d'abord; il semblait distrait, préoccupé, sombre, et répondait parfois brusquement à la gouvernante. Dolorosa, munie de pleins pouvoirs, ne cessait de se montrer conciliante auprès du noir rebelle. Pour tous, dans la maison, il paraissait évident que José, dépossédé par la gouvernante, nourrissait contre elle une haine sourde, que par amour pour monsieur Ribeira il s'était efforcé de comprimer, mais qu'il n'avait pu vaincre complétement.

— José, — lui dit un jour Dolorosa, — je sors pour quelques momens; veille, pendant mon absence, à ce que le service de la maison continue de se bien faire.

D'abord le nègre parut recevoir cet ordre avec docilité, mais se ravisant, comme si quelque pensée coupable eût traversé son esprit :

— Eh! madame, — répondit-il en secouant la tête et en s'éloignant rapidement, — pourquoi cette préférence? Ne suis-je pas esclave et noir comme tous les autres esclaves de la maison?

Ce sentiment d'hostilité pour sa personne affectait péniblement la jeune fille, qui voulait concilier la douceur avec le respect qu'on lui devait comme femme blanche et comme gouvernante.

D'autres scènes du même genre se renouvelèrent, qui ne laissaient aucun doute sur les fâcheuses dispositions du nègro.

Mais plus il semblait se révolter contre l'autorité de Dolorosa, et plus, par une sorte de compensation, il se montrait soumis, attentionné et reconnaissant pour monsieur Ribeira, qu'il affectait d'appeler son maître chéri, son *seul* maître.

Telle était la situation de l'esclave envers la gouver-

nante, quand Dolorosa, de plus en plus estimée de Ribeira, atteignit sa vingtième année.

Le matin du jour anniversaire de la naissance de la jeune fille, Ribeira la fit appeler par José, qui remplissait plus particulièrement auprès de son maître les fonctions de valet de chambre.

— Mademoiselle, — dit le nègre en s'adressant à Dolorosa d'un ton bourru à la fois et triste, — monsieur désire vous parler.

— Savez-vous, José, — lui demanda la gouvernante, — ce que monsieur Ribeira peut avoir à me dire?

— Ma foi! non, mademoiselle, et les affaires que vous pouvez avoir avec monsieur ne me regardent pas. Je suis fait pour le servir quand il me commande, et non pour le questionner sur ses intentions.

— Quel mauvais caractère tu montres parfois, José! En vérité, si je n'avais pas pitié de toi, je te ferais infliger des corrections pour ta mauvaise humeur à mon égard.

— Eh bien! — fit l'esclave à voix basse, comme s'il eût craint les conséquences fâcheuses de sa réponse provocative, — j'aimerais mieux cela; peut-être alors...

Dolorosa, toujours bonne, feignit de ne rien entendre, et l'interrompant :

— Pourrais-tu, du moins, me dire où se trouve monsieur en ce moment?

— Monsieur est dans sa chambre, — répondit le noir en courbant la tête comme s'il se repentait de son accès de mauvaise humeur.

Sans perdre le temps de rien changer à sa toilette, Dolorosa se dirigea vers la chambre de monsieur Ribeira.

C'était la première fois que le Portugais se permettait une semblable familiarité auprès de sa gouvernante, qu'il traitait avec tous les égards qu'inspirait la conduite irréprochable et si digne de la jeune fille.

Dolorosa ne put s'empêcher de remarquer ce qu'il y avait de libre de la part de monsieur Ribeira à la faire venir dans sa chambre, surtout à cette heure de la journée; mais elle avait foi en la délicatesse et en la probité de son patron, et elle n'hésita pas un instant à se rendre à ses ordres.

Ribeira l'attendait à la porte de sa chambre, vêtu comme s'il se fût agi pour lui d'aller rendre quelque visite de cérémonie.

— Entre, mon enfant, — lui dit-il, — entre; j'ai à te parler longuement, et je désire être seul avec toi.

— Je suis toute à vos ordres, monsieur, — lui dit, du ton d'une conscience calme et qui n'a pas de reproche à craindre, la jeune gouvernante en pénétrant dans la chambre du négociant.

— Prends une chaise, mon enfant, et écoute-moi bien, Dolorosa s'assit à côté de monsieur Ribeira, qui avait pris place sur un canapé de jonc.

— Je vous écoute, monsieur, — dit-elle.

Un instant de silence s'établit alors. Monsieur Ribeira passa la main sur son front, jeta sur la jeune gouvernante un regard long et profond, et continua en ces termes :

— J'attendais ce jour heureux de ton anniversaire pour te faire un aveu, mon enfant. Depuis deux ans que ma bonne étoile m'a conduit à ta rencontre, et que j'ai été assez heureux pour te décider de venir habiter ma maison en qualité de gouvernante, je n'ai eu qu'à me féliciter, je n'ai eu que des éloges à faire de ta conduite et de ton caractère; je me félicite chaque jour d'avoir deviné tout ce qu'il y a d'honnête, de bon, de loyal et de charmant en toi.

— Je ne mérite pas tous ces complimens, — murmura Dolorosa en baissant modestement les yeux.

— Ne m'interromps pas, mon enfant; je ne t'ai point fait appeler pour le plaisir de te débiter en face des complimens que ma bouche prononcerait et que mon cœur désavouerait. Tu ne doutes pas de ma sincérité, Dolorosa, n'est-ce pas?

— Certes, non, — répondit la jeune fille en tournant sur monsieur Ribeira un regard doux, intelligent et franc; — la sincérité naît dans le cœur de l'honnête homme, et demeure sur ses lèvres comme l'enseigne de ses bons sentimens; or, j'en suis sûre, il n'est pas de plus honnête homme que vous, monsieur Ribeira.

— Merci, mon enfant, de cette marque d'estime. Je crois en effet être un honnête homme, et, comme tel, je hais le mensonge et la dissimulation. Je te disais donc vrai en t'avouant combien j'étais heureux d'avoir deviné en toi, dès le premier jour que je te vis, tout ce qu'il y a de bon, de noble, de généreux et de charmant dans toute ta personne. Mais ce sentiment d'estime que j'ai toujours eu pour toi est venu s'ajouter peu à peu un sentiment plus tendre et plus intime. Je n'ai point essayé de lutter contre cette disposition de mon cœur; je l'ai laissée se développer au contraire, et prendre la consistance d'un amour que je ne veux plus te cacher... Je t'aime, Dolorosa, et viens aujourd'hui, à l'accomplissement de la vingtième année, t'offrir avec mon amour mon nom et ma fortune.

—Dolorosa n'avait pas entendu sans une émotion contenue le commencement de cet entretien; mais son émotion éclata aux dernières paroles de monsieur Ribeira. Elle se leva précipitamment de dessus sa chaise, appuya ses mains sur sa poitrine comme pour comprimer les battemens de son cœur, voulut parler, mais les paroles expirèrent sur ses lèvres. Monsieur Ribeira, se levant à son tour, s'empressa de la soutenir.—Qu'as-tu, chère petite, lui dit-il?—et dois-je interpréter à mon avantage ou contre moi l'effet de ma demande en mariage? Sois franche, Dolorosa, car, s'il est heureux de s'unir à celle qu'on aime, les plus grandes déceptions et les plus grands malheurs quelquefois attendent les époux que n'ont pas rapprochés de mutuelles sympathies. De toutes les libertés, la plus sainte comme la plus inviolable à mes yeux est la disposition de son cœur en faveur de celui qui l'a fait battre. Parle-moi franchement; il en est temps encore, et, s'il le faut, je saurai vaincre mes sentimens.

— Monsieur, — répondit Dolorosa d'une voix altérée et en s'efforçant de dompter son émotion, — vos bontés me comblent de confusion, mais je désire ne pas me marier.

— Ah! je ne le vois que trop bien, — ajouta monsieur Ribeira en souriant amèrement;—je n'ai point ton amour, et c'était folie à moi, qui ai presque le double de ton âge, d'avoir caressé un projet trop doux pour qu'il ne fût pas une illusion.

— Vous vous trompez, monsieur, — balbutia la jeune fille,—vous vous trompez sur la nature de mes sentimens à votre égard, et...

— Merci, mon enfant, merci de la délicatesse de tes procédés; mais je n'ai pas vécu jusqu'aujourd'hui sans avoir appris un peu à lire dans ce livre de l'âme toujours ouvert et qu'on appelle la physionomie. Ton cœur est à un autre, Dolorosa, je vois cela écrit sur ton loyal visage.

— Vous vous trompez encore, monsieur, — répondit avec expansion la jeune fille, qui parut faire un puissant effort sur elle-même; — je vous estime trop, je vous suis trop reconnaissante pour faire partager à un autre des affections que je ne devrais qu'à vous seul; mais le mariage, vous l'avez dit vous-même, est une chose grave, un vaste champ de félicités ou un abîme d'amertume. Je ne suis, vous le savez, qu'une pauvre fille dont la famille et la vie vous sont inconnues; peut-être vous repentiriez-vous un jour d'avoir trop facilement cédé à une inclination passagère, et peut-être moi aussi seriez-vous en droit de me faire le reproche de ne l'avoir pas combattue.

— Je t'aime, Dolorosa, et veux t'aimer pour toi seule. Ta famille est pauvre, c'est sans doute ce que tu as voulu dire; crois-tu que la mienne soit plus riche? Et quant à ta vie, pourquoi voudrais-je la connaître? A l'époque où je t'ai vue pour la première fois, tu étais pour ainsi dire encore une enfant, et tes vertus présentes sont le plus sûr gage de ta conduite passée.

Dolorosa garda le silence et parut plongée dans de graves réflexions. La pâleur qui couvrait son visage témoignait d'une lutte intérieure. Une larme coula lentement sur sa joue.

Cette larme était-elle l'expression du bonheur inespéré que trouvait la jeune fille à se voir ainsi aimée? Nous serions porté à le croire, en voyant Dolorosa, dominée par l'émotion, rompre brusquement le silence, saisir la main de Ribeira, et lui dire, avec l'expression d'une passion véritable et profonde,

— Mon ami, mon bienfaiteur, je vous aime!

Un mois après cet entretien, la jeune et pauvre Canarienne, sans famille, sans aucun appui, misérablement partie de son pays natal sur un navire qui lui faisait presque l'aumône en lui faisant crédit de son voyage, Dolorosa épousait à Rio-de-Janeiro un riche et honorable commerçant, lequel plaçait en elle son bonheur et toute sa joie.

III

Le jour du mariage de leur maître avec l'ancienne gouvernante, les esclaves réunis s'étaient cotisés en prenant dans leur chétive bourse l'argent nécessaire à l'achat d'une corbeille de bois et paille tout ornée d'élégantes dentelles, et remplie des plus beaux fruits du pays, tels que figues, bananes, oranges de diverses espèces, mangues, goyaves, ananas, cajous, cocos de Bahia, etc.

En outre de cette corbeille, savoureux spécimen de la riche végétation du Brésil, les noirs avaient confectionné un bouquet de circonstance au moyen de fleurs allégoriques.

Ce bouquet devait être offert à madame Ribeira, à la sortie de l'église, par José, chargé d'exprimer les félicitations de tous les esclaves.

Les domestiques, par plusieurs raisons, avaient été unanimes à choisir José pour remplir auprès de leur maîtresse cette difficile et délicate fonction de complimenteur officiel.

D'abord José était le plus ancien esclave de la maison, bien qu'il fût encore un jeune homme; ensuite il avait toute l'affection et toute l'estime de monsieur Ribeira, puisque ce dernier l'avait nommé au poste de confiance occupé plus tard par mademoiselle Dolorosa; enfin José passait à juste titre pour être le plus intelligent des esclaves de la maison, par conséquent le plus capable de les représenter dans l'expression des hommages qu'ils voulaient offrir à la nouvelle mariée, désormais leur maîtresse.

José parut d'abord accepter cet office avec plaisir; mais, au moment de se présenter auprès de madame Ribeira, il prétexta un malaise subit, et alla se placer derrière tous ses compagnons, de manière à n'être pas vu.

Ce fut une jeune mulâtresse qui, à la place de José, débita le compliment.

Personne ne douta que la rancune indomptable du nègre favori contre l'ancienne gouvernante ne fût le véritable motif de cette brusque retraite, et il eut à subir les reproches de tous les noirs ses camarades.

Le soir de son mariage, monsieur Ribeira convia ses amis à une brillante fête de nuit qu'il donna à Sâo-Domingo, où il avait une très jolie propriété.

Tous les noirs se livrèrent au plaisir; ils burent de l'eau-de-vie de canne, mangèrent du poisson accommodé au piment vert, et dansèrent au son de la marimba, instrument à lames de fer qu'on tient dans les deux mains et qu'on joue au moyen des pouces qui mettent les lames en vibration.

José seul fit défaut à la fête; personne ne le vit à Sâo-Domingo ce soir-là, bien qu'il s'y fût rendu avec les autres esclaves.

La fête de nuit se prolongea durant toute la journée du lendemain et une partie de la nuit suivante.

Ce ne fut que le troisième jour au matin que la bande joyeuse rentra à Rio-de-Janeiro, où chacun reprit le cours de ses travaux habituels.

La félicité n'est guère de ce monde, la félicité conjugale surtout. Pourtant on peut assurer que le bonheur régnait, pour ainsi dire sans partage, au sein du ménage exceptionnel de monsieur et madame Ribeira. La fortune inespérée de la jeune Canarienne n'avait pas, contre toute prévision, gâté son naturel charmant : elle se montrait, maîtresse de maison, ce qu'elle avait été simple gouvernante. Les actes de bonté de cette femme excellente n'étaient point des actes de faiblesse, mais des actes de bienveillante justice et d'humanité bien compris ; aussi personne n'abusait de ses bonnes dispositions. D'ailleurs il y avait toujours en elle une teinte de mélancolie jointe à une dignité naturelle qui commandait le respect et imposait la discrétion.

Le bien et le mal nous vient des femmes ; on l'a souvent dit et avec raison. Quelle que soit leur influence, bonne ou mauvaise, elle s'étend à tout ce qui les entoure.

« Où est la femme ? » avait l'habitude de s'écrier un juge espagnol, lorsqu'on venait se plaindre à lui de quelque méfait commis, alors même qu'il n'était question d'aucune femme.

Où est la femme ? pourrait-on dire aussi justement lorsqu'on signale quelque bienfait, quelque louable action, car, directement ou indirectement, c'est toujours la femme qui agit.

Grâce donc à l'heureuse influence de Dolorosa devenue madame Ribeira, chaque chose allait au mieux dans la maison du négociant.

Sauf quelques légers nuages dissipés presque aussitôt que formés, tout était pur et étoilé dans le ciel bleu de cet hymen trop rare.

Un jour, par exemple, monsieur Ribeira rentra plus tard que de coutume chez lui ; il paraissait vivement contrarié. C'était la première fois qu'il se montrait dans d'aussi mauvaises dispositions depuis son mariage.

D'abord Dolorosa garda le silence, bien qu'elle se fût aperçue aussitôt de l'air de mauvaise humeur de son mari. Ensuite :

— Qu'as-tu, mon ami ?—lui dit-elle de cette voix douce et mélodieuse que nous lui connaissons ; — tu parais souffrant ?

— Cela ne te regarde pas, — lui répondit brusquement Ribeira, — et, si je suis souffrant, je saurai me faire soigner.

— En vérité, mon ami, je ne te reconnais pas, et jusqu'ici tu ne m'avais pas habituée à un pareil langage.

— C'est possible. Je suis, je le sais, beaucoup trop faible avec tout le monde, et surtout avec toi ; mon amour-propre d'homme, de chef de maison, se révolte enfin contre une oppression qui, pour être douce en apparence, n'en est pas moins une oppression... Depuis quand donc ne me sera-t-il plus permis d'être contrarié si j'ai des sujets de contrariété ? Faudra-t-il que je rie sans cesse pour être agréable à madame ?

Et, en disant ces paroles, il marchait à grands pas dans la chambre.

— Tu m'affliges, mon ami ; tu me fais beaucoup de peine en te méprenant sur les sentiments qui dictent mes prévenances à ton égard.

— Ah ! voilà le grand mot lâché ; quand on a parlé de sentiment on croit avoir tout dit, comme si la vie entière était pétrie d'amoureux sentiments.

— Manoel, mon ami, serais-je la cause involontaire de ton chagrin ? S'il en est ainsi, pardonne-moi, car Dieu m'est témoin ! je t'aime plus que tout au monde ; je sacrifierais ma vie pour ton bonheur... Je t'en prie, mon ami, je t'en supplie, ne te montre pas ainsi ; pour moi... Tu m'arraches le cœur... tu me ferais mourir...

— Eh, mon Dieu ! — reprit Ribeira, ramené subitement à lui-même par ces paroles touchantes, — tu sais fort bien que ce n'est pas précisément pour te faire du chagrin que je te dis cela... Que diable ! il faut savoir se comprendre... Tu sais bien aussi que je t'aime... autant certainement que tu m'aimes toi-même ; mais quand je

dis que je suis faible, beaucoup trop faible avec tout le monde, j'ai mille fois raison ; si j'étais moins confiant, plus dur en affaires, j'aurais douze contes de reis de plus dans ma caisse aujourd'hui.

— C'est donc une perte d'argent qui cause ton chagrin ?

— Mais il me semble que le motif est assez sérieux ; douze contes de reis ne se rattrapent pas facilement.

— Ils ne se rattrapent pas facilement, soit ; mais enfin ils se rattrapent, et tu es assez riche, Manoel, pour supporter cette perte sans que rien en souffre, ni dans ton commerce ni dans ta maison. Après les paroles brusques et si injustes que tu m'adressais, la nouvelle d'une perte d'argent, seule cause de tes ennuis, m'apparaît presque comme une bonne nouvelle.

— Peste ! comme tu y vas ; il ne faudrait pas beaucoup de bonnes nouvelles de ce genre pour faire de moi un commis et de toi une servante, — répondit Ribeira avec un sourire de regret.

— Je ne crains rien pour moi, — reprit simplement Dolorosa ; — née pauvre, je puis vivre et mourir pauvre sans avoir le droit de me plaindre ; ma part de bonheur aura toujours été assez grande sur cette terre, puisque j'ai eu ton amour, mon bon Manoel.

A ces dernières paroles, la physionomie de monsieur Ribeira changeant tout à coup d'expression, il sourit sans dire un mot, et fit amicalement signe du doigt à Dolorosa de venir l'embrasser.

La jeune femme, que cette scène avait tristement émue, ne put retenir ses larmes et se précipita dans les bras de son mari.

— Pauvre enfant ! tu pleures, — lui dit tendrement monsieur Ribeira, — et c'est moi qui en suis cause.

— Les larmes que je verse en ce moment me font du bien, mon ami, — répondit Dolorosa en inclinant doucement sa tête sur les épaules de son mari ; — comme la douleur, la joie pleure quelquefois.

— Allons ! tu me pardonnes, n'est-ce pas, ma chérie ? tu me pardonnes ma mauvaise humeur contre toi, qui n'est pour rien dans la perte que j'ai subie ? Que veux-tu ? je n'ai pas été maître de mon esprit, et je regrette de tout mon cœur mon injustice à ton égard.

— Tes bonnes paroles me rendent tout entière au bonheur, mon Manoel. L'amour est le souverain remède de tous les maux et de toutes les afflictions ; puisque tu m'aimes encore, rien n'est perdu pour nous.

Monsieur Ribeira, bientôt consolé d'une perte d'argent qui n'avait rien de compromettant pour sa fortune, continua auprès de sa femme cette vie calme toute remplie d'affections qui faisait du ménage de monsieur et de madame Ribeira, sinon un ménage unique dans le monde, du moins un ménage qui se cache, s'il existe.

Aimable et charmante Dolorosa, tu ne prévoyais pas en ce moment ! terribles épreuves que le génie du mal, jaloux de ton bonheur, préparait pour ta perte.

IV

Les commerçants, au Brésil, n'ont pas, comme dans le nord des États-Unis, la passion des affaires pour le seul plaisir des affaires. L'homme d'affaires, aux États-Unis, est un galérien de commerce qui traîne son boulet à perpétuité, sans jamais tenter d'en rompre la chaîne.

La chaîne est d'argent, le boulet est d'or, mais c'est toujours une chaîne et un boulet.

Le commerçant de New-York se lève à sept heures du matin, déjeune fort mal à sept heures et demie, se rend à son office du bas de la ville à huit heures, et se cloue sur son fauteuil de *business man* jusqu'à sept heures du soir, quelquefois jusqu'à neuf heures. Qu'il soit pauvre ou riche, qu'il soit jeune ou vieux, le Yankee reste fidèle à la religion du trafic, et ne cesse qu'à la mort de brûler l'encens de son éternelle admiration et de son éternel dévouement pour le dieu dollar, le dieu des dieux de l'Amérique du Nord.

Au Brésil, on comprend mieux la vie. Les affaires ne sont pas le but, comme aux États-Unis, elles sont uniquement le moyen. Aussi, dès qu'un négociant, au Brésil, se voit en possession de la fortune qu'il juge suffisante pour ses besoins et ses plaisirs, s'empresse-t-il de remettre à d'autres la charge des affaires, s'il continue le commerce; ou bien il se retire tout à fait, et jouit le mieux possible des fruits de son labeur dans un repos toujours bien mérité.

Monsieur Ribeira était riche, mais il se trouvait encore trop jeune pour prendre son bâton de rentier. Seulement il faisait les affaires un peu en amateur, ou plutôt en directeur, ayant sous ses ordres immédiats son premier commis, intéressé dans les affaires de la maison et chargé du travail actif des achats et des ventes.

Monsieur Ribeira déjeunait solidement et à son aise à dix heures; puis il allumait un cigare et se rendait, en se promenant, entre onze heures et midi, prendre ce qu'on appelle l'air du bureau. Là on lui rendait compte des opérations du jour; il donnait ses ordres, répondait aux lettres les plus importantes, ou y faisait répondre, et revenait chez lui vers quatre ou cinq heures.

A l'époque des grandes chaleurs, et pour éviter les rayons ardens et funestes du soleil brésilien, il sortait de chez lui de meilleure heure; mais il rentrait toujours vers quatre ou cinq heures, l'habitude, chez monsieur Ribeira, étant de dîner à cinq heures et demie précises.

Un matin, comme monsieur Ribeira, après avoir achevé son déjeuner, se disposait à gagner ses magasins, José vint le trouver.

— Avec votre permission, monsieur *mon monsieur*, — lui dit l'esclave, suivant la formule ordinaire des nègres qui adressent la parole à leur maître, — quelqu'un désire vous voir.

— Est-ce un homme ou une femme?

— C'est un homme, monsieur.

— Un blanc, sans doute?

— C'est un blanc, oui certes; je n'aurais pas voulu déranger monsieur pour un nègre; tout au plus me serais-je cru en droit de le faire pour un homme de couleur libre.

— Et connais-tu ce visiteur?

— Je crois l'avoir vu chez monsieur, il y a cinq ou six ans, il faisait le commerce des nègres... non, je me trompe, des dents d'éléphans, depuis que la traite est défendue par les Anglais, qui, d'après ce que j'ai entendu dire, aiment les noirs plus qu'eux-mêmes.

— Ah! j'y suis; c'est Francisco Pereira Cunha, un homme que je croyais pendu quelque part, et qui finira mal, certainement.

— Monsieur désire-t-il le recevoir?

— Je ne le désirerais guère; mais nous nous sommes vus souvent autrefois, et c'était en définitive un assez bon client, que je dois ménager... Dis-lui d'entrer.

— A vos ordres, monsieur, je vous obéis.

Et José sortit de la chambre où se trouvait son maître, pour se rendre auprès de l'étranger et l'introduire.

Francisco Pereira Cunha, car c'était bien lui, était un de ces hommes de sac et de corde comme on en trouve en si grand nombre dans toutes les parties de l'Amérique, où beaucoup vont chercher l'impunité de leurs crimes commis en Europe, et tenter la fortune par des moyens plus ou moins licites. Il était né à Madère. Ses parens, pour le corriger de son mauvais naturel, l'avaient fait embarquer, dès l'âge de dix ans, sur un navire en partance pour la pêche à la baleine.

S'il est un métier pénible, c'est à coup sûr celui de pêcheur de baleines. Le froid, les privations de toutes sortes, les dangers d'une longue et pénible navigation, le pêcheur de baleines est forcé de tout endurer.

Après une campagne de trois ans, le jeune Cunha revint ce qu'il était au départ, c'est-à-dire méchant, envieux, hypocrite et voleur. Ses parens le forcèrent à s'embarquer une deuxième fois, et l'on fut cinq ou six ans sans avoir de ses nouvelles.

Depuis dix ans, Cunha, jeté dans les aventures hasardeuses, faisait la traite des noirs.

Malgré tous les dangers d'un semblable trafic, il y a toujours eu et il y aura longtemps encore des hommes d'équipage et des armateurs disposés à le faire.

On se rend aisément compte des facilités que les armemens destinés à la traite des nègres ont pour échapper à la vigilance des autorités américaines, quand on sait l'énormité des profits que donnent ces opérations.

Une semblable spéculation avait dû tenter la cupidité de Cunha, qui trouvait en outre, dans l'exercice barbare de la traite en lui-même, un moyen de satisfaire ses mauvais instincts.

Cunha s'était donc fait capitaine négrier, et il fût devenu fort riche sans la passion du jeu qui le dominait et absorbait tous ses bénéfices.

Au physique, Cunha était bel homme et doué d'un visage des plus agréables, quand on ne l'examinait que superficiellement. Il savait dissimuler sous un sourire bienveillant toute la noirceur de son âme, et son esprit envieux et jaloux se masquait avec habileté par des dehors de bonhomie et de désintéressement.

Cunha avait en outre le talent de plaire aux femmes. Comme don Juan, il s'était plu à écrire sur un calepin la longue liste de ses victimes, qu'il montrait sans retenue aucune à tous ceux qui le voulaient voir. Avec la traite des noirs, il faisait aussi, disait-il lui-même plaisamment, la traite des blanches.

— Eh bien! cher monsieur Ribeira, — exclama bruyamment le capitaine négrier en pénétrant dans la chambre où se trouvait ce dernier, — vous ne comptiez pas sur ma visite, n'est-ce pas, après de si longues années d'absence? Aussi bien ces coquins d'Anglais, que le porter étouffe! auraient pu me donner l'hospitalité au bout de la grande vergue, en me suspendant pour plus d'élégance à un bout de filin. J'ai pu leur échapper, fort heureusement, et me voici. Ma première visite à Rio-de-Janeiro est pour vous, mon cher et déjà vieil ami.

— Je vous remercie de votre souvenir, — répondit monsieur Ribeira d'un ton poli mais froid, qui contrastait avec le ton expansif du négrier; — je suis charmé de vous voir en bonne santé.

— Oh! quant à ma santé, elle a toujours été excellente, et je mourrai bien portant, j'en suis sûr.

— Vous êtes à Rio pour quelques jours?

— Je compte partir pour Campos après-demain, sur la goëlette l'*Ortolan*; j'ai quelques affaires à régler, après quoi je mettrai à la voile pour... vous savez où. Mais, avant de quitter la capitale, j'ai voulu vous serrer la main et vous faire, comme d'habitude, ma commande de viande sèche.

— Vous trouverez au magasin ce que vous désirez, je pense...

— Et les affaires, voyons, ça marche-t-il un peu?... Non, n'est-ce pas? Les négocians ont tous la manie de se plaindre.

— Mais je ne me plains pas, moi, et je n'ai aucun sujet de me plaindre; ma maison a toujours prospéré, et je n'ai jamais été plus heureux. Et vous?

— Moi, mon cher monsieur Ribeira, j'ai mené comme d'habitude assez gaiement les choses de la vie. J'ai fait six fois ma fortune, et six fois je l'ai perdue; mais bah! je me console de cela avec du vin de Porto, quelques camarades et les grâces du beau sexe... Après moi la fin du monde, comme disait un roi de France, un excellent garçon... Louis XV, je crois.

— Je pensais à vous dernièrement.

— Vous êtes bien bon, en vérité; et que pensiez-vous de moi?

— Je pensais à vous en lisant dans un journal le compte rendu d'une chasse donnée par une corvette anglaise à une goëlette négrière. A la façon hardie dont la goëlette est entrée dans une passe des plus périlleuses, où la corvette n'a pu la suivre, je me suis dit : Cela pourrait bien être un tour joué par le capitaine Cunha.

— Et la goëlette, hors de la portée du canon de la corvette, est restée trois jours en station sur les rochers.

— Précisément; est-ce que par hasard ?...

— Et dans la soirée du troisième jour, par un petit brouillard d'amour, la goëlette a levé l'ancre, sans tambours ni trompettes; puis, le matin, quand la corvette en bâillant s'est frotté les yeux pour y voir plus clair, elle a vu qu'elle ne voyait rien : l'oiseau était déniché.

— C'est bien cela; et l'on n'a plus entendu parler du navire négrier.

— J'en ai entendu parler, moi...

— C'était donc vous ?

— Parbleu ! Le lendemain du jour de ma fuite, je débarquai mes noirs sur la côte, à six lieues de la corvette, qui ne me savait pas si rapproché d'elle, et je coulai ma goëlette. Des agens se sont emparés de la marchandise, qui a été lestement placée dans les habitations, à 2,000 fr. par tête en moyenne, et le tour a été fait. Je n'ai jamais fait un si beau voyage sous tous les rapports. J'avais à bord trois cent vingt nègres, hommes et femmes; soixante seulement sont morts dans la traversée; une dixaine à peu près étaient malades au moment du débarquement; j'en ai fait un bloc que j'ai joué, parbleu ! sur un coup de dés contre deux contes de reis.

— Et la revanche vous a-t-elle été favorable ?

— Non, j'ai perdu mes malades, absolument comme si j'avais été leur médecin.

Et le capitaine se mit à rire aux éclats.

— Vous n'êtes pas heureux au jeu.

— Vous connaissez le proverbe : Malheureux au jeu, heureux en amour.

— En sorte que vous faites toujours des conquêtes ?

— Eh, mon Dieu ! il faut bien employer les momens qu'on passe à terre. Si je ne craignais de vous retenir trop longtemps, je vous montrerais sur mon calepin la liste de mes aimables et jolies victimes. Cela vous amuserait peut-être. Elles sont classées par ordre de date et par professions. Il y a la colonne des demoiselles, la colonne des femmes mariées et la colonne des veuves. Je ne compte pas dans cette collection les femmes de couleur ; ce serait leur faire trop d'honneur.

— Peste ! vous êtes un homme dangereux, et il ne fait pas bon vous recevoir quand on a de la famille.

— Il est vrai que je connais bien peu d'hommes mariés. Ils ont le bon esprit de me fuir; mais pourvu que je puisse voir leur femme...

Et le capitaine termina sa phrase par un geste de triomphe.

— Vous ne savez donc pas que je suis marié? — dit Ribeira en riant d'avance de l'embarras dans lequel il allait mettre le capitaine négrier.

— Marié, vous! et depuis quand, juste ciel? —exclama le négrier en faisant deux pas en arrière.

— Il y aura bientôt deux ans.

— Comment vous êtes marié !... C'est singulier ! J'ai affronté un peu tous les dangers, le feu, l'eau et les Anglais; vingt fois j'ai été sur le point de perdre la vie ; j'ai été un peu assassiné, un peu noyé, un peu brûlé, j'ai même été un peu pendu; eh bien ! je le dis sans forfanterie, je n'ai jamais eu peur; mais quand j'entends parler de mariage, oh ! alors, un frisson involontaire s'empare de tout mon être; c'est plus fort que moi, je suis maté... Mille corvettes ! il faut avoir un bien grand courage pour se marier !

— Il en faut davantage, suivant moi,—reprit monsieur Ribeira de l'air de l'homme qui apprécie tout son bonheur, — pour se priver des douces et salutaires jouis-

sances du mariage et renoncer à la perspective heureuse d'avoir des enfans.

— Ce n'est pas mon avis, — dit le capitaine; — passe encore pour la femme pendant qu'elle est jeune et jolie ; mais pour ce qui est des enfans, je ne vois pas ce qu'il y a d'heureux à être entouré d'un tas de petits drôles, criards, méchans, sales, gourmands, despotes, envieux, sottement entêtés; sur lesquels vous êtes obligé, jour et nuit, d'exercer une haute police, sous peine de voir votre maison mise au pillage comme une ville conquise.

— Le tableau n'est pas flatté, ce me semble, — répondit monsieur Ribeira en souriant;—tous les enfans ne sont certes pas pétris de tous les défauts dont vous les gratifiez.

— Ils sont tous plus ou moins ce que je dis : si l'homme ne vaut pas grand'chose, l'enfant vaut moins encore, car il n'a pas, comme l'homme, le sentiment des devoirs sociaux et la politesse pour corriger les défauts de nature.

— Vous avez peut-être raison, après tout ; mais il y a en nous quelque chose qui domine la raison : c'est le sentiment ; et quel sentiment l'emporte sur l'amour qu'on a pour ses enfans.

— Au surplus, — dit le capitaine, — le bonheur gît dans l'imagination ; le tout est de se persuader qu'on est heureux.

— Pour moi, — reprit monsieur Ribeira, — le comble de ma félicité, après avoir été assez favorisé pour épouser ma femme, serait d'avoir un enfant auquel je pourrais léguer mon nom et ma fortune, dont je ferais mon ami le plus intime, et que je dirigerais dans cette route de la vie où tant de gens se dirigent si mal, et où il est toujours si facile de se conduire quand on a l'honneur pour but.

A ce moment, le négociant portugais tira sa montre, regarda l'heure, et prit son chapeau, comme pour insinuer à son hôte que l'heure du départ avait sonné.

Par distraction sans doute, le négrier ne remarqua pas le mouvement de Ribeira, et continua de lui parler.

— Dans votre position, — lui dit-il, — vous devez avoir épousé quelque chose de bien; quelque chose de riche, veux-je dire?

— Vous vous trompez, monsieur, — reprit Ribeira; — la femme dont j'ai sollicité la main était pauvre et sans famille; pauvre à ce point que je l'ai recueillie sur un navire d'émigrans canariens, où elle s'était embarquée, confiante dans la Providence, qui, quoi qu'on en dise, protège généralement les bons et punit les méchans.

Un instant de silence succéda aux paroles de monsieur Ribeira. Comprenant sans doute sur quel terrain difficile il s'était engagé, le capitaine négrier avait jugé prudent de se taire. Puis, comme pour faire diversion, il reprit :

— Ah ! les îles Canaries fournissent de bien jolies femmes ! C'est aux îles Canaries que j'ai eu, il y a quelques années, ma plus charmante aventure d'amour. Figurez-vous une jeune fille innocente, naïve, délicieuse en un mot, abandonnée à elle-même, et à laquelle je n'ai pas eu de peine à persuader que j'étais un honnête capitaine marchand, brûlant pour elle de la plus sainte ardeur conjugale. Ah ! je ris encore en pensant à la crédulité de cette pauvre fille.

— Et vous la trompiez en lui disant cela?

— Parbleu ! cela va sans dire ; ne connaissez-vous pas mes opinions en matière d'hyménée ?

— Je ne puis que vous blâmer, monsieur, — répondit sévèrement monsieur Ribeira, — d'avoir usé de semblables moyens auprès d'une jeune fille innocente et sans conseils. C'est très mal, monsieur, c'est très mal et sans excuse.

— Qu'y puis-je? Comme disent les livres religieux eux-mêmes, l'esprit est fort et... tenez, si vous le voulez, je puis vous faire connaître ses noms et prénoms inscrits sur mes tablettes de Cupidon. J'ai conservé d'elle une lettre fort bien tournée, ma foi ! où elle m'exprime son amour et ses craintes, en même temps qu'elle me rappelle les doux momens que nous avons passés ensemble. Mais, comme dit une chanson française, « *le plaisir a des ailes et l'amour n'a qu'un jour.* »

— C'est inutile, — s'empressa de répondre monsieur Ribeira; — je ne veux pas voir cette lettre; d'ailleurs, je dois voir l'avouer, je suis en retard ce matin, et l'on m'attend au magasin. — Comme le négrier allait prendre congé du négociant, on entendit des pas dans la chambre voisine. C'était madame Ribeira, qui, sachant son mari retenu dans la maison, voulait lui communiquer quelques mots. — Entre, si tu as quelque chose à me dire, — dit monsieur Ribeira en se penchant vers la porte qui séparait les deux chambres. — Entends-tu? Dolorosa, tu peux entrer. — A ce mot de Dolorosa, le capitaine, s'étant subitement retourné, se trouva en face de madame Ribeira quand celle-ci pénétra dans la chambre où son mari l'appelait. A peine la jeune femme eut-elle aperçu le négrier que, sans jeter un cri, mais le regard fixé sur lui, elle resta comme stupéfaite; sa figure se couvrit soudain d'une pâleur mortelle; ses lèvres devinrent livides, une sueur froide perla sur son front de marbre, et elle chancela au point qu'elle eut à peine la force de s'asseoir. — Qu'as-tu? ma bonne amie, — s'écria monsieur Ribeira en courant à elle; — tu te trouves mal!... Holà!... quelqu'un!... José, va vite, cours chercher le docteur Pinto! et qu'on me donne du vinaigre et des sels!... Vite! vite!...

Sans dire un seul mot, José, qui paraissait en proie à la plus vive émotion, et qui était arrivé au premier mot de son maître, partit comme une flèche chercher le docteur, qui demeurait à peu de distance de la maison de monsieur Ribeira.

Des nègres et des négresses accoururent avec du vinaigre et des sels qu'on fit respirer à la malade.

Tout le monde était ému; le capitaine seul restait impassible; en l'examinant avec attention, on eût pu voir ses traits se contracter en un sourire moqueur et abominablement méchant. C'était la joie du tigre qui va saisir sa proie.

— Ma présence en ce moment, — dit le négrier en s'adressant à monsieur Ribeira, — ne peut que vous être importune, et je me retire. Cela ne sera rien, il faut l'espérer,... les nerfs sans doute,... les femmes ont toutes les nerfs très sensibles! Si vous le permettez, — ajouta-t-il en appuyant sur chaque mot avec affectation, — je reviendrai m'informer des nouvelles de madame votre épouse.—Et sans attendre la réponse à sa question, il sortit lestement en jetant sur madame Ribeira, qui ne le voyait plus, un regard de convoitise. — O fortune! — murmura joyeusement le capitaine négrier en refermant la porte sur lui, — que le hasard est aimable parfois, et qu'il fait donc bon avoir de l'ordre, même en amour!

V

Le départ du capitaine négrier, plus encore que le vinaigre et les sels, remirent les sens de madame Ribeira. Très alarmé d'abord, monsieur Ribeira se tranquillisa bientôt sur l'assurance du docteur Pinto, qui ne vit dans le cas présent qu'une de ces indispositions passagères auxquelles les femmes sont sujettes, et que la science qualifie de nerveuses pour avoir le droit de ne les point guérir.

— Ce n'est rien, — avait dit le docteur Pinto; — la chaleur,... une mauvaise digestion peut-être...; du calme, de la distraction.... ce sont les nerfs, cela se passera.

Le lecteur, plus au courant que le docteur Pinto des événemens de cette histoire, n'aura pas mis sur le compte de la sensibilité nerveuse l'état soudain dans lequel Dolorosa était tombée à la vue du négrier.

Dolorosa était coupable, et son séducteur, on l'a deviné,

n'est autre que Francesco Pereira Cunha, cet homme sans honneur et sans foi qui se riait des choses les plus saintes et se faisait un titre de gloire de tous ses actes de perfidie.

Nous savons par le négrier lui-même comment il trompa le jeune cœur de Dolorosa, trop honnête et trop naïf pour comprendre les piéges qu'on lui tendait. Pauvre, abandonnée à son inexpérience, elle se crut aimée de l'homme indigne qui lui jurait un amour éternel, et elle l'aima à son tour. La faible résistance qu'elle opposa ne put longtemps triompher des manœuvres habiles d'un homme souillé depuis longues années par la pratique de tous les vices; il vola pour ainsi dire l'honneur de la jeune fille au moyen du plus lâche des abus de confiance, en promettant de l'épouser.

Il ne vint même pas à l'esprit de Dolorosa qu'on pût ainsi se mépriser assez soi-même pour mentir à sa conscience et perdre la réputation d'une honnête fille, le seul bien qu'elle possédât.

Pleine de confiance et sans aucune expérience de la vie, elle s'était abandonnée sans réserve à l'homme qu'elle aimait et dont elle se croyait aimée.

Elle ne chercha même pas, dans la candeur de son âme, à dissimuler ses liaisons avec le capitaine, dont la destinée lui paraissait à jamais liée à la sienne.

Dans un court voyage qu'avait fait Cunha dans l'intérieur de l'île, elle lui écrivit, sous la dictée de son cœur, les pages que le capitaine négrier avait conservées comme un glorieux trophée, et dans lesquelles elle rappelait à celui qu'elle croyait son fiancé les instans de bonheur passés ensemble à l'ombre de leur amour naissant.

Désabusée bientôt, couverte de confusion, de douleur et de repentir, elle s'était embarquée pour fuir son pays natal et chercher sous un autre ciel l'oubli de ses fautes. L'oubli, quand nous sommes fautifs, nous donne une seconde vie morale et marque le terme de nos châtimens; c'est l'expression de la purification de notre âme; tant que subsiste la mémoire de nos torts, l'expiation continue.

La haine, ou pour parler plus juste, le mépris, avait soudainement remplacé l'amour que l'infortunée Dolorosa avait eu pour le négrier. Le dégoût plus encore que la crainte s'était emparé d'elle à la vue de l'homme qui venait, comme un remords vivant, la troubler au milieu de ses joies domestiques, épurées par le repentir.

Un moment elle fut sur le point de tout avouer à son mari; mais elle fut effrayée des conséquences d'un pareil aveu. Aux remords déjà si déchirans d'une première faute vint se joindre le désespoir de causer le malheur d'un homme qu'elle chérissait et qu'elle estimait plus que tout au monde. Alors ses idées se succédèrent avec une telle précipitation et un si grand désordre qu'elle se sentit devenir folle. S'accrochant à toutes les espérances, elle voulut se persuader que Cunha n'avait aucune preuve de leur liaison. Dans le délire de sa douleur, elle résolut de nier l'avoir même jamais vu, dans le cas où il serait assez lâche, après tant de lâchetés commises, pour s'efforcer de la perdre une fois encore en la dénonçant à son mari.

On croit parfois à la réalité des choses qu'on désire ardemment.

Dolorosa finit, à force de le désirer, par se persuader que le négrier n'avait pas conservé la lettre qu'elle avait écrite comme son acte d'accusation.

Forte de cette force morale que donne la fièvre du danger, elle attendit avec une apparente froideur le dénoûment du drame qui la menaçait, et dont l'apparition du négrier chez son mari était comme le sombre prologue.

Le drame en effet se préparait. Il devait bientôt éclater terrible et sanglant.

Le capitaine, saisi d'admiration à la vue de la femme qu'il avait connue et séduite jeune fille, et à laquelle les années avaient apporté de nouveaux charmes en donnant à ses traits toute la puissance d'expression, à ses formes tout le fini et toute la grâce, le capitaine s'était aposté, le lendemain du jour de sa visite chez monsieur Ribeira, près de la demeure de ce dernier, dans l'encoignure d'une maison voisine, d'où il pouvait sans être vu tout examiner au dehors.

Mais plus d'un mobile agissait sur l'âme perfide de ce méchant homme. Dans le criminel et lâche projet qu'il méditait, le capitaine était moins poussé peut-être par le coupable désir de vaincre la vertu de la femme mariée, après avoir déshonoré la jeune fille, que par l'infernal désir d'apporter le désaccord dans la parfaite union qui existait entre monsieur et madame Ribeira.

Le négrier avait on ne peut plus habilement combiné son plan d'attaque. Aposté, comme nous l'avons dit, à l'encoignure d'une maison voisine de celle de monsieur Ribeira, il attendit caché le moment où ce dernier, après le déjeuner, se rendrait à ses occupations habituelles. Son intention était de forcer l'entrée de l'appartement de madame Ribeira, si mieux elle ne consentait à le recevoir.

Monsieur Ribeira, à l'heure accoutumée, sortit de chez lui, se dirigeant par la rue d'Ouvidor vers le bas de la ville, où étaient situés ses magasins.

En passant, le négociant toucha presque de son bras le négrier, qui en le voyant s'était lestement rangé derrière une porte.

Francisco Cunha suivit monsieur Ribeira des yeux jusqu'au moment où, ce dernier ayant détourné la rue, le capitaine l'eut entièrement perdu de vue.

Traverser la chaussée et franchir les degrés de l'escalier qui menait à la chambre où monsieur Ribeira l'avait reçu la veille fut pour le capitaine l'affaire d'un instant.

Personne ne se trouvait dans cette chambre à ce moment. Le négrier la traversa rapidement en se dirigeant vers l'appartement qu'il supposait devoir être celui de la maîtresse de la maison ; mais dans ce trajet José apparut.

Visiblement contrarié de la présence du noir, le capitaine s'arrêta.

— J'ai un mot à dire à mon ami Ribeira, — fit-il.

— Mon maître n'y est pas, — répondit l'esclave ; — il vient de sortir il n'y a qu'un instant : mais monsieur pourrait le voir dans ses magasins, si c'est pour affaire de commerce.

— Ce n'est pas la peine, — répondit le négrier ; — aussi bien je puis voir madame et lui faire part de ce quej'avais à dire à son mari : c'est la même chose, il ne s'agit pas de commerce.

Sans attendre d'autre réponse, le capitaine reprit sa marche soudainement interrompue.

Arrivé à la porte de la chambre de madame Ribeira, José lui barra hardiment le passage.

— Vous ne pouvez pas, — lui dit le nègre, — entrer ainsi chez madame sans qu'elle soit prévenue de votre visite.

— Ah çà ! singe coiffé, — répliqua le négrier en toisant de l'œil avec mépris l'esclave prévenant, — est-ce que tu aurais l'intention par hasard de me donner des leçons de savoir-vivre ? Un mot encore, vilain diable échappé de l'enfer, et je te gonfle le museau d'un soufflet du revers de ma main, comme je sais les distribuer à tes semblables! entends-tu, barbouillé de cirage ?

— Monsieur est blanc, — répondit le noir avec dignité ; — il peut me frapper ; mais je ne dois pas, c'est mon devoir, laisser pénétrer personne chez madame sans l'avertir.

Un vigoureux soufflet, que ne chercha pas à éviter le nègre, fut la réponse du capitaine aux paroles si simples et si dignes de l'esclave.

Puis, comme ce dernier se tenait toujours à la porte pour en défendre l'entrée, le capitaine ajouta

— J'ai toujours tenu ma parole : je t'avais promis un soufflet si tu répliquais, tu as répliqué, je t'ai donné un soufflet. Maintenant que je suis en règle avec toi, tu peux, toi aussi, te mettre en règle vis-à-vis de ta maîtresse, et lui annoncer que le capitaine Francisco Pereira Cunha sollicite l'honneur de la voir. Va, joli singe, va ! j'atten-

drai la réponse de ta maîtresse, si tu daignes me la transmettre.

Et le négrier se mit à rire aux éclats en voyant s'éloigner José, qui avait reçu, sans prononcer une plainte, sans prononcer un seul mot, le plus offensant des affronts.

Cinq minutes plus tard José reparaissait.

— Ma maîtresse autorise monsieur le capitaine à entrer dans ses appartemens.

— Ah ! oui dà ! — fit le capitaine d'un ton suffisant et moqueur, en jetant sur l'esclave un air dédaigneux ; — tu vois, bon chien de garde, que je ne suis pas ici le premier venu, et qu'avec un peu plus de flair tu aurais pu éviter la légère correction que ton insolence a méritée. Mais je ne t'en veux pas, va, tu es si gentil !

Et en disant ces mots étouffés dans le rire, le négrier donna, en forme de caresse railleuse, deux ou trois petits soufflets sur le visage du noir.

José, plus humilié de cette mortifiante caresse que du châtiment injuste qu'il avait reçu, devint pâle, et ses yeux prirent une teinte jaunâtre ; il eut toutefois assez d'empire sur lui-même pour se taire. La porte de la chambre où se trouvait madame Ribeira était restée ouverte, le capitaine y entra.

Madame Ribeira, assise sur un canapé, tenait à la main un éventail dont elle s'était furtivement emparée pour se donner une contenance.

Au moment où José était venu lui annoncer la visite du négrier, madame Ribeira se disposait à aller à l'église, sans doute pour prier Dieu de fortifier ses vertus et de lui donner le courage de la lutte. Suivant l'usage invariable des Brésiliennes qui vont à l'église, Dolorosa était vêtue d'une robe de soie noire décolletée, qui laissait admirer des épaules de marbre ; elle avait pour chaussure des souliers de satin, et pour toute coiffure ses beaux cheveux divisés en larges bandeaux soyeux.

Ainsi parée, elle était ravissante de tous points.

A la vue de madame Ribeira, le capitaine, par un mouvement involontaire d'admiration respectueuse, s'arrêta et la salua profondément.

En relevant la tête, il vit madame Ribeira s'incliner légèrement et lui faire signe d'approcher.

La physionomie sévère de Dolorosa apporta un instant quelque trouble dans l'esprit du négrier ; mais, se remettant aussitôt, il s'avança vers elle, et quand il ne fut plus qu'à un pas du canapé où elle était assise :

— S'il est un jour heureux pour moi, madame, — lui dit-il, — c'est, après le jour où j'ai eu le bonheur de vous connaître, ce jourd'hui où j'ai la fortune de vous revoir.

— Je ne vous comprends pas, — répondit d'une voix altérée qu'elle s'efforçait de rendre calme madame Ribeira, en regardant fixement le négrier.

— Me serais-je mal exprimé, madame ?

— Je ne sais, monsieur, mais je ne vous comprends pas.

— Ai-je donc changé à ce point que les yeux les plus bienveillans pour moi autrefois ne me reconnaissent plus aujourd'hui !

— Vous vous abusez, monsieur, vous vous abusez étrangement, — répondit madame Ribeira, dont la physionomie exprimait à ce moment la plus douloureuse anxiété ; — je crois avoir l'honneur de vous voir à cette heure pour la première fois.

— Allons ! — fit le négrier en affectant un air tristement résigné et comme s'il se fût parlé à lui-même ; — recourons puisqu'il le faut aux souvenirs du passé pour éclaircir les doutes du présent : prions ma chère Dolorosa, qui celle-là ne m'a pas oublié, j'en suis bien sûr, d'aider la mémoire trop récalcitrante de son amie madame Ribeira.

— Monsieur, — cria vivement madame Ribeira, que le danger de plus en plus menaçant raffermissait dans cette lutte désespérée, — je vous ai déjà dit que je ne vous connaissais pas! quelle est donc votre intention en vous présentant ainsi à moi en l'absence de mon mari?

— Mon intention, madame, n'est point de vous troubler dans l'exercice de vos joies domestiques; je suis heureux de votre bonheur, au contraire. Le hasard seul, le hasard, qui s'est montré pour moi le plus aimable des complices, m'a fait vous rencontrer ici quand je vous croyais si éloignée de moi. Vous m'avez paru plus séduisante, plus adorable que jamais; pourrais-je, dites-moi, résister au désir de vous revoir seule, comme autrefois, et comme autrefois de vous dire à genoux : « Je t'aime, ma Dolorosa, je t'aime, ma charmante, et toi m'aimes-tu toujours un peu? »

Et en disant ces derniers mots d'un son de voix passionné le négrier avait fait un pas pour se saisir d'une des mains de madame Ribeira et la porter à ses lèvres.

— Arrière, imposteur! arrière! — s'écria, dans une sorte d'accès de folie, cette femme que le négrier se faisait un horrible plaisir de torturer; — je ne vous connais pas... vous êtes un voleur, peut-être... sortez de chez moi, je vous chasse... sortez, qu'j'appelle mes esclaves à mon secours!

— Oh! madame, madame, — fit le capitaine en prenant un faux air de regret, — vous ne me rendez pas justice!... Comment! je viens ici humble, craintif, respectueux, solliciter de vous un souvenir, une marque d'amitié, un témoignage quelconque de sympathie après tant d'heures d'amour passées ensemble, heures que vous avez pu oublier, vous, mais qui resteront à jamais gravées dans mes souvenirs, à moi, comme la plus charmante page de ma vie, et c'est ainsi que vous me recevez!... en me menaçant comme tel de me faire jeter à la porte par vos esclaves! Oh! madame, madame, c'est manquer grandement de la bienveillance à laquelle je croyais avoir droit de votre part!

— Partez, monsieur, partez! — murmura madame Ribeira d'une voix étouffée, en accompagnant ses paroles d'un geste de désespoir et de crainte. — Partez! au nom du ciel!

Mais le capitaine, sans prendre aucune attention aux supplications de cette malheureuse femme :

— Il est vrai, — poursuivit-il, — que vous n'aviez pas d'esclaves au temps plus modeste où je n'étais pas pour vous un inconnu; au temps à jamais mémorable où l'aimable Dolorosa m'écrivait des lettres toutes remplies des plus vifs sentimens d'amour...

— Mensonge! vous mentez!... vous mentez!... — articula madame Ribeira d'une voix sourde.

— Des lettres où la naïveté s'alliait délicieusement à la passion, et dans lesquelles un style simple, mais élégant, retraçait des pensées souvent profondes comme l'amour qui les dictait... des lettres enfin telles que celles-ci, par exemple, que j'ai toujours religieusement conservée...

Et le négrier déployait lentement, et avec précaution, une lettre qu'il venait de sortir de son portefeuille.

A la vue de cette lettre, les yeux de madame Ribeira devinrent hagards; ses lèvres tremblèrent. Elle voulut, dans son désespoir, s'emparer de vive force du papier compromettant qu'elle avait cru anéanti; mais le négrier n'eut pas de peine à arrêter les efforts d'une femme; il replia la lettre et la replaça dans son portefeuille avec la même précaution et la même lenteur.

— Vous êtes un infâme! — lui dit madame Ribeira; — vous êtes à la fois méchant, lâche et perfide! vous êtes le génie du mal attaché à ma personne! Vous m'avez séduite, vous m'avez trompée quand j'étais innocente de toute action blâmable, de toute pensée mauvaise; quand mon cœur n'était ouvert qu'aux nobles aspirations; vous m'avez déshonorée alors en jetant un deuil éternel dans mon âme, et, comme il n'était pas assez, vous voulez, aujourd'hui que je suis mariée et régénérée par le remords, aujourd'hui que Dieu, dans sa miséricorde, semble avoir pris pitié de moi, vous voulez me souiller de

nouveau par votre vile et criminelle passion! Oh! oui, vous êtes un infâme, un lâche et un méchant! Je vous maudis!

— J'étais bien sûr, — dit le capitaine, qui ne se montra nullement ému des reproches navrans de cette femme désolée, — j'étais bien sûr, madame, que Dolorosa vous attdrait à vous souvenir de moi, et que cette lettre, véritable trésor d'amour, agirait comme un talisman.

— Vous me faites mourir, monsieur.

— Que vous êtes belle et séduisante ainsi, Dolorosa, dans le désordre moral qui vous agite, le teint pâle, la poitrine gonflée par les pulsations précipitées de votre cœur! La passion est toute de mystère; voyez, vous m'accablez d'injures et de tout votre mépris, et je vous en aime davantage encore; car je vous ai aimée Dolorosa, et n'ai jamais cessé de vous aimer.

— Eh bien! monsieur, — reprit madame Ribeira d'une voix suppliante, — si vous m'aimez réellement comme vous me le dites, mes tortures doivent vous être pénibles; vous devez comprendre ma position et avoir pitié de moi; vous ne devez pas vous faire un bonheur cruel de prolonger mes angoisses... Donnez-moi cette lettre, monsieur, je vous le demande en grâce.... je vous le demande à genoux!

— Non, non, Dolorosa, je ne vous donnerai pas cette lettre, précisément parce que je vous aime; je ne vous la donnerai pas, parce que, si j'avais la faiblesse de vous la donner, vous me diriez alors comme tout à l'heure : « Je ne vous connais pas, je vous chasse » et cette fois vous me chasseriez réellement sans que je puisse vous en empêcher.

— Écoutez-moi, monsieur; mon intention n'est pas de vous offenser en vous disant ce que je vais vous dire: dans votre position aventureuse, il se peut que vous ayez besoin d'argent; j'ai quelques économies, je vous les offre pour le rachat de cette lettre : y consentez-vous, monsieur?

— De l'argent, madame! — dit fièrement le capitaine; — j'en gagne assez pour perdre tous les ans une fortune au jeu... Cette lettre n'est pas à vendre. — Puis, se rapprochant de madame Ribeira, il ajouta, en baissant la voix : — Mais, si tu veux, je te la donne, Dolorosa; l'amour a coupé les griffes du lion, l'amour fera pour moi ce que ne pourraient faire ni les menaces ni l'or. Dis-moi que tu m'aimes encore, Dolorosa, car tu m'as bien aimé, n'est-ce pas? Que ta bouche enchanteresse prononce ce doux mot d'amour d'autrefois, qu'un peu de bienveillance remplace tant de sévérité; sois à moi une dernière fois, ma charmante, et ce papier que tu désires, cette lettre que tu voulais acheter pour m'injurier encore, je te la donne avec bonheur, comme l'expression de tout mon amour, comme le gage de ta tranquillité future.

— Vous pouvez garder cette lettre, monsieur, — dit madame Ribeira d'une voix calme et résolue; — je ne trahirai pas mon mari.

— C'est de la cruauté, Dolorosa, et, s'il faut le dire, c'est aussi de la maladresse. Écoute-moi bien. Je pars demain pour longtemps, pour ne revenir jamais peut-être; de cette heure d'amour que j'implore de toi comme une réminiscence de nos beaux jours, il ne restera plus bientôt qu'un vague souvenir... le plaisir est si fugitif! Tandis que la lettre que tu refuses, Dolorosa, est durable, et...

— Jamais, monsieur, jamais; plutôt mille morts que l'infamie; heureuse encore si en mourant pour sauver mon honneur je puis obtenir de l'homme que j'aime et dont je porte le nom le pardon suprême accordé par Dieu au repentir!

A ce moment, madame Ribeira fit un brusque mouvement et tenta de s'éloigner.

Le capitaine négrier la saisit doucement par le bras.

— Réfléchis, Dolorosa, réfléchis, ma charmante! que ton aveugle passion n'égare pas ton esprit. Tu veux sauver ton honneur, dis-tu; je crains bien que tu ne fasses au contraire tout ce qu'il faut pour rendre ta faute publique. Jouons serré, Dolorosa, et, comme on dit, cartes sur table... Tu me connais ; je ne suis pas homme à me laisser intimider. — Puis, abaissant de nouveau sa voix et lui parlant presque à l'oreille : — Tu viendras ce soir, trésor de mon amour, ce soir, à l'endroit que tu désigneras toi-même, et tu auras cette lettre... sinon...

— N'achevez pas, monsieur, je vous devine...

— Je passerai ce soir, à dix heures, sous tes fenêtres, ma mignonne, et j'aurai la lettre sur moi.

— O mon Dieu, mon Dieu ! miséricorde !

A ce moment, José parut ; il venait avertir sa maîtresse que l'heure de l'office divin avait sonné, et que le palanquin destiné à porter madame Ribeira à l'église, suivant la coutume brésilienne, l'attendait à la porte.

En voyant l'esclave, le négrier prit un visage sérieux, salua profondément madame Ribeira et se retira.

— Il est onze heures du matin, — pensa le capitaine ; — jusqu'à dix heures du soir, cela fait onze heures de réflexion ; onze heures pour se décider ou à renouer une intrigue passagère avec un capitaine négrier qui est exposé à être pendu tous les jours, ou à perdre son avenir, sa considération, sa fortune... elle viendra.

VI

Une sombre tristesse et le plus grand accablement avaient remplacé chez madame Ribeira la fiévreuse agitation causée par la présence du capitaine négrier.

Une sorte de stupeur s'était emparée de cette malheureuse épouse, luttant héroïquement entre ses devoirs de femme mariée et la coupable proposition de son séducteur.

La lutte dut être cruelle, suprême, car, d'un côté, c'était son avenir brisé, perdu à tout jamais, le mépris de monsieur Ribeira remplaçant pour elle l'estime et la plus tendre affection ; de l'autre, c'était la double souillure que s'imposait la femme devenue criminelle après avoir été la fille coupable.

Que de contradictions et de bizarreries dans le cœur humain ! madame Ribeira aimait son mari au-dessus de tout au monde, au-dessus même de sa propre vie, qu'elle aurait voulu sacrifier pour sauver son honneur ; la conduite du négrier, dont elle avait eu tant à souffrir, la comblait d'indignation ; elle le méprisait de toute la puissance de son âme, et pourtant il y avait chez elle un indéfinissable sentiment en faveur de l'homme odieux qui, après l'avoir séduite et trompée, venait lui proposer un infâme marché. Les paroles calculées et perfides de Pereira Cunha, bien qu'elle les reconnût comme telles, réveillèrent chez madame Ribeira l'amour d'autrefois, mal éteint dans son cœur. Elle en appela alors à sa raison pour étouffer des sentiments qu'elle ne pouvait s'expliquer et dont elle s'accusait avec horreur.

Heureusement la raison est toujours maîtresse des sentimens chez les natures d'élite ; la raison triompha bientôt chez madame Ribeira, nature forte et essentiellement honnête.

Elle chassa donc, par un effort suprême, ce dernier reste d'un amour criminel, pour se renfermer dans ses devoirs, doublement liée qu'elle était à son époux par l'honneur et la reconnaissance. Quelques instans lui suffirent pour prendre un parti. Elle se décida à ne pas se faire voir quand le négrier viendrait le soir, comme il l'avait annoncé, se promener sous les fenêtres, abandonnant ainsi son sort aux soins de la Providence.

Les pensées se succédèrent rapidement dans ces momens de crise morale.

— Oh ! ma mère, — dit-elle en versant d'abondantes larmes, — si vous aviez vécu, si j'avais pu prendre conseil de votre cœur honnête et bon, que de malheurs j'eusse ainsi évités ! Mais seule, encore enfant, ignorante, sans expérience aucune... Oui, mais la voix de la conscience a parlé en moi et j'ai souillé en me mariant le nom de mon mari... Ah ! le jugement de Dieu n'attend pas l'heure de la mort, l'enfer et le paradis sont aussi sur la terre pour les méchans et pour les justes. Pour moi l'expiation devait venir ; elle arrive aujourd'hui, poignante, inattendue, désolante, mais juste.

Un instant, madame Ribeira fut heureuse de l'occasion qui lui était offerte de racheter ses fautes passées, et accepta comme une expiation les malheurs dont l'avenir la menaçait. Cette malheureuse femme passa le reste de cette journée dans une sorte d'engourdissement moral et physique, résultat ordinaire d'une grande surexcitation. Elle était calme comme on l'est en face d'un danger extrême qu'on ne peut conjurer, comme on l'est en face de la mort qui fatalement doit vous atteindre. Une teinte de douce mélancolie voilait son esprit, qui sommeillait dans la douleur.

Dans cette disposition semi-extatique, les choses présentes à sa vue ne lui apparaissaient que comme un souvenir lointain, et parfois que comme un souvenir vague. Elle regrettait les choses qu'elle possédait encore, l'affection de son mari, sa maison, ses esclaves ; elle regrettait, comme si elle dût mourir de suite, sa jeunesse, les hommages qu'on lui rendait ; et, tant il est vrai que les considérations les plus futiles s'allient souvent aux intérêts les plus graves, elle regrettait jusqu'à ses toilettes et jusqu'à ses bijoux.

Dans l'état de son âme, la nature lui semblait plus belle qu'elle ne lui paraissait d'habitude, et sa vie entière, depuis sa plus tendre enfance, se déroulait à son imagination en un tableau à la fois terrible et charmant. Elle vivait, et il lui semblait parfois n'être plus de ce monde.

Le souvenir seul de monsieur Ribeira la tirait de temps à autre de cette singulière léthargie pour la plonger dans toute la douleur de la réalité. Son cœur battait fortement alors, et mille idées impossibles, contradictoires, venaient assaillir son esprit malade.

Un instant elle voulut fuir avant que son mari ne rentrât. Elle écrivit, dans cette intention, un commencement de lettre qu'elle déchira ensuite, trouvant plus digne et plus courageux de supporter le malheur en face et d'attendre les événemens.

Dolorosa ne vit pas sans terreur arriver l'heure où monsieur Ribeira allait rentrer après les occupations de la journée. Elle redoutait sa présence, comme si son mari eût pu lire dans sa physionomie inquiète et attristée le secret de sa faute et tous les déchiremens de son cœur.

Au moment où cinq heures sonnèrent, monsieur Ribeira entra dans la chambre de sa femme. Il tenait à la main une très jolie cage anglaise de différentes couleurs et soigneusement enveloppée.

— Bonjour, chère petite, — dit-il ; — comment te trouves-tu ce soir, après ton indisposition d'hier ?

— Je ne suis pas mieux, — répondit à demi-voix la jeune femme ; — peut-être même suis-je plus mal.

— C'est singulier, — ajouta monsieur Ribeira avec tendresse, — tu allais mieux ce matin, beaucoup mieux même, et je croyais te trouver entièrement remise. Il est vrai que ces malheureux nerfs, comme dit notre ami le docteur Pinto, c'est capricieux en diable ; le plus sage, vois-tu, chère amie, est de laisser agir la nature, et de lâcher de se distraire. Et, à propos de distraction, j'ai ici une cage avec un petit oiseau, qui a été donné au docteur par un de ses malades, et que le docteur te prie d'accepter à ton tour. C'est un oiseau dont le plumage, noir et violet, n'a rien de gai, j'en conviens, mais dont le chant est fort mélodieux ; cela t'occupera.

— Quel est le nom de cet oiseau ? — demanda madame Ribeira d'une voix distraite.

— C'est une veuve, — répondit monsieur Ribeira.

A ce mot de veuve, Dolorosa tressaillit involontairement : il lui sembla que le triste oiseau, dans sa prison, lui était offert comme un symbole de sa position future.

José vint annoncer que le dîner était servi.

Sur l'invitation de monsieur Ribeira, Dolorosa prit à table sa place habituelle; mais elle ne put rien manger, et le repas fut triste, malgré tous les efforts de monsieur Ribeira pour l'égayer.

José servait à table, et on aurait pu croire que le noir, jusque-là taciturne et si souvent bourru envers celle qui l'avait remplacé dans ses fonctions administratives de l'intérieur de la maison, avait deviné les chagrins de sa maîtresse et qu'il y compatissait de toute la puissance de son cœur.

Il s'efforçait de sourire en parlant à sa maîtresse, et répéta à plusieurs reprises, avec un étrange accent de conviction :

— Ça ne sera rien, madame; je vous jure que votre indisposition n'aura pas de suite.

La nuit arriva.

Puis dix heures sonnèrent.

Comme il l'avait annoncé, le négrier, rempli de confiance dans la réussite de son projet, parut sous les croisées de Dolorosa. Il ne pouvait croire que l'intérêt puissant qui se rattachait pour madame Ribeira à la destruction de la lettre dont il l'avait menacée ne triomphât pas de ses scrupules à accepter son rendez-vous.

Cependant le plus grand silence régnait dans la maison du négociant portugais, à l'heure où le capitaine se montra dans la rue attendant qu'on lui fît quelque signe.

Les fenêtres étaient fermées, et, au travers des jalousies, on ne voyait pas de lumière dans la chambre de madame Ribeira.

Le négrier interpréta d'abord tout à son avantage. Ses yeux se portaient de la fenêtre de Dolorosa à la porte de la rue; il espérait à chaque moment la voir sortir, prudemment cachée sous la *manta* de drap noir dont les Brésiliennes enveloppaient leur tête il y a peu d'années encore.

Pereira Cunha attendit patiemment le premier quart d'heure; il siffla d'impatience le second quart d'heure; jura de colère le troisième quart d'heure, et, désespérant, se retira en proférant les plus terribles menaces quand l'heure fut écoutée.

— Ah! Dolorosa, Dolorosa, — murmura en s'éloignant le capitaine humilié; — vous me le payerez, ma belle ! Vous voulez la guerre, soit! Mais la lutte est inégale entre nous, ma mignonne; et mes armes contre votre orgueil et votre dédain sont là dans mon portefeuille, qui ne me quitte jamais. Cette lettre fatale, dictée par votre cœur dans un jour de confiance et de tendre expansion, se tournera bientôt comme un poignard vengeur contre ce même cœur insolent et oublieux.

Puis, voulant chercher dans le jeu l'oubli de son échec amoureux, le négrier s'achemina vers une maison où on jouait à la roulette et au trente et quarante.

C'était un tripot situé dans un quartier peu fréquenté de la ville. Autour des tables de jeu se pressait chaque soir tout un monde de fainéants, de voleurs, de bandits et de joueurs au visage dégradé par l'expression constante de la cupidité, parmi lesquels on remarquait souvent des gens de distinction.

Rien autant que les viles passions ne rassemble les hommes les moins faits pour se fréquenter par leur rang, leur fortune ou leur talent. Rien non plus autant que les vices n'établit entre les hommes l'égalité dans la bassesse.

Dans une maison de jeu, un prince qui joue est un joueur comme un autre, auquel on marche sur le pied sans s'excuser, auquel on met les coudes sur les coudes pour lui disputer une partie du tapis vert, et qui, lui-même, oublierait son nom, sa naissance et ses titres pour se quereller avec un escroc et lui réclamer une pièce d'or qu'il dédaignerait partout ailleurs de recevoir directement d'un tel homme.

Il y avait ce jour-là, dans la maison de jeu vers laquelle s'acheminait le négrier, le plus bizarre assemblage d'individus. On reconnaissait des étrangers de distinction, des Français, des Anglais et des Russes, à côté de *mineiros* aux larges chapeaux de paille, aux longues bottes de cuir jaune relevées sur le pantalon, qui s'entretenaient avec des hommes salement vêtus d'habits déchirés, parmi lesquels de riches négocians de la ville montraient fastueusement leurs doigts remplis de bagues en diamans. Enfin on voyait aussi, dans ce *meeting* du vice, des hommes repoussans, au visage ridé avant l'âge, à la physionomie sarcastique et satanique, trop pauvres pour jouer, et dont l'industrie consistait à persuader aux joueurs superstitieux qu'ils avaient le don de les faire perdre ou gagner, pour obtenir d'eux une indemnité.

Des hommes semblables existent dans toutes les maisons de jeu en Allemagne.

Quand le négrier entra dans la salle de jeu, il s'y passait la scène suivante :

— Monsieur, — disait un joueur malheureux à l'un de ces spectateurs de mauvaise augure, — votre présence me porte malheur.

— J'en suis fâché, monsieur, — répondit l'homme au visage ridé, à la physionomie satanique, — mais je n'y puis rien.

— Au moins, monsieur, — reprit le joueur, — ne fixez pas comme vous le faites vos regards sur ma mise avec cette persistance de mauvais goût ; l'argent est craintif, vous lui faites peur.

— Malheureusement pour moi, vous dites vrai, — reprit en riant le spectateur de mauvais augure ; — l'argent est craintif, et, quand il a peur, ce n'est pas dans ma poche qu'il cherche un refuge.

— Enfin, monsieur, vous établissez par le jeu de votre regard, sans cesse porté de ma mise à la banque, un courant magnétique qui m'est funeste. Voulez-vous cesser ce manége?

— Est-ce une faveur que vous me demandez, monsieur?

— Faveur soit, si vous voulez.

— Faveur pour faveur, alors.

Et l'homme porte-malheur, se levant aussitôt, alla droit à son interlocuteur.

— Auriez-vous, monsieur, — lui demanda-t-il à l'oreille, — la bonté de me prêter cent mille reis? (400 fr. environ.)

— C'est bien cher, monsieur.

— Impossible à moins.

— Vous sortirez d'ici ?

— Sans doute. Je promets de sortir à l'instant si vous acceptez.

— J'accepte, — fit le joueur, — J'aurai bientôt, — se dit-il en lui-même, — rattrapé l'argent que je donne à cet homme quand il m'aura débarrassé de sa funeste présence.

Dans l'une des encoignures de la salle de jeu, et pendant que cette scène se passait, deux Français, ceux-là mêmes que nous avons rencontrés à bord du brick d'émigrans l'*Inès-de-Castro*, s'entretenaient en ces termes et à demi-voix.

LE FRANÇAIS NAÏF (*d'une voix faible et traînante*). Je suis comme vous, je ne joue presque jamais : mais aujourd'hui j'ai tant de chagrin que j'ai voulu demander aux émotions de la roulette une diversion salutaire aux pensées qui m'obsèdent.

LE FRANÇAIS RAILLEUR. Quelque affaire d'amour encore, sans doute?

LE FRANÇAIS NAÏF. Et peut-être la plus cruelle de toutes.

LE FRANÇAIS RAILLEUR. Ah ! vraiment, contez-moi cela, je rirai.

LE FRANÇAIS NAÏF (*après un moment de silence, et en regardant fixement son ami, comme s'il voulait lire jusqu'au fond de son cœur*). Autant vaudrait me dire que je suis un étranger pour vous... En sorte que mes tourmens et mes déceptions n'ont d'autre action sur votre âme que de provoquer votre hilarité?

LE FRANÇAIS RAILLEUR (*levant les bras et prenant une physionomie contrariée*). Mais non, mon cher, vous ne me comprenez pas; ce n'est pas vous, c'est elle qui me fera rire. Comment se nommait-elle?

LE FRANÇAIS NAÏF. Elle se nommait Rosine.

LE FRANÇAIS RAILLEUR. Joli nom, ma foi!

LE FRANÇAIS NAÏF. Oui; mais quel cœur inconstant! Figurez-vous, mon ami, que cette femme cachait sous les dehors les plus aimables les plus noires perfidies Il me serait impossible de vous dire toutes les attentions dont j'étais l'objet de sa part, et tous les tendres mots qu'elle se plaisait à me prodiguer. J'étais aux anges, mon cher; je croyais avoir enfin trouvé le bonheur sur la terre. Tous les matins régulièrement, et même dans la journée, s'il m'arrivait de rentrer chez moi, elle me jurait constance et fidélité, m'assurant que jamais avant moi nul mortel n'avait fait battre son cœur.

LE FRANÇAIS RAILLEUR. Et vous mordiez à ces amorces?

LE FRANÇAIS NAÏF. J'y mordais, mon cher, car il me semblait impossible qu'on pût se jouer ainsi des plus nobles sentimens, et que la bouche pût à ce point trahir les impressions du cœur.

LE FRANÇAIS RAILLEUR. Le fait est que c'est rare.

LE FRANÇAIS NAÏF. J'avais été trompé déjà tant de fois dans les différens pays où j'avais voyagé, que j'étais devenu d'une méfiance extrême. Sans doute les sermens de fidélité que me faisait Rosine, régulièrement tous les matins et même dans la journée, s'il m'arrivait de rentrer chez moi avant la nuit, étaient une garantie de sa moralité et de son attachement à ma personne; mais, comme je vous l'ai dit, j'avais été si souvent trompé que j'étais devenu d'une méfiance extrême. J'avais exigé que Rosine écrivît tous les jours l'emploi de son temps, heure par heure. Avec une condescendance charmante et à laquelle je fus bien sensible, elle consentit à ma demande. Tous les jours donc j'apprenais ainsi par elle-même, en lisant son journal, jusqu'à la moindre de ses actions accomplies pendant mon absence.

LE FRANÇAIS RAILLEUR. Tiens! tiens! mais c'est adroit ça.

LE FRANÇAIS NAÏF. C'était très adroit; eh bien! mon cher, ce journal a tourné à ma confusion.

LE FRANÇAIS RAILLEUR. Allons donc! c'est impossible.

LE FRANÇAIS NAÏF. Tout est possible aux femmes quand elles veulent nous tromper. La malheureuse faisait semblant de rédiger son journal et écrivait à mon rival, moi présent.

LE FRANÇAIS RAILLEUR. Quelle indélicatesse! Passe encore en votre absence, mais à votre barbe!

LE FRANÇAIS NAÏF. L'imprudente jouait gros jeu, et ce matin même j'ai saisi sa coupable épître. Devant cette preuve irréfutable de son indigne trahison, je lui ai dit : « Madame, gardez les meubles qui garnissent cet appartement, ils sont à vous; en outre, voici deux mille francs que je vous donne également; votre loyer est payé, vous avez des provisions en assez grande quantité; prenez aussi cette chaîne d'or que je vous avais refusée jusqu'à présent; vous aviez désiré une bague en diamans, voici mon épinglette, faites-la monter en bague. Vous vouliez en outre mon nécessaire de voyage, je vous l'enverrai. Je vous enverrai aussi mes deux gravures *Souvenirs* et *Regrets*, que vous avez paru trouver de votre goût; quant à moi, je m'éloigne, et vous ne me verrez jamais plus. »

LE FRANÇAIS RAILLEUR. Nom d'un petit bonhomme! vous n'êtes pas doux quand vous vous y mettez! quelle vengeance!

LE FRANÇAIS NAÏF. Sous des apparences assez bonnasses, je suis vindicatif comme un tigre. J'ai voulu l'humilier en établissant un contraste frappant entre ma générosité vis-à-vis d'elle et son infamie envers moi?

LE FRANÇAIS RAILLEUR. Et a-t-elle bien saisi votre intention?

LE FRANÇAIS NAÏF. Elle a dû la saisir. Ce qu'il y a de certain, c'est qu'elle a bu le calice jusqu'à la lie; argent, meubles, chaîne d'or, quittance de loyer, provisions, épinglette, nécessaire, gravures, elle a tout pris.

LE FRANÇAIS RAILLEUR. La pauvre femme!

LE FRANÇAIS NAÏF. Seulement je ne suis guère en fonds en ce moment, les deux mille francs dont je me suis dessaisi pour elle me gênent terriblement. Cette contrariété et la perte de Rosine, que j'avais la faiblesse d'aimer la croyant pure, m'ont déterminé à venir ici ce soir tenter la fortune, rattraper mes deux mille francs, si c'est possible, et me distraire de mes noires pensées par de fortes émotions.

LE FRANÇAIS RAILLEUR. Et vous gagnerez, mon cher : Malheureux en amour, heureux au jeu. A moins pourtant que vous ne soyez comme ce personnage de Molière... trompé, battu et content.

Mais revenons aux faits principaux de ce récit.

La présence du capitaine négrier, qu'on n'avait pas vu depuis longtemps, fit sensation dans la salle de jeu, et fut saluée par les chefs de l'établissement comme une bonne fortune pour eux. En effet, le capitaine était depuis longtemps, pour les maîtres de cette maison, un excellent client, et ils comptaient ce soir-là le dépouiller de son argent comme d'habitude.

Après avoir durant quelques minutes respiré l'air du jeu et fait quelques observations, Pereira Cunha prit place autour du tapis. Il mit sur la table une large portefeuille, où d'un côté se trouvaient quelques papiers importans, entre autres la lettre écrite par Dolorosa, et où de l'autre côté étaient entassés des billets de banque du Brésil, depuis mille reis jusqu'à cent mille reis.

Le négrier joua modérément d'abord et gagna. Se sentant favorisé du sort, il doubla, tripla, quadrupla ses enjeux et réalisa finalement près de quarante mille francs en quelques heures.

Pour la première fois de sa vie, le jeu ne le grisa pas, et il prit congé de l'assistance en emportant son bénéfice.

Quand il se retira, il était deux heures après minuit.

De la maison de jeu, située près de Mata-Porco, à l'hôtel de France, rue d'Ouvidor, où demeurait le négrier, il y avait loin, et les rues étaient désertes. Mais, habitué à braver les dangers, le capitaine n'était pas craintif. Il avait d'ailleurs un pistolet chargé dont il aurait pu se servir en cas d'attaque.

Il se mit donc en marche sans aucune crainte.

A peine avait-il fait deux cents pas qu'il aperçut, comme une ombre, dans l'obscurité, un homme se glisser le long d'un mur, s'arrêter un instant et se diriger sur lui.

— Qui va là? — dit le négrier. Personne ne répondit et l'ombre continua de marcher dans la même direction.

— J'ai des ennemis, — ajouta le capitaine qui craignait pour son argent; — passez au large, ou, qui que vous soyez, je vous étends mort à mes pieds.—Et au même moment il arma son pistolet, ce qui produisit un petit bruit sec d'autant plus sensible que tout était silence à cette heure dans ce quartier de la ville. Mais l'ombre, sans paraître entendre le bruit du pistolet, ou comme si elle n'eût rien à redouter de la menace du négrier, continua d'avancer vers lui. — Encore un pas, — fit ce dernier, — et je fais feu.

L'ombre marcha toujours.

Le négrier lâcha le coup de pistolet; mais on vise mal dans l'obscurité. Malgré l'excellence de son coup d'œil habituel, le capitaine manqua le but.

Alors l'inconnu se précipita sur le négrier, et lui plongea à deux reprises un long poignard dans le cœur.

Sans faire entendre autre chose qu'un sourd et douloureux gémissement, la victime tomba mortellement blessée et son sang inonda la terre.

S'agenouillant auprès du capitaine étendu sans vie, l'assassin fouilla dans ses habits, s'empara convulsivement de son portefeuille, l'ouvrit, se saisit de quelques papiers, dédaigna les billets de banque, et replaça le portefeuille dans la po che où il était auparavant. Puis, ayant regardé autour lui et n'ayant vu personne, il s'enfuit en courant.

Heureusement, ou malheureusement, le lecteur jugera cela bientôt, le coup de pistolet avait donné l'éveil; des hommes de ronde s'étaient dirigés en toute hâte du côté où semblait avoir eu lieu la détonation, et ils avaient arrêté l'assassin.

Celui-ci n'avait opposé aucune résistance. Conduit en prison, il s'était déclaré seul coupable du meurtre commis. Le lendemain, de grand matin, le docteur Pinto entrait chez monsieur et madame Ribeira.

— Ah! c'est vous, cher docteur, — dit monsieur Ribeira en apercevant son ami; — venez-vous partager notre déjeuner?

— Merci, mon cher, je n'ai point la moindre envie de manger.

— Vous boirez au moins une tasse de chocolat.

— Non, non, merci; il faut suivre les volontés de l'estomac, lui donner quand il demande, et ne rien lui imposer.

— Seriez-vous malade? pour un médecin ce serait maladroit.

— Je ne suis pas malade, mais je ne me sens pas très bien; la vue de ce malheureux m'a tout bouleversé. Fiezvous donc désormais à la vertu des nègres après ce qui vient d'arriver!

— Qu'est-il donc arrivé, cher Pinto? — fit monsieur Ribeira, qui ignorait les événemens accomplis dans la nuit, et ne pouvait en conséquence rien comprendre au langage énigmatique du docteur.

— Comment, vous ne savez pas la nouvelle? —continua ce dernier en interrogeant tour à tour, par le regard, monsieur et madame Ribeira.

— Quelle nouvelle, mon Dieu? — dit madame Ribeira avec anxiété et comme frappée d'un pressentiment.

— Parlez, — fit monsieur Ribeira; — vous m'intriguez extraordinairement.

— Comment, vous ne savez pas que José, ce noir que vous disiez si rempli des meilleures qualités, en qui vous aviez toute confiance, que vous avez traité comme... comment dirai-je?... comme votre esclave intime; vous ne savez pas que José est arrêté?

— Arrêté! — exclamèrent ensemble monsieur et madame Ribeira,

— Arrêté, — reprit le docteur, — et parfaitement arrêté.

— Ce n'est pas possible, —dit en hochant la tête le négociant portugais; — je connais mon nègre; il n'a pu rien faire qui méritât une arrestation. Au surplus je vais m'informer auprès de mon monde...

— C'est inutile, cher ami; je suis certain de ce que je dis : votre noir est arrêté comme accusé de l'assassinat du capitaine négrier que vous connaissez, je crois, et qui se nomme...

— Pereira Cunha? —dit monsieur Ribeira avec émotion.

— Précisément, — ajouta le docteur.

A cette nouvelle si imprévue, madame Ribeira ne put retenir un cri d'effroi, et fut saisie d'un léger tremblement convulsif.

L'émotion de cette femme était-elle le résultat de la satisfaction qu'elle avait pu éprouver en se voyant providentiellement débarrassée du plus lâche, du plus dangereux et du plus menaçant des ennemis? peut-être, et nous sommes porté à le croire. Mais nous croyons aussi qu'à cette âcre satisfaction se mêlait un peu de pitié et de regret pour l'homme qui le premier avait fait battre d'amour le cœur de la jeune fille.

Quoi qu'il en soit, personne, ni de monsieur, ni de madame Ribeira, ne pouvait soupçonner le motif qui avait poussé José à l'assassinat du capitaine. On ne savait pas non plus dans la maison, à l'exception d'une négresse qui en avait été témoin sans en rien dire, la scène de violence entre le capitaine et José, lors de la visite du négrier

à madame Ribeira. Ni le maître ni la maîtresse de la maison ne pouvaient donc attribuer à la vengeance le crime de l'esclave.

Au premier moment d'étonnement succéda de nouveau le doute.

— Mais êtes-vous bien sûr de ce double événement, mon cher Pinto? — dit monsieur Ribeira; — cela me semble si impossible que mon noir soit devenu un assassin.

— Je suis, cher ami, on ne peut plus certain de la mort du négrier. En ma qualité de docteur, j'ai é appelé pour lui porter des secours, et je n'ai trouvé qu'un cadavre. La mort a été déterminée par deux coups de poignard, qui tous deux avaient pénétré profondément dans les régions du cœur. Quant à l'assassin, je ne l'ai pas vu, mais il a déclaré se nommer José et être l'esclave de monsieur Manoel Ribeira, marchand de viande sèche en gros, demeurant rue d'Alfandega, n° 26. Est-ce clair?—A peine le docteur avait-il achevé ces paroles que deux agens de police, escortés par les esclaves de la maison, venaient confirmer en tous points la nouvelle apportée par monsieur Pinto. — Eh bien! — dit ce dernier, — avais-je raison?

— C'est inconcevable, — fit monsieur Ribeira. — Je vais me rendre en toute hâte à la prison; dans un moment j'aurai le secret de ce drame épouvantable.

José avait été mis au cachot en compagnie de deux criminels, un mulâtre et un noir aveugle, tous deux condamnés à mort. Le mulâtre, dont le nom est encore aujourd'hui prononcé avec horreur à Rio-de-Janeiro, avait assassiné trente-huit personnes, quelques-unes pour les voler, d'autres pour le seul plaisir de les tuer.

Le nègre aveugle avait violé sa maîtresse, l'avait ensuite étranglée, et, pour cacher les traces de ce double crime, avait mis le feu à la maison.

Monsieur Ribeira, pour parler à son noir, dut pénétrer dans ce cachot, où, comme on le voit, la société n'était pas des plus rassurantes.

Dès que José eut aperçu son maître, il se jeta humblement à ses genoux et lui baisa les mains qu'il mouilla de ses larmes.

— Tu es donc coupable, malheureux? — lui dit monsieur Ribeira d'un ton de voix où perçait la compassion plus encore que le reproche.

— Oui, maître, je suis coupable; oh! plus coupable encore qu'on ne peut le croire.

— Quel démon t'a poussé au crime, José; toi que j'avais cru bon et honnête jusqu'à présent; toi que j'avais élevé dans toute ma confiance, pour qui je m'étais montré toujours bienveillant; toi que je me plaisais à citer comme le modèle des serviteurs?

— Pardon, maître, je suis à vos pieds; pardon mille fois de la peine que je vous cause; j'étais indigne de votre estime et de votre généreuse affection; puisse le châtiment suprême qui m'est réservé purifier mon âme et adoucir par la pitié le souvenir de mon crime!

— Mais tu ne m'as pas dit, José, le motif qui t'a poussé à l'assassinat du capitaine, que je connaissais, qui était presque mon ami, que je recevais chez moi.

— Il m'avait injurié, maître, il m'avait frappé injustement... je me suis vengé.

— Malheureux et doublement coupable, tu as oublié que Pereira Cunha était libre et blanc, et que tu étais noir et esclave.

— Oh! oui, — dit José avec une expression indéfinissable de douleur et de regret; —j'avais, en effet, oublié que j'étais noir et esclave.

La justice, si indulgente à Rio-de-Janeiro pour les crimes des blancs, surtout quand ces crimes s'exercent sur des noirs, se montra inflexible pour les crimes des noirs, surtout quand les noirs sont esclaves et que les victimes sont des blancs. L'assassinat du capitaine négrier était connu dans toute la ville; les tribunaux firent prompte justice de l'assassin.

José ne nia pas son crime devant les juges, et soutint qu'il n'avait été entraîné au meurtre du capitaine que pour se venger des coups qu'il en avait injustement reçus.

La négresse seul témoin des faits fut appelée, et confirma de tout point la déposition de l'accusé.

Après une plaidoirie courte et désespérée de l'avocat, les juges se réunirent quelques minutes dans la chambre des délibérations, et revinrent en apportant un verdict de culpabilité sans circonstances atténuantes.

En conséquence José fut condamné à être *pendu par le cou jusqu'à ce que mort s'ensuive.*

Huit jours après le prononcé de cette sentence, les habitans de Rio-de-Janeiro se pressaient en foule sur la place où se trouve le palais impérial.

Presque vis-à-vis le palais de l'empereur, au bord de la mer, se dressait une potence consistant en deux poteaux solidement fichés en terre, à la distance de quatre à cinq pieds. Ces poteaux, d'une hauteur d'environ douze pieds, étaient reliés à leur extrémité supérieure par une planche large et épaisse, de façon à ce qu'on pût s'y asseoir commodément. Au milieu de cette planche se trouvait solidement fixé un anneau de fer destiné à suspendre la corde. On arrivait à cette plate-forme au moyen d'une échelle de bois inclinée du côté du palais impérial. Des soldats brésiliens maintenaient l'ordre dans la foule et laissaient un certain espace libre autour de l'échafaud.

Avec cette fiévreuse et horrible impatience de la foule qui assiste aux exécutions capitales, chacun s'informait de l'heure et trouvait le temps long.

— Il ne viendra donc pas, le patient ?—disait un nègre.

— Le véritable patient, c'est moi, — reprit en riant un mulâtre.—Je suis ici depuis huit heures du matin sur mes jambes et je commence à en avoir assez. Ma parole d'honneur! ça vous dégoûterait de voir pendre.

— Regardez donc ce tableau du côté de la mer, — disait une autre personne; — n'est-ce pas bien curieux, tout ce monde juché, pour y mieux voir, sur les mâts des embarcations et des navires? Et les femmes, y en a-t-il, mon Dieu !... il y a plus de femmes que d'hommes.

—Que voulez-vous ? —répondit un personnage à la physionomie sévère, qui paraissait tout observer autour de lui; — les femmes sont naturellement sensibles, et il faut à leur sensibilité de vives et constantes émotions.

— Jolie émotion, de voir pendre un malheureux, qu'il soit coupable ou non !

— Peu importe, — reprit le personnage sévère, — c'est toujours de l'émotion. La femme, bonne jusqu'au dévouement, se passionne jusqu'à la cruauté. Elle exposera sa vie pour sauver la vie d'un autre, mais elle ne manquera pas l'occasion d'aller voir pendre, guillotiner, écarteler ou brûler. Les plus belles, les plus élégantes dames de tous les temps et de tous les pays, ont toujours accepté comme une bonne fortune une place réservée d'où elles pussent contempler sans fatigue, bien à leur aise, l'horrible spectacle de la mort par la main du bourreau.

— Mais c'est donc de la férocité, cela ; les femmes sont donc bien méchantes ?

— Moins méchantes que les hommes ; mais plus sensibles et plus passionnées qu'eux.

Un bruit sourd, causé par les murmures de la populace, vint interrompre ce dialogue. Chacun se rua sur son voisin pour mieux voir, ce qui occasionna quelques accidents. Un homme eut le bras cassé, un enfant fut étouffé ; d'autres personnes, en grand nombre, reçurent des contusions plus ou moins fortes.

La cause de ce tumulte était l'annonce de l'arrivée du condamné.

Mais on s'était trompé ; ce qu'on avait pris pour la tête du cortége était un détachement de troupes à cheval qui se rendait à la prison.

A ce désappointement, la contrariété se peignit sur tous les visages.

— Comme tout se fait mal dans notre pays ! — dit une mulâtresse en s'adressant à une quarteronne ;—c'est déplorable, vraiment. Il y a deux heures que ce nègre devrait raisonnablement être pendu ; mais on n'est jamais prêt

dans l'administration des affaires publiques à Rio-de-Janeiro.

— Et c'est le pauvre peuple,—répondit la quarteronne, — qui en souffre en perdant son temps à attendre le bon plaisir de ces messieurs de la justice; comme si le peuple avait du temps à perdre ! Puisqu'on veut nous donner un exemple salutaire, qu'on nous le donne à heure fixe et qu'on ne nous fasse pas languir.

— Vous le voyez, ma chère, — reprit la mulâtresse ; — on avait annoncé l'exécution pour dix heures, heure militaire...

— C'est heure de la justice qu'il faudrait dire ; — interrompit la quarteronne en riant.

— Soit, heure de la justice ; j'ai négligé tout chez moi, le déjeuner de mon mari que je lui ai laissé faire, les enfans que j'ai plantés là, et dont le plus jeune est malade. J'accours sur l'invitation de la loi, qui m'offre pour raffermir mes vertus le spectacle toujours salutaire de la pendaison ; à neuf heures, je suis ici pour avoir une bonne place devant la potence ; j'entends sonner dix heures, dix heures et demie, onze heures, onze heures et demie ; personne ! pas plus de criminel que dans mon œil. Croyez-vous que ce soit bien agréable ?

— Je dirai plus, c'est impoli et peu délicat. Mais il faut bien se résigner ; ce sera sans doute pour midi.

— O mon Dieu ! ça sera pour quand ça voudra. Si ce n'était que je connais un peu le criminel, qu'on dit un excellent homme, rempli des meilleures qualités, et que pour cette raison je serais bien aise de voir exécuter, je vous jure que je ne ferais ni une ni deux, et que je planterais là toute la cérémonie pour retourner à la maison.

— Le fait est que si vous connaissez le condamné, vous lui devez bien le sacrifice de rester pour le voir pendre ; ça lui fera plaisir ; et d'ailleurs ils ne peuvent pas tarder à cette heure.

— Voilà quatre fois que je viens pendre, et quatre fois que j'ai été contrariée pour une raison ou pour une autre.

— Les exécutions capitales ne vous réussissent pas ; nous avons des gens comme ça au Brésil.

— Je leur donne un quart d'heure ; si dans un quart d'heure ils ne sont pas ici, bonsoir la compagnie ! je tire ma révérence et je m'en vais.

— Oh ! vous ne feriez pas une chose comme ça.

— Aussi vrai que je vous le dis.

L'impatiente et bavarde commère n'eut pas à mettre la force de son caractère à l'épreuve : elle s'était donné un quart d'heure d'attente ; cinq minutes après on voyait des hommes et des femmes, grimpés aux mâts des navires, agiter leurs mouchoirs pour signaler l'arrivée du condamné.

Cette fois on ne s'était pas trompé ; c'était bien le patient qui arrivait, et un ignoble murmure de satisfaction s'échappa des mille bouches de la foule.

Suivant l'usage, le criminel était venu à pied de la prison jusque sur le lieu du supplice.

L'appareil déployé en semblables circonstances est on ne peut plus imposant au Brésil.

En tête du funèbre cortége marchaient, le sabre nu, deux cents gendarmes du pays, à cheval.

Les juges, en grand costume, venaient ensuite.

Au milieu d'eux, et à cheval, on voyait le ministre de la justice, qui, d'après les lois brésiliennes, doit surveiller de sa personne l'exécution des sentences capitales.

A la suite des juges et du ministre de la justice venaient des députations de différens ordres religieux, tels que carmes déchaussés, frères mendians, capucins, frères de la Bonne mort, etc., dans leurs différens costumes et bannières en tête.

Suivaient les frères de la Miséricorde, chargés de fournir la corde pour l'exécution du criminel, et chargés aussi de l'enterrement du corps du supplicié.

Au milieu des frères de la Miséricorde marchait, précédé d'une haute bannière sur laquelle était peint un sujet religieux, le patient pieds et tête nus. Il avait les mains liées

43

derrière le dos, et embrassait de temps à autre une image du Christ crucifié, que tenait à portée de sa bouche un des religieux du même ordre. A côté du condamné, un autre frère de la Miséricorde récitait des prières.

Plus loin venait le bourreau et son valet d'office.

Enfin, pour fermer le cortége, il y avait un détachement de gendarmes à cheval en grande tenue.

José avait vu venir son dernier jour avec une douce, on pourrait dire avec une sainte résignation.

Une heure avant de sortir de la prison pour se rendre à l'échafaud, il avait fait demander son confesseur, le même moine de la Miséricorde que nous avons vu marcher à son côté.

José s'était entretenu seul avec lui quelques momens, et lui avait remis confidentiellement un petit paquet que jusqu'alors il avait tenu caché dans sa prison. Puis, après avoir reçu la bénédiction du religieux, il avait pris rang dans cette procession suprême qui allait le conduire à la mort.

José marchait d'un pas ferme, mais sans affectation.

Tout en lui respirait le courage que donne une conscience calme et rassurée.

Rien, ni dans sa physionomie douce et intelligente, ni dans son maintien aisé, mais modeste, n'indiquait en José un criminel vulgaire.

Pour se rendre de la prison où était enfermé le condamné jusque sur la place du palais impérial, il fallait longer toute la rue d'Alfandega, où demeuraient monsieur et madame Ribeira.

En apercevant la maison de son maître, qu'il voyait pour la dernière fois, et où s'étaient écoulés tant d'heureux jours pour lui ; à la vue des fenêtres et de la porte fermées comme pour porter le deuil du plus ancien serviteur de la maison, José sentit son âme s'échapper de son corps. Il se mit à pleurer avec de tels sanglots que la foule même qui le voyait en fut vivement émue. La douleur enleva les forces du malheureux nègre, et il chancela comme s'il allait s'évanouir.

Le moine qui marchait à son côté le soutint.

Le cortége s'arrêta.

— Mon frère, mon ami, — dit en s'adressant au condamné et d'une voix profondément émue le confesseur de José, — du courage !

Et d'un geste inspiré il lui montra le ciel.

Mais le cœur du nègre ne battait plus, et une sueur froide inondait son visage. On eût pu croire que la mort impatiente avait accompli son œuvre sans l'aide du bourreau.

Le médecin nommé d'office pour faire partie du cortége ranima le condamné au moyen d'inspirations d'ammoniaque, et en lui faisant avaler quelques gouttes d'un cordial puissant.

— Mon Dieu ! — dit José en élevant les yeux au ciel, et d'une voix pleine d'onction, — pardonnez-moi cette faiblesse de mon pauvre cœur malade au moment de comparaître devant votre tribunal suprême ; vous êtes bon, Seigneur, vous êtes tout-puissant, et j'ai confiance en votre miséricorde. Je vous offre mes regrets en expiation de mes fautes ; acceptez-les, Seigneur.

— Dieu vous entend, mon frère, — dit le moine ; — espérez.

— Pouvez-vous marcher ? — demanda un agent supérieur de la police, en s'adressant au condamné, qui paraissait encore bien faible.

— Je puis marcher, — répondit ce dernier d'une voix douce et ferme à la fois.

Et le funèbre cortége continua d'avancer sans autre incident.

Quelques minutes plus tard on arrivait jusqu'au pied de l'échafaud.

Là, on fit halte.

Un des frères de la Miséricorde remit au bourreau la corde destinée à l'exécution.

La foule était silencieuse et haletante.

Sur un signe du ministre de la justice, le condamné, toujours les mains liées derrière le dos, et aidé de son confesseur, et du bourreau qui tenait la corde à la main, gravit lentement les degrés de l'échelle. Il arriva ainsi sur la plate-forme, où il s'assit les pieds pendans, le visage tourné du côté de la mer.

José était calme et résigné.

Il n'en était pas de même du religieux qui l'assistait ; son émotion était visible pour tous les spectateurs.

Au moment où le bourreau passa la corde au cou du patient et lui banda les yeux, le frère de la Miséricorde ne put retenir ses larmes.

— Ne pleurez pas ainsi, mon père, —lui dit José ; — les châtimens infligés par les hommes sont passagers, et la justice de Dieu est éternelle. Je lui ouvre mon cœur.

Le religieux embrassa avec effusion le malheureux noir, lui dit quelques paroles à voix basse, et, accomplissant jusqu'au bout sa triste mission, descendit quelques degrés de l'échelle.

Là, d'une voix pénible et entrecoupée, il récita la prière des agonisans.

Le bourreau, attentif, suivait mot à mot la prière fatale.

Au moment où le religieux arrachait de sa bouche la fin de l'hymne funèbre, en se couvrant la face de ses deux mains, le bourreau poussa le condamné qui jetta un cri d'effroi. Par un mouvement instinctif plus fort que la raison, il voulut, avec les pieds restés libres, se retenir à la plate-forme ; mais ses efforts ne purent ralentir sa chute, et on le vit suspendu en équilibre après quelques horribles oscillations de la corde.

Sans perdre de temps, le bourreau se laissa glisser par la corde, et se mit en croupe sur le pendu, en ayant soin de lui appliquer les deux mains sur la bouche.

A la vue de cet horrible spectacle, une exclamation pénible retentit au loin dans la foule comme un écho de la mort.

On put voir, durant trois ou quatre minutes, les épouvantables convulsions du pendu, que l'asphyxie ne gagnait que lentement à travers les affreuses douleurs de l'étouffement.

Toute convulsion apparente ayant cessé depuis quelques minutes, le médecin de service donna l'ordre de détacher le supplicié.

Après l'avoir examiné avec soin, il le déclara mort.

Les frères de la Miséricorde s'emparèrent alors du cadavre pour lui rendre les devoirs de la sépulture.

L'un de ces religieux tenta de saigner le pendu, dans l'espoir, bien faible il est vrai, de le rappeler à la vie. Il n'est pas sans exemple, au Brésil, que des suppliciés qu'on croyait morts aient été sauvés grâce aux soins intelligents des frères de la Miséricorde. Dans ce cas la grâce est toujours accordée au criminel ainsi sauvé. Les religieux de cet ordre ont encore le privilége de couvrir le criminel de leur bannière protectrice quand la corde vient à casser. Il est d'usage en pareil cas que le condamné obtienne une commutation de peine.

La tragédie avait en tout duré un quart d'heure, depuis le moment où le cortége était arrivé sur la place de l'exécution.

Les religieux rentrèrent dans leur couvent respectif, les soldats dans leur caserne, et la foule, comme si la voix de la conscience eût blâmé en elle l'avide curiosité qui l'avait poussée à contempler le plus hideux des spectacles, se retira silencieuse et lente.

VII

Le soir de ce même jour, le frère de la Miséricorde, qui avait assisté l'infortuné José à ses derniers momens, et qui l'avait antérieurement confessé, se rendit chez madame Ribeira. Il demanda à lui parler en particulier.

Une négresse introduisit le religieux dans l'appartement où se trouvait la maîtresse de la maison.

— Je viens, madame, — lui dit le moine, — accomplir auprès de vous une des plus saintes missions de mon ministère en vous remettant en secret ce dépôt.

A l'aspect du religieux, à ses paroles graves et mystérieuses, madame Ribeira sentit l'émotion s'emparer de tout son être.

— Soyez le bienvenu, — lui dit-elle en tendant la main pour se saisir du paquet. Puis, après quelques instans de silence : — Me direz-vous, mon père, — ajouta-t-elle, — de quelle part vous me remettez ce dépôt ?

— De la part d'un homme qui a beaucoup souffert et qui n'est plus, madame ; de la part de votre esclave José.

— De José ! — exclama madame Ribeira. Et d'une main tremblante elle ouvrit le paquet. Ce paquet se composait d'une petite boîte ayant appartenu à Dolorosa, et dans laquelle se trouvaient enfermés une lettre et un calepin. — Grand Dieu ! — s'écria madame Ribeira ; — cette lettre de la part du malheureux José ?... elle a pu avoir été en sa possession ?... Comment cela se fait-il, mon père ?

Et son regard, plus interrogatif encore que sa parole, sollicitait une réponse en exprimant la crainte et la plus vive anxiété.

Le moine reprit aussitôt :

— Votre esclave, madame, soupçonnant le capitaine de quelque mauvaise intention à votre égard, s'était caché pour tout entendre, le jour où vous eûtes une conversation avec le négrier. Témoin des menaces dont vous étiez l'objet, sachant que de la possession de cette lettre dépendait tout votre bonheur, il a voulu sacrifier sa vie pour sauver votre honneur, et s'est fait assassin par dévouement à votre personne. La vengeance des affronts qu'il avait reçus du négrier n'était qu'un prétexte pour cacher le véritable but de son crime.

— Qu'avais-je donc fait pour mériter de lui cette sublime abnégation ?

— Il vous aimait, madame.

LE MARIAGE DE LA MORT

MOEURS DES SHAKERS

I

Dans les premiers jours du mois de février de l'année 1840, vivait, dans le sous-sol (*basement*) d'une misérable maison de Lebanon-Springs (Etats-Unis d'Amérique), une pauvre famille d'émigrés irlandais composée du père, de la mère, d'une sœur de cette dernière, et de deux enfans, un garçon de dix ans et une petite fille de quatre. Depuis un mois le chef de la famille, William Scott, était cloué par la maladie sur son lit de souffrance. Les faibles ressources des pauvres gens étaient épuisées, et bientôt peut-être les deux enfans feraient entendre ce cri désolant : « J'ai faim ! » auquel les larmes de la mère pourraient seules répondre.

Il y a des gens qui semblent naître pour le malheur, William Scott et sa femme Jenny étaient de ce nombre. Depuis douze ans qu'ils avaient associé leur destinée en Irlande, dans le pays qui les vit naître tous deux, rien ne

leur avait réussi. Scott était ouvrier mécanicien, et il gagnait d'excellentes journées qui eussent suffi amplement aux dépenses de la maison. Malheureusement ses forces trahirent son courage, et les médecins reconnurent qu'un commencement de maladie de poitrine s'étant déclaré, William abrégeait ses jours en se livrant à un travail trop pénible.

Nonobstant cet avis, William voulut continuer son état ; mais Jenny s'y opposa de toute la force de son amour pour son mari.

— William, — lui dit-elle, — tu cesseras ce travail, mortel désormais pour toi. J'ai encore intact, tu le sais, l'héritage de ma tante ; ce n'est pas assez, à beaucoup près, pour vivre de nos rentes et élever les chers enfans que Dieu pourra nous envoyer, mais c'est assez pour entreprendre un commerce que tu dirigeras sans compromettre ta santé.

Jenny possédait une dizaine de mille francs. Dès qu'on sut qu'elle avait résolu de faire valoir son argent dans le commerce ou dans l'industrie, car les époux Scott n'avaient aucun projet arrêté à cet égard, il se présenta, comme toujours, une foule de spéculateurs auxquels il ne manquait précisément que cette modique somme de dix mille francs pour gagner une immense fortune en très peu de temps.

William et sa femme résistèrent aux promesses trop pompeuses qu'on leur faisait, et finirent par placer leur avoir entre les mains d'un courtier en marchandises en qui ils avaient toute confiance. Indépendamment des intérêts de l'argent qui étaient payés à William, il avait chez le courtier une place lucrative et facile, parfaitement conforme à son état de santé.

Cinq années s'étaient ainsi passées pendant lesquelles Jenny avait mis au monde les deux enfans dont nous avons parlé plus haut, lorsqu'un coup terrible vint frapper le jeune ménage. Le courtier, ruiné par de fausses spéculations, avait pris la fuite, ne laissant que des dettes. Il fallait vivre pourtant, et William reprit bravement son métier de mécanicien, pendant que Jenny cherchait dans la couture une industrie trop peu lucrative.

D'abord William put résister à la fatigue, et il lui sembla que les médecins s'étaient trompés à son égard, et que jamais il n'avait été dans un meilleur état de santé. Mais bientôt le mal qui existait réellement en lui se développa sous l'influence d'un travail au-dessus de ses forces, et le pauvre Irlandais vit avec désespoir cette dernière ressource lui échapper.

Il crut aux amis et alla trouver le plus ancien, comme le meilleur. Celui-ci était dans une position aisée ; il prêta quelque argent à William et voulut séduire sa femme. Jenny vendit tout ce qui pouvait avoir une valeur, rembourse l'argent au faux ami, et lui défendit de se présenter jamais chez elle.

Je ne poursuivrai pas plus loin les aventures de ce couple infortuné. Qu'il me suffise de dire que, après des tribulations sans nombre et les plus cruelles déceptions, la famille de Scott, augmentée de la sœur de Jenny, résolut de s'expatrier. Ce n'est point le bonheur qu'ils espéraient trouver en Amérique : ils ne croyaient plus au bonheur ; c'est l'oubli de leurs chagrins que chaque rue, chaque maison, chaque église même, leur rappelait dans cette funeste terre d'Irlande.

Ils partirent donc en qualité d'émigrans sur un navire qui les transporta à New-York.

Tout n'est pas rose en Amérique, nous en parlons par expérience. Pourtant, à l'époque où William Scott débarqua aux Etats-Unis, ce vaste pays offrait encore aux agriculteurs et aux ouvriers des ressources relativement très supérieures à celles qu'ils auraient pu trouver en Europe. Huit jours à peine après l'arrivée à New-York de l'émigrant irlandais, une place lui fut offerte pour aller dans le Massachussets prendre la direction d'une fabrique de produits mécaniques.

William s'empressa d'accepter ce poste, et se flatta que

le changement de climat améliorerait sa santé et lui permettrait de remplir convenablement son emploi.

Ils partirent pour le Massachussets, et William entra en fonctions.

Pour la première fois depuis longtemps, la pauvre famille goûta les charmes d'une vie régulière, à l'abri des besoins matériels. Mais ce bonheur ne devait être que passager, et l'on eût dit qu'il n'avait été offert aux émigrés que pour augmenter leurs regrets et rendre leur misère plus douloureuse encore.

William, toujours poursuivi par le mal implacable qui minait sa vie, fut contraint bientôt d'abandonner sa position pour végéter plutôt que pour vivre du produit de quelques menus travaux et de l'argent que rapportait la couture de Jenny, aidée par sa sœur.

Enfin, c'est six mois après sa sortie de la fabrique de produits mécaniques que nous trouvons William au lit depuis quatre longues semaines, entouré de sa femme, de ses deux enfans et de sa belle-sœur.

— Jenny, — dit William en fixant sur sa femme un regard plein de tristesse, dans lequel se reflétait comme un souvenir de douce félicité, — c'est aujourd'hui le 4 février 1840, jour anniversaire de notre mariage.—Jenny, pour toute réponse, se pencha sur le malade et l'embrassa tendrement. Des larmes brillèrent dans ses yeux pleins d'une ineffable tendresse. — Nous étions bien heureux alors, —continua William; — tu étais jeune, tu étais belle, tu possédais une petite fortune, je t'aimais de toute la puissance de mon cœur et j'avais pour moi la santé, la force, le courage, l'avenir, tout! Aujourd'hui je n'ai plus que douleurs et regrets; l'espérance m'abandonne, et je vois le plus sombre avenir se préparer pour nos pauvres enfans, voués au malheur comme leur père. Qu'avons-nous fait au ciel pour qu'il appesantisse sur nous toutes ses colères? Pourtant je ne suis point un méchant homme, et toi, Jenny, tu es la plus vertueuse des épouses comme la meilleure des mères. Nos enfans, victimes comme nous, dans l'innocence de leur âge, n'ont pu faire aucun mal. Ah! Jenny, quand la mort viendra, je l'accepterai avec joie, comme une délivrance, non-seulement pour moi, mais pour vous tous à qui je suis à charge.

— William, mon ami, tu désespères de la clémence de Dieu, et c'est mal. Nous sommes chrétiens, et l'espérance doit être notre première vertu.

— Et quoi donc puis-je espérer à cette heure?

— Tu peux espérer et obtenir ce que tu cherches vainement depuis douze ans que nous sommes mariés, ce que tu désires avec plus d'ardeur encore depuis que nous avons des enfans, une vie calme, sans jouissances il est vrai, et sans aucune de ces émotions qui font l'existence morale, mais une vie assurée, les besoins matériels satisfaits pour toi et les tiens.

— Ah! ma pauvre Jenny, — dit-il en hochant la tête et en souriant avec amertume, — quel est donc ce rêve de ton imagination, et dans quel pays trouverions-nous le calme qui, dans l'état de nos âmes, serait la seule jouissance à laquelle nous puissions désormais aspirer?

— Ce n'est point un rêve de mon imagination, William; et ce pays que tu crois impossible pour nous existe à quelques milles seulement de cette ville.

— Comment, il se pourrait! Mais je ne puis le croire. On ne donne rien pour rien nulle part en ce monde.

— Tout existe, William, tout jusqu'au désintéressement.

— Je ne le crois pas.

— Il faut pourtant te rendre à l'évidence, car j'en suis sûre.

— Et quel est donc ce pays de Dieu, et quels sont les hommes désintéressés qui l'habitent?

— Ce pays, situé dans le New-Lebanon, William, est un simple village qui ne compte guère que quinze cents habitans, et ces habitans sont les shakers ou shaking-quakers.

— Qu'est-ce donc que les shakers ou shaking-quakers? une secte religieuse sans doute?

— Je puis, William, te renseigner à ce sujet, car je suis allée moi-même voir ce village, et j'ai pris toutes les informations désirables. Non, les shakers ne sont point, à proprement parler, une secte religieuse, puisqu'ils sont tolérans, qu'ils ne font point de propagande et reçoivent dans leur sein, sans distinction aucune, les hommes de toutes les communions. Ils adorent l'Éternel par des pratiques particulières, auxquelles tout néophyte doit se conformer, il est vrai; mais leur véritable religion, c'est le travail, et leur loi le célibat.

— Le travail! — dit tristement William; — mais je ne puis travailler!

— Avec le travail pour religion et le célibat pour loi, les shakers ont pour vertus le désintéressement et la charité. Les forts travaillent pour les faibles, les riches donnent aux pauvres; et l'égalité, qui exclut tant de mauvaises passions, règne en souveraine dans cette étonnante association.

— Mais, femme, si le célibat est la loi des shakers, comment pourrions-nous être admis parmi eux?

— En vivant mariés comme si le ciel n'eût pas béni notre union, en fermant notre cœur aux souvenirs du passé, et en ouvrant nos âmes aux saines et fortifiantes aspirations de l'amour du prochain, le seul amour, avec l'amour de Dieu, auquel les shakers doivent obéir. Les enfans, — dit avec une émotion mal contenue la sensible Jenny, — n'ont pas besoin chez les shakers de l'amour de leur père et mère; pour eux chaque femme est une mère, chaque homme est un père, ou plutôt il n'y a que des frères et des sœurs.

— C'est le tombeau du cœur, — reprit William, — et il ne doit pas être plus permis à l'homme de s'arracher vivant à la vie morale, en immolant ses plus nobles sentimens, qu'il ne lui est permis d'attenter à son corps en se donnant la mort. Le célibat, en général, c'est la révolte de l'homme contre la loi de Dieu; le célibat est en outre une sorte de crime social, car c'est en ayant des enfans et en les élevant que chacun, dans l'œuvre collective de l'humanité, paye la dette qu'il contracte en naissant.

— Mais quand le sacrifice à l'amour de la famille est fait dans l'intérêt même de la famille, le crime devient alors une vertu d'autant plus louable que cet amour est plus vif. C'est ce que pensent les shakers, qui cherchent, dans une vie dégagée des passions et des intérêts humains, le repos, à l'abri de toutes les tempêtes du monde, à l'abri de toutes les amertumes dont le cœur est si souvent abreuvé.

— Femme, — répondit William, — je sens mon mal s'aggraver; un indéfinissable et profond malaise s'est emparé de tout mon être; Dieu me fera bientôt la grâce, je l'espère, de me rappeler à lui; il m'aura donné du moins pour suprême consolation le bonheur de mourir auprès des miens, de mourir le chef d'une famille à laquelle je serai resté fidèle. Nous n'irons point chez les shakers.

La volonté de William paraissait inébranlable. Il eût pourtant dépendu de Jenny de la fléchir, et cela par un seul mot; mais ce mot elle ne voulut pas le prononcer. Pour dompter en effet les scrupules de l'Irlandais et vaincre son cœur, la malheureuse mère n'avait qu'à lui confesser la détresse dans laquelle elle se trouvait. Mais elle avait considéré comme un devoir, dans l'état désespéré où elle voyait son mari, de dissimuler à ses yeux l'horrible vérité. Grâce à des sacrifices de toutes sortes, le malade n'avait manqué jusqu'ici d'aucun des médicamens prescrits par la médecine, qui, si elle ne pouvait dompter son mal, pouvait du moins le rendre moins douloureux.

Mais toute chose a un terme, tout, jusqu'aux miracles que peut produire un cœur généreux en faveur de ceux qu'il aime.

Or, le dernier dollar provenant du dernier objet vendu qui eût une valeur dans la maison de l'Irlandais avait été entamé le matin pour payer le pharmacien et le boulanger, et les dollars, en Amérique comme en Europe, s'écoulent plus rapides que les heures partout où la maladie loge avec les enfans. Ce n'est qu'en observant la plus rigoureuse économie que Jenny pouvait finir de passer la journée au moyen de cette faible somme. Le lendemain, que fera-t-elle? C'est en proie aux plus sombres réflexions que la pauvre femme vit s'écouler la longue nuit qui suivit cette triste journée.

Les premières lueurs de l'aurore devaient éclairer le plus épouvantable des spectacles.

Le poumon gauche profondément ulcéré du malade venait, sous l'action incessante du mal qui le rongeait depuis plusieurs années, de se perforer entièrement. L'air extérieur cessant alors tout à coup de se renfermer dans le poumon pour apporter au sang les modifications dont l'effet est de le rendre apte à remplir les fonctions du fluide nutritif, l'air passa outre et remplit les cavités thoraciques que les poumons seuls doivent occuper et remplir dans leur dilatation. Sans être médecin, on peut juger de l'effet de l'air s'échappant à chaque inspiration de l'organe qui seul doit le renfermer. Le poumon, ainsi comprimé par l'air qui remplit les cavités thoraciques, ne peut plus se dilater que d'une manière insuffisante, et le malade étouffe dans une agonie qui dure parfois vingt-quatre heures et plus.

Dès que les derniers tissus qui retenaient l'air dans le poumon furent rompus, un cri sourd et désespéré s'échappa de la gorge contractée du pauvre Irlandais. Outre la souffrance atroce causée par l'étouffement, le malade sentit en lui une désorganisation foudroyante, et il vit la mort l'étreindre, mais lentement et avec tous les raffinemens de la plus odieuse cruauté. Le martyr ne pouvait articuler que des mots entrecoupés. Sentant la vie lui échapper, il implorait la mort de lui venir en aide en abrégeant ses tortures.

La sœur de Jenny avait couru en toute hâte chercher le médecin, qui, s'étant aussitôt rendu compte de l'accident survenu, se déclara impuissant à combattre un mal désormais sans remède.

William n'avait rien espéré du docteur. Il vit son arrêt de mort inscrit sur la physionomie de ce dernier.

— Mon ami, — dit en pressant les mains de son mari l'infortunée Jenny, — nul ne sait quand vient sa dernière heure, et tout bon Irlandais ne doit pas craindre de se préparer à la mort. Tu es catholique, William, et tu souffres; veux-tu la visite d'un prêtre?

— Un prêtre, oui, — prononça William d'une voix à peine intelligible; — vite, — ajouta-t-il, — car dans une heure il ne sera plus temps.

On alla chercher un prêtre.

Quelques momens après il arriva. Mais ce ne fut que pour prononcer la prière des agonisans. Tout sentiment était éteint chez le malade, dont le râle, semblable au crépitement d'une lampe à ses dernières lueurs, témoignait seul des derniers efforts de la vie contre la mort triomphante.

Il était dix heures quand William cessa de souffrir.

Plus heureux que beaucoup de pulmoniques succombant à la perforation du poumon, l'asphyxie de ce malheureux n'avait duré que quatre heures.

— Dieu est bon, — dit le prêtre en quittant le seuil de cette demeure désolée; — il nous a donné l'espérance.

Cependant Jenny, nous l'avons dit, avait épuisé ses dernières ressources, et la mort pèse sur les pauvres aussi impérieusement que la vie. Il en coûte pour quitter ce monde comme il en coûte pour y entrer. Aux déchiremens des regrets pour la veuve d'avoir perdu son cher mari, venaient se joindre les plus sombres soucis. Jenny ne savait comment se procurer l'argent nécessaire pour les funérailles de celui à qui la charité publique n'offrait pas même l'hospitalité d'une tombe où la veuve pût aller s'agenouiller et pleurer.

La mort n'attend pas.

L'heure légale de l'inhumation étant venue, et Jenny ne se trouvant pas en mesure d'acheter ou simplement de louer les six pieds de terre qu'il faut à un homme pour attendre du temps la dispersion des atomes qui le composent, William fut enseveli aux frais de l'État, et rien ne marqua la place où il reposait.

Ce dernier coup fut pour Jenny le plus cruel. Il alla frapper jusqu'aux racines même du sentiment chez cette malheureuse créature, qui, née avec tous les dons de la sensibilité, devint subitement indifférente à tout et ne souffrit même plus de la douleur. Sa physionomie, jadis si mobile, s'était fixée dans les lignes désolées d'une tristesse fatale et immuable. Elle ne pleura plus, et raisonna froidement de ses propres affaires comme s'il se fût agi des affaires d'un étranger.

Sa sœur et les deux enfans étaient là près d'elle, pleurant et frémissant.

— A quoi sert de pleurer? — dit Jenny; — les pleurs ne font pas vivre, et ils ne tuent pas non plus. J'ai pensé à une chose, ma sœur.

— Je t'écoute, Jenny.

— Il me semble que si on exposait à monsieur Field, le propriétaire de la fabrique que mon mari a dirigée pendant quelque temps, la position dans laquelle nous nous trouvons, il nous viendrait en aide. C'est un homme de cœur, et il estimait William. Qu'en penses-tu, ma sœur?

— Je crois, comme toi, Jenny, que monsieur Field ne serait pas insensible à nos malheurs et qu'il nous viendrait en aide. Mais les secours qu'il pourrait nous donner seraient nécessairement insuffisans pour nous mettre à même d'entreprendre quoi que ce fût qui assurât notre existence et nous permît d'élever ces chers enfans.

— Ma sœur, — répondit Jenny, — en ce qui concerne, moi et mes enfans, mon parti est arrêté: nous irons vivre chez les shakers. Là, dans l'austérité d'un travail qui remplit toutes les heures et ne laisse que les momens absolument nécessaires à la réparation des forces de l'homme, mes enfans grandiront heureux, ne connaissant rien de ce qui trouble le cœur et le dévore. Et moi je m'efforcerai d'oublier, en attendant le suprême sommeil que goûte en ce moment mon bien-aimé William. Quant à toi, ma sœur, tu es libre de choisir ta destinée, et je ne veux en rien t'influencer.

— Pour me condamner ainsi à une existence d'austérités qui n'a pas même pour compensation la foi brûlante de la religieuse cloîtrée, je suis encore bien jeune, ma sœur.

— Tu es quarante ans.

— Non certes, je n'ai que trente-neuf ans à peine, et à cet âge, encore demoiselle, dois-je fermer mon cœur à tous les sentimens, à toutes les espérances? ai-je bien le droit de rompre avec tous les devoirs de la société et de m'enterrer vivante dans le dédain de tout ce qui fait la vie morale? Je ne le crois pas, ma sœur.

Au moment où Jenny allait répondre à sa sœur, dont le cœur, comme on voit, était tout rempli des plus douces aspirations, apparut un jeune garçon. Il était porteur d'une lettre de monsieur Field, qui donnait des consolations à la veuve de Scott, et lui offrait, à titre de don, soixante dollars, un peu plus de trois cents francs.

— Que Dieu soit béni! — dit la pauvre femme en jetant sur ses enfans un regard d'amour. — Remerciez pour moi monsieur Field, — dit-elle au garçon, — sa générosité lui assure ma reconnaissance éternelle.

Quand les deux femmes se trouvèrent seules, Jenny dit à sa sœur:

— Veux-tu, ma sœur, rester en Amérique ou retourner en Irlande?

— Retourner en Irlande, revoir mon pays, les amis de mon enfance, ceux qui m'ont aimée et qui m'aiment peut-être encore! oh! Jenny! ce bonheur est au-dessus de mon espérance.

— Sois donc heureuse, — répondit la veuve, — et donnons-nous le dernier baiser. Il me faut dix dollars pour me rendre avec mes enfans à New-Lebanon; le reste de la somme que je viens de recevoir t'appartient. Pars, et que Dieu veille sur toi.

La sœur de la veuve voulut l'accompagner jusque dans l'établissement des shakers.

Une carriole fut commandée.

A huit heures du soir, les deux femmes et les deux enfans se mirent en route.

A sept heures du matin, elles arrivaient à New-Lebanon. On fit prévenir le elder (chef de la communauté) qu'une femme et deux enfans demandaient à faire partie de la corporation.

— Quelle que soit leur nationalité, — dit le elder, — quelle que soit leur position de fortune, quels que soient leur nom et leurs antécédens dans le monde, ils trouveront ici, en se conformant à nos lois, la paix de l'âme et la nourriture du corps.

Au moment de pénétrer dans l'établissement où devait s'accomplir, dans le néant des plus doux et des p'us nobles sentimens, l'existence de la malheureuse femme et celle de ses deux enfans, la sœur de Jenny éclata en sanglots.

— Sèche tes larmes, ma sœur; réjouis-toi au contraire en pensant que ces êtres chéris me devront le seul bonheur qui soit sur cette triste terre, la paix du cœur.

— Qui sait, — répondit la sœur de Jenny comme sous l'influence d'un pénible pressentiment; — on comprime le cœur, mais on ne l'étouffe pas. Quand on le croit pétrifié par l'inaction, il se réveille un jour, gémit, gronde et se révolte sans que rien puisse lui faire obstacle. C'est l'explosion de l'amour qui rappelle l'homme à la nature, l'éclaire sur ses véritables devoirs et casse les arrêts de sa faible et malade imagination.

— Adieu, ma sœur, — ajouta froidement Jenny; — tes paroles n'ébranlent point ma foi. Celui qui peut tout m'accordera sa miséricorde. Je me confie en lui.

— Adieu, Jenny; puissent mes craintes ne se réaliser jamais!

Puis, pressant une dernière fois les deux enfans entre ses bras, elle s'éloigna rapidement.

II

L'établissement de New-Lebanon, où se fixèrent les premiers shakers d'Amérique, était, à l'époque où se passaient les événemens qui forment cette histoire, un village de quinze cents âmes environ.

Aujourd'hui ce même établissement se compose de plus de quatre mille coreligionnaires, sans compter qu'il n'est pas le seul en Amérique à cette heure, et que plus de dix mille personnes vivent un peu partout aux États-Unis sous le régime de ces excentriques quakers.

Tout se développe aux États-Unis, comme on voit, jusqu'aux associations qui, si elles n'étaient limitées, auraient pour effet l'extinction de la race humaine.

Rien de plus pittoresque, de plus riant que l'endroit où vivent de la vie étrange que nous allons faire connaître dans tous ses détails les esprits malades à la recherche du repos de l'âme. Prenant les malheurs dont, à tort ou à raison, ils ont été victimes dans le monde pour la conséquence forcée des institutions sociales, ils divorcent follement avec la société dont les lois fondamentales sont en définitive dictées par la nature même de l'homme; ils brisent les liens de la famille, mettent un crêpe à leur cœur, et se condamnent à une existence purement matérielle sinon bestiale, et qui serait blâmable au premier chef si elle n'était avant tout absurde et digne de pitié.

Le village des shakers de New-Lebanon est situé dans une vallée magnifique qui s'étend entre Lebanon-Springs et Lenox, dans le Massachussets. Ce village se trouve à peu de distance d'un célèbre établissement de bains, et, pour se rendre à cet établissement, fréquenté durant la belle saison par l'élite de la société américaine, il faut nécessairement traverser la propriété des shakers, lesquels,

du reste, ne s'y opposent jamais, ayant pour la liberté individuelle le plus grand respect, et professant l'hospitalité des patriarches. Aussi ne se prive-t-on pas à l'occasion de venir voir chez eux les shakers, de partager leurs repas, d'assister à leurs cérémonies religieuses, et, ce qui est peu convenable, de rire aux larmes de leurs convulsions spirituelles, d'où leur est venu le nom de shakers, qui en anglais veut dire trembleurs.

C'est en Angleterre, dans la ville de Manchester, qu'apparurent les premiers shakers, il y a un peu plus de cent ans aujourd'hui. Pour eux, à cette époque déjà, le jour du jugement dernier était arrivé, et leur Église devait être la dernière. Plusieurs autres se sont formées depuis; mais les modernes shakers n'en continuent pas moins à considérer leur Église comme la dernière et comme la meilleure, ou plutôt comme la seule bonne. Ils sont convaincus que leur existence sur la terre, grâce au rejet du mariage qu'ils repoussent absolument comme contraire au caractère de Jésus-Christ, est déjà le commencement du paradis. Du reste, ils repoussent comme incompatibles avec la miséricorde infinie de Dieu les tourmens infinis de l'enfer, et, n'admettent dans l'autre monde que des pénitences temporaires.

Les shakers de New-Lebanon devaient être et sont, en effet, pour toutes sortes de raisons, les plus célèbres de tous les États de l'Union.

Leur village s'étend sur les deux côtés de la route dans un espace d'environ un mille et demi. Aux deux extrémités du pays s'élèvent de nombreuses collines qui se perdent accidentées dans l'espace comme une mer solidifiée. C'est à Lebanon que commence cette chaîne de montagnes qui se termine dans l'est du Massachussets par le mont Washington.

La propreté est une des vertus des shakers. Cette propreté est poussée jusqu'à l'excès. L'aspect de leur village fait plutôt l'effet d'un décor d'opéra-comique que d'un pays habité réellement, et par la plus travailleuse des populations. Tout est symétriquement arrangé dans les ateliers particuliers si nombreux, où les outils ont le poli des bijoux. Les instruments agricoles semblent préparés pour une exposition; on les croirait tout neufs, tant ils sont bien fourbis et bien peints. Les étables mêmes ne présentent aucune trace de malpropreté, et on chercherait en vain une tache de la grosseur d'un centime sur les murs des modestes mais comfortables habitations de ces Hollandais quintessenciés du nouveau monde.

Il est vrai que la pompe joue rudement dans le pays des trembleurs. Ils ne lavent pas leurs maisons, ils les noient; et, dans les étables, des hommes sont sans cesse occupés, les uns à laver, les autres à sécher les dalles en marbre blanc de ces vacheries fantastiques, sur lesquelles on pourrait manger sans scrupule, puisqu'on mange bien sans trop de répugnance dans les assiettes de certains restaurateurs de Paris.

Le luxe, à proprement parler, ne brille nulle part. S'il pouvait entrer dans l'esprit des shakers de se déranger de leurs occupations pour faire visiter leurs établissemens aux étrangers, ils n'auraient pas le plus petit monument à faire admirer, rien de particulièrement remarquable à signaler. Là, le travail même échappe au visiteur de passage, tant il est continu et bien distribué. Rien n'est centralisé, mais tout est ingénieusement utilisé. L'agriculture, qui est la principale occupation des shakers, est poussée par eux au dernier degré de perfection. Ils ont acclimaté bon nombre de plantes étrangères et font en bestiaux de remarquables élèves.

Du reste, chaque coreligionnaire choisit le genre de travail qui lui convient. Quand il se présente un nouveau membre dans l'association, il s'essaye tour à tour dans différens genres de travaux, et adopte celui pour lequel il se sent les meilleures dispositions. Aucune contrainte, ni physique ni morale, n'est exercée sur personne seulement le travail y est considéré comme une loi d'honneur, et le shaker qui ne travaillerait pas ou ne travaillerait qu'à contre-cœur serait déshonoré aux yeux de tous, et la vie par conséquent lui serait insupportable.

Au premier abord donc, et sauf la propreté extraordinaire qui règne partout en ces lieux, le village de New-Lebanon ne présente rien de particulier. Mais si on examine les choses de plus près, on se sent pénétré d'un respect mêlé de pitié pour ces pauvres insensés qui se privent, par un calcul égoïste après tout, et pour vivre plus heureux, des seules véritables jouissances que l'homme puisse goûter en ce monde, l'amour de la famille. En se faisant shaker, l'homme efface son individualité au point de changer son nom contre un numéro inscrit sur une plaque de métal qu'il porte toujours sur lui. Tout est en commun, et par cela même rien n'appartient à personne.

Pour ôter jusqu'au dernier sentiment de la propriété chez ces hommes, et pour donner une garantie au célibat qu'ils ont juré d'observer, ils ne savent jamais pendant le jour où ils reposeront la nuit. Et comme il n'y a pas un réfectoire général, mais un grand nombre de petits réfectoires, ils ne savent jamais non plus d'avance à quelle table ils s'assoiront pour prendre leur repas.

Au reste, ils se nourrissent parfaitement de leurs légumes, qui sont très beaux, de leurs volailles fines et grasses, et de leur viande de boucherie renommée comme la meilleure aux États-Unis.

Les hommes qui ne travaillent pas à la terre s'occupent dans les filatures, les forges et les différens ateliers, à la confection des étoffes, des instrumens de travail, des habits, et à une foule de choses en paille de jonc qui sont l'objet d'un commerce considérable pour les shakers. Les balais à tapis de ces sectaires sont renommés en Amérique, et se vendent relativement très cher.

Quant aux femmes, qui ne sont pas plus que les hommes cloîtrées, et ne se trouvent séparées de ces derniers que dans les dortoirs, au réfectoire et au temple, elles sont chargées spécialement des soins de l'intérieur. La propreté étonnante qui règne au dedans des maisons aussi bien qu'à l'extérieur, suffit amplement, avec le soin de la cuisine et le lavage du linge, à remplir les longues heures de travail qu'elles s'imposent à l'égal des hommes.

Chaque femme est désignée par le numéro qu'elle porte, et doit perdre en entrant dans l'association tout sentiment de coquetterie, d'orgueil, de nationalité, de souvenir de condition sociale.

L'égalité la plus absolue règne chez les shakers, qui nomment à tous les emplois par le suffrage universel. En s'incorporant parmi eux, ceux qui ont de l'argent le remettent au elder. Elder est le comparatif de old, qui signifie vieux en anglais, parce que le elder est d'ordinaire choisi parmi les plus anciens de l'association.

Le elder est à la fois grand-prêtre et directeur des travaux, et ses attributions au temporel sont à peu près celles d'un président de république; au spirituel, elles sont celles d'un chef d'église. Il est en outre le banquier de la communauté. L'argent qu'il reçoit du néophyte grossit la caisse générale sans aucun avantage particulier pour celui-ci, car dans ce monde à part il n'est fait aucune distinction entre le riche qui apporte avec lui sa fortune et le pauvre qui entre pieds nus et les habits en lambeaux. L'un et l'autre, s'ils déclarent un jour vouloir rentrer dans la société, ne pourraient se conformer plus longtemps aux réglemens des shakers, reçoivent, pour les aider à entreprendre une industrie, une somme égale, basée sur le temps passé dans l'association et sur les services qu'ils ont rendus.

Cette somme varie d'ordinaire entre trois mille et dix mille francs. Elle peut aller jusqu'à vingt et trente mille.

Il y a des exemples de gens peu scrupuleux qui ne se sont enrôlés parmi les shakers que pour en sortir et gagner ainsi la prime généreusement accordée par la communauté. Les shakers ne sont pas dupes de cette spéculation, mais ils n'y mettent aucun obstacle. Disons à la louange des Américains que bien peu, jusqu'à présent, ont profité de cette tolérance.

Les shakers, à l'exemple des couvens et confréries religieuses catholiques, ne se désignent jamais que sous le nom de frère et de sœur. Frère n° 60 ou tout autre chiffre, sœur n° 300 ou tout autre chiffre.

Pour éviter les rapports à craindre entre les chiffres masculins et les chiffres féminins, le elder prévoyant donne ses ordres pour que ces chiffres soient toujours divisés.

Hommes et femmes sont appelés à tour de rôle à se rendre dans les villes voisines, pour vendre les objets fabriqués dans la communauté, pour acheter ce qui peut être utile et qu'on n'aurait pas dans le village, pour recevoir de l'argent et pour en placer. Mais ils sont toujours envoyés ou seuls, ou quatre ou six de compagnie. Jamais ils ne savent d'avance si on les nommera pour cet office, avec qui ils iront, ni où ils iront. Les promenades à deux sont expressément défendues, et l'œil du elder, vigilant comme le tuteur d'une Rosine, épie les faits et gestes de chacun, lit dans les physionomies, ne désigne pour aller ensemble que les personnes les plus indifférentes entre elles, et... se trompe quelquefois, comme nous en aurons bientôt la preuve.

Les shakers ont adopté un costume hideux, surtout pour les femmes; ce qui ne doit pas peu contribuer à entretenir l'indifférence chez les hommes. Si l'habit ne fait pas toujours le moine, il fait presque toujours la femme; et couturières et modistes sont, sous ce rapport, les dignes collaboratrices de la nature. Souvent même la nature n'est qu'un prétexte à propos duquel les couturières et les modistes mettent leur talent à l'épreuve. Je comprends tous les genres de sacrifice chez la femme, excepté le sacrifice des grâces qui lui sont propres et que les sœurs des shakers humilient sous le costume suivant :

Robe de laine grise ajustée au corps; mouchoir blanc en guise de fichu; souliers bleus à hauts talons; enfin pour coiffure une horrible capote dans laquelle le visage se perd comme dans le fond d'un couloir obscur. Les hommes portent une longue redingote d'une étoffe de laine brune qu'ils fabriquent eux-mêmes; des pantalons et un gilet de même étoffe; la cravate blanche du parfait gentleman, avec le col de la chemise rabattu. Leurs cheveux sont coupés au ras du front et flottent longs et en désordre derrière la tête.

Dès que la veuve de William Scott et ses deux enfans furent en présence du elder, celui-ci leur lut les règlemens auxquels doivent se soumettre tous les shakers et que les néophytes doivent jurer d'observer tant qu'ils feront partie de la communauté. La pauvre veuve jura du fond de son cœur de se vouer au célibat et au travail. Le petit garçon de Jenny, qui ne comprit pas la moitié de ce que venait de dire le elder, et la petite fille qui n'y comprit rien, jurèrent comme leur mère.

Ils endossèrent alors l'uniforme de l'association.

En échange de leurs noms, ils eurent un numéro matricule, et c'est sous trois numéros différens que la mère et les deux enfans furent inscrits sur le registre, qui mentionna pour mémoire leurs noms de baptême et le nom de la famille.

— Mes enfans, — dit Jenny, — remerciez Dieu qui seul a guidé nos pas dans ce séjour béni. Ici, à l'abri des passions, l'âme attend avec calme le moment où, délivrée enfin de son enveloppe mortelle, elle s'envole pure et radieuse dans la céleste patrie du Tout-Puissant. A genoux, mes enfans, et priez avec moi.

La veuve se prosterna et pria Dieu de répandre sur elle et sur les siens la paix du cœur pendant la courte mais douloureuse épreuve de ce monde.

Quand la veuve eut terminé sa prière, le elder, qui était un excellent homme, lui dit en souriant :

— Je vous ai laissé faire, ma sœur, par égard pour vos bonnes intentions; mais ce n'est point ainsi qu'il convient, d'après nous, d'honorer le Seigneur et de lui de-

mander ses grâces. En outre, vos enfans ne doivent plus
être considérés à vos yeux que comme un frère et une
sœur. Désormais donc vous prierez Dieu suivant un mode
qui vous sera enseigné, et vous n'appellerez plus vos enfans, quand vous aurez occasion de les voir, que frère et
sœur. Ceci est très important, et Dieu sait, s'il en était
différemment, toutes les calamités qui s'appesantiraient
infailliblement sur l'association entière des shakers, la
seule entre toutes qui soit agréable au Seigneur, nous
en sommes persuadés.

Cette observation du elder, faite avec conviction et dans
les meilleures intentions, choqua le bon sens de Jenny.
Elle se refusait à croire que Dieu pût repousser ou accepter une prière parce qu'elle était formulée d'une façon
plutôt que d'une autre. En outre, il lui sembla cruel qu'on
privât une mère d'appeler ses enfans mes enfans, et ridicule de les appeler frère et sœur; cela lui sembla cruel et
ridicule par la raison que les liens de la nature passent
avant les conventions sociales, et qu'une mère, en définitive, est toujours la mère et ne peut jamais être moralement la sœur de ses enfans. En même temps ses yeux se
mouillèrent de larmes à la pensée que son cher Lewis et
sa chère Elvina (c'étaient les noms de ses deux enfans)
allaient lui être ravis, et que la *règle* remplacerait pour
eux les soins intelligens et délicats de la mère.

— Pour le garçon passe encore, — pensa-t-elle, —mais
pour la fille, elle est si jeune !

Mais il fallait céder, et Jenny se résigna.

Le dimanche qui suivit l'entrée de la veuve au village
de New-Lebanon, elle apprit de quelle façon il convenait,
chez les shakers, d'adorer Dieu et de l'implorer.

Parmi les huit mille religions ou sectes différentes qui,
d'après une statistique, se partagent les âmes de ce bas-
monde, la secte des shakers est bien la plus curieuse sous
le rapport du cérémonial.

On va en juger.

A l'heure de l'office, les frères et les sœurs de New-
Lebanon se dirigèrent deux de front, les hommes sur une
ligne, et les femmes sur une autre, vers le temple du
Seigneur. Ce temple, le plus austère de tous les temples,
y compris le temple des méthodistes, ne diffère à l'extérieur de toutes les autres maisons des shakers que par
ses dimensions nécessairement plus vas'es. Deux portes
pratiquées aux deux extrémités donnent entrée aux
hommes et aux femmes, qui, continuant leur marche
toute militaire, traversèrent le temple en sens inverse et
allèrent prendre, pour s'asseoir quatre par quatre, de petits bancs en bois qui se trouvaient empilés le long des
murs. Les shakers remplirent bientôt la salle entière, à
l'exception du centre, où se trouvait très bien chauffé un
énorme calorifère.

N'oublions pas de dire qu'avant de pénétrer dans le
sanctuaire, les hommes eurent soin de quitter leurs chaus-
sures et d'ôter leurs habits avec leurs chapeaux. Ainsi privés de leurs souliers, lesquels pourraient souiller le parquet du temple en bois de sapin savonné tous les jours et
rendu blanc comme la neige, nu-tête et en manches de
chemise, les célibataires trembleurs se croient plus dignes
de Dieu et plus aptes aussi à recevoir l'Esprit-Saint, duquel ils attendent l'inspiration de la parole et les suprêmes
enseignemens de la foi.

Les femmes gardent leurs souliers et tous leurs vêtemens, sans pour cela renoncer à ce qu'elles croient être
l'intervention du Saint-Esprit. Dès qu'elles se sentent pé-
nétrées par la grâce, elles demandent la parole, et font le
plus souvent sur la Divinité les dissertations les plus incroyables et les plus ridicules, quand elles ne sont pas
d'une banalité à dormir debout.

J'ai dit que le temple des shakers était plus austère encore que celui des méthodistes. Ces derniers ont au moins
une chaire à prêcher qui rompt un peu la monotonie des
quatre murs. Chez les shakers, rien : ni autel, ni statue,
ni image d'aucune sorte, ni aucun accessoire qui puisse
faire soupçonner un culte quelconque.

Le elder lui-même n'a pour se reposer qu'une simple
chaise de paille placée près du calorifère. Il n'est revêtu
d'aucun costume particulier qui le distingue des autres
frères.

Dès que les hommes d'un côté et les femmes de l'autre
furent tous assis, le elder prononça quelques paroles pour
préparer les âmes au grand acte qui allait s'accomplir. Il
appela sur les shakers des deux sexes les lumières du Très-
Haut, et engagea ceux qui se sentiraient pénétrés par le
Saint-Esprit à faire part de leurs impressions aux frères
et aux sœurs réunis.

A peine le elder avait-il prononcé les dernières paroles
de cette invocation, que les shakers se mirent en devoir
d'appeler sur eux l'inspiration du Très-Haut.

La descente de la Courtille par les masques, le jour du
mercredi des Cendres, semblerait une réunion solennelle
d'hommes sérieux, à côté des évolutions religieuses de ces
étranges croyans.

Après s'être subitement levés de dessus leur banc et
s'être alignés dans l'ordre où ils étaient entrés au temple,
les shakers ramenèrent l'avant-bras sur leur poitrine,
laissèrent pendre leurs mains, poussèrent des hurlemens
qui n'avaient rien d'humain, et se croisèrent en tous sens,
tremblant des jambes, de la tête et des mains avec une
conviction et un sérieux d'un comique irrésistible.

Les cris féroces qu'ils poussent, et les gestes de possédés
du diable qu'ils exécutent, ne sont autre chose, disent-ils,
que la reproduction des lamentations et des gestes de
David se lamentant et dansant devant le Seigneur.

Ils chantèrent ainsi en tremblant les louanges du Seigneur un peu dans tous les tons à la fois et le plus fort
possible.

La voix aiguë des femmes se mêlait abominablement à
la voix plus grave des hommes, et cela dura ainsi pendant
une demi-heure.

A la fin, un shaker annonça solennellement qu'il se sentait pénétré de l'Esprit-Saint, et qu'il désirait en conséquence sermonner les assistans.

A cette heureuse nouvelle, les trembleurs ne tremblèrent plus, les hurlemens firent place au plus profond
silence, et le favori du Saint-Esprit attendit, dans une
posture qui convenait à son état d'inspiré, l'invitation du
elder à prendre la parole.

— Homme trois fois heureux, — lui dit le elder, — la
parole est à toi par le souffle de l'Esprit-Saint; parle,
nous t'écoutons, et que la vérité, dont l'ineffable bonté du
Tout-Puissant t'a fait le dépositaire, rayonne en toi et illumine nos cœurs. Frères et sœurs, —ajouta-t-il en s'adressant à l'assistance, — veuillez vous asseoir.

Chacun s'assit sur son banc. Le elder s'assit sur sa
chaise, après l'avoir éloignée du calorifère, dont la chaleur l'incommodait, car la fournaise était des plus ardentes en ce moment.

Alors le pauvre insensé, qui s'était cru animé par le
Saint-Esprit, commença sa harangue, qui ne dura pas
moins de deux heures. Pendant ce temps, il débita force
banalités, et s'embrouilla parfois au point d'être forcé de
s'arrêter tout court.

Pour se remettre et pour implorer le Saint-Esprit, qui
paraissait vouloir l'abandonner, il tremblait un peu et
reprenait, après quelques convulsions savamment combinées, l'usage de la parole, dont il continuait à se servir
aussi mal.

Nous n'avons pas besoin de dire qu'il ennuya horriblement tout le monde, et que la plupart des frères et des
sœurs eussent de beaucoup préféré courir en tremblant et
en chantant que de rester immobiles à bâiller et à se
mordre les lèvres. Une pareille danse n'a rien de gracieux
sans doute, même aux yeux de ceux qui la pratiquent;
mais c'est du mouvement, une sorte de spectacle, et il
faut à l'homme, de temps à autre, la double distraction
des jambes et des yeux.

Cependant personne n'interrompit l'orateur, qui termine

par des conclusions diamétralement contraires aux prémisses posés.

Pour clore la cérémonie et appeler sur eux une dernière grâce du ciel, les trembleurs tremblèrent encore quelques minutes, ce qu'ils firent avec une sorte de rage, comme pour se venger d'avoir été si longtemps inactifs, et le elder prononça la clôture par quelques paroles bien senties, ainsi que le disait si plaisamment ce pauvre Grassot dans le désopilant *Chapeau de paille d'Italie*.

Puis on se disposa pour la sortie, et le défilé commença. A la porte du temple, les hommes reprirent leurs souliers, leurs habits et leurs chapeaux, soigneusement numérotés du numéro correspondant à leur propre personne, et tout reprit dans le village la physionomie habituelle. La plupart des membres de l'association occupèrent les heures de loisir de ce dimanche en lisant, suivant l'habitude, les versets de la Bible propres à les entretenir dans la disposition du célibat.

D'autres se promenèrent seuls ou par groupes de quatre et de six, dans une pieuse méditation.

Beaucoup lurent les journaux, car les shakers reçoivent régulièrement les principaux journaux américains. S'ils ne veulent point se mêler d'une façon régulière au commerce de la société, ils ne sont point fâchés d'apprendre tout ce qui se passe *in the wicket world*, dans le monde des méchans. Cela les distrait et peut leur être utile.

Ces trembleurs du nouveau monde sont chrétiens ou à peu près, mais on a pu se convaincre par leurs cérémonies religieuses qu'ils sont très peu catholiques.

Cette manière d'élever son âme à Dieu en miaulant des cantiques, en hurlant des appels au Saint-Esprit et en se débattant comme des gens qui auraient avalé des puddings aux pointes d'aiguilles, attrista profondément la simple et candide Jenny, catholique comme nous savons, et catholique fervente. Elle eut à ce sujet des scrupules, et, craignant pour le salut de son âme, elle hésita même à savoir si, plaçant ses devoirs de religion au-dessus de tous les autres, elle ne devait pas quitter les shakers.

Mais au moment où elle réfléchissait à ces choses, ses deux enfans vinrent l'embrasser malgré les règlemens qui interdisent chez les shakers de semblables démonstrations entre frères et sœurs. La vue de ces êtres chéris chassa bientôt toute hésitation de l'esprit de la pauvre veuve. Ses enfans étaient heureux à cette heure, et leur avenir était assuré ; devait-elle les exposer à souffrir du froid et de la faim? D'ailleurs Jenny, rappelée au bon sens, comprit bientôt que les manifestations extérieures étaient peu de chose aux yeux de Dieu, qui, avant tout, jugeait des intentions.

Six ans s'étaient écoulés depuis l'entrée de la veuve chez les shakers, et aucun événement n'était venu troubler la monotone existence de ces êtres voués à l'oubli du monde, lorsqu'une nuit on avertit le elder que la sœur portant le numéro (on désigna le numéro), prise d'un mal soudain et dangereux, demandait à le voir.

Le médecin de la communauté affirmait que ladite sœur pouvait mourir dans la nuit même.

Comme chef spirituel, le elder devait se rendre auprès de la malade, prier pour son âme et recueillir ses dernières volontés. Il s'y rendit en effet.

Dès que la veuve de William Scott, car c'était elle, vit le elder, elle lui demanda à parler à ses enfans.

Le elder envoya immédiatement chercher le jeune Lewis, alors âgé de seize ans, et la petite Elvina, qui avait atteint sa dixième année.

Quand le frère et la sœur furent au chevet de la malade :

— Je vais mourir, mes enfans, — leur dit Jenny d'une voix douce, mais assez ferme. — Ne pleurez pas, ce sont les bons momens. Dieu a permis que je vécusse assez longt'mps pour vous voir grandir à l'abri du besoin ; je l'en remercie. Avant de fermer les yeux à la lumière de ce monde que nous ouvrir à la céleste lumière, j'ai une grâce à vous demander, mes enfans. — En prélude à la plus

vive douleur, Lewis et Elvina ne purent articuler aucune parole. Mais leur physionomie disait assez avec quel respectueux amour ils obéiraient à leur mère. — La grâce que j'implore de vous en ce moment suprême, — reprit-elle, — je l'implore pour votre bonheur. Six années écoulées parmi les vertueux et bienheureux shakers m'ont appris combien étaient sages leurs lois, et je sais aussi par la plus triste expérience combien les joies les plus saintes de l'amour peuvent tourner contre ceux qui les ont senties. Jurez-moi donc, mes enfans, au chevet de ce lit que la mort environne, de ne pas trahir les sermens que toujours vous avez faits avec moi, et de passer ici le restant de vos jours à l'abri du funeste contact de la société, à l'abri des passions qui la dévorent et des intérêts de l'égoïsme qui l'humilient. C'est pour renouveler ce vœu sacré, mes enfans, que j'ai désiré vous voir. Ma dernière heure sera douce si je l'emporte dans la tombe.

— Je jure, ma mère, — dit Lewis d'une voix attendrie et en versant des larmes abondantes, — de rester fidèle à la loi des shakers, de vivre et de mourir parmi eux.

— Moi aussi, ma mère, — dit la jeune Elvina, — je jure de vous obéir et de rester ici toute ma vie.

— C'est bien, mes enfans, — reprit la mourante ; — je crois à votre parole, car votre jeune cœur n'a pas appris à dissimuler. Si la crainte de faillir vous prend un jour, ce dont Dieu vous garde, vous penserez à votre mère expirante, au serment que vous renouvelez en ce moment, et cette pensée, j'en ai la confiance, fortifiera vos vertus et vous aidera à triompher de l'esprit tentateur. Malheur à l'enfant, a dit la sainte Ecriture, qui désobéit aux dernières volontés des auteurs de ses jours ! — Après ces paroles, souvent interrompues par son extrême faiblesse, la malade garda un moment le silence. Elle reprit en ajoutant d'une voix douce : — Mes enfans, le sommeil me gagne ; laissez-moi dormir.

Se tournant alors de côté, elle s'endormit bientôt de son dernier sommeil.

III

Quatorze ans ont passé depuis la mort de la triste veuve de William Scott.

Lewis a trente ans et sa sœur Elvina vingt-quatre.

Lewis est devenu le modèle accompli des frères shakers. Après avoir successivement occupé les différens emplois dans cette petite république poussée aux Etats-Unis comme une sorte de verrue, il vient, aux dernières élections, et malgré son jeune âge relatif, d'être nommé elder. Dans ces nouvelles fonctions, qu'il remplit seulement depuis quelques mois, Lewis se montre aussi habile administrateur que juge éclairé et que grand prêtre éloquent, sympathique et humain. Les malheurs dont son enfance avait été entourée et l'austérité de la vie des shakers ont dompté son âme, inaccessible à toutes les passions.

On chercherait en vain dans le nouveau comme dans l'ancien monde une femme plus belle qu'Elvina. Malgré l'horrible costume qui masque si sottement ses grâces, on devine qu'elle est belle, et on l'admire surtout avec les yeux de l'imagination, cette seconde vue qui vient si heureusement en aide à la première, quand elle ne l'égare pas entièrement.

Une adorable expression de mélancolie éclaire les traits de son visage. Dans cette mélancolie, qui touche de si près à la tristesse, perce une indicible et secrète aspiration. De ses yeux, taillés dans le bleu du ciel et ombragés de longs cils à la fois pudiques et voluptueux, s'échappent sans cesse des fluides langoureux et pénétrans qui font à la délicieuse créature une atmosphère à part dans l'atmosphère commune à toutes les créatures terrestres. Sa parole a la douceur d'un instrument, avec l'accent de l'émotion en plus, et quand parfois elle sourit, ses lèvres, comme l'écrin d'un bijoutier, s'entr'ouvrent pour montrer la plus séduisante des parures : des dents de perles enchâssées dans du corail.

En la voyant si belle, si séduisante, plus d'un frère a tremblé pour la vertu de son voisin, quand il n'a pas tremblé pour la sienne propre. Elvina semblait à tous la plus éloquente et par conséquent la plus dangereuse protestation contre la foi fondamentale des shakers.

Aussi, depuis le moment où l'âge avait développé en elle ce bouquet de grâces enchanteresses qui formaient sa personne, la jeune fille avait-elle été l'objet tout spécial de la surveillance des elders qui s'étaient succédé. Elvina était le plus souvent exempte de certaines corvées qui éloignaient les sœurs du village. On ne l'envoyait que le moins possible seule ou en compagnie vendre dans les villes voisines les produits de la communauté, et elle n'était admise à son tour comme garde-malade qu'auprès des frères dont l'âge avancé apportait une garantie de plus à l'indifférence éprouvée de leur cœur.

Comme on le voit, la beauté exceptionnelle d'Elvina l'avait rendue suspecte à tous, et elle portait, par une conséquence logique dans ce monde hors nature, la peine d'une qualité qui en eût fait une reine partout ailleurs. Les frères affectaient de ne lui parler que le moins possible, dans la crainte de se compromettre ou de s'exposer à la tentation, et les sœurs avaient pour elle l'indulgence bien connue des femmes de tous les pays et de toutes les sectes pour les femmes qui leur sont supérieures en beauté. Elvina n'avait eu aucune peine à pénétrer les dispositions des sœurs à son égard, et la crainte de voir les actes les plus innocents interprétés à mal l'avait rendue d'autant plus circonspecte et d'autant plus triste aussi. Elle ne parlait que rarement aux sœurs et plus rarement encore aux frères.

Mais renfermait-elle pour cela toutes ses pensées dans le fond de son cœur, et n'y laissait-elle lire personne?

Non, car Elvina aimait, et le cœur est un livre ouvert pour celui qu'on aime.

Les femmes, grâce au ciel, ont plus d'un moyen de communiquer leurs pensées. Elles les communiquent avec la parole quand la parole leur est permise, avec le regard quand on leur défend de parler. Et qui pourrait l'ignorer? Par une compensation de la nature toujours si jalouse de conserver ses droits méconnus, les yeux sont d'autant plus habiles à exprimer certaines dispositions de l'âme que la bouche doit rester muette. Est-il discours plus éloquens que certains regards de femmes? Avec quelles paroles assez fines, assez délicates, pourrait-on dépeindre le trouble d'une jeune fille innocente qui jette furtivement un regard sur celui qu'elle commence à aimer, et qui, surprise dans cette passagère contemplation par le regard même de ce préféré, écarte de lui précipitamment sa vue et agite sur son œil troublé des paupières fiévreuses, comme pour effacer jusqu'au souvenir d'une douce ou trop pénétrante image? Est-il dans le dictionnaire d'aucune langue des mots assez passionnés pour traduire dans toute son enivrante expression le regard féminin qui signifie: Je t'aime!

C'est le langage des yeux, retenu d'abord, plus expansif ensuite, et enfin passionné et enivrant, que depuis quelque temps Elvina avait successivement parlé aux yeux non moins expressifs d'un jeune homme né dans le Kentucky et entré chez les shakers par désespoir d'amour. N'est-ce pas une dérision? C'est que malheureusement, ou plutôt très heureusement, l'amour guérit toujours de l'amour, semblable en cela à certains serpens qui portent en eux l'antidote de leur morsure. En effet, il n'est rien autre chose, hélas! pour consoler de la perte d'une femme qu'on a juré d'aimer éternellement que d'en aimer une autre. Et qui dit l'homme dit la femme, pour parler comme le philosophe populaire Henry Monnier. Oui, l'amour nouveau console et console radicalement de l'amour ancien. Ainsi l'a voulu la nature, pour la conservation des amoureux,

lesquels mourraient tous infailliblement de leur premier amour s'ils n'en guérissaient tous avec plus ou moins de facilité.

Donc Spring (c'est ainsi que se nommait le jeune Kentuckien) s'était hâté d'oublier la passion désespérée qui l'avait conduit à vingt-huit ans à vivre dans le célibat chez les shakers, pour rêver le mariage loin de la secte austère.

Elvina aimait Spring autant que celui-ci l'aimait, et depuis longtemps déjà ils avaient, sans avoir jamais trouvé l'occasion de se parler sans témoin, et par la seule télégraphie des prunelles, trouvé le moyen de se tout dire. Combien de fois Elvina n'avait-elle pas lu distinctement dans le regard de Spring les paroles suivantes:

— Ma belle adorée, n'ai-je donc pas assez souffert, et devons-nous mourir tous deux dans ce triste séjour, où la plus sacrée des lois de l'univers, l'amour, est considéré comme un crime? Ah! rompons ces liens réprouvés à la fois par la raison et par le sentiment; fuyons ce séjour de la tristesse et du plus exécrable despotisme, le despotisme qui s'exerce sur le cœur et l'étouffe, et allons goûter dans une sainte union le bonheur de s'aimer, de se le dire librement, et peut-être un jour d'avoir, pour comble de félicité, des enfans aux blonds cheveux, au teint rosé, qui vous chériront et qu'on chérit.

A quoi le regard d'Elvina répondait d'une façon tout aussi intelligible pour Spring:

— Tu souffres, et je vois bien, mais ne vois-tu pas que je souffre aussi. Si je suivais les penchans de mon cœur, je te dirais : « Spring, je t'aime! accomplissons notre destin; pour toi j'oublierai des sermens sacrés; pour toi j'affronterai la malédiction d'un frère justement courroucé, ou peut-être, ce qui serait plus cruel encore, je dédaignerai ses larmes; ses sages conseils et la mémoire de ma mère expirante à mes yeux. Mais, Spring, quelque chose de plus puissant encore que toutes les considérations qui se rattachent à ma personne me retient ici. Un mystère fatal enchaîne notre amour. Tu sauras tout un jour, et tu me plaindras doublement alors, car je lutte contre toi par amour pour toi-même. »

Le jour de l'éclaircissement devait arriver enfin. N'ayant aucun soupçon sur Elvina, qu'il croyait plus que jamais vouée corps et âme à la vie des shakers, Lewis, devenu elder, chargea sa sœur, en compagnie de cinq autres membres de la communauté, d'aller dans une ville voisine placer une somme importante d'argent. Elvina devait accepter et accepta cette mission. Mais quels ne furent pas sa surprise et son embarras en apprenant que Spring allait l'accompagner dans ce voyage, ayant été désigné par le elder. Elle voulut alors refuser de partir, prétextant une indisposition; mais, soit qu'elle craignît d'éveiller les soupçons, soit qu'elle ne pût résister au charme du danger qu'elle courait, elle abandonna son cœur au destin et, se conformant aux ordres reçus, elle se mit en route.

Une grande carriole emporta les six shakers, qui arrivèrent à destination le jour même de leur départ.

Pendant ce trajet, Spring n'avait eu qu'une pensée : se trouver un moment seul avec Elvina, lui dire qu'il l'aimait, et si, comme il le soupçonnait, une volonté plus puissante que la sienne même la retenait enchaînée à New-Lébanon, lui demander l'explication de ce mystère, et vaincre ses scrupules si cela était humainement possible.

Quant à être aimé d'Elvina, il n'en pouvait douter, mais il aspirait à un aveu qui déciderait du sort de sa vie.

Malgré les règlemens qui interdisent sévèrement aux shakers les tête-à-tête, surtout entre homme et femme, et surtout en voyage, Spring manœuvra si adroitement que, sans éveiller les soupçons de ses compagnons, il put se trouver seul avec Elvina.

Elle était en ce moment dans l'hôtel où les sectaires étaient descendus et où ils logeaient, les frères réunis dans une chambre et les sœurs dans une autre. Ces deux chambres se trouvaient sur le même palier. Elvina rangeait peut-

ordre de grandeur certains objets en paille qu'on avait vendus et qui allaient être livrés à l'acquéreur. Elle se trouvait dans la chambre réservée aux sœurs, dont la porte n'avait pas été fermée, mais seulement entre-bâillée.

Spring la poussa doucement et entra.

Dès qu'elle aperçut Spring, qu'elle n'attendait pas, la jeune fille devint pâle, chancela et posa ses mains sur son cœur, comme pour en arrêter les battemens violens et précipités.

Comme un homme qui implore le pardon de sa témérité et attend un arrêt, l'amoureux courba la tête et resta silencieux.

Cependant, rappelée à elle-même par les dangers d'une semblable situation, Elvina, par un élan d'honneur plus puissant que l'amour, courut se jeter aux genoux de Spring, et, sans attendre aucun aveu ni aucune explication, elle lui dit d'une voix haletante :

— Sauvez-moi du déshonneur! (1)

— Ange des cieux, divine créature, femme aimée, — répondit Spring d'un air inspiré et en relevant Elvina, — je serais de tous les hommes le plus vil si la pensée seule d'une action déloyale souillait le limpide bonheur de ce moment suprême. Votre honneur, Elvina, est inséparable de l'amour que vous m'avez inspiré ; il est donc la garantie la plus sûre du respect que je vous porte. Elvina, vous m'aimez, n'est-ce pas? Votre âme a parlé à mon âme dans la plus secrète comme dans la plus ardente communion de sentiment, et en ce moment même votre trouble adorable, votre regard suppliant, votre émotion, tout en vous me dit que je ne me suis pas trompé et que vous partagez mon amour et mes espérances.

— Oui, — répondit Elvina, — oui, je vous aime, Spring, autant qu'il soit donné d'aimer en ce monde.

— Mon Dieu! — dit Spring en élevant les yeux au ciel et dans l'enivrement de la passion, — mon Dieu! je vous remercie de m'avoir fait vivre. Elvina, — ajouta-t-il précipitamment, — les momens sont comptés ; dans quelques minutes peut-être nous ne serons plus seuls; il faut se hâter. Demain, Elvina, nous aurons quitté cette ville. Ce serment qui nous lie encore à cette heure à la loi des sectaires nos frères, demain nous le briserons publiquement, et nous serons libres. Dieu nous unit déjà par les liens sacrés de l'amour; demain même la main d'un prêtre bénira cette union et la sanctifiera aux yeux des hommes. Rendus à nous-mêmes, à la liberté, à notre amour, le soleil nous paraîtra plus beau, les fleurs plus jolies et plus parfumées, la terre plus riante et plus féconde, l'air plus pur, les hommes meilleurs et Dieu plus grand encore. Elvina, — ajouta-t-il après un instant de silence en substituant le toi au vous, — me veux-tu pour mari? — Et comme la jeune fille ne répondait pas : — Réponds, Elvina; ton silence glace le sang dans mes veines... Ne m'as-tu pas entendu? Je t'ai dit : Me veux-tu pour ton mari?

— Non, — répondit avec force la jeune fille, plus pâle et plus tremblante encore; — je ne le veux pas, je ne le puis pas, c'est impossible.

— Mes appréhensions se justifient, — dit Spring; — un motif caché, plus impérieux que la foi jurée, plus impérieux que le regret de quitter un frère devenu le chef de la communauté et que la crainte d'encourir sa colère, peut seul vaincre ton amour et te faire refuser pour mari l'homme qui reçut tes aveux. Elvina, par le ciel qui voit ma souffrance, fais-moi connaître ce motif quel qu'il soit, je sens en moi la force d'en triompher.

— Spring, — dit la jeune fille en se dirigeant vers la porte de sortie, — par pitié, rejoignons nos frères et ne

(1) Les shakers, comme les quakers proprement dits, tutoient tout le monde, amis, sectaires ou étrangers. Ils ne disent vous que lorsqu'ils s'adressent à Dieu. Il y a donc dans ce simple changement du vous au toi, alternativement employés par Elvina par Spring, une force et une noblesse de langage et de sentiment qui échapperait au lecteur français sans cette observation.

prolongeons pas plus longtemps un entretien qui déchire mon cœur. Que Dieu me pardonne le coupable aveu de mon amour pour vous, et qu'il me donne la force d'y résister et à vous le courage de l'oublier!

— Mon amour pour vous, Elvina, ne cessera qu'avec mes jours ; je ne veux ni ne pourrais l'oublier. Vous m'avez dit de sauver votre honneur, à mon tour je vous dis de me sauver la vie, que sans vous il me serait impossible de supporter. Ce n'est point une menace que je vous fais, Elvina, c'est une prière que je vous adresse.

— Cruel, — dit Elvina, — vous remplissez mon cœur de crainte et de remords. Sachez donc que si je refuse cette union à laquelle j'aspire autant que vous-même, c'est précisément pour garantir vos jours menacés.

— Mes jours menacés, dis-tu? Et par qui? au nom du ciel, explique-toi !

— Vous le voulez absolument, Spring? Eh bien! soit. Vous me plaindrez quand je vous aurai tout dit, car vous verrez comme moi que notre mariage est impossible.

A ce moment un bruit de pas se fit entendre dans le couloir de l'hôtel. La crainte de se voir surprise par les shakers causa chez Elvina une telle impression qu'elle faillit s'évanouir. Elle tomba plutôt qu'elle ne s'assit sur un fauteuil. Spring s'élança à son secours; mais n'ayant aucun sel à lui faire respirer, il se borna à prendre dans ses mains la main de la jeune fille et à la couvrir de brûlans baisers. Cette médication toute particulière n'est indiquée nulle part dans le codex; c'est un remède empirique; toutefois il n'en produit pas moins un excellent effet quand il est appliqué avec intelligence et dans certains cas donnés. Le fait est que les baisers de Spring produisirent sur Elvina un effet magique. Elle reprit immédiatement tous ses sens, et, n'entendant plus aucun bruit de pas qui pût l'inquiéter, elle continua en ces termes :

« J'avais dix-huit ans. Vous ne faisiez point encore partie de la communauté. Un soir, après le travail de la journée, qui avait été plus pénible cette fois que d'habitude, j'allai, pour me distraire et me délasser, cueillir quelques fleurs dans la prairie. J'en voulais faire une couronne pour la déposer sur la tombe de ma mère. Tout à coup, au détour d'un sentier solitaire, un des frères, celui qui porte le numéro 9,301, et qui est inscrit sur les registres de la communauté sous le nom de Burner, se présenta à mes yeux. Il y avait dans sa physionomie je ne sais quoi d'étrange et de farouche qui me fit reculer malgré moi.

» — Je vous aime, — me dit-il.

» — Et moi, — lui répondis-je, — je ne vous aime pas.

» — Ah! vous me dédaignez, — ajouta-t-il.

» — Non, — répondis-je, — mais j'ai juré comme vous de vivre dans la foi des shakers, et mon amour est tout à Dieu.

» — Il y eut alors, — continua Elvina, — un instant de silence pendant lequel Burner fit quelques pas pour s'assurer que personne ne pouvait nous entendre, que nous étions bien seuls en ce moment en cet endroit. Puis, se rapprochant de moi, il me dit avec un accent de voix qui me fit frissonner :

» — Sais-tu, Elvina, que je pourrais te tuer. Nous sommes ici sans témoin, — ajouta-t-il comme indifférent aux paroles que je venais de prononcer.

» Je lui montrai le ciel.

» — Dieu nous voit, — lui dis-je.

» — N'as-tu pas peur? — reprit-il en me saisissant le bras violemment.

» — Misérable! — lui dis-je, — laisse-moi m'en aller, ou j'appelle à mon secours.

» — C'est inutile, — continua-t-il avec un accent de profonde amertume ; — j'aurais voulu te plaire, je ne veux pas être ton bourreau. Ingrate! je t'aime pourtant bien, et tu étais pour ainsi dire encore enfant que la douce et naïve image troublait déjà mon cœur, me poursuivait partout, aux heures du travail, dans mon sommeil, et jus-

qu'au temple, j'avais espéré te fléchir un jour, et je m'é-
tais abandonné à l'espoir que, te déliant de tes sermens
comme je voulais me délier des miens, nous unirions notre destinée et rentrerions dans le monde. Pour toi seule
j'ai continué à vivre dans ce séjour de tourmens cachés où
les passions, comme un feu couvert par la cendre, consu-
ment lentement et sans lueur. Mais ne partageant pas mon
amour, tu ne partages pas non plus mes tourmens, et c'est
ici que tu veux vivre et mourir.

» — J'ai juré devant ma mère expirante, qui a réclamé
ce serment, de rester fidèle à la loi des shakers, et je ne
faillirai jamais à ce devoir rendu doublement sacré.

— Et pourtant, — ajouta Elvina en forme de parenthèse
et en jetant sur Spring un regard plein d'amour, — peut-
être y faillirais-je aujourd'hui si cela ne dépendait que de
moi.

— Continue, — dit Spring, avide de connaître le résultat de cet entretien. — Que t'a répondu Burner ?

» — Soit ! — m'a-t-il répondu, — je refoulerai en moi
ma dévorante passion, et je resterai dans la communauté
pour te voir et pour t'aimer en silence. Mais retiens bien
ce que je vais te dire, Elvina; retiens à jamais ces paroles
à la fois dictées par mon amour sans espoir et par mon
orgueil froissé : Si jamais, oubliant tes sermens, tu venais
à aimer un autre que moi, cet homme, quel qu'il soit,
périra de ma main; j'irais, s'il se cachait, le chercher dans
le fond des forêts, sur la mer, partout sur la terre, et
c'est à sa mort que je voudrais mon existence entière. Tu
m'as entendu, Elvina; continue ton chemin, et souviens-
toi ! »

Spring avait craint pour Elvina la sombre et farouche
jalousie de Burner. Quand il sut que lui seul se trouvait
menacé, un rayon d'espérance et de joie illumina son
visage.

— Vaine menace, — dit-il, — ruse d'amoureux pour
exercer par l'intimidation un empire que le sentiment
seul peut imposer ! Ne crains rien, Elvina. Il y a des lois
en Amérique, comme dans tous les autres pays, contre
les assassins. D'ailleurs le cœur s'use à aimer sans espoir,
et Burner a dû réfléchir sur l'abominable oppression qu'il
a voulu exercer sur toi.

— Hélas ! — dit Elvina, — il n'en est point ainsi malheureusement; son amour, implacable comme son orgueil,
n'a fait au contraire qu'augmenter avec mon indifférence
pour lui. Il n'a jamais cessé de m'épier, et il a cru surprendre entre vous et moi, Spring, le secret de notre
commune sympathie. Au moment de partir pour New-
Lebanon, pour ce court voyage, il s'est trouvé sur mon
passage, et m'a dit d'une voix lugubre et fatale : « Vous
partez avec Spring. Il vous aime et vous l'aimez; je le
tuerai ! » O Spring ! si vous aviez vu Burner en ce moment, sa personne entière était une menace; il pensait
certainement ce qu'il m'a dit. Il vous tuerait, Spring; et
voilà pourquoi, moi qui vous aime autant que vous m'aimez, je veux sacrifier mon amour à votre sécurité, et voilà
pourquoi, je vous l'ai dit et je vous le répète, notre mariage est impossible.

— Non, Elvina, non, notre mariage n'est point impossible. Comme on se gare des bêtes fauves, on se gare des
assassins, et on est toujours fort lorsqu'on a pour soi le
droit, la justice et l'amour d'une femme aimée.

— C'est impossible, — répéta de nouveau Elvina en proie
à un violent combat avec elle-même; — et quant à la
crainte de voir vos jours exposés à chaque instant viendrait se joindre la honte d'être parjure aux yeux de nos
coreligionnaires assemblés pour prononcer notre renvoi,
les reproches de mon frère devenu le premier dignitaire
de la secte que je reniais, et le rappel du serment fait
à ma mère, je le sens, ces émotions seraient plus fortes
que ma vie et j'y succomberais.

— Elvina, — reprit Spring avec l'accent de l'enthousiasme, — la loi qui domine toutes les lois de ce monde,
c'est l'amour; Dieu l'a voulu ainsi, lui qui veut tout ce qui
est, puisqu'il est tout-puissant. Or, quand on s'aime

comme nous nous aimons, si l'amour peut faire mourir,
lui seul peut faire vivre. Au lieu de demander au elder
un meeting, comme c'est l'usage, pour nous relever de
nos vœux; au lieu d'accepter de la communauté l'indemnité due à chaque frère ou sœur qui veut rentrer dans la
société, nous fuirons à la faveur de la nuit, marchant à
pied jusqu'au village voisin. Nous irons chez le pasteur
de l'Église réformée, et nous lui demanderons à la fois de
bénir notre union et de nous accorder l'hospitalité. Une
partie de ma famille vit non loin de ce pays, et nous re-
cevrons bientôt d'elle tous les secours nécessaires pour
faire face aux premières difficultés. Voilà pour le présent.
En ce qui touche l'avenir, nous sommes jeunes tous deux,
Elvina; devons-nous craindre quelque chose ?

— Ma tête se trouble, — dit la jeune fille... — Que faire ?...
mon Dieu, ayez pitié de moi !

— Aujourd'hui même, — dit Spring en pressant la main
d'Elvina tremblante dans les siennes, — aujourd'hui, à
minuit, je t'attendrai au bout de la grande allée des pêchers qui conduit à la route, et, au jour naissant, nous
arriverons chez le pasteur. Une vie nouvelle va commencer
pour nous. Unis et unis pour la vie! O Elvina, je sens à
cette pensée toute mon âme tressaillir ! Réponds-moi; ma
vie est suspendue à tes lèvres; veux-tu que nous partions
comme je te le dis ?

— Seigneur ! — répondit Elvina, — vous aurez pour la
créature, que vous avez créée faible, la miséricorde qu'on
doit aux faibles.

— A minuit, au bout de la grande allée des pêchers, —
reprit Spring ; — à minuit ?...

— Oui, — dit Elvina; — mais, sortez... sortez de cette
chambre, j'entends du bruit ; ce sont eux cette fois.

Spring sortit.

Il était temps.

Une minute encore, et les shakers surprenaient les
amoureux, qui voyaient leur projet de fuite singulièrement compromis.

Elvina, questionnée par les sœurs, qui la trouvèrent
pâle et émotionnée, répondit qu'elle s'était sentie indisposée, mais qu'elle allait beaucoup mieux et que cela ne
serait rien. Un léger soupçon s'éleva dans l'esprit de ces
excellentes sœurs, toujours prêtes à supposer le mal chez
les autres.

Mais Spring, qui ne tarda pas à se montrer, dissimula
si adroitement, que les sœurs elles-mêmes ne trouvèrent
plus rien à dire et qu'elles crurent à l'indisposition sup-
posée d'Elvina.

Une heure après, les shakers reprirent leur carriole,
et, à la nuit tombante, ils étaient de retour à New-Lebanon.

IV

Au moment où les frères et les sœurs de cette petite
caravane allaient se séparer pour regagner leur logement
respectif, Spring se pencha près d'Elvina, et, lui serrant
furtivement la main, il lui dit, comme s'il eût encore
craint de n'avoir pas été compris:

— A minuit, au bout de la grande allée des pêchers.

— J'y serai, — avait répondu Elvina en serrant à son
tour la main de son fiancé.

A minuit, et nonobstant la surveillance dont les shakers
sont l'objet, s'espionnant l'un l'autre par la force des
choses, Spring avait pu sans être vu sortir de sa chambre et se diriger vers le lieu du rendez-vous.

Malgré les ténèbres d'une nuit sans clair de lune, à la
pâle et incertaine lueur des étoiles qui perçaient les nuages comme des yeux indiscrets, Spring crut voir au bout
de l'allée, dans la direction où il avançait, et blottie près
d'un arbre, la silhouette d'un être humain.

Il pressa le pas et se trouva bientôt assez rapproché de

l'objet de ses doutes pour le pouvoir contempler avec quelque certitude.

Une douce émotion s'empara de sa personne; il avait cru reconnaître Elvina dans l'ombre immobile qui ne se dessinait plus qu'à quelques pas de lui.

— Est-ce toi, Elvina ?—dit-il à voix basse et comme s'il eût craint un écho indiscret. Mais l'ombre conserva son immobilité, et rien ne répondit aux paroles de Spring. Cependant celui-ci ne pouvait plus douter de la présence d'un être humain. Il fit encore un pas en avant, et, s'arrêtant court :—Je suis trahi,—pensa-t-il.

Spring avait reconnu Burner.

Mais loin de reculer devant le danger, Spring, aussi brave qu'il était amoureux, reprit sa marche un instant interrompue, et alla droit à son ennemi. Rien, s'il l'avait voulu, n'aurait pu s'opposer à la fuite de Spring. Mais il y a toujours dans la fuite d'un homme devant un autre homme, qu'il soit ou non armé, qu'on le soit ou non soi-même, une action pusillanime à laquelle résiste tout homme de cœur. D'ailleurs le danger qui menaçait Spring aurait pu retomber sur Elvina, et Spring n'eut pas une seconde la pensée de reculer.

— Me reconnais-tu ? — dit alors Burner.

— Oui, — répondit résolûment Spring ;—tu es l'homme qui, après avoir eu la vertu de résister à la passion qu'Elvina t'a inspirée, a eu l'insigne lâcheté de menacer du poignard de l'assassin l'homme qui, plus heureux que toi, ferait battre son cœur.

— Ah ! — répondit Burner, —je vois qu'elle ne t'a rien caché. Eh bien! c'est vrai, — ajouta-t-il froidement,—j'ai juré d'assassiner mon rival. C'est mal, j'en conviens ; mais, tout compte fait, le crime de l'assassin tempérant ici la vertu de l'amoureux, je reste à peu près dans la condition générale de tous les hommes : ni bon, ni mauvais. Imprudent !—reprit-il aussitôt.—L'imprudence est-elle donc inséparable de l'amour que tous les amoureux pèchent par imprudence ! Quelle nécessité en arrivant ce soir de renouveler une promesse déjà faite ; et ne pouvais-tu donc pas attendre pour lui serrer la main qu'une nuit plus épaisse vînt protéger vos amours. J'étais sûr que l'un ou l'autre vous vous trahiriez en vous quittant, si vous étiez coupables, et je m'étais caché pour tout voir et tout entendre sans être vu, J'ai tout vu et tout entendu, et me voici plus exact que toi-même à ce rendez-vous de la plus aimable galanterie.

— Ma vie est dans tes mains, — répondit Spring avec véhémence, — et je sais le sort qui m'attend ; mais il importe, pour l'honneur de celle que j'aime et qui m'a donné son amour, d'écarter des soupçons mensongers et indignes. Non, ce n'est point un rendez-vous de coupable galanterie que celui que j'ai pris avec Elvina. Notre amour est pur; Elvina est ma fiancée, et c'est pour unir nos destinées par le mariage que nous voulions fuir cette nuit.

— Fuir et vous marier !—dit Burner écumant de rage. Je ne vous croyais pas si résolus. Qu'elle vienne donc vite la belle et dédaigneuse Elvina ; qu'elle vienne voir se tordre et mourir à ses pieds cet homme audacieux, ce séducteur qui elle trahit à la fois l'amitié d'un frère et des sermens sacrés ! J'avais dans ma sotte naïveté respecté des scrupules que je croyais sincères, mais puisque, après avoir refusé mon amour par attachement à ses devoirs, elle accepte le tien en dépit de son honneur, que le remords et la tristesse soient désormais le partage de ses jours et qu'elle vive pour pleurer ta mort!

Et en disant ces mots il tira de dessous ses vêtemens un long poignard sur la lame duquel le feu d'une étoile se réfléchit comme l'éclair qui précède la foudre.

— Burner,—répliqua Spring,—tu es le plus méprisable des hommes, car tu insultes une femme absente devant un homme sans armes et que tu vas assassiner. Tu parles ainsi, âme orgueilleuse et lâche, parce que tu es armé et que je ne le suis pas. Les gens de ton espèce ne se battent point; cela est trop noble pour eux ; ils tuent

dans l'ombre, sans péril, à coup sûr. Tue-moi donc. Qu'attends-tu pour cela ?

Burner fit entendre un grognement de bête fauve et leva son poignard sur Spring. Mais au moment de frapper, et comme obéissant à une inspiration soudaine, il recula d'un pas et remit lentement son poignard sous ses vêtemens.

Pendant ce court espace de temps, il se fit un silence solennel interrompu seulement par le bruit sourd et plaintif du vent dans les arbres, agités comme des fantômes émus de cette scène dont le dénoûment venait d'être si soudainement suspendu.

Spring attendait, Burner reprit :

— Ton courage me plaît ; tu m'insultes quand je n'ai qu'un mouvement de bras à faire pour traverser de mon acier ce cœur tout palpitant d'amour pour celle que j'aime, moi aussi, mais qui me dédaigne et me mépriserait si je te tuais ; je ne veux pas encourir son mépris. D'ailleurs cette mort ne me satisferait plus. Il est des cas où le danger est une volupté, des cas où la vengeance sans péril partagé perd sa plus exquise saveur. Tu m'as traité de lâche, Spring, tu m'en rendras raison les armes à la main, sur le terrain de l'honneur, auquel, malgré tout ce que tu as pu dire, je n'ai jamais failli.

— Je ne crois point à ta générosité, — dit Spring d'un ton dédaigneux,—car je ne crois point au retour des scrupules d'un homme qui s'est caché la nuit dans l'intention d'en assassiner un autre.

— Après avoir excité mon courroux, tu veux tenter ma patience ; c'est beaucoup, et pourtant ce n'est pas assez. Ma décision est prise ; tu n'as plus rien à craindre à cette heure de moi, et tes insultes réitérées seraient désormais sans motif. Je t'ai demandé raison de tes outrages ; acceptes-tu mon cartel ?

— Oui, — dit Spring, — je l'accepte avec joie.

— Choisis les armes.

— La carabine.

— Chargée à balle ou avec deux chevrotines.

— Avec deux chevrotines.

— Très bien ! Et à quelle distance ?

— A quinze pas.

— C'est parfait ! Chacun des adversaires ayant le droit d'avancer sur l'autre autant qu'il lui plaira et de tirer à volonté. C'est le duel tel qu'on le pratique en Amérique quand, insouciant de sa propre existence, on veut la mort de son ennemi. J'accepte.

— Pour ce qui est des témoins, — dit Spring, — ils sont inutiles, je pense.

— Au contraire, — répliqua Burner, — ils sont très nécessaires pour faire respecter le droit de chacun et justifier au besoin de la loyauté du survivant. Nous aurons quatre témoins, armés chacun d'un revolver à six coups, avec mission de tirer sur celui qui manquerait aux conditions établies par les témoins eux-mêmes sur le lieu du combat, ainsi que cela se fait d'habitude.

— Pour quel jour ? — demanda Spring.

— Pour demain matin, à la première heure.

— Ce n'est pas possible sitôt que cela.

— Comment ! c'est toi qui recules à présent ?

— Jamais, — dit Spring, — et tu me fais injure.

— Explique-toi donc.

— As-tu oublié, — reprit Spring avec émotion, — que j'attends Elvina, qui ne peut tarder à venir, que nous devons fuir cette nuit même pour le village voisin, et que demain matin notre amour recevra la bénédiction du pasteur. Je croyais te l'avoir dit. J'ajouterai que mon intention en arrivant au village est de demander au pasteur même qui bénira notre union l'hospitalité dans sa maison sainte. Ne voudrais-tu pas remettre notre duel à après-demain.

— Non, — répondit Burner d'une voix sombre et en serrant les dents. — Je suis aussi pressé de me battre que toi de te marier. Quand on doit être heureux toute la vie, on peut sans trop de sacrifice retarder d'une heure ce bonheur. Ceci est dit pour le cas où tu survivrais à notre rencontre. Dans le cas contraire, il me sera moins pénible de laisser une demoiselle à marier (car les morts s'oublient plus vite encore que les vivans) que de faire une veuve.

— Je te comprends, — fit Spring. — Mais à côté du sentiment d'égoïsme qui te fait parler en ce moment il y a une question d'humanité qui pèse dans la balance. Veux-tu donc que je révèle à Elvina les projets que nous venons de faire ?

— Ce serait inutile, — dit Burner. — La parjure fuira comme vous l'aviez projeté, et moi je vous suivrai sur la route sans qu'elle soupçonne ma présence. Je l'attendrai près du temple où Elvina ira demander au ciel le pardon de ses fautes. Je me serai procuré des armes et des témoins, et avant peut-être qu'elle ne se soit aperçue de ton absence le sort aura prononcé entre nous.

A ce moment un léger bruit de pas se fit entendre, et, comme poussés par un ressort commun, les deux rivaux se tournèrent du côté où l'on entendait venir le bruit.

— C'est-elle ! — dit Spring à voix basse.

— A demain matin ! — répondit Burner.

Et s'éloignant rapidement du côté de la route, il se perdit bientôt dans l'obscurité.

C'était en effet Elvina qui, après avoir attendu près d'une heure une occasion favorable, avait pu enfin se dérober à la surveillance et était accourue, assaillie par tant d'émotions diverses, se précipiter à demi morte dans les bras de son fiancé.

— O Spring, — lui dit-elle, — j'ai peur !

— Calme tes appréhensions, mon ange adoré, et confions-nous à la Providence ; elle veillera sur nous.

— Mon Dieu ! — fit-elle en joignant les mains et en élevant les yeux au ciel, — éclairez-moi sur mes devoirs, il en est temps encore, et si, ma conduite est coupable, donnez-moi la force de dompter mon amour !

— Non, — dit Spring avec enthousiasme, — ta conduite, si elle est blâmée par quelques hommes imbus des plus stupides préjugés, ne saurait être coupable aux yeux du Créateur, qui a fait de l'amour, pour tous les cœurs honnêtes, la plus noble vertu comme le plus saint des devoirs.

— Et pourtant, — répliqua Elvina, un trouble involontaire, un funèbre pressentiment assombrit ce moment de félicité ; une voix secrète parle à mon esprit inquiet et semble me dire : Malheur à toi si tu franchis les limites de cette terre hospitalière où la mère a trouvé pour elle et ses enfans le pain qui leur manquait ! Cette voix, Spring, qui me rappelle aussi la tombe de ma mère, l'amitié d'un frère et mes sermens, parlerait-elle en moi si j'étais innocente. O Spring ! quel malheur est le mien ! J'ai voulu ne pas venir et je suis venue ; je voudrais retourner sur mes pas et considérer comme un rêve tout ce qui, depuis quelques heures, se passe entre nous, et une force invincible m'enchaîne à la personne.

— C'est qu'il faut que notre destinée s'accomplisse, — répondit Spring avec un mélange d'espoir et de crainte ; — c'est que Dieu le veut. Partons, Elvina, partons.

— Adieu, mon frère ; adieu, ma mère, — dit Elvina ; — pardonnez-moi !

Et les deux amoureux, franchissant rapidement les dernières limites de la propriété des shakers, se trouvèrent bientôt sur la grande route.

La nuit était froide, les nuages s'étalent de plus en plus amoncelés, toutes les étoiles avaient disparu, et une pluie extrêmement fine et pénétrante tombait par intervalles.

Elvina, en femme habituée au labeur, marcha courageusement toute la nuit, et pas une plainte ne sortit de sa bouche. Elle était d'ailleurs soutenue par l'excitation morale dans laquelle elle se trouvait depuis le matin : d'un côté la poussaient la crainte et le remords ; de l'autre côté l'attirait l'espérance.

On parle peu quand on a le cœur rempli d'émotions. Le voyage entre Spring et Elvina fut silencieux, et leurs pas,

cadencés comme le rhythme de la fatalité qui guidait leur marche, étaient à peine troublés par quelques paroles prononcées à de longs intervalles. Enfin le crépuscule, qui en Amérique précède le jour de si près, montra sa douce clarté et dessina au loin les maisons du village où devaient s'arrêter les fiancés. Ils se dirigèrent vers la demeure du pasteur, attenante au temple, et la porte du saint asile s'ouvrit devant eux.

V

Laissons Spring et Elvina ouvrir leur cœur au vénérable pasteur et lui demander l'appui de son expérience, et revenons un instant sur nos pas.

On se lève de bon matin à New-Lebanon, et entre tous les agriculteurs américains, qui sont des cultivateurs par excellence, se distinguent les shakers, travailleurs par religion plus encore que par spéculation.

Dès qu'on s'aperçut dans la communauté de la disparition d'Elvina, de Spring et de Burner, il se fit, comme on le pense bien, une rumeur générale. Le scandale était d'autant plus grand que la fugitive était la sœur du elder. Le champ se trouvait ouvert aux conjectures et aux interprétations malveillantes. Les hommes, hélas! sont toujours les hommes, et la religion de tous les peuples, qui a pour base la morale, dont la clef de voûte est l'amour du prochain, ne parvient pas toujours à corriger les défauts du cœur. Les shakers, charitables par institution, sont, pour la plupart, comme le commun des hommes, peu indulgens par nature. Leur voix dit : « Pardonnons les offenses, » et leur bras pendant ce temps s'efforce d'atteindre les coupables et de les frapper. Ce défaut de logique entre le précepte et les actes ne les choque pourtant pas, et si on le leur signalait, ils trouveraient sans doute d'excellentes raisons pour se justifier, et vous accuseraient même d'impiété. Peut-être aussi seraient-ils de bonne foi dans leur conduite, tant le bien et le mal, le beau et le laid, le religieux et le mondain se confondent dans notre pauvre cervelle pétrie de tous les limons.

Toujours est-il que, sauf quelques rares exceptions, chacun fut enchanté de cette fuite scandaleuse. On lança vertement les coupables, qu'on avait l'air de plaindre de tout cœur. On se plut à remettre en mémoire une foule de circonstances, vraies ou supposées, qui toutes étaient à la charge d'Elvina, de Spring et de Burner. Les sœurs, plus acharnées que les hommes à la curée des médisances et des calomnies, et qui, nous le savons, étaient secrètement jalouses de l'éclatante beauté d'Elvina, penchèrent à croire les honnêtes filles, que, trompant à la fois Spring et Burner, elle s'était fait enlever par tous deux à l'insu de chacun, ce qui était tout bonnement impossible, mais ne leur en parut pas moins le comble de l'adresse et de l'horreur.

Quant à Lewis, on devine le chagrin profond qu'il ressentit à la nouvelle de la fuite de sa sœur, qu'il affectionnait à la fois comme un frère et comme un père. Il rassembla tous les membres de la communauté, et, leur dit, sur l'instabilité des choses humaines, sur les illusions du bonheur, sur les désillusions, sur la charité chrétienne, sur la tentation de saint Antoine, sur le mariage et le célibat, un discours pathétique qui ne manqua pas son effet. On pleura d'attendrissement, se réservant peut-être de recommencer les médisances, plus dissimulées, mais plus acerbes que jamais. En terminant, Lewis pria Dieu d'étendre sa miséricorde sur les coupables, et, s'adressant aux mânes de sa mère, il lui demanda pardon pour le parjure de sa sœur.

On prit en pitié les malheurs d'un frère si cruellement éprouvé, et chacun retourna à ses travaux habituels.

Revenons aux principaux héros de cette histoire.

Burner, arrivé en même temps que Spring et Elvina

dans le village, n'avait pas perdu un instant. Il s'était procuré deux bonnes carabines et avait, sans beaucoup de peine, rassemblé quatre témoins parmi les crânes du pays. Chacun d'eux était pourvu d'un revolver à six coups, suivant l'usage établi, et tous avaient suivi Burner auprès de l'église, à l'endroit où devait le rejoindre Spring.

À la nuit sombre et pluvieuse avait succédé le plus beau jour. Le soleil s'était levé radieux, comme pour protester par sa présence contre les complots de la nuit et intimider les combattans. Mais que peut la lumière du soleil sur le moral de l'homme, à peine accessible aux lumières autrement salutaires de la raison et du droit social. Franklin s'est rendu maître de la foudre, mais nul philosophe n'a trouvé encore le paratonnerre des passions. Le tonnerre de la jalousie et de l'honneur froissé grondait dans la poitrine de Burner et de Spring la foudre allait éclater.

Une scène bien simple, mais touchante pour celui qui eût pu deviner les angoisses de Spring, venait de se passer dans la demeure du pasteur. Prétextant un devoir à remplir, Spring avait dit à Elvina :

— Je te laisse, ma bien-aimée, entre les mains de notre vénérable directeur, notre père à tous et ton protecteur particulier.

— Tu reviendras bientôt, mon ami, je t'en prie, — avait répondu la jeune femme en appuyant ces paroles d'un regard qui leur donnait un charme infini.

— Oui, je l'espère, — avait répondu Spring, en s'efforçant de sourire à celle qu'il voyait peut-être pour la dernière fois.

Le mariage avec la femme qu'il aimait au-dessus de toute chose et de lui-même cent fois, ou la tombe, Spring n'avait pas d'autre alternative, et dans une lutte il aurait fini de jouer à ce pile ou face de la plus émouvante destinée.

Dans cette alternative, Spring eut assez d'empire sur lui-même pour dissimuler ses impressions. Il déposa sur le front de sa fiancée un chaste baiser, comme le sceau de toutes ses espérances et de toutes ses craintes, et, se retournant du côté où se trouvait le pasteur, il lui serra la main avec expansion.

Puis il sortit se dirigeant en toute hâte au lieu du rendez-vous.

Quelques minutes plus tard il rejoignit Burner et les témoins, qui, pour passer le temps, étaient entrés dans un bar-room prendre un petit verre de liqueur appelée mountain-dew (rosée de la montagne).

En se joignant, Spring et les témoins échangèrent un salut.

Burner, d'un ton railleur où perçait la jalousie plus encore que la vengeance, dit à son adversaire, pendant que les témoins se disposaient à se mettre en marche :

— Il faut avouer, Spring, que tu es l'enfant gâté de la nature. Ainsi, pendant qu'auprès de ta bien-aimée tu t'entretenais sans doute de vos beaux rêves d'avenir, moi, jouant en réalité le rôle des utilités au théâtre, je me procurais témoins et armes pour te faire perdre un quart d'heure d'une vie désormais si précieuse.

— N'était-ce pas convenu ? — dit Spring.

— C'était en effet convenu; mais cela n'ôte rien à la moralité du fait. Et, dis-moi, Elvina ne s'est-elle pas trouvée fatiguée de cette longue marche nocturne ?

— Trêve de questions indiscrètes ou inutiles ! — répondit brusquement Spring. Et s'adressant aux témoins : — Êtes-vous prêts, messieurs? — Les témoins firent un signe de tête affirmatif. — Partons donc, — dit Spring.

— Partons, — fit Burner.

Et tous se mirent en route, se dirigeant vers une forêt voisine.

Ils marchèrent dix minutes environ, pendant lesquelles Spring et Burner restèrent silencieux.

Les témoins seuls échangèrent quelques paroles.

L'un d'eux mit la conversation sur la récolte probable du coton et proposa une affaire.

L'offre du spéculateur ne fut pas repoussée; mais, suivant l'habitude des Américains, celui à qui on avait proposé l'affaire demanda vingt-quatre heures de réflexion.

Ayant pénétré dans la forêt et étant arrivés dans une sorte de ravin où fleurissaient à l'ombre des grands arbres les fleurs sauvages du pays, un des témoins nommé juge du camp fit entendre ces mots :

— Messieurs, c'est ici !

Chacun s'arrêta, et il se fit un instant de silence.

V

Le bruit de ce duel s'étant répandu dans le village avec toute la rapidité d'une nouvelle qui promet un drame sanglant, bon nombre de personnes, parmi lesquelles quelques femmes et des enfans, s'étaient dirigées en toute hâte vers le lieu de la rencontre pour jouir de ce spectacle, tant il est vrai, comme l'a dit J.-J. Rousseau, que l'homme est naturellement bon.

Une centaine de spectateurs attendaient aux alentours du ravin, avec des émotions diverses, chacun suivant son humeur et sa constitution, l'égard d'une lutte qui, eu égard à la nature des armes dont on allait faire usage, et à la courte distance de quinze pas, devait nécessairement entraîner la mort d'un des combattans, peut-être celle de tous deux.

Après un instant de halte, le témoin qui venait de prendre la parole, le juge du camp, demanda aux combattans s'ils étaient prêts.

— Je suis prêt, — répondirent en même temps Burner et Spring.

— Très bien, messieurs, — ajouta le même témoin ; — nous allons procéder suivant les règles établies pour le duel à la carabine. — Alors il mesura, dans la partie de ce ravin qui lui parut la plus convenable, la distance de quinze pas. Cela fait, il plaça les adversaires aux deux extrémités, mais sans armes. Quand cette première opération fut terminée : — Messieurs, — dit-il en s'adressant aux trois autres témoins, — chargeons nos revolvers. — Dès que les revolvers destinés à faire au besoin l'office d'armes défensives ou offensives furent chargés, ils chargèrent les carabines des deux chevrotines chacune. Puis, ce même témoin, se tournant vers les combattans, leur adressa le speech suivant : — Messieurs, l'usage veut que, avant de remettre aux combattans les armes dont ils vont faire usage pour vider leur différend, un des témoins, parlant au nom de tous les autres, rappelle les principales lois du duel. Les voici : Dès que les témoins, divisés deux par deux, auront remis l'arme dans les mains de chaque adversaire, et que le signal leur en aura été donné, il sera libre à chacun d'eux de se servir de sa carabine comme il l'entendra pour le mieux de ses intérêts. Il tirera de sa place ou avancera sur son adversaire aussi près de lui qu'il le voudra. Chacun des combattans, qu'il soit blessé ou non blessé, a le droit de tirer sur l'autre. Si personne n'était atteint à la première rencontre, les carabines seraient rechargées et le duel continuerait. La mort ou une blessure qui paralyse un des adversaires peut seule mettre fin au combat. Si l'un des combattans, après avoir tiré le premier, tentait de fuir au-delà de la limite fixée, pour éviter le feu de son adversaire, il serait du devoir des témoins armés de faire justice de cette lâche conduite en déchargeant leurs revolvers sur le fuyard. Maintenant, messieurs, — ajouta-t-il en s'adressant spécialement aux combattans, — que nous vous avons rappelé ces clauses, il est encore de notre devoir, avant de vous laisser agir, de demander à chacun de vous en particulier s'il n'a aucune confidence à nous faire, aucune recommandation à nous adresser. — S'approchant alors de Burner, il lui dit à demi-voix : — Avez-vous, monsieur Burner, quelque confidence à nous faire ou quelque recommandation à nous adresser ?

— Non, — répondit Burner d'une voix ferme.

Le témoin, après cette réponse, allant à Spring :

— Et vous, monsieur Spring ?

— Je n'ai rien à dire, — fit ce dernier.

— Alors, messieurs, — continua le témoin, — les mesures étant toutes prises et toutes les observations étant faites, nous allons vous remettre vos armes.

Aussitôt les témoins se divisèrent deux par deux et allèrent remettre à chacun des combattans une carabine toute armée.

— Gentlemen, — dirent les témoins en s'adressant à chacun des combattans, — vous tiendrez votre carabine au pied, et vous ne vous en servirez que lorsque, frappant dans ses mains, le juge du camp aura successivement prononcé les mots : une, deux, trois. Si l'un de vous tirait avant le signal convenu, il serait reconnu traître, et nous aurions le triste devoir de venger par nos armes la victime de cette trahison, dans le cas où elle ne pourrait-pas le faire elle-même.

Après ces paroles, les témoins s'éloignèrent rapidement à la distance d'environ vingt pas.

Burner et Spring, ayant l'arme au pied, se fixaient mutuellement, choisissant du regard l'endroit où ils logeraient leurs chevrotines dès qu'ils pourraient se servir de leurs armes.

— Messieurs, attention !..., dit le président du duel, je vais donner le signal !

Il se fit un silence solennel qui aurait permis d'entendre tous les cœurs battre dans les poitrines.

Ayant jeté un dernier coup d'œil sur les deux adversaires, et les jugeant prêts au combat, il dit d'une voix forte et mesurée en frappant dans ses mains :

— Une... deux... trois !...

A peine le nombre trois était-il prononcé, que Burner et Spring, par un brusque mouvement, épaulèrent, et on crut que deux coups allaient partir en même temps.

Il n'en fut rien pourtant, et cette manœuvre réciproque n'avait pour but que d'effrayer l'adversaire en provoquant son tir actif et incertain.

Les deux champions se possédaient trop bien l'un et l'autre pour donner dans ce piège que tous deux ils venaient de se tendre. C'est à coup sûr sans se préoccuper de sa propre personne que chacun voulait tirer, et pour cela quinze pas leur paraissaient une distance encore trop éloignée.

Pendant quelques instans qui, pour tous, témoins, simples spectateurs et combattans, durent paraître bien longs, Burner et Spring se menacèrent ainsi, se tenant réciproquement en joue.

Puis on vit Burner, toujours le canon de sa carabine braqué sur Spring, avancer d'un pas en traînant les pieds pour faire le moins de mouvement possible et se maintenir toujours en ligne.

Malgré ce pas en avant, Burner se trouva encore trop éloigné de Spring, et il fit un second pas.

Puis un troisième.

Douze pas seulement séparaient en ce moment comme on voit les deux adversaires.

Ce n'était pas assez encore.

Burner, plus audacieux ou moins calme que Spring et plus implacable, venait de faire un mouvement pour accomplir son quatrième pas en avant quand la détonation d'une des carabines se fit entendre.

Au même instant, Burner chancela, lâcha son arme et tomba la face contre terre.

— Il est mort ! il est mort !

Tel est le cri qui partit à la fois de toutes les bouches des spectateurs, dont le nombre avait sans cesse augmenté.

Spring, qui n'avait pas bougé, conserva son immobilité dans une attente et dans une anxiété que nous ne chercherons pas à retracer, mais qu'il est facile d'apprécier dans la position tout exceptionnelle où il se trouvait. A ce moment, en effet, la vie était doublement chère à

Spring, car, en la perdant, il perdait ce qui lui était plus précieux encore que l'existence, l'amour d'Elvina, qui l'attendait pour unir leur destinée.

Mais, ainsi que tous les témoins de cette scène, Spring avait cru Burner mort sur le coup.

Il fut bientôt détrompé.

Le blessé, au bout d'un certain laps de temps, releva sa face toute rouge du sang qui s'échappait en abondance d'une blessure dans l'abdomen. Les chevrotines avaient traversé en partie le corps du malheureux Burner, en causant d'épouvantables ravages.

Il était évident pour tous que le blessé succomberait à sa blessure, mais il n'était sûr pour personne qu'il n'aurait pas la force de tirer à son tour.

Après être resté à genoux durant quelques instans et avoir passé sa main sur sa figure pour en ôter le sang qui l'aveuglait, il fixa sur Spring un œil hagard. Puis, saisissant convulsivement sa carabine sans prononcer un mot, il essaya de se traîner sur les genoux.

Il fit ainsi un court chemin, marchant vers Spring, qui, toujours debout et impassible, l'attendait l'arme au pied.

Les douleurs atroces que Burner endurait avec un courage et une volonté surhumaine l'ayant arrêté, il retomba de nouveau la face contre terre.

Était-il mort cette fois ?

Pas encore.

Il releva de nouveau la tête, et, toujours sur les genoux, il reprit sa marche, avançant doucement et péniblement, mais avançant toujours.

Burner était arrivé à dix pas de Spring. Il le regarda fixement, et, prenant sa carabine, il voulut l'épauler et tirer ; mais, sentant l'arme mal assurée dans ses mains défaillantes et ne voulant rien compromettre, il abaissa sa carabine et continua de se traîner sur les genoux.

Tout d'un coup, et par un mouvement convulsif, il redressa la tête et remit Spring en joue.

Il ne tira pas pourtant, et il roula de côté, laissant tomber son arme par-dessus lui.

En proie à une crise qu'il croyait devoir entraîner immédiatement sa mort, Burner avait voulu tirer sur son adversaire ; mais, au moment de faire feu, les forces lui ayant manqué, il était tombé comme nous venons de le voir.

Dans cette attitude il resta près d'une minute, recueillant de nouvelles forces et surmontant un mal presque insurmontable à force de volonté et d'énergie.

Le sang cependant s'échappait en abondance de sa plaie béante, marquant d'un sinistre sillon l'endroit où le blessé avait été renversé par le coup de son adversaire, et le chemin qu'il avait parcouru depuis.

Quelques curieux, oubliant tout respect humain, osèrent parier, les uns que le blessé finirait par tirer sur son adversaire et le toucherait, les autres que la mort l'atteindrait avant qu'il eût assouvi sa vengeance, voulant trop attendre pour tirer. Ces paris faits, les enjeux furent déposés pendant que Burner tentait pour la quatrième fois d'arriver jusqu'à son adversaire.

Bientôt il ne s'y trouva plus qu'à la distance de trois pas. Là, Burner se sentant défaillir tenta de nouveau d'épauler son arme et de tirer ; mais la carabine s'échappa une dernière fois de ses mains, et il retomba en arrière en poussant un profond et douloureux soupir.

Ces péripéties épouvantables paraissaient être arrivées à leur fin.

Comme le blessé ne bougeait plus, le juge du camp s'avança jusqu'à lui pour constater son état, et, s'il y avait lieu, pour déclarer le combat terminé.

Après l'avoir examiné et lui avoir vainement adressé la parole.

— Il est mort, — dit-il.

— Il est mort ! — répétèrent sourdement tous les spectateurs.

— Monsieur Spring, — ajouta le juge du camp, — votre adversaire étant mort, ou tout au moins dans l'incapacité de soutenir le combat, nous déclarons le duel terminé, et nous vous autorisons à vous retirer.

— Pas encore ! — hurla d'une voix qui n'avait plus rien d'humain le blessé, en relevant la tête ; — je puis tirer.

Et, fixant sur Spring des yeux que voilaient déjà la mort, il rampa de nouveau, et, s'aidant cette fois des coudes autant que des mains, il parvint ainsi jusqu'aux pieds même de son adversaire.

Une pâleur effrayante couvrit en ce moment le visage du malheureux Spring, et des gouttes de sueur froide perlèrent sur son front.

Il comprit qu'il était mort.

Mais le point d'honneur le tint rivé à sa place. D'ailleurs, nous le savons, s'il eût pu entrer dans son esprit de faire la moindre tentative de fuite ou de s'opposer en quoi que ce fût aux mouvemens de son adversaire, il tombait à l'instant sous les balles des revolvers de tous les témoins.

Toutefois le supplice de Spring ne devait pas s'arrêter là. Il devait se compliquer du plus navrant épisode.

Arrivé à cette dernière étape, soit qu'il voulût prolonger le martyre de son adversaire, soit qu'il eût besoin de reprendre encore des forces pour un suprême effort, Burner s'affaissa sur lui-même, et le canon de sa carabine alla heurter le pied de Spring.

Au même moment on entendit une voix déchirante.

Une femme sortit de la foule, qui accourut éplorée vers les combattans.

Cette femme, c'était Elvina.

On voulut l'arrêter, mais elle franchit tous les obstacles, et en un instant elle se trouva agenouillée, suppliante, aux pieds de Burner.

Les témoins tentèrent de s'emparer d'elle ; mais comme elle implorait la générosité du blessé en faveur de Spring, ils se firent un scrupule d'humanité d'insister davantage, et attendirent l'effet de sa supplique.

— Burner, — lui dit-elle, — au nom du Tout-Puissant, qui nous enseigne la miséricorde, au nom de ce que tu as de plus sacré en ce monde, au nom même de ton amour pour moi, et au nom de ma souffrance, épargne-le et tue-moi ! Moi seule je suis coupable, moi seule je dois mourir. Pardon, Burner, pardon !... Ah ! si tu pouvais comprendre l'excès de ma douleur, elle te fléchirait, j'en suis sûre, car elle est au-dessus de toute vengeance. De grâce, Burner, que la justice retombe sur moi seule !

— Non, — répondit le blessé d'une voix faible et à peine intelligible, — je me bats contre un homme, je n'assassine pas une femme.

— Burner, — reprit Elvina, — je renonce à Spring !

— C'est trop tard, — exclama cet homme impitoyable.

— Elvina, — dit à son tour Spring avec l'accent de l'enthousiasme où se mêlait un inexprimable regret, — nous nous reverrons au ciel.

Ces paroles étaient à peine prononcées que, par un mouvement soudain, Burner plaçait la crosse de sa carabine en terre, dirigeait le canon sous le menton de son adversaire. Il lâcha la détente, le coup partit et fit sauter la cervelle du malheureux Spring.

A cette vue Elvina poussa un cri strident qui ébranla tous les cœurs, et tomba évanouie sur le corps ensanglanté de son fiancé.

Les témoins, qui s'étaient avancés très près des combattans pendant cette scène inattendue, s'empressèrent de relever Elvina, qu'on emporta loin du théâtre de ce drame, et à laquelle un médecin présent donna ses soins.

Quand Burner vit Spring étendu sans vie à ses côtés, il dit, avec l'accent d'un regret qui n'excluait pas la satisfaction de la vengeance assouvie :

— Pauvre diable ! il l'aimait autant que moi ; plus que moi, peut-être.

Puis un sourire amer crispa ses lèvres et il expira.

VI

Le lendemain de ce jour, l'humble temple du village où Spring et sa fiancée avaient été reçus par le vénérable pasteur offrait le spectacle d'une scène inouïe jusqu'alors, mais qui depuis a été quelquefois renouvelée aux États-Unis.

Elvina allait, avec tout le cérémonial habituel, se marier avec l'*esprit* de son fiancé.

D'un côté de l'autel, où pour tout ornement on voyait sur une large croix de bois noir un crucifix de grandeur naturelle, se tenait agenouillée Elvina, portant autour de la tête une couronne de fleurs d'oranger.

De l'autre côté était placé sur des tréteaux le cercueil renfermant le corps de l'infortuné Spring.

Deux témoins assistaient Elvina, deux autres étaient là pour constater l'identité du cadavre de Spring.

Dans le temple se pressait une foule accourue pour assister à ce mariage si extraordinaire.

Du reste, en ce qui concerne les mariages ordinaires, nous l'avons dit ailleurs, on sait avec quelle facilité les demoiselles se marient en Amérique sans la participation de leur famille. Le couple se présente à l'église s'il est catholique, au temple s'il est protestant, à la synagogue s'il est juif, ou tout simplement devant une autorité civile. Un juge de paix suffit, avec deux témoins, pour constater l'identité des conjoints; en cinq minutes la cérémonie est faite, sans publications de bans, sans autre formalité.

Les témoins mêmes ne sont là souvent que pour la forme ; c'est ce qui explique comment Elvina, inconnue dans ce village, avait pu s'en procurer pour elle et pour l'esprit de son fiancé auquel elle allait s'unir.

Le digne pasteur qui avait consenti à célébrer cet étonnant mariage était depuis longtemps attaché à ces croyances spirituelles (1). Il croyait, en donnant son plein assentiment aux volontés qu'Elvina lui avait exprimées, faire acte de bon chrétien et encourager des tendances excellentes pour combattre le matérialisme et l'athéisme, qui, disait-il, est la conséquence du matérialisme.

Au fond, il ne croyait guère à toute cette fantasmagorie d'esprits frappeurs si savamment exploitée alors en Amérique aux dépens des gens trop faciles à convaincre; mais le spiritisme, pour parler le langage des *médiums*, apparaissait au bon pasteur, sinon comme un but, du moins comme un moyen. « Le spiritisme, disait-il naïvement, conduit à croire à quelque chose ; or, j'aime mieux ceux qui croient à quelque chose que ceux qui ne croient à rien, parce que les gens qui ne croient à rien ne croient pas même à la nécessité du bien. »

Quoi qu'il en soit, c'est rempli de la sainteté de sa mission qu'il parut dans le temple pour marier Elvina avec l'esprit de son fiancé, cérémonie posthume qui n'est plus très rare dans le nouveau monde.

(1) La découverte de toutes les prétendues merveilles du spiritisme remonte à l'année 1848, et fut faite par la famille Fox, qui résidait alors au village d'Hydesville, État de New-York, en Amérique, — pays des gros *canards*. — Des revenans qui habitaient la même maison se mirent en communication avec cette famille, et lui firent connaître une infinité de choses de l'autre monde, en répondant à toutes les questions, tantôt par des coups frappés, tantôt par des paroles que prononçaient des êtres invisibles. Un peu plus tard, d'autres revenans tout semblables firent leur apparition dans beaucoup d'autres pays, et notamment en France, au village de Cideville, en Normandie. — Voir : *Les magnétiseurs jugés par eux-mêmes*, par monsieur G. Mabru.

Nous ajouterons que du village de Normandie le spiritisme, un peu trop à l'étroit en province, est venu s'établir à Paris, où il fonctionne régulièrement sous les auspices d'une société spiritique appuyée d'une revue des esprits !

Après avoir adressé à Dieu une courte invocation à laquelle prit part l'assistance, il monta en chaire et prononça sur les malheurs d'Elvina, sur sa résolution de s'unir spirituellement à celui dont elle avait involontairement causé la mort, et surtout sur la doctrine spirite, un discours un peu long peut-être, mais qui témoignait de ses excellentes intentions.

Puis il descendit de chaire et procéda à la cérémonie du mariage.

« Je jure, — dit Elvina d'une voix tranquille et ferme, — de prendre pour époux, non le corps de mon bien-aimé, lequel, formé de poussière, va retourner en poussière, mais son esprit immortel, qui, des espaces où il plane, vivant d'une vie de régénération, voit mes peines et s'associe à l'acte que je vais accomplir. O Spring ! nous nous reverrons au ciel, m'as-tu dit. Comme toi, je l'espère. En attendant ce moment si désiré, reçois ici les vœux de celle qui, ne pouvant associer à toi que son âme, te la donne tout entière. Malgré les événemens qui se sont accomplis, ta fiancée d'hier va devenir ta femme aujourd'hui ; l'amour aura vaincu la mort. A la fois épouse et veuve, nos fêtes de noces seront tes funérailles, et je porterai ton nom comme l'héritage sacré de nos malheurs communs. »

Le nom d'Elvina fut inscrit sur le registre du temple à côté du nom de Spring *vivant dans son esprit*, et le pasteur leur donna sa bénédiction.

En sortant du temple, Elvina, suivie de la foule, se rendit au cimetière, où fut enterré Spring.

Ce jour-là même Elvina recevait de son frère une longue lettre et la somme de dix mille dollars, qui lui avait été votée par tous les shakers pour les services que, depuis son enfance elle avait rendus à la communauté.

Le lendemain, elle quittait le village, prenait congé du pasteur, qui avait continué de lui donner l'hospitalité, et partait pour New-York, d'où elle s'embarquait pour l'Irlande.

Il y a quelques mois, en parcourant les journaux américains, je lus dans une correspondance datée de Londres les lignes suivantes :

« Il vient de mourir en Irlande, dans la ville de Lime-
» rick, une femme à peine âgée de vingt-sept ans, qui
» avait été d'une beauté merveilleuse, et dont la vie est
» un roman des plus étranges et des plus saisissans. Fille
» de pauvres Irlandais émigrés aux États-Unis, elle a été
» élevée dans la secte des shakers établis à New-Lebanon.
» L'amour, si souvent plus fort que la volonté, a délié la
» jeune fille de ses vœux au célibat, et une nuit elle a fui
» avec l'homme qu'elle aimait, et qui appartenait à la
» même communauté. Le fiancé de la jeune fille avait un
» rival, et, au moment de s'unir à celle qu'il aimait et
» dont il était aimé, il fut tué en duel.

» Désespérée de cette mort, la jeune fille voulut néan-
» moins accomplir sa destinée. Elle épousa l'esprit de son
» fiancé. Ce mariage une fois accompli et dûment enre-
» gistré sur les registres de l'église de l'une des sectes réfor-
» mées du Massachussets, elle partit pour l'Irlande, où
» elle vécut chez une de ses vieilles tantes. L'exaltation de
» son amour avait dérangé ses facultés intellectuelles. On
» la voyait invoquer l'esprit avec lequel elle disait s'être
» mariée, et rester des heures entières dans une sorte de
» contemplation mystique qui arrachait des larmes à ceux
» qui en étaient témoins. En vain on essayait de la dis-
» traire; son esprit, sans cesse dirigé vers une pensée
» unique, semblait insensible à toute autre chose qu'à
» cette pensée. Bientôt, usée par une semblable excitation,
» elle est morte épuisée, et vieillie de vingt ans depuis
» deux ans qu'elle avait contracté ce singulier mariage.

» Un jour peut-être quelqu'un publiera-t-il les détails
» de cette vie étrange si tristement commencée et si mi-
» sérablement terminée.

» Je ne puis, moi, que vous en faire connaître les prin-
» cipaux événemens et que vous apprendre sa mort.

» Cette pauvre insensée d'amour se nommait Elvina
» Scott, et son fiancé portait le nom de Spring. »

Ces détails recueillis à des sources certaines le lecteur vient de les lire.

L'AMOUR EN MER

L'AMOUR A LA VOILE ET L'AMOUR A LA VAPEUR

FEUILLETS DE L'ALBUM D'UN VOYAGEUR AU LONG COURS

L'amour ne perd ses droits nulle part.

Il marche à la voile et roule à la vapeur.

On le voit se glisser dans l'entrepont des émigrans et exercer ses agaceries dans le salon des passagers de première classe.

Il est surtout téméraire et frivole à bord des bateaux à vapeur, dont la marche rapide et réglée, en permettant de calculer presque à coup sûr le jour de l'arrivée, fixe ainsi d'avance le terme des folles intrigues.

L'amour se montre plus sensible, plus sincère, plus réellement passionné sur les navires à voiles, dont la marche, moins rapide que celle des steamers, et toujours incertaine, laisse indéterminé le moment de l'arrivée.

Les grandes passions inspirées à la mer n'ont pour ainsi dire jamais été que sur des navires à voiles, et si la statistique, qui se mêle de tout avec raison, voulait calculer le nombre de mariages nés des rencontres à bord, elle trouverait, j'en suis sûr, que la vapeur en a fourni tout au plus un demi-quart.

On ne se doute pas sur terre de la fâcheuse influence de l'aube et de l'hélice sur les cœurs trop impressionnables.

J'en veux citer un exemple :

Dans l'un des plus vastes magasins de nouveautés de Paris, un jeune commis, que je nommerai Langevin, fut épris des beaux yeux d'une jeune fille employée dans la même maison et que j'appelerai Alphonsine.

Langevin, plus particulièrement affecté à la vente de la soierie, avait son quartier général au premier étage, tandis qu'Alphonsine, employée à la lingerie, se tenait au rez-de-chaussée. L'amour, qui sait vaincre tous les obstacles, n'avait eu aucune peine à rapprocher des cœurs séparés tout au plus par une vingtaine de marches d'escalier.

Mademoiselle Alphonsine trouvait dix fois par jour un prétexte excellent pour monter au premier, et Langevin roulait plutôt qu'il ne descendait l'escalier en colimaçon, chaque fois que, conduisant un acheteur, il l'accompagnait à la caisse pour solder sa facture.

Langevin était un homme actif, intelligent, rangé, renommé pour la vente, et qui aimait sincèrement et très honnêtement Alphonsine, avec laquelle il comptait se marier dès que leur position à tous deux se serait améliorée.

De son côté, Alphonsine, très habile aussi pour faire ressortir auprès de ses capricieuses clientes les qualités de la marchandise, avait pour Langevin beaucoup d'affection.

Mais elle avait deux grands défauts : la coquetterie et l'amour des aventures romanesques. La vie uniforme du magasin lui convenait très peu ; elle aurait voulu voyager, et ne cachait à personne cette disposition de son esprit inquiet.

Un événement imprévu offrit à Alphonsine l'occasion,

qu'elle ne laissa pas échapper, de donner un libre cours à sa fantaisie.

Un Français, établi à New-York dans le commerce de la lingerie, se trouvant à Paris pour faire des emplettes, vit Alphonsine et lui proposa de l'emmener en Amérique en qualité de *première dame*, avec de beaux appointemens. Alphonsine, ravie de la proposition, s'efforça de faire comprendre à Langevin combien cette circonstance était heureuse pour la réalisation de leur projet de mariage.

« Je ne resterai que trois ans, quatre ans au plus en Amérique, lui dit-elle, et tout l'argent que je ne manquerai pas d'économiser servira à notre installation. Si la séparation est pénible, ajouta-t-elle, le retour paraîtra d'autant plus doux, et ce serait folie de tourner le dos à la fortune qui nous sourit. Qui sait? nous pourrons peut-être nous établir à New-York et monter une riche maison de commerce. »

Comme négociant, Langevin ne put qu'approuver la résolution d'Alphonsine; mais, comme amoureux, il voulut la retenir à Paris. Elle partit néanmoins, en emportant tous les regrets et toutes les espérances de Langevin.

A bord du steamer où elle s'embarqua se trouvait un chevalier d'industrie. Il allait, disait-il, à New-York pour se rendre ensuite en Californie et visiter en amateur cet étrange pays, si plein de richesses pour les uns, si rempli de misères pour les autres, si curieux pour tous.

Eblouie par la peinture exagérée qu'il lui faisait du nouvel Eldorado, elle oublia Langevin et sa promesse de mariage pour aller y chercher fortune.

Bref, il s'ensuivit que la pauvre Alphonsine, après avoir été pendant trois mois en Californie la dame de comptoir d'un café fondé par son séducteur, fut battue et finalement abandonnée par ce dernier. De femme de comptoir elle entra comme figurante dans un théâtre qui fit banqueroute et ne la paya pas. Elle devint tour à tour marchande de nouveautés, blanchisseuse, garde-malade, somnambule, et associée d'un photographe qui courut avec elle les différentes villes du pays. Puis elle mourut de honte, de privations et de regrets, deux ans après être partie du Havre.

Mais si la vertu des femmes est trop souvent exposée sur l'Océan, la vertu des hommes ne l'est pas moins. Les sirènes au doux visage, à la voix enchanteresse, n'attendent plus, comme du temps d'Ulysse, les voyageurs au passage : elles voyagent avec eux, c'est plus sûr.

Tous les ans, à l'époque où les riches négocians américains ont l'habitude de venir faire leurs achats en Europe, et vers le temps où ils retournent chez eux, des femmes entreprenantes de l'un et l'autre hémisphère s'embarquent dans le seul but de nouer à bord des intrigues amoureuses avec les plus riches, et de les dépouiller à leur profit. Ce sont de véritables pirates que ces femmes sur lesquelles la mer n'a plus d'action fâcheuse, qui mangent comme quatre, boivent comme deux, et affectent néanmoins, pour se rendre intéressantes, d'être prises d'attaques de nerfs.

Il se trouve toujours en pareil cas quelque galant passager pour leur porter secours, leur faire respirer des sels et leur prodiguer des paroles d'encouragement. La sirène remercie le cavalier de ses bons soins, paraît très reconnaissante, et lui demande sa protection en lui expliquant comment, par le plus singulier hasard, elle se trouve seule à bord, éloignée de son mari, qu'elle va rejoindre plus tard. Comme elle parle agréablement, qu'elle est bien de sa personne, et que d'ailleurs les sujets de distraction sont rares en mer, le cavalier se laisse aller aux charmes trompeurs d'une conquête qui a pris soin de se laisser deviner.

Les bâtimens à voiles sont à l'abri de ces sortes de voyageuses, et l'amour y exerce d'ordinaire, nous l'avons dit, un rôle plus noble. On a plus longtemps à se voir, et l'on veut mieux se connaître avant de feuilleter ensemble le livre rosé des confidences intimes.

Mais le propre des amoureux est de se comprendre sans se parler.

Par une belle nuit, dans l'océan Pacifique, quand seuls les hommes de quart veillent assis sur l'avant du navire avec le timonier et l'officier de service, que le vent, fixe et modéré, gonfle doucement les voiles depuis la grand'voile jusqu'au grand hunier, que les mâts presque immobiles décrivent à peine quelques courbes sous le ciel couvert d'étoiles, qu'on n'entend d'autre bruit que la crépitation de l'eau phosphorescente du sillage, soyez assuré que, s'il se trouve des amoureux à bord, vous les verrez venir l'un après l'autre sur le pont.

Timides comme de vrais amoureux, ils se montrent embarrassés et disent tous deux qu'incommodés par la chaleur ils viennent respirer l'air frais de la nuit.

En réalité, ils avaient deviné dans le jour que la nuit prochaine, seuls entre tous les passagers, ils ne dormiraient pas, et que seuls aussi ils auraient besoin du grand air. Les voilà confus mais heureux de s'être si bien compris et d'avoir été fidèles au rendez-vous qu'ils ne s'étaient point donné.

Les amoureux montent du pont sous la dunette, et vont s'asseoir *sous le vent*, à quelques pas du timonier de quart, qui fait semblant de ne pas les voir, mais qui en réalité a toujours un œil sur eux en même temps qu'il porte l'autre sur la boussole. De quoi parlent-ils? Du beau temps d'abord, puis de la terre qu'ils quittent et de celle qu'ils vont voir, de la nature, du cœur humain, de l'inconstance et de la fidélité, des hasards charmans qui font naître l'amour, et finalement des félicités qu'il réserve aux amans sincères.

Et le timonier est remplacé par un autre timonier, qui est remplacé à son tour, sans que les tourtereaux se soient aperçus qu'ils prennent le frais depuis quatre heures, et que le soleil, comme un témoin indiscret, va sortir de la mer et les forcera d'interrompre leur doux entretien.

— Mon Dieu! — dit tout à coup la demoiselle ou la veuve, — il est tard; si mon père le savait, si on nous avait remarqués...

— Qu'importe! — répond le jeune homme, — nous n'étions pas ici seuls, le timonier n'a pas quitté son poste.

Vous me demanderez peut-être ce que deviennent ces amoureux, je vais vous le dire :

Ou le vent de terre chassera la brise des mers avec leurs paroles d'amour, et débarqués ils ne se reverront plus, ou ils continueront de se voir et ils se marieront; ou bien ils cesseront tout à coup de prendre l'un et l'autre le frais sur la dunette, affecteront au contraire de se coucher de bonne heure, ne se parleront plus qu'avec une politesse embarrassée et outrée devant la chambrée, qui sourira malicieusement en les regardant.

La mer ménage parfois aux amoureux les situations les plus poétiques.

Un matin, sous la ligne, et par une très faible brise, deux trois-mâts, l'un français, l'autre anglais, se trouvèrent en face l'un de l'autre. Le vent, qui fléchissait de plus en plus, les rapprocha encore un peu pour les laisser immobiles à environ un mille et demi de distance.

L'air était chaud, le ciel pur, et la mer si calme qu'on se serait cru sur un lac immense d'une eau limpide et bleue.

— Capitaine, — dit un des passagers du navire français, — j'ai une proposition à vous faire.

— Parlez, — répondit le capitaine.

— Dans les parages où nous sommes les calmes se prolongent.

— Malheureusement! — murmura le capitaine en interrompant le passager.

— Le vent ne paraît pas devoir se lever de la journée; voulez-vous nous permettre à quelques passagers et à moi d'aller à bord de l'anglais lui faire une visite. J'ai là dans ma cabine un panier de champagne qui me tiendra lieu de lettre d'introduction et même de lettre de recommandation; le canot et quatre hommes, c'est tout ce qu'il nous faut.

— Soit, — répondit le capitaine, — j'accepte, à la condition expresse que vous m'obéirez et que vous reviendrez à bord dès que je vous en ferai le signal.

— Comment, capitaine, votre demande est très juste; n'êtes-vous pas à votre bord le *maître après Dieu* ?

— Dans ce cas, — fit le capitaine en s'adressant à l'officier de quart, — faites mettre le canot à la mer avec quatre avirons, et conduisez ces messieurs à bord de l'anglais... Surveillez vos hommes, — ajouta-t-il, — afin qu'ils ne boivent pas trop.

On mit le canot à la mer, on embarqua le panier de champagne et cinq ou six passagers ravis de cette distraction inattendue.

Quatre vigoureux matelots, ramant avec ensemble, portèrent bientôt l'embarcation à destination.

Les Anglais, enchantés de l'excellente idée des Français, les accueillirent avec joie.

Une collation fut servie, et l'on but mieux encore qu'on ne mangea.

Le navire anglais se rendait à l'Ile Maurice, avec un nombre assez considérable de passagers.

Parmi eux se trouvait une famille anglaise de notables négocians de Maurice. Cette famille se composait du père, de la mère, d'une jeune personne de dix-huit ans et d'un fils âgé d'une dizaine d'années. La jeune personne, qui se nommait Lucy, avait toute la délicate et l'exquise beauté des Anglaises. Blonde, d'une figure angélique, d'une taille de sylphide, elle joignait à ces qualités physiques le plus aimable caractère et une éducation complète. Elle parlait le français avec une remarquable correction et un léger accent britannique qui ajoutait un charme piquant à sa parole. Placée à table à côté d'un jeune Français, celui-ci en devint subitement et si complètement amoureux que, après s'être informé de son nom et du lieu de sa résidence, il fut sur le point, pour ne pas se séparer d'elle, de se cacher à bord du navire anglais et d'y rester. Mais il réfléchit à l'impossibilité de mettre ce plan à exécution, et aux conséquences scandaleuses ou tout au moins ridicules qu'entraînerait une semblable détermination.

Il se résigna donc à quitter le navire anglais quand le capitaine français donna le signal de rejoindre le bâtiment.

Mais il ne le quitta pas entièrement, car son cœur et toute son âme voyagèrent avec Lucy jusqu'à l'Ile Maurice.

Le bâtiment français était parti de Bordeaux en destination pour Rio-de-Janeiro. Dès qu'il fut arrivé dans la capitale du Brésil, le premier soin de notre amoureux fut d'écrire à l'Ile Maurice, au père de Lucy. Dans cette lettre, il faisait connaître sa famille, famille des plus honorables, sa position de fortune, qui était fort convenable, et déclarait son amour à la jeune miss dont il sollicitait la main. Il demandait l'autorisation d'aller à l'Ile Maurice pour rendre ses hommages à celle qu'il aimait, se faire connaître d'elle, et s'efforcer de mériter sa bienveillante affection.

Cinq mois après le départ de cette lettre, l'amoureux recevait une réponse du père de Lucy, qui l'autorisait à venir à Maurice habiter un appartement dans sa maison. C'était une promesse de mariage.

L'amoureux s'embarqua pour l'Ile Maurice, et c'est de l'Inde qu'il écrivit à son père, qui le croyait au Brésil, pour lui demander son consentement à son mariage avec miss Lucy M...

Le père envoya le consentement demandé, et le mariage de Lucy avec le jeune Français, si étrangement noué en pleine mer dans une visite de quelques heures à bord d'un navire inconnu, reçut son couronnement un an, jour pour jour, après cette bienheureuse entrevue.

Un navire en mer est l'image saisissante d'un gouvernement autocratique avec toutes les inégalités de condition qu'il comporte. Il y a entre le capitaine, *maître après Dieu*, et le simple matelot, la différence qui existe entre le czar de Russie et le dernier de ses sujets serfs.

Un monde de privilèges et de préjugés sépare aussi le matelot du passager de première cabine, dans cette coquille de noix qu'une lame peut anéantir.

On a vu, dit-on, des rois épouser des bergères; vit-on jamais un matelot franchir la distance de la proue à la poupe pour unir sa destinée à celle d'une passagère de *l'arrière*? Je ne le crois pas. Mais ce que les usages du monde, les principes, l'éducation et la fortune ne parviennent pas toujours à vaincre, à étouffer chez l'homme de mer, c'est l'amour qui prend naissance et se développe dans les longs jours de traversée, à la vue d'une femme à laquelle il ne lui est pas même permis d'adresser la parole; amour d'autant plus vif et d'autant plus cruel aussi qu'il ne saurait être partagé et doit rester à jamais ignoré.

Il est pourtant des occasions suprêmes à la mer où les privilèges s'effacent, où les préjugés disparaissent, où les rangs se confondent, où la fortune même reste sans action. Ces occasions naissent du péril commun, prélude de la mort, qui nivelle tout parce qu'elle détruit tout.

Il y a quelques années, une jeune artiste dramatique, transfuge d'un de nos théâtres lyriques, partit de Paris avec un engagement pour l'Amérique. Elle était jolie, heureuse de voyager, et d'une santé qui défiait Neptune lui-même. Le soir, quand il faisait du beau temps, elle montait sur la dunette et chantait avec une grâce parfaite les plus jolis airs de son répertoire. Les passagers se groupaient autour d'elle pour l'entendre de plus près, et les matelots s'avançaient jusqu'au grand mât (limite qu'ils ne peuvent franchir hors du service) pour ne rien perdre de l'air ni des paroles.

La traversée semblait devoir s'accomplir heureusement, lorsqu'un jour un choc violent, inattendu, sinistre, terrifia équipage et passagers. Le navire, entraîné hors de sa route par des courans invisibles, venait de toucher sur un rocher à fleur d'eau.

Deux hommes se précipitèrent dans la cale et remontèrent presque aussitôt, apportant la désastreuse nouvelle qu'une voie d'eau impossible à masquer venait de se déclarer dans les parties vives du navire, qui ne tarderait pas à couler bas.

Il fallut songer à se sauver.

Malheureusement, les bâtimens marchands sont généralement mal pourvus des objets de sauvetage.

On était quarante personnes, et il n'y avait à bord qu'une chaloupe en mauvais état, pouvant contenir trente personnes au plus, avec huit jours de vivres; car on ne pouvait espérer aucun service efficace du canot de terre, tout à fait impropre à tenir la mer.

Chacun se précipita dans la chaloupe, qui se trouva chargée démesurément.

Mais la mer, sans être calme, n'était pas grosse et on était heureusement près des côtes, vers lesquelles le vent portait la chaloupe.

— Si le temps reste le même, —avait dit le capitaine, — dans quarante heures nous serons à terre.

Ces paroles avaient raffermi toutes les espérances, et, comme on passe promptement à la joie quand on a touché les limites de la douleur, les naufragés se montrèrent réellement gais en comptant le lendemain matin les quelques heures qu'il leur restait à naviguer pour atteindre la terre, pour renaître à la vie.

La deuxième nuit se passa à souhait, et les premières clartés de l'aurore dessinaient une ligne noire à l'horizon.

C'était la terre, que chacun salua des plus enthousiastes acclamations.

Mais, contre-temps fatal à ce moment le vent fraîchit et changea de direction.

D'un autre côté, la chaloupe faisait beaucoup d'eau, ce qui inspirait de sérieuses inquiétudes au capitaine.

Les voiles furent serrées et les matelots essayèrent d'avancer à la rame.

Mais le vent, devenu violent, soulevait la lame, qui déferlait avec rage sur l'avant de l'embarcation et menaçait à chaque instant de l'engloutir.

Il fallut renoncer pour le moment à atteindre la terre, et le capitaine ordonna de virer de bord pour fuir sous le vent.

Les matelots étaient dans la consternation, à l'exception d'un seul, dont la physionomie mâle et singulièrement animée, dont l'œil plein de feu et fixé sur la jeune artiste dramatique en pleurs, semblait heureux sous l'inspiration d'un sentiment indéfinissable devant le péril imminent qui menaçait les naufragées.

On avait surnommé cet homme le Marsouin, à cause de son habileté hors ligne à nager.

Six lieues séparaient en ce moment la terre de la chaloupe en détresse, et personne à bord ne doutait que, malgré le vent contraire, le Marsouin ne parvînt à les franchir à la nage.

— C'est un méchant cœur, — murmura un matelot en remarquant la physionomie animée du Marsouin; — il est heureux du malheur des autres, parce qu'il sait pouvoir échapper à ce malheur.

— Non, — répondit un autre matelot; — le Marsouin n'est pas méchant; il a son idée que nous ne pouvons pas deviner.

A peine ces mots venaient-ils d'être prononcés, qu'une énorme lame prenait la chaloupe en travers, et la défonçait en jetant dix personnes à la mer.

Quelques minutes encore d'une horrible angoisse, et tout allait disparaître dans les profondeurs de l'abîme.

Tous les yeux se tournèrent instinctivement du côté du Marsouin, le seul désormais qui eût quelque chance d'échapper à la mort.

— Monsieur, — lui dit un marchand de diamans, — j'ai ici sur moi toute ma fortune, 500,000 francs de diamans; je vous les donne pour me sauver la vie.

— Et moi, monsieur, — répondit le Marsouin en se précipitant vers la cantatrice, — j'ai ici celle que j'aime, pour laquelle, si je les avais, je donnerais les diamans de la terre, et pour laquelle à défaut de diamans j'offre ma vie. — Puis, sans attendre de réponse, il saisit vigoureusement la jeune artiste, et se précipita dans la mer avec elle, en s'écriant : — Je la sauverai, ou nous mourrons ensemble! — Un second coup de mer coula la chaloupe, et il ne resta plus sur l'eau que le Marsouin, luttant, chargé de son précieux fardeau, contre la mer et le vent déchaînés. Malgré toute son habileté et tout son courage, le Marsouin n'eût pas eu la force d'atteindre la côte, si, par un de ces phénomènes assez fréquens en mer, le vent, en changeant une seconde fois de direction, ne se fût subitement calmé. Avec le vent, la mer s'apaisa aussi, et, avant la fin du jour, l'intrépide nageur se trouva assez rapproché de terre pour apercevoir les maisons. — Courage, mademoiselle, — lui dit-il alors, — nous approchons! laissez votre corps étendu flotter librement, et tenez-vous solidement à ma ceinture. Dieu veille sur vous.

Il était nuit close quand le Marsouin toucha la terre.

Aidé par le vent et la marée montante, il avait fait six lieues en douze heures.

— Monsieur, — dit alors la jeune fille en prenant de ses délicates mains la main calleuse du matelot, qu'elle couvrit de baisers convulsifs, — je vous dois la vie, cette vie que vous avez conservée au mépris de la vôtre, au mépris de la fortune qui vous était offerte. Je ne puis vous donner que ma reconnaissance, mais je vous la donne tout entière, et c'est moi qui vous prie d'unir par le mariage votre destinée à la mienne...

A ces paroles, le matelot, que la fatigue avait tenu couché sur le sable, se releva subitement; un éclair d'ivresse illumina son regard éteint par tant d'efforts et tant d'angoisses; il ouvrit les bras pour presser contre son cœur celle qui, descendant les degrés de l'échelle sociale,

voulait, artiste applaudie du public, s'unir à jamais au rustre et obscur matelot. Mais aussitôt, faisant un retour sur lui-même, il hocha tristement la tête, et répondit à la jeune fille par ces paroles, sublimes après l'action sublime qu'il venait d'accomplir :

— Merci, mademoiselle de cette preuve de reconnaissance; vous m'avez rendu plus heureux que je ne pouvais l'espérer. Je refuse, mademoiselle, je refuse de me marier avec vous; les marsouins ne se marient pas avec les anges. De cette manière, vous le direz vous-même un jour, vous me devrez le bonheur et la liberté, après m'avoir dû la vie. Pouvais-je espérer tant de félicités en un seul jour!... D'ailleurs, — ajouta-t-il en riant, — je suis fiancé avec la mer, ma maîtresse, qu'il serait mal à moi de quitter pour vous.

L'hiver dernier, à Trouville, par un temps sombre et froid, une femme élégante et belle veillait avec une tendre sollicitude au chevet du lit d'une malade.

La malade avait quatre-vingts ans, et la chambre qu'elle occupait dans une petite maison au bord de la mer était propre et comfortable sans être luxueuse.

— Souffrez-vous, maman? — demanda la jeune femme en baisant le front du pauvre vieille.

Alors celle-ci, dirigeant sur elle des yeux que la mort voilait déjà :

— Non, — dit-elle d'une voix faible et entrecoupée, — ça ne fait pas mal de mourir... J'aurais bien voulu voir mon fils une fois encore... Où est-il en ce moment?

— Dans les mers de la Chine, maman.

L'effort fait par la malade pour parler avait épuisé ses forces.

Un moment de silence succéda.

Elle reprit, mais d'une voix de plus en plus affaiblie :

— Il vous aimait bien, mon fils... S'il n'avait pas été matelot, il se serait marié avec vous... Il vous a sauvé la vie, mais vous avez été bien bonne pour moi... Et vous, vous ne vous mariez pas?

— Jamais, maman, — répondit la jeune femme avec une sorte d'exaltation; — jamais. C'est une promesse que je me suis faite à moi-même et que je ne trahirai pas.

— Ah! tant mieux! — ajouta la malade en rassemblant toutes ses forces, — car cela lui ferait bien de la peine; il me l'a dit... Ah! mon Dieu! — s'écria-t-elle en s'efforçant de se mettre sur son séant, — que vois-je?... mon fils, oh!...

La jeune femme jeta instinctivement les yeux vers la porte; mais personne ne parut.

Quand elle se retourna du côté de la vieille femme, celle-ci avait cessé de vivre.

Trois mois après ces derniers événemens, une prima donna, prête à jouer dans une des capitales de l'Europe le rôle de Norma, dans l'opéra de ce nom, lisait dans sa loge, par désœuvrement, un journal qui se trouvait là par hasard. Tout à coup elle pâlit et fut saisie d'un tremblement invincible; elle venait de lire les lignes suivantes :

« Un navire français, l'Espérance, s'étant approché des » côtes de la Cochinchine, a été assailli par une bande de » pirates qui ont massacré l'équipage. Deux hommes seu- » lement ont pu échapper à ces brigands; mais un seul » a survécu; l'autre, quoique grièvement blessé, avait » tenté de se sauver à la nage. Nageur de premier ordre, » on l'avait surnommé le Marsouin. Il a pu arriver jus- » qu'à terre; mais, épuisé par la perte de son sang, il n'a » pas tardé à expirer. Sur le bras de cet homme, on lisait » en caractères ineffaçables : A vous ma mère, et à vous » (un nom de femme que nous croyons devoir ne pas » transcrire ici parce qu'il est trop connu du public), à » vous jusqu'à mon dernier soupir! »

Ce soir-là, le régisseur du théâtre vint annoncer au public que, la prima donna se trouvant subitement indisposée, il lui était impossible de paraître dans Norma. Il réclama l'indulgence pour celle qui allait la remplacer.

A côté du noble dévouement et du chaste amour du

Marsouin pour la cantatrice, il nous faut raconter un drame terrible, qui eut aussi pour mobile l'amour en mer, mais un amour corrompu, criminel, horrible. Cette histoire, étant relativement un peu longue, nous la diviserons par chapitres pour mieux en indiquer les différentes phases.

I

Le 11 janvier 1790, une barque portugaise du nom de *Maranho*, et qui était partie de Lisbonne pour se rendre à Porto-Allegro, se trouvait arrêtée par le calme à cinquante lieues à peine de sa destination.

Il fait très chaud dans ces latitudes, au mois de janvier. Aussi, dès les premières lueurs du crépuscule, les matelots, d'après l'ordre de l'officier de quart, avaient dressé des tentes sur tout l'arrière du navire pour abriter les passagers contre l'ardeur du soleil.

On dort peu à bord en temps ordinaire.

Lorsqu'il fait chaud on ne dort pas du tout.

Les tentes venaient à peine d'être dressées, et le pont était encore ruisselant de l'eau qu'on jette chaque matin à bord des navires pour les laver, que bon nombre de passagers montaient sur la dunette. Ils purent donc contempler dans toute sa magnificence le lever du soleil.

Les passagères rejoignirent bientôt ces messieurs, et la conversation s'engagea naturellement sur le calme qui allait retarder l'arrivée pour un temps impossible à déterminer, et sur le lever du soleil auquel ces dames n'avaient point assisté.

— Ah! mesdames, — dit, non sans quelque prétention au bel esprit, un riche Brésilien, qui, après une promenade en Europe, retournait dans son pays, — ah! mesdames, le soleil ne pouvant pas attendre pour se lever que vous fussiez levées vous-mêmes, votre retard est impardonnable.

— En vérité, monsieur? — répondit d'un air de piquant dédain une jeune veuve Lisbonnaise qui allait rejoindre sa famille à Porto-Allegro, et qui se faisait depuis quelque temps un malin plaisir de taquiner sans cesse le Brésilien.

— Oui, mesdames, j'ose vous le répéter, votre retard est impardonnable, car vous avez manqué le plus beau spectacle que puisse offrir la nature. Je ne sais rien en effet d'aussi grandiose, d'aussi solennel qu'un lever de soleil en pleine mer par un jour de calme comme celui-ci.

— Eh bien! moi, monsieur, qui suis loin d'avoir votre connaissance des phénomènes de la nature, j'ai pourtant pu maintes fois contempler un spectacle tout aussi beau que votre lever du soleil en pleine mer.

— Vous le croyez, madame?

— J'en suis sûre, monsieur!

— Serait-ce au grand Opéra de Paris, madame, que vous auriez admiré ce majestueux spectacle?

— Je ne suis jamais allée à Paris, monsieur!

— Où donc, madame, avez-vous contemplé un semblable phénomène?

— Ici même, monsieur, sur la dunette de ce navire!

— Enfin, madame, quel est ce spectacle?

— C'est le coucher du soleil, monsieur.

À cette réponse inattendue, toutes les personnes présentes se mirent à rire, et la Lisbonnaise triompha une fois de plus de l'ennemi qui depuis deux mois environ était en butte à sa verve moqueuse.

Le Brésilien, qui, outre une extrême naïveté avait le tort de prétendre avoir raison contre une femme, s'apprêta à répliquer, car vous avez manqué le plus beau spectacle capitaine du bord, Francisco Carvalho, monta sur la dunette portant sous le bras une bouteille de vin de Madère.

— Ah! voilà le capitaine! — s'écrièrent les passagers.

— Messieurs, — dit ce dernier, — et vous aussi, mesdames, je viens vous proposer de prendre votre part d'un trésor découvert à l'instant par mon maître d'hôtel.

— Quel est donc ce trésor, capitaine? — demanda une dame.

— Le voici, madame, — répondit-il en montrant la bouteille qu'il avait sous le bras. — C'est un certain madère que je croyais depuis longtemps perdu.

— Oh! le bon madère n'est jamais perdu pour tout le monde, — répondit quelqu'un en souriant.

— Cette bouteille, — reprit le capitaine dont la physionomie d'ordinaire franche, douce et très sympathique, avait pris une teinte de tristesse, — est la dernière d'un panier de douze bouteilles qui me vient de l'homme que j'ai le plus aimé au monde, et dont la mémoire me sera toujours chère.

— Un homme qui inspire un tel sentiment, — dit une de ces dames, — ne peut être qu'un père.

— A moins, — dit un passager, — que ce ne soit le propriétaire du meilleur crû de Madère.

Le capitaine, visiblement ému, sembla ne pas entendre ces dernières paroles, et répondant directement à la dame, il lui dit :

— Cet homme, madame, a été plus qu'un père pour moi; car, bien que je lui fusse tout à fait étranger, il m'a sauvé la vie, a pris soin de mon enfance, et, tout pauvre qu'il était, a su trouver les ressources nécessaires pour me faire donner de l'instruction et m'ouvrir une carrière honorable. Mais, — ajouta-t-il après un instant de silence et en se débarrassant de la bouteille, — je ne sais vraiment pas pourquoi je me laisse entraîner à vous parler de choses qui ne peuvent intéresser que moi. L'important, n'est-ce pas, c'est que le madère que je vais vous offrir soit bon; or, je puis vous certifier que vous n'en aurez jamais bu de meilleur.

— Capitaine, — dit à son tour la jeune Lisbonnaise dont la curiosité était éveillée par ces demi-confidences, — quelque excellent que puisse être votre madère, il nous semblera meilleur encore si, tout en le dégustant, vous voulez bien nous initier à l'histoire de votre vie, qui débute comme un roman de Camoëns ou de Michel Cervantes.

— En effet, — répondit l'homme de mer, — c'est un roman que ma vie, mais un roman dont les premiers chapitres ne me seront sans doute jamais connus.

— Pour le coup, capitaine, — ajouta la Lisbonnaise avec une extrême vivacité, — voilà un dernier mot qui vous engage. Rien à bord ne réclame en ce moment vos soins; le navire est pour longtemps encore immobile, pas un nuage ne se montre à l'horizon; nous vous écoutons.

— Eh bien! soit, — répondit le capitaine — aussi bien, dans la disposition d'esprit où je me trouve, penser pour soi seul ne suffit pas; il faut communiquer aux autres ce qu'on éprouve. Et puis c'est surtout quand le temps est malheureusement calme comme aujourd'hui qu'il faut tuer le temps pour que le temps ne nous tue pas.

Puis, faisant quelques pas de côté, il se pencha au bord de la dunette et ordonna au mousse d'apporter des verres à madère et des biscuits.

Le Brésilien, qui avait été interrompu dans sa thèse solaire par l'arrivée du capitaine, profita pour répliquer de cet instant de répit. Il s'approcha de la jeune veuve Lisbonnaise, et lui dit :

— Madame, entre le lever et le coucher du soleil, il y a cette énorme différence que...

— Que le soleil ne se lève jamais que le matin et qu'il se couche toujours le soir, est-ce cela? — interrompit l'impitoyable femme en lançant sur le malheureux Brésilien un regard d'une écrasante ironie.

— Non, madame, non...

— Ah! vraiment! le soleil ne se lève pas toujours le matin, et il ne se couche pas toujours le soir? Que vous êtes heureux, monsieur, de savoir ces choses-là!

Le Brésilien, furieux des nouveaux rires de la galerie, voulut absolument parler, mais il ne put que bégayer ces mots :

— Mais, madame, permettez, permettez, le soleil en se levant...

— Va te coucher, toi, — lui dit un de ses amis.

Et les éclats de rire recommencèrent, plus bruyans que jamais.

— Que peut donc avoir madame Calcanho (c'était le nom de la veuve Lisbonnaise) contre votre ami ? — demanda confidentiellement un passager en s'adressant à ce dernier ; — je me suis souvent posé cette question à moi-même sans pouvoir y répondre.

— C'est un mystère, monsieur, que je ne me charge pas d'expliquer. Madame Calcanho déteste mon ami par la raison péremptoire qu'elle ne l'aime pas. Avec les femmes il ne faut souvent pas pousser plus loin l'analyse. Ce que je puis vous dire, c'est que madame Calcanho, impitoyable envers lui aujourd'hui, s'est montrée charmante pour mon ami durant les premiers quinze jours de traversée. Elle disait même hautement qu'elle lui trouvait de l'esprit, et vantait ses manières comme celles d'un parfait gentilhomme. La cabine de mon ami est, comme vous le savez, contiguë à celle de madame Calcanho; souvent ils se parlaient la porte entr'ouverte; mon ami lui rendait une foule de petits services de bon voisinage, et madame, pour le récompenser, lui offrait des pastilles de chocolat. Un soir, en causant avec lui, en tête-à-tête, sur la dunette, elle lui dit qu'elle se rendait dans sa famille qui voulait la marier, qu'elle ne connaissait pas son prétendu, mais qu'elle le détestait, car elle avait bien peur d'avoir un autre amour au cœur. Mon ami l'engagea vivement à se rendre au vœu de sa famille, puisque le parti qu'on lui proposait lui semblait réunir toutes les conditions désirables. Depuis ce jour-là le pauvre garçon n'a pas d'ennemi plus acharné que la jeune Lisbonnaise,

— Cela ne m'étonne pas, — dit en souriant le curieux interlocuteur.

Pendant cette courte narration, le mousse ayant apporté des verres et des biscuits, le capitaine se mit en devoir de déboucher la précieuse bouteille.

La liqueur coula comme de l'or en fusion dans les verres en cristal, et chacun, après en avoir goûté, fit au capitaine de justes complimens.

— Capitaine, — dit madame Calcanho quand elle se fut assise sur un pliant qu'un passager était allé chercher pour elle, — nous sommes tout oreille et tout cœur.

— Pardon, madame, — dit le Brésilien en s'adressant à la Lisbonnaise, — le soleil luit pour tout le monde...

— Encore le soleil, monsieur! — fit madame Calcanho d'un ton revêche.

— Simple figure de rhétorique. Je veux dire que monsieur le capitaine voulant bien parler pour nous tous, il aura, je n'en doute pas, la bonté d'attendre que madame X*** soit remontée sur le pont.

— Monsieur, — répondit la Lisbonnaise, — si les personnes présentes avaient droit de votre part aux mêmes attentions que les personnes absentes, vous seriez le plus galant des hommes. Madame X***, je m'en souviens à cette heure, est descendue pour se chercher un pliant que vous n'avez pas pensé à lui offrir.

Le Brésilien tourna sur lui-même en se mordant les lèvres.

Madame X... étant remontée avec son pliant et sa broderie, le capitaine prit la parole,

II

« J'ignore le nom de mon père et de ma mère, je ne me sais aucun parent, et le pays qui m'a donné le jour m'est inconnu. Je ne sais pas non plus au juste mon âge. Autant que je puis en juger, j'ai dépassé la quarantaine. En remontant le plus loin possible dans ma vie, je me rappelle simplement ce fait, qu'un jour je me suis trouvé seul au bord de la mer, que je pleurais, qu'un passant me

prit par la main, que nous avons cheminé pendant quelque temps à travers un pays tout rempli de beaux arbres à la fois chargés de fleurs et de fruits, qu'enfin nous nous sommes arrêtés dans une petite maison où une femme m'a pris dans ses bras et m'a caressé, tandis qu'un chien me faisait peur par ses aboiemens. L'impression qu'ont produite sur moi la vue du chien et des arbres a été si profonde que j'ai toujours été persuadé qu'avant cette époque je n'avais vu aucun de ces animaux ni aucun arbre. L'homme qui venait de me recueillir au bord de la mer, et qui n'était autre que mon père adoptif, Francisco Carvalho, dont je porte le nom, m'a dit que je devais avoir à cette époque de trois à quatre ans. Or, comme il s'est passé quarante ans depuis, je dois donc avoir de quarante à quarante-quatre ans.

» La rive sur laquelle j'avais été abandonné en venant de je ne sais où et par je ne sais qui, était une plage de l'île de Madère, à quatre lieues de la modeste habitation où logeait mon père adoptif. Cette habitation était à six lieues de Funchal, la capitale de cette précieuse petite île de l'océan Atlantique.

» La pauvre mère Carvalho prit soin de moi, me fit boire du lait et me demanda mon nom. Je ne pus répondre à cette question. Je me mis à pleurer, je voulais voir ma mère, ce qui prouve que je l'avais connue.

» — Je ne puis croire, — dit à son fils cette excellente femme, — qu'on ait abandonné volontairement un enfant de cet âge, sur une plage déserte, pour le condamner à mourir de soif et de faim. A cette heure, sans doute, les parens à qui il appartient se désespèrent et croient leur enfant à jamais perdu. Demain, mon ami, dès la première heure, tu le rendras à Funchal, à la capitainerie, pour y faire ta déposition auprès de l'autorité. En outre, Francisco, tu aviseras à ce que par tous les moyens possibles on donne à tous les habitans de l'île le signalement de ce pauvre petit. De cette manière il sera bientôt, je l'espère, rendu à ses parens.

» Cela fut fait ainsi que l'avait ordonné la mère de mon père adoptif. Mais personne ne vint me réclamer.

» J'avais été évidemment abandonné par une personne qui n'avait pas osé se défaire de moi autrement.

» Le malheur des enfans, sans doute parce qu'il est souverainement injuste, nous est sympathique jusqu'à faire naître la tendresse la plus dévouée. La pitié que j'avais d'abord inspirée à mon père adoptif et à sa bonne mère ne tarda pas à se changer en un sentiment de véritable affection paternelle. Ils m'aimèrent comme leur fils, et peut-être étaient-ils heureux de mon abandon, tant l'extrême tendresse touche à l'égoïsme.

» J'oubliai peu à peu le souvenir de ma mère, et cet oubli, révoltant s'il eût été l'effet de l'ingratitude et non de la versatilité naturelle de mon jeune âge, causa aussi à ma mère d'adoption une certaine satisfaction d'amour-propre qu'elle ne chercha pas à dissimuler.

» Tout allait donc bien, lorsque, quatre mois après avoir été recueilli par ces braves gens, la mère de mon père adoptif mourut. On dirait qu'il y a en nous une certaine somme d'affections dont il nous faut nécessairement disposer pour maintenir l'équilibre dans notre organisation morale. Mon père adoptif aimait tendrement sa mère; il reporta sur moi tout l'amour qu'il lui devait. Trop pauvre sans doute pour prendre une servante, la mère de mon père adoptif mourut. On dirait qu'il y a en nous une certaine somme d'affections dont il nous faut nécessairement disposer pour maintenir l'équilibre dans notre organisation morale. Mon père adoptif aimait tendrement sa mère; il reporta sur moi tout l'amour qu'il lui devait. Trop pauvre sans doute pour prendre une servante, ne voulant me confier à personne au dehors, ce digne homme m'entoura des soins les plus minutieux et les plus intelligens. »

— Le digne homme! — s'écria la Lisbonnaise en trempant un biscuit dans son madère; — je voudrais le connaître pour pouvoir l'embrasser.

— Une semblable faveur, madame, — dit le Brésilien, — serait assurément la plus précieuse des récompenses.

— Ah! très bien! — s'écria l'ami du Brésilien; — depuis le lever du soleil qu'il a tant admiré ce matin, c'est la seule chose agréable et sensée qu'il ait dite.

— Oui, — répondit la Lisbonnaise, — monsieur n'a pas

le lever du soleil aimable... Pardon, capitaine, de vous avoir interrompu. Veuillez continuer, je vous prie.

— Je continuerai, madame, — dit ce dernier, — mais non pas avant d'avoir rempli de nouveau les verres de ces messieurs.

Le madère coula de nouveau, et le capitaine reprit le cours de sa narration.

« J'atteignis ainsi l'âge de six ans, restant à la maison quand mon père adoptif qui était menuisier y restait, allant avec lui aux champs quand le lopin de vigne qu'il possédait, et dont vous venez de boire le produit, réclamait ses soins.

» J'aurais pu vivre ainsi en partageant les travaux de mon père adoptif. Mais ce qu'il avait trouvé bon pour lui il le trouvait insuffisant pour moi. Il me plaça dans une école. Tous les matins il m'y conduisait et tous les soirs il venait me chercher.

» A douze ans, je savais très convenablement lire, écrire et calculer. Je connaissais l'histoire de Portugal, et j'avais appris par cœur la vie des grands navigateurs qui ont illustré ce petit royaume après en avoir fait pendant long-temps le plus riche pays du monde par ses colonies.

» — Francisco, — me dit alors mon père adoptif, — tu as douze ans, c'est l'âge où il faut songer à l'avenir. Quel état veux-tu choisir?

» — Je veux être marin, — lui répondis-je sans hésiter.

» — Soit, tu seras marin.

» Trois mois après je faisais, à bord d'un navire commandé par un de ses anciens amis, mon premier voyage aux Grandes Indes.

» Je restai trois ans absent.

» Quel jour heureux que celui où j'allais revoir celui que je croyais être mon père, et le pays que je croyais être ma patrie !

» Ce jour vint enfin. Mon père adoptif et moi nous nous embrassâmes avec effusion.

» Quand cette première émotion fut un peu calmée :

» — Comment ! — me dit mon père adoptif, — tu es marin, tu as quinze ans, et tu pleures ?

» — Et toi, — lui répondis-je, — toi qui as trente ans de plus que moi, tu pleures bien aussi.

» — Moi ! ce n'est pas vrai, — dit le digne homme en essuyant deux grosses larmes qui perlaient dans le coin de sa paupière.

» — Va, va, — lui dis-je, — je les ai vues !

» Le lendemain, c'était grande fête à la maison. Outre quelques bouteilles de porto qui depuis quinze ans faisaient les mortes dans la cave, on but de ce même vin de Madère dont je vais avoir le plaisir de vous offrir les dernières gouttes. »

Et, sans attendre de réponse, il vida la bouteille de vin un peu dans chaque verre.

— Ah! capitaine, — dit la Lisbonnaise, — votre histoire est bien attachante, et je brûle d'en savoir la fin.

Après avoir jeté un coup d'œil circulaire à l'horizon et avoir reporté son regard dans la mâture du navire, le capitaine dit :

— Calme plat! Nous n'aurons pas de vent aujourd'hui ce qu'on pourrait produire l'éventail d'une Andalouse. Enfin il faut bien se résigner... Je reviens à mon histoire.

« Je restai un mois à Madère, après quoi je partis pour un voyage au Mexique; je revis mon père adoptif deux ans plus tard, et je repartis de nouveau. Je naviguai ainsi pendant dix-huit ans, allant à Madère toutes les fois que cela m'était possible.

» Il y a dix ans, triste souvenir, j'étais second à bord d'un brick, lorsque, en revenant de Rio de Janeiro, nous fûmes contraints de relâcher à Madère pour réparer quelques avaries. Heureux de ce contre-temps comme un collégien qu'un accident de voiture oblige à rester en route lorsqu'on le ramène au collège, je demandai au capitaine l'autorisation de disposer d'une journée pour aller embrasser celui que je croyais être mon père. A cent pas en-

viron de la bienheureuse maisonnette qui avait abrité mon enfance, une vieille voisine m'arrêta. Sa physionomie triste et sévère glaça le sang dans mes veines. Mon père adoptif n'était pas bien portant la dernière fois que je l'avais vu, et bien qu'il n'eût encore que la soixantaine, soldat du labeur, il travaillait depuis cinquante ans, ce qui est un rude chevron.

« — Comment va mon père? — dis-je à cette femme en l'interrogeant surtout du regard.

» — Il est bien malade, monsieur !

» — Vous me trompez, — lui répondis-je avec désespoir, — il est mort !

» Pour toute réponse, la femme baissa les yeux.

» Quand je revis ce toit béni, ce logis sans maître, mes pleurs éclatèrent en sanglots. Mais je passe sur des détails trop pénibles encore après dix ans écoulés. En mourant, il m'avait laissé, avec un testament par lequel il me léguait tout son petit avoir, un écrit cacheté qui ne devait être remis qu'à moi-même.

» Dans cet écrit, dont chaque mot est encore présent à mon esprit, il m'apprenait l'affreuse vérité. Tant qu'il avait vécu, le cher homme s'était fait un pieux et doux devoir de cacher mon origine, et il lui en aurait trop coûté pour lui-même de m'avouer que je n'étais pas son fils. Mais sentant sa dernière heure approcher, il crut agir en homme prévoyant en m'avouant tout. Hélas! pourquoi n'a-t-il pas emporté ce secret dans la tombe ! J'étais heureux et fier de me croire le fils d'un homme dont chacun honorait les vertus, tandis que depuis ce moment une vague inquiétude et une mélancolie que je ne chasse qu'à grand'peine me poursuivent parfois jusque dans mes rêves. Si je n'étais pas marin, si je n'avais pas pour remplir ma vie les périls incessants de la mer, mon esprit toujours fixé sur cette question : Qui est mon père, qui est ma mère? s'exalterait, je le sens, jusqu'à la folie. Il m'arrive malgré moi, malgré tous mes efforts pour dissiper ces stériles idées, il m'arrive de faire sur ma naissance les suppositions les plus bizarres, le plus cruelles. Parfois je vois en moi le fruit répudié de la séduction. »

— Ce n'est pas probable, — dit le Brésilien, — car, en ce cas, s'il faut en croire les pièces de théâtre et les romans d'aventures, vous auriez reçu régulièrement une forte pension d'une personne masquée, et...

— Silence donc ! — s'écria l'ami du Brésilien en le poussant rudement. — N'interromps pas le capitaine.

« Dans d'autres momens, — continua ce dernier, — c'est parmi les gens qui peuplent les prisons, les bagnes même, que mon imagination tourmentée va chercher l'auteur de mes jours. Cette pensée, quand elle me vient, fait mon désespoir. Que vous dirai-je ! Mais si mon imagination crée ces fantômes, et mille autres de ce genre, ma raison les rejette. Tout me porte à croire que mes parens auront été assassinés en débarquant dans l'île, par des malfaiteurs qui voulaient s'emparer de ce qu'ils possédaient, et que seul, grâce à mon jeune âge, j'ai été épargné. Ah ! s'il fallait donner dix ans de ma vie pour connaître la vérité sur ce point, j'en ferais bien volontiers le sacrifice. Mon existence entière serait consacrée à rechercher les coupables, et à venger mon père et ma mère assassinés. »

— Je comprends ce sentiment, — dit un passager.

— Telle est, madame, — ajouta le capitaine en s'adressant à la jeune Lisbonnaise, — telle est l'histoire de ma vie que vous avez voulu savoir.

— Certes, — répondit madame Calcanho, — elle est des plus intéressantes. Mais n'avais-je pas raison de dire en commençant qu'elle débutait comme un roman de Camoëns ou de Michel Cervantes?

— Oui, — répondit Francisco Carvalho; — mais les romans ont un dénoûment, et mon histoire n'en a pas.

— Qui sait ! — dit le Brésilien, — le hasard est parfois le plus habile des romanciers, et il vous fournira peut-être le dénoûment que vous souhaitez si vivement.

— Je ne puis l'espérer, répondit le capitaine. — En attendant, — ajouta-t-il en regardant sa montre, — voici venir le moment de déjeuner, et il me semble que ce moment sera le bienvenu.

— Oui, certes,—dit le Brésilien,—ce madère nous a ouvert l'appétit, et, quand on est comme moi levé depuis le lever du...

— Tais-toi donc, — interrompit l'ami du Brésilien en lui donnant une tape sur le ventre.

— Pourquoi me coupes-tu ainsi la parole ?

— Parce que.

— Mais encore ?

— Parce que ce n'est pas vrai.

— Comment ! il n'est pas vrai que ce madère m'ait ouvert l'appétit ?

— Je n'en sais rien.

— Pourquoi le contester, alors ?

— Je ne parle pas de ça.

— De quoi parles-tu donc ?

— De rien.

— Que le diable t'emporte !

— Que Phœbus te soit léger !

A ce moment, le maître d'hôtel franchit l'escalier qui joignait le pont à la dunette.

— Capitaine, le déjeuner est servi, — dit-il.

— Mesdames et messieurs, — ajouta ce dernier, — ne le faisons pas attendre.

Puis il offrit son bras à madame Calcanho.

Les passagers en firent autant auprès des autres dames, et on se rendit dans la salle à manger, qui, à bord des navires, même des navires modernes à voiles les plus luxeux, est aussi le salon de compagnie. Le couvert mis ou ôté en fait seul la différence.

En passant sur le pont, qui n'était pas abrité comme la dunette par des tentes, madame Calcanho porta la main à son front pour se garantir des rayons du soleil, en disant :

— Dieu ! que le soleil est chaud ce matin !

— C'est vrai, madame, — répondit le Brésilien. Mais je l'avais bien prévu au moment de son... — Une nouvelle tape de son ami sur l'épaule coupa net la phrase commencée. — Vraiment, mon cher, — dit le Brésilien en se retournant brusquement du côté de son ami, — tu te permets parfois des plaisanteries incroyables. C'est bête, ce que tu fais là !

— Que veux-tu, mon ami, je suis comme ça ! c'est à prendre ou à laisser.

III

On parla peu durant le déjeuner. Chacun avait été plus ou moins péniblement impressionné par le récit du capitaine, et, bien que ce dernier s'efforçât de paraître n'y plus penser, la conversation languit et fut conduite, comme on dit, à bâtons rompus.

Une demi-heure après être descendus pour déjeuner, passagers et passagères remontaient sur le pont. Les dames s'installaient de nouveau sur la dunette, l'une avec un travail de tapisserie commencé depuis les premiers jours de la traversée, et qui n'avançait guère plus que celui de Pénélope ; l'autre avec un livre qu'elle tenait toujours à la main, mais quelquefois au rebours, par distraction, et dans lequel elle le lisait jamais. Ainsi des autres. Quant aux passagers, ceux-ci jouaient aux cartes, aux dominos, aux échecs ; ceux-là causaient avec les dames ; tous fumaient.

Le Brésilien s'avançant auprès de la dame qui tenait le livre,

— Que lisez-vous là de beau, madame ? — demanda-t-il.

La dame, après avoir jeté un coup d'œil sur le dos du volume où se trouvait écrit le titre de l'ouvrage.

— Monsieur, c'est un livre français, *la Nouvelle Héloïse*, de monsieur Jean-Jacques Rousseau.

— Vous lisez le français, madame ?

— Oh ! bien peu ; quelques mots, voilà tout.

— Et comment trouvez-vous cet ouvrage ?

— Je ne l'ai pas encore terminé, mais, — ajouta-t-elle en souriant, — j'y ai trouvé une description de soleil levant qui vous charmerait sans doute.

Le Brésilien ne répondit pas et se dirigea vers la dame qui faisait du crochet.

— Voilà, madame, un travail bien délicat.

— Oh ! monsieur, c'est un tricot très simple, je vous assure.

— Mais non, mais non, il est fort ouvragé, et je suis sûr qu'une fois monté en manchettes il sera du plus ravissant effet.

La dame se mit à rire.

— C'est un travail au crochet, monsieur, que je destine à faire une têtière pour garantir le haut d'un fauteuil, et nullement pour le convertir en manchettes.

— N'importe ! c'est un bien joli dessin.

— C'est tout bonnement un soleil.

Le Brésilien fit la grimace et porta ses félicitations ailleurs.

En ce moment un passager, l'œil braqué dans une longue-vue, prononça d'une voix forte ces paroles :

— Messieurs, je vois quelque chose flotter sur l'eau. — Cette découverte attira l'attention générale. — Je ne puis pas très bien distinguer la nature de l'objet, — reprit le — passager, mais je suis sûr que c'est quelque chose.

— Voulez-vous me permettre ? — dit le Brésilien en tendant les bras pour s'emparer de la longue-vue.

— Très volontiers, monsieur.

— Messieurs, — dit le Brésilien, — je vois parfaitement la chose. C'est une magnifique dorade qui se pâme au soleil.

— Toujours le soleil ! — s'écria l'ami du Brésilien en lui donnant une tape dans le dos.

Un autre passager prit la longue-vue.

— Ce n'est pas plus une dorade que je ne suis un magot.

— La comparaison n'est pas heureuse, — dit la jeune veuve lisbonnaise à une de ses voisines.

— C'est à ne pas s'y méprendre, — continua le passager, — un morceau de bois rond , une bûche, je crois.

— Je soutiens, moi, — répondit le Brésilien, — que c'est une dorade.

— Et moi je soutiens que c'est une bûche.

— Allons, messieurs, parlez, — dit l'ami du Brésilien.

— Eh bien ! je parie à dîner pour toute la société, dans le meilleur hôtel de Porto-Allegro, que c'est une dorade qui se pâme au soleil.

— C'est entendu, au soleil, — dit l'ami du Brésilien en l'interrompant de nouveau par une tape. — Va donc pour un dîner général, avec une place d'honneur pour notre cher capitaine que voici, et qui va nous permettre, j'en suis sûr, de mettre un canot à la mer pour vérifier le fait.

— Je dis pas non, — dit le capitaine, — mais d'abord laissez-moi voir par moi-même. — Il prit la lunette, regarda et dit : — Vous avez perdu tous deux. Ce n'est ni une dorade, ni une bûche. Je ne sais trop ce que c'est, mais je parierais volontiers pour une bouteille. Du reste nous allons nous en assurer. Le temps est malheureusement trop calme pour qu'il y ait la moindre imprudence à mettre un canot à la mer, et je veux bien, messieurs, vous donner cette satisfaction.

Une embarcation fut mise à la mer. Dix minutes après elle rapportait l'objet en question.

— Est-ce une dorade ? — demanda le Brésilien.

— Est-ce une bûche ? — dit l'autre passager.

— Ce n'est ni une bûche ni une dorade, — répondit le pilotin en remettant le pied à bord et en présentant au capitaine une grosse bouteille cachetée, hermétiquement bouchée, et qui renfermait des papiers.

— Quelque naufragé sans doute, — dit ce dernier, —

48

qui aura jeté ainsi à la mer son dernier adieu ou sa dernière volonté avant d'être englouti avec son navire.

Le capitaine, entouré de tous les passagers, remonta sur la dunette, et se mit en devoir de déboucher la mystérieuse bouteille. En examinant sur la cire et aussi sur le verre une sorte de croûte formée du limon de la mer, le capitaine fit cette réflexion :

— Le malheureux qui a consigné ici ses dernières pensées a dû succomber depuis bien des années, car cette bouteille est le jouet des vagues depuis au moins un quart de siècle.

Cette remarque oppressa tous les cœurs, car c'est surtout des malheurs dont on peut être atteint soi-même qu'on est le plus compatissant. Une heure suffit parfois en mer pour changer le calme en tempête, et chacun se voyait déjà dans la position désespérée du naufragé dont on allait apprendre le sort.

Après avoir enlevé l'épaisse couche de cire qui la rendait imperméable à l'air et à l'eau, le capitaine tira de la bouteille un épais rouleau de parchemin.

Le capitaine prit avec précaution ce parchemin et le déroula silencieusement.

— Dans quelle langue est cet écrit ? — demanda le Brésilien.

— En portugais, — répondit Francisco Carvalho; — nous pourrons donc le comprendre tous.

Et il se mit à lire à haute voix ce qui suit :

« En mer, à bord de la goëlette l'Épervier, le 14 avril 1750.

» Au nom du Père, du Fils et du Saint-Esprit. Ainsi soit-il !

» Mon Dieu, c'est à vous que j'adresse cette dernière prière. Pitié pour mon enfant, s'il vit encore ! Donnez-moi, Seigneur, la force et la lucidité d'esprit nécessaires pour accomplir la tâche que je me suis imposée à tout événement en retraçant l'histoire de ma captivité à bord de ce navire. Que cet écrit confié aux flots ne reste pas à jamais perdu, et que, en attendant votre justice divine, le crime soit puni sur la terre.

» Au nom du Père, du Fils et du Saint-Esprit. Ainsi soit-il !

» Le samedi 21 septembre de l'an 1745 partait de Porto la goëlette portugaise l'Épervier, en destination pour Rio-Janeiro. Outre l'équipage, composé de huit hommes et du capitaine, l'Épervier portait quatre passagers, deux hommes natifs de la Suisse dont je n'ai pas su le nom, mon pauvre père, Joachim Antonio Léal, et moi dont les prénoms sont Antonia-Rosa.

» Mon père, dont la famille est depuis longtemps établie à Porto, avait alors quarante-huit ans, et moi j'en avais dix-huit. Ma mère était morte depuis dix ans.

» Mon père n'avait d'autre enfant que moi. J'étais tout son amour, toute sa consolation et sa seule espérance. Il rêva pour moi la fortune. Entraîné par les récits des voyageurs, qui tous vantaient comme le plus beau pays du monde notre colonie du Brésil, et s'accordaient à dire qu'on y gagnait facilement de l'argent dans le commerce, il voulut quitter le Portugal pour aller s'établir à Rio-de-Janeiro. Dans ce but il réalisa le peu qu'il possédait, fit une petite pacotille, et nous nous embarquâmes sur ce navire, où je devais être témoin de tant d'abominables forfaits. »

— Quelle sinistre aventure va nous être révélée ? — dit le capitaine en interrompant sa lecture. — On voit que, en écrivant ces dernières lignes, la main de cette malheureuse femme a dû trembler, car les lettres sont à peine formées.

Chacun garda le silence, et le capitaine continua sa lecture :

« Durant les premiers huit jours, nous naviguâmes sans qu'aucun incident remarquable vînt troubler notre voyage. La goëlette s'avançait rapidement vers notre destination, poussée par un vent favorable, lorsque le neuvième jour, c'était le soir du dimanche 30 septembre, comme je ve-nais de rentrer dans ma cabine avec mon père, des cris de colère et de douleur se firent entendre sur le pont. Aussitôt trois hommes armés de couteaux et de haches pénétrèrent dans la chambre.

» D'abord ils se précipitent dans la cabine où dormaient les deux Suisses, et les assassinent dans leur lit. Aux gémissements poussés par ces malheureux, mon père se lève et veut se diriger du côté où les cris de douleur se font entendre; mais il est à cet instant saisi et maintenu par celui que j'appellerai le plus dégradé des hommes, le honteux et infâme second du bord, Miguel Esfolador.

» — Que se passe-t-il ? — demanda mon père.

» — Il se passe, — répondit ce monstre à face humaine, — que les vents et les flots sont changeans, et que c'est moi, à cette heure, qui suis capitaine de ce navire, le véritable capitaine étant mort avec le pilotin et deux matelots qui lui étaient restés fidèles.

» — Vil assassin, — répondit mon père en se jetant par un effort suprême devant ma cabine pour me protéger de son corps, — qu'exigez-vous de moi ?

» — Je suis maître de ta vie, — répondit Esfolador, — et il te sied mal de m'insulter. Mais je te pardonne ce mouvement irréfléchi... Veux-tu vivre, Joachim-Antonio Léal ?

» Comme mon père hésitait à répondre, soupçonnant sans doute quelque condition honteuse au rachat de sa vie, je le serrai avec force dans mes bras en lui disant avec résolution :

» — Mon père, je veux vivre ou mourir avec vous.

» Un regard de fierté illumina la physionomie de mon père, qui répondit au maître de notre destinée :

» — Si ma vie doit être le prix de l'infamie, vienne la mort pour moi et pour ma fille... ! Vous l'avez entendue.

» — Ta fille, — répondit Esfolador avec un accent de voix horrible que je crois entendre encore, — ta fille, quoi qu'il arrive, vivra, car je l'aime. C'est moins par ambition de richesse que guidé par une irrésistible passion pour cette charmante enfant que j'ai conçu et exécuté le complot grâce auquel je suis à cette heure le maître souverain ici.

» — Honte et malédiction, — exclama mon père en tombant à la renverse sous le poids de son désespoir.

» — Mon Dieu ! — m'écriai-je d'une voix éteinte en joignant les mains et en levant les yeux au ciel, — faites-moi mourir.

» Pourquoi Dieu ne m'a-t-il pas prise en pitié en exauçant mes vœux !...

» Sans paraître m'entendre, et en s'adressant toujours à mon père, cet exécrable bourreau continua en ces termes :

» — Mon étoile a brillé. Maître de l'Épervier, je veux faire désormais de la mer mon unique patrie; nous avons des canons à bord et nous avons de la poudre. Nous sommes peu nombreux, il est vrai, mais nous avons l'audace et le courage qui suppléent au nombre; corsaires ou pirates, comme on voudra nous appeler, nous vivrons de combats et de butins, bravant dans une vie de périls incessans les hommes et les élémens. Ta fille, que j'épousanie ce moment, rendra plus tard, il faut l'espérer, justice à mon amour. Ce sera long peut-être, mais j'attendrai. — Il y avait dans ces paroles un cynisme qui arrêta pour un moment les pulsations de mon cœur. — Je te demande, Joachim Antonio Léal, ta fille en mariage; le mariage devant Dieu, — fit-il en souriant, — car nous n'avons ici ni chapelle pour le célébrer, ni prêtre pour le bénir. Si tu acceptes, Léal, tu vivras avec nous, partageant nos périls et nos profits; si tu refuses... mais tu ne refuseras pas, j'espère.

» Souvenir effroyable ! mon père, redoutant pour moi le déshonneur d'une semblable existence plus encore que la mort, et désespérant de vaincre le criminel amour de l'infâme Miguel, mon père voulut me tuer avant de se livrer à ses bourreaux. Saisissant un instant qu'il crut opportun, il s'empara d'un stylet et le leva sur moi.

» — Ma fille, dit-il d'une voix inspirée, pardonne à ton malheureux père !

» Malheureusement, oh! oui, bien malheureusement, Miguel détourna l'arme de délivrance, et je ne fus pas atteinte. Ivre de fureur, ce monstre fracassa d'un coup de hache la tête vénérée de l'auteur de mes jours.

» A la vue de mon père mort à mes pieds, je devins folle.

» Je restai folle près d'un mois, n'ayant plus aucune conscience des événemens qui s'étaient passés.

» Peu à peu cependant la raison me revint, et avec la raison la mémoire. Je voulus alors mettre fin à une existence insupportable. Profitant d'une circonstance favorable, je montai sur le pont et je me jetai à la mer. Mais, aussi prompt que l'éclair, Miguel s'y précipita à son tour pour me sauver, et je fus encore assez malheureuse cette fois pour qu'il réussît.

» A partir de ce jour, je devins l'objet d'une surveillance de tous les instans.

» Non-seulement on ne me laissa plus monter seule sur le pont, mais on tint hors de ma portée tout ce dont j'aurais pu faire usage contre moi-même.

» En outre, quand il arrivait à ces forbans de rencontrer un navire, de l'attaquer et de le prendre, j'étais renfermée dans ma cabine. Que de vœux je formais alors pour que ces scélérats fussent enfin vaincus, punis, pour que la goëlette coulât ou fût capturée. Hélas ! mes prières n'ont pas été exaucées. Quand le navire attaqué présentait une défense opiniâtre, la goëlette, qui était d'une marche supérieure, fuyait sous le vent, toutes ses voiles dehors, et la nuit achevait de la sauver. »

A ce moment, le capitaine s'interrompit.

— Je ne puis continuer, — dit-il, — je me sens la tête embarrassée ; j'éprouve des éblouissemens qui me rendent cette lecture pénible. Le soleil est si ardent aujourd'hui !

— Je l'avais bien prédit ce matin, — dit le Brésilien, — car, à son lever...

— Silence donc ! — s'écria l'ami du Brésilien en lui décochant une nouvelle tape sur l'épaule ; — ou plutôt, si la langue te démange absolument, remplace le capitaine.

— Volontiers, — dit le Brésilien.

Francisco Carvalho remit le manuscrit au Brésilien, qui, après avoir passé sa main plusieurs fois sur les feuillets du vieux manuscrit pour les lisser et en combattre les plis rebelles, lut à haute voix ce qui suit :

« Je devins mère.

» J'eus un fils.

» Il ne me serait pas possible de retracer le désespoir que me causa d'abord cet événement, que les femmes accueillent d'ordinaire avec tant de joie. A la vue de cet enfant qui était l'image vivante de son père, il me prenait des accès de douleur dans lesquels s'évanouissaient jusqu'aux dernières lueurs de ma faible raison.

» Un jour (car je veux tout dire dans cette révélation suprême, qui sera aussi ma confession), un jour, après avoir demandé au ciel comme une grâce la mort de mon enfant, dont la vie semblait perpétuer le souvenir du plus abominable des crimes, une infernale idée vint tout à coup m'assaillir. Le cœur noyé par le désespoir, la tête en feu, l'œil hagard, il me sembla que je devais être moi-même l'instrument de ma propre vengeance. Mon fils dormait, je voulus l'étouffer dans son sommeil. Haletante, suffoquée par des émotions contradictoires et qui se succédaient avec une étonnante rapidité, je m'avançai jusqu'à lui et je tendis pour le saisir à la gorge une main crispée, en maudissant son père et en invoquant le souvenir du mien.

» Au moment où j'allais par horreur du crime commettre le plus grand des forfaits, mon enfant s'éveilla et l'amour maternel l'emporta. En s'éveillant, ses beaux yeux bleus s'ouvrirent sur moi, il me sourit et saisit pour la caresser ma main restée machinalement tendue. Ce re-

gard et ce sourire opérèrent dans mon cœur un bouleversement complet.

» O mon Dieu ! si vous faites grâce au repentir, vous m'avez pardonné sans aucun doute, car, vous le savez, depuis cette coupable tentation ma vie n'a été qu'un acte expiatoire.

» Je me mis à pleurer à sanglots, je me traînai sur les genoux, je me frappai la poitrine, et comme si l'innocente créature eût pu m'entendre, je m'accusai devant elle et lui demandai pardon.

» Je le pris ensuite dans mes bras, et c'est avec les larmes dont j'inondai son visage que je le baptisai au nom du Père, du Fils et du Saint-Esprit, en lui donnant le nom de mon père et ses prénoms.

» Mon cœur, purifié par cette épreuve, n'eut plus pour lui qu'une infinie tendresse. Je l'aimais de toute la force de mon malheur et du sien.

» Captive à bord de cet étroit navire, n'ayant pas même l'autorisation de monter sur le pont, mon enfant était ma seule consolation.

» Je le trouvais beau, et il était beau en effet. Les hommes même de la goëlette, quelque corrompus que fussent leurs cœurs, ne voyaient pas sans une émotion de sympathie ce pauvre petit être dégradé, élevé dans des conditions si exceptionnelles parmi des scélérats, sur le théâtre maudit de leurs brigandages. Il était là comme une protestation de l'innocence contre le crime, et plus d'un peut-être, en le voyant, a pensé à sa propre mère, à son pays, au bonheur à jamais perdu.

» Un seul parmi ces hommes paraissait n'avoir pour cet enfant que de l'aversion, ou tout au moins de l'indifférence ; cet homme, c'était son père.

» Je l'avoue, il m'eût été douloureux qu'il en fût autrement. L'aversion de cet homme me laissait mon enfant tout entier, en m'imposant la double obligation de l'aimer davantage encore et de le défendre.

» Et puis j'espérais que le jour de délivrance viendrait enfin.

» Cruelle déception ! il me restait à subir la plus terrible de toutes les épreuves, de toutes les souffrances.

» Mon enfant avait atteint l'âge de trois ans et trois mois, lorsqu'un jour la goëlette jeta l'ancre près d'une côte que je ne connais pas et dont on n'a jamais voulu me dire le nom.

» Sous prétexte de lui procurer une distraction, Miguel Esfolador prit avec lui son fils dans la chaloupe et le conduisit à terre.

» Il en revint seul.

» — Vous ne reverrez plus votre enfant, — me dit-il froidement à son retour.

» — Hé quoi ! l'avez-vous donc tué ? misérable ! — m'écriai-je.

» — Non, — me dit-il, — et je jure Dieu que je l'ai mais.

» — Le nom de Dieu est un blasphème dans votre bouche.

» — Soit, — ajouta-t-il, — je suis en effet un grand criminel, et c'est justement parce que je me rends cette justice moi-même que j'ai voulu me débarrasser de mon fils, ou, pour mieux dire, que j'ai voulu le débarrasser de moi. Je l'ai laissé sur le rivage, à la vue d'un brave homme que j'apercevais au loin et qui sans doute l'aura recueilli. Il se trouve toujours des âmes charitables pour recueillir les enfans ; il y a même de bonnes gens qui en adoptent lorsqu'ils n'en ont pas eux-mêmes. Quant à moi, je fais tout le contraire ; chacun son goût. J'aime mieux savoir mon fils entre les mains d'honnêtes gens qui l'élèveront sans pouvoir lui faire connaître son père que de lui laisser courir la chance, en restant avec nous, d'être capturé tôt ou tard, ce qui ne peut manquer, et de savoir un jour qu'il a dû la vie à un scélérat. Vous voyez que je ne me ménage pas les épithètes.

» Ces paroles m'avaient frappée de stupeur. Je poussai un cri déchirant, et tombant à genoux, les mains jointes,

» — Par pitié! — m'écriai-je, — puisque vous m'avez enlevé le seul être qui m'attachât à la vie, faites-moi du moins la grâce de me l'ôter. Tuez-moi, monsieur, tuez-moi, je vous en conjure!

» Mais il se contenta de me repousser rudement et sortit de ma cabine en haussant les épaules. »

Depuis quelques instants, à mesure que se poursuivait la lecture du manuscrit, le capitaine éprouvait une agitation toujours croissante. Enfin, cédant à son impatience, il s'avança, le visage empourpré et d'un pas chancelant, vers le Brésilien, lui arracha le papier des mains, et en parcourut des yeux la fin.

A peine en eût-il lu les dernières lignes qu'il éprouva comme un vertige et s'affaissa sur lui-même sans prononcer un seul mot.

L'alarme fut aussitôt donnée, et l'équipage entier se mêla aux passagers pour entourer le capitaine. Le second du navire accourut avec la pharmacie, enfermée tout entière dans une petite boîte où se trouvaient une douzaine de flacons, quelques poudres et quelques onguents. On essaya de faire avaler un cordial au malade, mais ses dents fortement serrées les unes contre les autres ne le permirent pas. On lui fit respirer des sels, mais cela ne le soulagea point. Il suffoquait. Il n'y avait pas de médecin à bord. Le second, jugeant une saignée indispensable, et les passagers étant unanimement de cet avis, on mit à nu le bras droit du capitaine et on lui ouvrit la veine.

— Si le sang coule, — dit le second, — il est sauvé.

Le sang ne coula pas, le pouls s'affaiblit, le cœur cessa de battre.

— Mort d'apoplexie, — dit le second.

— Mort! — répétèrent tristement tous les assistants.

Puis chacun se découvrit silencieusement pour rendre hommage à la mémoire de l'homme que tout le monde aimait, que tout le monde estimait.

— Messieurs, — dit le Brésilien, — il me restait à lire quelques lignes du manuscrit fatalement tombé entre nos mains. Les voici :

« S'il est écrit un jour recueilli et que mon fils vive encore à ce moment, on pourra le reconnaître à trois signes naturels disposés en triangle au haut du bras droit. »

Tous les yeux se portèrent alors sur le bras du capitaine, où se dessinaient trois signes naturels formant un triangle parfait.

Une exclamation de surprise et de vif regret sortit de toutes les bouches.

Le Brésilien continua la lecture :

« Adieu, mon fils, adieu tout ce que j'ai aimé en ce monde, où je n'apparus que pour souffrir. Je meurs à vingt-deux ans, ayant accumulé pendant cette courte période de temps la honte et les malheurs d'un siècle. Vous l'avez voulu ainsi, mon Dieu, que votre volonté soit faite! »

» ANTONIA ROSA LÉAL. »

Le soleil ne s'était levé que deux fois, comme eût dit le Brésilien, depuis le moment où la mer avait révélé par hasard un de ses innombrables et terribles secrets, lorsque, sous la conduite du second, le navire portugais fit son entrée dans le port de Porto-Allegro.

Le pavillon mis en berne et les vergues penchées du navire annonçaient la mort de son capitaine.

Le lendemain de leur arrivée, l'équipage et les passagers accompagnèrent Francisco Carvalho à sa dernière demeure.

— Quel dommage qu'un si excellent homme soit mort! — disait la jeune veuve lisbonnaise. — Quoiqu'il n'appartînt pas à une famille bien distinguée, par son père du moins, en vérité, je crois que je lui eusse offert ma main de bien bon cœur!

Ce genre d'oraison funèbre est sans contredit le plus flatteur que puisse faire une femme, et il y avait dans la manière dont la Lisbonnaise le prononçait un accent de conviction qui en doublait le prix.

Pour peu que le lecteur s'intéresse au sort de Miguel Esfolador, nous lui dirons que, capturé un beau matin par une corvette anglaise, il fut avec tout son équipage pendu au bout de la grande vergue, peu de temps après la mort de sa victime, la très infortunée Antonia Rosa Léal.

ENTRE DEUX RENDEZ-VOUS

I

Nous sommes au 1er mars de cette année de frimas, de vents et de pluie, 1860.

Un homme d'une soixantaine d'années vient, en débouchant par la rue du Mail, d'arriver à la place des Victoires.

Il tire gravement sa montre de son gousset et constate qu'il est onze heures moins dix minutes.

Notre personnage remet sa montre dans son gousset avec une égale gravité, et continue sa marche, un instant interrompue, pour aller s'arrêter au pied de la statue de Louis XIV.

Une fois arrivé là, il jette un coup d'œil circulaire et attend.

Cet homme se nomme Mathieu Lesbeau. Il était banquier autrefois, et a su, durant trente ans de cette honorable profession, amasser une fortune convenable, même pour un banquier.

Mathieu Lesbeau a trois millions bien placés.

Pourtant on raconte qu'un de ses confrères, en apprenant que l'ex-banquier s'était retiré avec trois millions, s'écria le plus naturellement du monde : « Je le croyais plus à son aise. »

Mathieu Lesbeau est un personnage d'une rare espèce. C'est un gros homme, toujours tout habillé de noir, comme le page de Malbrouck, ce qui fait d'autant plus ressortir la blancheur de son invariable cravate de batiste, fortement empesée et soigneusement nouée. Il parle sentencieusement, accentue chaque mot et affecte un caractère stoïque. Sa vie est réglée comme les aiguilles d'un métronome; il ne rit jamais et ne sourit qu'après mûre réflexion. C'est un maniaque et un despote qui, avant tout, tient à passer pour un homme ponctuel et un esprit sérieux. Il se croirait déshonoré si, après avoir exprimé une opinion ou avoir manifesté un désir, il revenait jamais sur cette opinion ou sur ce désir. On sent dans tous ses actes percer le millionnaire habitué à commander. Trois fois veuf, il n'a jamais eu d'enfant, et le tourment secret de sa vie est de penser que le nom des Lesbeau pourrait s'éteindre avec son neveu Jules Lesbeau, dont l'antipathie pour le mariage paraît invincible. Ce qui fait que l'oncle menace de déshériter le neveu, depuis bientôt deux ans, régulièrement quatre fois par an, le 1er du mois, à onze heures précises, sur la place des Victoires, au pied de la statue de Louis XIV.

Ceci demande une explication.

La voici :

Il y a trois ans, Jules Lesbeau atteignit sa vingt-quatrième année.

L'oncle fit venir le neveu dans sa chambre.

— Jules, — lui dit-il, — tu as eu vingt-quatre ans aujourd'hui, à neuf heures trente-cinq minutes de relevée.

— J'en suis bien aise, mon oncle.

— Et, moi aussi, mon neveu, car cette date est celle que,

depuis longtemps, j'ai fixée dans mon esprit pour mettre un terme à ta vie de garçon. Depuis l'âge de dix-huit ans que tu es sorti du collége Rollin pour entrer dans le monde, c'est-à-dire à la Maison-d'Or, et rouler en phaéton du boulevard des Italiens au bois de Boulogne, de l'Opéra aux Italiens et des Italiens à je ne sais où, cela fait, si je sais compter, six ans de jetés au vent des plaisirs futiles, qui sont loin d'être le bonheur.

— Mais, mon oncle, je me trouve très heureux comme ça, je vous l'assure. J'adore Paris, j'ai de bons amis, et des goûts simples ; avec les six mille francs de rente que je tiens de ma propre fortune, et les quinze mille francs de pension annuelle que vous me faites, je me déclare satisfait et ne demande aucun changement dans ma position.

— Ah ! tu te trouves heureux comme cela !

— Oui, mon bon oncle.

— Moi, je ne te trouve pas heureux.

— Mais cependant, mon oncle, je dois mieux savoir que vous-même ce qui...

— Ne m'interromps pas et écoute-moi avec attention. Du moment où moi, ton oncle, je te dis que tu n'es pas heureux, tu dois me croire et ne pas être heureux. La vie moyenne de l'homme est évaluée par les statisticiens à trente-six ans. Or, je divise la vie en quatre phases distinctes. La première comprend depuis la naissance jusqu'à l'âge de six ans. Durant cette première période, l'homme ne vit encore que physiquement, pour ainsi dire, et il n'y a qu'une seule chose à lui demander, c'est qu'il grandisse sans trop pleurer. La deuxième phase embrasse depuis l'âge de six ans jusqu'à l'âge de dix-huit ans, pendant laquelle l'enfant doit acquérir les connaissances nécessaires pour se mettre à même d'entrer dans la société et d'y faire bonne figure. La troisième phase est celle qui part de dix-huit ans pour arriver à vingt-quatre. C'est le temps de tous les gaspillages, gaspillage d'argent quand on en a, gaspillage de sentiment et gaspillage de santé, trop souvent. Puis vient la quatrième phase ; c'est la phase par excellence, où le cœur, sentant le vide des affections éphémères, éprouve le salutaire besoin d'une affection réelle et durable, et veut le bonheur dans l'amour honnête d'une femme aimée qui vous aime, dans la famille, dans la régularité de la vie, enfin.

— Mais, mon oncle...

— Laisse-moi achever, je te prie... à moins que je ne t'ennuie...

— Oh ! mon oncle !...

— De vingt-quatre ans que commence la quatrième phase de la vie, à trente-six ans que finit la vie, terme moyen, cela fait douze ans. Est-ce donc trop accorder aux douces félicités du cœur que leur donner douze ans ? J'admets que tu vives plus de trente-six ans ; je l'admets et je le désire ; tu es fort bien portant, Dieu merci ! et bien constitué ; mais est-ce une raison pour rogner la portion du bonheur en faveur des folles joies et des faux plaisirs, qui ne laissent que regrets et souvent que remords dans l'âme... Mon parti est arrêté. Tu es entré aujourd'hui dans la quatrième phase de la vie d'après ma classification : tu dois te marier et je te donne trois mois pour te chercher une femme. Je veux qu'elle soit agréable de sa personne, je la veux jeune pour être en rapport d'âge avec le tien ; en outre, j'exige qu'elle appartienne à une famille honnête, sinon à une grande famille. Si elle est riche tant mieux ; si sa fortune est modeste, j'y suppléerai. J'ai trois millions, tu le sais, et je ne suis plus jeune ; tu es mon seul héritier, ton avenir se trouve donc assuré. Pour ce qui est du présent, je fournis au contrat quatre cent mille francs ; cela te fera vingt-six mille livres de rentes en comptant ta fortune particulière. Avec cet argent, on vit heureux quand on est jeune et qu'on s'aime comme doivent s'aimer de nouveaux mariés. Mais si, dédaignant mes conseils, tu persistes à rester garçon, mon Dieu ! tu es entièrement libre, mais, de mon côté, je serai libre de te supprimer ta pension de quinze mille francs et de te déshé-

riter ; ce que je ferai, tu peux en être sûr ; car tu me connais et tu sais que je suis invariable dans mes décisions.

— Mon oncle, mon bon oncle, mon très cher oncle, votre amour pour moi vous égare ; le mieux, vous le savez, est l'ennemi du bien, et puisque je me trouve heureux ainsi, pourquoi. .

— Arrête. Je t'ai donné trois mois pour te chercher une femme. Nous sommes aujourd'hui le 1er mai et il est onze heures du matin. Le 1er août prochain, tu te trouveras sur la place des Victoires, au pied de la statue de Louis XIV, j'y serai. Jusque-là, il est tout à fait inutile que nous nous voyions.

Le 1er août suivant, à onze heures précises, l'oncle et le neveu se rencontrèrent à l'endroit désigné.

— As-tu trouvé une femme ? — demanda monsieur Mathieu Lesbeau.

— Non, mon oncle.

— C'est très bien : dès aujourd'hui je supprime ta pension et je te déshérite.

— Au moins, mon oncle, vous me conserverez votre amitié ?

— Qu'est-ce que tu en ferais ?

— Mon oncle, ça me ferait bien plaisir ; je dirais : j'ai un oncle millionnaire, il ne me donne pas un sou, c'est vrai, et il m'aime ; mais il m'aime, et ce serait pour moi une douce consolation.

— Te moques-tu de moi ?

— Oh ! mon oncle !...

— Quoi qu'il en soit, je veux te conserver mon amitié.

— Vous me permettez de rester garçon ?

— Non, mais je te donne trois nouveaux mois pour te chercher une femme. En conséquence, le 1er novembre prochain, à onze heures du matin, tu me retrouveras à cette même place, disposé à t'ouvrir mon cœur et ma bourse, ou à tenir l'un et l'autre hermétiquement fermés suivant la circonstance.

Mais si l'oncle était entier dans ses volontés, le neveu tenait bon de son côté, et voulait rester garçon pour ne pas rompre avec des habitudes qui lui paraissaient la félicité même.

Monsieur Mathieu Lesbeau, espérant fléchir son neveu, lui accorda un nouveau trimestre de répit ; puis successivement jusqu'à un septième trimestre. Au moment où commence ce récit va s'effectuer le huitième rendez-vous entre l'oncle et le neveu.

Nous venons de voir monsieur Mathieu Lesbeau tirer sa montre, constater qu'il est onze heures moins dix minutes, et se mettre de planton au pied de la statue de Louis XIV.

A onze heures sonnant Jules Lesbeau apparut.

— Eh bien ? Jules, — lui demanda monsieur Lesbeau.

— Rien de nouveau encore cette fois, mon oncle.

— Toujours garçon ?

— Toujours, mon oncle.

— Et sans envie de te marier ?

— Hélas ! mon très cher oncle, je voudrais bien me marier pour vous faire plaisir, et aussi, je dois le dire, pour mettre fin à vos rigueurs, car je vous avouerai que mes finances rendent le dernier souple dans un sac qui n'est plus que l'ombre de lui-même ; mais voyez-vous, mon oncle, quand je me recueille et que je pense sérieusement au mariage, c'est plus fort que moi ; il me prend un étourdissement, tout tourne, les maisons dansent la polka, les chevaux courent les pieds en l'air, et je ne retrouve mes sens que lorsque je me suis dit : Voyons, voyons, mon oncle est bon, après tout, et, puisque c'est mon bonheur qu'il désire, il me pardonnera de ne pas faire mon malheur en forçant tous les instincts de ma nature essentiellement célibataire. Plusieurs fois je suis allé dans les mairies voir marier les autres pour m'encourager à faire comme eux ; vains efforts, j'en sortais malade et nullement décidé.

— Jules, — répondit monsieur Mathieu Lesbeau, qui donna à sa parole naturellement solennelle un ton plus solennel encore, — ce rendez-vous est le huitième que nous ayons pris; il me semble que tu abuses par trop de ma patience. Néanmoins, et pour n'avoir rien à me reprocher, et qu'il soit bien constaté que j'ai mis vis-à-vis de toi toute la longanimité possible, je veux encore t'accorder un dernier délai de trois mois. Le 1er juin, à l'heure habituelle, tu me retrouveras ici. Si à ce moment tu n'as encore rien décidé pour ton établissement, sur ma parole d'honneur, je te le jure, je ne te parlerai plus de ma vie et je te déshérite!

Et monsieur Mathieu Lesbeau, sans attendre aucune réponse, s'éloigna gravement...

— Mon Dieu! mon Dieu!... — murmura Jules en suivant de l'œil monsieur Lesbeau, — est-il possible d'avoir pour oncle un animal aussi stupide et aussi entêté!... Ah! s'il n'avait pas trois millions!... ou si du moins il était permis de se faire chloroformer pour se marier!... Mais non; la loi, toujours rigoureuse, n'admet pas cet adoucissement, et elle exige qu'on se marie avec toute sa connaissance... Allons déjeuner pour chasser ces noires idées.

II

Jules Lesbeau venait d'entrer dans la rue Vivienne et se dirigeait vers les boulevards lorsqu'il y rencontra l'un de ses anciens camarades du collège Rollin, Achille Mignet.

Jules Lesbeau et Achille Mignet s'étaient entièrement perdus de vue depuis leur sortie du collège.

Les deux anciens camarades se reconnurent et allèrent au-devant l'un de l'autre.

— Jules!

— Achille!

Et ils se donnèrent une vigoureuse poignée de mains.

— Quel heureux hasard de te rencontrer, dit Lesbeau, toi, mon meilleur ami de Rollin. Tu ne saurais croire le plaisir que j'éprouve à te revoir. Cela me rajeunit de huit ans; car il y a huit ans que nous étions tous deux en rhétorique.

— Je ne suis pas moins heureux que toi, mon cher Jules, de ce fortuné hasard qui me fait te serrer la main après une si longue séparation et quand je n'ai plus que quelques heures à rester en France.

— Comment, tu t'expatries?

— Eh! oui, mon ami. Je pars dans deux heures pour le Havre, d'où je m'embarquerai après-demain, à midi, sur le steamer l'Arago, qui me conduira à New-York.

— Est-il possible?

— C'est décidé.

— Je ne sais pas, mon ami, les raisons puissantes qui peuvent te déterminer à t'embarquer pour l'Amérique; mais quelles qu'elles soient, je te plains de tout mon cœur de quitter notre beau pays de France pour la patrie des Yankees.

— Le voyage que je vais faire est un voyage d'intérêt, qui, je l'espère, ne durera que six mois. Je vivais paisiblement dans la propriété que mon pauvre père m'avait laissée en mourant, lorsque, par suite de circonstances malheureuses et qu'il serait trop long de te faire connaître, j'ai été forcé de vendre mes biens. J'ai payé tout ce que je devais, Dieu merci; mais il ne me restait plus que trente mille francs.

— Heureusement que tu as reçu une instruction solide qui t'aura sans doute permis de te tirer d'embarras.

— L'instruction n'est pas toujours une ressource suffisante. J'ai pensé à utiliser mes trente mille francs, et je me suis mis dans les affaires.

— Quel commerce as-tu donc entrepris?

— Je fais le commerce des vins; mais, jusqu'à présent, je suis loin d'avoir lieu de me féliciter de la résolution que j'ai prise.

— Tu as perdu de l'argent?

— J'ai perdu tout ce que j'avais, en dix-huit mois. Mon oncle...

— Ah! tu as un oncle?

— Oui. Pourquoi me dis-tu ça?

— Oh! rien; c'est que j'en ai un aussi, moi... Est-il stupide, ton oncle?

— Non, et le tien?

— Oh! le mien est un animal d'une rare espèce... Je te conterai ça tout à l'heure... Qu'est-ce que tu me disais donc?

— Je te disais qu'ayant perdu trente mille francs, tout ce que je possédais, mon oncle est généreusement venu à mon secours. Sans être riche, il jouit d'un certain crédit, et il a pu, en répondant pour moi, me faciliter l'achat de cent mille francs de vins et d'eaux-de-vie que je vais vendre à New-York. Tout me porte à croire que ma spéculation sera heureuse, et que je pourrai faire honneur à mes contrats d'achat, et rembourser en outre à mon oncle vingt mille francs qu'il m'a forcé d'emporter avec moi, pour faire face aux éventualités. Je n'aurai certainement pas besoin de toute cette somme. Ma cargaison est partie depuis un mois sur un navire à voiles, et je l'aurai bientôt convertie en beaux et bons dollars, je l'espère.

— Connais-tu bien ce pays?

— Je ne suis jamais allé en Amérique, mais je parle passablement l'anglais, et j'ai eu sur New-York des informations très précises.

— Prends garde, mon bon vieux, — dit amicalement Jules à son ancien camarade, — prends garde à ne pas te laisser mettre dedans par ces Américains du Nord, qui, d'après ce que j'ai ouï dire sont les plus adroits coquins des quatre parties du globe. Je ne sais pas si je me trompe, mais tu me fais l'effet d'être peu né pour les affaires. Tu n'as pas, mon cher, dans la physionomie ce je ne sais quoi de rusé et de rapace qui fait le bon spéculateur... As-tu déjeuné?

— Non, pas encore.

— Tant mieux, nous déjeunerons ensemble; après quoi j'irai t'accompagner jusqu'à la gare du chemin de fer. J'ai précisément une course très importante à faire aujourd'hui même avant quatre heures, place du Havre. Je vais chez un juif, marchand de diamants, qui de temps à autre a la bonté de me prêter de l'argent à quarante pour cent d'intérêt.

— Je serais très heureux de déjeuner avec toi; mais, tu le sais, le chemin de fer n'attend pas. Nous n'aurons que le temps bien juste de mordre dans une côtelette, d'avaler une demi-tasse de café, d'aller chercher mes bagages à l'hôtel, car j'habite habituellement Bordeaux, et de nous rendre ensuite au chemin de fer pour le train express.

— Ce n'est pas moi qui te mettrai en retard. Je t'aiderai même, s'il le faut... Où est ton hôtel?

— Rue Taitbout.

— C'est très bien, nous irons déjeuner chez Verdier, à la Maison-d'Or. C'est tout près de chez toi.

Les deux amis se donnèrent le bras, et quelques minutes plus tard ils prenaient place à une table du restaurant.

Pendant le déjeuner, Jules Lesbeau raconta à son ami ses infortunes relativement à son oncle, et lui fit part de la perspective, douloureuse selon lui, où il se voyait réduit; à savoir : se marier avec une femme de son choix ou perdre l'héritage respectable de trois millions.

Lesbeau exposait sa prétendue triste position avec un air de conviction qui fit plus d'une fois sourire son ami.

— Tu as donc une bien grande antipathie pour le mariage? — lui dit ce dernier.

— C'est plus que de l'antipathie, mon cher, c'est de l'aversion mêlée d'une crainte indéfinissable.

— La raison de cette aversion et de cette crainte est tout simplement que tu n'as pas encore aimé. J'ai la conviction que le premier joli minois qui t'inspirerait un peu d'amour chasserait de ton cœur tous ces fantômes avec une merveilleuse facilité. Et ce serait doublement heureux dans la circonstance. Comme ton oncle, je suis convaincu que le vrai bonheur est dans la famille et qu'il ne peut être que là.

— Jamais je ne croirai ça.

— Dans tous les cas, mon bon ami, à ta place je n'hésiterais pas à épouser. Puisque tu es bien convaincu que ton oncle ne t'accordera plus aucun délai et qu'il te déshéritera si tu n'es pas marié d'ici à trois mois, il faut te marier d'ici à trois mois ; il le faut absolument. Une femme que tu as le droit, que dis-je, que tu as le devoir de prendre jeune et jolie, vaut bien trois millions, quand le diable y serait !

— Le diable y serait, mon cher, tu peux en être sûr... Je n'ai pas la vocation et il ne faut jamais forcer la nature. Il est plus sage à moi de renoncer à la fortune et de vivoter avec mes six mille livres de rente... C'est triste, j'en conviens, mais de deux maux il faut choisir le moindre.

— Tu es fou, mon cher Jules, et il faut que je te fasse entendre raison.

— Pour cela, mon cher, il faudrait avoir du temps, beaucoup de temps, et je vois à ma montre que nous n'avons plus que quarante-cinq minutes.

— Diable, diable ! dit Achille, — comme le temps passe...! Où est le garçon?

— Pourquoi faire?

— Pour lui demander l'addition.

— La carte est payée.

— Ah!... Eh bien! partons. — Jules et Achille se rendirent immédiatement à l'hôtel, firent charger les bagages, et montèrent dans un fiacre après avoir dit au cocher de les mener à la gare de la rue Saint-Lazare. Pendant que la voiture roulait : — Que fais-tu aujourd'hui, — demanda Achille?

— Je vais d'abord chez mon juif, qui doit me compter quelque argent, six mille francs. Puis j'irai faire un tour au bois. Ensuite je reviendrai chez Verdier pour dîner ; après quoi j'irai à l'Opéra, au Théâtre-Français ou ailleurs.

— Veux-tu me donner une preuve de ton amitié pour moi?

— De tout cœur. Qu'est-ce qu'il faut faire?

— Sacrifie-moi pour aujourd'hui ton juif, ta promenade au bois et les plaisirs de la soirée, et viens me conduire au Havre?

— Sapristi! mon cher, la course est un peu longue... Et puis, s'il faut tout te dire, j'ai peur pour mon juif. Il a su par je ne sais qui les dispositions ultra-sévères de mon oncle à mon égard et ma résistance à lui obéir. Mon discrédit auprès du fils d'Israël s'est manifesté à ce dernier emprunt par une augmentation de vingt pour cent dans le taux de l'escompte. J'avais payé jusqu'à présent quarante pour cent ; aujourd'hui, c'est soixante pour cent ; et encore il paraissait hésiter. Je crains, si je néglige d'aller toucher à l'heure convenue mes six mille francs, qu'il me les refuse après-demain.

— Si ce n'est que ça qui te retient, mon cher Jules, tu partiras avec moi... Tiens, — ajouta-t-il en tirant de son portefeuille six billets de mille francs, — voilà la somme que tu désires avoir. Tu me remettras cet argent à mon retour d'Amérique, dans six mois... plus tard si tu n'es pas en fonds à ce moment... tu sais par ce que je t'ai dit tout à l'heure que cela ne me prive en aucune façon. Et si je fais naufrage, — ajouta-t-il en riant, — ce sera toujours autant de sauvé de la catastrophe... Tout ne sera pas perdu pour mon excellent oncle.

Jules Lesbeau, très touché de cette marque d'amitié, voulut néanmoins refuser. Mais Achille sut insister avec tant de bonne grâce que Jules finit par accepter.

— Eh bien! soit, —dit-il, —je prends tes six mille francs, et je t'accompagne au Havre.

Durant le trajet de Paris au Havre, Achille ne cessa d'exhorter son ami à accomplir les volontés de son oncle, à se marier dans le délai exigé.

— Trouve-moi, — lui disait Achille, — une opération qui rapporte trois millions de bénéfice.

— Trouve-moi. — répondait Jules, — un bonheur égal à celui d'être toujours libre.

Bref, Jules se montra si complétement décidé à rester garçon, malgré tout, qu'Achille perdit tout espoir de lui faire entendre raison.

On arriva au Havre.

Dans l'hôtel où descendirent les deux amis, Jules se trouva placé à table d'hôte vis-à-vis d'une jeune personne d'environ dix-huit ans d'une remarquable beauté. Cette jeune personne, qui paraissait étrangère, se trouvait en compagnie d'un monsieur et d'une dame trop jeunes pour être son père et sa mère.

On pouvait donc supposer qu'elle était là en ce moment avec des parents plus ou moins éloignés, ou encore avec des amis de sa famille.

Jules, qui avait peur du mariage, ne s'était pourtant jamais senti effrayé à la vue d'une jolie femme. Il fut frappé des grâces charmantes de la belle inconnue, et, à la fin du dîner, il en était très amoureux. Peut-être se dit-il en ce moment qu'il serait moins redoutable de céder aux volontés de son oncle avec un objet aussi séduisant; toujours est-il qu'il ne put dormir de toute la nuit, et que le jour le surprit pensant encore à son oncle, au mariage, à la délicieuse jeune fille.

Jules venait de terminer sa toilette, quand Achille entra dans sa chambre.

— Comment as-tu passé la nuit?—demanda ce dernier.

— Comme ça, pas trop bien. Je ne sais si c'est l'air humide et toujours malsain de la mer qui a déjà opéré sur moi, ou si c'est une autre cause, le fait est que toute la nuit j'ai été très agité.

— Je serai la nuit prochaine, — dit Achille en riant, — bien plus agité encore dans mon étroite cabine de navire que tu n'as pu l'être la nuit dernière dans ton lit.

— Pauvre ami, — fit Jules en jetant sur son ancien camarade de collège un regard compatissant; — si je plains un homme au monde, c'est bien toi, d'aller ainsi passer de dix à douze jours en proie à toutes les horreurs d'un voyage en mer. Et quand on pense qu'il y a des gens qui traversent l'Océan pour le soi-disant plaisir de le traverser, et se condamnent de gaîté de cœur à être malades, ou tout au moins secoués nuit et jour, sans une minute de trêve! Peste soit de la partie de plaisir! Pour moi, j'aimerais mieux encore, Dieu me pardonne! épouser que voyager en mer.

— Que veux-tu! mon cher Jules, on suit sa destinée dans ce monde; si tu dois te marier tu te marieras, et si tu dois naviguer tu navigueras.

— Je ne suis pas aussi fataliste que toi, et je suis persuadé que chacun est un peu maître de sa destinée. Si jamais je navigue, mon cher, c'est que j'y serai contraint par la force des baïonnettes, comme disait Mirabeau. Rien ne me charme dans un voyage en mer, tout m'inspire du dégoût au contraire, et Christophe Colomb reste pour moi le plus grand des phénomènes.

— Cette antipathie pour la mer et les navires ne t'empêchera pas, j'espère, de venir me conduire jusqu'au steamer?

— J'en serai malade, c'est probable, mais je ferai ce sacrifice par amitié pour toi.

A dix heures nos deux amis quittèrent l'hôtel pour se rendre à bord de l'Arago.

L'Arago est un très beau steamer, ce qui n'empêcha pas Jules d'en critiquer amèrement les magnifiques aménagements.

Quand Jules eut pénétré à la suite d'Achille dans la cabine de ce dernier :

— Tu vas étouffer ici, mon pauvre ami, — lui dit-il. C'est juste si tu auras assez d'espace pour t'habiller et te laver les mains et la figure, quand le dieu des tempêtes t'en accordera le loisir. Comment! c'est donc dans un de ces tiroirs de commode que tu vas essayer de prendre quelque repos la nuit? Mais ce ne sont pas des lits, ça, ce sont des cercueils! Quelle horreur! Ah! il faut que tu ales bien du courage pour persister dans ta détermination à l'embarquer. A ta place, je ne ferais ni une ni deux, j'écrirais à New-York qu'on vende à n'importe quel prix mes vins et mes eaux-de-vie, et je resterais à terre. — Achille sourit. — Et dis-moi, — reprit Jules, — sais-tu quel compagnon de cabine te sort le réserve ? Je vois ici deux tiroirs.

—Suivant toute probabilité, j'occuperai seul cette cabine, qui du reste est la moins bonne de toute le steamer. Lorsque je retins ma place, tout était déjà pris à bord. J'aurai du moins l'avantage d'être ici chez moi. Je pourrai varier mes plaisirs et me coucher tantôt dans le tiroir de dessus et tantôt dans celui de dessous.

— Triste , triste ! — dit Jules en soupirant. — Tiens, Achille, si tu veux, nous remonterons sur le pont. L'odeur de l'huile qui brûle dans les machines se répand jusque dans cette horrible cabine, et j'ai besoin de prendre le grand air.

— Soit. — dit Achille, — montons sur le pont.

Comme Jules grimpait lestement l'escalier en colimaçon conduisant des chambres intérieures au pont, il se trouva face à face avec la jeune étrangère dont la beauté l'avait si vivement frappé la veille à table d'hôte.

A cette vue inattendue, Jules sentit battre son cœur. Il redescendit machinalement l'escalier, et vit la jeune personne, suivie du monsieur et de la dame avec qui elle se trouvait à l'hôtel, s'installer dans la cabine à côté de celle d'Achille Mignet.

— J'espère, — dit la jeune personne en s'adressant aux personnes de sa société,—que nous ferons un bon et court voyage ; je m'y connais, le vent souffle favorable et le baromètre est au beau fixe.

— O ciel, —pensa Jules, — elle part sur ce navire !

Et il resta sans mouvement et comme absorbé dans ses pensées.

— Eh bien ! — lui dit Achille, — tu ne montes pas ?

— Non, — répondit Jules en balbutiant,—non... J'étais en train de jeter un dernier coup d'œil sur l'aménagement du navire, qui est très beau, ma foi !

— Tu le trouvais laid tout à l'heure.

— C'est que sans doute je ne l'avais pas bien vu... Tu ne seras pas mal ici... et, puisqu'il faut que tu partes absolument, je te félicite d'avoir choisi l'Arago... Et puis dix jours sont bientôt passés, en vérité tu n'as pas à te plaindre, et si ce n'était... Après tout pourtant... mais à quoi cela servirait-il ?... A moins cependant...

— Quoi donc, quoi donc, — demanda Achille ?

— Quelle heure est-il ? — fit Jules.

— Il est onze heures et dix minutes ; j'ai l'heure exacte.

— Onze heures et dix minutes... C'est à midi que le steamer prend le large et je n'ai rien de prêt. Je suis parti de Paris à l'improviste avec les seuls effets que j'avais sur moi... Je n'ai pas le temps d'aller en acheter... Comment faire, comment faire ?...

— Ah çà ! que diable marmottes-tu entre tes dents depuis un moment ; parles-tu hébreu, chinois ou chikasaw ?

— Achille, — dit Jules d'un ton résolu et en prenant le bras de son ami, —nous sommes de la même taille, tu me prêteras des habillements pour la route ; je t'accompagne à New-York.

— Qu'est-ce que c'est que cette plaisanterie?—dit Achille; — me prends-tu pour un nigaud de mordre à une farce semblable, après surtout ce que je t'ai entendu dire des plaisirs de la navigation ?

— C'est très sérieux, mon cher, tout ce qu'il y a de plus sérieux ; ce n'est pas moi qui plaisanterais jamais avec la mer. Il y a un lit d'inoccupé dans ta cabine, tu me l'as dis ; je cours le retenir. Mon Dieu ! pourvu qu'il soit encore temps !

Et, plus alerte qu'un toréador, Jules franchit en quatre bonds l'escalier en spirale, alla trouver le capitaine et retint sa place.

Quelques minutes après le pont du steamer se trouvait débarrassé de tous les curieux qui l'encombraient depuis

le matin ; il ne restait plus à bord que l'équipage et les passagers.

— Largue les amarres ! — cria le capitaine.

Aussitôt la manœuvre fut exécutée et les roues du steamer se mirent en mouvement.

Bientôt après un coup de canon tiré à bord saluait le fort en signe d'adieu à l'ancien monde.

En redescendant dans la cabine où Achille était resté plongé dans le plus grand étonnement, ne sachant que penser de la conduite extravagante de son ami, Jules se précipita dans ses bras et lui dit d'une voix émue :

— Il était temps !... Quelques minutes encore et je ne pouvais plus partir... Que je suis donc heureux de t'avoir rencontré avant-hier rue Vivienne... Sans toi, mon excellent Achille, je serais encore dans cet affreux Paris, que dévore la boue du macadam, au lieu d'être ici, sur ce magnifique vaisseau, que vont bientôt mollement bercer les flots limpides du grand Océan... Car enfin c'est un magnifique spectacle que la pleine mer!... Et puis on n'a rien vu lorsqu'on a vu que son pays, et la jeune Amérique a toutes mes sympathies.

Achille jeta sur son ami un regard de compassion ; le steamer était en marche, il ne pouvait donc plus douter de la résolution de Jules. Il le crut fou.

Achille ne se trompait pas tout à fait, puisque Jules était amoureux.

III

On peut braver la mort, on ne brave pas le mal de mer.

Deux heures après que le steamer eut quitté le Havre, le mouvement du vaisseau était assez déterminé déjà pour inspirer à Jules les plus sombres prévisions.

— Te sens-tu incommodé par le roulis ?—demanda-t-il à son ami Achille.

— Non, pas du tout, et toi ?

— Je ne suis pas à mon aise ; j'espère que ça va se passer, mais pour le moment...

Et il serra les lèvres en faisant une grimace significative.

— Qu'est-ce que tu éprouves donc ?

— Mon cher, c'est assez difficile à dire... J'éprouve comme un malaise général... L'estomac, surtout... Je suis dans une situation analogue à un homme qui aurait pris le quart de la dose d'un vomitif.

— Oh ! s'il en est ainsi, mon pauvre ami, j'ai bien peur pour toi que, le vent augmentant, la dose du vomitif ne soit bientôt portée du quart à son entier.

— Tu crois ?

— J'en suis presque sûr.

— Quand donc trouvera-t-on le moyen d'empêcher les navires de danser leur cachucha effrénée ?

— Jamais, sans doute... Tu frissonnes, je parie que tu regrettes déjà la terre ?

— Moi ?... la terre ?... oh non ! et je suis plus heureux mille fois que tu ne peux le supposer de m'être embarqué.

— Ah çà ! voyons, avoue que ce n'est pas le seul plaisir de voyager en mer qui t'a décidé à venir avec moi à New-York ?

— Mais si, mon cher Achille, je t'assure bien, — répondit Jules en jetant un regard à la dérobée vers la cabine où se trouvait la belle inconnue, — Est-ce que la mer n'est pas mille fois plus belle que la terre, dans son immense étendue, dans sa puissante et terrible majesté ! Et ce navire qui nous porte, n'est-ce pas le comble des merveilles ?... Malheureusement, il remue de plus en plus... C'est surtout le tremblement de la machine qui m'incommode... Mais, après tout, comme tu le disais hier, il faut que les destins s'accomplissent.

Jules Lesbeau allait être une des plus infortunées victimes de l'Océan. Le soir de ce jour, le terrible mal de mer s'empara de sa personne, pour ne lui laisser qu'un seul moment de repos durant toute la traversée. Achille, dont la santé n'avait pas été dérangée par le roulis et le tangage, avait pour Jules les attentions d'une mère. Il passait les trois quarts de la journée assis à son chevet, s'efforçant de relever son courage abattu. Pour lui faire prendre patience, il lui donnait soir et matin le bulletin de la marche du steamer. Jules était doublement malheureux de se voir cloué sur son lit de misère, car il se trouvait ainsi privé du seul bonheur qu'il enviât, celui de contempler l'objet de son amour. Sa triste situation devint d'autant plus regrettable que la femme qu'il aimait n'ayant pas été incommodée une seule minute, elle se tenait sur le pont quand il ne pleuvait pas, et là, comme dans le grand salon, il eût pu lui parler, ou tout au moins la contempler à son aise. Qui sait? il ne lui aurait pas déplu peut-être, et eût pu, profitant d'un moment favorable, lui déclarer sa passion et obtenir d'elle l'autorisation de demander sa main à ses parens. Au lieu de cette aimable perspective, Jules n'avait que le désespoir de se voir en butte, et d'une façon tout exceptionnelle, à une maladie stupide et même repoussante.

Quelquefois Jules entendait la jeune fille entrer ou sortir de la cabine qu'elle occupait en fredonnant un air de romance. Cette voix, qui lui paraissait céleste, apportait pour un instant le soulagement dans sa pauvre âme malade; mais bientôt le roulis tout-puissant venait mettre un terme à ces courts momens de félicité, et il retombait pour soupirer plus fort que jamais.

Voit-on, dans le martyrologe des amoureux anciens et modernes, une histoire plus lamentable que celle de ce pauvre Lesbeau?

Depuis six jours, cet infortuné n'avait cessé de souffrir, la nuit comme le jour, et depuis six jours il n'avait pu prendre *fructueusement* aucune nourriture, lorsque aux vents impétueux et à la grosse mer succéda, comme par enchantement, le calme le plus complet, le calme plat. La mer était unie comme le lac d'Enghien, et le steamer glissait sur l'immense nappe d'eau, sans autre mouvement que le tremblement occasionné par le mouvement de la machine. Jules se sentit renaître à la vie, à l'espérance, à l'amour. Aidé d'Achille, qui lui faisait auprès de lui, l'office de valet de chambre, il put se lever et s'habiller après s'être fait raser par un des perruquiers-coiffeurs dont tous les steamers transatlantiques sont pourvus. Il monta sur le pont et s'assit sur un banc à quelque pas de l'endroit où la jeune étrangère, objet de sa vive et subite passion, travaillait à une tapisserie, tout en causant avec le monsieur et la dame avec lesquels nous l'avons vue jusqu'à présent.

L'infortuné Lesbeau était presque méconnaissable. Il avait, durant ces six jours de traversée, maigri de moitié, et son visage était si blême qu'on eût dit d'un homme atteint de la jaunisse. Le capitaine du bord, habitué à voir de semblables transformations, le reconnut néanmoins. Il savait parler un peu français, bien qu'il eût, en parlant cette langue, l'accent anglais des plus prononcés; ce qui donnait une expression comique à toutes ses paroles. Le capitaine s'avança près de Lesbeau et, lui tendant amicalement la main,

— Je suis bien heureux de vous voir debout, monsieur *Trèsbeau.*

— Je me nomme Lesbeau, — dit Jules d'une voix affaiblie.

— Oh!... *well!* Lesbeau... cela finit toujours par *beau,* — dit le capitaine en riant. — Eh bien! monsieur Lesbeau, êtes-vous satisfait maintenant et commencez-vous un peu à manger?

— Ça ne va pas fort, capitaine; j'ai été horriblement malade depuis le moment du départ jusqu'à présent, et c'est grâce au calme d'aujourd'hui que j'ai pu sortir de ma cabine et monter sur le pont prendre l'air dont j'ai tant besoin.

— Peut-être, — reprit le capitaine, — est-ce la première fois que vous traversez l'Océan. Après quelques voyages vous souffrirez moins, il faut espérer. Peut-être vous ne souffrirez plus du tout. Vous aimez la mer et

tout ce qui tient à la navigation, vous me l'avez dit en arrêtant votre passage, avec un plaisir extrême, au dernier moment. La mer est absolument comme les jolies femmes, elle a des caprices et vous fait d'abord souffrir, mais elle finit toujours par pardonner à ceux qui l'aiment vaillamment comme vous l'aimez, monsieur Lesbeau.

— Est-ce que je vous ai dit que j'aimais la mer, capitaine?

— Ho! *yes,* certainement.

— C'est possible que j'aie pu vous dire cela... Quoi qu'il en soit, — ajouta-t-il en jetant un regard à la dérobée sur la jeune fille qui semblait l'écouter avec intérêt, — soyez persuadé que le plaisir de naviguer a été pour bien peu de chose dans ma détermination à m'embarquer à bord de ce navire.

Réalité ou illusion, il sembla à Jules que, aux dernières paroles qu'il venait de prononcer, les joues de la jeune personne s'étaient soudainement colorées du plus vif incarnat. Toujours est-il qu'il l'entendit distinctement dire à la dame placée à ses côtés : « C'est le jeune homme qui était au Havre en face de nous à la table d'hôte, et dont je vous ai parlé. »

Ces paroles douces et brûlantes à la fois apportèrent l'espoir dans le cœur de Jules en ravivant sa passion. Quel bonheur! elle l'avait remarqué, elle avait parlé de lui, elle le reconnaissait. Peut-être ne lui déplaisait-il pas; suivant toute probabilité même, il lui plaisait, puisqu'elle s'en était occupée; maudit soit la mer qui l'avait empêché de la voir jusque-là! Ah! si le calme pouvait durer! pensa-t-il. Au fait, pourquoi ne durerait-il pas? On a vu des traversées entières de steamer s'effectuer sur une mer plane et huilée! Après la pluie vient le beau temps, dit le proverbe; après la grosse mer vient le calme. Oh! le calme! que c'est beau le calme!

Comme Jules s'abandonnait à ces douces réflexions, le capitaine, qui s'était éloigné de quelques pas et observait l'horizon, dit en s'adressant aux passagers :

— Messieurs, nous ne jouirons pas longtemps du calme; je vois venir un grain, et ce soir nous aurons un gros temps.

Jules regarda le capitaine avec des yeux langoureux qui semblaient demander grâce, comme si le capitaine eût commandé aux vents. Au même instant une brise légère se fit sentir. C'était le prélude du grain qui allait fondre sur le steamer.

— Allons, viens dans ta cabine, — dit Achille en prenant le bras de Jules pour l'aider à descendre l'escalier qui y conduisait.

— O mon Dieu! mon Dieu! — exclama ce dernier en obéissant à l'invitation de son ami, — comme le calme a duré peu de temps!

Ce moment de calme, en effet, semblait n'être venu interrompre les souffrances du pitoyable amoureux que pour lui faire mieux apprécier encore toute l'horreur de sa situation en lui inspirant les plus poignans regrets.

Le capitaine avait bien prédit. Un vent, un vent furieux souffla en tempête toute la nuit, menaçant de faire sombrer le steamer, bouleversant tout à l'intérieur du vaisseau. Jules avait toutes les peines du monde à se tenir cramponné aux planches de son lit pour ne pas être jeté à terre. Un coup de roulis éteignit les lumières et brisa les attaches qui retenaient la malle d'Achille dans sa cabine. Cette malle se mit à rouler d'un côté à l'autre de la chambre en entraînant tout sur son passage. Au bruit des vagues déchaînées qui déferlaient avec rage contre le navire et le secouaient comme un homme secouerait un enfant, vint se joindre le bruit de la vaisselle cassée, des pots à eau et des cuvettes renversées. Tout cela s'accomplit dans la plus complète obscurité, ce qui ajouta encore à l'horreur de la situation. Jules se crut perdu. Il n'eut point peur, car il était brave jusqu'à la témérité; au contraire il se trouvait heureux de mourir avec celle qu'il aimait; seulement il regretta dans ce moment suprême que ses forces ne lui permissent pas de se rendre auprès

49

de sa bien-aimée pour lui faire, avant d'être enseveli dans es eaux, l'aveu de son amour.

Un instant après la chambrière parut. Elle venait en compagnie du maître d'hôtel rallumer les lanternes éteintes et assujettir la malle d'Achille, qui ne cessait de rouler dans la chambre en semant partout les chemises et tous les effets d'habillement qu'elle renfermait.

En voyant la chambrière, Jules lui dit :

— Madame, pensez-vous que nous sombrions bientôt ? La chambrière se prit à rire.

— Vous avez peur, monsieur ? — lui répondit-elle.

— Oui, — reprit Jules, — j'ai peur... mais ce n'est pas pour moi.

— Dormez tranquille, monsieur, — ajouta-t-elle en s'en allant, — tout va très bien à bord.

Le lendemain, la tempête était moins violente, mais le vent soufflait toujours fort, la mer était très houleuse et Jules plus malade que jamais.

Le temps se maintint à peu près le même jusqu'au dixième jour. Les premières lueurs de ce jour bienheureux dessinèrent à l'horizon la terre américaine. Chacun fit ses préparatifs pour le débarquement. Jules, plus mort que vif, ne put sortir de sa cabine que deux heures avant l'arrivée du steamer dans la baie de New-York.

Au moment où il se disposait à monter sur le pont, la jeune fille pour laquelle il avait tout bravé, tout enduré, sortit de sa chambre ; elle était seule et tenait à sa main une petite boîte ouverte.

En se voyant face à face avec Jules, elle eut un instant d'émotion et fit un léger mouvement du bras. Ce mouvement fit incliner la boîte, et un petit objet s'en échappa sans qu'elle s'en aperçût.

Les femmes sont habiles à dissimuler, quel que soit leur âge. La jeune personne se remit aussitôt et passa devant Jules sans même paraître l'avoir aperçu. Le petit objet échappé de la boîte avait roulé jusque dans la cabine de celui-ci.

Il le chercha et le trouva.

C'était un simple anneau d'or, entouré à l'extérieur d'une natte de fins cheveux blonds. Celle qu'il aimait avait les cheveux de la même nuance ; il ne douta pas un instant qu'ils ne lui eussent appartenu. Cet objet devenait donc d'un prix inestimable à ses yeux, et il résolut aussitôt de s'en emparer. La femme ne lui échappait pas ainsi tout entière, et cette bague, il la conserverait aussi longtemps que sa vie. Si cet anneau eût représenté une valeur matérielle importante, peut-être se fût-il fait un scrupule d'en priver son légitime propriétaire ; mais la valeur intrinsèque de l'or était insignifiante, la petite natte de cheveux en faisait tout le prix ; il le garda.

Et en vérité ce n'était point trop récompenser par cela les épreuves auxquelles Jules s'était volontairement soumis pour suivre celle qui régnait dans son cœur d'une manière si complète.

Lebeau avait conservé l'espoir de ne pas perdre de vue la jeune Américaine ; car elle était Américaine, et de plus il savait qu'elle se nommait Nancy. Dans le cas où elle descendrait dans un hôtel avec les personnes de sa société, Jules s'était bien promis de descendre dans le même hôtel, espérant enfin pouvoir lui parler.

Malheureusement, dans le tumulte du débarquement, elle disparut tout à coup, et tous les efforts de notre amoureux pour la retrouver furent inutiles.

— Que les Américains sont heureux ! — dit Jules en s'adressant à son ami Achille, quand ils eurent mis pied à terre.

— Et pourquoi donc te semblent-ils tous heureux ? — demanda ce dernier.

— Parce qu'ils sont ici chez eux, que la mer ne les sépare pas de leur patrie, comme elle me sépare de la mienne.

— Bah ! — dit Achille, — il n'y a que le premier pas qui coûte sur la terre et sur l'onde. Dans quelques jours tu

auras oublié tes misères de voyage, et tu brûleras de rentrer en France.

— Oui, — pensa Jules, — cela pourrait être ainsi si mes rêves s'étaient réalisés, si celle qui j'aime avait pu devenir ma femme... Mais, hélas ! tout espoir est perdu désormais... Un hasard extraordinaire pourrait seul me rapprocher d'elle, et je ne puis compter sur le hasard.

Et, sans qu'Achille s'en aperçût, il porta la bague à sa bouche et la couvrit d'un ardent baiser. Après quoi il la plaça à son petit doigt pour ne s'en séparer jamais.

IV

Les deux amis descendirent à New-York dans le magnifique hôtel situé dans Broadway, et qu'on appelle *Prescott-House.*

Les hôtels publics et les bateaux à vapeur sont les seuls monuments qu'on trouve aux États-Unis. Mais il est juste de le dire, rien de plus vaste, de plus riche, de mieux ordonné, pour la commodité des voyageurs, que les hôtels et les bateaux à vapeur. Rien n'égale le comfort des hôtels américains. Jusque dans les plus petites chambres on trouve de magnifiques lavabos en marbre blanc, au-dessus desquels sont fixés des robinets en métal argenté d'un éclat admirable, et d'où coule, à la volonté du voyageur, l'eau chaude et l'eau froide. L'usage de l'eau à discrétion est du reste général dans toute l'Amérique. A New-York, par exemple, l'excellente eau du Croton est distribuée jusque dans les maisons les plus modestes, à tous les étages et dans toutes les chambres. Les locataires ne payent pour cela à la compagnie des eaux qu'une faible redevance, et on ne saurait pas plus se passer d'eau dans les maisons qu'on ne se passe de gaz. Aussi chaque maison est-elle pourvue d'une ou de plusieurs salles de bains, et il est d'habitude générale que chaque Américain prenne tous les matins un bain de quelques minutes avant de se rendre à ses affaires. La santé des populations gagne à cette excellente coutume, que nous devrions bien enfin finir par adopter en France, où nous sommes encore réduits à acheter l'eau, cruche à cruche, à des marchands qui la colportent en baril dans les villes absolument comme si les rivières et tous les puits étaient à sec.

Jules et Achille s'installèrent dans un appartement composé de deux chambres à coucher et d'un salon de compagnie.

Un roulement de *gong*, qui se fit entendre dans tous les couloirs de l'hôtel, avertit les voyageurs du moment de se mettre à table pour le dîner.

Nos deux amis se rendirent dans la salle à manger. Dans cette vaste salle s'assirent autour de plusieurs tables plus de trois cents voyageurs. Le coup d'œil était très beau. On remarquait un assez grand nombre de dames habillées avec un luxe qui parut à nos compatriotes exagéré. Plusieurs d'entre elles étaient décolletées et parées pour le dîner comme elles l'eussent été pour le bal. Jules jeta sur toutes les têtes féminines un regard d'anxiété ; mais il ne vit point celle qu'il cherchait.

Quand tout le monde fut assis, un régiment de domestiques nègres prit position derrière les convives pour les servir pendant toute la durée du repas. Un domestique en chef, nègre comme les autres et plein d'importance, commandait le service, mais sans jamais prononcer un mot. Il se tenait en vue de tous et donnait ses ordres au moyen de gestes significatifs. Une division de domestiques apportait les plats nouveaux après qu'une autre division avait retiré les plats anciens. Ces différentes manœuvres s'exécutaient avec tout l'ensemble d'une évolution militaire, et dans le plus grand silence.

Le dîner fut très copieux et très varié, comme le sont tous les dîners dans les grands hôtels américains. Seulement on ne servit que de l'eau glacée pour toute boisson, suivant l'usage consacré aux États-Unis. Quelques personnes, très peu, demandèrent du vin rouge, *claret*; d'autres, en plus grand nombre, se firent servir du champagne, débouché avec bruit, et qu'elles burent dès le commencement du repas, et non au dessert, comme on fait en France.

Le dîner terminé, Jules et Achille entrèrent pour un moment dans le salon public, où les bateliers de l'hôtel venaient passer la soirée, causant, se promenant, chantant, jouant du piano, parlant d'affaires et parlant d'amour avec une entière liberté, qui n'exclualt pas du reste la plus stricte observation des convenances.

Jules avait senti disparaître, comme par enchantement, depuis qu'il était sur un terrain solide, toute velléité de mal de mer. Cela aurait pu ne pas être ainsi, car ce vilain mal poursuit quelquefois les voyageurs, au moins à l'état de vague indisposition, un jour, deux jours, et même plus longtemps encore, après le débarquement.

Combien il eût joui de tout ce qu'il voyait, et surtout de son mal passé, s'il n'eût pas eu un amour malheureux au cœur. Mais, hélas! la belle Nancy absorbait toutes ses pensées, et quand il croyait n'être pas vu il tirait furtivement le précieux anneau de son doigt pour regarder plus à l'aise la petite natte de cheveux qui l'entourait, et aussi pour lire à l'intérieur le doux nom de Nancy qui s'y trouvait gravé.

Cette bague faisait toute sa consolation, mais ne le consolait pas beaucoup.

Trois jours se passèrent pendant lesquels Achille ne put arracher un sourire des lèvres mélancoliquement fermées de son ami.

Achille n'avait pas été longtemps la dupe des raisons données par Jules pour justifier à ses yeux son amour subit pour les voyages au long cours, et son embarquement si imprévu et si extraordinaire à bord de l'*Arago*. Achille avait surpris le secret de son ami. Il avait même cru deviner l'objet de cette passion soudaine à la manière dont Jules lui parlait de sa voisine de cabine, mademoiselle Nancy. Mais comme Lesbeau, par une de ces timidités d'enfant (l'amour nous rend enfant), n'avait pas osé lui déclarer la vérité de peur d'être raillé par Achille, celui-ci voulut se montrer généreux et fit mine de n'avoir rien deviné. Il eût vivement désiré pour son ami que cette passion aboutît à un mariage, car Achille comptait les jours pour Jules, et il savait que dans deux mois et dix-sept jours, c'est-à-dire le 1er juin, l'*oncle rendez-vous*, son métronome en main, se trouverait, à onze heures précises, sur la place des Victoires, au pied de la statue de Louis XIV, à Paris, dans le but d'adresser à son neveu cette question solennelle au bout de laquelle étaient suspendus trois millions : « As-tu trouvé une femme ? » La fortune de Jules parut à Achille d'autant plus compromise que son malheureux ami, tout entier à sa passion pour la fugitive Nancy, et très peu disposé en faveur du mariage en général, nous le savons, n'en épouserait certainement pas une autre; du moins dans le délai fixé par l'oncle inflexible. Ah! si Achille eût pu trouver le moyen de découvrir le lieu de résidence de la belle Américaine, nul doute qu'il ne fût allé le trouver pour lui exposer l'amour de son ami, et déposer par procuration à ses pieds le cœur de Jules et les trois millions d'espérance. Mais l'Amérique est grande et Achille ne put que plaindre Jules et lui faire intérieurement des reproches de son peu de confiance à son égard.

La seule chose qu'Achille crut devoir faire, désormais que tout semblait désespéré, c'était de distraire son ami, pour lui faire oublier le plus promptement possible un si fâcheux amour.

Les journaux américains annonçaient une séance extraordinaire de l'acrobate Blondin, sur la corde raide, à deux cents pieds au dessus des chutes du Niagara; c'était une excellente occasion de voir et les merveilleuses cataractes, et l'intrépide acrobate dont la réputation était déjà universelle.

Rien d'ailleurs ne retenait Achille à New-York. Le navire qui lui apportait ses vins et ses eaux-de-vie n'était pas encore arrivé, et n'arriverait pas avant une huitaine de jours, suivant toute probabilité. C'était plus de temps qu'il n'en fallait pour se rendre au Niagara, voir les exercices de Blondin, visiter les villes du Canada restées françaises par le cœur, Québec et Montréal, et revenir à New-York.

Achille proposa donc cette tournée à Jules, qui l'accepta comme il acceptait toute chose depuis son arrivée en Amérique; c'est-à-dire avec la plus entière indifférence.

Comme les deux amis rentraient à l'hôtel pour faire leurs préparatifs de voyage, Jules se trouva, au détour d'une rue, en face d'un gentleman à la figure martiale, et qui pouvait avoir cinquante ans environ.

En voyant Jules, les lèvres du gentleman se contractèrent et devinrent pâles; sa physionomie prit un caractère menaçant. Sans prononcer un seul mot, il fit un pas en avant et appliqua sur le visage de Lesbeau le plus vigoureux soufflet de l'ancien et du nouveau monde. Jules, sans défiance aucune, reçut le coup en plein visage. Il fit un demi-tour sur lui-même et faillit tomber à la renverse. Les doigts de l'agresseur se trouvèrent imprimés en relief sur la joue de Lesbeau.

— Enfin, — dit le gentleman, avec une expression de satisfaction féroce, — je suis vengé ! — Prompt comme un tigre, Jules, fou de colère, l'œil injecté de sang, l'écume à la bouche, voulut se précipiter sur l'inconnu qui venait de le frapper si outrageusement. Achille, de son côté, un instant stupéfait, s'était remis et se disposait à prendre la défense de son ami, lorsque des personnes officieuses intervinrent. Jules et Achille furent étroitement maintenus. Alors il arriva quelque chose de très singulier. Le gentleman qui venait de souffleter Jules s'approcha de lui, et lui dit avec un sentiment de profond respect:—Monsieur, je vous fais toutes mes excuses et je vous supplie de les agréer... je me suis trompé... vous n'êtes pas la personne que je voulais frapper.

Lesbeau répondit à ces paroles par un sourire amer et plus menaçant que tous les gestes de colère.

— Monsieur, — lui dit-il, — êtes-vous un homme d'honneur contre qui je puisse me battre, ou un misérable que je doive faire jeter en prison?

— Je vous ai fait des excuses, — répondit le gentleman, — j'ai manifesté hautement devant les personnes témoins de ma méprise mes regrets profonds, je ne puis faire davantage. Maintenant, monsieur, si cette satisfaction ne vous paraît pas suffisante, voici mon nom; il est connu dans le monde, il appartient à un honnête homme, et je me mets à votre disposition.

Achille arracha des mains du gentleman la carte que celui-ci présentait, et lut en caractères imprimés : *Colonel Fenimor Hastings, de Charleston*. Puis au bas et écrit au crayon : *A New-York, chez M. H. Nelford, n° 18, 5e avenue*.

— Dans une heure, monsieur, — dit Achille, — je serai chez vous. Je me nomme Achille Mignet et je suis l'ami de monsieur Jules Lesbeau, que vous venez de frapper et qui vous demande la réparation par les armes de cette grave insulte.

— Dans une heure, monsieur,—répondit le gentleman, — je me trouverai à l'adresse indiquée sur ma carte, prêt à donner à votre ami telles satisfactions qu'il désirera. Ce qui ne m'empêche pas d'exprimer ici, une fois encore, mes profonds regrets pour la plus déplorable des méprises.

Le gentleman s'éloigna.

Jules Lesbeau et Achille purent alors se rendre à l'hôtel qu'ils occupaient tous deux.

— En ta qualité d'offensé, — dit Mignet à son infortuné camarade, — tu as le droit de choisir les armes.

— Je choisis l'épée, — répondit Jules, — et tu diras aux témoins de ce brutal imbécile que c'est entre lui et moi un duel à mort.

— L'affront, — risqua d'observer Achille, — n'a pas été volontaire, et il me semble que si tu blesses plus ou moins

grièvement ton homme, comme je l'espère, tu pourras te
considérer comme quitte envers toi.

— Je le tuerai ou il me tuera, — répondit Jules. — Je
ne veux pas, moi vivant, qu'un homme puisse dire jamais
qu'il m'a souffleté, même involontairement.

Une heure après, Achille frappait à la porte de la maison qui portait, dans la cinquième avenue, le n° 18.

Une Irlandaise vint ouvrir.

— Dites au colonel Fenimor Hastings que la personne
qu'il attend est ici.

Cinq minutes après se présentait le colonel accompagné
d'un homme d'une trentaine d'années.

— Permettez-moi, — dit le colonel en s'adressant à
Achille, — de vous présenter mon ami, monsieur Santiago
Utrera, de la Nouvelle-Grenade. — Achille s'inclina légèrement. — Messieurs, — ajouta le colonel, — je vous
laisse.

— Vous savez sans doute, monsieur, — dit Achille en
s'adressant à monsieur Santiago Utrera, — le motif qui
m'amène ?

— Oui, monsieur, — répondit monsieur Utrera, — et je
m'associe du plus profond de mon cœur aux regrets bien
sincères du colonel et à ceux que vous devez éprouver
vous-même pour une si malheureuse méprise.

— Quand la méprise a eu pour résultat le dernier des
outrages infligé publiquement à un galant homme, les
regrets peuvent s'accepter, mais ils sont insuffisans. Je
suis venu, monsieur, pour régler les conditions d'un duel
rendu nécessaire.

— Parlez, monsieur.

— En qualité d'offensé, monsieur Lesbeau, que je représente ici, a le choix des armes.

— Cela peut être en France, monsieur ; en Amérique
c'est le contraire. Toutefois, j'accepte pour le colonel les
armes qu'il vous plaira de choisir.

— Soit, monsieur, nous prendrons l'épée.

— L'épée, puisque vous le voulez.

— La réparation, pour être mesurée à l'offense, doit
être aussi sérieuse que possible, et j'ai l'honneur de vous
proposer pour mon ami un duel à mort.

— Un duel à mort, monsieur ! Qu'eussiez-vous donc
exigé si l'offense eût été volontaire et que le colonel Hastings ne vous eût pas adressé ses excuses ?

— Nous n'eussions pu exiger autre chose, monsieur.
Au reste, — ajouta Achille, — j'agis auprès de vous d'après
la volonté inébranlable de monsieur Lesbeau, et non
d'après mon propre sentiment et par mon initiative. Mon
ami ne veut pas que, lui vivant, un homme puisse jamais
dire qu'il l'a souffleté, même involontairement. Ce sont là
ses propres paroles.

— Eh bien monsieur, puisque vous l'exigez, j'accepte
le combat à outrance. A moins toutefois qu'une blessure
n'ôte à l'un des adversaires l'usage du bras droit ou de la
main qui doit tenir l'épée. Dans ce cas, et après que toute
tentative de réconciliation aurait été vainement épuisée,
on remettrait à plus tard une nouvelle rencontre.

— C'est entendu ainsi, — répondit Achille.

— Seulement, monsieur, — ajouta monsieur Utrera, —
comme les lois de l'Etat de New-York défendent expressément le duel sous des peines que nous voudriez pas
plus que nous vous exposer à subir, le duel aura lieu, si
vous le voulez bien, dans la chambre que j'occupe en ce
moment, en qualité de voyageur, à Prescott-House.

— J'accepte votre proposition, monsieur, d'autant plus
volontiers que mon ami et moi nous habitons le même
hôtel, Prescott-House.

— Quel est votre jour, — demanda monsieur Utrera,
— et quelle est votre heure ?

— Demain, monsieur, à huit heures du matin.

— Demain, à huit heures, chambre n° 212; nous vous y
attendrons.

Achille sortit après avoir échangé un salut courtois avec
monsieur Utrera, qui l'accompagna jusqu'à la porte.

V

Le lendemain, à sept heures et demie du matin, le colonel sortait de la maison dans laquelle il habitait dans la
cinquième avenue, en compagnie de monsieur Santiago
Utrera qui s'était rendu au-devant de lui.

Ces deux personnages se dirigèrent à Prescott-House en
passant par Union-Square et Broadway.

Ils cheminèrent en silence pendant quelques pas.

Le colonel prit le premier la parole.

— Je me suis battu souvent, — dit-il, — durant ma longue carrière militaire, à pied, à cheval, en mer, au sabre,
à l'épée, à la carabine ; ma nature impétueuse me porte à
aimer le danger et à le braver ; pourtant je vais à ce duel
la tristesse au cœur.

— Heureusement, colonel Hastings, que, maniant l'épée
avec cette supériorité qui fait de vous le premier tireur des
Etats-Unis, vous saurez, tout en garant votre personne,
épargner votre adversaire. Vous le blesserez légèrement,
et, s'il le faut, vous userez ainsi dans plusieurs combats
sans gravité sa patience à défaut de son ressentiment pour
vous.

— Certes — dit le colonel, — je suis heureux que ce pauvre jeune homme, pour lequel j'éprouve une sympathie
toute particulière, que je lui dois bien, du reste, ait choisi
l'épée, mon arme favorite. Avec l'épée, à moins qu'il ne
soit très fort, j'agirai à peu près suivant ma volonté. Mais
je ne veux point, comme vous le dites, lasser sa patience
dans des combats où il serait toujours vaincu ; non, je
ferai mieux. Si les circonstances s'y prêtent, je veux qu'il
me blesse ; et comme il est brave, il se montrera généreux.
A la vue de mon sang qu'il aura fait couler, il ne refusera
pas, j'en suis sûr, la main que je lui tendrai. Tout sera
oublié alors, et, s'il l'accepte, je deviendrai son ami.

— Ce que vous voulez faire, colonel, est un admirable
trait de générosité, du reste bien digne de vous.

— C'est un acte de justice, — reprit le colonel avec feu, —
et en vérité je ne me croirais pas un homme délicat si
j'agissais différemment... Je n'en reviens pas d'avoir commis une semblable méprise... Que diable avais-je dans les
yeux hier pour avoir pris ce brave garçon pour l'infâme
Smith ? C'est qu'ils ne se ressemblent vraiment pas ;
monsieur Lesbeau a une physionomie intelligente, ouverte
et fière, tandis que le misérable que j'ai cru frapper porte
au contraire sur ses traits, flétris par tous les vices et toutes les dégradations, le stigmate de sa vile nature... Chère
et digne Lucile ! bonne et regrettée compagne ! avoir osé
tenter par la plus noire calomnie de souiller ta mémoire
sainte !... Oh ! l'homme qui se vante d'avoir triomphé des
faiblesses d'une femme dans un amour criminel est bien
lâche quand il dit vrai ; mais lorsqu'il ment et lorsque
cette femme n'est plus là pour confondre le calomniateur,
c'est alors un être abject, placé par le mépris des honnêtes
gens hors la loi sociale, c'est enfin un Smith, c'est-à-dire
le dernier des animaux auxquels Dieu ait donné vie... Et
c'est ce jeune Français que, ayant pris pour cet homme,
j'ai...

Le colonel n'acheva pas sa phrase, mais il était facile de
comprendre toute sa pensée.

Il n'y a pas loin du n° 18 de la cinquième avenue à
Prescott-House. Le colonel venait à peine de prononcer les
dernières paroles que nous venons de rapporter, que, précédé de monsieur Santiago Utrera, il entrait à l'hôtel.

Tous deux montèrent lestement jusque dans la chambre
où, à l'abri de l'intervention de la police, le duel devait
avoir lieu en toute sécurité.

Bientôt Jules et Achille s'y rendirent à leur tour.

Après quelques paroles de courtoisie échangées entre
les deux témoins des adversaires :

— Avez-vous apporté des épées ? — demanda Nignet à
monsieur Utrera.

— Non monsieur — répondit ce dernier ; — monsieur le

colonel Hastings et moi n'habitons pas habituellement New-York, et nous n'avons aucune arme avec nous. Je comptais sur vos fleurets.

— Je n'en ai point, — dit Achille, — mais il sera facile de s'en procurer, je pense. — Il sonna un domestique et lui ordonna d'aller immédiatement chez le premier fabricant d'armes acheter une paire de fleurets. — Nous voulons, — dit-il au garçon d'hôtel, afin de ne pas éveiller ses soupçons, — nous amuser à faire des armes.

Le domestique obéit sans aucune réflexion.

Comme Jules et Achille restaient debout, monsieur Utrera les pria de s'asseoir, ce qu'ils firent.

Monsieur Utrera s'assit aussi.

Le colonel en fit autant.

La physionomie de Jules était calme et sévère, sans arrogance comme sans faiblesse. Celle du colonel, naturellement martiale, respirait la bienveillance alliée à l'énergie. Il contemplait Lesbeau avec intérêt, et on eût plutôt dit un père craignant pour son fils l'issue d'un combat qu'un adversaire mis en présence de son ennemi.

Le colonel avait manifestement envie de parler à Jules Lesbeau. Mais qu'eût-il pu lui dire qui ne ressemblât ni à une faiblesse, ni à une impertinence ?

Il garda le silence.

Monsieur Utrera, ayant sans doute quelque observation à faire au colonel, se leva de dessus son siège et se dirigea vers lui. Mais, avant de rien entendre, le colonel lui dit tout bas :

— Quelle noble fierté il y a chez ce jeune homme offensé! Quelle tenue modeste et digne ! Ce sont bien là les traits distinctifs du vrai courage et de la noblesse de cœur. Ce jeune homme appartient, j'en suis sûr, à la meilleure société française. — Puis tout à coup, et comme animé par une inspiration soudaine, le colonel se leva, et allant droit à Jules : — Permettez-moi, monsieur, — lui dit-il, — de vous demander, avant de jouer ma vie contre la vôtre, avec qui je vais avoir l'honneur de tirer l'épée.

— Monsieur, — répondit Jules, — je suis très étonné que pour me faire une semblable question vous ayez attendu au dernier moment. Toutefois, vous serez satisfait. Prévoyant que le colonel Hastings ne se contenterait pas de la simple parole d'un homme devenu son adversaire, et n'ayant dans ce pays aucune référence à donner, j'avais, pour établir mon honorabilité, rassemblé des lettres et quelques papiers de famille qui se trouvaient dans mon portefeuille au moment où je quittai la France entraîné par... l'amour des voyages. Voilà monsieur, ces papiers; il vous prouveront que je me nomme Jules Lesbeau et que ma famille est honorable de tout point. — Le colonel prit tout ce que lui présenta Jules, lettres et documents, et se mit à les examiner avec un soin si minutieux, que ce soin parut à notre compatriote une véritable impertinence.

— Monsieur, — lui dit Jules assez brusquement en étendant la main pour reprendre ses papiers, — vous en savez assez sans doute pour votre satisfaction et pour la mienne. J'ajouterai pourtant, comme dernière information, que monsieur le colonel américain Fenimor Hastings se bat aujourd'hui avec le fils du capitaine français Georges Lesbeau, mort glorieusement à la prise de la tour Malakoff, dans la tour Malakoff même.

Un éclair de satisfaction, dont la cause ne pouvait être connue entièrement que de lui-même, illumina le regard du colonel.

Il fit à Jules un signe de tête et de main qui voulait dire : Je suis, monsieur, entièrement satisfait.

Au même moment le domestique apporta les fleurets. Ils furent aussitôt démouchetés et distribués aux deux adversaires.

Chacun ôta son habit et le combat commença.

A peine le colonel eut-il croisé le fer avec Jules, qu'il se sentit en présence d'un adversaire redoutable.

Jules était en effet un des plus forts élèves de Grisier.

La figure du colonel devint soucieuse. Devant un tel ennemi qui semblait ne vouloir nullement l'épargner, le

colonel eut tout à faire de se garantir, et ne put pas, comme il l'avait espéré, conduire Lesbeau à le blesser légèrement afin de lui donner satisfaction et d'amener une réconciliation.

Après une feinte savamment ménagée, Jules, croyant le moment favorable, se fendit sur le colonel avec une impétuosité terrible. Celui-ci heureusement avait compris le jeu de son adversaire, et avec la force et la vivacité d'un jeune homme, il fit une prompte ; en reculant d'un demi-pas en arrière, il put ainsi év... un coup qui semblait inévitable.

Mais, en écartant l'épée de Jules, la pointe de l'épée du colonel alla se loger, à un demi-pouce de profondeur, dans le haut du bras droit de Lesbeau, qui resta immobile et n'eut que le temps bien juste de rattraper son arme de la main gauche pour ne pas la voir tomber à terre.

— Blessé ! — s'écrièrent à la fois Achille, monsieur Utrera et le colonel, dont la physionomie exprimait une douloureuse anxiété.

— Je puis, — dit Lesbeau, plus brave que prudent, — continuer de la main gauche.

— C'est impossible, — fit monsieur Utrera, — le combat ne serait plus légal, et personne ici ne voudrait consentir à ce qu'il en fût ainsi.

Jules tirait merveilleusement de la main gauche, Achille le savait ; aussi ce dernier consulta-t-il du regard son ami pour savoir ce qu'il devait faire. Mais comme il le vit pâlir et que le sang s'échappait en abondance de la blessure, à son tour il déclara que le combat devait cesser.

— Soit, — ajouta Lesbeau, — nous cesserons le combat puisqu'on m'y contraint; mais monsieur le colonel Hastings comprendra que je ne dois point me déclarer satisfait. Un de nous restera mort sur le terrain. Ma blessure est légère, mais qu'elle m'ôte la liberté du bras droit ; je compte sur l'honneur de monsieur le colonel pour recommencer le combat dès que je serai rétabli.

Le blessé s'assit sur un fauteuil, et Achille alla en toute hâte chercher un médecin pour son ami.

— Monsieur Lesbeau, — dit le colonel visiblement ému et sous l'empire d'une résolution subito, — vous avez raison de compter sur mon honneur, mais vous auriez tort de ne pas croire à mes profonds regrets, augmentés à cette heure par la maladroit coup d'épée que je viens de vous porter. Vous êtes brave, monsieur Lesbeau, et vous venez de vous montrer le digne fils de votre glorieux père. Moi je ne suis pas à mon premier duel, malheureusement, et j'ai fait depuis longtemps mes preuves de courage. Au lieu d'un combat à mort entre nous, si je vous offrais une alliance ?... J'ai une fille, monsieur, on la dit belle; elle est belle en effet, et ses nobles et délicates vertus sont au-dessus de sa beauté. De plus elle a reçu une éducation que je crois complète. J'ai consenti à me séparer d'elle pendant ces deux dernières années, et c'est à Paris qu'elle vient d'achever son instruction. Enfin, et ceci est le point déterminant pour vous, qui ne connaissez pas ma fille, je lui donne en se mariant cinq cent mille francs. A ma mort elle aura le double de cette somme. Voulez-vous, monsieur, que votre malheureux adversaire devienne votre heureux père ? Si mes excuses n'ont pas suffi à racheter une déplorable méprise, vous apprécierez, je l'espère, la réparation que je vous offre à cette heure comme la preuve la plus éclatante de toute mon estime pour votre personne, et de tous mes désirs de réparer des torts involontaires.

— Je refuse, monsieur, — dit Jules sans hésiter un instant.

— Vous refusez la main de ma fille, monsieur ! Etes-vous donc marié ?

— Non, monsieur.

— Serait-ce alors indiscret de vous demander la cause d'un semblable dédain ? — ajouta le colonel froissé du brusque refus de Jules.

— Je dois à vos sentimens de père, — répondit Jules,—

l'explication de mon refus : elle est toute entière dans ces simples paroles : j'aime une femme ; c'est avec elle, monsieur, que je me marierai et non avec une autre, si la destinée veut que je sois marié un jour.

Le colonel allait répliquer, lorsque Achille entra avec le docteur Bolton, le meilleur médecin de New-York.

Le docteur Bolton, après avoir examiné le bras du blessé, dit en s'adressant à Achille :

— Ce ne sera rien, monsieur ; c'est l'affaire de quelques soins et de huit jours de repos au plus.

— Colonel, — dit Jules — nous nous retrouverons dans huit jours.

— Comme il vous plaira, monsieur, — répondit le colonel, très irrité qu'on aimât une autre femme que sa fille, quand on avait le droit d'aimer cette dernière. — Seulement, — ajouta-t-il, — je dois prévenir monsieur Lesbeau que j'habite Charleston et que je n'aime pas à me déranger, pas même pour me battre. En conséquence, monsieur Lesbeau voudra bien se rendre à Charleston ; j'y serai dans huit jours pour n'en plus sortir. Là du moins les lois de l'État nous permettront de nous couper la gorge à notre aise.

Le colonel et son ami, monsieur Santiago Utrera, se retirèrent, et Jules alla se mettre au lit suivant les prescriptions du docteur Bolton.

— Voilà, — dit ironiquement en lui-même Achille Mignet, — un joli début en Amérique. Il me tarde plus que jamais de recevoir ma cargaison de liquides ; ils sont en hausse en ce moment, je m'en déferai promptement et avantageusement, sans aucun doute, et je retournerai au plus tôt en France. Pourvu, mon Dieu ! qu'il n'aille pas arriver malheur à ce pauvre Jules ! Le colonel avait l'air furieux contre lui en s'en allant, et il tire l'épée comme un maître d'armes consommé.

VI

Six jours après le duel à Prescott-House entre le colonel et Jules, celui-ci, entièrement guéri de sa blessure, se disposa à partir pour Charleston, afin de donner un dénouement au drame commencé.

La résolution de Jules était telle : il voulait si bien mourir ou tuer le colonel, qu'Achille n'essaya pas un seul instant de l'empêcher de mettre son projet à exécution.

Achille, naturellement, voulut accompagner son ami à Charleston pour l'assister dans la seconde rencontre comme il avait fait dans la première.

Tout était disposé pour le départ, quand on vint avertir en toute hâte Achille que le navire américain porteur de ses vins et de ses eaux-de-vie, the Pilferer (l'Escamoteur), venait d'entrer en rade avec de sérieuses avaries dans la nature et une voie d'eau considérable.

— Tous les malheurs à la fois, — exclama Mignet. — Ma cargaison, que j'ai eu l'imprudence de ne pas faire assurer, est endommagée, sans doute ; ou perdue entièrement peut-être. S'il en est ainsi, que deviendrai-je ? ou plutôt que deviendra mon excellent oncle, qui a répondu pour moi dans ce marché ? Ce serait pour lui la ruine et le désespoir. À son âge, et après une longue existence de labeurs, un pareil coup le tuerait, j'en suis sûr.

— Pourquoi te désespérer ainsi d'avance, — observa Jules ; — attends au moins pour le faire d'apprendre que ta cargaison est perdue.

— Comme cela tombe mal ! — dit Achille. — Ne pourrais-tu pas retarder ton duel de quelques jours ? le temps juste de m'assurer de l'état de mes liquides, de les faire soigner, s'ils ont besoin de soins, et de les vendre, s'ils sont vendables ; après quoi nous nous battrons, ou plutôt tu te battras tant que tu voudras.

— C'est impossible, mon cher ; j'ai promis au colonel, qui m'attend, d'aller nous couper la gorge dès que ma main serait assez ferme pour cela. Je tiens essentiellement

à tenir ma parole et à ne pas le faire attendre. Mais tu sais le proverbe : Chacun pour soi et Dieu pour tous. Nous ferons l'un sans l'autre chacun nos petites affaires. Tu resteras à New-York pour l'occuper de ta marchandise, pendant que moi j'irai à Charleston tuer le colonel. C'est l'affaire de quelques jours pour tous deux. Ensuite, nous nous rejoindrons pour ne plus nous quitter et retourner en France ; car, malgré mon extrême dégoût pour la mer, je suis bien décidé à ne pas rester longtemps dans ce maudit pays, où les colonels vous tombent sur la tête comme les tuiles ailleurs.

— Mais t'abandonner dans un moment suprême comme celui-ci !... Ça ne se peut pas.

— Et les vins ?... et tes eaux-de-vie ?...

— Je pourrais, à la rigueur, charger quelqu'un de me représenter.

— Ce serait agir imprudemment. S'il est vrai que la cale du navire soit à moitié remplie d'eau de mer, comme on te l'a dit, tu n'as pas une heure à perdre pour faire décharger les liquides, les inspecter et les mettre en lieu sûr en attendant un acquéreur. Il faut que tout cela se fasse toi présent, pour éviter qu'on ne te vole. Tu sais que les Américains de New-York ne jouissent pas, même aux États-Unis, d'une grande réputation de vertu en général, et que les plus rusés coquins de la terre vivent ici à l'affût des étrangers, qu'ils dépouillent avec une audace encouragée trop souvent par l'impunité de la justice à leur égard.

— Mon cher, on exagère beaucoup la mauvaise foi des hommes d'affaires de l'État de New-York. Il y a sans doute des coquins ici, comme il y en a malheureusement partout ailleurs, mais en définitive ils ne trompent que les esprits trop crédules, et je défie bien le Yankee le plus renforcé de me mettre dedans.

— À la bonne heure, mais pour être sûr de ne pas être trompé il faut faire ses affaires soi-même. En conséquence j'exige, tu entends bien, j'exige, que tu restes à New-York, où ta présence en ce moment est impérieusement commandée. Je partirai seul pour Charleston, où je saurai bien trouver un témoin pour m'assister.

— Eh bien ! soit ; je resterai puisque tu l'exiges absolument, mais à une condition.

— Laquelle ?

— C'est que s'il t'arrive d'être blessé tu me le feras savoir à l'instant même par le télégraphe électrique. Je partirais alors immédiatement pour te donner mes soins.

— Je ne serai point blessé, — dit Jules avec le ton de l'enthousiasme ; — je le sens, j'en suis sûr, quelque chose m'en répond.

— Que tu espères ne pas être blessé, très bien, je l'espère aussi vivement que toi ; mais que tu en sois sûr, c'est autre chose. On n'est jamais sûr de vaincre son adversaire, — et tu en as eu la preuve. À moins, — dit en souriant Achille, — que tu ne sois le filleul d'une fée, ou que tu n'aies en ta possession quelque précieux talisman.

— Un talisman ! — pensa Jules — eh ! n'en ai-je pas un ?

— Et il jeta un regard passionné sur la bague de miss Nancy, passée au petit doigt de sa main droite, c'est-à-dire de la main qui allait tenir l'épée dans un duel suprême. Il est vrai que cette même bague, Jules la portait lorsqu'il fut blessé une première fois. Oui, mais il la portait à la main gauche ; quelle différence ! L'amour et la religion nous rendent parfois superstitieux, et en amour comme en religion, c'est la foi qui sauve. Jules était persuadé que la bague de sa bien-aimée le rendrait cette fois invincible ; c'était une raison pour être invincible en effet. — Allons, dit Jules à son ami, — il faut nous séparer.

— Je veux au moins, — dit Achille, — te conduire jusqu'à la gare du chemin de fer.

— Très bien, — dit Jules. — partons. Mon bagage, comme tu le vois, n'est pas embarrassant, un simple sac de voyage.

— Dans combien de jours seras-tu de retour à New-York, si Dieu protège ta vie ? — demanda Mignet.

— De New-York à Charleston, il y a huit cent soixante

dix milles, et il faut soixante heures pour faire le trajet. Supposons six heures pour prendre quelque repos en arrivant, envoyer dire au colonel que je suis là et me trouver un témoin, cela fait soixante-six heures, soit trois jours pour faire large mesure; je me bats le quatrième jour... le temps de repartir... dans sept jours j'aurai tué le colonel et je serai de retour à New-York. — Achille, qui ne partageait par l'aveugle confiance de Jules, ayant vu le colonel manier l'épée avec une habileté rare, éprouva à ces dernières paroles un sentiment pénible. Il lui sembla au contraire que son ancien camarade allait périr dans ce funeste duel, et comme c'était lui, Achille Mignet, qui, ayant rencontré Jules, l'avait engagé à venir l'accompagner au Havre, d'où il s'était embarqué, il s'accusa de tous les malheurs dont son ami avait été et pourrait être encore victime. Aussi quand Lesbeau fut sur le point de prendre place dans le vagon qui devait peut-être le conduire à la mort, Achille l'embrassa-t-il avec effusion. Jules, lui, avait la confiance des illuminés; il regardait sa bague, et cette vue aurait dissipé jusqu'à ses moindres appréhensions. Au moment où le convoi partait, Jules mit sa tête à la portière et dit à son ami : — Si tu veux être sûr de ne pas être volé, vends tes vins au comptant.

Achille répondit à cette recommandation par un salut de la main accompagné d'un sourire forcé.

Mignet resta immobile, regardant le convoi s'éloigner. Lorsqu'il eut disparu à ses yeux:

— Que la volonté de Dieu s'accomplisse ! — dit-il.

Puis, faisant violence à ses sentimens, il tenta d'oublier momentanément son ami pour ne plus penser qu'à sa cargaison.

Il se rendit d'abord à l'hôtel pour y chercher quelques papiers nécessaires.

On lui dit qu'un gentleman l'attendait dans le *parlor*, et demandait à s'entretenir avec lui. Achille se rendit aussitôt dans le salon, où il vit un homme d'une trentaine d'années, très convenablement vêtu, qui lui dit en souriant :

— J'ai su, monsieur Achille Mignet, que vous aviez un chargement de vins et d'eaux-de-vie à bord du *Pilferer*, et je suis venu pour savoir quelles sont vos intentions à l'égard de cette marchandise. Je me nomme Daniel Walnut, je puis offrir les meilleures références. Je suis courtier établi à New-York depuis dix ans. Mon office est dans Wal-Street, et ma maison particulière, dont je suis propriétaire, se trouve dans la vingt-troisième rue. Je suis chargé d'expédier pour le compte de la maison Anderson et Boon, de Baltimore, jusqu'à concurrence de quatre-vingt mille dollars de vins et d'eaux-de-vie. Si votre intention est de vendre votre stock en gros, et que vos liquides ne soient pas avariés, nous pourrons traiter immédiatement.

— Mes vins et mes eaux-de-vie ne sont point vendus et mon intention est de m'en défaire en une seule fois, si c'est possible. Quand à vous dire s'ils ont été avariés, je n'en sais rien ; je me disposais à aller à bord du *Pilferer*, pour parler au capitaine et m'en assurer. Si mes liquides, qui sont tous d'une qualité supérieure, peuvent vous convenir, je ne demande pas mieux que de traiter avec vous. Seulement, monsieur Daniel Walnut, je dois vous prévenir que je veux vendre au comptant.

— A terme ou au comptant, cela ne fait pour ainsi dire aucune différence lorsqu'il s'agit d'une maison comme la maison Anderson et Boon, de Baltimore. Le papier de la maison Anderson et Boon est aussi bon et jouit de la même confiance que les billets de la meilleure des banques des Etats-Unis. Du reste, monsieur, si nous tombons d'accord sur les prix, je vous payerai comptant, en or si vous le désirez.

Il n'y avait pas à se méfier d'un homme qui tenait un semblable langage.

— C'est très bien, — dit Achille, — je vais me rendre à bord et j'aurai le plaisir d'aller vous voir ensuite à votre office.

— Pour éviter tout retard, permettez-moi, monsieur

Achille Mignet, — dit le courtier, — de vous accompagner. Je saurai ainsi dé suite si je puis ou non compter sur vos liquides, et j'agirai en conséquence.

— Comme il vous plaira, — répondit Achille. — Je monte dans mon appartement pour y chercher quelques papiers, et je suis à vous dans cinq minutes.

Le courtier s'inclina légèrement, en signe d'assentiment.

Cinq minutes plus tard, Achille et le courtier yankee descendaient le Broadway, se dirigeant rapidement vers le *pier* où se trouvait le *Pilferer*.

— Avez-vous un emplacement convenable, — demanda négligemment le courtier à notre compatriote, — pour placer vos liquides et leur donner les soins dont ils auraient besoin ?

— Mon Dieu ! non, — répondit Achille ; — je ne suis arrivé à New-York que depuis très peu de jours, et j'ai éprouvé tant d'ennuis et de soucis déjà en Amérique, que je n'ai eu ni le temps ni la volonté de m'occuper de ma marchandise.

— Si vous voulez, — répondit le Yankee, — je puis vous prêter pour une quinzaine de jours un de mes magasins dans Beeckman-Street. Dans ce magasin, qui est très vaste, il ne se trouve en ce moment que des futailles vides, et vous pourrez y placer aisément toutes vos barriques. Je vous donnerai la clef de ce local, dont vous aurez l'entière disposition, avec un reçu des marchandises que vous y déposerez.

Achille accepta avec empressement l'offre du courtier. Une semblable prévenance n'avait du reste rien que de très naturel de la part d'un homme avec qui on allait entrer en relations d'affaires.

La première chose que vit Achille en arrivant auprès du *Pilferer*, ce furent ses barriques alignées sur le quai. Elles n'avaient heureusement pas souffert des avaries du navire qui les avait portées. Mignet goûta le vin de deux ou trois barriques et le trouva parfait. L'eau-de-vie était aussi intacte. Toutefois, Achille voulut que tous ses liquides fussent reposés avant de les faire déguster. C'était trop juste, et le courtier ne demanda pas à les goûter de suite.

Les marchandises ne restent pas longtemps en douane à New-York. Achille paya les droits d'entrée, droits assez considérables, et fit transporter toutes ses barriques dans le magasin du courtier, ainsi que cela avait été convenu. Ce dernier remit à notre compatriote la clef du magasin avec un reçu de la marchandise en entrepôt chez lui. Ce reçu était très détaillé et éloignait tout soupçon de mauvaise foi.

— Maintenant que vos liquides sont en magasin et que j'en connais les prix, — dit le courtier à Mignet, — je vais écrire à Baltimore, pour les proposer.

— Très bien, — dit Achille, — écrivez.

La réponse ne se fit pas attendre longtemps. Les vins et les eaux-de-vie manquaient sur la place en ce moment, les conditions de vente faites par Achille étaient raisonnables; messieurs Anderson et Boon écrivirent le leur courtier que si la marchandise était telle qu'il la mentionnait, ils acceptaient le marché, se réservant d'ailleurs de la faire examiner avant d'en prendre livraison.

Le courtier montra à Achille la lettre écrite par la maison Anderson et Boon, qui était réellement une des plus solides maisons de commerce de Baltimore.

— Je considère l'affaire comme faite, — dit le Yankee, — et, pour activer le marché, je vous engage, le stock en valant la peine, à vous rendre vous-même à Baltimore. Vous verrez ces messieurs, et tout se fera ainsi mieux et plus vite que par lettres. Ils vous désigneront un de leurs dégustateurs de New-York, et quand cet homme aura constaté la qualité de vos produits, vous n'aurez plus qu'à livrer votre marchandise et à en recevoir le montant ; car ces messieurs savent qu'ils doivent payer comptant et sans escompte.

Mignet trouva bon le conseil du courtier et résolut de se rendre aussitôt à Baltimore.

Au moment de partir, un soupçon traversa son esprit.

— Si ce courtier, qui a l'air d'un parfait honnête homme, était un fripon ? Et si, pendant que je suis en voyage, il allait enlever mes barriques et vendre mes vins et mes eaux-de-vie exclusivement à son profit ? J'ai bien un reçu de sa main, mais les reçus ne sont bons que quand ils sont délivrés par les honnêtes gens. D'un autre côté, on peut avoir été honnête toute sa vie et devenir voleur un jour, quand la somme à voler n'est pas *déshonorante*, comme dit quelque part Balzac pour exprimer qu'il s'agit d'une forte somme... Que faire ?...

Il alla d'abord prendre des renseignemens sur la moralité et la position de fortune de monsieur Daniel Walnut. Partout il fut dit à Mignet que cette homme était dans de bonnes affaires, et personne ne mit en doute sa moralité.

— A la vérité, — observa un Français consulté à son tour, — monsieur Walnut est ce qu'on appelle ici un *smart fellow*, c'est-à-dire un rusé compère, bien capable de vous voler, s'il le peut, mais jamais ouvertement, comme le ferait un vulgaire fripon. Au reste, — ajouta-t-il, — puisque vous avez un reçu de vos vins en bonne forme de monsieur Walnut, et qu'il vous a mis en rapport direct avec la maison Anderson et Boon, je ne vois pas ce que vous auriez à craindre.

Néanmoins, et pour être parfaitement tranquille, Achille alla trouver le chef de la police.

— Devant, — lui dit-il, — faire un petit voyage et ayant quelque raison de croire que pendant mon absence on tentera d'enlever des vins et des eaux-de-vie m'appartenant, et qui se trouvent en dépôt dans le magasin de Beckman-Street de monsieur Daniel Walnut, je viens vous prier de faire exercer une surveillance incessante de jour et de nuit auprès de ce magasin. Je n'ai donné à qui que ce soit l'ordre de faire enlever aucune pièce de liquide, et vous pourrez considérer comme voleur et le faire arrêter comme tel, moi me portant partie civile, toute personne qui retirerait, sous un prétexte quelconque, une ou plusieurs barriques de vin ou d'eau-de-vie. Pour cette surveillance toute spéciale, je suis prêt à payer ce qu'il faudra.

Le chef de la police, après avoir reçu d'Achille une somme assez ronde:

— Vous pouvez être sans crainte, — lui dit-il, — personne durant votre absence n'enlèvera rien de votre magasin.

— Ce que je fais là, — pensa Mignet, — est très-probablement un excès de précaution; mais, indépendamment du malheur irréparable qui résulterait pour moi de la perte de ma marchandise, je serais horriblement vexé d'avoir été volé par un Américain. De cette façon, Dieu merci ! je n'ai rien à redouter.

Notre négociant se mit en route pour Baltimore, et arriva dans cette ville sans incident digne de remarque. Il vit messieurs Anderson et Boon. En dix minutes, le marché fut conclu, à la seule condition que le dégustateur de New-York nommé par la maison de Baltimore déclarerait les vins et les eaux-de-vie exempts de toute avarie et conformes aux qualités mentionnées.

Ce marché constituait pour Achille un bénéfice de quarante mille francs, tous frais payés. C'était comme on voit une excellente affaire, bien propre à encourager notre pacotilleur à continuer le commerce avec l'Amérique. Si la pensée de Jules, qu'il voyait en imagination tomber transpercé par l'épée de son adversaire, n'était venu l'assaillir à tout moment, Mignet eût été le plus heureux des hommes.

Il retourna à New-York. En arrivant dans la *ville impériale*, son premier soin fut d'aller à Prescott-House, pour avoir des nouvelles de Jules. Celui-ci n'avait rien écrit, ni par la poste ni par le télégraphe. Était-il donc mort? ce doute prit dans l'imagination alarmée d'Achille les proportions d'une réalité. Un moment il fut sur le point, n'écoutant que son amitié pour son ancien camarade de collège, de laisser là ses vins et de courir à toute vapeur à Charleston. Mais il réfléchit que si Jules était

mort il ne le ferait point renaître, et, la raison l'emportant sur un premier mouvement de sensibilité, il résolut d'attendre encore et de s'occuper de ses affaires.

En conséquence, il se rendit au magasin et constata que toutes les barriques étaient à leur place. Ensuite il alla chez le courtier et chez le dégustateur. On convint de se trouver ensemble le lendemain matin pour goûter les vins et les eaux-de-vie. Achille avait hâte d'en finir.

Le lendemain, à l'heure convenue, notre compatriote trouva, l'attendant à la porte du magasin, le courtier et le dégustateur.

Achille ouvrit la porte et tous entrèrent.

Le dégustateur prit le quart d'un verre de vin rouge qu'il tira de la première barrique à sa portée.

C'était un saint-julien d'une très bonne année.

— Quelle vilaine couleur a ce vin, — dit le dégustateur en remuant le liquide dans le verre pour en faire dégager tout le bouquet.

Achille, qui connaissait l'excellente qualité de son saint-julien, sourit d'un sourire qui semblait dire : Tu ne t'y connais guère, mon pauvre homme.

— Il ne faut pas toujours s'en rapporter à la couleur, — observa le courtier; — le vin est surtout fait pour la bouche, et s'il est bon...

Le dégustateur goûta.

— Eh bien? — demanda Mignet d'un air de satisfaction?

— Mais ce vin est entièrement perdu, — répondit le dégustateur; — il n'est pas buvable, et ne peut servir absolument à rien.

— C'est impossible, monsieur, — dit Achille, — vous vous trompez; vous goûtez mal.

Le dégustateur jeta le contenu de son verre, et, après avoir puisé de nouveau dans la barrique.

— Goûtez vous-même, — dit-il à Mignet.

Celui-ci n'eut pas plutôt mis le verre à sa bouche qu'il fit une horrible grimace.

— C'est incroyable; ce vin était délicieux il y a quelques jours... Cette barrique se sera trouvée avariée... Essayons des autres.

Le vin puisé dans la seconde barrique était tout aussi détestable. On goûta de toutes alternativement, pas une ne renfermait un vin potable. La perte était totale.

Les eaux-de-vie, dégustées à leur tour, se trouvèrent aussi entièrement décomposées.

Soupçonnant que toutes les futailles n'étaient pas vides dans le magasin et que le courtier lui avait prêté quand il y déposa ses liquides, et qu'on avait bien pu lui changer sa marchandise, il alla s'assurer de l'état de toutes les barriques renfermées dans le magasin. A l'exception des siennes, toutes étaient vides; on n'avait donc pas pu substituer des liquides corrompus à la place des siens.

Achille désespéré et ne comprenant absolument rien à ce qui pouvait être arrivé à ses vins et à ses eaux-de-vie, appela en consultation les principaux marchands de vin de New-York. Tous déclarèrent que le mal était sans remède, et personne ne voulut acheter, à aucun prix, la malheureuse cargaison de l'infortuné Mignet.

— Il y a du sortilége dans tout ceci, — dit-il avec l'accent du désespoir.

Eh non! il n'y avait pas de sortilége, il y avait tout simplement ce qu'on appelle en Amérique un *yankee-trick*.

Voici ce qui était arrivé :

Avant de se rendre à Prescott-House, où il devait voir Achille, le courtier Walnut avait fait subir à ses futailles vides, grandes et petites, une préparation analogue à celles que font subir à leurs gobelets messieurs les prestidigitateurs. Avec l'aide de deux complices, il avait ouvert le fond de chaque tonneau et avait pratiqué à l'intérieur, dans la région de la canelle, un compartiment parfaitement joint de toute part, de manière que le liquide contenu dans ce compartiment fût absolument séparé du reste du liquide renfermé dans la barrique. Cette chambre, d'une capacité d'environ le douzième du tonneau, devait l'enfermer le liquide corrompu, en faisant naturellement supposer que la barrique en était remplie.

Quand le jour de donner suite à son opération fut arrivé, c'est-à-dire quand notre compatriote partit pour Baltimore, le courtier et ses deux complices pénétrèrent une seconde fois dans le magasin à l'aide d'une fausse clef. Profitant d'un moment favorable où le *watchman* de garde (sergent de ville) s'était un peu éloigné du magasin en surveillance, nos trois coquins y étaient entrés avec un sac contenant quelques outils, des pompes aspirantes, un pot de peinture avec un pinceau, et des substances chimiques propres à opérer par leur mélange la décomposition des vins et des eaux-de-vie. Après avoir effacé de dessus les barriques de Mignet les marques d'expédition, et avoir peint ces mêmes marques sur les futailles vides, ils transvasèrent le contenu des premières dans celles-ci, en plaçant les vides à l'endroit des pleines et *vice versa*. Cette substitution faite, le vin et les eaux-de-vie furent séparés dans chaque pièce en deux parties; un douzième dans la chambre pratiquée dans la région de la canelle, et les onze autres douzièmes dans le reste de la futaille.

Alors ils introduisirent dans le compartiment ménagé près du robinet diverses drogues dont l'effet devait être et fut en effet, nous l'avons vu, de convertir le meilleur saint-julien et le plus exquis cognac en une horrible boisson; ou plutôt un liquide imbuvable pour personne. Le tour était joué, le *yankee-trick* consommé.

L'infortuné Mignet laissa pendant trois ou quatre jours encore ces désolées barriques dans le magasin du Yankee, ne pouvant se résoudre, pour comble de malheur, à payer des hommes de peine pour jeter à la mer ses vins et ses eaux-de-vie.

Enfin le courtier signifia à notre compatriote qu'il eût à faire enlever ses barriques, ayant besoin de son magasin. En même temps il lui présenta une note assez élevée pour indemnité de perte de temps et pour location du magasin.

— Mais, — dit Achille, — ne m'avez-vous pas prêté votre magasin pour y déposer ma marchandise?

— Oui, — répondit le Yankee, — parce que je croyais que vos vins et vos eaux-de-vie valaient quelque chose et que je pouvais vous les acheter. En vous demandant une indemnité pour mon local, je suis dans mon droit. Il est désagréable pour moi que vous m'ayez fait jouer un rôle ridicule, en me constituant le courtier d'une marchandise sans nulle valeur. Toutefois, — ajouta-t-il, — comme je compatis à votre perte, et que j'ai besoin de barriques en ce moment, je garderai les vôtres en payement de la somme que vous me devez. Si cet arrangement vous satisfait, ce sera une affaire réglée entre nous.—La transaction parut à Achille convenable, et autant pour en finir avec cette ruineuse affaire que pour éviter toute contestation en justice, il accepta. — Seulement, — ajouta le courtier, — vous me donnerez deux cents francs qu'il me faudra payer pour faire vider vos barriques.

— Je croyais, — dit Achille, — que vous les preniez pleines?

— Non, non, — répondit le Yankee, — ce n'est pas possible. Si vous le désirez, je garderai vos barriques pleines mais vous me donnerez quarante dollars.

Il fallut céder, et, pour comble de vexation, l'innocent Mignet paya au voleur deux cents francs pour garder la chose volée.

Tout compte fait, tant en frais de voyage qu'en droits de douane, qu'en honoraires payés à la police et aux experts marchands de vins, qu'en faux frais de toutes sortes, outre les cent mille francs de marchandises perdues, Mignet se trouvait encore à découvert de dix mille francs. Il ne lui restait plus des vingt mille francs, espèces données au départ par son oncle pour *parer aux éventualités*, que deux mille francs!

Il est vrai que Jules devait six mille francs à Achille; mais Jules était-il encore de ce monde? En supposant même les choses au mieux, en supposant qu'il eût tué le colonel, il reviendrait avec très peu d'argent, et Achille

calcula qu'ils auraient bien juste, en fusionnant leur avoir, de quoi solder les dépenses de l'hôtel et retourner en France.

Quant au courtier Daniel Walnut, il vendit, deux jours après sa dernière entrevue avec Achille, les vins et les eaux-de-vie de ce dernier, réduites, comme nous le savons, aux onze douzièmes, pour la somme de cent cinquante mille francs. Les spiritueux venaient de subir un nouveau et considérable mouvement de hausse.

Comme Mignet, qui se tenait renfermé dans sa chambre s'abandonnait aux plus sombres pensées, maudissant le destin et songeant au suicide, un domestique, de l'hôtel frappa à sa porte.

— Monsieur, — lui dit-il, — je vous apporte une dépêche télégraphique.

— Une dépêche télégraphique? — dit Achille. — De Charleston, sans doute?

— De Charleston, oui, monsieur.

— Ah! donnez, donnez vite. Mon Dieu! Jules est blessé mortellement peut-être!

Mignet prit la dépêche d'une main tremblante, et lut ce qui suit.

« *Charleston, 10 avril, onze heures du matin.*

» Je n'ai pas tué le colonel. Il ne m'a pas tué non plus. » Nous ne nous sommes fait aucun mal; au contraire. Il » est mon beau-père. C'est un fait accompli. Quel homme » que ce colonel, et quel jour délicieux celui où je l'ai » rencontré pour la première fois! Dans peu tu le ver- » ras, tu verras ma femme, tu nous verras tous. Je suis » au comble du bonheur. Et tes vins sont-ils arrivés et » bien vendus?

» Jules LESBEAU. »

Achille Mignet relut trois fois de suite cette dépêche; après quoi il courut au bureau du télégraphe électrique, qui se trouvait à l'hôtel, et répondit au télégramme de Jules par cet autre télégramme:

« *New-York, 10 avril, deux heures après midi.*

« Si tu n'es pas fou, si je ne suis pas moi-même, si » ce que tu dis est vrai, si j'ai bien lu, ne t'endors pas dans » les délices de Capoue. Prépare ta femme à ton dé- » part pour la France. Ton oncle Lesbeau est exact; il » sera le 1er juin, à onze heures du matin, tu sais où. » C'est le cas de ne pas manquer à ce dernier rendez-vous. » Je suis entièrement ruiné.

» Achille MIGNET. »

A sept heures et demie, Mignet reçut encore ces quelques mots de son ami.

» *Charleston, 10 avril, 5 heures après-midi.*

» Tu es ruiné, tant mieux, car je suis riche et puis tout » réparer. Je ne suis pas fou ni toi non plus. Dans trois » jours nous partons tous de Charleston pour New-York : » le colonel, ma femme et moi. Retiens pour nous un ap- » partement à Prescott-House. Je parie que tu t'es fait » voler tes vins. Ça m'amuserait beaucoup.

» Jules LESBEAU. »

— Par quelle étrange aventure, — pensa Mignet, — Jules a-t-il épousé la fille du colonel? Cette fille serait-elle notre voisine de cabine? Autant de questions, autant d'énigmes à résoudre. Dans tous les cas, il faut que Jules soit bien épris de sa femme pour considérer comme un jour déli- cieux le jour où il a rencontré le colonel pour la première fois. Et lui qui avait le mariage en horreur! Je me tâte pour m'assurer que j'existe. Il me semble rêver et je n'ose plus faire aucune conjecture. Enfin, comme dit le proverbe, qui vivra verra.

VII

Huit jours après l'envoi du dernier télégramme qu'on vient de lire, c'est-à-dire le 18 avril, Jules, sa femme et son beau-père, le colonel Hastings, arrivaient à New-York, où ils prenaient possession de l'appartement qu'avait retenu pour eux Achille Mignet.

La curiosité de ce dernier était surexcitée à l'extrême. Il voulait avant tout savoir si son ami avait épousé sa voisine de cabine. Il n'eut aucune peine à la reconnaître immédiatement, malgré l'épais voile vert de voyage dont elle couvrait son visage.

— C'est elle! — pensa Mignet. — Il l'aimait, je ne m'étais pas trompé. Mais quel singulier hasard, bon Dieu!

— Mon cher Achille, — dit Jules avec l'expression du plus vif contentement, — je te présente ma femme. Tu la reconnais, sans doute, car tu l'as vue souvent à bord, toi que le mal de mer a épargné. — Puis montrant le colonel.

— Quant à mon cher beau-père, tu peux, en le voyant, fredonner ce refrain si connu : *Je reconnais ce militaire, je l'ai vu sur le champ d'honneur.* Ce bon colonel! je lui dois tout : la vie, car il est meilleur tireur que moi et il eût pu me tuer s'il l'eût voulu ; le bonheur, car il m'a donné la femme que j'aime.

— Passe pour le bonheur, — dit le colonel ; — mais pour la vie ce n'est pas sûr. Mon gendre est un gaillard qui sait se défendre, — ajouta-t-il en regardant Jules et en faisant un signe de tête accompagné d'une grimace significative.

— Moins bien que vous ne savez attaquer, cher beau-père, et je suis sûr que vous m'avez épargné.

— Eh bien! soit, — dit le colonel ; — mais je vous promets, mon gendre, que je jouerai franc jeu la prochaine rencontre, et que cette fois je ne vous épargnerai pas.

— O ciel! mon père, que dites-vous là? — fit la jeune femme.

— Calme-toi, mon enfant, — répondit le colonel en riant; — cette fois nous aurons des fleurets solidement mouchetés, nous aurons des masques en fils de fer, et la poitrine bien garantie par une forte cuirasse de cuir... En fait de duel sérieux, je n'en veux plus ; le duel à la fourchette, c'est tard et nous n'avons pas encore déjeuné... Allons, mes enfants, allons nous mettre à table. Monsieur Mignet veut-il être des nôtres?

— Colonel, je vous remercie, j'ai déjeuné.

— Viens toujours avec nous, — dit Jules ; — tu nous regarderas faire, et tout en mangeant je te raconterai comment il se fait que je sois marié avec la fille du colonel. Qui aurait pu se douter de ça le jour où mon beau-père, oubliant de mettre son binocle, m'a pris pour un autre et m'a... si brusquement interpellé?

— Ne parlons plus de cela, mon ami, — dit le colonel, — ce souvenir m'attriste ; il m'ôterait l'appétit et ce serait dommage, car j'ai diablement faim.

Jules, sa femme et son beau-père allèrent se mettre à table.

Achille les y accompagna et s'assit à côté de son ami.

Ce dernier, après avoir jeté à différentes reprises sur sa femme un regard passionné, se pencha vers Mignet et lui glissa tout bas ces paroles :

— Comment la trouves-tu?

— Charmante.

— Et encore tu ne vois rien.

— Je ne parle que de ce que je vois, — dit Achille en souriant.

— Tu ne me comprends pas. Je veux dire qu'elle est aussi bonne et aussi intelligente qu'elle est jolie.

— Je le crois. Mais ne me parle plus à l'oreille en la regardant comme tu fais, ce n'est pas convenable.

— Tu as raison, mon ami, — Puis à haute voix : — J'imagine, mon cher Achille, que si quelqu'un a dû être étonné, depuis les temps héroïques jusqu'à nos jours, c'est toi, au moment où, par le fil électrique, je t'ai annoncé mon mariage avec la fille du colonel.

— J'avoue, — répondit Mignet, — que je ne m'y attendais guère. Peut-être, — ajouta-t-il malicieusement en regardant la jeune femme, — aurais-je été moins surpris de ce mariage si j'avais pu deviner que notre charmante voisine de cabine était la fille de l'adversaire de mon ami.

— Et comment ça? — fit Jules un peu déconcerté.

— Imagine-tu donc, naïf jeune homme, que j'ai pu croire à ton amour spontané et irrésistible pour la navigation, quand quelques heures, que dis-je, quelques minutes avant de t'embarquer tu m'avouais ton dégoût invincible pour la mer et pour les navires, et que tu faisais tous tes efforts pour me persuader de rester en France?

— Ah! vraiment tu t'es douté de quelque chose?

— C'est-à-dire que je me suis dit : pour s'embarquer sur l'*Arago*, Jules a un motif impérieux qui l'emporte sur toutes ses répugnances ; quel est ce motif, je n'en sais rien, mais il y en a un. J'avais espéré que tu me ferais connaître ton secret; tu as voulu le garder, c'est fort bien. Mais, vois-tu, le secret des amoureux c'est toujours plus ou moins le secret de la comédie. A la manière dont tu me parlais de madame dans les rares momens où tu pouvais parler; à la façon dont tu la contemplais de cet œil doublement languissant par l'amour et les fatigues de la traversée, j'ai compris que ton cœur était pris, et j'avais la presque certitude de l'avoir deviné.

— Pourquoi dès lors ne m'as-tu rien dit? — observa Jules.

— Mais il me semble, — répondit Achille, — que c'était à toi de parler et à moi de recevoir tes confidences.

— C'est juste, — dit Jules. — Mais, que veux-tu, j'étais craintif, j'avais peur même de toi. Les secrets d'amour ont leur pudeur ; les dévoiler, c'est les blesser.

— Voilà bien de la délicatesse, monsieur, — dit avec un accent amical et railleur la jeune personne en s'adressant à Jules Lesbeau, — bien de la délicatesse de la part d'un homme qui ne s'est fait aucun scrupule de s'emparer d'un bijou qui ne lui appartenait pas : car enfin, monsieur, vous saviez bien que cette bague était à moi ; vous me l'aviez vue chercher, vous me l'aviez entendue demander et vous l'avez gardée. Est-ce de la délicatesse ça, monsieur?... Et vous êtes d'autant plus coupable que vous supposiez que les cheveux qui ornaient cette bague étaient les miens au lieu d'appartenir à ma pauvre mère.

— C'est vrai, — répondit Jules, — je suis bien coupable. Mais, — ajouta-t-il en riant, — il faut que je sois bien endurci dans le crime, car je ne m'en suis pas repenti une minute. Chère bague! Après Achille, qui m'a rencontré rue Vivienne, à Paris, et m'a conduit au Havre, où je devais voir pour la première fois celle qui devait être ma femme, je dois tout à ce bienheureux anneau, mon talisman. Voici, mon cher Achille, ce qui s'est passé; car tu dois être impatient de connaître par quels moyens mon duel avec le colonel a pu amener mon mariage avec sa fille.

— Je t'écoute, — dit Achille.

— Avant, — fit le colonel, — j'engage monsieur Mignet à goûter ce vin de Bordeaux qui est vraiment délicieux.

— Volontiers, — dit Achille. Et il prit un verre de bordeaux que le colonel remplit aux deux tiers. Mignet but.

— C'est singulier, pensa-t-il, — on jurerait mon vin de Saint-Julien!

— Maintenant, mon gendre, — dit le colonel, — vous avez la parole.

— Voici donc, mon cher Achille, ce qui s'est passé. A mon arrivée à Charleston, je fis savoir ma présence au colonel, et il fut convenu que nous nous battrions le lendemain matin. Un Français, habitant de cette ville, devait me servir de témoin. Nous nous rendîmes sur le terrain; moi animé du sentiment de la vengeance, le colonel furieux de voir que j'avais refusé sa fille. Car tu ne sais pas ça, toi, mon cher Achille, le colonel, voulant noblement réparer son mouvement de vivacité à mon égard, et la blessure au bras qu'il m'avait faite par-dessus le marché, m'offrit de devenir son gendre. Je refusai ses propositions, car je ne pouvais deviner que sa fille c'était la femme que j'aimais.

— J'avoue, — dit le colonel, — que ce refus avait singulièrement diminué ma sympathie pour vous, mon cher Jules.

— Enfin, — continua ce dernier, — nous allions pour la seconde fois jouer notre vie à ce jeu d'adresse qu'on appelle l'escrime, lorsque, croyant n'être vu de personne, je portai à mes lèvres cette bienheureuse bague que tu sais, et que j'avais passée au petit doigt de ma main. Le colonel surprit le mouvement que je venais de faire et m'entendit prononcer le nom de Nancy. Il fit quelques pas vers moi et, examinant de près l'anneau que je venais de baiser avec transport, il le reconnut. Cette bague, mon cher Achille, Nancy le disait il n'y a qu'un instant, était ornée des cheveux de la mère de ma femme. C'était pour le colonel un souvenir précieux, et pour Nancy un objet de vénération. « Monsieur, — me dit le colonel, — vous portez une bague qui ne vous appartient pas. » A cette brusque accusation qui pouvait être interprétée d'une manière fâcheuse pour mon honneur, je sentis le sang se figer dans mes veines. Comme je regardais le colonel ne trouvant pas un mot à répondre : « Dans l'intérieur de cette bague, — ajouta-t-il, — est écrit le nom de Nancy, qui est le nom de ma fille. — Nancy est le nom de votre fille, dites-vous? — Je vous le dis, monsieur, — répondit sévèrement le colonel. — Et votre fille est arrivée il y a peu de jours de France ? — Oui, monsieur, par le steamer Arago, en compagnie de monsieur et de madame Lukson, nos amis, — Ah ! colonel Hastings, — lui dis-je en jetant au loin mon épée et en me précipitant dans ses bras, — c'est votre fille que j'aime ! »

— Cet instant fut pour moi, — dit le colonel en vidant son verre de bordeaux, — un des plus heureux de ma vie.

— « Vous serez mon gendre, » ajouta mon cher beau-père, « à moins que vous ne trouviez un obstacle du côté de ma fille, car, si je me crois autorisé comme père à lui donner mes conseils, je ne veux pas violenter ses sentimens et la contraindre à se marier. » Grâce au ciel je ne trouvai pas cet obstacle. J'avais eu le bonheur de ne pas déplaire à ma bonne Nancy.

— Vous étiez si souffrant à bord que je ne pouvais m'empêcher de vous plaindre, — dit la jeune femme.

— Heu ! heu ! — fit le colonel, — Jules n'avait pas encore le mal de mer au Havre, et tu m'as avoué, ma fille, que tu l'avais remarqué à table d'hôte.

— Oh ! papa, — dit Nancy d'un ton de reproche, — puisque tu es indiscret à ce point, je ne te dirai plus rien.

— On se marie promptement aux États-Unis, — reprit Jules. — Le hasard, qui avait joué un si heureux rôle dans tout ce qui m'arrivait, voulut achever son œuvre. Je vis à Charleston monsieur Simpson, riche banquier de cette ville et qui a été longtemps en relations d'affaires avec mon oncle Lesbeau. Monsieur Simpson m'a, pour mon mariage, servi de témoin avec le consul de France, qui a beaucoup connu mon père et m'a vu à Paris quand j'étais tout jeune homme. J'aurais bien voulu t'avoir pour un de mes témoins, mon cher Achille, mais les mêmes raisons qui faisaient que je t'avais engagé à rester à New-York lors de mon départ pour Charleston me faisaient un devoir de t'y laisser. Voilà, mon bon et vieil ami, l'histoire de mon mariage. On dirait un chapitre de roman, n'est-ce pas ?

— C'est, ma foi ! vrai, — dit le colonel en avalant un der-

nier verre de vin de Bordeaux... — Monsieur Achille, encore un peu de cet excellent saint-julien.

— Je vous remercie, — répondit Mignet; — le vin de Bordeaux me réussit trop mal depuis quelque temps. Si j'avais le courage de plaisanter avec les malheurs qui m'arrivent, je dirais que c'est le vin de Bordeaux qui a occasionné tous mes déboires.

— A propos, — dit Jules, — raconte-nous donc l'histoire de ta cargaison.

— Je le veux bien, — répondit Achille, — mais ce n'a rien de divertissant.

— Peut-être, — dit Jules.

— Je ne te comprends pas.

— Que veux-tu, rien ne m'ôtera de l'idée que tu t'es fait voler par un de ces adroits coquins comme on n'en rencontre peut être qu'en Amérique.

— Tu vas voir, mon cher Jules, que c'est impossible. Je suis victime, mais je ne suis pas dupe.

Et pendant que les nouveaux arrivans finissaient leur repas et prenaient le café, Mignet raconta toutes les circonstances relatives à la perte de ses vins et de ses eaux-de-vie. Comme il terminait son lamentable récit, le maître de l'hôtel de Prescott-House vint à passer.

— Vous avez là, monsieur, — lui dit le colonel en lui montrant la bouteille de Saint-Julien dont il venait de boire le dernier verre, — un vin de Bordeaux comme je n'en ai jamais bu de meilleur.

— Oui, monsieur, — répondit le maître de l'hôtel; — c'est en effet un vin rare aux États-Unis, où tous les vins nous arrivent plus ou moins frelatés. En ore, — ajouta-t-il, — le goûtez-vous dans de mauvaises conditions, car il n'est en bouteilles que depuis très peu de jours. C'est un vin que m'a vendu, avec une portion d'eau-de-vie, le courtier Walnut. Il y avait soixante-douze pièces de vin et vingt-deux futailles d'eau-de-vie.

— Soixante-douze pièces de vin et vingt-deux futailles d'eau-de-vie, c'est mon chiffre, dit Achille, — je suis volé; comment, je n'en sais rien, mais je suis volé.

Et il se leva de table furieux, voulant immédiatement aller porter plainte contre Daniel Walnut.

— Prenez garde, monsieur, — lui dit le maître de l'hôtel; — si, après avoir accusé de fraude monsieur Walnut, vous ne prouvez pas sa culpabilité par des preuves positives, et pour ainsi dire palpables, il sera acquitté et il vous actionnera ensuite pour avoir à lui payer des dommages et intérêts. Ces dommages et intérêts peuvent s'élever à une somme considérable, qui excéderait le prix des liquides que vous avez perdus.

— Que faire alors ? — dit Achille découragé.

— Passer ta cargaison aux profits et pertes, mon cher Mignet, — répondit Jules en riant, — et ouvrir ton livre de crédit pour y inscrire trois cent mille francs que je te dois et avec lesquels tu pourras rembourser tes créanciers et racheter la propriété du Méjoc pour y vivre selon tes goûts paisibles, loin de la spéculation qui n'est pas ton fait.

— Mais, — dit Achille, — tu ne me dois pas cette somme; tu ne me dois que six mille francs.

— C'est mon cadeau de noces, — répondit Jules en serrant la main de son ami; — sans toi je ne serais pas marié à cette heure; sans ce mariage je perdais l'affection de mon oncle; je te dois mon bonheur et ma fortune, n'est-il pas juste que tu aies la part de ces deux choses?

— C'est juste, — dit le colonel, — et vous devez accepter.

— C'est juste, — dit à son tour la jeune femme, — et vous ne pouvez refuser, monsieur Achille.

— Eh bien! soit, — dit Achille avec émotion, — j'accepte, puisque vous le voulez tous. Il m'en aurait trop coûté d'être la cause de la ruine de mon excellent oncle, et de voir à jamais perdus pour moi la maison et les terres que mon père m'a léguées à sa mort.

Et, obéissant alors à un mouvement de mutuelle expansion, les deux anciens camarades de collège se précipitèrent dans les bras l'un de l'autre.

— Et moi, — dit le colonel, — je veux aussi vous presser dans mes bras, monsieur Mignet.

— Ah ! colonel, — fit Achille, — je suis bien heureux.

—Allons, mon bon vieux, — dit Jules à son ami, — embrasse aussi ma femme, pendant que tu y es.

— Oui, certainement, je dois bien cette faveur à madame, — dit Achille sans savoir ce qu'il disait et troublé par l'émotion de la joie.

A ce mot de faveur, Jules et le colonel partirent d'un éclat de rire.

— Comment, — dit la jeune femme, — c'est vous, monsieur Mignet, qui me faites une faveur en m'embrassant ?

— C'est-à-dire, — répondit Achille de plus en plus troublé, — que nous ne nous faisons aucune faveur ni l'un ni l'autre... Non, ce n'est pas ça... Pardon, madame, je ne sais plus ce que je veux dire.

— Allons, — dit le colonel, — embrassez-vous et que ça finisse.

La jeune femme tendit son front sur lequel Mignet déposa le plus respectueux et le plus tendre baiser.

— Maintenant,—dit Jules, — si je calcule bien le temps qui nous reste encore jusqu'au 1er juin, nous pouvons nous reposer huit jours ici, nous embarquer ensuite pour l'Angleterre, visiter Londres et arriver à Paris au rendez-vous de mon oncle Lesbeau. Va-t-il être heureux, mon oncle, et va-t-il aimer ma belle et bonne Nancy ! Il demandait pour moi une femme, je lui donne un ange.

VIII

Le 28 avril, Jules, sa femme, Mignet et le colonel partirent de New-York sur un steamer pour Liverpool.

Le colonel, d'abord indécis s'il ferait le voyage de France ou s'il retournerait à Charleston, se décida enfin à accompagner les nouveaux mariés à Paris.

Afin de se préserver du mal de mer, qui apparaissait à Jules comme le revers de la plus belle médaille, il fit emplète d'une ceinture accompagnée d'un prospectus raisonné et très savant qui prouvait d'une façon incontestable l'efficacité de l'appareil préservateur. Il s'en servit et souffrit horriblement du mal de mer. Toutefois il fut moins malade à ce second voyage qu'il ne l'avait été au premier.

En dix jours le steamer fit la traversée.

Jules, sa femme, le colonel et Mignet visitèrent Londres comme ils en avaient formé le projet, et le 1er juin ils se trouvèrent à onze heures précises sur la place des Victoires, au pied de la statue de Louis XIV.

Jules aperçut son oncle qui, à cinquante pas de la statue environ, regarda l'heure à sa montre.

— Le voilà ! — dit Jules. —Il faut d'abord qu'il ne voie que moi. Achille, donne le bras à ma femme, et vous, mon cher beau-père, restez avec eux pendant que j'irai à sa rencontre. — L'oncle arrivait d'un pas mesuré. Dès qu'il fut au pied de la statue, Jules apparut. — Bonjour, mon oncle ; comment vous portez-vous ce matin ?

— Nous causerons de cela plus tard, s'il y a lieu... Tu sais ce qui m'amène ?

— Oui, mon oncle.

— Eh bien ! es-tu enfin décidé à en finir avec la vie de garçon ?

— Oui, mon oncle.

— Allons donc ! —exclama monsieur Lesbeau d'un air triomphant et en faisant un signe du bras. — Mais ce n'est pas tout ; as-tu trouvé une femme ?

— Oui, mon oncle.

— Allons donc ! — répéta du même ton triomphant le banquier. Puis continuant : — Se trouve-t-elle dans les conditions voulues ? est-elle jeune ?

— Oui, mon oncle.

— Bien faite de sa personne et d'un physique agréable ?

— Oui, mon oncle.

— D'un bon naturel ?

— Oui, mon oncle.

— Intelligente ?

— Oui, mon oncle.

— Instruite ?

— Oui, mon oncle.

— Appartient-elle à une famille honorable ?

— Oui, mon oncle.

— A-t-elle quelque fortune ? tu sais du reste que sur ce point je me montrerai facile.

— Elle est riche, mon oncle.

— Bravo ! C'est pour le mieux. Et tu l'aimes ?

— Je l'adore, mon oncle.

— Et tu le lui as dit ?

— Oui, mon oncle.

— Et elle ?

— Elle m'aime aussi.

— A quand le mariage ?

— Nous sommes mariés, mon oncle.

— Plaît-il ? — dit monsieur Lesbeau, qui avait cru mal entendre.

— Nous sommes mariés, mon oncle.

— Mariés déjà ! et sans moi ? sans m'avertir ?

— C'était trop loin d'ici, mon oncle.

— Comment, trop loin ?

— Je me suis marié en Amérique, mon oncle.

— Qu'est-ce que c'est que cette plaisanterie ? Vous voulez rire, monsieur mon neveu ?

— C'est très sérieux, mon oncle.

— Mais alors la femme est restée en Amérique ?

— Non, mon oncle, elle est à Paris.

— Où ça donc ?

— Ici, de ce côté, avec mon beau-père, le colonel Fenimor Hastings, de Charleston, et mon ancien camarade de collège, Achille Mignet.

Et au même moment le petit groupe, qui s'était rapproché sur un signe de Jules, entoura le banquier.

— Mon oncle ! — dit la jeune femme en lui sautant au cou.

— Cher monsieur ! — lui dit affectueusement le colonel en lui tendant la main.

— Monsieur ! — dit Achille Mignet en s'inclinant.

L'ex-banquier croyait rêver. Il embrassa six fois de suite la femme de son neveu, qu'il trouva charmante, serra cordialement la main du colonel et salua Mignet.

— Comment marié ! et marié en Amérique ! Je n'en reviens pas !

— Oui, mon excellent oncle ; marié et marié en Amérique, grâce à une succession d'événemens dont vous serez bientôt instruit, et qui eurent pour point de départ l'heureuse rencontre d'Achille, à l'issue de notre dernier rendez-vous, il y a trois mois.

— Monsieur Mignet, — dit l'oncle Lesbeau, — je vous dois de la reconnaissance, et si jamais je puis vous être utile, disposez de moi. Mais, — ajouta-t-il, — ne restons pas plus longtemps sur cette place. A défaut d'autre voiture plus comfortable, prenons un fiacre et rendons-nous à mon hôtel.

— Mon oncle,—dit Jules,—ma femme aime mieux aller à pied... Le cahot de la voiture pourrait lui être nuisible... Elle a d'ailleurs besoin du grand air.

— Cette chère enfant serait-elle indisposée ?—demanda monsieur Lesbeau avec intérêt.

— Ça se passera, — répondit Jules en souriant. — Ce n'est pas inquiétant... Des langueurs d'estomac... un appétit mal réglé et souvent fantasque... il n'y a rien à faire à cela... le temps est le seul remède en pareil cas.

— Ah ! — dit l'ex-banquier, avec une expression de figure rayonnante ; — je devine. Enfin mes vœux vont s'accomplir... Je puis mourir, le nom de Lesbeau me survivra... Jules, mon cher neveu, je t'avais promis, outre toute ma fortune après ma mort, vingt mille francs de pension ma vie durant ; à compter de ce moment, je double la somme. Quand il y en a pour deux,—ajouta-t-il avec intention, — il n'y en a pas toujours pour trois.

Le même jour, l'oncle apprenait du neveu les détails qu'ont vient de lire.

Ces explications entendues, l'ex-banquier prit un air important et dit :

—Devant tant de faits singuliers accomplis en si peu de temps et à des distances si éloignées, il faut répéter avec Bossuet ces paroles célèbres : *L'homme s'agite et Dieu le mène.*

LE PREMIER VOYAGE DU GREAT-EASTERN

De Southampton à New-York.

Le problème est résolu. *Le Great-Eastern*, ce colosse des mers, objet de sombres prophéties, a heureusement effectué sa première traversée. Des marins, des constructeurs de navires, des ingénieurs avaient prédit sa perte, et les compagnies d'assurances ne voulurent point l'assurer. D'après les calculs de ces alarmistes, l'immense bateau, naviguant entre deux eaux, c'est-à-dire reposant toujours sur l'extrémité de deux lames, devait se partager par le milieu, comme on présume que cela est arrivé pour le steamer américain *le Président*, dont la longueur extraordinaire avait aussi inspiré de graves inquiétudes.

On raconte qu'un Anglais, au moment de s'embarquer sur ce dernier navire, effrayé de la longueur du steamer, ne voulut point partir. Ses bagages étaient déjà embarqués, il les fit remettre à terre et perdit l'argent de son passage.

— Ce bateau, — dit-il, — ne franchira pas l'Océan ; il se partagera par le milieu, et personne peut-être ne survivra au désastre.

Personne, en effet, n'a échappé au naufrage mystérieux du *Président.*

On craignait une semblable catastrophe pour *le Great-Eastern*, d'autant plus que les premiers essais, on s'en souvient, étaient loin d'avoir été favorables. Aussi, malgré toutes les invitations faites par la compagnie, malgré le comfortable unique que présentent les aménagemens de ce vaisseau incomparable, quarante-cinq passagers seulement (quinze Américains, vingt-cinq Anglais, deux Russes et trois dames anglaises) ont osé s'aventurer dans un voyage tout rempli de menaces.

Les périls, heureusement, n'étaient qu'imaginaires, et les quarante-cinq passagers ont fait, dans un navire destiné à recevoir quatre mille voyageurs à la fois, la plus noble traversée qu'il ait jamais été donné à personne d'accomplir.

Ce n'est pas, comme on voit, l'espace qui manquait à ces héros de l'Océan ; aussi y a-t-il eu des courses à bord, ainsi que le rapporte un passager. Nous donnerons plus loin des fragments traduits de son journal. Quant aux trois intrépides *ladies*, le plus bel ornement de ce palais flottant, on juge des attentions dont elles furent l'objet. Jamais princesses ne reçurent dans leurs Etats d'hommages plus empressés que les trois dames à bord du *Great-Eastern.*

Tous les soirs il y avait bal, bal à grand orchestre, et pour varier les plaisirs on intercalait les danses de morceaux de chant et de solos d'instrumens. Le capitaine lui-même, excellent flûtiste, contribuait à ces concerts.

Mais n'anticipons pas.

Avant de mettre sous les yeux de nos lecteurs le récit détaillé de cette première campagne à travers l'Océan, qui n'a été qu'une fête et qu'un triomphe, il convient d'abord de donner un aperçu des proportions de ce roi des mers et du luxe de sa décoration intérieure. A ces détails l'imagination reste confondue, et l'on crie comme les Américains à la huitième merveille du monde, et qui est la plus étonnante de toutes, assurément.

Le pont supérieur du navire a, dans sa plus grande longueur, 692 pieds. Sa largeur moyenne est de 83 pieds. Cette largeur est au centre de 120 pieds, en y comprenant les roues. La plus grande profondeur du pont à la cale est de 58 pieds, La longueur totale des salons occupant le centre des deux ponts supérieurs est de 400 pieds.

Il y a deux étages de salons et trois étages de cabines. Les cabines sont divisées en trois classes.

La première classe de cabines peut recevoir, avec tout le comfortable qui se puisse désirer en mer, de huit cents à huit cent cinquante passagers. Quelques-unes de ces cabines, qui n'ont de cabine que le nom, sont des appartemens complets, composés d'une chambre à coucher, d'un petit salon, d'un cabinet de toilette et d'une salle de bains. Combien de familles sont moins bien logées à Paris et dans toutes les villes du monde !

La deuxième classe de cabines, un peu moins luxueuse que la première, mais très comfortable encore, peut loger deux mille personnes.

Enfin la troisième classe, moins étendue que la précédente, admet encore douze cents passagers. Cela fait bien, comme nous l'avons dit plus haut, un total de quatre mille voyageurs ; une ville !

Voilà pour les hommes ; passons aux marchandises. *Le Great-Eastern* est construit de manière à recevoir dans ses flancs, avec toutes les garanties de conservation, l'énorme poids de six mille tonnes de chargement. Ce chiffre donne le vertige. C'est qu'il faut savoir que le jaugeage complet du navire est de 23,000 tonneaux !

Quant à la solidité de ce steamer, on en pourra juger par quelques détails. Trente mille plaques de fer, variant d'un demi-pouce à un pouce d'épaisseur, et formant ensemble un poids de dix mille tonnes, ont été employées à sa construction. Ces trente mille plaques de fer sont reliées par trois millions de rivets. Je passe sur les autres matières qui composent ce bateau monstre, pour dire qu'il y a six mâts, dont trois en fer creux ; cinq cheminées, dix chaudières, cent douze fournaises, deux roues à aubes de cinquante-six pieds de diamètre, et pour chaloupe un bateau à vapeur.

Ajoutons que *le Great-Eastern* a un tirant d'eau de dix-huit pieds quand il est vide, et de trente pieds lorsqu'il est chargé. C'est la conséquence forcée de ses énormes proportions, et un des principaux inconvéniens qu'il présente. En effet, ce steamer ne peut entrer que dans un petit nombre de ports de commerce.

Ce miraculeux navire, outre ses trois classes de cabines, offre aux passagers des salons tels qu'on n'en voit nulle part à terre, tant par leur longueur que par le caractère de leur décoration.

L'ameublement magnifique et très original du grand salon, qui conduit aux premières classes, offrait des difficultés sans nombre en raison des deux énormes tuyaux de cheminée qui le traversent, et aussi à cause du jour qu'il fallait ménager aux salons du deuxième pont. C'est un prodige de voir avec quelle habileté les difficultés ont été vaincues pour concilier des exigences qui semblaient contradictoires. Mais tel est le talent des décorateurs, que les défauts sont devenus des qualités, et les saillies les plus monstrueuses, les vides les plus insolites, les barrages les plus extravagans au point de vue architectural, sont si adroitement mis à profit pour l'unité de l'ensemble qu'ils sont rendus absolument nécessaires à l'harmonie du tout.

Les charpentes de fer entourent les espaces laissés libres pour le jour et pour la ventilation, et font ressortir avec avantage les élégantes colonnes qui les supportent. Ces colonnes et toutes les charpentes en fer imitent l'argent oxydé, et produisent un effet aussi riche que sévère. La charpente du vaisseau est si bien ornée qu'elle semble indispensable à la décoration. Les panneaux, peints en rouge et bleu, et relevés d'or sur un fond d'argent oxydé, sont d'un coup d'œil féerique. Les tuyaux des grandes cheminées sont dans la partie qui traverse le grand salon, enfermées dans une caisse artistement travaillée, de forme octogone à angles inégaux. Les quatre pans les plus larges de ces tuyaux ainsi dissimulés sont entièrement tapissés de glaces, qui ont en outre l'avantage de prolonger la perspective en amoindrissant à la vue l'espace considérable occupé au centre par les cheminées.

Entre les glaces sont placés des panneaux appropriés à l'ornementation générale, où sont peints les différens attributs de la marine. Ces peintures sont des plus remarquables. Tout autour du salon on voit des panneaux semblables, couverts, soit de glaces, soit de peintures allégoriques, représentant les beaux-arts et toutes les sciences qui ont été mises en réquisition pour la construction du navire.

Des tentures de soie cramoisie ornent toutes les issues et se marient admirablement avec les somptueux tapis qui couvrent le parquet dans toute son étendue.

Les meubles, d'une forme élégante, sont en bois de noyer richement sculpté, et garnis de velours d'Utrecht.

Nous passons, pour abréger, sur mille autres détails qui tous pourtant mériteraient de fixer l'attention ; mais il faut savoir se borner.

C'est le 17 juin, à huit heures du matin, que le Great-Eastern est parti de Southampton, sous le commandement du capitaine Vine-Hall. Le capitaine Hall est membre de la société d'astronomie, et c'est le premier officier de la marine marchande qui ait obtenu le certificat de première classe aux examens pour le service de la marine à vapeur. Ce marin distingué a remplacé au commandement du Great-Eastern le capitaine Harrisson, dont la mort regrettable n'est pas oubliée.

Nous avons dit que le Great-Eastern était parti le 17 juin, à huit heures ; c'est le même mois, à sept heures et demie du matin, qu'il entra en rade à New-York, attendant la plus haute marée pour franchir la barre.

Mais laissons la parole au passager qui s'est constitué l'historiographe de cette première traversée.

« La longue durée comparative du voyage, — dit-il, — ne conclut pas contre la rapidité de la marche du Great-Eastern ; elle s'explique par l'inexpérience de l'équipage à manœuvrer un semblable vaisseau, et par la route du sud suivie pour éviter les montagnes de glace.

» Une autre circonstance a nui à la rapidité de la marche.

» Le charbon qu'il y avait à bord (5,500 tonnes) ayant été chargé trop à l'arrière, la quille n'offrait plus une ligne horizontale, et dans cette position le navire perdait de ses avantages.

» Mais le but de ce premier voyage était bien moins d'essayer la vitesse du steamer que de s'assurer qu'il pourrait voyager à un degré de vitesse quelconque.

» En arrivant à bord, nous avons grand'peine à nous orienter par ces ponts si spacieux et ces magnifiques salons. Le jour et l'air qui règnent partout dans ce navire offrent un si grand contraste avec la chétive lumière et l'air raréfié dont on jouit même dans les plus beaux steamers connus, que le voyageur abandonne à l'instant toute idée de comparaison.

» Les canons du steamer saluent la terre de leur tir, les machines font mouvoir les roues, et la masse du vaisseau se met en mouvement.

» Bientôt nous atteignons la haute mer. Rien de particulier à signaler durant ce jour.

» Le soir, le vent s'est élevé et le navire a beaucoup roulé ; mais ce roulis est si lent qu'à peine les passagers en sont-ils incommodés.

» Les voiles sont déployées et viennent augmenter d'un mille à l'heure la vitesse du steamer, en soulageant beaucoup ses machines. Il est possible alors de juger de la rapidité de la marche du vaisseau, et des paris s'engagent entre les passagers sur le jour de notre arrivée à New-York.

» Le temps devient orageux pendant la nuit. Le bateau n'a point de tangage. Il roule toujours beaucoup, mais toujours lentement.

» Mardi 19. — Forte brise du nord-est. La manière dont le bâtiment fend la vague est un sujet d'étude pour les officiers de la marine anglaise qui sont à bord. Le Great-Eastern paraît remplir toutes les conditions de supériorité qu'on attendait de la forme particulière de son avant. Nous avons eu aujourd'hui des courses... non à cheval, mais à pied. La carrière à fournir n'était rien moins que l'entier circuit du pont supérieur. Des paris s'engagent, des juges et un président des courses sont nommés. Le signal est donné, et les coureurs franchissent l'espace d'un pied agile. Hurrah ! le prix est donné ; mais vainqueur et vaincus ont trouvé que la distance était suffisante pour leur faire perdre haleine.

» Après ce spectacle, quelques passagers se rendent dans le salon de lecture, où ils trouvent une très belle bibliothèque des meilleurs auteurs anglais et étrangers.

» Le soir, et comme aucune des trois dames passagères ne souffre du mal de mer, il y a concert en leur honneur. Monsieur Macforlan, chef d'orchestre, engagé avec plusieurs autres musiciens pour le plaisir des passagers, est un homme de beaucoup de talent. Il joue en perfection du cornet à pistons, et s'est fait beaucoup applaudir dans un duo pour cornet et piano. L'artiste qui a joué du piano est un exécutant des plus remarquables. Il a joué seul ensuite avec un grand succès.

» Ces dames paraissent très satisfaites. Elles prient des officiers anglais de varier le concert en chantant quelques ballades. Nos passagères sont toutes-puissantes à bord, et personne ne voudrait leur refuser quoi que ce soit. Messieurs les officiers se rendent de bonne grâce au désir de ces dames, et chantent avec goût quelques romances qui font à tout l'auditoire le plus grand plaisir.

» — Monsieur Hall, — dit la plus jeunes des ladies en s'adressant au capitaine du steamer, — vous jouez de la flûte, n'est-il pas vrai ?

» — Très peu, madame, tout à fait en amateur.

» — Ce n'est pas ce qu'on m'a dit.

» — Vraiment ?

» — Non ; on m'a dit que vous étiez au contraire un très habile exécutant, et même que vous aviez composé des fantaisies dont seraient fiers les plus grands flûtistes, Dorus, Remusat ou Tulou.

» — On exagère toujours, madame, et il ne faut jamais croire que la moitié de ce qu'on dit.

» — Soit, capitaine ; mais comme la moitié de ce qu'on dit serait déjà beaucoup, il faut que nous n'en soyons pas privés.

» — Capitaine, il le faut, — ajoutèrent les deux autres passagères.

» — Mesdames, — répondit galamment monsieur Hall, — je ne sais guère résister nulle part aux prières des dames ; mais ici, à bord du Great-Eastern, dont vous êtes les souveraines, vos prières sont des ordres, et je vais chercher ma flûte.

» On n'avait rien exagéré, et le capitaine Hall possède un talent de virtuose sur cet instrument.

» Mercredi 20. — Aujourd'hui, légère brise nord-nord-ouest. Huniers et cacatois sont mis dehors. Ce matin a été faite une expérience sur la variation des compas. Nous avons couru directement au nord pendant cinquante minutes, puis directement au sud pendant le même laps de temps, perdant ainsi une heure quarante minutes sur notre route. Un seul des compas avait été dérangé par la puissante force d'attraction de la coque en fer du navire. Distance parcourue aujourd'hui, 276 milles... Les roues ont fait dix révolutions par minute, et l'hélice trente-quatre par minute... Ce soir, le vent s'est élevé considérablement. Il tombe une forte pluie. Néanmoins, un bal est organisé dans le salon des dames, et nos passagères se sont montrées pleines d'entrain.

» *Jeudi 21.* — Une longue houle venant de l'ouest nous fait rouler plus que jamais, mais toujours de manière à n'incommoder personne. Le brouillard est épais.

» *Vendredi 22.* — Aujourd'hui nous perdons tout espoir d'une courte traversée. Le vent nous est contraire. Ce soir, à huit heures, le vent s'apaise... On fait de la musique, et ces dames sont d'une gaîté charmante. Pendant la journée, nous trouvant sous le 45e degré de latitude et le 30e de longitude, nous avons échangé des signaux avec le paquebot américain *City-of-Boston*, se rendant à Liverpool.

» *Samedi 23.* — Nous entrons dans le courant du golfe, ayant fait route au sud pour éviter les glaces. Le temps couvert ne permet aucune observation... On danse un peu ce soir. Nos musiciens font merveille, et ces dames les encouragent de leurs applaudissemens.

» *Dimanche 24.* — Forte brise nord-est. A six heures, nous échangeons un salut avec un navire de guerre américain. Le révérend T.-C. Southei célèbre le service divin, auquel nous assistons tous. Nous prenons une direction nord pour sortir du courant du golfe, qui n'est pas moindre de deux nœuds à l'heure. Nous avons déjà perdu par ce courant 270 milles sur notre bonne route... Ces dames lisent la Bible et se retirent de bonne heure dans leur cabine.

» Le 25, le 26 et le 27, rien d'important. La vie est toujours douce à bord : on mange d'excellente cuisine; on lit dans le jour, on joue à différens jeux auxquels nos passagères prennent une part active. Le soir, on fait de la musique, on danse et l'on cause.

» *Jeudi 28.* — Par la pluie et le brouillard, nous apercevons la terre américaine. Il est sept heures du matin... Distance parcourue en onze jours et deux heures, 32,429 milles.

» Un spectacle grandiose et original se prépare : la réception du *Great-Eastern* par l'enthousiaste peuple américain.

» Aussitôt notre présence signalée à New-York par le télégraphe, toute la vaste baie fut en moins d'une heure couverte de bateaux à voiles et à vapeur, petits et grands, tels que remorqueurs, yachts, etc., tout pavoisés aux couleurs nationales et surchargés d'une foule impatiente de contempler le steamer géant dont l'heureux voyage marquait une ère nouvelle dans la navigation à vapeur. Sur les onze heures, nous sommes complètement entourés par un nombre prodigieux et sans cesse croissant d'embarcations. Ce n'est partout dans la baie que cris de triomphe, que démonstrations enthousiastes.

» A une heure et demie, un remorqueur amène à bord les principaux membres de la presse, le secrétaire général de la compagnie et les consignataires des navires. A deux heures, le pilote donne l'ordre de reprendre la marche interrompue du steamer. Quelques momens plus tard, nous passons la barre sans accident, et nous nous dirigeons vers l'intérieur de cette noble baie de New-York. Partout nous tirons le canon pour saluer et répondre aux saluts qui nous sont faits par les différens steamers et les forts.

» Après avoir passé le fort Lafayette, le mouvement du port s'accroît encore et offre au regard le spectacle le plus grandiose qui se puisse imaginer. Le *Great-Eastern*, s'avançant majestueusement, précédé, accompagné et suivi de mille barques desquelles s'échappent des hourras dont l'air est rempli, semble Neptune lui-même transformé et arrivant triomphant au milieu de son peuple aquatique ivre d'allégresse. Cela est beau, saisissant, indescriptible.

» A terre, la curiosité et l'enthousiasme ne sont pas moindres que dans la baie. Les terres avancées du Staten-Island et tout le fort Hamilton sont couverts d'un peuple qui agite chapeaux et mouchoirs. Partout les sons de la musique militaire se mêlent aux voix humaines. C'est une ovation universelle.

» Enfin nous arrivons dans la rivière du Nord et nous prenons quai entre Hommond Street et Troy-Street sur la rivière du Nord. En vue de notre arrivée, le comité du conseil municipal avait donné l'ordre au commissaire des rues de faire draguer soixante-dix pieds de fond à l'extrémité du long quai qui se projette entre les deux rues que nous venons de nommer. Il avait été désigné comme le plus convenable à tous égards pour servir de débarcadère au puissant bâtiment. Dans certains endroits il a fallu enlever jusqu'à quatre pieds de vase.

» Dès que nous accostons, des milliers de petits canots, qui sont au steamer géant ce qu'une mouche est à un homme, se pressent en l'entourant. Une manœuvre difficile va s'exécuter, le virement de bord du *Great-Eastern*; les petits bateaux s'écartent pour laisser au steamer ses libres mouvemens; on le voit tourner majestueusement sur lui-même, aux acclamations d'un peuple immense qui couvre les quais, les toits des maisons et les mâts des navires. Les *hurrah*, la musique et les salves d'artillerie retentissent partout.

» Nous débarquons, et une triple salve d'applaudissemens et de *hurrah!* se fait entendre à la vue des trois ladies passagères à bord, et qui pour toucher la terre américaine ont revêtu une toilette complète et charmante.»

Nous avons cédé la parole au témoin oculaire de ce mémorable voyage, nous la reprenons.

Il faut comme nous avoir habité les Etats-Unis pour se faire une juste idée de l'amour des Américains pour tout ce qui touche à la marine. La présence du *Great-Eastern* à New-York a été un événement national. On en pourra juger par ce seul fait : le prix d'admission pour visiter le navire fut fixé à un dollar, un peu plus de cinq francs par personne; eh bien! malgré ce tarif élevé, 9,147 personnes visitèrent le steamer pendant les cinq premiers jours. La presse américaine ayant été unanime à protester contre ce prix vraiment exorbitant, les cartes d'admission ne furent plus, à partir de ce moment, que de quatre shillings américains, soit deux francs soixante centimes. Rien alors ne put arrêter l'élan de la population, et bien que la chaleur fût accablante, que les rayons du soleil sur les docks eussent déterminé un grand nombre d'attaques d'apoplexie, en moins de trois semaines le géant des mers recevait la visite de cent quarante-trois mille huit cent neuf personnes.

Ce n'est pas tout.

On annonce que le monstre marin prendra des passagers pour une petite excursion de plaisir au cap May (170 milles au sud de New-York). Deux mille quatre-vingt-sept personnes se font inscrire, qui payent chacune dix dollars, un peu plus de 52 fr. Le jour du départ, plus de cent cinquante mille personnes garnissaient les quais, et il faut connaître la nature bruyante des Américains du Nord quand ils sont en fête, pour juger quel tapage tous ces hommes devaient faire. Il fallait une escorte au *Great-Eastern*. Trente steamers, portant ensemble vingt mille personnes, et pourvus chacun d'une bande de musique militaire, font cortège au monstrueux bâtiment.

Nous passons sous silence les nombreux banquets qui ont été offerts à l'occasion du *Great-Eastern*, et dans lesquels on a bu au président de la république des Etats-Unts, à la reine Victoria, à la presse américaine, à la presse anglaise, à la marine, à la baie de New-York, aux trois intrépides ladies qui les premières ont osé s'embarquer sur le *Great-Eastern*, etc., etc.

Pour ne rien oublier, nous dirons que les ambassadeurs japonais, dont la présence à New-York a excité si vivement la curiosité de tous les habitans de cette ville, ayant entendu parler du *Great-Eastern*, ont retardé leur voyage de retour dans leur patrie pour pouvoir admirer le colosse des mers. Ils ont visité le *Grand-Orient*, et eux, ordinairement si calmes et si froids, n'ont pu s'empêcher de manifester leur admiration et leur étonnement à la vue de cette œuvre gigantesque dont la conception et l'exécution ont exigé tant de peine, d'audace et de travail.

Le Great-Eastern me remet en mémoire une historiette que je garantis vraie. Je pourrais, pour la rendre plus piquante, nommer les masques, mais cela paraîtrait peut-être indiscret, bien que les héros de cette scène de comédie soient morts depuis longtemps. Or, dans le doute le sage s'abstient, et je fais comme lui.

Il y a près de cinquante ans, deux vieux constructeurs de navires de Bayonne se promenaient un jour le long des allées de Boufflers. Ils s'arrêtèrent auprès des cales et des chantiers pour examiner quelques bricks et goëlettes en construction. Les deux vieux Bayonnais causèrent longtemps sur les sapins des Landes, sur les chênes de la Chalosse et ceux de la forêt Minz, au sud de Bidache, que l'Adour et ses affluens amènent à Bayonne à des conditions favorables pour la construction des navires.

— Oui, — dit l'un d'eux, — notre pays est favorisé entre beaucoup d'autres, et si l'embouchure du port permettait la sortie des bâtimens d'un fort tonnage, qui pourrait prévoir l'impulsion que prendrait à Bayonne, et par conséquent dans le monde entier, la noble industrie des constructions navales?

— Eh! mon ami, tu oublies la chose la plus importante quand tu parles du développement que pourrait prendre dans le monde l'art de la construction.

— Qu'est-ce que j'oublie?

— Tu oublies que nous sommes vieux; qui donc après nous fera des navires?

— C'est vrai! — répondit en hochant tristement la tête celui à qui s'adressaient ces paroles. Et après un instant de silence, il répéta à son tour : — Qui donc après nous fera des navires?

Et les deux vieux Bayonnais se pressèrent significativement la main, moins peinés de voir leur fin approcher que de mourir avec la désolante pensée que personne après eux peut-être ne ferait plus de navires.

Quarante ans plus tard, le Great-Eastern était mis sur le chantier.

De New-York à Milford par Halifax

« La roche Tarpéienne est près du Capitole. » Cela est vrai pour les hommes aussi bien que pour les choses. Après le grand *excitement* causé aux Américains par l'arrivée du *Great-Eastern*, ces mêmes Américains, qui passent si facilement de l'enthousiasme à l'indifférence et même au dédain, en sont arrivés à dire par l'organe du *New-York Herald* que le navire monstre, considéré quelques jours auparavant comme le chef-d'œuvre des constructions navales, n'était décidément bon qu'à transporter du bétail. Oui, l'insultant journal, après avoir fait tous les calculs des dépenses considérables qu'entraîne le *Leviathan*, après avoir prouvé par des chiffres que dans aucun cas, avec des marchandises et des hommes, il ne pouvait couvrir ses frais, conclut à ce qu'on enlève les magnifiques ornemens des trois étages du navire, pour les transformer en immenses étables destinées à recevoir des bœufs, des moutons et des cochons, de beaucoup meilleur marché aux États-Unis qu'en Angleterre. Comme marchandises de retour le *Great-Eastern* chargerait du charbon de Liverpool.

On voit clairement percer à travers cette appréciation, évidemment erronée, le bout de l'oreille de l'envie. La nation qui se pique, non sans raison, d'être en tête du mouvement maritime du monde, regrette sans doute que le géant des mers n'ait pas pris naissance dans les chantiers de Boston ou de New-York.

Ce regret serait d'autant plus sensible que le véritable inventeur des appareils employés dans la construction du *Great-Eastern* serait un Américain, monsieur James Lenathan Smith, de Green-Port.

Voici à quelle occasion monsieur Smith a revendiqué ses prétendus droits à cette invention.

Au retour de l'excursion faite au cap May par le *Great-Eastern*, le capitaine de ce navire a été prévenu qu'une action en dommages et intérêts de 50,000 dollars venait d'être intentée contre lui; cela pour s'être servi, *dans les eaux du continent américain*, d'une invention américaine patentée, et qui n'est autre chose qu'un moyen de combiner les roues à aubes avec l'hélice moteur dans les bateaux à vapeur.

Le capitaine, très surpris de cette nouvelle, reçut des mains mêmes de messieurs Abbett et Fuller, avocats des propriétaires de la patente du brevet d'invention, la lettre suivante, qui mettra nos lecteurs au courant de ce curieux procès :

« Le 14 mars 1848, James Lenathan Smith, de Green-Port, New-York, a obtenu des lettres patentes du gouvernement fédéral portant le n° 5,468 pour un nouveau perfectionnement applicable à la marche des bateaux à vapeur. Ce perfectionnement consiste dans la combinaison de l'hélice et des roues. L'inventeur, désirant prendre aussi un brevet en Angleterre, fit demander à messieurs Brunel et Stephenson, ingénieurs anglais, de vouloir bien examiner et mettre à l'essai son système d'invention. Ces messieurs répondirent que, après un mûr examen de l'appareil, ils jugeaient l'idée *impraticable*. Quelque temps après, ces mêmes ingénieurs dotaient *le Great-Eastern* de ce même appareil. Aujourd'hui, messieurs C.-J. Gilbert et S.-T. Armstrong, propriétaires actuels du brevet, sont venus nous consulter sur leurs droits. Nous leur avons dit que les lois du pays concédaient aux étrangers l'usage des inventions américaines, mais interdisaient aux navires qui s'étaient appropriés nos inventions tout trafic dans les eaux du continent de la république, leur permettant seulement l'arrivée et le départ sur le continent américain.

» Or, nous pensons que votre excursion au cap May est en contradiction directe avec l'esprit et la lettre de la loi, puisqu'elle a eu pour objet la spéculation dans nos ports. Il est bien évident que dans la circonstance présente le *Great-Eastern* a perdu son caractère distinctif de navire étranger, et qu'on ne peut lui appliquer plus longtemps l'exemption existante pour les navires de commerce étrangers. Nous n'avons pas l'intention d'empêcher en aucune façon la marche de votre bâtiment, parce que nous apprécions à leur juste valeur les nobles efforts de ceux qui nous ont envoyé *le Great-Eastern* et nous démontrant d'une manière pratique tous les avantages que l'on peut tirer de notre perfectionnement. Nous ne doutons pas que messieurs les directeurs de la compagnie du *Great-Eastern* ne reconnaissent la justesse de notre cause et ne nous indemnisent en conséquence. »

Qu'est-il arrivé? C'est que les directeurs de la compagnie du *Great-Eastern* non-seulement n'ont pas reconnu la justesse de cette cause, mais encore qu'ils n'ont pas même daigné répondre. Aussi la cour du circuit a-t-elle été saisie de l'affaire, qui promet de curieuses révélations.

Pendant que les avocats américains seront en train de prouver aux Anglais que la combinaison des aubes avec l'hélice ne leur appartient pas, ils leur prouveront en outre que leur *traveline* (ligne de la vague), dont ils sont si fiers, est aussi une invention américaine. Cette fameuse ligne de la vague ne serait autre chose que la ligne courbe produite par la forme particulière donnée à la coque du navire. Eh bien ! Georges Steers, célèbre constructeur de navires à New-York, est le premier, d'après le *Herald*, qui ait produit cette courbe, d'abord sur un bateau-pilote, puis sur le yacht *Américor*.

Le monstre des mers, le roi des flottes du commerce ne serait-il donc qu'un gigantesque plagiat?

Nous le saurons bientôt.

En attendant, nous devons constater, comme un trait distinctif de la mobilité du caractère américain, que le *Great-Eastern*, entré dans le port de New-York aux acclamations d'un peuple enthousiaste jusqu'au délire, est reparti pour Milford laissant la population dans un état de calme parfait.

C'est ainsi qu'étaient arrivées aux États-Unis Jenny Lind et la cantatrice Alboni, et c'est ainsi qu'elles repartirent. Cette dernière, que plusieurs corps de pompiers ornés de leurs pompes avaient reçue sur la place de New-York pour lui rendre hommage, se rembarqua sans pompe aucune, et sans même que les journaux annonçassent son départ.

Un voyage aux États-Unis serait une excellente leçon de philosophie pour les célébrités infatuées de leur renommée.

Revenons au *Great-Eastern*, et donnons la parole à un passager qui nous transmet les détails qu'on va lire.

« L'opération pour lever l'ancre offrit, comme à l'ordinaire, quelque difficulté ; mais, grâce aux puissans engins employés à cet effet, elle put s'accomplir en peu de temps. Monsieur Murphy, le pilote qui est venu expressément d'Angleterre à New-York pour conduire le vaisseau à l'entrée du port, était à bord. S'étant déjà familiarisé avec les admirables qualités de mouvement du *Great-Eastern*, il s'enhardit à le faire virer de bord à son mouillage, ce qui réussit à merveille. Les roues et l'hélice se mirent en mouvement, et l'appareillage entier s'exécuta avec une admirable précision. La raie blanche tracée par l'immense navire sur la surface de l'Hudson annonça que le *Great-Eastern* avait fait ses adieux à New-York.

» Notre départ fut gracieusement salué par l'*Atlantic*, qui tira deux coups de canon et arbora le drapeau anglais sur son mât de misaine. Comme l'*Atlantic* est, après le *Great-Eastern*, le plus fort vaisseau qui existe, nous l'examinâmes avec d'autant plus d'intérêt. Dans une courbe que nous traçâmes, nous ne nous trouvâmes pas éloigné de plus de cent pieds de cet élégant et magnifique steamer. Mais telle est la disproportion de taille entre le plus grand des navires et celui qui vient après lui, que l'*Atlantic* nous fit l'effet d'un bateau de petite dimension. Et pourtant c'est un vaisseau de près de 6,000 tonneaux ; oui, mais nous, nous sommes un bâtiment de 23,000 tonnes.

» Après que la vapeur eut fait son effet pendant quelques minutes, nous nous trouvâmes amenés à la Batterie, au point culminant de l'île sur laquelle la ville est bâtie. En descendant en droite ligne la magnifique baie, nous passâmes rapidement entre les points fortifiés des petites îles du Gouverneur et de Riblocs. Bientôt s'offrirent à nos regards les riches ondulations de Long-Island, les hardies collines boisées et les charmantes vallées de Staten-Island. Cinquante minutes après notre départ, nous arrivions aux Narrows. Lorsque nous y passâmes, les forts Hamilton, Lafayette et Diamond nous tirent un salut national de vingt et un coups de canon. Nous doublâmes Sandy-Hook, et quinze minutes plus tard nous avions passé ce qu'on appelle l'obstacle.

» Après avoir navigué à petite vapeur un demi-mille encore vers l'est de cette formidable barrière, les machines furent arrêtées. Mais telle était la force d'impulsion donnée au vaisseau que, pour l'arrêter à temps suivant les désirs du pilote, il fallut renverser le mouvement des roues. Toutes dispositions prises, le steamer s'élança vers la pleine mer à l'aide de toutes les forces de sa formidable vapeur.

» Nous marchions à raison de quatorze nœuds à l'heure.

» Dans cette marche rapide, nous dépassâmes une flotte entière de navires de toute grandeur qui se roulaient sur divers points du globe. Ils avaient passé l'obstacle bien avant nous; toutes leurs voiles étaient déployées mais ils nous faisaient l'effet de ne pas avancer et de s'agiter sur place comme désespérés de nous voir couper si rapidement sur la grande route liquide.

» La nuit s'annonçait devoir être belle, et le vaisseau, qui remuait à peine, permit à tous les passagers de rester sur le pont jusqu'à une heure assez avancée. La liste des passagers n'était pas longue; nous étions cent deux, en comptant dix-huit dames; peu à peu la vague devint plus longue et plus tumultueuse et la brise plus forte. Le *Great-Eastern* n'a, pour ainsi dire, pas de mouvement de tangage, mais il roule. Nous roulâmes donc, et peu à peu les passagers rentrèrent dans leurs cabines. Quelques soupirs caractéristiques mêlés à quelques appels lamentables me donnèrent l'assurance que le démon du mal de mer ne perd entièrement ses droits sur aucun bâtiment.

» La rapidité avec laquelle disparurent à l'horizon les deux belles lumières placées sur les hauteurs de Neversenk, fut un témoignage de plus de la vitesse de la marche de notre vaisseau. Après avoir croisé un large vapeur, qui glissait comme un fantôme dans l'obscurité, je m'aperçus que j'étais le dernier des passagers resté sur le pont. A mon tour, j'allai me coucher.

» La nuit ne fut troublée par aucun incident, et le lendemain, quand je me levai, le temps était calme et beau.

» A neuf heures vingt minutes, nous aperçûmes la lumière de Nantucket. Le lendemain de ce jour, à neuf heures trente minutes, nous vîmes se dessiner à l'horizon la Nouvelle-Écosse. A quatre heures quarante-cinq minutes, nous jetâmes l'ancre dans le port d'Halifax. Nous y étions arrivés de Sandy Hook en moins de quarante-six heures, quoique pour éviter tout danger nous eussions fait un long détour vers le sud.

» Le capitaine, le mécanicien et mons'eur Grooth, un des directeurs de la compagnie, tinrent conseil et décidèrent qu'il fallait donner plus de jeu aux pagaies, afin qu'elles pussent mieux prendre l'eau. Cette mesure était devenue nécessaire à cause de la diminution du charbon, qui avait rendu le vaisseau plus léger, moins enfoncé dans l'eau par conséquent.

» Le lendemain, lorsque le jour parut, il pleuvait. Malgré le mauvais temps, une foule nombreuse se pressait sur le port pour contempler le steamer monstre. Un grand nombre d'embarcations pavoisées naviguaient autour du vaisseau pour l'admirer en tous sens.

» Les dépêches furent prises, et, à huit heures trente minutes, un coup de canon, signal du départ, se fit entendre. L'ancre fut levée immédiatement, et l'énorme masse du navire se mit en mouvement.

» Alors il se passa une scène qui divertit beaucoup les personnes qui en furent témoins.

» Un jeune nègre, qui s'était fait remarquer depuis l'arrivée du steamer par le nombre et la vigueur des *hurrah* qu'il poussait, désespéré de voir partir le navire, voulut tout quitter pour voyager avec lui. Le *Great-Eastern* était déjà en marche, s'éloignant lentement d'abord, lorsqu'on vit l'enthousiaste fils de Cham, monté sur un petit bateau, s'approcher aussi près que possible du steamer et demander à parler au cuisinier. Celui-ci, qui était nègre aussi, mit sa tête hors du navire, et, apercevant le négrillon debout dans l'embarcation, et qui, à côté du steamer, avait l'air d'une fourmi sur un fétu de paille,

» — Qu'est-ce que vous voulez? — lui demanda-t-il.

» — Maître co, moi être bon nègre, moi pas de famille, moi pas d'engagemens, moi bonnes dispositions pour la cuisine, moi adorer le *Great-Eastern*, moi vouloir partir avec lui, moi proposer moi pour aider vous à l'instant même, et vous pas payer moi du tout.

» — Je n'ai besoin de personne; d'ailleurs c'est trop tard : vous ne pourriez point monter à bord.

» — Oh! moi grimper comme un singe si vous voulez recevoir moi.

» — Ce n'est pas possible.

» — Voulez-vous permettre à moi monter à bord ?

» — Non.

» — Mauvais cuisinier, vous bête, vous stupide, vous chien !

» — Va-t'en, macaque d'enfer, avec ton bateau de deux sous!

» — Ah! mauvais cuisinier, moi attendre vous ici pour brosser le cuir noir à vous au prochain voyage.

» — Retourne à terre, coco moisi, banane pourrie, nègre!

» Au mot de nègre, qui parut au nègre la dernière des injures, il leva les bras en l'air avec des mouvements d'ancien télégraphe détraqué, et prononça quelques paroles qui se perdirent pour les personnes du steamer, car, sa marche s'accélérant toujours, il se trouvait déjà en ce moment à une assez grande distance du canot.

» Le drapeau colonial fut hissé à bord du vaisseau et salué par quatre coups de canon. Ces coups de canon, avec les *hurrah* de la foule, mirent fin à cet entretien comique. Une heure après, nous étions à l'île de Sambres. Là, notre pilote et ses deux hommes prirent congé de nous, après nous avoir souhaité un bon et prompt voyage.

» Rien de remarquable ne se passa jusqu'au surlendemain matin à six heures. A ce moment, le vent changea subitement du sud-ouest au nord-ouest, et nous apporta un brouillard si épais qu'il était impossible à une personne placée à un bout du vaisseau de rien distinguer à l'autre bout ; ce qui était fort désagréable, car trois ou quatre heures de navigation nous eussent permis, si le temps avait été clair, de voir le cap et de prendre les dernières dépêches de New-York. Ce brouillard nous empêchait en outre de nous diriger de manière à éviter sûrement les dangereux rochers qui se trouvent sur les côtes du grand banc. Immédiatement, les machines furent ralenties de moitié, et de nombreuses sentinelles surveillèrent de toutes parts. De cinq minutes en cinq minutes, on faisait entendre à bord un sifflet d'une très grande puissance. Ces coups de sifflets avaient pour but de signaler la présence du steamer aux autres navires qui auraient pu se trouver auprès de lui et d'éviter ainsi toute collision.

» Bientôt le steamer fut arrêté entièrement, afin de pouvoir sonder. Le fond se trouva à cinquante-cinq brasses, et se composait de sable et de boue, ce qui nous apprit que nous étions proche du banc. Nous reprîmes notre route, et une heure après nous nous arrêtions de nouveau pour sonder encore. Cette fois, le fond se trouva à soixante et dix brasses, et formé entièrement d'un sable grossier, ce qui nous prouva que nous arrivions vers le centre du canal, entre l'île et le grand banc.

» Le steamer fut maintenu à une demi-vitesse, jusqu'à ce que, après avoir sondé plusieurs fois encore et nous être assurés que nous n'avions dévié ni à droite ni à gauche, nous naviguâmes à toute vapeur. Alors, et avec une vitesse de quatorze à quinze nœuds à l'heure, nous commençâmes à parcourir le grand cercle qui devait nous conduire au cap Elias. La couleur de l'eau changea rapidement ; d'un vert olive, elle passa au bleu foncé des eaux profondes. Le temps s'étant éclairci et le fond ayant diminué, les passagers, qui jusque-là s'étaient tenus dans l'intérieur du vaisseau, apparurent sur le pont. Quelques dames examinèrent avec beaucoup d'attention les merveilles du steamer. On fit de longues promenades sur le pont ; on causa beaucoup et on se livra à différents jeux. Le soir, il y eut concert, et après le concert on dansa. Le bal se prolongea très avant dans la nuit, et les dames et les messieurs ne rentrèrent dans leurs cabines respectives qu'après s'être promis de recommencer le lendemain.

» Le lendemain, le brouillard avait remplacé le soleil, et le vent se fit sentir. Néanmoins le steamer roula peu, et le mal de mer n'eut de prise que sur quelques passagers extrêmement sensibles. Le soir, on fit de la musique, et on dansa comme on se l'était promis. Ces dames, par leurs toilettes les plus élégantes et leur charmante gaieté, rendaient ces soirées de bord les plus attrayantes. Personne ne songeait à la terre pendant ces heures de plaisir, et, sauf le mouvement du navire qui faisait danser la salle de danse avec les danseurs en contrariant quelque peu leur

mouvement, nous n'avions rien à désirer. Brillant orchestre, splendides lumières éclairant de riches et élégantes décorations, jolies femmes, danseurs émérites, rafraîchissements à profusion, conversations galantes, enfin tout ce qui constitue les plaisirs du monde, nous les avions là en pleine mer, sur une ville flottante roulant rapidement sur la vague d'un hémisphère à l'autre par la seule puissance de la vapeur : qui eût dit une pareille chose possible, il y a peu d'années encore, eût été considéré comme fou par les hommes les plus savants de tous les pays.

» Le jeudi 23 août, le vent souffla vers le sud-ouest, la pluie tomba, le vent s'éleva plus fort que les jours précédents, toutes les voiles furent déployées. Depuis notre départ de New-York, elles nous servaient pour la première fois. C'était un magnifique spectacle que cette immense toile gonflée par le vent et qui couvrait tous les mâts du vaisseau géant. De loin, on eût pris le steamer pour une flotte entière.

» Le port de Milfort était encore à 1,057 nœuds ; nous allions de manière à y arriver le dimanche vers midi.

» Le vent ayant soufflé avec une grande impétuosité toute la journée, les machines furent arrêtées, et le navire marcha exclusivement à la voile. Il avança ainsi moins rapidement. Le soir, le vent mollit, et les machines furent mises en mouvement.

» Le vendredi 24, à la pointe du jour, on put, à l'aide de longue-vue, distinguer dans l'est un grand steamer qui se dirigeait vers l'est. C'était l'*Australasian*, qui avait quitté New-York en même temps que nous. Ce steamer avait toutes ses voiles dehors ; mais un changement de vent l'obligea bientôt à les serrer. Les deux vaisseaux n'étant mus que par la vapeur, le *Great-Eastern* le dépassa rapidement, et l'*Australasian* se perdit pour nous, caché par les vagues qui formaient la ligne de l'horizon.

» Dans l'après-midi tous les passagers se réunirent dans le grand salon pour écouter une proposition que devait faire le capitaine William Morris, qui faisait la traversée en qualité de simple passager. Il s'agissait de rédiger une adresse au capitaine du *Great-Eastern*. Tous les passagers ayant approuvé cette idée, le juge Hastings, de Californie, prit la plume et rédigea ce qui suit :

Great-Eastern, 25 août 1860.

» Au capitaine J.-W. Hall.

» Cher monsieur,

» Nous, les soussignés passagers à bord du *Great-*
» *Eastern*, avons désiré exprimer spontanément notre
» opinion sur ce qu'on peut considérer comme le voyage
» d'essai de cet incomparable steamer. Ce voyage a mérité
» de fixer l'attention et d'exciter le plus vif intérêt des
» deux côtés de l'Océan, et à ce titre notre déclaration
» sera lue de toutes les personnes qui s'intéressent aux
» progrès de la navigation. Nous sommes persuadés que
» ce premier voyage s'est fait dans des conditions peu
» avantageuses pour le vaisseau que vous avez l'honneur
» de commander, et qu'il serait en conséquence injuste de
» juger sur cette seule épreuve. En effet, le *Great-Eastern*
» a eu contre lui le vent debout, des brouillards intenses ;
» il a eu à traverser des endroits à faible tirant d'eau, et à
» s'arrêter tout à fait pour modifier certains détails des
» machines et les régler.

» Ces obstacles n'ont pas permis au noble steamer de
» déployer toutes ses ressources, et comme ils ne sont
» pas de nature à se renouveler, on peut prévoir qu'à l'a-
» venir la vitesse excédera celle du présent voyage. On
» peut dès à présent considérer comme réalisée l'idée de
» Brunel. Le *Great-Eastern* n'est pas seulement un stea-
» mer hors ligne par ses dimensions et son système de
» machines, c'est aussi un bâtiment destiné à rendre de
» grands services dans la pratique. Ses qualités comme

» bateau à vapeur sont aussi remarquables qu'extraordi-
» naires.

» C'est le point le plus important, car c'est sur ce point
» que s'appuyaient les objections des personnes qui s'op-
» posaient à l'entreprise. Les machines ont montré l'ex-
» cellence de leur construction; leurs mouvemens sont
» doux, et le pouvoir qu'elles développent prouve qu'elles
» seront toujours à même de fonctionner avec une ex-
» trême vitesse. En ce qui regarde l'agrément et le com-
» fort des passagers, ce vaisseau est au-dessus de tous les
» autres. Nous n'hésitons donc pas à recommander le
» Great-Eastern comme le plus sûr et le plus commode
» des navires. Nous désirons exprimer notre approbation
» pour les soins attentifs qui ont présidé à l'aménagement
» du colossal steamer. Vous, capitaine J.-W. Hall, recevez
» personnellement nos remercîmens et l'assurance de
» notre reconnaissance pour la façon toute gracieuse dont
» vous et vos officiers vous vous êtes toujours conduits
» envers nous.

» En vous disant adieu, nous sommes persuadés que
» votre nom sera désormais inséparable du Great-
» Eastern, et que vous aurez longtemps une renommée
» maritime.

» Vos très dévoués.. , »

» Ici suivent les noms de tous les passagers.

» Lecture de cette adresse fut faite au capitaine, qui y
répondit par un speech très bien tourné.

» Le soir, sur l'invitation des dames, le capitaine prit
sa flûte, et joua avec le pianiste attaché au Great-Eastern
un belle sonate de Kuhlau, et de brillantes variations sur
l'air français : Adieu, mon beau navire aux grands mâts
pavoisés !

» Le dimanche 26, nous étions vis-à-vis le cap. Nous
côtoyâmes les côtes du sud de l'Irlande. Un magnifique
dîner d'adieu, et tel qu'on n'en pourrait trouver nulle
part à terre de plus varié, de plus délicat et de mieux
servi, nous fut offert par le capitaine. Le cuisinier du
bord, rendons-lui cette justice, n'était pas un mauvais
cuisinier, comme l'avait dit le négrillon en colère; c'était,
au contraire, un excellent cuisinier, le Vatel de l'Océan.

» Le soir, nous apprîmes par notre pilote que la flotte
en station à Milford se préparait à nous recevoir. Malgré
tout ce que nous pûmes nous figurer du magnifique spectacle que nous allions contempler, la réalité dépassa notre
imagination. Comme nous traversions les rochers fortifiés
à l'entrée de la baie, nous aperçûmes tous les vaisseaux
rangés sur une double ligne.

» Le Great-Eastern, pavoisé et paré du haut en bas, se
dirigea vers le port, non à toute vitesse, mais à raison de
douze nœuds à l'heure.

» Comme nous approchions de la belle frégate le Dia-
dème, tout son équipage se plaça de manière à bien voir
notre steamer, qui faisait comparativement avec la frégate
une sorte de bateau de plaisance. Tous les officiers, une
longue-vue en main, suivaient les évolutions du Great-
Eastern. Quand nous fûmes à une courte distance du navire de guerre, chaque homme poussa un cri de salut et
de joie, qui eut sur notre propre équipage un effet électrique. Nos cœurs battaient avec violence sous l'émotion
d'un juste orgueil.

» Les mêmes démonstrations se manifestèrent sur chacun des bâtimens devant lesquels nous passâmes. Ne pouvant plus crier, notre gosier s'y refusant, nous agitions
nos bonnets. Les dames du Great-Eastern agitaient leurs
mouchoirs. Jamais navire ne fut reçu avec cet enthousiasme devant la plus imposante des flottes. Ce spectacle est
indescriptible. Nous passâmes ainsi devant le Trafalgar,
l'Edgar, le Conquérant, le Centurion, l'Aboukir, le Royal-
Albert, le Donégal, etc.

» En arrivant près de Pembrock-Dock-Yard, nous aperçûmes les collines qui se trouvent derrière couvertes de
soldats et de peuple. Au moment où le Great-Eastern entra, une immense clameur retentit. Nous eussions peut-
être répondu à ce salut en criant à notre tour, mais nous
étions sans voix ; nous pouvions à peine parler. Nous nous
contentâmes d'agiter nos bonnets comme nous avions fait
précédemment.

» A six heures et demie nous jetions l'ancre. »

Les personnes impartiales qui ont examiné la marche
de ce roi des mers, durant ce premier voyage, sont généralement d'accord à penser que le Great-Eastern pourra
faire en huit jours, ou huit jours et quelques heures, la
traversée de New-York à Liverpool ou à Southampton.

Si l'audacieux Génois qui a découvert le nouveau monde
sur une barque de trente-sept tonneaux avait pu renaître
le jour de l'arrivée à New-York du grand steamer, et le
jour de son retour en Angleterre, de quel juste orgueil
n'aurait-il pas été animé !

La conquête des mers n'a pas seulement enrichi les
peuples modernes; elle a eu surtout pour effet le progrès
de la science et de la civilisation. L'homme vaut plus moralement à cette heure que, cessant de ramper dans les limites étroites de certaines parties de la terre, il a pris dans
un sublime essor possession entière du globe qu'il habite. Si la race humaine triomphante du mal qui semble
inhérent à sa nature s'élève un jour au-dessus des passions
mesquines qui la divisent, pour s'unir dans une même
communion de principes moraux et d'intérêts matériels,
c'est surtout à la navigation qu'elle devra ce résultat,
presque inespéré tant il serait beau. En effet, les mers,
grâce aux progrès de la navigation, sont aujourd'hui plus
faites pour rapprocher les peuples que pour les isoler.
Que sera-ce donc quand des navires de la force du Great-
Eastern se seront multipliés et qu'ils pourront transporter
toute une colonie en quelques jours d'un point du globe à
l'autre.

Alors les populations, trop agglomérées dans certains
pays, s'étendront par la force des choses dans les pays qui
demandent encore des bras ; le nombre total des hommes
s'en trouvera nécessairement augmenté dans un temps
donné, et le globe entier, mis à contribution, fournira largement aux besoins de l'humanité, débarrassée enfin du
spectre de la misère.

L'homme, en agrandissant son domaine sur la terre, a
déjà vaincu la famine.

Il lui reste, en continuant sa conquête, à vaincre le paupérisme.

Et ce ne sont pas les propriétés qui manquent, ce sont
les propriétaires.

Jetez, pour vous en convaincre, les yeux sur une map-
pemonde.

TABLE

DES CHAPITRES CONTENUS DANS CET OUVRAGE.

FIN DU NOUVEAU MONDE ET DE LA VINGT-CINQUIÈME SÉRIE.

TABLE

DES OUVRAGES CONTENUS DANS CE VOLUME.

FIN DE LA TABLE DE LA VINGT-CINQUIÈME SÉRIE.

PARIS. — Imprimerie J. Voisvenel, rue Chauchat, 14.

CATALOGUE DES PUBLICATIONS LITTERAIRES DU SIECLE.

PARIS, 11, RUE CHAUCHAT.

AVANTAGES RÉSERVÉS AUX ABONNÉS DU JOURNAL LE SIÈCLE.

Tout abonne au SIÈCLE a droit, outre la prime gratuite, à une remise de cinquante pour cent sur le prix marqué de tous les ouvrages que renferme ce Catalogue. Les demandes des départements doivent être affranchies et contenir leur montant en un mandat sur la poste ou à vue à l'ordre de M. le Directeur-Gérant du SIÈCLE. On doit ajouter à la demande le prix du port, qui est, par chaque volume, de 4 franc pour ceux de la première catégorie; de 80 centimes pour ceux de la deuxième; de 60 centimes pour ceux de la troisième; de 44 centimes pour ceux de la quatrième.

Première Catégorie.

Musée littéraire.

11e série. — Les Sept Péchés capitaux: l'Orgueil, l'Envie, la Colère, la Luxure, la Paresse, l'Avarice, la Gourmandise, E. SUE. Prix: 6 fr.
19e série. — Les Catacombes de Paris, E. BERTHET; La Gorgone, DE LA LANDELLE; Gabrielle, Mme ANCELOT. Prix: 6 fr.
24e série — Marcel, FÉLICIEN MALLEFILLE; Les Frères de la Côte, E. GONZALÈS; Le Conseiller d'État, E. SOULIÉ; Le Notaire de Chantilly, L. GOZLAN; Herminie Soubrial, Irène Raynal, PAUL FÉRNEY. Prix: 6 fr.
21e série. — de chemin le plus court, ALPH. KARR; Esaü le Lépreux, E. GONZALÈS; Blanche Bartine, A. PAUL. Prix: 6 fr.
22e série. — Une Haine à bord, DE LA LANDELLE, Chaufreux, E. BERTHET; Le Bossu, P. FÉVAL. Prix: 6 fr.
23e série. — Les Excentricités de sir Georges, Nicette et Chaufreux, E. BERTHET; Le Bossu, P. FÉVAL.
24e série. — Le Chevalier de Florestange, A côté du bonheur, A. PAUL; Les Émigrants, E. BERTHET; Un Corsaire sous l'Empire, E. GONZALÈS; L'Ouest une chimère, La France des Blanches, Sans Famille, MOLÉRI. Prix: 6 fr.
25e série. — Thadeus le Ressuscité, MICHEL MASSON et AUGUSTE LUCHET; La Bellchouvre, EMMANUEL GONZALÈS; Le Marquis de Monclar, Madame Leblanc, MOLÉRI; Le Nouveau monde, OSCAR COMETTANT. Prix: 6 fr.
26e série. — Frère d'Esaü, A. LUCHET, Ivanhoé, WALTER SCOTT trad., Valter Perceval; La brigade de Clairefont.

ŒUVRES CHOISIES DE BALZAC.

SCÈNES DE LA VIE DE PROVINCE.
TOME SECOND. — Les Rivalités (la Vieille fille, le Cabinet des antiques), — Le fas dans la vallée, — Les Illusions perdues (les Deux poètes, un Grand homme de province à Paris, Ève et David). Prix: 4 50.

SCÈNES DE LA VIE PARISIENNE.
TOME SECOND. — Splendeurs et misères des courtisanes (Esther heureuse, À combien l'amour revient aux vieillards, Où mènent les mauvais chemins), — Les Parents pauvres (la Cousine Bette, le Cousin Pons). Prix: 4 50.

ŒUVRES CHOISIES D'EUGÈNE SUE.

TOME 1er. — 1re PARTIE. — Mathilde, mémoires d'une jeune femme. Prix: 4 50.
TOME 1er. — 2e PARTIE. — Paula Monti ou l'Hôtel Lambert. — Le Marquis de Létorière, ou Cécé. — Hercule Hardi. — Arthur, journal d'un inconnu. Prix: 4 50.
TOME 2e. — 1re PARTIE. — Latréaumont. — Jean Cavalier ou les Fanatiques des Cévennes, — Le Colonel de Surville; Godolphin-Arabian. Prix: 4 50.
TOME 3e. — 1re PARTIE. — La Salamandre. — Atar-Gull. — Plik et Plok. — La Vigie de Koat-Ven. Prix: 4 50.
TOME 3e. — 2e PARTIE. — La Coucaratcha. — Le Commandeur.

EUGÈNE SUE — L'Orgueil, 1 fr. 50. — L'Envie, la Colère, 1 fr. — La Bonne aventure, 1 fr. 50 — l'Intransigeant, 1 fr. 50 — Arthur, 1 fr. 50. — Jean Cavalier, 1 fr. 50. — La Vigie de Koat-Ven, 1 fr. 50.
E. BERTHET — Les Catacombes de Paris, 2 50. — Les Chaufreux, 1 50 — Les Émigrants, 2 50 — L'Homme de la glace, — La Marquise de Sénnecé, 1 fr., de du Notaire, la Convulsionnaire, le Père Xavier, le Marquis de Bertony, les deux Montagnes, 1 fr. — le Gentilhomme verrier, 1 fr. 50. — Le Coste 1 fr.
E. SOULIÉ. — Le Dieu et la brisée, 2 fr. 50.
PAUL FÉVAL. — Le Bossu, 2 50 — Le Bossu, 2 50.
DE LA LANDELLE. — La Gorgone, 2 fr. 50. — Une Haine à bord, 2 fr. 50.
L. DESNOYERS. — Les Aventures de Robert-Robert, 1 50.

E. BERTHET: Les Proscrits de Sicile, E. GONZALÈS. Prix: 6 fr.
23e série. — Les Géants de la mer, DE LA LANDELLE; Le Vengeur du mort, EMMANUEL GONZALÈS. Prix: 6 fr.
24e série. — Fradiante de voyages autour du monde, GABRIEL LAFOND DE LURCY; Les Brigands, ÉMILE SOUVESTRE; Nouvelles Diverses, Huit jours au Désert, ADRIEN PAUL. Prix: 6 fr.
25e série. — L'Homme des bois, ÉLIE BERTHET; En Amérique, un Franc et ailleurs, OSCAR COMETTANT; Bernard le potier de terre, Étienne Giraud, MOLÉRI; Les Ducs de Valombré, ADRIEN PAUL. Prix: 6 fr.
26e série. — Une Dette de jeu, Les Finesses de d'Argenson, ADRIEN PAUL; L'Affaire Guillotin, MOLÉRI; Le Gendarme de service, ÉLIE BERTHET; Le Chasseur d'hommes, EMMANUEL GONZALÈS. Prix: 6 fr.
27e série. — Robin Bois, PIERCE EGAN (traduction de Victor Perceval); Marceline Vanvel, FLIGENCE GIRARD; les Soldats-laboureurs de la Forêt-Noire, EMMANUEL GONZALÈS; Les Martyrs de la Pologne, LOUIS NOIR. Prix: 6 fr.
31e série. — La Belle argentine, Vte PONSON DU TERRAIL; Les Amphophiles des Vosges, la Marquerade, une Noce dans le Poitou, ALFRED MICHIELS; Sur mes Gonds, Giulia Falcon, FLIGENCE GIRARD. Prix: 6 fr.
32e série. — Le Serment des quatre Valets, Vte PONSON DU TERRAIL; Souvenirs d'un simple Zouave, LOUIS NOIR. Prix: 6 fr.
33e série. — La Journée des barricades, Vte PONSON DU TERRAIL; Jeanne de Valbelle, CASIMIR BLANC; Mémoires d'un Ange, EMMANUEL GONZALÈS; Le Chasseur de chamois, ALFRED MICHIELS. Prix: 6 fr.

Deuxième Catégorie.

NOUVELLES ET ROMANS CHOISIS D'ÉLIE BERTHET.

Tome 1er. — 1re PARTIE. — Le Colporteur, le Val d'Andorre, la Croix de Fafiat. — La Maison maudite, le Pacte de famine, une Passion, le Dernier alchimiste, le Tour Zizim, le Chasseur de marmottes, — le Roi des matelots, — Le Nid des cigognes, — La Mine d'or. Prix: 4 fr. 50.
Tome 2e. — 1re PARTIE. — L'Élu ou de Prévigny, — Richard le Fratricide, le Fermier d'Ebrac, le Fou de la pierre, le Château d'Auvergne, — Le Rebracht, — Le Comte de Normandie. Prix: 4 50.
Tome 2e. — 2e PARTIE. — Raoul le Roux, Roche Tremblante, — Mystère de la Faulx, — Spectre de Châtillon, — Braconnier, Château de Montland. Prix: 4 50.
Tome 3e. — 1re PARTIE. — L'Incendiaire Irlandais, — le Val Donnemeuse, Une Masse de Paris, — La Marquise de Saint-Villé, la Nièce du Notaire, la Convulsionnaire, le Père Xavier, le Marquis de Beaulieu, les deux Montagnes. Prix: 4 50.
Tome 3e. — 2e PARTIE. — L'Ogre au désert, le Bon roi René, Les Coste, le Duc.

NOUVELLES ET ROMANS CHOISIS D'A. DE LAVERGNE.
Tome 1er. — 1re PARTIE. — La Duchesse de l'inconnu.

Troisième Catégorie.

L. GOZLAN — Le Médecin du Pecq, 1 fr. 50.
Vte PONSON DU TERRAIL — La Jeunesse du roi Henri, la Belle argentine, 1 50. Le Serment des quatre valets, 1 50.
La Journée des barricades, 1 50.
CLÉMENCE ROBERT — Les Médecins de Paris, 1 fr. 50.
EUGÈNE SCRIBE — Nouvelles et Proverbes, 1 fr. 50.
F. DERRIÈGE — Les Mystères de Rome, 1 fr. 50.
MÉRY — Henri, la Floride, la Guerre du Nizam, 1 50.
M. MASSON et A. LUCHET — Thadeus le Ressuscité, 2 50.
MOLÉRI — L'Ouest une chimère, la France des Blanches, Sans Famille, 1 fr. 50. — Les Ducs de Valombré, etc., 1 fr.
OSCAR COMETTANT — Le Nouveau monde, 1 fr. 50.
En Amérique, un Franc et ailleurs, 1 fr. 50.
G. LAFOND DE LURCY — Fragments de Voyages autour du monde, 1 fr. 50.

Quatrième Catégorie

CH. DE BERNARD — Le Nœud Gordien, 1 fr. 20.
E. GONZALÈS — Les Frères de la Côte, 1 fr. 20, — Le Vengeur du mort, 1 fr. 20, — Les Proscrits de Sicile, 1 fr. 20, — Le Vengeur du mort, 1 fr. 20, — les Soldats-laboureurs de la Forêt-Noire, 1 fr. 20, le Chasseur de chamois, 1 fr. 20, — Mémoires d'un Ange, 1 fr. 20.
A. LUCHET — Frère d'Esaü, 1 fr. 20.
ADRIEN PAUL — Huit jours au Désert, 1 fr. 20, — Sir Georges, Nicette, 1 fr. 20 — Marcel, 1 fr. 20, — Les Ducs de Valombré, 1 fr. 20. — Une Dette de jeu, 1 fr. 20, — Les Finesses de d'Argenson, 1 fr. 20.
MASSON — Tradeus le Ressuscité, 1 fr. 20.
Mme ANCELOT — Gabrielle, 1 fr. 20.
E. MALLEFILLE — Marcel, 1 fr. 20.
P. FÉVAL — Herminie Sinclair, Hélène Blanc, 1 fr. 20.
DE LA LANDELLE — Une Haine à bord, 1 fr. 20 — La Gorgone, 1 fr. 20, — les Géants de la mer, 1 fr. 20.
CASIMIR BLANC — Jeanne de Valbelle, 1 fr. 20.
Vte DE SAINTINE — Une Maîtresse de Louis XIII, 1 fr. 20.
FLIGENCE GIRARD — Un Corsaire sous l'Empire, 1 fr. 20.
BERTHOLDI — L'Orgue, 1 fr. 20.
MOLÉRI — Le Marquis de Monclar ou un Gentilhomme, 1 fr. 20.

— La Famille de Matsal, — L'Abbé de la famille, l'Homme de l'autre bout, 1 fr.
Tome 4e. — 2e PARTIE. — La Duchesse de Mazarin, la Pension bourgeoise, le Chevalier de la Close.
Tome 1er. — 2e PARTIE. — La Princesse des Ursins.
Tome 2e. — 2e PARTIE. — Le Lieutenant Robert, le Fils du diable, les Mystères de Londres.

Le Fils du diable, Paul FÉVAL.
Les Mystères de Londres.
Le Vœu d'or, E. SOULIÉ ALFRED LESCES.
Esaü le Lépreux, E. GONZALÈS.
Les Géants de la mer, DE LA LANDELLE.

WALTER SCOTT trad. Victor Perceval, — Ivanhoé.
PIERCE EGAN — Robin Hood (par V. Perceval).
E. GONZALÈS — Le Chasseur de chamois, 1 fr. 20.
A. DE LAVERGNE — La mille de Matsal, 1 fr. 20.
L. NOIR — Les Martyrs de la Pologne, 1 fr. 20.
M. L. GAGNEUR — Les Crimes de l'amour, 1 fr. 20.
FLIGENCE GIRARD — Sur mes Gonds, Giulia Falcon, 1 fr. 20.
E. ENAULT — Mademoiselle de Clervidière, 1 fr. 20.

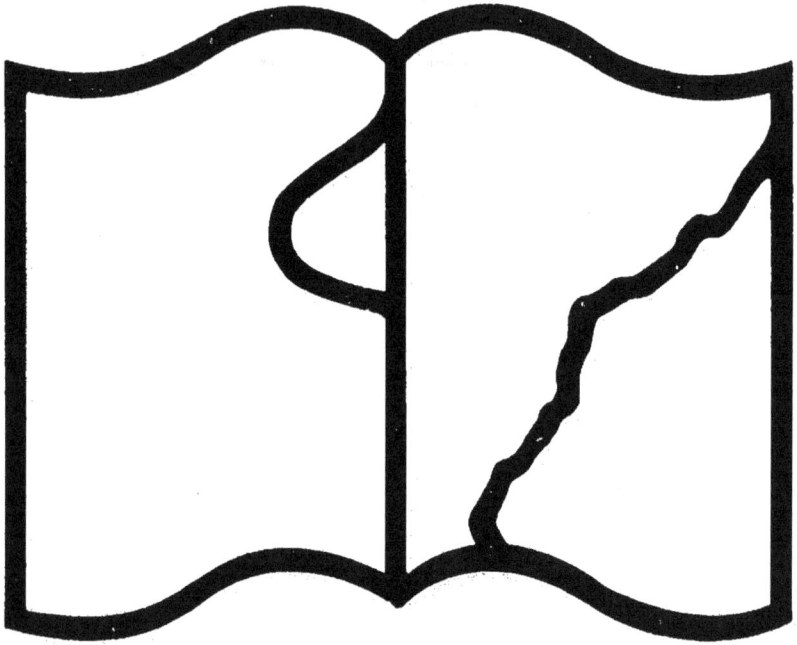

Texte détérioré — reliure défectueuse

NF Z 43-120-11

www.ingramcontent.com/pod-product-compliance
Lightning Source LLC
Chambersburg PA
CBHW072146270326
41931CB00010B/1909